Mary Lembo CSC
Sexueller Missbrauch von Ordensfrauen in Afrika

Mary Lembo CSC

SEXUELLER MISSBRAUCH VON ORDENSFRAUEN IN AFRIKA

Sehen, verstehen, verändern

Aus dem Französischen übertragen
von Sr. Antje Eichhorn-Eugen OSB

Münster
2024

Titel der französischen Originalausgabe:
Soeur Mary Lembo, Religieuses abusées en Afrique.
Faire la vérité
© Éditions Salvator: Paris, 2022
Yves Briend Éditeur S.A.
103 rue Notre-Dame des Champs F-75006 Paris

Mit freundlicher Unterstützung des Bistums Münster
und von

Für die deutsche Ausgabe: © 2024 Aschendorff Verlag GmbH & Co. KG, Münster

www.aschendorff-buchverlag.de

Das Werk ist urheberrechtlich geschützt. Die dadurch begründeten Rechte, insbesondere die der Übersetzung, des Nachdrucks, der Entnahme von Abbildungen, der Funksendung, der Wiedergabe auf fotomechanischem oder ähnlichem Wege und der Speicherung in Datenverarbeitungsanlagen bleiben, auch bei nur auszugsweiser Verwertung, vorbehalten. Die Vergütungsansprüche des § 54 Abs. 2 UrhG werden durch die Verwertungsgesellschaft Wort wahrgenommen.

Printed in Germany 2024
ISBN: 978-3-402-25021-1
E-Book (PDF): 978-3-402-25022-8
DOI: 10.17438/978-3-402-25059-4

INHALT

Vorwort von missio Aachen zur deutschen Übersetzung 13
Hinweis des französischen Herausgebers 15
Abkürzungen 17

Allgemeine Einführung 19
1. Der Kontext der vorliegenden Untersuchung 20
2. Leitfragen dieser Untersuchung 21
3. Überblick über die vorhandene Literatur 21
4. Die Ziele und die spezifische Ausrichtung meiner Forschung 23
5. Methoden 23
6. Der Aufbau dieser Forschungsarbeit 25

I. Hintergrund der Forschung 27
1. Einleitung 27
2. Der Kontext der Untersuchung 27
   2.1   Geographische Lage 28
   2.2   Kurzer historischer Abriss 28
         2.2.1   Kurze Geschichte der Evangelisierung in Subsahara-Afrika . . 28
   2.3   Der kirchliche Kontext in Subsahara-Afrika 29
         2.3.1   Die Organisation der Kirche in Subsahara-Afrika 30
   2.4. Die Notwendigkeit der Zusammenarbeit 31
         2.4.1   Die Zusammenarbeit zwischen Priestern und Ordensfrauen
               als Motor der Evangelisierung 31
         2.4.2   Die kirchliche Dimension des Zeugnisses 33
   2.5   Herausforderungen in den Beziehungen zwischen Priestern
        und Ordensfrauen 34
         2.5.1   Negative Zeugnisse in den Beziehungen zwischen Priestern
               und Ordensfrauen 34
         2.5.2   Sexuelle Skandale in der Kirche von heute 35
3. Zusammenfassung und Ausblick 36

II. Die narrative Theorie 39
1. Einleitung 39
2. Der Mensch und die Realität 39

3. Der rationale Ansatz oder der Ansatz der positiven Wissenschaften 41
4. Der narrative Ansatz 42
5. Die Komplementarität von rationaler und narrativer Theorie 43
6. Narrativität aus der philosophisch-hermeneutischen Perspektive
   von Ricœur 45
7. Narrativität aus anthropologischer Sicht 48
8. Narrativität im Subsahara-Afrika 50
9. Narrativität und Gergens sozialer Konstruktionismus 53
   9.1 Einige Schlüsselideen von Gergens sozialem Konstruktionismus ... 54
   9.2 Narrativität als Dialog nach Gergen 56
   9.3 Narrative Diskurse im Dialog 58
   9.4 Die Kritik am sozialen Konstruktionismus 59
10. Die Narrativität aus der psychologischen Perspektive 59
11. Die Narrativität aus der Perspektive der Anthropologie
    der christlichen Berufung 62
    11.1 Narrativität und das Konzept des zu einer Einheit gelangten Selbst 63
    11.2 Die narrative Identität 66
    11.3 Narrativität, Identität und Sprache 69
    11.4 Narrativität und die Heilung der Identität 70
    11.5 Narrativität und Reife als Transformation 74
    11.6 Der Begriff des Symbols und die Transformation bei Ricœur 74
    11.7 Der Prozess der Symbolisierung und die Selbsttranszendenz bei Rulla 76
    11.8 Die Metapher und die Transformation bei Ricœur 78
12. Narrativität und christliche Ethik 80
    12.1 Narrativität und Tugend 81
    12.2 Narrativität und ein gutes Leben 83
13. Die Anwendung der Narrativität 83
    13.1 Die narrative Therapie 84
    13.2 Die Einzeltherapie 88
    13.3 Sitzungen zur Weiterentwicklung der eigenen Berufung 89
    13.4 Narrativität in der Seelsorge 90
    13.5 Narrativität in der Ausbildung zum Ordensleben 92
    13.6 Narrativität in der Erziehung 93
14. Zusammenfassung und Ausblick 93

III. Einige Hinweise zur Terminologie: Definitionen von Konzepten 95
1. Einleitung 95

ABSCHNITT A
Der Begriff der menschlichen, emotionalen und sexuellen Reife

2. Der Begriff der Reife 96
   2.1 Reife im Kontext der Entwicklung der menschlichen Person 97
   2.2 Reife gemäß der Anthropologie der christlichen Berufung 100
       2.2.1 Die philosophische Anthropologie nach Rulla 100

2.3	Bewusste Operationen nach Lonergan	102
	2.3.1 Das Werturteil als Teil der Selbsttranszendenz	103
2.4	Menschliche Motivation nach Hildebrand	104
2.5	Menschliche Motivation nach Lonergan	106
	2.5.1 Das Gute nach Lonergan	107
	2.5.2 Die Bekehrung nach Lonergan	108
2.6	Der Einfluss des Unbewussten auf die Selbsttranszendenz	111
2.7	Bedürfnisse und Werte als Motivation für die Haltungen eines Menschen	113
2.8	Strukturen des Selbst	117
2.9	Menschliche und christliche Reife in den drei Dimensionen	118
	2.9.1 Die erste Dimension	118
	2.9.2 Die zweite Dimension	120
	2.9.3 Die dritte Dimension	121
2.10	Affektive Reife in der pastoral-seelsorglichen Beziehung und der Zusammenarbeit	123
	2.10.1 Sexualität	123
	2.10.2 Psychosexuelle und sexuelle Reife	126
	2.10.3 Emotionen	131
	2.10.4 Emotionale Reife	133
	2.10.5 Bedürfnisse	135
2.11	Inkonsistenzen	136
2.12	Formation zur menschlichen affektiv-sexuellen Reife	138

ABSCHNITT B
Die pastoral-seelsorgliche Beziehung und die Beziehung durch Zusammenarbeit in der pastoralen Arbeit

3.	Die pastoral-seelsorgliche Beziehung	140
3.1	Die pastoral-seelsorgliche Realität für eine OF/JF im Kontext meiner Untersuchung	144
	3.1.1 Die pastoral-seelsorgliche Beziehung zu einer jungen Frau in der Ausbildung zum Ordensleben	145
	3.1.2 Die pastoral-seelsorgliche Beziehung zu einer Ordensfrau	146
3.2	Der Begriff „Priester"	147
	3.2.1 Die Identität des Priesters	148
4.	Die Beziehungen in der Zusammenarbeit	151
4.1	Zusammenarbeit zwischen Priestern und Ordensfrauen in Subsahara-Afrika	153
4.2	Die Bereiche der Zusammenarbeit	153
4.3	Das Bild des Priesters in Subsahara-Afrika	155
4.4	Der Begriff der Ordensfrau	158
	4.4.1 Das Bild der Ordensfrau in Subsahara-Afrika	159
4.5	Der Begriff der Macht in der PB und der BZP	161

4.5.1   Der Begriff der Macht in der pastoral-seelsorglichen
         Beziehung nach Dillen 161
 4.5.2   Der Begriff der Macht nach Krok 164
4.6 Der Begriff der Vulnerabilität in der pastoral-seelsorglichen Beziehung
    und in der Beziehung durch Zusammenarbeit in der Pastoral 167
4.7 Der Begriff der Zustimmung in der pastoral-seelsorglichen
    Beziehung und in der Zusammenarbeit in der Pastoral 170
4.8 Der Begriff der Grenzen in der pastoral-seelsorglichen Beziehung
    und in der Zusammenarbeit in der Pastoral 174

ABSCHNITT C
Der Begriff der sexuellen Gewalt

5. Sexueller Missbrauch 176
6. Physischer und emotionaler Missbrauch 177
7. Machtmissbrauch 179
8. Vertrauensmissbrauch 179
9. Sexuelle Gewalt 180
   9.1 Vergewaltigung 182
   9.2 Versuchte Vergewaltigung 183
   9.3 Sexuelle Belästigung 183
   9.4 Sexuelle Ausbeutung 184
   9.5 Liebesbekundungen und sexuelle Aufforderungen 185
   9.6 Geschlechtsverkehr 185
   9.7 Sexuelle Handlungen 186
10. Der Begriff des sexuellen Fehlverhaltens 186
11. Der Begriff des Traumas 186
12. Die Protagonisten der Forschung 188
13. Zusammenfassung und Ausblick 188

IV. Methodologie 191
1. Einleitung 191
2. Die qualitative Forschung 191
3. Die Emergenztheorie 194
4. Der konstruktivistische Ansatz von Charmaz 197
5. Der methodische Prozess 198
   5.1 Erste Phase 199
   5.2 Zweite Phase: Informationen aus sekundären Quellen 199
       5.2.1 informelle sekundäre Informationen 199
       5.2.2 Die formalen sekundären Informationen 200
   5.3 Dritte Phase 201
   5.4 Die Erhebung der Daten 201
   5.5 Die Analyse der Daten 202
   5.6 Der Prozess der Kodierung 202

        5.6.1   Die Bestimmung der Kodierungszuverlässigkeit durch
                Interkodierung 204
        5.6.2   Die Rolle der zweiten Person bei der Interkodierung 205
        5.6.3   Die Arbeitsweise 206
        5.6.4   Die Sinneinheiten 206
        5.6.5   Die anfängliche Kodierung 208
        5.6.6   Die gezielte Kodierung 209
        5.6.7   Die axiale oder kategoriale Kodierung 211
        5.6.8   Die theoretische Kodierung................................ 212
   5.7 Memos 215
   5.8 Die Sättigung der Daten 215
6. Zusammenfassung und Ausblick 217

V. Profil der Protagonisten, Vorstellung, Analyse und Diskussion der Ergebnisse 219

1. Einleitung 219
2. Die Protagonisten und ihr Profil 221
3. Panel 222
4. Die Dauer der Beziehung 222
5. Das geographische Profil der Protagonisten 222
6. Die Identität der Protagonisten 222
7. Das demographische Profil der Protagonisten 223
   7.1 Teilnehmerinnen 223
   7.2 Die Mitarbeitenden, die befragt wurden oder selbst Interviews
        geführt haben 224
   7.3 Die Rolle der Mitarbeitenden 224
8. Wiederkehrende Themen bei den Teilnehmerinnen 225

ABSCHNITT A
Sexuelles Fehlverhalten – Umstände – Zustimmung

9. Was die Teilnehmerinnen über sexuelles Fehlverhalten
   in ihrer Beziehung mit dem Priester sagen 227
   9.1 Vergewaltigung 227
   9.2 Versuchte Vergewaltigung 228
   9.3 Sexueller Missbrauch 228
   9.4 Sexuelle und emotionale Belästigung 229
        9.4.1   Sexuelle Belästigung 229
        9.4.2   Emotionale Belästigung 230
   9.5 Sexuelle Ausbeutung 230
   9.6 Aufdringliche Liebesbekundungen mit sexuellen Aufforderungen . 231
   9.7 Aufdringliche Liebesbekundungen mit sexuellen Aufforderungen
        verbunden mit Geschenken 231
   9.8 Liebesbekundungen mit sexuellen Aufforderungen 232
   9.9 Andere Formen des Missbrauchs 233

    9.9.1 Physischer und emotionaler Missbrauch 233
    9.9.2 Machtmissbrauch 234
    9.9.3 Vertrauensmissbrauch 235
  9.10 Diskussion des sexuellen Fehlverhaltens 237
10. Was die Teilnehmerinnen über die Umstände sagen 241
  10.1 Die pastoral-seelsorgliche Beziehung 241
  10.2 Die Beziehung durch Zusammenarbeit in der Pastoral 242
  10.3 Die konkreten Orte intimer und missbräuchlicher Begegnungen . . 243
  10.4 Diskussion der Umstände des sexuellen Fehlverhaltens und der Orte . 243
11. Was die Teilnehmerinnen über ihre Zustimmung sagen 246
  11.1 Nicht vorhandene Zustimmung 246
  11.2 Ungültige Zustimmung 248
  11.3 Teilweise Zustimmung 248
  11.4 Gültige Zustimmung 249
  11.5 Diskussion über die Zustimmung 249

ABSCHNITT B
Die Folgen sexuellen Fehlverhaltens
und die Wahrnehmung der Zukunft durch die OF/JF

12. Was die Teilnehmerinnen über die Folgen sagen 254
  12.1 Die Folgen, die die Teilnehmerin direkt betreffen 254
    12.1.1 Physische/physiologische Folgen 254
    12.1.2 Psychische Folgen 255
  12.2 Folgen, die die Beziehungen der Teilnehmerinnen betreffen 262
    12.2.1 Psychosoziale Folgen 262
    12.2.2 Die spirituellen Folgen 267
    12.2.3 Wahrnehmung und Gefühle der Teilnehmerinnen 271
  12.3 Diskussion und Konsequenzen 275
13. Was die Teilnehmerinnen über ihre Zukunft sagen 285
  13.1 Austritt/keine Zukunft im Ordensleben 285
  13.2 Zukunft im Ordensleben 285
  13.3 Die pastoral-seelsorgliche Beziehung hat keine Zukunft 286
  13.4 Die Zukunft der Beziehung der Zusammenarbeit 288
  13.5. Diskussion über die Wahrnehmung der Zukunft 290

ABSCHNITT C
Wahrnehmung der Haltung des Umfelds – Hilfe und Prävention

14. Was die Teilnehmerinnen über die Wahrnehmung und Haltung
    des Umfelds sagen 294
  14.1 Die Haltung der Gemeinschaft 294
  14.2 Die Haltung der Familie 296
  14.3 Die Haltung von Freunden 296
  14.4 Die Haltung anderer nahestehender Personen 297
  14.5 Diskussion der Haltung des Umfelds 299

15. Was die Teilnehmerinnen zu Betreuung und Prävention sagen 304
   15.1 Präventive Formation 305
   15.2 Ratschläge der Teilnehmerinnen 307
   15.3 Vorschläge für die Betreuung und Aufklärung 310
   15.4 Stellungnahmen zu dieser Untersuchung 310
   15.5 Diskussion über präventive Formation und Betreuung 310

ABSCHNITT D
Dynamiken, Risikofaktoren und Grenzverletzungen in der PB oder der BZP

16. Andere in den Blick kommende Theorien 312
    16.1 Die Dynamiken in der PB und der BZP 312
       16.1.1 Die Dynamiken und Strategien der Priester 312
       16.1.2 Diskussion der Dynamiken und Strategien von Priestern
              im Rahmen der PB und der BZP 314
       16.1.3 Die Dynamiken der Ordensfrauen und der jungen Frauen
              in der Ausbildung zum Ordensleben 319
       16.1.4 Diskussion der Dynamiken und der inneren Risikofaktoren
              der OF/JF 321
       16.1.5 Externe Risikofaktoren von Ordensfrauen und jungen
              Frauen in der Ausbildung zum Ordensleben 324
       16.1.6 Diskussion der externen Risikofaktoren der Teilnehmerinnen
              in der PB und der BZP 326
       16.1.7 Grenzverletzungen bei OF/JF in der PB oder der BZP
              durch Priester 329
       16.1.8 Diskussion der Grenzverletzungen in der PB oder der BZP
              durch Priester 331
17. Zusammenfassung und Ausblick 335

VI. Formation und präventive Empfehlungen 337
1. Einleitung 337
2. Die präventive Formation 339
   2.1 Präventive Formation, die die affektive Dimension einbezieht 341
      2.1.1 Eine präventive Formation, die die Sexualität einbezieht 342
      2.1.2 Eine präventive Formation, die Emotionen einbezieht 345
      2.1.3 Eine präventive Formation, die Bedürfnisse einbezieht 347
   2.2 Präventive Formation und (dynamische) Haltungen 350
      2.2.1 Eine präventive Formation, die missbräuchliche Haltungen
            (Strategien) berücksichtigt 351
      2.2.2 Eine präventive Formation, die interne Risikofaktoren
            berücksichtigt 354
   2.3. Präventive Formation für diejenigen, die für die Formation
        verantwortlich sind 357
   2.4 Erziehung 359

3. Der Aufbau gesunder Grenzen 362
   3.1   Identität 363
   3.2   Die Sendung – Verantwortung in der Seelsorge und bei
        der Zusammenarbeit 363
   3.3   Haltungen 364
       3.3.1 Das persönliche Zeugnis 364
       3.3.2 Sexualität 365
       3.3.3 Gefühle, Emotionen und Bedürfnisse 366
       3.3.4 Der Körper 366
       3.3.5 Unangemessene Berührungen 368
       3.3.6 Der Raum 369
       3.3.7 Die Zeit 370
4   Richtlinien 370
   4.1   Richtlinien für Priester 371
   4.2   Richtlinien für Ordensfrauen 372
       4.2.1 Richtlinien für das persönliche Verhalten 372
       4.2.2. Richtlinien für die Gemeinschaft 373
5. Hilfe, Betreuung und Begleitung 374
   5.1   Aufmerksames Zuhören 375
   5.2   Begleitung 376
   5.3   Die Betreuung von Ordensfrauen oder jungen Frauen
        in der Ausbildung zum Ordensleben durch Fachleute 377
       5.3.1 Medizinische Betreuung 377
       5.3.2 Psychologische Betreuung 377
   5.4   Strukturen mit Hilfs- und Unterstützungsangeboten 379
   5.5   Forschung 380
   5.6   Spirituelle Unterstützung 380
6. Zusammenfassung 381

Abschließende Schlussbetrachtung 383
1. Positive Punkte und Grenzen dieser Untersuchung 386
2. Empfehlungen für zukünftige Forschungen 387

   Danksagungen 389
   Verzeichnis der Tabellen 391
   Bibliographie 393

VORWORT VON MISSIO AACHEN ZUR DEUTSCHEN ÜBERSETZUNG

Menschen zu einem würdevollen und selbstbestimmten Leben zu verhelfen – das ist das Anliegen der Partnerinnen und Partner von missio Aachen in den Ortskirchen Afrikas, Asiens und Ozeaniens. Wenn ich ihnen auf Dienstreisen oder in Aachen begegne, bin ich beeindruckt von ihrem unermüdlichen Einsatz und spüre zugleich, dass uns dieses Anliegen verbindet und wir viel bewegen können. Gemeinsam richtet sich unser Fokus besonders darauf, Frauen und Mädchen in verschiedenen Kontexten zu stärken. Denn oft wird gerade ihnen das Recht auf Selbstbestimmung abgesprochen und ihre Würde verletzt. Sie sind zudem Missbrauch unterschiedlichster Art ausgesetzt. Das gilt besonders für Ordensfrauen, die emotionalen und spirituellen Missbrauch sowie psychische und sexualisierte Gewalt erfahren.

Seit mehreren Jahren unterstützt missio Aachen deshalb Partnerorganisationen in Afrika, Asien und Ozeanien bei der Prävention und Bekämpfung des Missbrauchs an Ordensfrauen. Im Jahr 2019 haben wir uns mit einem Fragebogen an ausgewählte Partnerinnen und Partner gewandt und die Ergebnisse dieser Umfrage anschließend veröffentlicht. Für mehr als zwei Drittel der über 100 Befragten aus 19 Ländern hatte das Thema „Missbrauch an Ordensfrauen" eine große Bedeutung. Wir erfuhren zudem nicht nur von der Angst und Scham der Betroffenen, sondern auch von einer weit verbreiteten Kultur des Schweigens und der Vertuschung. Diese Ergebnisse machten deutlich, dass es sich beim Missbrauch an Ordensfrauen nicht um Einzelfälle, sondern um ein systemisches Problem handelt. Es ist eminent wichtig, das Leid missbrauchter Ordensfrauen anzuerkennen und geeignete Maßnahmen zu ergreifen, um derartige Verbrechen zu verhindern. Deshalb wurde bei missio Aachen eine Koordinationsstelle sowie ein Arbeitskreis zur Prävention von Missbrauch an Ordensfrauen eingerichtet.

Wesentlicher Bestandteil des Engagements gegen Missbrauch ist eine fundierte wissenschaftliche Forschung. Deshalb bin ich sehr froh, dass die vorliegende Untersuchung von Schwester Mary Lembo nun in deutscher Übersetzung erscheint. Schwester Mary Lembo setzt sich in ihrer interdisziplinären Studie mit Formen des sexuellen Missbrauchs von Ordensfrauen durch Priester in verschiedenen Ländern Afrikas auseinander. Sie analysiert insbesondere die kulturellen Risikofaktoren und sozialen Dynamiken, die sexuellen Missbrauch an Ordensfrauen in diesen Ländern begünstigen. Dazu gehören ihr zufolge Vorstellungen der Ordnung zwischen den Generationen und Geschlechtern, aber auch ein spezifisches Verständnis kultureller Werte wie Respekt und Dankbarkeit. Auf der Grundlage einer profunden Problemanalyse werden schließlich konkrete Empfehlungen zur Prävention entwickelt. Der Schwerpunkt liegt hier vor allem auf Maßnahmen im Bereich der Bildung bzw. Ausbildung – ein Ansatz, der auch für uns bei missio Aachen zentral ist. Die Erkenntnisse von Schwester Mary Lembo sind daher auch für unsere Arbeit im Kampf gegen den Missbrauch an Ordensfrauen ein unschätzbarer Gewinn.

Mein Dank gilt an dieser Stelle zuallererst den Katharinenschwestern und ihrer Provinzoberin Schwester M. Christina Clemens für die Initiative, eine deutsche Übersetzung des Buchs ihrer Mitschwester Mary Lembo zu veröffentlichen. Schwester Antje Eichhorn-Eugen OSB danke ich herzlich für die gründliche Übersetzung der Arbeit aus dem Französischen. Dem Aschendorff Verlag und Herrn Bernward Kröger sei für die gute Umsetzung und Begleitung des Projekts gedankt. Ein Dank geht auch an Johanna Streit und Katja Voges, die auf Seiten von missio Aachen das Projekt betreut haben.

Die Untersuchung von Schwester Mary Lembo gibt wesentliche Einblicke in Erfahrungen von Ordensfrauen in verschiedenen afrikanischen Ländern. Es ist aber klar, dass wir in der Kirche bei diesem Thema vor einer gemeinsamen Herausforderung stehen, die sich nicht auf einzelne kulturelle Kontexte eingrenzen lässt. Wir alle sind deshalb aufgerufen, die Sensibilität für das Problem des Missbrauchs an Ordensfrauen in der Öffentlichkeit zu stärken, zusammen nach Lösungen zu suchen und diese voranzubringen.

Aachen am Aschermittwoch 2024

    Pfarrer Dirk Bingener
    Präsident missio Aachen

HINWEIS DES FRANZÖSISCHEN HERAUSGEBERS

Abgesehen von einigen kleineren Änderungen (mehrere Grafiken sowie die Anhänge wurden entfernt, die Formulierung der Fußnoten wurde geändert) hat sich der Verlag Salvator dafür entschieden, diese Dissertation von Schwester Mary Lembo, die sie im September 2019 an der Päpstlichen Universität Gregoriana in Rom unter dem Titel *Relations pastorales matures et saines : maturité affective et sexuelle pour une collaboration entre prêtres et femmes consacrées, témoignages pour le règne de Dieu* [Reife und gesunde pastorale Beziehungen: affektive und sexuelle Reife für eine Zusammenarbeit von Priestern und Ordensfrauen, die ein Zeugnis für das Reich Gottes ist] verteidigt hat, in unveränderter Form zu veröffentlichen. Für diese Arbeit wurde die togolesische Ordensfrau mit einer besonderen Erwähnung im Rahmen des De-Lubac-Preises 2021 ausgezeichnet.

Wie bei jeder Studie dieser Art könnte der hier gewählte Stil für Außenstehende ziemlich hermetisch erscheinen. Es handelt sich in der Tat um eine akademische Arbeit mit all dem, was dies an Fachliteratur und wissenschaftlicher Sprache voraussetzt. Dieser erkenntnistheoretische Anspruch verhindert es aber keineswegs, dass Schwester Mary Lembo ein echtes didaktisches Talent unter Beweis stellt. Die Studie gibt den Lesern ein solides, methodisch klar definiertes Instrumentarium an die Hand, mit dessen Hilfe sie eine anspruchsvolle und schmerzhafte Herausforderung bewältigen können, nämlich das Bewusstsein für den sexuellen Missbrauch von Ordensfrauen durch Priester in Afrika zu schärfen.

Im Anschluss an den 2019 auf Arte[1] ausgestrahlten Dokumentarfilm und den kürzlich vorgelegten CIASE-Bericht[2] unternimmt es Schwester Mary Lembo, mit Mut und Kompetenz sowie im Namen der durch den christlichen Glauben geförderten und verteidigten Wahrheit und Gerechtigkeit, das

---

1 *Religieuses abusées, l'autre scandale de l'Église* [Deutscher Titel: *Gottes missbrauchte Dienerinnen*] ist ein französischer Dokumentarfilm, der von Éric Quintin und Marie-Pierre Raimbault in Zusammenarbeit mit Élizabeth Drévillon gedreht wurde. Der Film wurde am 5. März 2019 erstmals auf Arte ausgestrahlt.
2 Die von Jean-Marc Sauvé präsidierte unabhängige Kommission zu sexuellem Missbrauch in der Kirche (CIASE) hat ihren Bericht am 30. September 2021 vorgelegt. Der vollständige Bericht ist in französischer und englischer Sprache auf der Website der Kommission verfügbar: https://www.ciase.fr/rapport-final.

schuldige Schweigen zu brechen, das diesen Missbrauch allzu oft umgeben hat. Ihre Studie bestätigt, dass das Problem des sexuellen Missbrauchs in der Kirche keineswegs eine unwichtige Begleiterscheinung ist. Es ist im Gegenteil eine Realität, für die eine rigorose Wahrheitsarbeit erforderlich ist und für die alle Ressourcen genutzt werden müssen, die uns die Geistes- und Sozialwissenschaften zur Verfügung stellen.

Schwester Mary Lembo beteiligt sich an diesem großen Unterfangen, indem sie verschiedene Wissenschaftsbereiche – Philosophie, Psychologie und Soziologie – einbezieht. Ihre fruchtbare Verknüpfung ermöglicht es nicht nur, das Phänomen des Missbrauchs besser zu erfassen, sondern auch, ihm wirksamer vorzubeugen. Möge die Veröffentlichung dieser Dissertation dazu beitragen, die Prävention und die Begleitung der Opfer zu verbessern, damit die Kirche ihrem Auftrag immer treuer wird, das leuchtende Antlitz Christi inmitten der Welt erstrahlen zu lassen.

ABKÜRZUNGEN

OF	Ordensfrau
JF	Junge Frau in der Ausbildung zum Ordensleben
P	Priester
PB	Pastoral-seelsorgliche Beziehung
BZS	Beziehung durch Zusammenarbeitende in der Pastoral
OL	Ordensleben
SM	Sexueller Missbrauch
VV	Versuchte Vergewaltigung
SB	Sexuelle Belästigung
EB	Emotionale Belästigung
SA	Sexuelle Ausbeutung
SV	Sexuelles Verhältnis, Geschlechtsverkehr
SF	Sexuelles Fehlverhalten
SG	Sexuelle Gewalt
LB	Liebesbekundungen
LBS	Liebesbekundungen mit sexuellen Aufforderungen
ALB	Aufdringliche Liebesbekundungen
ALBS	Aufdringliche Liebesbekundungen mit sexuellen Aufforderungen
ALBSG	Aufdringliche Liebesbekundungen mit sexuellen Aufforderungen verbunden mit Geschenken
VAS	Verführungsversuche und Aufforderungen zu sexuellen Handlungen

ALLGEMEINE EINFÜHRUNG

Mann und Frau, die nach dem Bild Gottes geschaffen wurden, lieben sich, fühlen sich zueinander hingezogen und ergänzen sich (Gen. 1,26–31). In der Tiefe des menschlichen Herzens wohnt der Wille, Gutes zu tun. Es gibt eine vielfältige Zusammenarbeit zwischen Männern und Frauen in der Kirche. In diesem Sinne ist die Zusammenarbeit zwischen Priestern und Ordensfrauen[1] ein Motor der Evangelisierung in der katholischen Kirche in Subsahara-Afrika.

Jesus Christus, der die Priester zum Priestertum und die Ordensfrauen zum Ordensleben beruft, lädt sie ein, in eine Beziehung der Gemeinschaft mit dem Dreifaltigen Gott einzutreten. Diese Beziehung der Gemeinschaft und des Dialogs mit Jesus Christus, den sie nachahmen, macht sie bereit für die Beziehung untereinander und zu den Menschen, die alle Söhne und Töchter Gottes sind. Durch die Priesterweihe und die Ordensgelübde weihen Priester und Ordensfrauen ihr ganzes Leben Gott und seiner Sendung. Papst Johannes Paul II. sagte 1992 in der postsynodalen apostolischen Ermahnung *Pastores dabo vobis* in Nr. 5 über die Priester: „Er kommt von den Menschen und dient den Menschen, indem er Jesus Christus nachahmt." Die Priester ahmen Jesus Christus als den Guten Hirten nach (vgl. Joh. 10,11–18), und dienen ihren Brüdern und Schwestern. In Bezug auf das Ordensleben erklärte Papst Paul VI. 1965 im nachkonziliaren Dekret *Perfectae caritatis* über die zeitgemäße Erneuerung des Ordenslebens in Nr. 5, dass die Ordensleute „treu ihren Gelübden alles um Christi willen aufgeben (vgl. Mk. 10,28) und ihm nachfolgen (vgl. Mt. 19,21): Er muss für sie das ‚Eine Notwendige' sein (vgl. Lk. 10,42). Auf sein Wort hörend (vgl. Lk. 10,39), sollen sie um seine Sache besorgt sein (vgl. 1 Kor 7,32)." Die Ordensfrauen zeigen ihre Communio mit Jesus Christus, indem sie wie er leben, der sich ganz Gott, dem Vater, hingegeben hat und vom Heiligen Geist bewegt ist. Wie Jesus Christus leben sie die Geschwisterlichkeit, ermahnen, dienen, pflegen und erziehen. Emotionale und sexuelle Reife ist für Priester und Ordensfrauen wichtig, um ihre Beziehung zu Gott leben und den Menschen dienen zu können.

---

1 Der Begriff „Ordensfrau" wird hier für alle Frauen gebraucht, die Gelübde abgelegt haben, unabhängig von dem Orden, der Kongregation oder dem Institut, dem sie angehören.

Die vorliegende Untersuchung geht von der Prämisse aus, dass die Fähigkeit von Priestern und geweihten Frauen, reife emotionale Beziehungen zu leben, ein wirksames Zeugnis für die Menschen ist, mit denen sie leben oder zu denen sie gesandt werden. Durch ihr Leben und ihre Zusammenarbeit bei der Evangelisierung bringen sie Jesus Christus zu den gläubigen Christen und zu allen Menschen in der Welt, in der katholischen Weltkirche und in der Kirche in Subsahara-Afrika.

1. Der Kontext der vorliegenden Untersuchung

Meine Untersuchung beschäftigt sich mit Subsahara-Afrika[2], genauer gesagt mit vier Ländern Westafrikas und einem Land Ostafrikas. Diese Auswahl hat sich durch die Frauen ergeben, die sich für meine Untersuchung zur Verfügung gestellt haben und bei denen es sich um Ordensfrauen oder junge Frauen in der Ausbildung zum Ordensleben handelt. Sie leben in diesen Ländern, arbeiten dort und haben in diesem Kontext auch ihre Erfahrungen mit sexuellem Fehlverhalten von Priestern gemacht, entweder in pastoral-seelsorglichen Beziehungen oder während der Zusammenarbeit in der Pastoral.

Die Kirche in Subsahara-Afrika blüht. Die pastoral-seelsorglichen Beziehungen (PB) und die Beziehungen durch eine Zusammenarbeit in der Pastoral (BZP) zwischen Priestern und Ordensfrauen sind reiche Beziehungen, und sie sind der Motor für die Evangelisierung, die in der Kirche begonnen hat und wächst. Priestern und Ordensfrauen fehlt es jedoch vielfach an der nötigen Reife, um in einer seelsorglichen Beziehung oder in der Zusammenarbeit bei apostolischen Aktivitäten die notwendigen Grenzen zu respektieren. Es kommt vor, dass bestimmte Umgangsweisen und Beziehungsdynamiken, die mit psychologischer Unreife[3] verbunden sind, zu sexuellem Fehlverhalten führen, das sich in sexuellem Missbrauch, anderer sexueller Gewalt, emotionalen und sexuellen Entgleisungen sowie Verführungsversuchen und Aufforderungen zu sexuellen Handlungen (VAS) äußert.

In der gegenwärtigen Situation, in der die Weltkirche und insbesondere die Kirche in Subsahara-Afrika mit Skandalen in ihren eigenen Reihen konfrontiert ist, will sich meine Untersuchung mit sexuellem Fehlverhalten (SF)

---

[2] Unsere Untersuchung konzentriert sich hauptsächlich auf fünf Länder in Subsahara-Afrika. Aus Gründen der Vertraulichkeit, die mit den Teilnehmerinnen vereinbart wurden, nennen wir die Namen der einzelnen Länder nicht. Sie haben einige geografische und historische Merkmale gemeinsam, und Französisch ist eine ihrer offiziellen Amtssprachen

[3] Luigi M. Rulla, *Anthropologie de la vocation chrétienne*, Bd. I: *Bases interdisciplinaires*, Carte Blanche, Québec City, 2002, p. 308–310. Ich habe die französische Version des Buches verwendet, in der die beiden italienischen Ausgaben von 1985 und 1997 sowie die englische Ausgabe von 1986 eingearbeitet sind.

auseinandersetzen und es erforschen: mit sexuellem Missbrauch und anderer sexueller Gewalt, die Priester Ordensfrauen zufügen. Diese Realität ist eine klaffende Wunde, die eine Zusammenarbeit für die Sache des Evangeliums verhindert. Sie ist eine Anfrage an das Ordensleben, das Priestertum und das Leben der Kirche. Priester und Ordensfrauen müssen in der pastoralen Beziehung und in der Zusammenarbeit auf gesunde und konstruktive Weise miteinander umgehen, wenn sie Jesus Christus verkünden und für ihn Zeugnis ablegen wollen. Genau in diesem Bereich will ich in dieser Untersuchung relevante Daten zusammenstellen, sie analysieren und die Ergebnisse interpretieren, um zu ermitteln, wie eine effektive Prävention aussehen müsste.

2. Leitfragen dieser Untersuchung

Die Wahl des Themas wurde durch die öffentlich gewordenen Fälle sexuellen Fehlverhaltens zwischen Priestern und Ordensfrauen motiviert. Um dieses Problem des sexuellen Missbrauchs anzugehen und zu vertiefen, stellen sich einige Fragen. Wie kann man sich dieser Schwierigkeiten und Probleme aktiv bewusstwerden? Wie kann man die Dynamiken, die diesem sexuellen Fehlverhalten zugrunde liegen, in einer seelsorglichen Beziehung und in der Zusammenarbeit zwischen Priestern und Ordensfrauen oder jungen Frauen in der Ausbildung zum Ordensleben interpretieren und verstehen? Welche Art von Formation kann präventiv den affektiven und sexuellen Reifungsprozess von Priestern, Seminaristen, Ordensfrauen und jungen Frauen in der Ausbildung zum Ordensleben unterstützen? Welche präventiven Empfehlungen kann man geben, a) um beim Aufbau gesunder Grenzen zu helfen und diese Grenzen zum Wohle der Priester und Ordensfrauen zu wahren, damit sie den Menschen dienen können; b) um Richtlinien aufzustellen, die von den Priestern und Ordensfrauen entsprechend ihrer Berufung und Würde respektiert werden; c) um bestehende Strukturen und Institute mit Hilfsangeboten zu unterstützen oder neue einzurichten, die Ordensfrauen, jungen Frauen in der Ausbildung zum Ordensleben, Priestern und Seminaristen, die unter sexuellem Fehlverhalten gelitten haben oder leiden, helfen, und zwar in dem Bestreben, ihnen zu ermöglichen, dieses Leid zu verarbeiten? Um diese Fragen zu beantworten, habe ich auf schon existierende Literatur zurückgegriffen.

3. Überblick über die vorhandene Literatur

Meine Untersuchung ist Teil eines interdisziplinären theoretischen Ansatzes mit Elementen aus zwei wissenschaftlichen Disziplinen: der Psychologie und der Anthropologie der christlichen Berufung. Andere Quellen haben dazu beigetragen, das Phänomen des sexuellen Fehlverhaltens zwischen Priestern und Frauen zu vertiefen. Um die spezifische und unverzichtbare affektive und sexuelle Reife des Priesters und der Ordensfrau zu verstehen und einzuordnen, die es ihnen möglich machen, die PB oder BZP gemäß ihrer Berufung in der Nachfolge Jesu Christi zu leben, habe ich als erstes die Literatur zur Anthropologie der christlichen Berufung untersucht, die auf den Forschungen von Rulla über Psychologie und Berufung[4], von Imoda über die Entwicklung der menschlichen Person[5] und von Lonergan zu den Methoden[6] beruht.

Als zweites habe ich für die Bedeutung der Narrativität, des historiographischen Erzählens, das einem Menschen helfen kann, ausgehend von der Erzählung seines Lebens einen Sinn zu konstruieren, die Literatur zum hermeneutischen Ansatz der Narrativität von Ricoeur[7] und MacIntyre[8] konsultiert.

Um die Probleme besser zu verstehen, d. h. um die Realität des sexuellen Missbrauchs und anderer sexueller Gewalt zwischen Priestern und Ordensfrauen im Kontext der pastoral-seelsorglichen Beziehung oder der Zusammenarbeit in der Pastoral besser zu erfassen, habe ich als drittes die Literatur aus dem protestantischen Milieu zum Thema sexuelles Fehlverhalten in der pastoralen Beziehung zwischen Pastoren und Frauen herangezogen.[9] Zur Vertiefung des Themas habe ich weitere Autoren konsultiert; es ging mir dabei darum, den Forschungsstand zum Problem der Dysfunktionalität zu erfassen, die durch sexuelles Fehlverhalten in beruflichen Institutionen verursacht wird, und die Beziehung zwischen bestimmten Berufsgruppen (Ärzte, Psychotherapeuten, Lehrer) und den Frauen, die ihre Dienste in Anspruch nehmen, besser zu verstehen[10].

---

4   Luigi M. Rulla, *Psicologia del profondo e vocazione: le persone*, Marietti, Turin, 1978; Luigi M. Rulla, *Anthropologie de la vocation chrétienne, op. cit.*; Luigi M. Rulla, Joyce Ridick et Franco Imoda, *Entering and Leaving Vocation. Intrapsychic Dynamics*, Gregorian Biblical Book Shop, Rome, 1976.
5   Franco Imoda, *Human Development Psychology and Mystery*, Peeters, Louvain, 1998.
6   Bernard J. F. Lonergan, *Pour une méthode en théologie*, Fides, Montréal, 1978.
7   Paul Ricœur, *Temps et récit: L'intrique et le récit historique*, tome I, Seuil, Paris, 1983; *Du texte à l'action: Essais d'herméneutique*, tome II, Seuil, Paris, 1986; *Soi-même comme un autre*, Seuil, Paris, 1990.
8   Alasdair C. MacIntyre, *After Virtue. A Study in Moral Theory*, University of Notre Dame Press, Notre Dame, Indiana, 2ᵉ edition, 1984.
9   Marie M. Fortune, *Is Nothing Sacred? The Story of a Pastor, the Women he Sexually Abused, and the Congregation he Nearly Destroyed*, Wipf & Stock Pub, Eugene, Oregon, 2008; Margaret Kennedy, "Sexual Abuse of Women by Priests and Ministers to Whom They Go for Pastoral Care and Support", *Feminist Theology*, 11 (2), 2003, p. 226–235; Karen Lebacqz, Ronald G. Barton et Katherine H. Ragsdale, "Boundaries, Mutuality, and Professional Ethics", *Boundary Wars. Intimacy and Distance in Healing Relationships*, Pilgrim Press, Cleveland, Ohio, 1996; James N. Poling, *The Abuse of Power. A Theological Problem*, Abingdon Press, Nashville, Tennessee, 1991.
10 Peter Rutter, *Le sexe abusif. Lorsque les hommes en situation de pouvoir abusent des femmes...*, M. A. Éditions, Paris, 1990; Werner Tschan, *Professional Sexual Misconduct in Institutions. Causes and Consequences, Prevention and Intervention*, Hogrefe Publishing, Toronto, 2014.

Als viertes habe ich für den Sonderfall der Ordensfrauen und der Priester die Untersuchungen von Chibnall, Wolf und Duckro[11], Deodato[12] und Durà-Vilà, Littlewood und Leavey[13] herangezogen. Dieser theoretische Rahmen hat es mir ermöglicht, die Ziele meiner Untersuchung festzulegen.

4. Die Ziele und die spezifische Ausrichtung meiner Forschung

Das Hauptziel meiner Forschung besteht darin, die Beziehungsdynamiken zu untersuchen, die dem sexuellen Fehlverhalten zwischen Priestern und Ordensfrauen oder jungen Frauen in der Ausbildung zum Ordensleben zugrunde liegen, um eine präventive Formation zu entwickeln, die dieses Fehlverhalten reduzieren kann. Dabei gibt es zwei Schwerpunkte: a) die Erstellung von Leitlinien für eine präventive Formation und für eine angemessene individuelle Begleitung von Ordensfrauen, jungen Frauen in der Ausbildung zum Ordensleben, Priestern und Seminaristen im Falle eines erwiesenen sexuellen Fehlverhaltens; b) die Bereitstellung präventiver Empfehlungen zur Unterstützung der Formation: b1) um angemessene individuelle und gemeinschaftliche Grenzen aufzubauen und Techniken zum Schutz von Personen in der PB und der BZP anzugeben, b2) um Richtlinien zu erstellen, die helfen, gesunde Grenzen einzuhalten, und b3) um die Einrichtung von Strukturen und Instituten mit Hilfs- und Unterstützungsangeboten.

Meine Untersuchung ist die erste in diesen fünf Ländern in Subsahara-Afrika. Um das Problem des sexuellen Fehlverhaltens zwischen Priestern und Ordensfrauen oder jungen Frauen in der Ausbildung zum Ordensleben erforschen zu können, habe ich eine qualitative Methodik angewandt.

5. Methoden

Ich habe meine Arbeit als qualitative Forschung durchgeführt, um die Probleme des sexuellen Missbrauchs und anderer sexueller Gewalt zwischen Priestern (P) und Ordensfrauen (OF) oder jungen Frauen in der Ausbildung zum Ordensleben (JF) im Kontext einer pastoral-seelsorglichen Beziehung oder bei der Zusammenarbeit in der Pastoral in fünf Ländern in Subsahara-Afrika zu erforschen, zu interpretieren und zu verstehen. Um diese Ziele zu erreichen, habe ich mich einer qualitativen Analyse bedient. Mit Hilfe des

---

11   John T. Chibnall, Ann Wolf und Paul N. Duckro, "A National Survey of the Sexual Trauma Experiences of Catholic Nuns", *Review of Religious Research*, 40 (2), 1998, p. 142–167.
12   Anna Deodato, *Vorrei risorgere dalle mie ferite. Donne consacrate e abusi sessuali*, Dehoniane, Bologne, 2016.
13   Glòria Durà-Vilà, Roland Littlewood und Gerard Leavey, "Integration of Sexual Trauma in a Religious Narrative: Transformation, Resolution and Growth among Contemplative Nuns", *Transcultural Psychiatry*, 50 (1), 2013, p. 21–46.

hermeneutischen Ansatzes der Narrativität werden die Erzählungen der Teilnehmerinnen untersucht, um die zugrunde liegenden Beziehungsdynamiken des sexuellen Fehlverhaltens zwischen Priestern und Ordensfrauen, die zueinander in einer seelsorglichen Beziehung stehen oder gemeinsam in der Pastoral tätig sind, herauszuarbeiten.

Diese methodische Entscheidung soll dazu dienen: a) die Erfahrung der geschädigten Person zu verstehen und b) eine Lösung anzubieten, die der Realität dieser Person entspricht. Die verwendete qualitative Feldforschung beinhaltet nach Aussage von Paillé und Mucchielli einen persönlichen Kontakt mit den Personen, die im Zentrum der Untersuchung stehen, und zwar hauptsächlich durch Interviews und durch die Beobachtung der Handlungsweisen, die in den Milieus, in denen sich die Akteure bewegen, üblich sind.[14] So wie sie hier definiert ist, passt diese Methode zu meinem Vorhaben: Die Teilnehmerinnen an meiner Untersuchung haben eine schmerzhafte Erfahrung gemacht, die sie erneut in den Blick nehmen und interpretieren, um sie zu verstehen und einen Sinn zu konstruieren, und ich stand als Untersuchende an ihrer Seite, um gemeinsam mit ihnen eine angemessene Lösung zu finden. Ich habe die Teilnehmerinnen unterstützt und von ihnen gelernt, wie sie am besten begleitet werden können, um sich ihrer schmerzhaften Erfahrung zu stellen und sie zu verarbeiten. Indem ich den Teilnehmerinnen zur Seite stand, wurde es mir deutlich, wie sehr sie sich wünschen, dass ihre Geschichte gehört wird.

Die qualitative Studie verpflichtet denjenigen, der die Untersuchung durchführt, das Problem zunächst anhand von Reden, Handlungen und Dokumenten zu verstehen und sich dann zu fragen, auf welche Art und Weise die Menschen im Rahmen ihrer Haltungen und Einstellungen den Sinn dessen, was geschehen ist, konstruieren. Es ist ein induktiver Ansatz, der von einem bestimmten Aspekt ausgeht und daraus Schlussfolgerungen zieht, die in ähnlichen Kontexten von Nutzen sein könnten. Für Denzin und Lincoln ist die qualitative Forschung eine Tätigkeit, die den Untersuchenden mitten in die Welt – den geografischen und sozialen Forschungskontext – stellt und ihm ermöglicht, diese Welt durch Interpretation und praktisches Material sichtbar zu machen.[15] Meine Untersuchung dient nicht nur dazu, die Erfahrung

---

14 Pierre Paillé et Alex Mucchielli, *L'analyse qualitative en sciences humaines et sociales*, Armand Colin, Paris, 2010, p. 9.
15 *"Qualitative research is a situated activity that locates the observer in the world. Qualitative research consists of a set of interpretive, material practices that make the world visible. These practices transform the world. They turn into a series of representations, including field notes, interviews, conversations, photographs, recordings, and memos to the self. At this level, qualitative research involves an interpretive naturalistic approach to the world. This means that qualitative researchers study things in their natural settings, attempting to make sense of, or interpret, phenomena in terms of the meanings people bring to them."* [Qualitative Forschung ist eine

von Menschen kennenzulernen, zu beschreiben, zu analysieren, zu interpretieren und auf der Grundlage der Interpretation einen Sinn zu konstruieren. Sie möchte nach Charmaz[16] ausgehend von den gesammelten Daten: a) neue Theorien und Strategien mit an das untersuchte Milieu angepassten Handlungsweisen entwickeln, b) die Betreuung der Teilnehmerinnen im Kontext meiner Forschung auswerten und Empfehlungen im Hinblick auf andere Ordensfrauen, Priester und Seminaristen geben, c) eine präventive Formation durchdenken, planen und erstellen. Dazu musste ich einige grundlegende Daten sammeln. Das sexuelle Fehlverhalten von Priestern gegenüber Ordensfrauen in Subsahara-Afrika war bisher noch nicht erforscht worden. Der qualitative Ansatz, vor allem der emergenzbasierte oder konstruktivistische Ansatz von Charmaz[17], ist flexibel. Er hat mir die Möglichkeit geboten, das Thema in diesem Kontext zu erforschen und eine prospektive Theorie zu erstellen.

Für die Datenerhebung habe ich das halbstrukturierte Interview[18] verwendet. Es geht von Fragen aus, um das Ziel der Forschung zu erreichen. Das halbstrukturierte Interview stellt einen Kontakt zur Teilnehmerin her, gibt ihr das Wort und ermöglicht es ihr, frei über ihre Erfahrungen zu berichten.

6. Der Aufbau dieser Forschungsarbeit

Diese Forschungsarbeit besteht aus einer allgemeinen Einleitung, sechs Kapiteln und einer abschließenden Schlussbetrachtung. In den Kapiteln 1-3 werden dargestellt: 1) der historische und kirchliche Kontext in Subsahara-Afrika, der eine gesunde Zusammenarbeit zwischen Priestern und geweihten Frauen für eine effektive Evangelisierung erfordert; 2) der theoretische Rahmen, in dem diese Studie durchgeführt wurde, d.h. der narrativ-hermeneutische Ansatz; und 3) der konzeptionelle Rahmen, der aus den Definitionen der folgenden Begriffe besteht: die affektive und sexuelle Reife, die pastoral-seelsorgliche Beziehung, die Beziehungen in der Zusammenarbeit, der Begriff der sexuellen

situierte Tätigkeit, die den Beobachter in der Welt verortet. Qualitative Forschung besteht aus einer Reihe von interpretativen, materiellen Praktiken, die die Welt sichtbar machen. Diese Praktiken transformieren die Welt. Sie verwandeln sich in eine Reihe von Repräsentationen, die u.a. Feldnotizen, Interviews, Gespräche, Fotografien, Aufzeichnungen und Notizen an das Selbst umfassen. Auf dieser Ebene beinhaltet die qualitative Forschung einen interpretativen, naturalistischen Zugang zur Welt. Das bedeutet, dass qualitative Forscher die Dinge in ihrem natürlichen Umfeld untersuchen und versuchen, Phänomene im Hinblick auf die Bedeutungen, die Menschen ihnen verleihen, zu verstehen oder zu interpretieren.] Norman K. Denzin und Yvonna S. Lincoln, *Handbook of Qualitative Research*, Sage publications, Los Angeles/Londres, 4ᵉ édition, 2011, p. 3.

16 Kathy Charmaz, *Constructing Grounded Theory. A Practical Guide through Qualitative Analysis*, Sage, Londres, 2006; *Constructing Grounded Theory*, Sage, Londres/ Thousand Oaks (California), 2014.
17 *Ibid.*
18 Kathy Charmaz, *Constructing Grounded Theory, op. cit.*, p. 30–31.

Gewalt und weitere wichtigere Begriffe. Die Kapitel 4-6 enthalten: 4) die Vorstellung der qualitativen Methode, die zur Beschreibung der Datenerhebung angewandt wurde; 5) die Ergebnisse der Feldforschung (die Erzählungen), ihre Analyse, ihre Interpretation, Kommentare und Diskussionen; und 6) die Formation und präventive Empfehlungen zum Aufbau von Grenzen und Richtlinien sowie zur Betreuung und Begleitung der Opfer.

I. HINTERGRUND DER FORSCHUNG

1. Einleitung

Meine Untersuchung ist eine konkrete Antwort auf das Schreiben von Papst Benedikt XVI. an Afrika, das er als „die geistliche Lunge für die Menschheit"[1] bezeichnet. In diesem in Benin, auf afrikanischem Boden unterzeichneten Schreiben wird Afrika aufgefordert, „aufzustehen" und den „kostbaren Schatz", der in seiner Seele liegt, ins Spiel zu bringen. Afrika solle „Salz der Erde" und „Licht der Welt" (Mt. 5,13–14) sein. Es solle seinen Platz und seine Position als „Mutter, Quelle der Lebenskraft, die auf Gott ausgerichtet ist" einnehmen, wie Hondocodo[2] sagt, um auf diesem Kontinent eine „Spiritualität der Schwangerschaft, eine Spiritualität der Menschwerdung" von Jesus Christus wachsen zu lassen, der durch die Kraft des Geistes Gottes, des Vaters, im Schoß der Jungfrau Maria für alle Mensch geworden ist, diesen Jesus Christus, den die Missionare Afrika verkündet haben. Wie eine Mutter das Stöhnen, das Schreien und das Leiden ihres Kindes spürt, sieht, hört und dann aufsteht, um ihm zu helfen und beizustehen, es zu waschen und es zu erziehen, so erhebt sich auch Afrika. Es bezieht angesichts der „Wunden"[3], der offenen Skandale der Kirche, Stellung als ein Vorreiter in vorderster Reihe.

2. Der Kontext der Untersuchung

Ich habe als geographischen Kontext Subsahara-Afrika gewählt. Diese Entscheidung hat sich nicht zuletzt durch die Frauen ergeben, die als Teilnehmerinnen an meiner Arbeit mitgewirkt haben. Die Hauptteilnehmerinnen sind Ordensfrauen aus vier westafrikanischen und einem ostafrikanischen Land. In all diesen Ländern wird Französisch gesprochen. Die Ordensfrauen sind

---

1 Benedikt XVI, *Africae munus*, nachsynodales apostolisches Schreiben über die Kirche in Afrika im Dienst der Versöhnung, der Gerechtigkeit und des Friedens, 2011, n° 13.
2 Senyanu Louis Hondocodo, *Afrique lève-toi ! Pour la naissance d'un monde nouveau, deviens qui tu es : mère*, Livre I, Éditions La Croix du Bénin, Cotonou, 2015, p. 52–57.
3 Am 18. Januar 2018 hat Papst Franziskus auf der Rückreise aus Chile den Ausdruck „offene Wunde der Kirche" verwendet, als er auf Fragen von Journalisten hin über den sexuellen Missbrauch an Minderjährigen sprach.

dorthin gekommen, haben dort gearbeitet und in diesem Kontext auch ihre Erfahrungen mit Missbrauch in der pastoralen Beziehung und bei der Zusammenarbeit mit Priestern in der Seelsorge gemacht.

2.1 Geographische Lage

Subsahara-Afrika ist die Region auf dem afrikanischen Kontinent, die südlich der Wüste Sahara liegt. Sie umfasst 48 Länder mit etwas mehr als einer Milliarde Einwohnern. Die fünf Länder Subsahara-Afrikas, die für meine Forschung relevant sind, haben einige Aspekte gemeinsam, nämlich eine Geschichte des Sklavenhandels, der Kolonialisierung und der Evangelisierung.

2.2 Kurzer historischer Abriss

Historisch gesehen wurden die meisten Länder Subsahara-Afrikas[4] ab dem 15. Jahrhundert nach und nach durch den Sklavenhandel und die Kolonialisierung geprägt. In der zweiten Hälfte des 20. Jahrhunderts erlangten alle diese Länder die Unabhängigkeit. Ghana zum Beispiel wurde 1957 unabhängig, Guinea 1958. Für die meisten dieser Länder war 1960 das Jahr der Unabhängigkeit: für Benin, Burkina Faso, Kamerun, Belgisch-Kongo, Elfenbeinküste, Gabun, Niger, Nigeria, Senegal, Togo. Andere Länder wie Sierra Leone und Ruanda erlangten ihre Unabhängigkeit 1961 bzw. 1962.

Die Verbindung zwischen Sklaverei und Kolonialisierung machte Afrika für die europäischen Kolonialherren interessant, die immer weiter in den Kontinent eindrangen. So sei hier etwa die Invasion in die Gebiete an der Westküste Afrikas genannt, die portugiesische Expansion im 15. Jahrhundert, die von Benin ausging.[5] Diese Hinweise sollen die Anfänge der Evangelisierung Afrikas einordnen.

2.2.1 Kurze Geschichte der Evangelisierung in Subsahara-Afrika

Die Evangelisierung Afrikas wurde durch eine offizielle Stellungnahme der erst einige Jahre zuvor gegründeten Kongregation *Propaganda Fide* im Jahr 1634 gefördert,[6] mit der die Kirche die Missionierung der Küstengebiete am Atlantischen Ozean den missionarischen Ordensinstituten übertrug. Das erste von ihnen waren die Kapuziner (1637) an der Elfenbeinküste und in Benin

---

4 Wenn wir im Folgenden von Subsahara-Afrika sprechen, bezeichnen wir damit unseren Forschungskontext, d.h. vier Länder Westafrikas und ein Land Ostafrikas.
5 Jean Bonfils, *La mission catholique en République du Bénin, des origines à 1945*, Karthala, Paris, 1999, p. 11.
6 *Ibid.*, p. 12.

(1644). Danach folgten die Spiritaner (1841), die Gesellschaft der Afrikamissionen, auch als Lyoner Seminar bezeichnet (1859) und die Gesellschaft der Missionare von Afrika – Weiße Väter im Gebiet der Mossi (Burkina Faso) im Jahr 1899[7]. Was Togo betrifft, so schlug Papst Leo XIII 1887 dem Gründer der Steyler Missionare, dem Deutschen Arnold Janssen (1837–1909), vor, sich um die Missionierung einer der afrikanischen Kolonien Deutschlands zu kümmern.[8] Er wählte Togo für eine Mission, in der die Patres der Gesellschaft der Afrikamissionen (sma[9]) aus Lyon bereits aktiv waren. Die Evangelisation in Ruanda (1900) wurde laut Rudakemwa[10] von der Gesellschaft der Missionare von Afrika – Weiße Väter (sma-pb) durchgeführt. Die Evangelisierung in den Ländern Afrikas hat seit diesen Anfängen einen ungebrochenen und kontinuierlichen Fortschritt erlebt.

Auf der Synode für Afrika im Jahr 1995 wurde die Situation der Evangelisierung analysiert. Die Arbeiten führten zu dem nachsynodalen apostolischen Schreiben *Ecclesia in Africa* von Papst Johannes Paul II., in dem er anerkennend feststellte, dass die Töchter und Söhne Afrikas ihren Glauben und ihr Leben in der Nachfolge Jesu Christi selbst in die Hand nehmen. Sie setzen das Werk der Missionare fort und zeigen die Identität und das Gesicht einer Kirche, die „Familie Gottes" ist. Man sah dies als einen günstigen Augenblick, eine „Stunde Afrikas" (Nr. 6), die einen Impuls und eine Ermutigung für Afrika darstellte, das seine evangelisierende Mission fortsetzen muss. Im nächsten Abschnitt stellen wir den Kontext der Kirche heute dar.

2.3 Der kirchliche Kontext in Subsahara-Afrika

Die Evangelisierung der Kirche in Subsahara-Afrika sowie das Leben und die Sendung der Priester und Ordensfrauen beruhen auf dem Glauben an den Dreifaltigen Gott. Die Evangelisierung braucht eine offene und aufrichtige Zusammenarbeit in verschiedenen Bereichen des kirchlichen Lebens. Die Kirche, die Familie Gottes, blüht. Dies zeigte sich in der steigenden Zahl von Katechumenen, getauften Christen und Pfarreien, der Entstehung von Pries-

---

7 Gabriel Pichard, *Une Église qui libère. Quelques étapes d'évangélisation de l'Afrique de l'Ouest et du Burkina Faso*, Archives des Missionnaires d'Afrique, Curie généralice, Rome, 2000, p. 15–23.
8 Hinweis aus dem Archiv des Generalats der Steyler Missionare in Rom.
9 sma ist das Ordenskürzel für die Gesellschaft der Afrikamissionen (*Société des missions africaines*). Die Gesellschaft der Missionare von Afrika, die auch Weiße Väter genannt werden, haben das gleiche Kürzel. Wir werden die Weißen Väter im Folgenden durch das Kürzel sma-pb (*Société des missions africaines – Pères blancs*) bezeichnen.
10 Fortunatus Rudakemwa, *L'évangélisation du Rwanda (1900–1959)*, L'Harmattan, Paris, 2005, p. 17.

ter- und Ordensberufungen, der Einrichtung von Missionsschulen, karitativen Werken und sozialen Werken wie Ambulanzen, Gesundheitszentren, Krankenhäusern, Waisenhäusern und Internaten. In den Seminaren vor Ort gibt es junge Männer, die sich zum Priester ausbilden lassen und für den Dienst an ihren Brüdern und Schwestern zur Verfügung stehen. Die Missionsinstitute, die sich in Afrika befinden, nehmen immer mehr Kandidaten und Kandidatinnen auf, die zur Evangelisierung außerhalb Afrikas ausgesandt werden. Das Schreiben *Ecclesia in Africa* (Nr. 134) stellt dankbar fest, dass die jungen afrikanischen Missionsinstitute ihre Mitglieder *ad gentes* aussenden und sich so an der Missionstätigkeit der Gesamtkirche beteiligen. Dies ist eine Entwicklung, die von der Reife, der Vitalität und der Dynamik der Kirche in Afrika zeugt. Wir stellen ihre Organisation im nächsten Absatz vor.

2.3.1 Die Organisation der Kirche in Subsahara-Afrika

Die Kirche ist in Diözesen und Pfarreien organisiert. Die Pfarrei ist eine diözesane Struktur, für eine nicht festgelegte Anzahl von Christen. Man unterscheidet zwischen der Mutterpfarrei, d.h. der zentralen Gemeinde, und den Nebenstationen, die angrenzende, kleinere Gemeinden sind.

Das pastorale Leben in jeder Pfarrei erfordert die Zusammenarbeit zwischen dem oder den Priestern der Pfarrei, den Katecheten und den Ordensfrauen (falls es dort eine Schwesterngemeinschaft gibt). Alle kooperieren beim katechetischen Unterricht, bei der Organisation und der Begleitung von Gebetsgruppen und sowie der Gruppen der Action Catholique[11]. Eine Pfarrei kann auch katholische Einrichtungen betreiben. Beispielsweise ist die Pfarrschule eine katholische Einrichtung, deren Bildungsangebot sich an alle Kinder aus katholischen Familien und auch an nicht-katholische Kinder richtet.

Einige Bischöfe lassen im Hinblick auf die Bedürfnisse der Menschen und zur Evangelisierung in verschiedenen Pfarreien ihrer Diözese Krankenstationen, Schulen, Sozialzentren, Waisenhäuser und andere Zentren mit einer sozialen Aufgabe errichten. Sie wenden sich dabei an Ordensgemeinschaften von Männern und Frauen, um den/die Priester der Pfarrei bei der Leitung dieser Werke zu unterstützen. Für das gute Funktionieren dieser Einrichtungen ist eine Zusammenarbeit zwischen dem oder den Priestern der Pfarrei und den Ordensfrauen, die in der Pfarrei leben, erforderlich.

---

11 http://toulouse.catholique.fr/Mouvements-d-Action-Catholique (konsultiert am 15. März 2015). Diese Laienbewegung der katholischen Kirche gibt es in allen Ortskirchen, wobei die Bezeichnungen oder Abkürzungen von Land zu Land variieren können. Es gibt Gruppen für Kinder, Jugendliche und junge Erwachsene (Schüler, Studenten, berufstätige junge Menschen) und Erwachsene (Frauen, Männer, Familien).

2.4. Die Notwendigkeit der Zusammenarbeit

Schon am Beginn der Evangelisierung in den verschiedenen Ländern Subsahara-Afrikas befürworteten die ersten Missionare im Hinblick auf das Wachstum des christlichen Glaubens Formen von Zusammenarbeit. Sie schauten auf die Charakteristika der Bevölkerung und auf die Anhänger des katholischen Glaubens und erkannten schnell, dass sie sich nicht allein um die Ausbildung neuer Christen kümmern und die Bedürfnisse der Menschen erfüllen konnten. Daher sahen sie die Dringlichkeit der Zusammenarbeit mit Ordensfrauen, die laut Ehl die besten und treuesten Helferinnen des Pfarrklerus sind.[12] Ordensfrauen sind seit Beginn der Evangelisierung in Afrika in verschiedenen Bereichen der Pastoral involviert. Als Beispiel seien hier die Weißen Väter der Gesellschaft der Missionare von Afrika (sma-pb) genannt, die in dieser Absicht 1868 in Begleitung der Weißen Schwestern in Afrika ankamen, oder die Gründung der Schwestern Unserer Lieben Frau von den Aposteln im Jahr 1876 durch Pater Planque, den ersten Generaloberen der Gesellschaft der Afrikamissionen.[13]

2.4.1 Die Zusammenarbeit zwischen Priestern und Ordensfrauen als Motor der Evangelisierung

Die respektvolle, wahre und reife Zusammenarbeit zwischen Priestern[14] und Ordensfrauen ist eine konstruktive Hilfe, um Menschen für Christus zu gewinnen. Sie stärkt den Glauben der Christen und zieht Nichtchristen an. Aus diesem Grund wurden von Beginn der Evangelisierung an Ordensfrauen einbezogen, wie ein Briefwechsel zwischen den ersten Missionaren in Togo (Steyler Missionare) und ihrem Generaloberen aus dem Jahr 1896 bestätigt: „Wir sind hier, wo die Menschen uns immer fragen, wann die Schwestern kommen."[15] Die Menschen warteten von Anfang an auf den Einsatz der Ordensfrauen. Die afrikanischen Bischöfe, die den Missionsbischöfen folgten, entschieden sich ebenfalls für eine Zusammenarbeit von Priestern und Ordensfrauen in der Pastoral. Oft luden sie Ordensfrauen ein, eine Niederlassung zu errichten und mit den Diözesanpriestern zusammenzuarbeiten, wie der Brief des verstorbenen Mgr. Chrétien M. Bakpessi, Bischof der Diözese Sokodé in Togo, an die Generaloberin Schwester Leonis Sobish von den Katharinenschwestern aus dem Jahr 1979 zeigt: „Vielen Dank vor allem für die positive Antwort, die

---

12 Anton Ehl, *Direction spirituelle des religieuses. Principes et applications*, traduit de l'allemand par Joseph Creusen, Desclée de Brouwer, Paris, 1936, p. 23.
13 Gabriel Pichard, *Une Église qui libère*, op. cit., p. 15.
14 Das Wort *Priester* bezeichnet in diesem Text sowohl den Diözesanpriester wie den Ordenspriester.
15 Karl Müller, *Geschichte der Katholischen Kirche in Togo*, Steyler Verlagsbuchhandlung, Kaldenkirchen, 1958, p. 94.

Sie auf unsere Bitte geben, eine kleine Niederlassung in unserer Diözese zu gründen."[16] Das Netzwerk der fruchtbaren Zusammenarbeit zwischen Priestern und Ordensfrauen wird in diesem Briefwechsel deutlich. Das Ziel dieser Zusammenarbeit ist es, den Menschen zu dienen und Jesus Christus zu bezeugen, der liebt, lehrt, heilt und nährt.

Im nachsynodalen Schreiben *Ecclesia in Africa* von Papst Johannes Paul II. aus dem Jahr 1995 wurde in Bezug auf die Lage der Frauen in Afrika festgestellt: „Ihre Rechte und Pflichten in Bezug auf den Aufbau der Familie und die volle Beteiligung an der Entwicklung der Kirche und der Gesellschaft wurden nachdrücklich unterstrichen." (Nr. 121) Der Platz und die Rolle der Frau in der afrikanischen Gesellschaft und in der Kirche werden immer deutlicher. Die meisten afrikanischen Frauen im Allgemeinen und die afrikanischen Ordensfrauen im Besonderen haben eine angemessene Ausbildung erhalten, so dass sie auf der entsprechenden Ebene an der apostolischen Tätigkeit der Kirche in der Gesellschaft teilhaben können.

Die Synodenväter betonten auch, dass „die Geschichte bestätigt, dass durch das Wirken des Heiligen Geistes Evangelisierung vor allem durch das Zeugnis der Liebe, das Zeugnis der Heiligkeit, erfolgt." (Nr. 136) Die Dimension des Lebens in Heiligkeit und des christlichen Zeugnisses unterstützt die Evangelisierung und gleichzeitig „die Stärkung des Glaubens und des Zeugnisses der Christen." (Nr. 142) Mit diesen Worten erinnert die Synode die Christen in Afrika daran, dass die Sendung der Weltkirche darin besteht, „Salz der Erde und Licht der Welt" (Mt. 5,13) zu sein. Das Zeugnis aller Christen wird mit der Gnade Gottes zum wirksamsten Instrument für die Evangelisierung in einer pluralistischen Gesellschaft. Es besteht aus der Verkündigung des Wortes Gottes, der Weitergabe der katholischen Lehre und Tradition, aus Werken der Nächstenliebe und dem alltäglichen Leben, die alle von Jesus Christus, seinem Reich, Zeugnis ablegen.

> „In der pluralistischen Gesellschaft unserer Tage ist es vor allem dem Engagement der Katholiken im öffentlichen Leben zu verdanken, dass die Kirche einen wirksamen Einfluss auszuüben vermag. Von den Katholiken — ob es sich um freiberuflich tätige Akademiker oder Lehrer, Geschäftsleute oder Angestellte, Polizeibeamte oder Politiker handelt — erwartet man sich, dass sie in ihrer alltäglichen Arbeit ein Zeugnis von Güte, Wahrheit, Gerechtigkeit und Gottesliebe ablegen." (Nr. 108)

Diese Ermahnung betont die Haltung afrikanischer Christen, die ihre eigene Evangelisierung fortsetzen, indem sie die Nachfolge Jesu Christi im Alltag verwirklichen. Die Dimension des kirchlichen Zeugnisses ist dabei zentral.

---

[16] Aus dem Archiv der Katharinenschwestern in Grottaferrata.

2.4.2 Die kirchliche Dimension des Zeugnisses

Das christliche Leben ist eine Beziehung zu Jesus Christus. Es ermöglicht, ihn kennenzulernen, ihn lieben zu lernen und sich vom Heiligen Geist verändern zu lassen. Insofern ist das christliche Zeugnis eine Folge des Lebens im Dreifaltigen Gott. In dieser Dynamik spiegelt die Gemeinschaft der Christen Jesus Christus als Licht wider. Die Gemeinschaft mit Jesus Christus macht die Kirche, die Familie Gottes, in der großen afrikanischen Familie, die sich aus vielen Kulturen und Religionen zusammensetzt, zum Sauerteig, der alles durchsäuert und allem Geschmack verleiht. Die Priester und Ordensleute sollten „die innige Freude über seine Liebe" und „die Begeisterung, das Gute zu tun"[17] weitergeben, die das menschliche Herz erreichen und es dazu bewegen, sich für den auferstandenen Jesus Christus zu entscheiden und ihm zu folgen.

Das Lebenszeugnis der Kirche erfordert ein geistliches Leben, das in Gemeinschaft mit Jesus gelebt wird, der die Gläubigen verwandelt. Die geistliche Formation aller Christen kann ebenso wie die besondere Ausbildung für Seminaristen, für junge Männer und Frauen in der Ausbildung zum Ordensleben, für Priester und Ordensfrauen, dabei helfen, sich für die verwandelnde Kraft des Geistes Jesu bereit zu machen. Priester und Ordensfrauen, die von Jesus geprägt und verwandelt wurden, können sich gemäß ihrer Berufung im Dienst an anderen einsetzen und zusammenarbeiten und dadurch Jesus Christus bezeugen.

Die pastoral-seelsorgliche Beziehung und die Zusammenarbeit zwischen Priestern und Ordensfrauen ist eine Hilfe für die Evangelisierung innerhalb der Kirche. Sie ist auch eine Hilfe für das Leben von Priestern und Ordensfrauen, damit sie sich gemeinsam den verschiedenen Herausforderungen stellen können, die zum Leben der Kirche gehören. Es gibt dabei jedoch Risiken und sexuelles Fehlverhalten, das in sexuellem Missbrauch oder anderer sexueller Gewalt zwischen Priestern und Ordensfrauen sichtbar wird. Diese Risiken und das Fehlverhalten stellen eine offene Wunde dar, die die Zusammenarbeit für die große Sache des Evangeliums lähmt. Es besteht also die Notwendigkeit, sich damit zu befassen. Das Apostolische Schreiben *Ecclesia in Africa* von Johannes Paul II. (1995) erklärt in Nr. 106 mutig:

> „Die afrikanischen Kirchen haben auch zugegeben, dass in ihrem Bereich gegenüber denen, die in ihrem Dienst stehen, nicht immer die Gerechtigkeit geachtet wird. Die Kirche muss Zeuge der Gerechtigkeit sein und anerkennt deshalb, dass jeder, der es wagt, zu den Menschen von Gerechtigkeit zu sprechen, sich selbst bemühen muss, in deren Augen gerecht zu sein. Daher muss [...] der Lebensstil der Kirche sorgfältig überprüft werden."

---

[17] Franziskus, *Evangelii Gaudium*, apostolisches Schreiben über die Verkündigung des Evangeliums in der Welt von heute, Nr. 2.

I. Hintergrund der Forschung

Es ist eine Ermahnung an die Kirche als Familie Gottes, sich selbst zu überprüfen und der Ungerechtigkeit in ihrem Inneren entgegenzutreten. Das postsynodale Schreiben *Africae munus* von Papst Benedikt XVI. (2011) besagt, dass die Kirche als Familie Gottes in Afrika den Dienst der Versöhnung, der Gerechtigkeit und des Friedens unter ihren Söhnen und Töchtern leiten, orientieren und erleichtern muss. Papst Benedikt XVI. war beeindruckt von der Qualität der Beiträge, mit der die Synodenväter und andere Personen während der Versammlung gesprochen haben. „Der Realismus und der Weitblick ihrer Aussagen haben die christliche Reife des Kontinents bewiesen. Sie scheuten sich nicht, der Wahrheit ins Auge zu sehen, und sie haben sich ernstlich bemüht, über mögliche Lösungen der Probleme nachzudenken, mit denen ihre Teilkirchen und sogar die Weltkirche konfrontiert werden." (Nr. 4)

Ausgehend von dieser Aussage können wir sagen, dass die Kirche in Afrika in der Lage ist, sich ihren Konflikten und internen Herausforderungen zu stellen und ihren Beitrag zur Weltkirche zu leisten. Es gibt mehrere Herausforderungen, die Gegenstand der Forschung sein könnten, so etwa sozio-politische, ethnische, wirtschaftliche und ökologische Ungerechtigkeiten, aber ebenso Ungerechtigkeiten in der Beziehung zwischen Menschen. Wir werden uns hier auf das sexuelle Fehlverhalten von Priestern konzentrieren, das sie an Ordensfrauen oder jungen Frauen in der Ausbildung zum Ordensleben begangen haben.

2.5 Herausforderungen in den Beziehungen zwischen Priestern und Ordensfrauen

Die Geschichte und der kirchliche Kontext, die wir beschrieben haben, zeigen die Möglichkeit von Begegnungen aller Art zwischen Priestern und Ordensfrauen. Diese nahen Beziehungen zwischen Priestern und Ordensfrauen sind notwendig und unumgänglich, um zu leben, zu arbeiten und Jesus Christus zu verkünden. Leider ist die Art und Weise, wie diese Beziehungen gelebt werden, nicht immer positiv. Manchmal sind sie sogar dem Zeugnis, das die Beteiligten eigentlich ablegen wollen, diametral entgegengesetzt. Die Kirche in Afrika als Familie Gottes sollte wissen, wie man diese Beziehungen auf gesunde und konstruktive Weise leben kann. Es ist an der Zeit, im Dialog mit der Weltkirche herauszufinden, was man tun kann, um Priestern und Ordensfrauen zu helfen, „innere Grenzen" auszubilden, d.h. eine ausreichende Reife zu erlangen, um die persönliche Intimität und die Intimität anderer in der pastoralen Beziehung und in der Zusammenarbeit zu respektieren.

2.5.1 Negative Zeugnisse in den Beziehungen zwischen Priestern und Ordensfrauen

Die 1998 von J. T. Chibnall und seinen Kollegen in den USA durchgeführte Umfrage belegt, dass mehr als eine von zehn Ordensfrauen das Trauma eines sexuellen Missbrauchs durch einen Priester erlitten hat, der ihr gegenüber die Rolle des geistlichen Begleiters inne hatte.[18] Durà-Vilà und seine Kollegen untersuchten 2013 Berichte über die sexuelle Ausbeutung von fünf kontemplativen Ordensfrauen durch Priester, die entweder ihre geistlichen Begleiter oder ihre Beichtväter waren, und analysierten die traumatischen Folgen, die sich in Spanien aus diesen inakzeptablen Beziehungen ergeben haben. 2016 schreibt Deodato in Italien über das Leiden von vier Ordensfrauen, die von Priestern oder von ihren Oberinnen missbraucht wurden. Es stellt sich die Frage, warum dieses Problem ausgerechnet in einer pastoral-seelsorglichen Beziehung entsteht, die eigentlich die Quelle für einen Austausch ist, der die menschliche und geistliche Bildung fördern sollte.

2.5.2 Sexuelle Skandale in der Kirche von heute

Die Kirche hat in den letzten Jahren in den Worten Cencinis eine Eruption mit der Gewalt eines Tsunami[19] aus skandalösen sexuellen Übergriffen gegenüber Minderjährigen durch Priester und Ordensleute erlebt. In Bezug auf sexuelles Fehlverhalten und sexuelle Ausbeutung zwischen Priestern und Ordensfrauen nenne ich hier als Beispiel den Bericht von Schwester Maura O'Donohue[20] aus dem Jahr 1994. Schwester Maura O'Donohue, die ins Land gekommen war, um die kirchlichen Mitarbeiter weiter für das AIDS-Problem zu sensibilisieren und um für Caritas International Gesundheitsprogramme zu organisieren, entdeckte vor Ort eine bis dahin unbekannte Realität: die sexuelle Ausbeutung von Ordensfrauen, die in den von der AIDS-Epidemie schwer betroffenen Ländern als „sichere" Partnerinnen angesehen wurden. Schwester M. O'Donohue erklärte in ihrem Bericht, dass zwar 23 Länder in unterschiedlichem Ausmaß von AIDS betroffen seien, dass aber die überwiegende Mehrheit der Taten in Subsahara-Afrika verübt wurden. Ein zweiter Bericht[21] wurde dem Vatikan drei Jahre später, im November 1998, von Schwester Marie McDonald, der damaligen Generaloberin der Missionsschwestern Unserer Lieben Frau von Afrika (Weiße Schwestern), vorgelegt, in dem sie den sexuellen Missbrauch und die Vergewaltigung von Schwestern in Afrika durch Priester anprangerte. Zwar ist nicht nur Afrika allein betroffen, aber die genannte skandalöse Situation in der Kirche in Afrika, die zum sexuellen Missbrauch von Minderjährigen durch Priester hinzukommt,

---

18 John T. Chibnall, Ann Wolf et Paul N. Duckro, "A National Survey of the Sexual Trauma Experiences of Catholic Nuns", *art. cit.*, p. 158.
19 Amedeo Cencini, *È cambiato qualcosa? La Chiesa dopo gli scandali sessuali*, Dehoniane, Bologne, 2015, p. 15.
20 Schwester Maura O'Donohue ist Ärztin und Aids-Koordinatorin beim Catholic Overseas Development Fund, einer britischen Organisation, die dem Caritasverband angehört.
21 Dieser Bericht wurde von der in Kansas City ansässigen unabhängigen katholischen Wochenzeitung *The National Catholic Reporter* am 28. März 2001 veröffentlicht.

ist besorgniserregend. Die Fälle von sexuellem Missbrauch sind eine Realität in der Kirche und in der Gesellschaft, die Papst Franziskus als „offene Wunden"[22] bezeichnet hat.

Papst Franziskus erkennt an, dass es sich bei dem Skandal um Ordensfrauen, die von Priestern missbraucht wurden, um ein reales Problem handelt.[23] Im apostolischen Schreiben in Form eines Motu Proprio *Vos estis lux mundi*[24] fordert er die gesamte Kirche auf, dagegen vorzugehen und konkrete Maßnahmen zu ergreifen. Wie Hamidou Kane sagt: „Eine Wunde, die man vernachlässigt, heilt nicht, sondern die Infektion wird nur immer schlimmer, bis sich schließlich ein Wundbrand entwickelt."[25] Daher ist es wichtig, dieser Wunde Aufmerksamkeit zu schenken, damit sie nicht zu einem Wundbrand wird, der die Kirche in Subsahara-Afrika auf ihrem Weg zur Hoffnung, zu Jesus Christus, behindert.

Schwester Maura O'Donohue hat versucht, diese Realität beim Heiligen Stuhl anzuprangern, damit Maßnahmen dagegen ergriffen werden; ich dagegen möchte die Dynamiken verstehen, die dem sexuellen Fehlverhalten von Priestern gegenüber Ordensfrauen in der pastoralen Beziehung oder in der Zusammenarbeit zugrunde liegen. Dies soll Ansatzpunkte aufzeigen, um vorzubeugen, zu sensibilisieren, zu begleiten und Verantwortung zu übernehmen.

3. Zusammenfassung und Ausblick

Die Kirche als Familie Gottes in Afrika ist dynamisch, lebendig und blüht. Dank der letzten beiden Bischofssynoden für Afrika (1995 und 2011) und dank der beiden nachsynodalen Schreiben *Ecclesia in Africa* und *Africae munus* ist die Kirche als Familie Gottes in ihrem Evangelisierungsprozess gereift und kann sich den Herausforderungen in ihrem Inneren, in der afrikanischen Gesellschaft, stellen. Alle Menschen sollten ihre Beziehung zum Dreifaltigen Gott durch ihr christliches Leben bezeugen. Afrikanische Christen bemühen sich, ihren Glauben zu leben. Die meisten Priester und Ordensfrauen leben ihre Weihe an Gott mit Hingabe. Nichtsdestotrotz gibt es auch Skandale von sexuellem Fehlverhalten von Priestern gegenüber Ordensfrauen, die dieses christliche Zeugnis beeinträchtigen. Diese Realität ist eine Herausforderung,

---

[22] Antwort von Papst Franziskus auf Fragen von Journalisten am 18. Januar 2018 auf seiner Rückreise aus Chile.
[23] Äußerung von Papst Franziskus am 5. Februar 2019 während seiner Rückreise aus den Vereinigten Arabischen Emiraten in einer seiner Antworten auf Fragen von Journalisten.
[24] Franziskus, Apostolisches Schreiben in Form eines Motu Proprio *Vos estis lux mundi*, 7. Mai 2019.
[25] Cheikh Hamidou Kane, *L'aventure ambiguë. Récit*, 10/18, « Domane étranger », Paris, 1961, p. 84.

3. Zusammenfassung und Ausblick

der sich Subsahara-Afrika im Reifungsprozess seiner Evangelisierung mutig und entschlossen stellen muss.

Meine Untersuchung analysiert sexuelles Fehlverhalten von Priestern gegenüber Ordensfrauen in fünf Ländern Subsahara-Afrikas, das entweder in pastoral-seelsorglichen Beziehungen oder in der Zusammenarbeit in der Pastoral verübt wurde. Mein Ziel ist es, auf der Basis eines besseren Verstehens der zugrundeliegenden Mechanismen präventive Elemente für die Formation von Ordensfrauen, jungen Frauen in der Ausbildung zum Ordensleben, Priestern und Seminaristen zu entwickeln. Zentral sind dabei Empfehlungen zur Begleitung und Unterstützung dieser Frauen und Männer, damit sie auch in Zukunft das Salz der Erde und das Licht der Welt sein können: die spirituelle Lunge der Weltkirche und der Kirche als Familie Gottes in Afrika.

Im nächsten Kapitel werde ich den narrativen Ansatz als eine Methode analysieren, die es den Teilnehmerinnen an meiner Forschung ermöglicht hat, ihre Erfahrungen in Worte zu fassen und sie zu erzählen.

II. DIE NARRATIVE THEORIE

1. Einleitung

Die narrative Theorie ist eine wissenschaftliche Methode, die als Grundlage für eine gültige Analyse verwendet werden kann. Diese Theorie ist eine Hilfe, um das menschliche Leben zu beschreiben und zu verstehen. Sie wird in dieser Untersuchung als theoretischer Rahmen für das Verständnis menschlicher Erfahrungen dienen.

2. Der Mensch und die Realität

Der Mensch, der sich als ein kleines Teilchen im großen Universum vorfindet, versucht auf unterschiedliche Weisen, sich selbst, seine Erfahrungen, die anderen Menschen und das Universum zu verstehen. Der Psychologe Bruner unterscheidet dabei zwei grundlegende Arten – logisch und interpretativ – mit denen die einzelnen Menschen die Welt begreifen. Er bezeichnet die erste Art, das logische Denken und das formale Lesen der Realität, als „paradigmatischen Modus"[1]. Die Erfahrung aus dieser Perspektive zu verstehen, bedeutet, von einer empirischen Beobachtung auszugehen und eine logische Analyse durchzuführen, um eindeutig festzuhalten, was daran real und allgemeingültig ist. Die dem paradigmatischen Modus nach Cramer innewohnende Überzeugung ist, dass es im Kern aller Beobachtungen eine „unveränderliche Realität" gibt, die man entdecken muss.[2] Dieser Perspektive folgend besteht eine Untersuchung darin, auf der Grundlage einer abstrakten Argumentation die Ursachen für die Beobachtungen und die Beziehungen zwischen Ursachen und Wirkungen freizulegen und so kontextunabhängige Wahrheiten herauszuarbeiten.[3] Die Welt wird durch Wahrheiten und Gesetze regiert. Der For-

---

1 Jerome Bruner, *Acts of Meaning. Four Lectures on Mind and Culture*, Harvard University Press, 1990.
2 "*Implicit in this mode of thought is the belief that there is one immutable reality, waiting to be discovered.*" [In dieser Denkweise steckt der Glaube, dass es eine unveränderliche Realität gibt, die darauf wartet, entdeckt zu werden.] Phebe Cramer, *Storytelling, Narrative and the Thematic Apperception Test*, The Guilford Press, New York/Londres, 1996, p. 22.
3 Cáit O'Dwyer, *Imagining one's Future: A Projective Approach to Christian Maturity*, Gregorian & Biblical Press, Rome, 2000, p. 9.

scher entdeckt diese Wahrheiten und Gesetze mit Hilfe seines Fachwissens und seiner Intuition, aber er muss auch eine kohärente, logische Argumentation liefern, um die Existenz dieser Wahrheiten und Gesetze zu beweisen und andere Forscher von seinen Forschungsergebnissen zu überzeugen. So musste beispielsweise das Gravitationsgesetz, nach dem alle Körper aufeinander anziehende Kräfte ausüben und das 1687 von Newton (1643–1727) entdeckt wurde, von anderen Forschern durch Experimente bestätigt oder widerlegt werden. Die Relativitätstheorie Einsteins (1879–1955) enthält die Newtonsche Theorie und erklärt ihre Abweichungen. Diese Serie von Bestätigungen führt dazu, dass die Gravitationstheorie zu einem universellen Naturgesetz wird. Für Bruner sagen die Meister des paradigmatischen Modus nicht mehr, als ihre Ergebnisse bedeuten.[4] Mit anderen Worten: Ihre Aussagen entsprechen dem, was die Beweise belegen, ohne weitere Kommentare und Interpretationen. Cramer geht in die gleiche Richtung, wenn er feststellt, dass das, was nicht sichtbar ist, auch nicht existiert.[5]

Bruner spricht andererseits von einem „narrativen Modus".[6] Es ist das narrative Denken, das sich mit Menschen, ihren Handlungen und den ihnen innewohnenden Ursachen befasst. Im letzteren Fall liegt der Schwerpunkt auf der subjektiven Erfahrung. Der Forscher bemüht sich, die Absichten, die mit den Handlungen einhergehen, die Begleiterscheinungen und die Folgen zu verstehen.[7] Die Narrativität ist eine Form der Erzählung. Die Narrativität ermöglicht es, die Verflechtung der Ereignisse zu erkennen, die die menschliche Erfahrung prägen und durchdringen, und die Dynamik der verschiedenen Ursachen und die wichtigsten Absichten, die sie lenken, zu benennen. Ausgehend von den beiden Perspektiven, die das Verständnis der menschlichen Realität ermöglichen, der logisch-rationalen Perspektive und der narrativen, ergeben sich zwei Techniken bzw. Methoden, um die Realität mit ihren Nuancen, die aus verschiedenen Perspektiven wahrgenommen wird, zu verstehen.[8] Beide Ansätze, der rationale und der narrative, werden in den folgenden Abschnitten näher erläutert.

---

[4] "*The masters of the paradigmatic mode try to 'say no more than they mean'.*" Jerome Bruner, *Acts of Meaning, op. cit.*
[5] "*If you can't see it, it doesn't exist.*" Phebe Cramer, *Storytelling, Narrative and the Thematic Apperception Test, op. cit.*, p. 21.
[6] Jerome Bruner, *Acts of Meaning, op. cit.*
[7] Franco Imoda, *Human Development Psychology and Mystery, op. cit.*; Dan P. McAdams, *The Stories We Live by: Personal Myths and the Making of the Self*, William Morrow & Co., New York, 1993; Cáit O'Dwyer, *Imagining one's Future, op. cit.*
[8] Brenda M. Dolphin, *The Values of the Gospel: Personal Maturity and Perception*, Université pontificale grégorienne, Rome, 1991; Cáit O'Dwyer, *Imagining one's Future, op. cit.*

3. Der rationale Ansatz oder der Ansatz der positiven Wissenschaften

Der rationale Ansatz, der in den positiven Wissenschaften verwendet wird, geht von den großen Linien aus, an denen sich das Denken orientiert, um den Nachweis einer Realität zu erbringen. Es ist eine Denkweise, die auf die Auffindung von Gesetzmäßigkeiten ausgerichtet ist und sich an objektiven Paradigmen orientiert, die abstrakten, universellen und logischen Gesetzen folgen.[9] Nach einer strengen Methode werden Informationen quantitativ gesammelt und eine Hypothese aufgestellt, die die Forschung oder Studie im weiteren leiten kann. Die Analyse der Daten sollte die Hypothese bestätigen oder widerlegen. Über die Methode, den Prozess und die Ergebnisse der positiven Wissenschaften sagt Lonergan:

> „Schließlich sind die Ergebnisse der Untersuchungen kumulativ und progressiv. Der Prozess des Experimentierens bringt immer neue Daten, neue Beobachtungen und neue Beschreibungen hervor, die die Hypothese, die man überprüft, bestätigen oder widerlegen können. Wenn sie die Hypothese bestätigen, zeigt dies, dass die Untersuchung nicht völlig auf der falschen Spur ist. Wenn sie die Hypothese widerlegen, führen sie zu einer Änderung der Hypothese und möglicherweise zu einer neuen Entdeckung, was wiederum zu einer neuen Hypothese, einer neuen Schlussfolgerung und neuen Experimenten führt. Wie ein Rad dreht sich die Methode nicht nur um sich selbst: Sie bewegt sich auch vorwärts. Das Feld der beobachteten Daten wird immer größer. Neue Entdeckungen kommen zu den alten hinzu."[10]

Genauigkeit und Objektivität kennzeichnen den rationalen Ansatz in seiner Wahrnehmung der Realität. Sein Hauptziel ist die theoretische Interpretation und die Formulierung abstrakter Paradigmen, die das Verständnis der beobachtbaren, messbaren und quantifizierbaren Realität unterstützen sollen. Die rationale Methode ist in verschiedenen Untersuchungsbereichen verwendet worden, um bestimmte Phänomene zu verstehen. Exakte Berechnungen der mathematischen Wissenschaften und logische Statistiken sind ein Teil dieser Methode. So könnte man etwa im Rahmen der psychologischen Verhaltenstheorie eine quantitative Studie durchführen, um den Ablauf des Lernens in einem bestimmten Bildungskontext genauer zu verstehen und dann zu verbessern.

Der rationale Ansatz ist also eine nützliche Methode. Sie führt zu sicheren Ergebnissen, die andere Forscher öffentliche diskutieren können, um die Ergebnisse zu bestätigen und zu untermauern und um von ihnen abgeleitete

---

9 Cáit O'Dwyer, *Imagining one's Future*, op. cit., p. 10
10 Bernard J. F. Lonergan, *Pour une méthode en théologie*, op. cit., p. 7. Ich habe in meiner Untersuchung die französische Übersetzung des Werks verwendet, das im englischen Original unter dem Titel *Method in Theology* bei Herder and Herder, New York, 1972 erschienen ist.

normative, anwendungsbezogene Verallgemeinerungen zu erstellen. Die Präzision der Methode der positiven Wissenschaften verleiht dem Forscher Sicherheit und Glaubwürdigkeit. Lonergan drückt dies mit folgenden Worten aus:

> „So prägt die Methode in den Naturwissenschaften einen Forschergeist aus, und die Forschungen sind reproduzierbar. Sie betont die Genauigkeit der Beobachtungen und Beschreibungen, und diese sind reproduzierbar. Vor allem ermutigt sie zur Entdeckung, und die Entdeckungen sind reproduzierbar. Sie verlangt, dass Entdeckungen als Hypothesen formuliert werden, und die Hypothesen sind reproduzierbar. Sie verlangt, dass die Implikationen von Hypothesen abgeleitet werden, und diese Ableitungen sind reproduzierbar. Sie fordert den Forscher immer wieder auf, Experimente zu entwerfen und durchzuführen, die dazu dienen, die Implikationen der Hypothesen anhand von beobachtbaren Tatsachen zu überprüfen, und der Ablauf solcher Experimente ist reproduzierbar."[11]

Dieser fortschreitende Prozess des Experimentierens führt zur Exaktheit als entscheidendes Kriterium, das die positiven Wissenschaften auszeichnet. Das Hinterfragen bietet die Möglichkeit, die Ergebnisse zu überprüfen, um sie zu bestätigen oder zu falsifizieren.

Forscher wie Bruner, McAdams und O'Dwyer[12] finden jedoch Unzulänglichkeiten bei dieser Methode, und zwar besonders in Bezug auf das Lesen, Analysieren und Verstehen der menschlichen Erfahrung. Eine lineare und logische Beschreibung der Realitäten durch wissenschaftliche Gesetze ist notwendig, reicht aber nicht aus, um die Komplexität des menschlichen Lebens zu erklären. Ich erläutere deswegen im Folgenden den narrativen Ansatz, der in meiner Studie als Schlüssel zum Lesen der menschlichen Erfahrung gedient hat.

4. Der narrative Ansatz

Der narrative Ansatz ist eine Theorie, die konstruiert wurde, um das Denken zu erklären und zu verstehen, das sich selbst erzählt, indem es von realen, gewöhnlichen Ereignissen ausgeht, die man zeitlich und örtlich genau einordnen kann. Rulla drückt dies folgendermaßen aus:

> „Schließlich betrachtet die zeitgenössische Kultur den Menschen nicht auf abstrakte oder metaphysische Weise, idealisiert und getrennt von seiner existenziellen Realität, sondern sie betrachtet die menschliche Person, so wie sie konkret ist, in ihrer historischen, zeitlichen und geographischen Situierung."[13]

---

11 Ibid., p. 17.
12 Jerome Bruner, *Acts of Meaning, op. cit.*; Dan P. McAdams, *The Stories We Live by, op. cit.*; Cáit O'Dwyer, *Imagining one's Future, op. cit.*
13 Luigi M. Rulla, *Anthropologie de la vocation chrétienne, op. cit.*, p. 32.

In diesem Sinne ist die narrative Methode, die das Verstehen der menschlichen Erfahrung ermöglicht, weniger abstrakt und bietet stattdessen mehr Informationen, die auf bedeutsamen Erfahrungen des erzählenden Menschen beruhen.[14] Ihre idiografische Perspektive ermöglicht ein besseres Verständnis der Vorstellungskraft und der Absichten der Person. Der narrative Ansatz ermöglicht es, sich mit der menschlichen Erfahrung auseinanderzusetzen, die manchmal wie das Abwickeln eines Bandes ist, auf dem Wiederholungen und neue Elemente miteinander kombiniert sind.[15] Die Narration ist die Erzählung der Lebensgeschichte oder eines Teils der Lebensgeschichte eines Menschen. Sie kann auch verschiedene Formen annehmen (Gedicht, Märchen, Fabel, Komödie, Theater). Auf eine Ordnung hin ausgerichtet könnte sie die Ereignisse im Leben dieses Menschen nachzeichnen und miteinander verbinden, um der gesamten Realität eine Bedeutung zu geben. Der narrative Ansatz könnte in der Welt der Wissenschaft als weniger relevant erscheinen, insbesondere in der Welt der exakten Wissenschaften wie Physik und Chemie, also in Wissenschaften, die eine Überprüfung und Beweisführung erfordern. O'Dwyer ist im Hinblick auf diese Frage der Ansicht, dass man zwischen zwei Perspektiven unterscheiden muss, nämlich der humanistischen und der wissenschaftlichen, um den Wert der Narrativität, die der Erforschung der menschlichen Erfahrung dient, richtig einschätzen zu können.[16] Biologische, chemische, mathematische und physikalische Gesetze sind unverzichtbar. Aber manchmal müsse man über sie hinausgehen, um die Nuancen im Leben eines Menschen zu verstehen, indem man die Beweggründe für sein Verhalten betrachtet. Den Bereichen der „Soft Science", wie O'Dwyer sie nennt,[17] d. h. Soziologie, Anthropologie, Psychologie und Statistik, sollte mehr Raum gegeben werden, um menschliches Handeln auf einer tieferen Ebene zu interpretieren und zu verstehen. In dieser Perspektive ist die Komplementarität der beiden Ansätze unerlässlich, wenn man versuchen will, sich der Komplexität der menschlichen Erfahrung anzunähern.

5. Die Komplementarität von rationaler und narrativer Theorie

Ein interdisziplinärer Ansatz bietet den Rahmen, um die Bedeutung der rationalen und der narrativen Theorie für das Verständnis der menschlichen Erfahrung einzuordnen. Um das Geheimnis der menschlichen Person zu verstehen, bräuchte man eine geeignete Methode oder sogar eine Vision, die eine sich gegenseitig ergänzende Interaktion zwischen rationaler Kritik und

---

14 Brenda M. Dolphin, *The Values of the Gospel*, op. cit., p. 21.
15 Cáit O'Dwyer, *Imagining one's Future*, op. cit., p. 16.
16 Ibid., p. 8.
17 Ibid., p. 9.

narrativer Methode ermöglicht. McAdams stellt die beiden Methoden der rationalen Kritik und der Narrativität einander gegenüber.[18] Für ihn fördert die rationale Kritik mit ihren Paradigmen und theoretischen Konstruktionen nicht die Offenheit für eine Interaktion unterschiedlicher Meinungen. Nicht alle Realitäten sind aber offensichtlich und klar; es gibt Realitäten, die eine Mehrdeutigkeit in sich tragen.[19] Die rationale Methode allein reicht also nicht aus, um die Wünsche, Emotionen, Bedürfnisse und das soziale Verhalten des Menschen zu verstehen. Die Realität der menschlichen Person ist komplex und wird in der Tiefe durch das Erzählen verstanden, das sich mehr mit der Bedeutung als mit den Fakten beschäftigt.[20] Die Erkenntnis wächst, dass die Gesetze der exakten Wissenschaften zwar notwendig und sehr hilfreich sind, aber nicht ausreichen, um die menschliche Realität mit ihren feinen Verzweigungen zu erfassen.[21] Die menschliche Person ist ein „Geheimnis", sagt Imoda.[22] Indem er dies sagt, zeigt Imoda den tiefen und ganzheitlichen Aspekt der menschlichen Realität auf, die mithilfe verschiedener Wissensgebiete und Instrumente erfasst werden müsse. Um die Komplexität der menschlichen Person zu verstehen, bedarf es nicht nur einer Erklärung, sondern auch einer Interpretation. Ricoeur schlägt die Interpretation als Methode vor, um die menschliche Erfahrung besser verstehen zu können.[23] In diesem Sinne ist auch O'Dwyer der Meinung, dass man auf andere inklusive Methoden zurückgreifen solle, die notwendig seien, um die abstrakte Dimension der Methode des rationalen Ansatzes zu ergänzen.[24] O'Dwyer konkretisiert diese Aussage durch ihre Studie, mit der sie herausfinden wollte, wie reif oder unreif ein Mensch ist, um nach den Werten des Evangeliums zu leben. Um dies zu tun, stellte sie die Teilnehmer auf eine Probe.[25] Die Anweisung für diesen Test lautete: Die Teilnehmer sollten sich vorstellen, dass sie in einer Zeitmaschine in die Zukunft reisen und ausgehend vom heutigen Tag ihre Geschichte so zu schreiben, wie sie sich wünschen würden, dass diese endet.[26] Sie stellt da-

[18] Dan P. McAdams, *The Stories We Live by*, op. cit., p. 29.
[19] *"Human events are often ambiguous, and resistant to paradigmatic efforts to understand them."* [Menschliche Ereignisse sind oft mehrdeutig und widerstehen Bemühungen, sie als paradigmatisch zu verstehen.] *Ibid.*, p. 29.
[20] *"Stories are less about facts and more about meanings."* [Bei Geschichten geht es weniger um Fakten als vielmehr um Bedeutungen.] *Ibid.*, p. 28.
[21] Franco Imoda, Human Development Psychology and Mystery, *op. cit.*; Cáit O'Dwyer, *Imagining one's Future*, *op. cit.*
[22] Franco Imoda, *Human Development Psychology and Mystery*, *op. cit.*
[23] Paul Ricœur, *Temps et récit*, *op. cit.*
[24] Cáit O'Dwyer, *Imagining one's Future*, *op. cit.*, p. 11.
[25] Eine solche Probe ist in der Psychologie eine Aktivität oder ein Test, die es ermöglichen, die Eignung einer Person festzustellen und Aufschluss über ihr Wissen, über ihre Persönlichkeit (Charakter, Temperament…) zu geben.
[26] *"Imagine that you have been brought forward in a time-machine to a point afterthe end of your life. You find a video-cassette (or a book, if you prefer) which tells the story of your life from today*

bei fest, dass der narrative Ansatz dabei half, die kontextuelle und zeitliche Realität der Teilnehmer besser zu verstehen. Der narrative Ansatz aus philosophischer, hermeneutischer und anthropologischer Perspektive wird hier als Grundlage für meine Analysen dienen.

6. Narrativität aus der philosophisch-hermeneutischen Perspektive von Ricœur

Das hermeneutische Modell ist ein philosophischer Ansatz von Ricœur.[27] Für Ricœur ist die Realität voller Reichtum und sollte aus verschiedenen Perspektiven angegangen und untersucht werden. Er schlägt vor, die Realität mit einem „Verdacht" wahrzunehmen, d. h. mit einem dynamischen Zweifel, der den Untersucher für die Interpretation der verschiedenen Facetten der Realität öffnet, die er nicht gegeneinander ausspielt, sondern vielmehr in Dialektik zueinanderstehend ansieht. Mit den Denkern Marx, Freud und Nietzsche, die er als „Meister des Verdachts" bezeichnet, argumentiert er, dass die Realität der menschlichen Person dadurch erfasst wird, dass man einen „Umweg" macht, ohne sich sofort auf das Offensichtliche zu verlassen. Ich zum Beispiel werde in meiner Untersuchung des sexuellen Fehlverhaltens zwischen Priestern und Ordensfrauen, die in einer pastoral-seelsorglichen Beziehung zueinanderstehen oder zusammenarbeiten, einen Umweg über eine Interpretation der Erzählungen der Teilnehmerinnen machen.

Ricoeurs Ansatz ist der Versuch, die extremen Positionen miteinander zu versöhnen: Tod und Auferstehung, Kontrast und Harmonie, sich selbst und den anderen. Er tut dies, indem er eine Dialektik zwischen diesen Extremen einführt. Ricoeurs Dialektik steht in einer Reihe mit der Dialektik, die Gadamer, Weinsheimer und Marshall beschrieben haben.[28] Dialektik ist in diesem Zusammenhang eine Möglichkeit, eine Spannung zwischen den gegensätzlichen Polen einer Realität aufrechtzuerhalten, ohne der Versuchung nachzugeben, sie gegeneinander auszuspielen oder miteinander zu vermischen,

---

(current date) until the end. Describe the story told in the cassette (or book) as you would desire it to be." Cáit O'Dwyer, *Imagining one's Future*, op. cit., p. 1.

27 Paul Ricœur, *Le conflit des interprétations. Essais d'herméneutique*, Seuil, Paris, 1969; *Temps et récit*, op. cit.; *Essais d'herméneutique*, op. cit.; *Soi-même comme un autre*, op. cit.

28 "*Dialecticconsists not in trying to discover the weakness of what is said, but in bringing out its real strength. It is not the art of arguing (which can make a strong case out of a weak one) but the art of thinking (which can strengthen objections by referring to the subject matter)."* [Die Dialektik besteht nicht darin, die Schwäche des Gesagten zu entdecken, sondern seine wahre Stärke herauszustellen. Sie ist nicht die Kunst des Argumentierens (die aus einem schwachen Argument ein starkes machen kann), sondern die Kunst des Denkens (die Einwände verstärken kann, indem sie sich auf den Gegenstand des Arguments bezieht).] Hans-Georg Gadamer, Joel Weinsheimer et Donald G. Marshall, *Truth and Method*, Crossroad, New York, 2e édition revue, 1992. Die zitierte Ausgabe ist die von Weinsheimer revidierte zweite Auflage des Werks von Gadamer.

sondern jedem dieser Pole zu erlauben, seine Besonderheit auszudrücken und sie zu verstärken.[29] So würde beispielsweise die Identität einer menschlichen Person nicht nur aus dem bestehen, was angeboren und dauerhaft in ihr ist. Es gibt auch die tägliche Erfahrung, die die Person für Veränderungen öffnet. Diese beiden Pole sollten in der Gesamtheit des persönlichen Lebens betrachtet werden.

Ricœur nimmt die Reflexion über einen geschriebenen Text als Modell.[30] Für ihn ist eine schriftliche Rede dauerhaft, etwas, das erhalten bleibt. Eine mündliche Rede hingegen läuft Gefahr, im Laufe der Zeit verloren zu gehen. Ich habe zum Beispiel Teilnehmerinnen interviewt. Ihre Erzählungen sind mündlich, aber ich hatte den direkten Kontakt und eine Interaktion mit ihnen, was ein Vorteil ist. Ein weiterer Vorteil besteht in der Transkription und der Interpretation dieser Erzählungen, die Lesern dienen kann, die keinen direkten Kontakt mit den Teilnehmerinnen hatten.

Eine Rede muss entschlüsselt werden, welche literarische Gattung sie auch immer annimmt. Sie enthält eine Botschaft, die gelesen und interpretiert werden muss, um zur Bedeutung zu gelangen. Für Ricœur kann der Text oder die Rede ein Gedicht, eine Fiktion, ein historischer Bericht, eine Erzählung der Lebensgeschichte oder eines Teils davon sein, und zwar in Form einer Aufzeichnung, eines Videos oder einer Fotografie. Im Hinblick auf die Interpretation des Textes und das Erfassen seiner Botschaft betont Ricœur die Interaktion zwischen dem Text und der Person, die ihn liest.[31] Die Person, die den Text liest oder Adressat des Textes ist, sollte auf das interpretierende Lesen vorbereitet sein, und zwar ausgehend von ihrer Kenntnis der literarischen Techniken. Für das Verständnis der Botschaft des Textes ist jedoch noch mehr als literarisches Wissen eine intuitive Haltung erforderlich, die es möglich macht, in die Welt des Textes einzudringen:

> „Es ist wieder der Akt des Lesens, der das Spiel von Innovation und Sedimentation der Paradigmen begleitet, die den Handlungsverlauf strukturieren. Im Akt des Lesens spielt der Rezipient mit den narrativen Zwängen, nimmt Abweichungen vor, nimmt am Kampf des Romans und des Antiromans teil und verspürt dabei das Vergnügen, das Roland Barthes als Lust am Text bezeichnete."[32]

Textverständnis ist eine Kunst. Nelson rühmt die Wirksamkeit der narrativen Methode beim Lesen eines Textes. Das Lesen sollte zwischen den Zeilen und über die Zeilen hinaus erfolgen.[33]

---

[29] Ibid., p. 367.
[30] Paul Ricœur, *Temps et récit Tome*, op. cit.
[31] Ibid.
[32] Ibid., p. 145.
[33] "Narrative competence involves knowing the standards for what makes a work of literary art good or great and either using those standards to evaluate what one reads or calling the standards

6. Narrativität aus der philosophisch-hermeneutischen Perspektive von Ricœur

Im ersten Band seines Werkes *Temps et récit* [Zeit und Erzählung] beschreibt Ricœur die drei Phasen der Erzählung: Mimesis I (Prefiguration), Mimesis II (Konfiguration), Mimesis III (Refiguration).[34] Die Erzählung ist für ihn ein „als ob". Die Mimesis ist für ihn eine „schöpferische Nachahmung".[35] Für Ricœur ist die Erzählung keine Mimesis im Sinne einer „Kopie" oder „Nachahmung" (Aristoteles). Die Erzählung ist keine Replik, keine exakte Beschreibung dessen, was geschehen ist. Die Erzählung, die Realität beschreibt, geht von einer Wahrnehmung dieser Realität und von einer ihr eigenen Konzeption aus Ideen aus, und dies in einem gegebenen Kontext. Dies konstituiert die Präfiguration, die Mimesis I. Um zu erzählen, organisiert und verbindet die Person in der Abfolge des Erzählten die Ursachen mit den Wirkungen. Sie wählt die Elemente aus, um eine logische Erzählung - Anfang, Zeitpunkt, Ende - zwischen Homogenität und Heterogenität, zwischen Disharmonie und Kontinuität zu erstellen. Das ist die Konfiguration, Mimesis II. In diesem Sinne nimmt die erzählende Person eine erste Interpretation der Realität vor. Für die dritte Phase, die Refiguration, die Mimesis III, wechselt Ricœur von der Person, die erzählt und konstruiert, zu der Person, die zuhört, liest, analysiert und die Erzählung, den Text interpretiert. Diese Phasen waren mir eine Hilfe für die Rezeption, die Interpretation und das Verständnis dessen, was die Teilnehmerinnen an meiner Untersuchung erzählten.

Ricoeur zieht eine Parallele zwischen der fiktiven und der historischen Narrativität. Selbst wenn die Narrativität von einer Fiktion ausgeht, gilt für ihn, dass diese Vorstellung auf einer Realität beruht. Der Autor eines faktitiven Textes, der von einer bestehenden Realität ausgeht, kann extrapolieren. Die historische Narrativität baut ihrerseits auf Fakten und bestimmten Orten auf. Die Geschichte ist in der „Gegenwart der Vergangenheit"[36] angesiedelt. Ein Mensch, der über die Vergangenheit spricht, sollte die Fähigkeit zu fiktiver Gestaltung besitzen, um die Geschichte in ihrem Kontext wieder aufleben zu lassen. Hermeneutik bedeutet „interpretieren" oder „Sinn geben".[37] Für Ricoeur geht der Ursprung der als eine Kunst verstandenen Hermeneutik von der Notwendigkeit des „Verstehens" aus:

---

into question." [Erzählkompetenz beinhaltet, die Standards dafür zu kennen, was ein literarisches Kunstwerk gut oder sehr gut macht, und entweder diese Standards zu verwenden, um zu bewerten, was man liest, oder die Standards in Frage zu stellen.] Hilde L. Nelson, *Damaged Identities. Narrative Repair*, Cornell University Press, 2001, p. 43.
34 Paul Ricœur, *Temps et récit, op. cit.*, p. 93–98.
35 *Ibid.*, p. 93.
36 *Ibid.*, p. 32.
37 Karlijn Demasure, « La passion du possible : L'histoire de vie comme instrument de l'accompagnement pastoral », *Counseling and Spirituality*, 31 (1), Saint Paul University, Ottawa, Canada, 2012, p. 51.

> „Es ist nicht unnütz, daran zu erinnern, dass sich das hermeneutische Problem zunächst innerhalb der Grenzen der Exegese stellte, d. h. im Rahmen einer Disziplin, die sich zum Ziel setzt, einen Text zu verstehen, ihn von seiner Absicht her zu verstehen, auf der Grundlage dessen, was er sagen will [...] Für ein endliches Wesen bedeutet verstehen, sich in ein anderes Leben hineinzuversetzen."[38]

Nach Ricœur besteht das tägliche Leben aus verschiedenen Ereignissen, die aufeinander folgen. Um zu versuchen, diese Ereignisse zu verstehen, müsse man sie beschreiben. Dies zu tun ist bereits eine „Interpretation", denn die Person muss dazu Ausdrücke und Wörter wählen, die das Erlebte beschreiben, damit es für sie selbst und für ihre Gesprächspartner einen Sinn ergibt. Die Person muss der Realität Worte zuordnen, um sie lebendig und ausdrucksstark zu machen. Wer etwas beschreiben oder erzählen möchte, muss eine Auswahl treffen, und zwar nach der Relevanz dessen, was erzählbar, akzeptabel, erträglich ist. Ricœur ist der Ansicht, dass menschliche Handlungen mit Bedeutung gefüllt sind. Es sind keine leeren oder sterilen Handlungen. Aus diesem Grund können diese Handlungen interpretiert werden. Die menschliche Realität zu interpretieren, bedeutet, sich selbst zu interpretieren.[39] In diesem Sinne nimmt die Narrativität einen wichtigen Platz in der Hermeneutik von Paul Ricoeur ein.[40] Das „sich selbst erzählen" ermöglicht es der menschlichen Person, ihre Sicht der Welt sowie ihre Wahrnehmung von sich selbst und von anderen vor sich und vor ihren Gesprächspartnern zu sehen und hinzustellen. Diese Offenheit ermöglicht es, den eigenen Horizont zu erweitern, und sie kann eine bessere Selbsterkenntnis fördern. Narrativität ist eine inhärente Aktivität der menschlichen Person.

7. Narrativität aus anthropologischer Sicht

Die Identität eines Landes, eines Volkes oder einer Person wird durch Erzählungen aufgebaut. Beispielsweise finden sich Märchen und Fabeln in verschiedenen Gruppen, Nationen und Kulturen. Durch sie geben die älteren Generationen den neuen Generationen ihr Wissen über das gute Leben und das rechte Handeln weiter, das Wissen, wie man etwas aufbaut, Wissen über die zwischenmenschlichen Beziehungen, die Beziehungen zur Natur (Respekt vor Tieren, Pflanzen, heiligen Räumen), sowie die Geschichte der Gruppe, der Familie. Narrativität, von der lateinischen Wurzel *narrare* abgeleitet, bedeutet erzählen. Es liegt in der Natur der menschlichen Person, zu erzählen oder sich selbst zu erzählen. MacIntyre sagt dazu:

---

38 Paul Ricœur, *Le conflit des interprétations, op. cit.*, p. 7 et 9.
39 Paul Ricœur, *Le conflit des interprétations, op. cit.*; *Soi-même comme un autre, op. cit.*
40 Karlijn Demasure, « La passion du possible : L'histoire de vie comme instrument de l'accompagnement pastoral », *art. cit.*, p. 52.

7. Narrativität aus anthropologischer Sicht

„Der Mensch ist in seinen Handlungen und seiner Lebenspraxis ebenso wie in seinen Fiktionen im Wesentlichen ein „erzählendes Tier". Er ist nicht einfach da, sondern wird durch seine Geschichte zu einem Geschichtenerzähler, der nach Wahrheit sucht."[41]

Der Mensch existiert, aber er ist auch auf eine Zukunft hin ausgerichtet, insofern als der Wunsch, einen Sinn in seinem Leben zu finden, ihn dazu bringt, sich selbst zu erzählen, eine Art Rekapitulation zu machen: „Was geschieht mit mir?" oder „Was ist mit mir geschehen?". Dieser Geist, der den Menschen verändert, ist angeboren; laut McAdams wird der Mensch mit einem erzählenden Geist geboren, dem *narrative mind*.[42] Es gibt verschiedene Gründe, die ihn dazu bringen, seine Geschichte zu erzählen. Er macht eigene Erfahrungen, indem er Erzählungen immer neu aufbaut und den Erzählungen anderer zuhört. Geschichten ermöglichen es, von anderen Menschen, anderen Völkern, ihrer Art der Lebensgestaltung und ihrer Kultur zu lernen. Erzählungen können, wenn sie zielgerichtet sind, dazu beitragen, Gedanken, Absichten und zwischenmenschliche Beziehungen aufzubauen und zu gestalten. Das Erzählen eines Märchens beispielsweise ermöglicht es, zu lachen, zu weinen, zu entdramatisieren, das Kind in Erwartung eines guten Endes zu halten, also eine Hoffnung zu kultivieren. Es gibt ein Bedürfnis, ja sogar eine Notwendigkeit im Menschen, sich mitzuteilen. Indem er anderen erzählt, was er erlebt und tut, erzählt er auch sich selbst von seinem Leben. Wenn man beispielsweise die Geschichte seiner Kindheit heraufbeschwört und sie einer anderen Person erzählt, öffnet man sich für schöne Erinnerungen (Lieblingsspiele, bevorzugte Spielorte, Spielgefährten) oder traurige Erinnerungen (Tod eines Großelternteils, an dem man sehr gehangen hat, von dem man beschützt wurde, von dem man kleine Geschenke bekam.). Eine Erinnerung ruft die nächste ins Gedächtnis, und die Geschichte nimmt Gestalt an.

Für Bruner ist die narrative Methode die natürliche Art des Menschen, seinem Leben im Laufe der Zeit eine Bedeutung zu geben.[43] Er ermutigt daher zur Verwendung von Geschichten, um andere zu erfassen und zu verstehen.

Das Konzept des Plots hat für Ricœur eine besondere Rolle in der Narrativität: „Der Plot, verstanden in dem weiten Sinn, der der unsere war [... ist] die Anordnung der Fakten (und damit die Verkettung der Handlungsteile) in der Gesamthandlung, die für die erzählte Geschichte konstitutiv ist."[44]

---

[41] "Man is in his actions and practice, as well as in his fictions, essentially a 'story-telling animal'. He is not essentially, but becomes through his history, a teller of stories that aspire to truth." Alasdair C. MacIntyre, *After Virtue*, op. cit., p. 216.
[42] "Human beings are storytellers by nature [...]. We are born with a narrative mind." Dan P. McAdams, *The Stories We Live by*, op. cit., p. 27–28.
[43] Jerome Bruner, *Acts of Meaning*, op. cit.
[44] Paul Ricœur, *Temps et récit*, op. cit., p. 112.

Die Handlung als eine Reihe von Ereignissen und Tatsachen, die eine Erzählung bilden, eine Kombination von Umständen und Vorfällen und eine Verkettung von Ereignissen, die den Handlungsstrang in der Erzählung bilden, bietet den Raum, um sich zu projizieren, zu träumen und zu leben. Die Narrativität nimmt verschiedene Formen an, die dazu dienen können, die vergangene Erfahrung, die aus Momenten der Freude und des Leids besteht, neu zu deuten und die Zukunft ins Auge zu fassen:

> „Die Handlungsstränge, die das praktische Feld konfigurieren und verklären, umfassen nicht nur das aktive Handeln, sondern auch das passive Erdulden, also auch die Figuren als Handelnde und als Opfer."[45]

Für Ricœur ist der Aufbau einer Handlung oder ihre Auflösung in einer Erzählung eine Fähigkeit der Person, die schreibt, und des klugen Lesers, der interpretieren kann. Diese menschliche Fähigkeit ermöglicht es, die Realität auf praktische Weise darzustellen: „Ich sehe in den Plots, die wir erfinden, das bevorzugte Mittel, mit dem wir unsere verwirrende, formlose und im Extremfall stumme vergängliche Erfahrung neu konfigurieren... ."[46]

Diese menschliche Fähigkeit diente und dient auch dazu, das Leben auszuloten, bevor man es lebt, oder sich darin zu üben, Probleme auf imaginäre Weise zu lösen, bevor man sich tatsächlich darauf einlässt. In diesem Sinne unterstreicht Imoda die Tatsache, dass Geschichten oder Märchen Orte sind, an denen Menschen zugängliche Kontexte und hilfreiche Bilder für die Lösung ihrer Lebensaufgaben finden.[47] Im nächsten Abschnitt werde ich die Rolle der Narrativität im Kontext von Subsahara-Afrika betrachten, wo das Märchenerzählen zur Freizeitgestaltung gehört und Märchen ein Mittel innerhalb der Erziehung sind.

8. Narrativität im Subsahara-Afrika

Die Narrativität hat in Subsahara-Afrika im Wesentlichen die mündliche Form angenommen. In ländlichen Gegenden werden den Kindern bei Mondschein von Großeltern, Onkeln, Tanten oder Eltern Legenden und Märchen erzählt. Diese mündlichen Erzählungen der dörflichen Geschichtenerzähler im Busch in der stillen Nacht unter dem Sternenhimmel werden von Gestik, Mimik, Lachen und Antworten der jungen Zuhörer begleitet. Die Protagonisten dieser Märchen sind in der Regel Tiere. Die listigsten, die am besten die Probleme lösen und sich aus den Wechselfällen des Lebens befreien, werden durch den Hasen oder die Spinne dargestellt. Die Hyäne, die manchmal

---

45 *Ibid.*, p. 12.
46 *Idem.*
47 Franco Imoda, *Human Development Psychology and Mystery*, op. cit., p. 154.

8. Narrativität im Subsahara-Afrika

Schwierigkeiten hat, eine List zu durchschauen, wird zu Recht als weniger weise angesehen. Sowohl der Erzähler als auch die Zuhörer sind sich bewusst, dass diese Tiere in der Realität weder so sprechen noch so handeln. Aber wenn man sich ihrer bedient, kann man die Botschaft der Realität und die Lektion aus dem Märchen weitergeben. Meistens enden die Märchen tatsächlich mit einer Moral, die sich auf das individuelle und gesellschaftliche Leben bezieht.

Die Kolonialherren und Missionare haben diese Märchen aufgeschrieben und übersetzt. Wenn Märchen aus ihrem kulturellen Kontext gerissen werden, können sie ihre erzieherische Funktion verlieren, behalten aber ihren spielerischen und unterhaltenden Charakter. In der Transformation von der mündlichen afrikanischen Tradition in die schriftliche Form ändern die traditionellen Märchen ihren narrativen Charakter. Ezémbé hat die Kolonisation beschrieben,[48] die die Begegnung der Kinder Subsahara-Afrikas mit den Sprachen der Kolonisatoren und ihre teilweise Verschmelzung hat. Im Zuge der Bewegung der Négritude[49] veröffentlichen die Afrikaner Märchensammlungen und Erzählungen und beginnen, auf literarische Gattungen wie den Roman oder Dichtung zurückzugreifen. Der Senegal überliefert Wolof-Märchen in *Les Contes d'Amadou Koumba* [Die Geschichten des Amadou Koumba] (1947), *Les Nouveaux Contes d'Amadou Koumba* [Neue Geschichten von Amadou Koumba] (1958) und *Les Contes et Lavanes* [Geschichten und Fabeln](1963). Was den Roman betrifft, so beschreibt Sadji (1961) anhand der bewegenden Geschichte von Maïmouna (1953) zwei Welten (ländliches Milieu, städtisches Milieu), zwei Lebensweisen, zwei Systeme von Moralvorstellungen, zwei Gesichter desselben Afrikas. Er enthüllt und weckt eine Sensibilität, um sich selbst zu verstehen, sich in „seinen Wurzeln = Ursprüngen" zu verorten und gleichzeitig offen für andere Kulturen zu sein.

Die Narrativität in Subsahara-Afrika scheint eher sozial als individuell zu sein. Die narrativen Elemente sind spielerisch (entspannend, zum Lachen bringend), und sie stärken sowohl die gemeinschaftliche Identität: „Ich bin, weil wir sind"[50] wie auch die Moral und die Ethik (Lektion über gutes Ver-

---

48 « *Essentiellement le fait de pays occidentaux, elle commença officiellement en 1885 avec le traité de Berlin qui signe le partage de l'Afrique et ouvre la voie à tous les aventuriers et les assoiffés de la conquête. De la rencontre avec les Occidentaux, les Africains sortirent vaincus grâce à la supériorité militaire de leurs adversaires.* » [Sie war im Wesentlichen ein Geschehen, das von den westlichen Ländern ausging und offiziell mit dem Vertrag von Berlin im Jahr 1885 begann. Er schrieb die Aufteilung Afrikas fest und öffnete es für alle Abenteurer und Eroberer. Aus der Begegnung mit den westlichen Eindringlingen gingen die Afrikaner aufgrund der militärischen Überlegenheit ihrer Gegner als Verlierer hervor.] Ferdinand Ezémbé, *L'Enfant africain et ses univers*, Karthala, Paris, 2009, p. 34.
49 Es handelt sich um eine Bewegung afrikanischer Intellektueller wie etwa Léopold Sedar Senghoret Aimé Césaire, die durch die Literatur auf die Werte der afrikanischen Welt Anspruch erheben und sie feiern. Cf. *ibid.*, p. 35.
50 Joseph-Marie Ndi-Okalla, *Récit et théologie, enjeux de la narrativité en théologie africaine. Une*

II. Die narrative Theorie

halten). Humor und das Lachen über sich selbst und über die eigenen Erfahrungen ermöglichen es, das Leben aus der Distanz zu betrachten und flexibel neu zu gestalten. Die Narrativität scheint eher von einem Volk oder einer Gesellschaft als von einem einzelnen Menschen zu erzählen. Es ist schwierig, eine Erzählung zu finden, die eindeutig eine Selbstoffenbarung des Erzählers ist. Der Mensch findet innerhalb einer Gemeinschaft, die ihre Normen, Sitten und Werte hat, zu seinem Selbst. Seine Würde in einer Gemeinschaft zu finden, die für einen spricht oder einen verteidigt, verleiht Mut und Kraft: „Die Freiwerden des Schwarzafrikaners hat seine Wurzeln und entfaltet sich im Wesentlichen im gemeinschaftlichen Werden," so Ndi-Okalla.[51] Schamhaftigkeit, Diskretion (Vertraulichkeit, Verschwiegenheit) und ein Sinn für das Leben sind Werte. Manchmal werden traurige Erfahrungen wie der Tod in Diskretion (vertraulich, verschwiegen) verarbeitet. Zerstörerische und schändliche Erfahrungen wie die Vergewaltigung einer Frau werden in der Diskretion einer Familie von den Weisen behandelt und ansonsten verschwiegen, „dem Schweigen anvertraut". Mbassa sagt dies im Zusammenhang mit sexuellem Missbrauch von Minderjährigen. Das traditionelle System im Dorf funktioniert auf die gleiche Weise wie bei Vergewaltigung oder Gewalt gegen eine Frau:

> „Die Urteile der Stammesführer bestehen aus körperlicher Züchtigung des Täters, Geldstrafen (in Naturalien) und Sühne- oder Reinigungszeremonien. Das Ziel ist dabei,, die Ehre der Eltern (oder des Ehemanns) des Opfers zu wahren und den sozialen Zusammenhalt innerhalb der Gemeinschaft aufrechtzuerhalten."[52]

Dem Opfer wird keine Stimme gegeben. Seine Erfahrungen werden den nachfolgenden Generationen nicht erzählt oder in der Öffentlichkeit erwähnt. Einer Person einen Namen zu geben oder eine Sache zu benennen, bedeutet, sie existieren zu lassen. Schmerzhafte und schändliche Erfahrungen werden nicht erwähnt oder benannt, um sie so verschwinden zu lassen. Das Böse muss nicht benannt werden. Es ist dazu bestimmt, aus dem Leben der menschlichen Person und der Gesellschaft zu verschwinden. Diese Tatsache führt uns zu folgenden Fragen: Ist diese nihilistische Weisheit vom Bösen ausreichend, um den Einfluss des Bösen in schmerzhaften oder traumatischen Erfahrungen zu neutralisieren? Wie muss dieser Ansatz des Schweigens mit dem klinischen Ansatz in Einklang gebracht werden, der umgekehrt das Brechen des Schweigens als Quelle der Heilung von einem traumatischen Ereignis fördert? Nach Demasure gilt hierbei:

réception de l'herméneutique de Paul Ricœur, Karthala, Paris, 2010, p. 132.
51 Idem.
52 Daniel M. Mbassa, *Dans l'enfer des violences sexuelles envers l'enfant en Afrique. Blessures et souffrances de l'enfant camerounais*, Éditions universitaires européennes, Paris, 2012, p. 217.

„Beim Erzählen ihrer traumatischen Geschichten scheinen die Ratsuchenden sehr zu leiden; deshalb zögern die Berater, sie als heilsam zu empfinden. Aber das Nicht-Erzählen kann zu Dissoziationen führen, und dann wird die pathologische Haltung an die Stelle der dissoziierten Erzählung treten."[53]

Die soziale Dimension der Narrativität in Subsahara-Afrika könnte gemeinsame Elemente mit dem sozialen „Konstruktionismus" aufweisen, der im nächsten Abschnitt skizziert wird.

9. Narrativität und Gergens sozialer Konstruktionismus

Die Narrativität erhält im Kontext des sozialen Konstruktionismus eine soziale Dimension. Die menschliche Person konstruiert die Bedeutung ihres Lebens und ihrer Erfahrung in der Interaktion mit ihrer Umwelt. Durch zwischenmenschliche Beziehungen nutzt sie die Sprache als kulturelles Erbe und Kommunikationskanal. In seinem Artikel „Social Psychology as History" integrierte Gergen 1973 den sozialen Konstruktionismus in die Psychologie.[54] Der soziale Konstruktionismus ist eine einflussreiche, postmodernistische Strömung, die sich gegen den positivistischen Determinismus der Wissenschaft und gegen sogenannte traditionelle und unumstößliche Wahrheiten wendet. Die Vorstellung dabei ist, dass bestimmte dominante Gruppen oder soziale Klassen die politische oder soziale Situation mit ihren bedeutungsvollen Diskursen beeinflussen, die der Existenz einen Sinn verleihen. Die Konstruktion einer Rede braucht eine Bedeutung, oder besser gesagt: Um eine Bedeutung zu vermitteln, wird die Rede mit geeigneten Wörtern und Ausdrücken konstruiert. Die Wörter werden in einer bestimmten Absicht gewählt und vor ihrem Gebrauch abgewogen. Ihre Artikulation und ihre Verbindung mit anderen Wörtern ermöglichen den Aufbau einer Rede, um eine Botschaft zu vermitteln oder mit anderen Menschen zu kommunizieren. Einige Menschen meinen, der Skandal des sexuellen Missbrauchs oder der sexuellen Überschreitungen sollte in der Kirche nicht thematisiert werden, um nicht dazu beizutragen, den Ruf der institutionellen Kirche zu beschädigen. Für andere sollte der Skandal des sexuellen Missbrauchs und der sexuellen Überschreitungen bearbeitet werden, um die Bekehrung und die Rückkehr zur Nachfolge Jesu für alle in der Kirche zu ermöglichen. Beide Diskurse haben unterschiedliche Werte, die von den beiden Gruppen hochgehalten werden: das „Ansehen der Kirche" für die erste und die „Bekehrung, die Rückkehr zu Christus" für die zweite. Wie würde die Narrativität der Institution Kirche in Bezug auf sexuel-

---

[53] Karlijn Demasure, « La passion du possible : L'histoire de vie comme instrument de l'accompagnement pastoral », *art. cit.*, p. 66.
[54] Kenneth J. Gergen, « Social Psychology as History », *Journal of Personality and Social Psychology*, 28, 1973.

len Missbrauch und sexuelle Grenzüberschreitungen aussehen? Werden diese Erfahrungen integriert, um eine sich entwickelnde und einheitliche Erzählung der christlichen Gemeinschaft zu ergeben?

Für Gergen bekommt die Konstruktion der Geschichte eines Menschen ihre Ausrichtung durch den Einfluss seines sozialen Kontextes, der andererseits diese Konstruktion aber auch einschränken kann. Gergens Überlegungen betonen die Fähigkeit des Geistes, die Realität zu konstruieren. Ihm zufolge ist die Welt, wie wir sie sehen, keine Fotografie, keine Fotokopie und auch kein „Spiegel" des menschlichen Intellekts, sondern ein Konstrukt. Das Gehirn operiert im Gleichklang mit der Lebensumwelt, um die Welt so zu konstruieren, wie wir sie kennen. Demasure drückt Gergens Gedanken folgendermaßen aus: „Jedes Wissen ist in einem historischen und kulturellen Kontext angesiedelt. Kein Wissen ist daher wertfrei."[55] Der in seine Umwelt eingebettete Mensch orientiert sich bei der mentalen Konstruktion seiner Erfahrungswelt an den inhärenten Werten seiner Umwelt. Ein Bewusstwerdungsprozess ermöglicht es, nicht passiv von ihnen abhängig zu sein, sondern die richtigen und angemessenen Werte zu wählen, um der Realität standzuhalten. Ein Überblick über Gergens Ideen wird dies weiter erhellen.

9.1 Einige Schlüsselideen von Gergens sozialem Konstruktionismus

Eine erste Schlüsselidee von Gergens ist die Sprache: Sie ist wichtig, weil die Welt außerhalb der Sprache nicht zugänglich ist. Bei Gergen ist der von Wittgenstein inspirierte Begriff „Sprache" in seinem weiten Sinne zu verstehen.[56] Er bezieht sich auf „alle Formen der Darstellung wie Fotos, Digitalisierung usw."[57]

Eine zweite Schlüsselidee ist die Bedeutung von Beziehungen: Es gibt keine Form der Beschreibung oder Erklärung, die sich aufgrund ihrer Fähigkeit, die Realität zu erfassen, darzustellen, zu beschreiben und zu erklären, zum überragenden Standard erheben könnte.[58] Die Sprache und die verschiedenen Formen unserer Darstellungen erhalten ihre Bedeutung nur durch die Art und Weise, wie sie in Beziehung gesetzt werden. Die Menschen erarbeiten die Bedeutung ihrer Konstruktion der Realität aus Zustimmung und Ablehnung, Verhandlungen und Behauptungen. Es gibt keine mit dem Verstand erfassbare Welt der Objekte und Personen. Was man erfasst, das sind die Beziehungen. Die Beziehungen mit den Worten und Sätzen, die uns heute bewe-

---

[55] Karlijn Demasure, « La passion du possible : L'histoire de vie comme instrument de l'accompagnement pastoral », *art. cit.*, p. 57.
[56] Kenneth Gergen, *An Invitation to Social Construction*, Sage, Londres, 1999, p. 34.
[57] Karlijn Demasure, « La passion du possible : L'histoire de vie comme instrument de l'accompagnement pastoral », *art. cit.*, p. 59.
[58] Kenneth Gergen, *An Invitation to Social Construction, op. cit.*, p. 47.

gen, könnten in einer anderen Beziehungsstruktur ihrer Bedeutung beraubt werden. Die in der Person verwurzelte Realität beruht nur auf Beziehungen. Beziehungen wiederum werden von den Menschen nur in ihrer eigenen Kultur und Geschichte verstanden.

Die dritte Schlüsselidee betrifft die Konditionierung der Zukunft: Die Art und Weise, wie wir wahrnehmen, beschreiben, erklären und darstellen, bedingt unsere Zukunft. „Unsere verschiedenen Arten, die Dinge zu beschreiben, zu erklären oder darzustellen, prägen das, was geschehen wird."[59] Jeder Mensch kann durch Sprache und zwischenmenschliche Beziehungen in einer Gemeinschaft seinem Leben einen neuen Sinn geben. Er hat die Fähigkeit, eine bessere Zukunft zu erschaffen. Demasure sagt in gleicher Denkrichtung: „Der immer weitergehende Prozess der Konstruktion macht die Schaffung einer neuen Zukunft möglich."[60] Es gibt immer eine Möglichkeit, einen Sinn zu schaffen, um die Zukunft in einem bekannten sozialen Kontext, in den die Person eingebunden ist, zu gestalten. Ebenso wie Sprachpraktiken ihren Sinn in Beziehungen und im kulturellen Umfeld finden, können auch Beziehungen in einem großen System ritueller, traditioneller Praktiken oder Lebensformen ihren Wert und ihren Sinn erhalten. Für Gergen ermöglichen die Sprache und der Gebrauch von Wörtern, die einer Institution eigen sind, die Schaffung neuer Wörter, um sich zu verstehen und um zu funktionieren, und dieser Prozess sichert gleichzeitig den Fortbestand der Institution. Die Verwendung des Ausdrucks „Null-Toleranz" in Bezug auf sexuellen Missbrauch in der katholischen Kirche vermittelt eine klare und starke Botschaft an jeden Christen und sollte dabei helfen, sich in Zukunft für die Prävention zu engagieren.

Die vierte Schlüsselidee betrifft die Bedeutung des Nachdenkens über das Verstehen: „Das Nachdenken über unsere Formen des Verstehens ist entscheidend für unser zukünftiges Wohlergehen."[61] Gergen wünscht sich einen Zweifel, eine Infragestellung von Traditionen, die *a priori* die Richtung vorgeben. Er ist der Meinung, dass der Zweifel, „dark night of doubt" [die dunkle Nacht des Zweifels], bereits erworbenes Wissen und Wahrheiten aus dem Gleichgewicht bringen kann.[62] Eine Periode der Unsicherheit ist jedoch als Übergang notwendig, um das ganze Potenzial des sozialen Konstruktionismus deutlich zu machen und würdigen zu können. Für Gergen führt der soziale Konstruktionismus zu der Freiheit, Tradition zu überdenken, zu revidieren und anzupassen. Traditionell war in Subsahara-Afrika die Stellung der Frau auf den

---

59 *Ibid.*, p. 48. Französische Übersetzung von Karlijn Demasure, « La passion du possible : L'histoire de vie comme instrument de l'accompagnement pastoral », *art. cit.*, p. 59).
60 Karlijn Demasure, « La passion du possible : L'histoire de vie comme instrument de l'accompagnement pastoral », *art. cit.*, p. 59.
61 "Reflection on Our Forms of Understanding is Vital to Our Future Well-Being." Karlijn Demasure, in *ibid.*, p. 49).
62 Kenneth Gergen, *An Invitation to Social Construction*, op. cit.

Haushalt beschränkt. Die Vermischung der Kulturen stellt diese Auffassung in Frage, denn die Frau, die mit der heutigen Welt in Berührung kommt, übernimmt neben der häuslichen auch soziale Verantwortung. Ohne die Tradition aufzugeben, erkennt sie ihre anderen Fähigkeiten, die sie dazu bringen, über die traditionellen Grenzen hinauszugehen und sich so selbst besser zu verstehen. In dieser Hinsicht bringt Gergens Beitrag zum sozialen Konstruktionismus die soziale Dimension in die Konstruktion von Bedeutung in einem dialogischen Kontext hinein und integriert sie dort.

9.2 Narrativität als Dialog nach Gergen

Die Perspektive der Narrativität als Ort der Sinnkonstruktion nach Gergen öffnet den Menschen für den Dialog, die Beziehung, die Gemeinschaft und die Kultur. Indem er den Menschen in einer anthropologischen und sozialen Perspektive als „zutiefst auf Beziehung hin ausgerichtet" ansieht, stellt Gergen sich die Frage nach den Merkmalen des „transformativen Dialogs".[63] Für ihn bietet die Realität des Dialogs einen Rahmen für eine Veränderung der persönlichen Horizonte der beteiligten Personen, eine Art Bekehrung.. Die Überlegungen von Gergen und Demasure basieren auf dem Begriff des „Horizonts" aus Gadamers Arbeiten.[64] In einem hermeneutischen Kontext, der als Kunst begriffen zu einer historischen Objektivierung führen könnte, glaubt Gadamer, dass das Verständnis des Menschen begrenzt ist. Es besteht die Gefahr, dass die Wahrheit eines Phänomens verloren geht, wenn man seine äußere Erscheinung als die ganze Wahrheit ansieht.[65] Es besteht die Gefahr, dass man nicht zwischen sich und anderen unterscheiden kann und dass die eigene Sichtweise (Vorstellungen, Ideen) leicht in die Beziehung zum anderen hineinprojiziert wird. Daher ist Gadamer der Ansicht, dass eine Fähigkeit zum interpretierenden Verstehen, die von mehreren Perspektiven ausgeht, unerlässlich ist. Die Konzepte der „Situation"[66] und des „Horizonts"[67] werden zentral, um den anderen zu kennenzulernen.

---

[63] Karlijn Demasure, « La passion du possible : L'histoire de vie comme instrument de l'accompagnement pastoral », *art. cit.*, p. 60.
[64] Hans-Georg Gadamer, *Truth and Method, op. cit.*
[65] *"We miss the whole truth of the phenomenon when we take its immediate appearance as the whole truth." Ibid.*, p. 268.
[66] *"Every finite present has its limitations. We define the concept of 'situation' by saying that it represents a standpoint that limits the possibility of vision."* [Jede endliche Gegenwart hat ihre Grenzen. Wir definieren den Begriff „Situation", indem wir sagen, dass er einen Standpunkt darstellt, der die Möglichkeit des Sehens einschränkt.] *Ibid.*, p. 269.
[67] *"Hence an essential part of the concept of situation is the concept of 'horizon'. The horizon is the range of vision that includes everything that can be seen from a particular vantage point."* [Ein wesentlicher Bestandteil des Begriffs „Situation" ist daher der Begriff „Horizont". Der Horizont ist der Bereich des Sehens, der alles umfasst, was von einem bestimmten Stand-

9. Narrativität und Gergens sozialer Konstruktionismus

Nach Gadamer ist es für jeden Menschen schwierig, einen umfassenden Blick auf die Realität zu haben. Im Blick auf die Situation, in der er sich befindet, nimmt jeder Mensch die Realität im Rahmen seines Horizonts wahr. Sein Horizont ermöglicht es ihm, über das Hier und Jetzt hinauszuschauen und das, was er im Hier und Jetzt sieht, nicht zu überschätzen. So kann er Raum lassen, um den Standpunkt anderer wahrzunehmen und wertzuschätzen, ohne dabei seinen eigenen zu verlieren. Diese Bereitschaft fördert den Dialog mit dem anderen, um ihn besser zu verstehen. In einer solchen Beziehung ist ein Gesprächsthema nur ein Mittel, das dazu dienen soll, die Sichtweise des anderen zu verstehen und ihn kennenzulernen.

Ähnlich wie bei Gadamer ist der Horizont bei Gergen eine Sicht der Welt und der Dinge sowie ein Verständnis, das jeder Teilnehmer des Dialogs besitzt, um sich mit einem Text oder einer menschlichen Handlung auseinanderzusetzen. Es ist also das, was der Mensch als intellektuelles Rüstzeug mit sich trägt, um angesichts einer Situation zu reflektieren, zu verstehen, zu diskutieren, zu urteilen und zu unterscheiden. Dieser Horizont ist sehr subjektiv und besteht aus Vorurteilen, die dem Menschen eine Orientierung geben, wie er auf die vor ihm liegende Situation reagieren sollte. Selbst die grundlegenden Fragen der Sinnbildung können beeinflusst werden, wenn der Horizont zu eng ist. Die Offenheit für den Dialog fördert das, was Demasure im Anschluss an Gadamer als „Verschmelzung der Horizonte"[68] bezeichnet. Diese Verschmelzung ist nur in einem Gespräch möglich, in dem die verschiedenen Standpunkte und vor allem die Vorurteile vorübergehend beiseitegelassen und dann dadurch neu bewertet werden, dass man sich der Erzählung des anderen öffnet.[69] Daraus ergibt sich eine Progression, in deren Verlauf jeder Gesprächspartner im Dialog aus sich herausgeht, indem er auf seine Vorurteile, sein Wissen und seine Wahrheit verzichtet, um Raum zu schaffen und die Wahrheit des anderen aufzunehmen. Diese Dynamik des Verzichtens und des Empfangens führt zu einem „Verstehen, das sich vom Verständnis des Anfangs unterscheidet."[70] Demasure ergänzt: „Die Bedeutung findet also zu ihrem Ursprung und wird innerhalb einer Gemeinschaft durch Gespräche zwischen Menschen transformiert."[71] Gergen zufolge bleiben die Merkmale des transformativen Dialogs Gegenstand einer sich ständig weiterentwickelnden, dynamischen Infragestellung. Ich arbeite hier folgende Qualitäten oder Parameter des transformativen Dialogs heraus: Beziehungsverantwortung,

---

punkt aus gesehen werden kann.] *Ibid.*
68 Karlijn Demasure, « La passion du possible : L'histoire de vie comme instrument de l'accompagnement pastoral », *art. cit.*
69 *Ibid.*, p. 61.
70 Kenneth Gergen, *An Invitation to Social Construction*, *op. cit.*, p. 144.
71 Karlijn Demasure, « La passion du possible : L'histoire de vie comme instrument de l'accompagnement pastoral », *art. cit.*, p. 61.

Selbstausdruck, Bestätigung des Anderen, Koordination, Reflexivität und die gemeinsame Erschaffung neuer Welten. Diese Qualitäten, die im transformativen Dialog der gemeinsamen Sinnstiftung gelebt werden, befrieden die Beziehung und lassen die Beteiligten ihren Beitrag als Komplementarität und nicht als Konkurrenz oder Rivalität sehen. Das Erzählen im Kontext des Dialogs wird zum Teilen der eigenen Perspektive. Es ermöglicht dem anderen, von sich selbst zu erzählen, weil er weiß, dass der Gesprächspartner aktiv zuhört; dieser sollte dabei seine eigene innere Welt und seine Vorurteile schweigen lassen. Dieser Rahmen ermöglicht es der erzählenden Person, sich selbst zu offenbaren und ihre Vision so darzulegen, wie sie ist, bevor sie dann den Weg beschreitet, der sie dazu führt, andere Horizonte annehmen zu können. Ohne sich zu öffnen und hinzugeben, ist es schwierig zu empfangen.

9.3 Narrative Diskurse im Dialog

Demasure zufolge räumen Ricœur und Gergen den Erzählungen von Geschichten aus folgenden Gründen Vorrang vor argumentativen Diskursen ein: Menschen erkennen sich leichter in Geschichten als in Konzepten.[72] Während die argumentative Rede den anderen zum Gegner machen kann, macht die narrative Rede ihn im Dialog zum Teilnehmer an der Bedeutungskonstruktion. Die narrative Rede zieht die menschliche Person in die innere Welt hinein. Sie wird sich im Gespräch mit dem anderen der unausgesprochenen Dinge bewusst (Angst, nicht verstanden zu werden, Angst vor sozialen Klischees usw.). Die miteinander geteilte Lebensgeschichte ermöglicht es den Gesprächspartnern, sich in der Tiefe zu begegnen, Gemeinsamkeiten und Unterschiede zu finden, in Gleichklang zu kommen und gegenseitige Empathie zu spüren. Demasures Aussage formuliert den Sinn der geteilten Geschichte folgendermaßen: „Durch das Erzählen leiden und feiern die Gesprächspartner gemeinsam; deshalb führt eine Erzählung eher zur Akzeptanz des ‚Anderen' als zum Widerstand gegen ihn."[73] Diese Akzeptanz des Anderen in der erzählenden Rede als Dialog ist eine Übung zur Konstruktion einer bestimmten Wahrheit. Die Wahrheit ist weder eine existierende Realität noch eine Aussage. Für die meisten Anhänger des Konstruktionismus ist die Wahrheit nicht direkt zugänglich. Sie wird konstruiert, indem die verschiedenen Perspektiven miteinander verschmolzen werden, d.h. indem die vermutlich unterschiedlichen Werte in einem Kontext von „Sympathie, abgestimmter Aufmerksamkeit" und Toleranz zusammengeführt werden. Der soziale Konstruktionismus bietet einen Rahmen für die gemeinsame Konstruktion von Sinn. Er hat aber auch einige Grenzen, die wir im nächsten Absatz zu benennen versuchen.

---

72 Idem.
73 Idem.

9.4 Die Kritik am sozialen Konstruktionismus

Wir werden nicht auf den radikalen Relativismus des sozialen Konstruktionismus eingehen. Der soziale Konstruktionismus ist nach den Worten von Andrews (2012) antirealistisch.[74] Und doch ist das Leugnen der Realität eine Wahrnehmung eben dieser Realität, sagt Craib.[75] Für den sozialen Konstruktionismus gibt es kein Wissen, das nicht von der Gesellschaft durch die Sprache konstruiert worden wäre. Ricœur kritisiert den Strukturalismus und den sozialen Konstruktionismus, weil sie das, was außerhalb des Textes steht, nicht berücksichtigen.[76] Für ihn ist der Nicht-Text die Realität. Ein Beispiel: Die Teilnehmerinnen an meiner Untersuchung berichten von sexuellem Fehlverhalten, das sie in einer pastoralen Beziehung oder in einer Zusammenarbeit erlebt haben. Ihre Erzählung, die ich aufgenommen habe, ist der Text. Der Nicht-Text ist die erlebte Realität. Die Tatsache, dass sie die eine oder die andere literarische Gattung sowie die eine oder andere Sprache, um das Geschehen zu beschreiben, wählen, kann die Bedeutung des Nicht-Texts (der Realität) verändern. Eine Ordensfrau, die eine Vergewaltigung erlebt hat, kann sich beschmutzt und deswegen unwürdig fühlen, ihre Berufung zu leben. In einem Prozess der psycho-spirituellen Begleitung kann sie ihr Selbstwertgefühl neu aufbauen und sich wieder als Tochter Gottes fühlen, die würdig ist, ihm zu folgen und zu dienen. Die Vergewaltigung bleibt eine Realität, aber ihre Bedeutung für ihr Lebens als Ordensfrau ist verändert. Im nächsten Abschnitt werde ich die Psychologie des narrativen Ansatzes betrachten, um die menschlichen Erfahrung in einem weiter gefassten Kontext zu verstehen.

10. Die Narrativität aus der psychologischen Perspektive

Das Erzählen der eigenen Lebensgeschichte ermöglicht es einem Menschen, mit sich selbst in Kontakt zu treten. Das Anhören anderer Erzählungen könnte ihn dazu veranlassen, die eigene Erzählung neu zu ordnen, sie umzustrukturieren und auf ein neues Wohlbefinden hinzuarbeiten. McAdams findet eine heilende Kraft – „healing power of story" – in den Erzählungen.[77] Es

---

[74] https://www.researchgate.net/publication/235102122_What_is_Social_Constructionism (aufgerufen am 8. Mai 2018).
[75] Ian Craib, « Social Constructionism as a Social Psychosis », *Sociology*, 31 (1), 1997, p. 1–15, zitiert in: Tom Andrews, «What is Social Constructionism? », *The Grounded Theory Review*, 11 (1), 2012.
[76] Paul Ricœur, *Le conflit des interprétations*, op. cit.
[77] "Stories help us organize our thoughts, providing a narrative for human intentions and interpersonal events that is readily remembered and told. In some instances, stories may also mend us when we are broken, heal us when we are sick, and even move us toward psychological fulfillment and maturity." [Geschichten helfen uns, unsere Gedanken zu ordnen, indem sie ein Narrativ für menschliche Absichten und zwischenmenschliche Ereignisse liefern, das leicht zu

kann den psychologischen Effekt der Erleichterung oder Ermutigung geben, wenn jemand den Erzählungen anderer zuhört und dann sagt: „Ich spüre, dass ich nicht allein bin." Oder auch: „Wenn diese Person es schafft, aus dieser Situation herauszukommen, warum sollte ich es dann nicht auch schaffen?" Dies könnte zu einer Anpassung, einer Veränderung von Emotionen wie Angst, Traurigkeit oder Unsicherheit und zu psychologischem Wachstum führen. Aus der Perspektive der Entwicklungspsychologie spricht Imoda von zwei Kommunikationssprachen, die eine Person in der Interaktion verwendet.[78] Die „propositionale" Sprache gebraucht Begriffe und Abstraktionen und hat eine objektive Eigenschaft. Sie ist die Sprache der kognitiven Dimension. Die „evokative" Sprache bedient sich neben dem gesprochenen Wort auch nonverbaler Äußerungen, Gesten oder Körperhaltungen. Sie ist mehr der affektiven Dimension zuzuordnen und vermittelt unmittelbare Erfahrungen. Emotionale Kommunikation ist spontan, impulsiv und ist potentiell lebensspendend. Sie ermöglicht es dem Gesprächspartner, sich die erzählte Erfahrung zu eigen zu machen. Sie kann Bilder und Figuren verwenden und mehrere Assoziationen zulassen, ohne dabei einer bestimmten Ordnung zu folgen. Diese Kommunikation kann ein manifester Ausdruck von tiefen psychologischen Verwirrungen sein, die aber gleichzeitig die vitale Dimension der Persönlichkeit zum Ausdruck bringen können. Ausgehend von den Arbeiten von Stierlin (1969) schlägt Imoda eine Versöhnung, eine komplementäre Interaktion zwischen diesen beiden Sprachen vor, um eine Weiterentwicklung zu ermöglichen. Die begriffliche und die emotionale Sprache erleichtern eine progressive Mediation im Hinblick auf Entwicklung, und sie können einen vollständigen und tiefen Ausdruck der menschlichen Person in der Interaktion mit ihrer Umwelt ermöglichen. Dies kann eine Möglichkeit eröffnen, wieder mit dem Gedächtnis, den Erinnerungen, den Affekten und den Wünschen in Verbindung zu treten.[79] In der Psychologie wird die Erfahrung nicht allein durch die logische Sprache ausgedrückt, sondern mehr noch durch eine offene Sprache, die reich an Bezügen und Vorstellungskraft ist. Um diesen vollständigen Ausdruck (kognitiv und emotional) zu erleichtern, der dazu dient, einen Menschen zu verstehen, greift die Psychologie in ihrer klinischen Praxis (Persönlichkeitsbeurteilung) auf die Erzähltheorie zurück. Ein Beispiel hierfür ist der thematische Apperzeptionstest (TAT).[80] Der Proband

merken und zu erzählen ist. In einigen Fällen können uns Geschichten auch heilen, wenn wir gebrochen oder wenn wir krank sind, und uns sogar zu psychologischer Erfüllung und Reife führen.] Dan P. McAdams, *The Stories We Live by, op. cit.*, p. 31).

[78] Franco Imoda, *Human Development Psychology and Mystery, op. cit.*

[79] Franco Imoda, *Human Development Psychology and Mystery, op. cit.*, p. 153.

[80] Phebe Cramer, *Storytelling, Narrative and the Thematic Apperception Test, op. cit.* ; Hedwig Teglasi, *Essentials of TAT and Other Storytelling Assessments*, Wiley, Hoboken, New Jersey, 2010.

10. Die Narrativität aus der psychologischen Perspektive

wird angewiesen, Geschichten zu schreiben oder sie anhand von Bildern zu konstruieren.[81] Die Interpretation dieser Geschichten gibt Aufschluss darüber, welche Fähigkeiten er in Bezug auf die verschiedenen Ebenen hat und welche ihm fehlen: kognitiv (Wahrnehmung, Verarbeitung von Reizen, Kreativität usw.), affektiv (Emotionen, Gefühle) und relational (Beziehungsebene). Dadurch können sich der Therapeut und der Proband besser verstehen.

Aus anthropologischer und entwicklungspsychologischer Perspektive schlägt Imoda die „genetische Methode"[82] vor. Diese pädagogische Methode hilft, die Zusammenhänge zwischen den Stufen der menschlichen Entwicklung, ihre Verflechtung und die ihnen innewohnenden Gesetze zu verstehen. Dieser Bezugsrahmen ermöglicht es, ein bestimmtes Verhalten zu verstehen und zu interpretieren, indem es in der entsprechenden Entwicklungsstufe verortet wird. Wie kann man zulassen und verstehen, dass ein Priester sein priesterliches Versprechen bricht und dabei sogar eine Ordensfrau sexuell missbraucht? Die genetische Methode kann helfen, dieses Verhalten zu verstehen, indem sie es in einer unangemessenen, unreifen, blockierten oder fixierten

---

[81] In der Anleitung fordert der TAT die Person auf, ihrer Vorstellungskraft und ihrem Sinn für Kreativität freien Lauf zu lassen. Die Aufgabenstellung bringt die Person dazu, diese Geschichten unter Berücksichtigung der Vergangenheit, der Gegenwart und der Zukunft (Ende der Geschichte) zu konstruieren, indem sie beschreibt oder besser ausdrückt, was die Figuren oder die Realität des Bildes ihr präsentieren. Der TAT ist ein halbstrukturierter, projektiver Test. Das Bild ist vorgegeben, aber die Geschichte und ihre Struktur hängen von der Person ab. Er ist insofern projektiv, als die Orte, Namen, Gedanken, Ideen, Emotionen, Gefühle, zwischenmenschlichen Beziehungen oder Beziehungen zur Umwelt (konflikthaft oder friedlich) tiefe Ausdrucksformen der Person sind, die diese Geschichten schreibt. Dieser Test sollte somit ein tieferes Verständnis der Person auf der bewussten und unterbewussten Ebene ermöglichen.

[82] "The genetic method in fact, beyond recognizing the variety of motivational patterns obtaining (as would the transcendental method), endeavors to find the relations existing between them, between the various 'frames of reference' or stages in which the specific data have their location and significance [...]. The genetic method is not only to 'situate' the signs and symptoms in the most appropriate framework, but ought also to know the transition rules, the laws of transformation and maturation from one stage to the other [...]. From the cognitive point of view, but even more from that of pedagogy, the contribution of this method is that of making available and being able to deploy a differentiated consciousness for the proper interpretation of the signs as developmental facts at a variety of stages." [Die genetische Methode versucht nämlich nicht nur, die Vielfalt der vorhandenen Motivationsmuster zu erkennen (wie die transzendentale Methode), sondern auch die Beziehungen zwischen ihnen zu finden, zwischen den verschiedenen „Bezugsrahmen" oder Stadien, in denen die spezifischen Daten ihren Platz und ihre Bedeutung haben [...]. Die genetische Methode besteht nicht nur darin, die Zeichen und Symptome in den am besten geeigneten Rahmen „einzuordnen", sondern auch die Übergangsregeln, die Gesetze der Transformation und Reifung von einer Stufe zur anderen zu kennen [...]. Aus kognitiver Sicht, aber noch mehr aus der Sicht der Pädagogik, besteht der Beitrag dieser Methode darin, ein differenziertes Bewusstsein für die richtige Interpretation der Zeichen als Entwicklungstatsachen in verschiedenen Stadien verfügbar zu machen und einsetzen zu können.] Franco Imoda, *Human Development Psychology and Mystery*, op. cit., p. 110–111.

Phase der psychosexuellen Entwicklung verortet. Die Herausforderungen, die mit dem Leben eines Menschen unter besonderen Umständen verbunden sind, erfordern eine fokussierte Aufmerksamkeit auf die einzelne Person, ihre Geschichte und ihre Identität. Die genetische Methode ist also eine Hilfe, die Dynamik und den Prozess der Entwicklung einer Person mit ihren inhärenten Spannungen zwischen den kognitiven, emotionalen, praktischen und existenziellen Dimensionen zu verfolgen. Der Prozess der Bedeutungskonstruktion durch den narrativen Ansatz kann das Wachstum (die Entwicklung) der menschlichen Person fördern. Die Erzählung ermöglicht es, die Phasen des Lebens zu verfolgen, eine Vision des Ganzen zu haben und die erzählende Person besser zu verstehen. Die Sicht auf das Leben als ein allmählich erarbeitetes, integriertes Ganzes, die durch die Erzählung ermöglicht wird, könnte es dieser Person ermöglichen, ihre Berufung als Mensch guten Willens, als Glaubende und als Christin anzunehmen und zu leben.

11. Die Narrativität aus der Perspektive der Anthropologie der christlichen Berufung

Aus einer interdisziplinären theologischen und anthropologischen Perspektive stellt Rulla die Berufung des Christen als „einen Dialog in Christus" dar.[83] Es ist ein Dialog zwischen Gott, dem Schöpfer und Initiator, und der menschlichen Person, die in diesem Austausch antwortet und Protagonistin ist. Rulla konkretisiert mit dem Beitrag der Humanwissenschaften die Aufforderung des Zweiten Vatikanischen Konzils in *Gaudium et Spes*, die menschliche Person in ihrer Beziehung zu Gott zu verstehen. „Christus, der neue Adam, macht eben in der Offenbarung des Geheimnisses des Vaters und seiner Liebe dem Menschen den Menschen selbst voll kund und erschließt ihm seine höchste Berufung." (Nr. 22). Gott spricht zur menschlichen Person und diese antwortet ihm und spricht auch zu ihm. Gott offenbart sich der menschlichen Person und ermöglicht es ihr, sich selbst zu erkennen, sich anderen zu offenbaren und in Gott zu wachsen. Für Rulla hat „der Dialog zwischen Gott und Mensch, der für die christliche Berufung grundlegend ist, sein Zentrum in Christus."[84] Wenn die Berufung ein Dialog ist, gibt es also eine Erzählung von Gott und der menschlichen Person. Wie Demasure sagt, ist die Offenbarung (Wort Gottes) eine Erzählung über die Inspiration, die Gott einer menschlichen Person zuteilwerden lässt.[85] Das Leben Jesu wird von den Aposteln oder Evangelisten durch ihre Schriften (die Evangelien) erzählt. Jesus bediente sich

---

83 Luigi M. Rulla, *Anthropologie de la vocation chrétienne, op. cit.*
84 *Ibid.*, p. 37.
85 Karlijn Demasure, « La passion du possible : L'histoire de vie comme instrument de l'accompagnement pastoral », *art. cit.*

manchmal narrativer Gleichnisse, um von seinem Vater zu sprechen und ihn zu beschreiben (vgl. Lk. 15,11–24). Der Dialog zwischen Gott und Mensch in der narrativen Perspektive öffnet den Menschen für Gott durch seinen Sohn Jesus Christus, wie Rulla betont:

„Es ist also Christus, der den Menschen befreit, indem er ihm das transzendente Maß seiner Würde und seiner Berufung aufdeckt; so ruft er den Menschen auf, seinen Horizont zu erweitern, entweder im Sinne eines Humanismus des „Seins" statt des „Habens" oder im Sinne einer ständigen Nachahmung seiner eigenen Transzendenz in Richtung auf seinen Vater und unseren Vater, als Glied des mystischen Leibes, dessen Haupt er ist."[86]

Der erzieherische Gedanke, d.h. die Aufforderung zur Identifikation durch Nachahmung, entsteht in der Offenbarungserzählung ebenso wie in anderen Arten der Erzählung, wie Ricoeur[87] und McIntyre[88] erläutern; diese stellen die Helden von Geschichten oder Fabeln als Vorbilder dar: in ihren Handlungen, in ihrem Erfolg und in ihrem Misserfolg. Der Mensch lebt seine christliche Berufung, indem er Gott im Dialog antwortet. Indem er sein Leben durch das Erzählen neu in den Blick nimmt, öffnet sich der Mensch für Gottes neue Horizonte und kann Gottes Gegenwart, Inspiration und Handeln in seine Erzählung integrieren. Diese Öffnung gegenüber Gott (dem Anderen) kann dem Menschen helfen, sich selbst ins Wort zu bringen und sich als einzigartigen Menschen zu erkennen, der weiß, welche Bedeutung sein „Selbst" hat.

11.1 Narrativität und das Konzept des zu einer Einheit gelangten Selbst

Der hermeneutische Ansatz von Ricœur und MacIntyre sieht eine Wechselwirkung zwischen Erzählung und Leben. Ricoeur analysiert das Konzept des Selbst aus der hermeneutisch-narrativen Perspektive: „Selbsterkenntnis ist Interpretation."[89] In dieser Perspektive wird das „Selbst" durch die Interpretation des „bereits Vorhandenen" konstruiert, und zwar mit einer umfassenden Offenheit in der Beziehung zum Anderen: zu Gott und zum Menschen. In seinen späteren Überlegungen verstärkt Ricoeur diesen Gedanken, indem er das „Selbst" in eine Beziehung der Ähnlichkeit mit dem Anderen setzt, die aber keine Verschmelzung beinhaltet. Die Bedeutung dieser Auffassung zeigt sich in dem Titel: *Soi même comme un autre* [die deutsche Übersetzung ist erschienen unter dem Titel: *Das Selbst als ein Anderer*], den er seinen Überlegungen 1990 gab. Das Bewusstsein von sich selbst als einem menschlichen Wesen, das einzigartig ist, beinhaltet gleichzeitig das Bewusstsein, dass der An-

---

[86] Luigi M. Rulla, *Anthropologie de la vocation chrétienne*, op. cit., p. 38.
[87] Paul Ricœur, *Temps et récit*, op. cit.
[88] Alasdair C. MacIntyre, *After Virtue*, op. cit.
[89] Paul Ricœur, *Soi-même comme un autre*, op. cit.

dere anders ist und zur Gruppe der anderen Menschen gehört. Das Erkennen des Anderen ist eine Möglichkeit, sich selbst besser zu definieren. Ricoeurs narrativer hermeneutischer Ansatz billigt nicht die transparente und logische Sicht von Descartes: „Ich denke, also bin ich." Sein Ansatz öffnet sich vielmehr darüber hinaus für eine dynamische Beziehung zwischen „dem Selbst", „dem Ich", „dem Du" und „dem Wir".[90] Das „Du" könnte der Andere (Gott) sein, der das „Ich zum Selbst" führt, und zwar in seiner Beziehung zum Anderen (dem Menschen). Die Selbsterkenntnis wird in der Erzählung und im Anderssein weiter gefestigt. Das Selbst wird in einer Perspektive des Glaubens von Gott empfangen und kann sich in der konstruktiven Beziehung zu seinem Mitmenschen selbst empfangen und schenken. Dies ist mehr als ein Vergleich, es ist vielmehr ein Einschluss: „man selbst als der andere".[91] In diesem Sinne stellt Imoda die Andersartigkeit als einen grundlegenden Parameter für die Entwicklung der menschlichen Person dar.[92] Das Selbst baut sich in der Dynamik zwischen Geschichte und Leben eine zu einer Einheit zusammengefügte Bedeutung auf. Für MacIntyre ist die Lebensgeschichte mehr als nur eine Liste von Ereignissen oder Episoden aus dem Leben einer Person. Sie ist ein Gewebe aus Ereignissen, die sich verbinden, reaktivieren und einen grundlegenden und vitalen Kern der Person bilden, das „Selbst". MacIntyre sieht, ausgehend von der aristotelischen Tradition, das Leben als eine verkündete Erzählung, vielleicht sogar als eine gelebte Geschichte.[93] Er ist der Ansicht, dass das Leben einen Sinn hat, weil es gemäß seiner narrativen Artikulation gelebt wird.[94] Für MacIntyre offenbart sich das Konzept des Selbst, des „*self*", in der Erzählung, und zwar ausgehend von den Handlungen der Person in ihrer Einzigartigkeit.[95] Er sieht das „zur Einheit gelangte Selbst", dessen Einheit in der Erzählung liegt, die alles Erlebte von der Geburt bis zum Tod in Beziehung setzt.[96] Es stimmt, dass das Ereignis der Geburt und des Todes eines Menschen

---

90 *Ibid.*, p. 12.
91 *Ibid.*, p. 14.
92 Franco Imoda, *Human Development Psychology and Mystery*, op. cit.
93 Alasdair C. MacIntyre, *After Virtue*, op. cit., p. 212.
94 "*It is because we all live out narratives in our lives and because we understand our own lives in terms of the narratives that we live out that the form of narrative is appropriate for understanding the actions of others. Stories are lived before they are told – except in the case of fiction.*" [Weil wir alle in unserem Leben Erzählungen ausleben und weil wir unser eigenes Leben in Bezug auf die Erzählungen verstehen, die wir ausleben, ist die Form der Erzählung geeignet, die Handlungen anderer zu verstehen. Geschichten werden gelebt, bevor sie erzählt werden – außer im Fall von Fiktion.]
95 "*But clearly correct conceptual insights about human actions and selfhood in order to show how natural it is to think of the self in a narrative mode.*" [Konzeptionelle Einsichten über menschliches Handeln und Selbstsein müssen eindeutig korrigiert werden, um zu zeigen, wie natürlich es ist, das Selbst in einem narrativen Modus zu denken.] Alasdair C. MacIntyre, *After Virtue*, op. cit., p. 20.
96 "*A concept of a self whose unity resides in the unity of a narrative which links birth to life to death as narrative beginning to middle to end.*" *Ibid.*, p. 205.

11. Die Narrativität aus der Perspektive der Anthropologie der christlichen Berufung

von der Mutter oder anderen Menschen erzählt wird, aber die Streben einer Person, von sich zu erzählen, ist eine Suche nach innerem Zusammenhalt.[97] In diesem Zusammenhang stellt die Erzählung eine Synthese her und integriert Erfolge, Frustrationen, Misserfolge und Enttäuschungen zu einem einheitlichen und bedeutungsvollen Ganzen: „die narrative Einheit eines Lebens". Das Leben ist die Grundlage der Erzählung. Die Erzählung basiert auf dem Leben, wird aber nicht von ihm bestimmt. Sie steht mit ihr in Verbindung als ein Gelenk, das dem Erlebten oder dem, was es zu erleben gibt, eine neue Bedeutung verleihen kann. Aus dieser Perspektive ist Erzählen die Kunst, die verschiedenen Dimensionen der Person, ihre Absichten und Handlungen miteinander zu verknüpfen. Dolphin führt aus, dass das Konzept des Selbst, das durch das Erzählen beschrieben wird, das „zur Einheit gelangte Selbst" ist.[98] Eine Autobiografie stellt das Leben der Person als Ganzes dar, die chronologische Abfolge, die Entscheidungen und die Handlungen in den verschiedenen Bereichen des gesamten Lebens. McAdams wählt als Illustration die Autobiografie des heiligen Augustinus (354–430), seine *Bekenntnisse*. Augustinus macht eine Rückschau, eine Analyse des Selbst durch eine Beschreibung, die das „zerbrochene und ungeordnete" Selbst neu ordnet und wiederherstellt,[99] um sich selbst als ganze, einzigartige, im Plan Gottes zur Einheit gelangte Person neu zu verorten und eine neue teleologische Richtung einzuschlagen. O'Dwyer schloss sich dem an, indem er sagte, dass das „Selbst" in der Erzählung über die Zeit hinweg dasselbe bleibt.[100] Es ist eine Einheit des Lebens der Person mit allem, was dazu gehört: Geschichte, Ereignisse, Überzeugungen, Entscheidungen, Gelungenes, Misserfolge, Erfolge, Umwege, und zwar in einer sich seit der Empfängnis entwickelnden Perspektive. Der Mensch trägt in sich die Möglichkeit dessen, was er im Laufe seiner Entwicklung sein wird.[101] Diese Vision des zur Einheit gelangten Selbst ermöglicht es, Hoffnungen, Ziele und

---

[97] *"The unity of a human life is the unity of a narrative quest." Ibid.*, p. 219.
[98] *"The concept of self underlying the narrative mode is that of a unitary self living a unitary live that can be conceived and evaluated as a whole."* Brenda M. Dolphin, *The Values of the Gospel, op. cit.*, p. 33.
[99] *"His confessions is a retrospective self-analysis written to regroup and recover from what he described as a 'shattered' and 'disordered' state of mind. By composing the story, Augustin was able to construct a unified view of himself and his place in God's creation. With this new vision of himself, he was able to return to his life with direction and purpose."* [Bei seinen Bekenntnissen handelt es sich um eine retrospektive Selbstanalyse, die er geschrieben hat, um den, wie er es nannte, „erschütterten" und „ungeordneten" Geisteszustand neu zu ordnen und sich von ihm zu erholen. Durch das Verfassen der Geschichte gelang es Augustinus, ein einheitliches Bild von sich selbst und seinem Platz in der Schöpfung Gottes zu entwickeln. Mit dieser neuen Vision von sich selbst konnte er sein Leben mit einem Ziel und einer Richtung weiterleben.] Dan P. McAdams, *The Stories We Live by, op. cit.*, p. 32.
[100] *"The self in narrative remains essentially the same over time."* [Das Selbst in der Erzählung bleibt über die Zeit im Kern dasselbe.] Cáit O'Dwyer, *Imagining one's Future, op. cit.*, p. 32.
[101] Franco Imoda, *Human Development Psychology and Mystery, op. cit.*, p. 102–104.

Wachstum von der Vergangenheit ausgehend über die Gegenwart bis hin zu einer Vorstellung von der Zukunft zu betrachten.[102] Sich selbst besser kennenzulernen und das Selbst zu einer Einheit hin zu entwickeln, wird dabei zu einer Übung, bei der es darum geht, Gedanken, Ideen, Gefühle, Emotionen, Pläne und Projekte aus allen Phasen des Lebens zu artikulieren und auszudrücken. Es handelt sich um einen Lernprozess, der es dem Menschen ermöglicht, seinen inneren und äußeren Erfahrungen einen Namen zu geben, und während er das tut, kann er von sich selbst erzählen und sich offenbaren. Sich selbst kennenzulernen bedeutet für Ricœur zu interpretieren und zu verstehen, d.h. die Dialektik von Kontinuität und Diskontinuität zu integrieren. Aus dieser Dialektik ergeben sich die Komponenten des Selbst und letztlich die narrative Identität.

11.2 Die narrative Identität

In der fünften Studie seines Buches *Das Selbst als ein anderer* unterscheidet Ricoeur zwischen personaler und narrativer Identität. Für meine Untersuchung ist die narrative Identität relevant. Für Ricœur ist die narrative Identität eine Dialektik zwischen zwei Weisen, sein Selbst zu leben (*mêmeté* und *ipséité*), oder sogar eine Polarität: „Die Dialektik der *Ipse*-Identität und der *Idem*-Identität, die Identität des Selbst und die des Anderen, wird die erste Rolle spielen."[103] Das Selbst bleibt nicht mehr dasselbe, seine Identität ändert sich, aber es erkennt sich selbst als Selbst (*Ipse*-Identität). Die *Idem*-Identität oder *mêmeté* (lateinisch *idem*, französisch *même*, englisch *sameness*) ist die quantitative/qualitative numerische Permanenz, d.h. die Kontinuität, die Konkordanz[104] in der Zeit und in der Geschichte der menschlichen Person. Die *Ipse-Identität* oder *ipséité* (lateinisch *ipse*, französisch *soi-même* englisch *selfhood*) ist das, was sich in der Person verändert, und wird als die Eigenschaft der Person verstanden, einzigartig zu sein und sich dieser Einzigartigkeit bewusst zu sein, d.h. ein Mensch zu sein, der ebenso wie alle anderen Menschen ist, und gleichzeitig ein Mensch, der sich von allen anderen Menschen unterscheidet. Menschen ähneln sich in ihrer menschlichen Natur. Sie unterscheiden sich jedoch in der Art und Weise, wie sie sich Ziele setzen, wie sie ihr Versprechen und ihre

---

102 Cáit O'Dwyer, *Imagining one's Future*, op. cit., p. 33.
103 Paul Ricœur, *Soi-même comme un autre*, op. cit., p. 14.
104 *Ibid.*, p. 168. Ricœur definiert die Begriffe Konkordanz und Diskordanz folgendermaßen: „Mit Konkordanz meine ich das Ordnungsprinzip, das über das regiert, was Aristoteles als ‚Anordnung der Tatsachen' bezeichnet. Unter Diskordanz verstehe ich die Schicksalswendungen, welche die Handlung (die Gesamtheit der Ereignisse und der Tatsachen, die die Erzählung ausmachen) von der Anfangssituation bis hin zu einer Endsituation zu einer geregelten Transformation machen. Ich wende den Begriff *Konfiguration* auf diese Kunst der Komposition an, die zwischen Übereinstimmung und Disharmonie vermittelt."

Verpflichtung leben. Auf die Frage „Wer bin ich?" antwortet ein Mensch mit seinem Charakter, seiner Beständigkeit, seinen Gewohnheiten (mit denen er irgendwann begonnen hat und die eine Geschichte haben), d. h. mit seinem *Idem*, und mit dem Wort, das er gehalten hat, mit der erworbenen Identifikation mit Werten, Normen und Idealen, die ihn zu einer Innovation, einer Kontinuität, seinem *Ipse*, führen. Diese beiden Pole (*Idem* und *Ipse*) der Identität einer Person wirken zusammen, überlappen sich, unterscheiden sich aber auch. Das gehaltene Wort und die Stabilität des Selbst wird allein von der Person aufrecht erhalten. Dies drückt die Identität des Selbst aus. Der Charakter oder die Identität des Selbst „lässt sich in die Dimension des allgemeinen Etwas einschreiben." Es gibt eine Unterscheidung zwischen der „Beharrlichkeit des Charakters" und der „Beharrlichkeit der Treue zum gegebenen Wort." Anders gesagt: Es gibt eine Unterscheidung zwischen der Kontinuität des Charakters (Beständigkeit in der Zeit) und der „Beständigkeit in der Freundschaft" (Beständigkeit des Selbst).[105]

Die Diskontinuität und die Widersprüchlichkeit von Ereignissen und Vorfällen bewirken einen Bruch, der die Möglichkeit einer qualitativen Veränderung oder eines Werdens eröffnen kann. Die Erzählung konstruiert die Identität der Figur in der Korrelation der Handlung und ihre narrative Identität in der Synthese von Konkordanz und Diskordanz.[106] Ricoeur fügt dem Konzept der narrativen Identität das hinzu, was das „Selbst aus dem Selbst" herausbringt, um ein anderer als „das Selbst" zu sein. Die narrative Identität ist eine Dialektik zwischen dem *Idem* und dem *Ipse*, d.h. weder eine Opposition zwischen diesen beiden Aspekten noch ihre Verschmelzung.

> „Die *Ipse*-Identität bringt eine Dialektik ins Spiel, die komplementär zur Dialektik der *Ipséité* und der *Mêmeté* ist, nämlich die Dialektik des *Selbst* und des *Anderen als das Selbst* [...]. Hier setzen sich die Pole der Identität zusammen. Dies beweist, dass man das *Idem* der Person nicht bis zum Ende ohne das *Ipse* denken kann, selbst wenn das eine das andere überdecken sollte."[107]

Die narrative Identität könnte durch diese Spannung zwischen ihren Komponenten eine schrittweise Integration der verschiedenen (glücklichen, herausfordernden, schmerzhaften) Ereignisse fördern, die auftauchen und das Gleichgewicht stören, und so im Hinblick auf ein Ziel einen wachsenden Zusammenklang aufbauen. Für eine Ordensfrau besteht die Kontinuität in einem kohärenten Leben gemäß ihrer Weihe an Gott und ihrer Sendung. Die sexuelle Übertretung der Regeln, an der sie Teil hat, wird zu einer Diskontinuität, einem Bruch ihrer religiösen Verpflichtungen und ihrer gewohnten Kohärenz.

---

[105] *Ibid.*, p. 148–149.
[106] *Ibid.*, p. 175.
[107] *Ibid.*, p. 13 et 147.

II. Die narrative Theorie

Es ist ein schmerzhaftes Ereignis, das irritiert, Verwirrung stiftet und Desorientierung hervorruft. Wenn dieses Ereignis jedoch verarbeitet, überwunden und integriert wird, kann trotz der Diskontinuität eine neue Kontinuität in ihrem Leben wiederhergestellt werden. Die Kontinuität, welche die Diskontinuität integriert, kann eine andere Harmonie ganzheitlichen Lebens fördern, die sich von der linearen Kontinuität des Anfangs unterscheidet. Ricoeur spricht in diesem Kontext von der Störung als Quelle der Diskordanz, wenn sie auftritt, und als Quelle der Konkordanz durch das, was sie hervorbringt.[108]

Für McAdams ist die narrative Identität der Ort, an dem die verschiedenen Dimensionen oder Rollen der Person kohärent vereint werden. Für MacIntyre bedeutet die Konstruktion der Identität aus einer narrativen Perspektive, eine Teleologie für die Person in Betracht zu ziehen.[109] Das Leben eines Menschen, der mit sich selbst eins ist und eine klar umrissene Identität besitzt, hat einen Sinn, wenn die Erzählung dieses Lebens ein Ziel hat, das ihn leben und handeln lässt. Der *Telos* (das Ziel) gibt dem Leben einen Sinn und ist der Antrieb, der den Plan und die Richtung entwickelt, gemäß dessen das Leben weiter gewoben wird. Einen Sinn für das Leben zu haben und Geschmack daran zu finden, bedeutet auch, ein Ziel zu haben, für das es sich lohnt, das Leben zu leben. Das Fehlen eines Lebenssinns kann manche Menschen in den Selbstmord treiben. Der *Telos* verleiht dem Leben seine Bewegung. Es bildet den Humus, der den Boden des Lebens nährt. Das Erreichen oder Nicht-Erreichen eines Ziels öffnet eine neue Auffassung von anderen, höheren oder realistischen Zielen. Die narrative Identität wird für MacIntyre auch im familiären und sozialen Kontext aufgebaut.[110] Eine bestimmte Sprache, die man hier als Erbe erhalten hat, dient der konstruierenden Narrativität. Mit dem Erlernen der Muttersprache (dem Fundament der Kultur) lernt das Kind, sich selbst zu erzählen, zu beschreiben und sich anderen vorzustellen. So macht es sich nach und nach die gemeinsame, vertraute, verständliche Sprache zu eigen, die in seiner Familie und seiner Gesellschaft akzeptiert ist. Ich werde dies im Folgenden genauer zu erläutern versuchen.

---

[108] *Ibid.*, p. 169.
[109] "*Thus, personal identity is just that identity presupposed by the unity of the character which the unity of a narrative requires.*" [Die persönliche Identität ist demzufolge genau die Identität, die für die Einheit des Charakters, den die Einheit einer Erzählung erfordert, die Voraussetzung bildet.] Alasdair C. MacIntyre, After Virtue, op. cit., p. 218.
[110] "*For the story of my life is always embedded in the story of those communities from which I derive my identity [...] The possession of an historical identity and the possession of a social identity coincide.*" [Denn meine Lebensgeschichte ist immer eingebettet in die Geschichte der Gemeinschaften, aus denen heraus ich meine Identität beziehe. (...) Die historische Identität, die jemand besitzt, fällt zusammen mit seiner sozialen Identität.] *Ibid.*, p. 221.

11.3 Narrativität, Identität und Sprache

Die Sprache, die ein Mensch wählt, der seine Geschichte erzählt, hat ebenfalls ihren Einfluss auf die Bedeutungskonstruktion. Die Sprache wird aus dem Repertoire von Wörtern und familiären und kulturellen Ausdrücken ausgewählt. Für einige ist eine Beziehung sexueller Natur zwischen einem Amtsträger (Priester) und der von ihm begleiteten Person (Ordensfrau) eine „romantische Affäre",[111] da beide erwachsen sind. Für andere ist es sexueller Missbrauch, weil es in einer pastoralen Beziehung eine Beziehungsstruktur mit einem Machtungleichgewicht gibt. Der Priester befindet sich in einer Machtposition. Die Begriffe „sexueller Missbrauch" oder „romantische Affäre" bezeichnen dieselbe Handlung, die aber auf unterschiedliche Weise konnotiert und interpretiert wird. Die Bedeutungskonstruktion ist nicht immer offensichtlich. Es kann sprachliche Nuancen geben, die teils hilfreich, teils weniger hilfreich die Konstruktion von Bedeutung ausgehend von einer Erzählung beeinflussen.

Dies eröffnet der Mediation einen Weg zur Rekonstruktion der Identität, die Möglichkeit, bestimmte Konzepte neu zu definieren, die Sprache zu ändern oder zu verbessern, andere Entscheidungen neu zu treffen – alles mit dem Ziel, die eigene Identität neu zu gestalten.[112] Diese Mediation führt zu einer Transformation. Die Sprache ist ein Instrument, das dem Erzählenden hilft, seine Erfahrungen zu verstehen, um sie in seine Identität einzubringen und zu integrieren. Sie ist ein Weg, sich mit der eigenen Erfahrung vertraut zu machen und sie zu zähmen. In diesem Sinne spricht Dolphin auch von der Bedeutung und dem Zweck der Sprache, um die eigene Erfahrung zu verstehen.[113] Die Identität eines Menschen ist also das Produkt eines schrittweisen und immer neuen Konstruktionsprozesses. Der Mensch konstruiert seine Identität durch das Erzählen seiner Geschichte. Er geht von sich selbst aus, von seinen Erfahrungen, die er erzählt, neu betrachtet und in denen er einen Sinn findet, um damit sein Leben weiterzuleben. Dieser narrative Konstruktionsprozess schafft Bedeutung mit Hilfe des Stils, der Art der Erzählung, der Wortwahl und der Werte, die bei der Interpretation gebraucht werden. Dies geschieht in einem Prozess der Reifung oder sogar der Transformation. Der Mensch hat die Möglichkeit zu wählen. Jede neue Entscheidung führt zu einer neuen Konstruktion. Das Leben des Menschen kann also andere, ganz

---

111 Kathryn A. Flynn, *Sexual Abuse of Women by Members of the Clergy*, McFarland & Company, Jefferson, 2003.
112 Karlijn Demasure, « La passion du possible : L'histoire de vie comme instrument de l'accompagnement pastoral », *art. cit.*, p. 53.
113 *"The language a person uses in his or her narrative is closely bound up with understanding what is happening in his or her life."* Brenda M. Dolphin, *The Values of the Gospel*, *op. cit.*, p. 38.

neue, innovative, progressive oder regressive Wendungen nehmen.[114] Das Leben aus der Perspektive von Gadamers Hermeneutik zu begreifen,[115] wäre also eine Haltung, die darin besteht, sich ständig in Frage zu stellen. Es ist eine Offenheit, Erfahrungen nicht nur als Quelle für erworbenes Wissens wertzuschätzen, sondern sie so zu erleben, dass man durch sie das Lernen lernt. Es ist eine Haltung, das Unvorhergesehene und das Unbekannte anzunehmen und zu leben. So wird man von der Realität ausgehend die eigene Identität aufbauen, indem man die erlebten Elemente in Hinblick auf ein Ziel integriert. Die dynamische Haltung der Interaktion zwischen den Erfahrungen stimuliert auch eine pädagogische Haltung. Man lernt, wie man Worte, Ausdrücke, eine aufbauende und konstruktive Sprache findet und bewusst wählt, um den Lebensbericht in einer hoffnungsvollen Zukunftsperspektive neu zu formulieren.

11.4 Narrativität und die Heilung der Identität

Narrativität kann bei der Konstruktion von Sinn und dem Aufbau der Identität einer Person helfen. Diese Identität integriert die Vergangenheit, drückt sich in der Gegenwart aus und projiziert sich in die Zukunft gemäß einem letzten Ziel der Person. Diese Dynamik kann dem Leben der Person einen einheitlichen Sinn verleihen, aus dem heraus sie handelt. Die Integration der Identität kann eine Heilung sein, die das Gleichgewicht, das manchmal durch schmerzhafte und destruktive Ereignisse gestört wird, reorganisiert, umstrukturiert und wiederherstellt. Für Gadamer lehrt uns die Erfahrung, die Realität zu erkennen. Durch die Erfahrung, die der Mensch macht, wird er sich seiner Endlichkeit bewusst.[116] Er kann „durch Leiden lernen = *learning through suffering*" (*pathei mathos*). Dieser Ausdruck bedeutet nicht, dass der Mensch durch Leiden zwangsläufig weise wird oder dies oder jenes durch Leiden lernt. Das

---

114 Luigi M. Rulla, *Anthropologie de la vocation chrétienne*, op. cit.
115 *"Thus experience is experience of human finitude. The truly experienced man is one who is aware of this, who knows that he is master neither of time nor the future. The experienced man knows the limitedness of all prediction and the uncertainty of all plans. In him is realised the truth-value of experience. If it is characteristic of every phase of the process of experience that the experienced person acquires a new openness to new experiences, this is certainly true of the idea of complete experience."* [Erfahrung ist also Erfahrung der menschlichen Endlichkeit. Der wahrhaft erfahrene Mensch ist einer, der sich dessen bewusst ist, der weiß, dass er weder Herr der Zeit noch der Zukunft ist. Der erfahrene Mensch weiß um die Begrenztheit aller Vorhersagen und die Ungewissheit aller Pläne. In ihm ist der Wahrheitswert der Erfahrung verwirklicht. Wenn es für jede Phase des Erfahrungsprozesses kennzeichnend ist, dass der erfahrene Mensch eine neue Offenheit für neue Erfahrungen erwirbt, so gilt dies sicherlich auch für die Idee der vollständigen Erfahrung.] Hans-Georg Gadamer, *Truth and Method*, op. cit., p. 320.
116 *"Experience teaches us to recognise the reality... Real experience is that in which man becomes aware of his finiteness."* Idem.

11. Die Narrativität aus der Perspektive der Anthropologie der christlichen Berufung

Leiden schmerzt eher, als dass es einen idealen Rahmen für das Lernen bietet. Dennoch entdeckt der Mensch seine Endlichkeit, seine Grenzen und die Grenzen der Menschheit, wenn er eine schmerzhafte Erfahrung macht. Die schmerzhafte Erfahrung kann die religiöse Einsicht (*insight*) des Menschen erleichtern, um damit seine Menschlichkeit und die unendliche Macht und Güte Gottes, der uns durch seinen Sohn das Heil bringt, zu erkennen und zu verstehen. Der christliche Sinn des Leidens wird so zu einem religiösen oder christlichen „*master-narrative*"[117], das den Lesenden erbaut und ihm hilft, dem Leben einen Sinn zu geben.

Anhand von Nelsons Arbeit lässt sich erkennen, wie eine Identität oder eine Selbstwahrnehmung je nach Kontext variieren oder sich sogar verändern kann. Nelson betont den Einfluss der Gesellschaft, der Sprache und der vorhandenen Erzählungen auf den Prozess der Identitätsbildung einer Person. Für sie wird die Identität einer Person in einem Kontext aufgebaut, und die narrative Erzählung, die bei der Identitätsbildung hilft, ist ein Teil des kulturellen Erbes, der zu diesem Kontext gehört. Um eine neue Erzählung erstellen zu können, die neue gesunde und konstruktive Elemente im Hinblick auf eine neue Selbstwahrnehmung integriert, braucht man einen Kontext, der dazu anregt. Aus ethischer Perspektive sagt Nelson, dass die Selbstwahrnehmung zum einen das Ergebnis der Vorstellung ist, die ein Mensch von sich selbst hat, und zum anderen der Wahrnehmung durch andere, die ihm entsprechend seines Handelns die darin ausgedrückten Moralvorstellungen zuschreiben. Manchmal kann diese Zuschreibung verbietend und reduktiv sein. Nelsons Hauptkonzept „*counterstory*"[118], d.h. „Gegenerzählung", sollte als Gegengewicht zu bestimmten „master narratives" dienen: „dominante Erzählungen",

---

117 "*Master narrative: the stories found lying in our culture that serve as summaries of socially shared understandings. Master narratives are often archetypal, consisting of stock plots and readily recognizable character types, and we use them not only to make sense of our experience (Nisbett and Ross, 1980), but also to justify what we do (MacIntyre, 1984). As the repositories of common norms, master narratives exercise a certain authority over our moral imaginations and play a role in informing our moral institution.*" [*Master narratives*: die in unserer Kultur verborgenen Geschichten, die als Zusammenfassungen von Deutungen dienen, über die ein gesellschaftlicher Konsens besteht. *Master narratives* sind oft archetypisch, bestehen aus typischen Handlungsabläufen und leicht erkennbaren Charaktertypen, und wir nutzen sie nicht nur, um unsere Erfahrungen zu verstehen (Nisbett and Ross, 1980), sondern auch, um unser Handeln zu rechtfertigen (MacIntyre, 1984). Als Aufbewahrungsort gemeinsamer Normen üben *Master narratives* eine gewisse Autorität über unsere moralischen Vorstellungen aus und spielen eine Rolle bei der Gestaltung unserer moralischen Vorstellungen.] Hilde L. Nelson, *Damaged Identities*, op. cit., p. 6–7.

118 "*A counterstory is a story that resists an oppressive identity and attempts to replace it with one that commands respect (Nelson, 1995)... Second, counterstories aim to alter, when necessary, an oppressed person's perception of self.*" [Eine Gegenerzählung ist eine Erzählung, die sich einer unterdrückerischen Identität widersetzt und versucht, sie durch eine andere zu ersetzen, die Respekt verlangt (Nelson, 1995) ... Zweitens zielen Gegenerzählungen darauf ab, die Selbstwahrnehmung einer unterdrückten Person, wenn nötig, zu verändern] *Ibid*, p. 6–7.

II. Die narrative Theorie

bei denen es sich um stereotype und unterdrückende Erzählungen oder sogar Ideologien handeln kann. So ist beispielsweise ist das „Christusereignis"[119], das die Menschwerdung Gottes in Jesus Christus erzählt und im Christentum interpretiert wird, eine dominante Erzählung, die Werte vermittelt, die dazu anregen, dem Leben einen Sinn zu geben. Sie beeinflusste und beeinflusst das Denken von Gemeinschaften und Gesellschaften. Die Geschichte der Person Jesu Christi, die in den Evangelien erzählt wird, hat ihren Platz im Leben der Christen. Sie inspiriert sie, ihr Leben zu gestalten und ihren Glauben zu leben. Die Erzählung von der Realität der Vorfahren ist eine dominante Erzählung, die in Subsahara-Afrika von Generation zu Generation weitergegeben wird. Sie hält die Kommunikation und den Zusammenhalt zwischen den Lebenden und den Toten aufrecht. Im Gegensatz dazu können Stereotype wie „Frauen sind Verführerinnen" oder die Redensart „schmutzige Wäsche wird in der Familie gewaschen" einige Ordensfrauen, die sexuelle Gewalt erfahren haben, zu einem schuldbewussten Schweigen bringen.

Für Nelson kann die „Gegenerzählung" eines Menschen ihren Nährboden in einer selbst gewählten Gemeinschaft finden. Diese Wahlgemeinschaft sollte sich von der Herkunftsgemeinschaft (Familie, Nachbarschaft, Clan), die den Menschen prägt, unterscheiden. Beispiele für Wahlgemeinschaften können Zusammenschlüsse von Arbeitskollegen, von Frauen usw. sein. In dieser selbst gewählten Gruppe hat man die Möglichkeit, von sich zu erzählen, seine Selbstwahrnehmung offenzulegen und die Grundlagen zu nennen, die diese Wahrnehmung sowie die persönlichen Interpretationen, Entscheidungen und Handlungen orientieren und nähren. In der Wahlgemeinschaft hat man die Möglichkeit, den Erzählungen der anderen zuzuhören, sich der Konfrontation zu stellen, die eigene Selbstwahrnehmung zu überdenken, sie zu korrigieren, neu anzupassen und seine Interpretationen neu zu begründen. Wenn die Herkunftsgemeinschaft die Person „konstituiert", dann „re-konstituiert" die Wahlgemeinschaft die Person und ermöglicht ihr, ihre Identität zu verändern, indem sie sich neu verortet und neu verhandelt, was sie sein möchte.[120] Nelsons „Gegenerzählungen" machen ausfindig, wählen aus, interpretieren und ermöglichen es, etwas Neues aufzubauen.[121] Sie beziehen Stellung in Kontex-

---

119 Paul Ricœur, *Amour et justice*, Points, Paris, 2008, p. 85.
120 Hilde L. Nelson, *Damaged Identities, op. cit.*, p. 9–11.
121 *"They are depictive, being representations of human experience; they are selective in what they depict; they are interpretative, offering a particular way of construing the acts, events, and personae that are represented; and they are connective, creating relationships among their own elements and to others stories."* [Sie sind darstellend, da sie Darstellungen menschlicher Erfahrung sind; sie sind selektiv in dem, was sie darstellen; sie sind interpretativ und bieten eine besondere Art, die dargestellten Handlungen, Ereignisse und Personen zu interpretieren; und sie sind verbindend, schaffen Beziehungen zwischen ihren eigenen Elementen und zu anderen Geschichten] *Ibid.*, p. 11–12.

11. Die Narrativität aus der Perspektive der Anthropologie der christlichen Berufung

ten, in denen es herrschende und beherrschte Gruppen gibt. In dieser Situation begünstigt die Realität der Macht (Unterdrückung) bestimmte Ideologien, die die dominanten Narrative nähren, die ihrerseits die identitätsbildende Narrativität der Mitglieder beeinflussen. Daher ist es notwendig, sich zu fragen, wie sich die Mitglieder beherrschter, minoritärer, marginalisierter Gruppen selbst verorten können. Welches moralische Urteil fällen die Mitglieder der dominanten Gruppen über ihre Handlungen? Können die Mitglieder der beherrschten Gruppe glaubwürdig sprechen und handeln? Und wenn sie dies nicht können, nicht unterstützt und anerkannt werden, wie können sie dann ihre Identität aufbauen, um in ihrem Handeln frei zu sein? Diese Fragen, mit denen sich Nelson auseinandersetzt, können helfen, darüber nachzudenken, inwiefern die Identität von Menschen, die zerstörerische Erfahrungen gemacht haben, neu strukturiert und geheilt werden kann. Ich gehe hier vom Beispiel der Ordensfrauen aus, die in der pastoral-seelsorglichen Beziehung oder in der Zusammenarbeit mit Priestern Erfahrungen sexuellen Fehlverhaltens gemacht haben, und ich frage nach den vorherrschenden Narrativen ihrer Herkunftsgemeinschaft, nach der verbreiteten Auffassung über die Frau, ihre Identität, ihre Weihe an Gott in den Ordensgelübden, ihre Rolle, ihren Platz in der Kirche und in der Gesellschaft. Gleichzeitig muss man verstehen, welches Narrativ über den Mann, den Priester, sein Priestertum, seinen Platz, seine Rolle in der Kirche und in der Gesellschaft vorherrschend ist und inwieweit dieses vorherrschende Narrativ sein persönliches Narrativ beeinflusst hat, mit dessen Hilfe er seine Identität konstruiert hat. Es ist wahrscheinlich, dass dominante Narrative im Herkunftsmilieu der Ordensfrauen (Familie, Umgebung, soziokulturelles Milieu) einen Einfluss auf ihr Leben und die Erzählung ihrer Missbrauchserfahrung hatten. Könnte ihre Ordensgemeinschaft als „Wahlgemeinschaft", in der sie auf Gottes Ruf zu antworten und ihre Berufung leben, nicht dabei helfen, ihre Identität nach dem zerstörerischen Ereignis wiederherzustellen? Hat die Ordensfrau in dieser „Wahlgemeinschaft" zusammen mit anderen Mitschwestern an einer „Gegenerzählung" Anteil, die auf einem kulturellen, moralischen und spirituellen Erbe beruht, das ihr hilft, ihre Identität „wiederherzustellen", um ihre Sendung leben zu können, die darin besteht, sich selbst für das Gute hinzugeben? Dies wäre das Ziel der Gegenerzählung. Sie soll dem Menschen zu helfen, seine Identität auf der Grundlage erneuernder und integrativer Ideen auszubauen und zu gestalten, und nicht auf der Basis von Stereotypen.

Ordensfrauen sind in Kongregationen, Instituten und Orden organisiert. Diese Institutionen sind bestens organisiert und dauerhaft, und ihr Leben ist geprägt von der Inspiration einer Spiritualität, dem Charisma des Gründers oder der Gründerin. Sie haben eine Lebensregel (Konstitutionen, Statuten) als Leitlinie. Diese Einrichtungen besitzen, verwalten und unterstützen große soziale Werke. Das Ordensleben, zu dem sich Frauen oder Männer zusammenschließen, hat die Nachfolge Christi zum Ziel. Die Kongregation für die Institute des geweihten Lebens und die Gesellschaften des apostolischen Lebens hat angesichts der neuen Herausforderungen betont, dass das Ordensleben eine geistige Offenheit erfordert, um sich neue Weisen der prophetischen und charismatischen Nachfolge vorzustellen, die in entsprechend angepassten oder vielleicht ganz neuartigen Strukturen gelebt werden. Eine ganze Reihe von innovativen Diensten, die außerhalb der bewährten Strukturen der Vergangenheit gelebt werden, müssen notwendigerweise auch in neuen institutionellen Strukturen ihren Ausdruck finden (cf. *Für jungen Wein neue Schläuche*, Nr. 3). In dieser Erneuerung sollten die Gemeinschaften und ihre Apostolate Möglichkeiten in Betracht ziehen, die eventuell verletzte Identität ihrer Mitglieder zu heilen. Die Gemeinschaft der Ordensfrauen wird zu einem innovativen Umfeld, in dem sie die gemeinschaftliche Erzähldimension der Region Subsahara-Afrika und die individuelle Erzähldimension in Einklang bringen können. Die Ordensfrauen können ihre Identität individuell oder gemeinschaftlich neu konstruieren, indem sie von ihren Missbrauchserfahrungen ausgehen und sich auf ihre Werte (Spiritualität, Charisma) stützen.

11.5 Narrativität und Reife als Transformation

Die durch Narrativität konstruierte Identität der Person kann sich in einer Dynamik des Wachstums und der Reife entwickeln, wenn sie auf ein Ziel ausgerichtet ist. Für Ricœur ist eine Interpretation dann vollendet, wenn sie zu einer Transformation führt. Es handelt sich nicht um eine nur kognitive, im Kopf ablaufende Transformation, sondern um eine, die das Herz erreicht und sich in Handlungen konkretisiert. In diesem Sinne spricht auch Lonergan von den drei Bekehrungen (intellektuell, moralisch und religiös). Das Mittel, um zu dieser Transformation zu gelangen, ist nicht die Argumentation, sondern die Erzählung.

11.6 Der Begriff des Symbols und die Transformation bei Ricœur

Ricœur veranschaulicht in *Le conflit des interprétations* [Der Konflikt der Interpretationen] die Transformation durch etwas, das er „das Symbol" nennt. Der Begriff des Symbols öffnet seiner Meinung nach die Interpretation, die Möglichkeit, über das Konkrete hinauszugehen, um einen Sinn, eine Intentionalität zu finden. Das Symbol „vereint mehrere Ebenen der Erfahrung oder Darstellung: die äußere und die innere, die vitale und die spekulative [...]. Kurzum, das Symbol gibt zu denken."[122] Er geht über einen kausalen und deterministischen

---

[122] Paul Ricœur, *Le conflit des interprétations, op.cit.*, p. 293 et 295.

11. Die Narrativität aus der Perspektive der Anthropologie der christlichen Berufung

Ansatz hinaus, der dem Modell der Naturwissenschaften folgt und in der auch Freud steht, für den das Symbol „unbewusste Mechanismen" heraufbeschwört oder von „unbewussten Kräften" hervorgebracht wird. Dieser psychoanalytische Ansatz beraubt die Symbolfunktion ihrer intentionalen Struktur. Rulla ist der Ansicht, dass Ricœur einen Schritt nach vorne gemacht hat:

> „Ricœur hat Freuds Theorie eine neue Form gegeben und gezeigt, dass diese ‚Überdeterminierung' des Verhaltens im intentionalen Sinne symbolisch ist und daher interpretiert werden kann; für Ricœur implizieren die unbewussten Mechanismen eine hermeneutische Interpretation."[123]

Ricœur schlägt einen Interpretationsprozess vor, nämlich das Vorverständnis der Realität, die Erklärung, um es zu validieren, und das tiefere Verständnis, um sich dieses anzueignen.[124] Das heißt: Eine Erzählung zu erfassen bedeutet, ein Vorverständnis (die erste Naivität) des Menschen zu haben, der ein Ereignis aus seinem Leben erzählt. Um dieses Verständnis zu vertiefen, wird die Erzählung in einem bestimmten Kontext mit einer Sprache, die einem theoretischen Rahmen angemessen ist, kodifiziert, erklärt und interpretiert, um ihren Inhalt zu entschlüsseln, zu dechiffrieren. Dann geht man zum tieferen Verständnis über, d. h. dazu, sich den Sinn anzueignen (zweite Naivität). Dieser Prozess kann sich wiederholen. Die Arbeit der Interpretation erfolgt auch mit dem Symbol, das die „Macht der doppelten Bedeutung" hat. Es geht darum, wie man nach Ricœur die „Unmittelbarkeit des Symbols" und die „Vermittlung des Gedankens" zusammenfügen kann.[125] Die erste Bedeutung, die „wörtliche Bedeutung", gehört zur physischen Natur und die zweite, die „übertragene Bedeutung", gehört zur geistigen Natur. Betrachten wir das Beispiel des Feuers, „Symbol für die Kraft des Geistes Gottes". Feuer ist sichtbar und spürbar durch seine Farben, seine Helligkeit und seine Hitze. Seine leuchtenden Flammen spenden Hitze, die wärmt und mit der man Essen kochen kann, um sich zu ernähren. Allerdings kann das Feuer auch verbrennen, d.h. Menschen, Tiere und Wälder zerstören. Dass dem Geist Gottes die Kraft des Feuers zugeschrieben wird, ist ein menschliches Konstrukt. Es ist eine Einladung, jenseits des konkreten (physischen) Feuers die Vorstellung von der Kraft zu sehen, die Leben schenkt und brennen kann, um zu reinigen, ohne zu zerstören (Geist). Diese Kraft wahrzunehmen, wenn man ein Feuer sieht, setzt das voraus, was Ricoeur „Interpretation" nennt. Es ist eine Übung der Decodierung, eine Fähigkeit, die Erscheinung zu transzendieren und das Unsichtbare im Sinnlichen wahrzunehmen. In diesem Sinne „gibt das Symbol zu denken" und wird Teil der vorsprachlichen Ebene, um eine Transformation zu bewirken. Das Symbol selbst wird zu einer Konstruktion, die von einer

---

123 Luigi M. Rulla, *Anthropologie de la vocation chrétienne*, op. cit., p. 197.
124 Paul Ricœur, *Le conflit des interprétations*, op. cit., p. 294.
125 *Idem*.

real existierenden Realität ausgeht. Feuer gibt es in allen Kulturen. Aufgrund seiner Natur inspiriert das Feuer die Kraft, die die Völker und die Kulturen ihm zuschreiben. Es bedarf einer Abstraktion, um den Schritt vom sichtbaren Feuer zu seiner Kraft zu tun. Durch eine fortschreitende Dynamik wird das materielle Feuer in einen Wert, die Kraft, verwandelt. Diese „schöpferische Interpretation" kann zur Selbsttranszendenz des Selbst in Gott führen. Im Folgenden werde ich die christliche Anthropologie so darstellen, wie Rulla sie veranschaulicht hat.

11.7 Der Prozess der Symbolisierung und die Selbsttranszendenz bei Rulla

Für Rulla ist der Mensch ontologisch gesehen zur „Subjektivierung veranlagt und er schafft ihm eigene Symbole."[126] Der Mensch lebt und handelt im Alltag mit Hilfe von Symbolen. Wörter oder Ausdrücke rufen unterschiedliche Assoziationen hervor und tragen mehrere Sinnebenen in sich. So kann beispielsweise der Beichtstuhl als Symbol für die Barmherzigkeit Gottes bei einer Ordensfrau einen Symbolisierungsprozess in Gang setzen und den Übergang vom Symbol zu einem Gefühl der Freude oder Zufriedenheit bewirken. Bei einer zweiten Person könnte das gleiche Symbol Traurigkeit und bei einer dritten Person Angst auslösen. Dies sind voneinander abweichende emotionale Reaktionen, die von verschiedenen Menschen erlebt werden. Je nach der subjektiven Perspektive könnte die Erfahrung jedes Einzelnen seine zukünftige Entscheidung über die Beichte beeinflussen. Die von Person zu Person variierende subjektive Realität macht es schwierig, das Motivationssystem für ihre Entscheidungen zu objektivieren, da bei einer Entscheidung die konkrete, spürbare und wahrnehmbare Realität berücksichtigt werden müsste. Lonergan spricht von zwei Arten von Aktionen: die unmittelbar und die vermittelte.[127] Als Beispiel für eine unmittelbare Aktion kann das Sehen und Hören eines vorbeifahrenden Autos genannt werden. Die vermittelte Aktion besteht zum einen aus einem unmittelbaren und zum anderen aus einem vermittelten Teil (Sprache, Symbol, Bild, Wort usw.). Das Auto, das man hörte und das man fahren sah, könnte ein Bild oder ein Symbol sein, das eine Trennung, eine Reise oder eine Entfremdung ausdrückt. Durch diese beiden Aktionen kann die menschliche Person vermitteln, d. h. eine Bedeutung zuweisen, die über das unmittelbar Sichtbare oder Greifbare hinausgeht.

Rulla verortet diesen Prozess der Symbolisierung innerhalb des Motivationssystems eines Menschen in seiner Beziehung zu Gott. Wenn Gott durch die Offenbarung (unmittelbar) erkannt wird, welche Bedeutung schreibt die Person ihm (vermittelt) zu, um aus sich herauszugehen, nach ihm zu streben, ihn

---

126 Luigi M. Rulla, *Anthropologie de la vocation chrétienne*, op. cit., p. 195.
127 Bernard J. F. Lonergan, *Pour une méthode en théologie*, op. cit., p. 42.

11. Die Narrativität aus der Perspektive der Anthropologie der christlichen Berufung

aufzunehmen, ihm ähnlich zu werden? Was nährt und evoziert im Menschen den Wunsch, Gott aufzunehmen, sein Wort anzunehmen und auf seinen Ruf, ihm zu folgen, zu antworten? Was lenkt die Selbsttranszendenz im Hinblick auf die theozentrische Liebe, die für den Menschen charakteristisch ist?[128] Wie bereits betont wurde, sind für Ricœur die symbolische Funktion und ihre Interpretationen fast untrennbar miteinander verbunden.[129] Die hermeneutische Funktion des Symbols könnte auch in der Beziehung zwischen Mensch und Gott eine Rolle spielen. Sie kann dem Menschen helfen, den Platz Gottes in seinem Leben zu finden, d. h. wahrzunehmen und zu interpretieren, was Gott in seinem Leben ist und tut. Der Mensch kann in Gott einen Sinn finden, an dem er sein Leben ausrichten kann. Er kann eine Beziehung zwischen sich und Gott sowie zwischen sich und anderen Menschen herstellen. Die Anthropologie hat gezeigt, dass die menschliche Person ein Subjekt ist, das sich selbst hin auf die theozentrische Liebe transzendiert. Sie tut dies in der intentionalen Beziehung, die zwischen ihr und Gott besteht.[130] Die menschliche Person wird von Gott angezogen und sie zieht Gott an. Rulla spricht von „polaren Symbolen". Das Symbol als „äußerlich sichtbare Handlung" ist die Beziehung, die das Subjekt zwischen den polaren Symbolen herstellt, wobei die beiden Pole Gott und die menschliche Person sind. Gott beugt sich hinunter zum Menschen, um ihn zu sich zu erheben. In diesem Sinne wird die religiöse Erfahrung zur „Frucht eines Horizontwechsels", wie Lonergan es ausdrückt.[131] Die Fähigkeit des Menschen, mit Hilfe von Symbolen zu leben, und die Funktion der Interpretation dieser Symbole nähren die Beziehung zwischen Gott und Mensch. Wenn die Beziehung des Menschen zu Gott für ihn bedeutsam ist, wird er weiter nach Gott streben, der sein Leben nähren soll. Dies wird sich auf die zwischenmenschlichen Beziehungen auswirken. „Da die christliche Berufung ein Dialog zwischen Gott und Mensch ist, beinhaltet sie ein objektives Wertesystem auf Seiten des *Objekts* und ein subjektives System natürlicher und selbsttranszendenter Werte auf Seiten des Menschen."[132] In diesem Zusammenhang spiegelt das Symbol als äußerlich wahrnehmbare Handlung die Art und Weise wider, wie die menschliche Person Gott erlebt und auf ihn reagiert. Wenn Gott den Menschen zu sich hinzieht, erkennt der Mensch ihn, liebt ihn und will ihm folgen. Er ist offen für den Einfluss der schöpferischen Kraft Gottes, die ihn verwandelt. Ist der Mensch völlig frei, um diesem Prozess der theozentrischen Selbsttranszendenz zu folgen? Denn „die Selbsttranszendenz stellt die Eroberung der bewussten Intentionalität dar, de-

---

128 Luigi M. Rulla, *Anthropologie de la vocation chrétienne, op. cit.*, p. 196.
129 Paul Ricœur, *Le conflit des interprétations, op. cit.*
130 Luigi M. Rulla, *Anthropologie de la vocation chrétienne, op. cit.*, p. 201.
131 Bernard J. F. Lonergan, *Pour une méthode en théologie, op. cit.*
132 Luigi M. Rulla, *Anthropologie de la vocation chrétienne, op. cit.*, p. 203.

ren letzte Grundlage in der Freiheit liegt."[133] Der Einfluss des Unbewussten auf das Motivationssystem (kognitiv, affektiv, willensmäßig) macht diesen Transformationsprozess innerhalb des Symbolisierungsprozesses nicht einfacher. Nach dem Konzept der drei Dimensionen von Rulla[134] kann der Symbolisierungsprozess progressiv oder regressiv sein. Für ihn ist sich der Mensch in der ersten Dimension seiner selbst und seiner Handlungen bewusst.[135] Er hat mehr Freiheit zu wählen, die Tugend (die letztgültigen Werte[136]) zu leben und die Sünde zu vermeiden. Der Prozess der Symbolisierung ist progressiv. Es gibt im Leben eine Kohärenz, eine Übereinstimmung zwischen Wort und Tat. Dies erleichtert wiederum die Transformation des Menschen durch Gott. In der zweiten oder dritten Dimension hingegen kann die Freiheit oder Reife der menschlichen Person eventuell von unbewussten Kräften, Widerständen und schweren Einschränkungen (Krankheiten) beeinflusst werden, die ein Hindernis für die Transformation darstellen. Der Symbolisierungsprozess ist insofern regressiv, als die Person für das „scheinbar Gute" und nicht für das „wirklich Gute" lebt.[137] Es gibt einen Widerspruch in ihrem Leben, der defensive Schutzmechanismen und Unbeständigkeiten beinhaltet.

11.8 Die Metapher und die Transformation bei Ricœur

Zunächst muss darauf hingewiesen werden, dass Ricœur die Metapher vom Symbol unterscheidet. Die Metapher ist kein Vergleich, der eine Ähnlichkeit behauptet. Die Metapher lässt ihre Bedeutung in einem geeigneten Kontext erahnen. Es handelt sich um ein „als ob", eine Art Oberton. Ein Beispiel für

---

133 *Ibid.*, S. 207.
134 Rulla definiert drei Dimensionen als die Dispositionen eines Menschen, auf eine bestimmte Weise zu handeln. Eine Disposition wird im Laufe des Wachstums des Kindes in Interaktion mit den objektiven Werten gebildet, die in seinem Lebensumfeld vorhanden sind. In der ersten Dimension handelt der Mensch in Freiheit und Reife. Er wählt das Gute, führt ein tugendhaftes Leben und meidet die Sünde. In der zweiten Dimension wird der Mensch von zweierlei Werten bewegt: von natürlichen und von selbsttranszendenten Werten. Hier gibt es einen Einfluss unbewusster Kräfte, die den Menschen dazu bringen können, das eine Mal das wirklich Gute und ein anderes Mal nur das scheinbar Gute zu leben. Ein Beispiel: Zur Ehre Gottes die Wahrheit sagen, auch wenn es ein Opfer kostet, ist das wirklich Gute. Die Wahrheit sagen, um geschätzt zu werden, ist das scheinbar Gute. In der dritten Dimension ist die Freiheit eingeschränkt, und die Reife besteht darin, ein normales Leben mit natürlichen Werten zu führen. Es ist auch möglich, dass der Mensch in dieser Dimension zeitweise erkrankt. *Ibid.*, p. 167–190.
135 *Ibid.*, p. 442.
136 Die „letztgültigen Werte", zielen auf einen idealen und endgültigen Zustand der Existenz ab (Gott lieben, Jesus Christus nachahmen); die „instrumentellen Werte" dagegen Werte" (die Gelübde der Armut, der Keuschheit und des Gehorsams), sind die idealen Verhaltensweisen zur Erreichung der letztgültigen Werte.
137 Das „wirklich Gute" (das Gute an sich) ist vom „scheinbar Guten" (das Gute für den Handelnden) zu unterscheiden. Diese Unterscheidung wird vom heiligen Ignatius in den Geistlichen Übungen der zweiten Woche eingeführt. *Ibid.*, S. 213.

eine Metapher: „Der Herr ist mein Hirt", wie der Psalmist sagt. Es fällt auf, dass die Metapher den „Herrn" durch eine andere Realität beschreibt: „Hirt". Er ist ein Hirt und ist es doch auch wieder nicht. In dieser Beschreibung kommt Gott der Herr, der transzendent ist, dem Menschen als Hirt ganz nah. Er wird zum Begleiter und Beschützer. Diese neue Bedeutung gibt dem Psalmisten und dem Gläubigen ein anderes Verständnis und eine andere Wahrnehmung des Herrn. Ähnlich verhält es sich mit der Rolle Gottes in seinem irdischen Leben. Die Realität „Herr" wird auf eine neue Art und Weise als „Hirt" beschrieben. Dies kann zu einer anderen Bedeutung und einem anderen Verständnis führen. Die Beziehung zwischen dem gläubigen Psalmisten und dem „Herrn-Hirten" könnte sich verändern, enger werden, neues Vertrauen hervorrufen. Reife wird nicht nur im evolutionären Sinne verstanden. Sie ist auch eine Transformation des Menschen. Die Erzählung kann daher eine Rolle in seiner Transformation spielen, seine Selbstwahrnehmung und seine Weltsicht konstruktiv verändern. Der Mensch kann seinen „Tod" in seine „Auferstehung" integrieren. Er kann sich dafür entscheiden, wieder aufzuerstehen, indem er sich entschließt, eine destruktive Erfahrung zu erzählen. Deodato glaubt, dass der Mensch heilen und aus seiner „Wunde" wieder auferstehen kann[138], während Demasure betont, dass ein Prozess der Transformation seiner Identität stattfinden muss: Er muss vom „Opfer" zum „Überlebenden" werden, d. h. sich entscheiden, über die Erfahrung des erlittenen sexuellen Missbrauchs zu berichten und sie dabei bewusst zu nutzen, um sein zerstörtes Leben neu zu beleben und gleichzeitig Zeugnis abzulegen, um andere Menschen darauf aufmerksam zu machen; dies ist eine Transformation.[139] Für Dolphin kann ein Mensch durch das Erzählen der Lebensgeschichte seine teleologische Vision, d. h. das letztgültige Ziel seines Lebens, zum Ausdruck bringen.[140] Für einen Christen ist Gott, der durch Jesus Christus erreicht werden kann, das letzt-

---

[138] Anna Deodato, *Vorrei risorgere dalle mie ferite*, op. cit.
[139] Karlijn Demasure, *Se relever après l'abus sexuel. Accompagnement psycho-spirituel des survivants*, Lumen Vitae, Bruxelles/Paris, 2014.
[140] Brenda M. Dolphin, *The Values of the Gospel*, op. cit., p. 21. Dolphin bedient sich in den Untersuchungen für ihre Dissertation der narrativen Methode. Sie fordert ihre Teilnehmer auf, eine Zusammenfassung dessen zu schreiben, was ihrer Meinung nach im Leben eines Christen gemäß der Offenbarung in den Worten und Taten Jesu Christi wichtig ist. *"The participants in this research were asked to "write a summary of what is important in living as a Christian, as revealed in the words and actions of Jesus Christ."* [Die Teilnehmer dieser Forschung wurden aufgefordert, „eine Zusammenfassung dessen zu schreiben, was im Leben eines Christen wichtig ist, wie es in den Worten und Taten Jesu Christi offenbart wurde".] *Ibid.*, p. 100. Die Analyse dieser Zusammenfassung ermöglicht es, Variablen zu finden, die auf die Reife oder Unreife der Person hinweisen. In einem Absatz eine Zusammenfassung des Evangeliums zu schreiben, setzt Kenntnisse über das Leben Jesu Christi und die Werte des Evangeliums voraus. Die Organisation der Zusammenfassung erfordert von dem, der sie schreibt, eine Entscheidung für Worte und Konzepte, um zu einer möglichst vollständigen Zusammenfassung der Geschichte Jesu zu gelangen. Wie ein Mensch das Leben Jesu versteht, muss notwendigerweise Auswirkungen auf sein Leben haben.

gültige Ziel. Narrativität kann eine Möglichkeit sein, Werte zu vermitteln, die das Leben erheben und verwandeln. Sie kann weiterhin das berufliche und ethische Handeln erhellen, das auf das Wohl des Menschen abzielt.

12. Narrativität und christliche Ethik

Die narrative Theorie findet ihre wichtigste Rechtfertigung in der Rolle, die sie zwischen dem deskriptiven und dem proskriptiven Standpunkt ausübt. Für Ricœur „sucht das Selbst seine Identität im Kontext des ganzen Lebens."[141] Die Narrativität ist nicht ethisch neutral. Sie dient als Propädeutikum für die Ethik. Die Erzählung ist retrospektiv und prospektiv. Sie hat ethische Implikationen, da sie sich in einer Triade bewegt: Deskription, Erzählung und Proskription, bzw. zwischen Deskription, Proskription und Erzählung.[142] Der Begriff der Identität hilft, die Beziehung zwischen Narrativität und Ethik zu erklären.[143] Erzählen bedeutet zu sagen, wer was wie getan hat. Es ist eine Handlung, die uns in die Praxis stellt, im Hinblick auf ein „gutes Leben", d. h. ein erfülltes Leben.

Wir müssen die Mühe auf uns nehmen, unsere Handlungen und uns selbst zu interpretieren, indem wir das, was für unser gesamtes Leben das Beste zu sein scheint, mit den von uns bevorzugten Entscheidungen vergleichen, die unser Handeln bestimmen.[144] In dieser Handlung gibt es das Subjekt, das handelt und herrscht, und das Objekt, das etwas erleidet. Der Mensch kann also handeln oder erleiden. Die Erzählung ermöglicht somit einen natürlichen Übergang von der Deskription zur Proskription. Was er als gut (ethisch) einschätzt, gibt dem Menschen Orientierung und hat Vorrang vor dem, was eine Norm ist, eine (moralische) Verpflichtung. Beides ergänzt aber sich auch. In dieser Perspektive macht das Ziel eines guten Lebens für den Menschen, zusammen mit anderen und in den richtigen Institutionen, ihn bereitet für ein christliches Leben.[145] Papst Benedikt XVI. sagt in der Enzyklika *Deus caritas est* (2005) in Nr. 1: „Am Anfang des Christseins steht nicht ein ethischer Entschluss oder eine große Idee, sondern die Begegnung mit einem Ereignis, mit einer Person, die unserem Leben einen neuen Horizont und damit seine entscheidende Richtung gibt." Das Leben des Christen basiert nicht darauf, dass man gemäß einer bestimmten Ethik lebt oder diese zumindest respektiert. Als Christ zu leben bedeutet, in einer Beziehung mit Jesus Christus, einem Menschen, zu leben. Diese Beziehung des Christen öffnet ihn für die Beziehun-

---

141 Paul Ricœur, *Soi-même comme un autre*, op. cit., p. 139.
142 Ibid., p. 180.
143 Ibid., p. 193.
144 Ibid., p. 201.
145 Ibid., p. 202.

gen zu seinen Mitmenschen. Die Beziehungsdynamik bietet einen Kontext, in dem man sein Leben erzählen kann. Die Narrativität umfasst das Leben in seiner Gesamtheit, und in ihr kann man das „ganzheitlich Gute"[146] für diesen Menschen entdecken. Ethik wird in dem Maße nützlich, wie sie im Dienst der Beziehung steht und dem Wohl des Menschen in seiner Ganzheit dient, wenn er das Gute lebt, erstrebt und sucht, sowohl um seiner selbst willen wie auch zusammen mit. In diesem Sinne sagte Demasure: „Die Erzählung ermöglicht ein ethisches Urteil."[147] Die Erzählung kann Entscheidungen und Wahlmöglichkeiten neu ausrichten, in Frage stellen und neu bewerten. Demasure verstärkt dies noch mit dem Hinweis auf das Alte Testament:

> „Der Autor des Buches Exodus erzählt eine Geschichte, die mit dem Gesetz, den Geboten der Liebe, einhergeht [...]. Die Ethik ist ein integraler Bestandteil des Narrativs der Befreiung des Volkes Israel aus der Sklaverei. Diese Situation der Unterdrückung ist nicht das, was Gott für sein Volk will. Es ist die Freiheit und Würde seines Volkes, die er im Sinn hat."[148]

Der Apostel Paulus erzählt im Brief an die Römer seine eigene Geschichte als die Geschichte eines Menschen, der für eine bestimmte Mission berufen wurde. Nach der üblichen Begrüßung und der Erwähnung seiner Pläne (Röm. 1,1–15) spricht Paulus direkt über sein Thema, das sich in einer prägnanten Formel zusammenfassen lässt: Das Evangelium ist eine Kraft Gottes zur Rettung für jeden, der glaubt (Röm. 1,16). Mit anderen Worten: Der Mensch wird durch den Glauben an Jesus Christus gerechtfertigt. Die christliche Ethik, die in jenem Guten besteht, das Gott für den Menschen will, braucht ein beständiges Leben in der Tugend. Welche Beziehung kann zwischen Narrativität und Tugend bestehen? Dies soll im Folgenden veranschaulicht werden.

12.1 Narrativität und Tugend

Indem die Narrativität dem Menschen hilft, sich selbst aus einer sinnvollen und teleologischen Perspektive zu erzählen, baut sie eine Tugend auf, die diese Sinnsuche unterstützt. Für MacIntyre kann Narrativität die Reifung der Tugend fördern, die ihrerseits wiederum die Suche nach Narrativität bereichert.[149] Seiner Meinung nach lautet die grundlegende moralische Frage:

---

146 Dieses Konzept der Moraltheologie wurde von P. Kiely Barth entwickelt (Seminartext).
147 Karlijn Demasure, « La passion du possible : L'histoire de vie comme instrument de l'accompagnement pastoral », *art. cit.*, p. 66.
148 *Ibid.*, p. 67.
149 Alasdair C. MacIntyre, *After Virtue*, *op.cit.*, S. 2. MacIntyre gelingt es, ausgehend von einem einfachen, erzählerischen Ansatz heikle Probleme, komplexe philosophische Fragen und historisch umstrittene Themen anzugehen. Er zieht es vor, Geschichten zu erzählen, um bestimmte Lebensprobleme zu lösen, die sich aus der Moralphilosophie, der Ideengeschichte, der Ethik und der Vernunft ergeben. Er geht diese Argumente auf narrative

II. Die narrative Theorie

„Was dient dem Wohl der menschlichen Person?" MacIntyre ist der Ansicht, dass die Ganzwerdung der Identität der Person im Hinblick auf ein Leben in Fülle geschieht.[150] Das Leben in Fülle ist das Leben, durch das die Tugend eine ständige Übung des Guten für den Menschen ist. Und dieses Gute ist untrennbar mit dem Guten der anderen in seiner Gemeinschaft verbunden. Lonergan geht in dieselbe Richtung, wenn er sagt, das Gute sei immer konkret.[151] Das tugendhafte Leben wird zu einer konstanten, beharrlichen Haltung, mit der man nach dem Guten für sich selbst und für andere strebt, unter verschiedenen Umständen und in verschiedenen Situationen.[152] Die Tugend ist ein immerwährendes Streben nach dem Gemeinwohl, das die Menschen auf ihrem Weg und in ihrem Leben durch alle Wechselfälle, Freuden, Kämpfe, Misserfolge, Schwierigkeiten, durch zerstörerische und konstruktive Erfahrungen hindurch unterstützt. Ein tugendhaftes Leben ist ein Leben, das auf der Suche nach dem Guten für den Menschen und im ständigen Streben nach dem Guten für den Menschen gelebt wird. Das Ziel (*Telos*) ist das Gute in seiner Gesamtheit.[153] Lonergan drückte es so aus: „Schließlich wird man nur durch das Erreichen der ständigen Selbstüberwindung, die den tugendhaften

---

Weise an, während die analytische Philosophie den Schwerpunkt auf die Logik legt, was seiner Meinung nach nicht hilfreich zu sein scheint. Sein Denken ist klar in der westlichen Tradition verortet, in der die philosophische Praxis von der langen Geschichte des Denkens profitiert, in der Nachfolge von Hegel (1770–1831), Croce (1866–1952), Heidegger (1889–1976), Collingwood (1889–1943) und vielen anderen, so wie es auch MacIntyre tut (*After Virtue, op.cit.*, S. 3–10). Sein Ansatz lenkt die Überlegungen auf die Tugend- oder Fürsorgeethik (die Ethik der Sorgfalt, der Aufmerksamkeit). Dies hilft bei der Reflexion über die Probleme der Moral und des Verhaltens des Menschen. Für MacIntyre ist die Tugendethik nicht allein normativ, indem sie auf der moralischen Pflicht besteht (deontologische Moral), noch ist sie eine Ethik, die sich an der Konsequenz der Handlung orientiert (Konsequentialismus). Die Moral des Guten beruht für MacIntyre auf einer inneren Haltung, die in der täglichen Tugendpraxis zum Ausdruck kommt; sie beruht nicht auf einer Verpflichtung des moralischen Handelnden (deontologische Ethik).

150 "To ask 'what is the good for me?' is to ask how best I might live out that unity and bring it to completion." [Zu fragen „Was ist gut für mich?" bedeutet zu fragen, wie ich diese Einheit am besten ausleben und zur Vollendung bringen kann.] Alasdair C. MacIntyre, *After Virtue, op. cit.*, p. 221.

151 Bernard J. F. Lonergan, *Pour une méthode en théologie, op. cit.*, p. 48.

152 "For virtue is not a disposition that makes for success only in some one particular type of situation…. Someone who genuinely possesses a virtue can be expected to manifest it in very different types of situation." [Denn Tugend ist keine Gesinnung, die nur in einer bestimmten Situation zum Erfolg führt … Von jemandem, der wirklich eine Tugend besitzt, kann erwartet werden, dass er sie in sehr unterschiedlichen Situationen manifestiert.] Alasdair C. MacIntyre, *After Virtue, op. cit.*, p. 205

153 "The good life for man is the life spent in seeking for the good life for man, and the virtues necessary for the seeking are those which will enable us to understand what more and what else the good life for man is." [Das gute Leben für den Menschen ist ein Leben, das mit der Suche nach dem guten Leben für den Menschen verbracht wird, und die Tugenden, die für das Suchen notwendig sind, sind diejenigen, die es uns ermöglichen zu verstehen, was alles sonst noch das gute Leben für den Menschen ist.] *Ibid.*, p. 219

Menschen auszeichnet, zu einem guten Richter, und zwar nicht in Bezug auf diese oder jene menschliche Handlung, sondern in Bezug auf den gesamten Bereich der menschlichen Güte."[154]

Die wiederholte und ausdauernde Übung der Tugenden wird zu einer Stütze bei der Suche nach dem Guten. Es handelt sich nicht um eine auf irgendeine Weise qualitativ hochwertige Praxis, nicht um Fachwissen oder eine professionelle Kompetenz in einem bestimmten Bereich und zu einem bestimmten Zeitpunkt, sondern um ein Leben in der Ruhe der Selbsterkenntnis, das durch das Wissen und die Suche nach dem Gemeinwohl bereichert wird. Die Narrativität hilft dabei, diese beständige Praxis der Tugend im Hinblick auf das Gute im Leben eines Menschen, in seinen Handlungen und in seinen Beziehungen nachzuzeichnen: Das ist das zur Einheit gelangte Leben.

12.2 Narrativität und ein gutes Leben

Mit Ricoeur habe ich betont, dass Narrativität nicht nur deskriptiv, sondern auch proskriptiv ist und dabei hilft, ein gutes Leben anzustreben. Für MacIntyre führt die Übung des tugendhaften Lebens zur Einheit des Lebens. Das Erzählen der eigenen Geschichte lässt sie nach und nach ganz, integrativ und gesund werden. Die vollständige und gesunde Geschichte enthält die Erfolge und Misserfolge, die Freuden, die Schmerzen und das Leid des Menschen. Der Mensch, der seine Geschichte erzählt, besitzt Werte und möchte ein Ziel im Leben erreichen. Im Kontext der Reifung ermöglicht das Erzählen die Befreiung von Ungesagtem, Verwirrungen und inneren Widersprüchen, die bewusst werden und mit denen man umgehen kann. Eine Befreiung bietet die Möglichkeit, die verschiedenen Dimensionen des Menschen zu integrieren, und eröffnet ihm die Entscheidung für ein Leben, das mit Verantwortung akzeptiert wird, um die tiefe Befriedigung und die Freude zu finden, die aus der Selbsthingabe kommen. Für einen Christen ist dies die Entscheidung für Jesus Christus. Die narrative Theorie lässt sich in vielen Bereichen anwenden, um einen Menschen in seinem Wunsch zu unterstützen, einen Sinn in seinem Leben zu finden.

13. Die Anwendung der Narrativität

Die narrative Theorie kann den Raum für eine Zusammenarbeit bei der Sinnstiftung öffnen. Sie ist eine Methode für die psychotherapeutische und seelsorgerische Praxis, für die Formation und die Erziehung. Die Konstruktion von Sinn geschieht nicht automatisch. Es gibt verzweifelte Lebensgeschichten,

---

[154] Bernard J. F. Lonergan, *Pour une méthode en théologie*, op. cit., p. 50.

die bis zum Selbstmord führen können. Es gibt Menschen, die sagen: „Ich will nicht mehr über dieses Ereignis sprechen, weil es mich deprimiert." Es reicht nicht, einfach nur zu erzählen, um zu erreichen, dass sich Sinn aufbaut. Man braucht ein Ziel. Eine Erzählung, die zur Neustrukturierung eines Sinns führen soll, muss durch eine Beratung in einem Kontext der Erziehung, Formation, Therapie oder seelsorglichen Beziehung angeregt und gelenkt werden. Es ist keineswegs so, dass jede Erzählung dabei hilft, Sinn zu konstruieren und zu einem einheitlichen Leben zu führen. Erzählungen sind nicht von vornherein perfekt. In der klinischen Anwendung könnte die Erzählung neu angeschaut und neu gelesen werden. Es ist möglich, dass der Mensch durch die Therapie oder Begleitung sein Leben neu ordnen und mit sich selbst in Beziehung treten kann.

13.1 Die narrative Therapie

White und Epston sind die Pioniere der narrativen Therapie, die sie in eine postmoderne philosophische Perspektive einordnen, indem sie sagen, dass die Realität aus verschiedenen Perspektiven interpretiert wird. White und Epston gehen dabei von den Ideen des französischen Philosophen Michel Foucault (1926–1984) aus. Foucaults Überlegungen beschäftigen sich mit der Beziehung zwischen Macht und Wissen. Für White und Epston bahnen Foucaults Kritik an gesellschaftlichen Normen und der Mechanismus, der durch scheinbar neutrale Instanzen (Medizin, Justiz, familiäre oder sexuelle Beziehungen) ausgeübt wird, einen Weg aus der Sackgasse der Debatten über Macht in der neueren Literatur zur Familientherapie.[155] Die therapeutische Praxis von White und Epston ist familienorientiert. Sie bevorzugen einen interpretativen Ansatz, um zu verstehen, wie eine Familie funktioniert, anstatt Strukturen oder Dysfunktionen zu suchen, die das Verhalten und die Interaktionen zwischen den Familienmitgliedern bestimmen. White und Epston sind der Ansicht, dass der Sinn, den die Familienmitglieder konstruieren und den Ereignissen zuschreiben, ihr Verhalten bestimmt.[156] In dieser Perspektive ist die narrative Therapie ein Gesprächsprozess, ein Treffen zwischen den Familien-

---

[155] Michael White et David Epston, *Narrative Means to Therapeutic Ends*, W. W. Norton & Company, New York/Londres, 1990, p. 1.

[156] "*In regard to family therapy – which has been our area of special interest – the interpretive me – thod, rather than proposing that some underlying structure or dysfunction in the family determines the behavior and the interaction of family members, would propose that it is the meaning that members attribute to events that determines their behavior.*" [Im Hinblick auf die Familientherapie – die uns besonders interessiert – geht die interpretative Methode nicht davon aus, dass eine zugrundeliegende Struktur oder Funktionsstörung in der Familie das Verhalten und die Interaktion der Familienmitglieder bestimmt, sondern dass dafür die Bedeutung, die sie den Ereignissen zuschreiben, entscheidend ist.] *Ibid.*, p. 3.

mitgliedern, um mit Hilfe des Therapeuten ein Problem, eine Situation in ihrem Leben zu klären. Für White besteht die Rolle des Therapeuten in einem systemischen (Familien-)Ansatz darin, das Problem, das in den Erzählungen der Familienmitglieder deutlich wird, zu objektivieren und es ihnen dadurch zu ermöglichen, Abstand zu gewinnen, zu sehen, zu analysieren und neu zu bewerten.[157] Die Rolle des Therapeuten in einem systemischen (Familien-)Ansatz besteht darin, das Problem, das aus den Erzählungen der Familienmitglieder hervorgeht, zu objektivieren. Der Ausdruck *externalising conversation* erklärt von Anfang an die Arbeit von White aus dem Jahr 1984. Das Problem ist nicht mit der Person zu verwechseln. Das Problem zu objektivieren bedeutet, sich von ihm zu abzulösen, indem man sich die Frage stellt: Was ist das Problem? Dies geschieht in einem Prozess, in dem das Problem identifiziert, verortet und seine Geschichte gesehen wird, um so zu versuchen, es zu lösen. Dieser Deutungsversuch hilft dabei zu verstehen, was das Problem dem Menschen alles offenbart: über seine Selbstwahrnehmung, seine Wahrnehmung anderer und seiner Umwelt, seine Weltanschauung, die zu berücksichtigenden Aspekte seiner Familie und seiner Kultur, ja sogar seine Erwartungen innerhalb von Beziehungen, seine Fähigkeiten, das Problem anzugehen, seine Grenzen und Hindernisse, die neuen Alternativen, die sich eröffnen, ohne dabei das Leid, das das Problem mit sich bringt, zu vernachlässigen.

Combs und Freedman, die auf den Arbeiten von White und Epston aufbauen, erweitern die narrative Therapie vom familiären auf den kulturellen Kontext und stützen sich dabei auf die Prämisse des sozialen Konstruktionismus: „Die Überzeugungen, die Werte, die Institutionen, die Bräuche, die Verhaltensregeln, die Gesetze und die Aufteilungen der Arbeit, die unsere sozialen Realitäten ausmachen, werden von den Mitgliedern einer Kultur von Generation zu Generation in ihrer täglichen Interaktion konstruiert."[158] Combs und Freedman verbinden die Narrativität und den sozialen Konstruktionismus in einer Metapher. Das Verständnis der Realität und die Bedeutung des Lebens werden durch die Interaktion zwischen den Menschen einer Kultur ausgehandelt, und zwar durch die „Co-Evaluation" des Problems. In diesem Kontext ist der Therapeut kein Experte, der die Richtung vorgibt und sagt, was angemessen oder weniger angemessen zu tun oder zu leben ist. Er ist ein Mensch, der mit den Mitgliedern der Gruppe zusammen ist. Er hilft ihnen, sich selbst und den anderen Mitgliedern ihre Erfahrungen zu erzählen, sie zu organisieren und zu strukturieren, um das Problem zu erkennen; er unterstützt die

---

[157] Michael White, *Maps of Narrative Practice*, W. W. Norton & Company, New York, 2007.
[158] "*[Social constructionism's] premise is that the beliefs, values, institutions, customs, labels, laws, divisions of labor, and the like that make up our social realities are constructed by the members of a culture as they interact with one another from generation to generation and day to day.*" Gene Combs et Jill Freedman, *Narrative Therapy. The Social Construction of Preferred Realities*, W. W. Norton & Company, New York, 1996, p. 16.

II. Die narrative Theorie

Bewertung des Problems und fördert das angemessene Funktionieren der Gruppe. „Bei der narrativen Therapie geht es also um das Wiedererzählen und Wiedererleben von Geschichten."[159] Die narrative Therapie (systemisches Familienmodell oder das Modell des sozialen Konstruktionismus) ist für uns relevant. Sie kann auch im Kontext einer Gemeinschaft oder einer Kongregation/eines Instituts angewandt werden. Eine externe Person (Therapeut, Moderator) könnte einer Gemeinschaft von Ordensfrauen helfen, über das Problem „sexueller Missbrauch von Ordensfrauen" zu sprechen. Da das Problem als solches benannt ist, könnten alle Mitglieder der Gemeinschaft frei reden, ohne zu befürchten, dass sie dafür sanktioniert oder beschämt werden. Diese Phase des Austauschs in einem Gespräch mit einer externen Leitung könnte eine vertrauensvolle Atmosphäre vorbereiten, um dann über die eigenen Erfahrungen zu sprechen, von sich zu erzählen, sich gegenseitig zuzuhören, um Klarheit zu schaffen, einander zu helfen, mit der Erfahrung umzugehen oder in Wachsamkeit zu leben. Das Problem offen und gemeinsam anzugehen, könnte die Tabuisierung und das kollektive Schweigen überwinden. Dieselbe Praxis könnte auf einem Provinz- oder Generalkapitel auf die gesamte Kongregation/das gesamte Institut ausgeweitet werden, um die Entwicklung zu bewerten und die Neugestaltung der Beziehung zu Gott, zur Gemeinschaft und zu anderen Menschen in Angriff zu nehmen. Für White ist die narrative Therapie, die sich für die Gemeinschaftsdimension öffnet, ein Gespräch, in dem der Erzählende „aktiver Autor"[160] seiner Erzählung ist. Er ist Teil einer Gruppe und verortet sich darin.

Payne wendet die Arbeit von White und Epston auf die Einzeltherapie an.[161] Für ihn kann die narrative Therapie in die Praxis der Einzeltherapie eingeführt werden, unabhängig von der psychologischen Schule, sei sie nun die klassische (der personenzentrierte Therapieansatz von Carl Rogers, 1902–1987) oder einer der anderen Ansätze: psychoanalytisch, kognitiv-behavioral, fokussiert auf Objektbeziehungen etc. Payne untersucht, wie die Praxis der narrativen Therapie in diese Therapieansätze eingeführt werden kann und wie er die Zusammenarbeit zwischen dem Therapeuten und dem Menschen, den er begleitet, stärken kann.[162] Der Begleitende kann den Prozess in der The-

---

159 *"So, narrative therapy is about the retelling and reliving of stories." Ibid.,* p. 33.
160 *"Re-authoring conversations invite people to continue to develop and tell stories about their lives, but they also help people to include some of the more neglected but potentially significant events and experiences that are 'not of phase' with their dominant storylines."* [Gespräche, die Menschen ermutigen, stärker und auf neue Weise die Autoren ihrer Erzählung zu sein, laden sie dazu ein, ihre Lebensgeschichten weiter zu entwickeln und zu erzählen, während sie ihnen gleichzeitig helfen, einige der vernachlässigten, aber potenziell bedeutsamen Ereignisse und Erfahrungen einzubeziehen, die aus ihren dominanten Erzählsträngen „herausfallen".] Michael White, *Maps of Narrative Practice, op. cit.,* p. 61.
161 Martin Payne, *Narrative Therapy*, Sage, Londres/Thousand Oaks, 2006.
162 *Ibid.,* p. 10–17.

13. Die Anwendung der Narrativität

rapie erleichtern; er kann der begleiteten Person helfen, sich voll und ganz auf ihre Erfahrungen einzulassen, Kontinuitäten und Diskontinuitäten neu zu formulieren und eine angemessene Veränderung anzustreben. Er orientiert sich in einer Einzelsitzung an der narrativen Therapie, wenn er sich für den Menschen interessiert, ihm Aufmerksamkeit schenkt, ihm zuhört, ohne ihn zu unterbrechen, und ihn auffordert, seine Geschichte zu erzählen, und wenn er dabei die Probleme benennt, um sie zu objektivieren, und eine Sprache verwendet, die diese Externalisierung erleichtert. Ein Beispiel wäre zu sagen „Die Depression überfällt Sie" anstelle von „Sie werden depressiv". Ebenso wie White und Epston meint Payne, dass diese Art, das Problem auszudrücken, es einem Menschen in der Therapie ermöglicht, Stellung zu beziehen und eine gewisse Kontrolle über das Problem zu erlangen. Die oben genannten Autoren schlagen vor, auf Erinnerungen zurückzugreifen, Dokumente wie Briefe, Notizen und Tonträger zu verwenden und sogar andere Personen als Zeugen in die individuellen Therapiesitzungen einzubeziehen, um zur Rekonstruktion eines anderen „Selbst" beizutragen, das sowohl durch die Erzählungen des Menschen, der die Therapie macht, wie auch durch die Erzählungen der anderen bereichert wird.

Nach der Auffassung von White fördert der Therapeut die Entwicklung des Ablaufs der Erzählung durch Fragen, die den Erzählenden anregen und ermutigen, seinen Horizont zu erweitern, sein Denken und seine Vorstellungskraft zu verfeinern und alle Elemente in die Erzählung zu integrieren, auch solche, die der Erzählende eigentlich für unwichtig hält.[163] Diese Integration erleichtert die Konstruktion von Bedeutung. Die Therapie sollte dem Erzählenden die Verantwortung für seine starke Stimme als Autor zurückgeben, mit der er seine Erzählung prägt, alle glücklichen und schmerzhaften Situationen benennt, und dem Erwachen der Neugierde und der konstruktiven Vorstellungskraft freien Lauf lässt. White leugnet nicht die inneren Kräfte, die das Handeln des Menschen beeinflussen,[164] aber er meint, dass die Narrativität viel stärker

---

163 "*The therapist facilitates the development of these alternative storylines by introducing questions that encourage people to recruit their lived experience, to stretch their minds, to exercise their imagination, and employ their meaning-making resources [...]. In a similar vein, in therapeutic contexts the narrative mode can open space for 'varying perspectives that can be constructed to make experience comprehensible', and skillful practice can assist people to have a fuller participation and stronger voice of authorship in the construction of the stories of lives.*" [Der Therapeut erleichtert die Entwicklung dieser alternativen Geschichten, indem er Fragen stellt, die die Menschen dazu ermutigen, ihre gelebte Erfahrung zu erinnern, ihren Verstand zu nutzen, ihre Vorstellungskraft zu gebrauchen und ihre Ressourcen zur Bedeutungsgebung einzusetzen [...]. In ähnlicher Weise kann der narrative Modus in therapeutischen Kontexten Raum für „unterschiedliche Perspektiven eröffnen, die konstruiert werden können, um Erfahrungen verständlich zu machen", und ein geschicktes Vorgehen kann Menschen dabei helfen, stärker als Autoren an der Konstruktion der Geschichten ihres Lebens beteiligt zu sein.] Michael White, *Maps of Narrative Practice*, op. cit., p. 61–62 et 76–77.

164 "*For example, in the context of internal state understanding, human expression might be inter-*

als sie auf die kognitive Dimension einwirke.[165] Wer von sich erzählt, ist sich seiner Werte und Absichten bewusst. Er ist ein Handelnder, der seine inneren Kräfte und die unbewussten Motivationen (Bedürfnisse, Wünsche, Triebe, Veranlagungen, Persönlichkeitsmerkmale, Potenziale, Stärken und Ressourcen) neutralisieren, verschweigen und kontrollieren kann. Diese Fähigkeit, die unbewussten Kräfte zu kontrollieren, ist ohne therapeutische Hilfe nicht so deutlich erkennbar. Wenn jemand nicht in der Lage ist, diese unbewussten Kräfte zu kontrollieren, kann dies sein Verhalten beeinflussen, bremsen oder stören und eine „Fehlfunktion" oder „Störung" verursachen.[166] Man könnte sagen, dass alle Therapien von dem ausgehen, was ein Mensch erzählt. Die Besonderheit der narrativen Therapie der Familie, der sozialen Gruppe oder des Einzelnen besteht jedoch darin, dass sie dem, was der Mensch erzählt, mehr Raum und Zeit gibt, um einen Sinn zu konstruieren. Im nächsten Abschnitt werde ich auf andere Einzeltherapien eingehen, die von Bedeutung sind.

13.2 Die Einzeltherapie

Das Hauptziel der Psychotherapie besteht darin, die Zusammenarbeit zwischen dem Therapeuten und dem Menschen, der Probleme hat und um Hilfe bittet, zu fördern. Der Therapeut lädt diesen Menschen ein, in einem informellen[167] oder fokussierten[168] Gespräch von sich zu erzählen; dies bietet dem Therapeuten einen Rahmen, in dem er Fragen stellen, konfrontieren und zur Vertiefung einzelner Themenbereiche einladen kann, um so Details und einzelne Elemente für eine vollständige Erzählung hervorzuheben. Genau darin sieht McAdams das Hauptziel der Psychotherapie[169]. Die Interaktion zwischen

preted as a manifestation of any number of unconscious motives, instincts, needs, desires, drives, dispositions, personality traits, personal properties (like strengths, and resources), and so on." [Im Zusammenhang mit dem Verständnis des inneren Zustands könnte das, was ein Mensch ausdrückt, beispielsweise als Manifestation einer beliebigen Anzahl von unbewussten Motiven, Instinkten, Bedürfnissen, Wünschen, Trieben, Dispositionen, Persönlichkeitsmerkmalen, persönlichen Eigenschaften (wie Stärken und Ressourcen) usw. interpretiert werden.] *Ibid.*, p. 101.

165 *"People are living out their lives according to intentions that they embrace in the pursuit of what they give value to in life; they are going about the business of actively shaping their existence in their effort to achieve sought-after goals."* [Die Menschen leben ihr Leben nach Absichten, die sie wählen, um das verfolgen, was sie im Leben als wertvoll ansehen; sie gestalten ihre Existenz aktiv in dem Bemühen, angestrebte Ziele zu erreichen.] *Ibid*, p. 103.
166 *Ibid.*, p. 101.
167 Theorie der „freien Assoziation" der Psychoanalyse nach Freud.
168 Gespräch über ein bestimmtes Thema, wie etwa Trauer um einen geliebten Menschen, Verlust des Arbeitsplatzes usw.
169 *"The development of a coherent life story is a major goal in the therapy. The analyst and the client seek to construct more adequate and vitalizing stories about the self."* [Die Entwicklung einer kohärenten Lebensgeschichte ist ein Hauptziel der Therapie. Der Analytiker und der Klient versuchen, angemessenere und vitalisierende Geschichten über das Selbst zu

dem Therapeuten und dem Hilfesuchenden ermöglicht eine gemeinsame Konstruktion; der Hilfesuchende kann durch das Erzählen seiner Geschichte die unterschiedlichen Facetten seines Lebens (seine Stärken und seine Grenzen) besser erkennen, und er entdeckt Alternativen, die ihm verborgen waren und die der Therapeut ihn sehen und analysieren lässt (Konfrontation, Interpretation). Ein Beispiel: Jemand leidet unter der Vorstellung, dass seine Mutter seinen Bruder mehr geliebt hat als ihn. Dann berichtet er in seiner Erzählung an einer Stelle, dass er es seiner Mutter zu verdanken hat, dass er in der besten Schule der Stadt angemeldet wurde. Eine Bemerkung durch den Therapeuten könnte ihm helfen, sich in Bezug auf die Aufmerksamkeit, die seine Mutter ihm geschenkt hat, neu zu positionieren. Oder es gelingt einem Menschen, indem er Trauer, Misserfolge, Inkompetenz, Impotenz, sexuelle Übertretungen, sexuelles Fehlverhalten, Resilienz, Widerstand usw. ins Wort bringt, seine Lebensenergie und die Hindernisse für sein Wachstum zu unterscheiden. So gelingt es ihm, sich nicht mit den Problemen zu identifizieren, sondern sich vielmehr als Beobachter und Handelnder über den Problemen zu positionieren. In dieser Weise kann der Therapeut dem Klienten helfen, eine gesunde Erzählung zu entwickeln.

Die narrative Therapie oder eine andere Einzeltherapie könnte zu einer Transformation[170] der Selbstwahrnehmung und des Lebensumfelds führen. Die Therapie kann als Rahmen dienen, um den Glauben, die religiösen Entscheidungen und vor allem die Art und Weise, wie sie gelebt werden, neu zu bewerten. Im Rahmen des Ansatzes der Anthropologie der christlichen Berufung bieten Sitzungen zur Weiterentwicklung der eigenen Berufung, die im Folgenden beschrieben werden, diese Möglichkeit.

13.3 Sitzungen zur Weiterentwicklung der eigenen Berufung

Andere Ressourcen für die Bereitstellung von Hilfe sind etwa die Psychotherapie, die auch Sitzungen zur Weiterentwicklung der eigenen Berufung beinhaltet. Dieser interdisziplinäre *„Insight-Ansatz"* der Anthropologie der christlichen Berufung, der von der Tiefenpsychologie inspiriert ist, hat zum Ziel, dem Menschen zu helfen, seine christliche Berufung zu leben. Durch aktives, empathisches Zuhören und bedingungslose Aufmerksamkeit für den Ratsuchenden in einem Klima des Vertrauens und der Vertraulichkeit kann eine tiefe Beziehung zwischen dem Therapeuten und der Person, die psycho-

---

konstruieren.] Dan P. McAdams, *The Stories We Live by, op. cit.*, p. 33

170 *"The therapists help us revise our stories and produce a healing narrative of self. The process may produce a triumphant transformation, of the kind Saint Augustine enjoyed."* (Die Therapeuten helfen uns, unsere Erzählungen zu überarbeiten und eine heilende Erzählung von unserem Selbst zu erstellen. Der Prozess kann eine triumphierende Verwandlung bewirken, in der Art wie der hl. Augustinus es erlebt hat.) *Idem.*

spirituelle Hilfe sucht, aufgebaut werden. Rulla spricht von „Berufungswachstumstreffen",[171] ein Begriff, den O'Dwyer wie folgt erklärt: Die Analyse der dynamischen Prozesse ermöglicht es, den Elementen, die innerhalb der Psychodynamik eines Menschen in die Freiheit führen, eine gewisse Flexibilität zu geben.[172] Der Mensch entdeckt sich selbst, während er diesen Weg geht, und lernt nach und nach seine Verhaltensmuster und Persönlichkeitsmerkmale kennen. Dieser schrittweise zurückgelegte Weg zwischen Licht und Schatten kann den Ratsuchenden dabei unterstützen, die Freiheit zu erobern und sich zu verändern.[173] Diese psycho-spirituelle Hilfe wurde im Kontext der postkonziliaren Kirche entwickelt, die dazu eingeladen hat, die Theologie und die Humanwissenschaften (Anthropologie, Soziologie, Pädagogik, Psychologie, Psychotherapie) zu integrieren, um die menschliche Person besser zu verstehen und ihr zu helfen, eine immer authentischere Antwort auf den Ruf Gottes zu geben. Die Treffen zur Weiterentwicklung der eigenen Berufung sind auf dem Modell einer hermeneutischen Seelsorge aufgebaut, das im nächsten Abschnitt besprochen wird.

13.4 Narrativität in der Seelsorge

Die pastoral-seelsorgliche Beziehung ist eine helfende Beziehung, die ein Amtsträger einem Menschen anbietet, der ihn um Hilfe bittet, um seine Beziehung zu Gott neu zu erzählen und seinem Leben einen Sinn zu geben. Demasures Lektüre von Ricœurs hermeneutischem Ansatz in seiner Anwendung auf die pastorale Praxis ermöglicht es uns, die Rolle der Narrativität bei der Konstruktion von Bedeutung ausgehend von einer menschlichen Erfahrung zu verstehen.[174] Demasure skizziert die Geschichte eines Jahrhunderts

---

[171] Luigi M. Rulla, *Anthropologie de la vocation chrétienne*, op.cit., S. 345. Es sind „angemessene und häufige Begegnungen, die den einzelnen Klienten angeboten werden. In diesen Treffen lernt der Mensch sich selbst kennen, einschließlich der unterbewussten Bereiche seiner Persönlichkeit, und man hilft ihm, die Initiative zu ergreifen und seine Motivationen gründlich zu überprüfen. Es ist der Kandidat selbst, der in einer Atmosphäre des Verständnisses, des gegenseitigen Vertrauens und der geschwisterlichen Ermutigung durch den Formator langsam die Identität seiner eigenen Berufung aufbaut, die auf die Person Christi ausgerichtet ist, indem er sich von der Wahrheit der Liebe prägen lässt und in jeder Weise in Christus zu wachsen sucht, der das Haupt ist (Eph. 4,15)." Diese Treffen können im Rahmen einer Ausbildung zum Ordensleben oder zum Priestertum stattfinden, wenn der Formator dafür vorbereitet und ausgerüstet ist. Sie finden im Beratungszentrum des Instituts für Psychologie an der Päpstlichen Universität Gregoriana statt. Eine Therapie der tiefen Einsicht wird „*In-depth insight therapy*" genannt.
[172] Cáit O'Dwyer, *Imagining one's future*, op. cit.
[173] *Ibid.*, p. 15.
[174] Karlijn Demasure, « La passion du possible : L'histoire de vie comme instrument de l'accompagnement pastoral », *art. cit.*

der geistlichen Begleitung.[175] Sie stellt drei Modelle vor: kerygmatisch (Verkündigung des Evangeliums, Wort Gottes mit theologischem Schwerpunkt), therapeutisch (eine helfende Beziehung mit psychologischem Schwerpunkt) und hermeneutisch (Sinnsuche), das die beiden vorgenannten Modelle integriert. Sie betont, dass seit 1980 die Interpretation der Erzählung des eigenen Lebens im Hinblick auf die Sinngebung das Hauptanliegen im „seelsorglichen Gespräch" sei. Das hermeneutische Modell steht auch im Zentrum meiner Aufmerksamkeit. Sein integrativer und dialektischer Charakter ermöglicht es, das Gottesbild eines Menschen, den Gesprächsstil und die Rolle des Seelsorgers beizubehalten, miteinander in Dialog zu bringen und zu ergänzen. Gott wird nicht nur in einer Perspektive gesehen: Er wird nicht allein als Initiator gesehen, als einzig wahrer Partner, als barmherziger Gott, der den sündigen Menschen sucht und rettet (kerygmatische Perspektive), noch allein als Hirt, der heilt, unterstützt und erzieht (therapeutische Perspektive), sondern auch als Gott Geist, der begleitet. In derselben Perspektive entwickelt sich die Rolle des Priesters vom Prediger, Beichtvater und Propheten weiter zum professionellen Berater, der die persönliche menschliche Geschichten aufnimmt und sie mit der Lebensgeschichte Gottes versöhnt. In der Perspektive der Hermeneutik von Ricoeur lernt sich der Mensch durch einen Interpretationsprozess kennen. Seelsorge wird zur Kunst des sinnreichen Handelns, um einen Sinn im Erleben zu finden, der die kognitive, praktische und spirituelle Ebene integriert.[176] Im seelsorglichen Gespräch (beim Erzählen und Zuhören) wird der Sinn der ziellosen, verzerrten, unbefriedigten Geschichte der Person im „Christusereignis" verortet. Der Mensch offenbart sich, entdeckt sich und lässt sich wiederfinden in der Offenbarung des fleischgewordenen, gestorbenen und auferstandenen Jesus Christus. Der Seelsorger ist derjenige, der das Leben des Menschen und das Leben des dreieinigen Gottes trägt und zusammenbringt, indem er es in die christliche Tradition hineinstellt. Wenn für Ricoeur die Refiguration durch die Entdeckung und die Transformation, welche die Rede im Prozess der Textrezeption auf ihren Hörer oder Leser ausübt, bewirkt wird,[177] so kann analog dazu eine Veränderung, eine Verwandlung in das „Christusbild" für die begleitete Person und den Seelsorger stattfinden, wenn sie aktiv die Person Jesu oder die christliche Tradition in das Gespräch einbeziehen. Für Demasure steht die Erzählung der Geschichte des Menschen weiterhin im Mittelpunkt der zeitgenössischen Seelsorge: „Das erste Kriterium, um zu bestimmen, ob eine seelsorgliche Handlung erfolgreich ist, basiert auf

---

[175] Karlijn Demasure, « L'accompagnement pastoral dans le vingt-et-unième siècle », *Camillianum*, 4 (12), 2004, p. 503–518.
[176] *Ibid.*, p. 514.
[177] Paul Ricœur, *Amour et justice, op. cit.*, p. 50.

der Tatsache, dass sie Sinn stiften sollte."[178] Die Sinnstiftung stärkt die pastoralseelsorgliche Praxis und analog dazu die Ausbildung zum christlichen Leben und zum Ordensleben, die im Folgenden beschrieben wird.

13.5 Narrativität in der Ausbildung zum Ordensleben

Der Sinn, den ein Mensch in seiner Lebenserzählung sieht oder den er in ihr konstruiert, ermöglicht es ihm, auf das endgültige Ziel des Lebens hinzuarbeiten. Sich selbst zu erzählen erlaubt die Integration der eigenen Geschichte in ein manchmal fragmentiertes Ganzes. Das Erzählen der eigenen Geschichte ermöglicht es, die Geschichte der eigenen Familie und der eigenen Kultur mit Hilfe bestimmter Gesichter zu rekonstruieren. Wenn der Sinn fehlt oder unvollständig ist, kann der Erzählende auf andere Menschen zurückgreifen, die ihm helfen. Immer häufiger bitten die Formatoren in der Anfangsphase der Ausbildung zum Ordensleben die Kandidaten, von sich selbst zu erzählen. Diese Übung ermöglicht es den jungen Menschen, sich in Bezug auf ihre Familie, ihre Kultur, ihre schulische, akademische oder berufliche Entwicklung zu positionieren, und ihre Gottesbeziehung (Geschenk des Glaubens, Wiederentdeckung Gottes, Berufung durch Gott) und ihre Beziehung zur Ordensgemeinschaft einzuordnen. Sich selbst zu erzählen hat also eine Dimension von Ausbildung und Reifung. Das Erzählen der persönlichen Geschichte kann eine Gelegenheit für Wachstum sein, für eine dankbare Wiederentdeckung der Gegenwart Gottes und seiner Gnade, sowie der Bedeutung anderer Menschen und von allem, was sie dem Erzählenden vermittelt haben. Dies ermöglicht Heilung und eine Neuordnung der menschlichen Erfahrung.[179] Der Lebensbericht des Menschen in der Formation könnte durch konkrete Vorschläge für Lebensmodelle bereichert werden. Die Leitlinien *Für jungen Wein neue Schläuche*[180] nennen unter den Herausforderungen die Wechselbeziehung zwischen Mann und Frau, die bei der Ausbildung zum geweihten Leben Beachtung finden sollte (Nr. 17). Es geht um eine ganzheitliche Formation, die der Ordensfrau hilft, affektive und sexuelle Reife zu entwickeln und zu integrieren. Die Ausbildung unterstützt den Aufbau heilsamer Grenzen, um die Integrität der Ordensfrau in einer Beziehung enger Zusammenarbeit und unter Achtung ihrer Kompetenz zu schützen.

---

[178] Karlijn Demasure, « La passion du possible : L'histoire de vie comme instrument de l'accompagnement pastoral », *art. cit.*, p. 51.
[179] Cáit O'Dwyer, *Imagining one's future*, *op. cit.*, p. 20
[180] Kongregation für die Institute geweihten Lebens und die Gesellschaften apostolischen Lebens, *Für jungen Wein neue Schläuche. Geweihtes Leben und noch offene Herausforderungen seit dem Zweiten Vatikanischen Konzil*. Verlautbarungen des Apostolischen Stuhls Nr. 210, 6. Jan. 2017.

13.6 Narrativität in der Erziehung

Erziehen bedeutet, eine Beziehung zwischen dem Erzieher und dem Zögling aufzubauen. In dieser Beziehung wird der Erzieher zum Begleiter des Zöglings und hilft ihm, das Beste aus sich selbst herauszuholen. Der Roman *Émile* von Jean-Jacques Rousseaus (1712–1778) veranschaulicht dies.[181] Kinder hören gern Märchen und Geschichten. Sie identifizieren sich mit den Helden, können sich deren Namen leicht merken und sie wiederholen, und sie machen sie zu ihren Spielgefährten. Kindern und jungen Menschen das Leben von biblischen Gestaltung und von Heiligen zu erzählen, ist ebenso konstruktiv. Durch Cartoons und andere Arten der Narrativität könnten im pädagogischen Rahmen Werte vermittelt werden. Biografien und Autobiografien sowie Erzählungen über starke Persönlichkeiten, die im intellektuellen, sozialen oder politischen Leben etwas erreicht haben, sind vielen Kindern und Jugendlichen bekannt und können sie inspirieren.

Der Roman *L'aventure ambiguë*[182] von Cheikh Hamidou Kane (geb. 1928) stellt die durchsetzungsfähige und ausgewogene Position der „Grande Royale" dar: die Position einer Frau, die mit den Männern zusammen tagt und entscheidet und die zum Wohle ihrer Gemeinschaft angehört wird.

14. Zusammenfassung und Ausblick

Die Narrativität nach MacIntyre, Mc Adams und Rulla sowie die Hermeneutik von Ricoeur sind für mich hier von Bedeutung. Im Lichte der Narrativität und mit dem Ziel, einen Lebenssinn zu konstruieren, habe ich mich mit dem Leben und der Geschichte bzw. einem Ausschnitt aus der Geschichte von Ordensfrauen befasst. Die Erzählung ihrer Erfahrungen in der seelsorglichen Beziehung oder der Zusammenarbeit mit Priestern wird in einem Prozess in eine Interpretationsskizze eingearbeitet, um sie zu verstehen. Meine Arbeit zum Vorverständnis, meine Analyse zur Validierung und das sich daraus ergebende vertiefte Verständnis ihrer Realität können hilfreich sein, um die schmerzhaften Erfahrungen im Kontext der menschlichen und spirituellen Entwicklung neu zu deuten. Im Hinblick auf den narrativen Ansatz habe ich hervorgehoben, dass er den Kontext für Wachstum und menschliche Reife

---

181 *Émile oder Über die Erziehung* ist ein reformpädagogisches Werk von Jean-Jacques Rousseau, das sich mit der Kunst der Formation von Menschen befasst.
182 Der autobiografisch gefärbte Roman des Autors von Cheikh Hamidou Kane erschien 1961. Er berichtet über seinen Übergang von der Koranschule zur Schule der Weißen. Personen wie der Häuptling der Diallobé, sein spiritueller Lehrer Thierno, die Schwester des Häuptlings, die Grande Royale, haben während dieses Übergangs einen besonderen Einfluss auf ihn. Die Grande Royale besteht darauf, dass Samba Diallo in die neue Schule geht, um die Kunst „des Siegens, ohne Recht zu haben" zu erlernen.

schaffen kann. Diese Interpretation ist ein Versuch, die affektive und sexuelle Reife von Ordensfrauen und jungen Frauen in der Ausbildung zum Ordensleben, sowie Priestern und Seminaristen zu fördern, damit sie ihre Beziehung zu Gott und ihre Mission im Kontext der Kirche in Subsahara-Afrika leben können. Bevor ich mich mit der Methodik des qualitativen Ansatzes befasse, der für die Untersuchung und Interpretation geeignet erscheint, um dieses Themenfeld besser verstehen zu können, werde ich im nächsten Kapitel einige zentrale Begriffe im Hinblick auf die affektive und sexuelle Reife klären.

III. EINIGE HINWEISE ZUR TERMINOLOGIE: DEFINITIONEN VON KONZEPTEN

1. Einleitung

Im Fokus meiner Untersuchung stehen gesunde und reife Beziehungen in der seelsorglichen Begleitung und in der pastoralen Zusammenarbeit. Ich möchte die Formation und Ausbildung verstehen und Richtlinien entwerfen, wie die affektive und sexuelle Reife in der pastoral-seelsorglichen Beziehung (PB) und in der Zusammenarbeit im Rahmen der pastoralen Arbeit (BZP) zwischen Priestern und Ordensfrauen (OF) gelebt werden kann. Das Ziel ist, dass Priester und Ordensfrauen so leben, dass ihr Leben ein Zeugnis für das Reich Gottes ist. Dieses Kapitel behandelt die Definitionen von Begriffen, Konzepten und Terminologien, die für meine Untersuchung von zentraler Bedeutung sind. Ich möchte hier daran erinnern, dass meine Untersuchung in einem theoretischen Rahmen mit einem interdisziplinären Ansatz (hermeneutische Philosophie, Psychologie, Soziologie und Anthropologie der christlichen Berufung) angesiedelt ist. Dieser Ansatz bedeutet eine Bereicherung für meine Arbeit, wobei allerdings die Herausforderung darin besteht, die Hauptausrichtung festzulegen. Ich habe eine pädagogische und psychologische Ausbildung, die in Rullas Anthropologie der christlichen Berufung ihre Grundlage hat.[1] Meine Forschung erhebt nicht den Anspruch, eine umfassende Studie über die affektive und sexuelle Reife zum Leben von PB und BZP zu erstellen. Ich möchte vielmehr einige psychologische Grundbegriffe der affektiven und sexuellen Reife in Kontext der Anthropologie der christlichen Berufung skizzieren,[2] um die Beziehungsdynamiken in der PB und in der BZP, zwischen einem Priester und einer Ordensfrau zu interpretieren und zu verstehen. Welche affektiv-sexuelle Reife brauchen sie? Zu welcher affektiven und sexuellen Reife können sie heranwachsen, um in den oben genannten Beziehungen eine erfüllte Sendung zur Ehre Jesu Christi zu leben?

---

[1] Die erste englischsprachige Version, *Anthropology of the Christian Vocation*, stammt aus dem Jahr 1986 (Gregorian University Press, Rom). Die französische Version, die ich für die Zitate in dieser Arbeit verwende, stammt aus dem Jahr 2002 (Bibliothèque nationale du Québec).

[2] Wenn ich von der Anthropologie der christlichen Berufung spreche, beziehe ich mich von nun an immer auf die Anthropologie, die Rulla und seine Mitarbeiter in diesem Forschungsbereich (Imoda, Ridick) entwickelt haben.

III. Einige Hinweise zur Terminologie: Definitionen von Konzepten

Dieses Kapitel ist in drei Teile untergliedert. Der erste befasst sich mit dem Begriff der menschlichen Reife im Allgemeinen, d.h. der affektiven und sexuellen Reife mit dem Ziel, die Beziehungen im seelsorglichen Kontakt und in der Zusammenarbeit zwischen Priestern und Ordensfrauen auf gute Weise zu leben.

Im zweiten Teil definiere ich den Begriff der seelsorglichen Beziehung und der Beziehung in der Zusammenarbeit für die Pastoral im Allgemeinen. Dann beschreibe ich die praktische Bedeutung dieser Definition und die Rolle des Priesters im Kontext der fünf Länder in Subsahara-Afrika, die im Zentrum meiner Forschung stehen.

Schließlich werden im dritten Teil die Begriffe zu einzelnen menschlichen Situationen wie etwa Verletzlichkeit und Unreife vorgestellt, die zu Grenzverletzungen in der PB und der BZP führen können, mit verschiedenen Formen von Missbrauch, anderen Formen sexueller Gewalt, ihren Auswirkungen auf das Leben der beteiligten Personen und auf das Leben der Menschen in ihrer Umgebung.

ABSCHNITT A
Der Begriff der menschlichen, emotionalen und sexuellen Reife

Der Begriff der menschlichen, affektiven und sexuellen Reife, den hier untersucht wird, soll dabei helfen, die seelsorgliche Beziehung und die Beziehung in der Zusammenarbeit für die Pastoral zwischen einem Priester und einer Ordensfrau auf gute Weise zu leben. Es geht um eine Reife, die ein gesundes, christliches Leben im Hinblick auf das Gottesreich fördert.

2. Der Begriff der Reife

Damit die Gnade Gottes wachsen und im Leben des Menschen Frucht bringen kann, braucht es einen fruchtbaren Boden (sein Herz), der das Keimen des Samenkorns begünstigt, das in ihn hineingelegt ist. Dies ist die Botschaft der Gleichnisse vom Sämann (vgl. Mk. 4,1–20) und von den Talenten (vgl. Mt. 25,14–40).

Nach dem gängigen Verständnis ist ein reifer Mensch eine erwachsene, autonome, reife und freie Person, die für ihre Entscheidungen und Handlungen verantwortlich ist. Der im allgemeinen und wissenschaftlichen Sprachgebrauch häufig verwendete Begriff der Reife ist laut Rachel Cox noch wenig erforscht und manchmal mehrdeutig.[3] Reife ist mit verschiedenen Herange-

---

3 Rachel D. Cox, "The Concept of Psychological Maturity", in Silvano Arieti, *American Handbook of Psychiatry*, vol. I: *The Foundations of Psychiatry*, 1974.

2. Der Begriff der Reife

hensweisen identifizierbar: biologisch, psychologisch, soziologisch, psychotherapeutisch und psychiatrisch. Manchmal kann sie gleichbedeutend mit psychischer Gesundheit sein. Sie kann eine moralische Bedeutung haben (gut oder schlecht) oder religiöse Konnotationen beinhalten (spirituelle Reife). Sie kann eine ganze Reihe von Dimensionen der Persönlichkeit umfassen (biologisch, intellektuell oder kognitiv, affektiv, sexuell, beziehungsbezogen). Die Komplexität des Begriffs der Reife ist so groß, dass Edmond Marc vom „Mythos der Reife" spricht, denn der Begriff der Reife sei sowohl suggestiv als auch relativ unscharf.[4] Der Begriff der Reife steht im Gegensatz zum Begriff der Unreife.

Ich möchte hier in zwei Schritten vorgehen: a) Zunächst soll der Begriff der psychischen Reife des Menschen untersucht werden. b) In einem zweiten Schritt soll der Begriff der Reife entsprechend dem Entwicklungskonzept der menschlichen Person und dem Konzept der Anthropologie der christlichen Berufung betrachtet werden.

2.1 Reife im Kontext der Entwicklung der menschlichen Person

Reife ist ein Entwicklungsprozess, der in verschiedenen Phasen und in einem Beziehungskontext stattfindet und Zeit braucht. Cox ist der Ansicht, dass wissenschaftliche Untersuchungen zum menschlichen Verhalten manchmal mit dem allgemein üblichen Gebrauch des Begriffs Reife übereinstimmen. Er schreibt in diesem Zusammenhang:

> „Reife Menschen sind sich der Realität bewusst und leben gemäß dieser Realität, ohne ihr Gewalt anzutun; dabei versuchen sie alles, was in ihrer Macht steht, um sie für positive Zwecke zu nutzen. Reife Menschen bauen eine warme und vertrauensvolle Beziehung zu anderen Menschen auf, und sie sind in der Lage, ein Gefühl der Zugehörigkeit zu geben und anzunehmen. Da sie im Wesentlichen mit sich selbst im Reinen sind, haben sie ein offenes Ohr für die Bedürfnisse, die Freuden und den Kummer der anderen. Sie arbeiten entsprechend ihrer Begabung und neigen dazu, sich stetig zu höheren Kompetenzniveaus zu entwickeln. Diese Merkmale von Reife können zu jeder Zeit des Lebens von Menschen mit jedem Status und aus jeder sozialen Klasse erreicht werden."[5]

---

[4] Edmond Marc, « Le mythe de la maturité », *Gestalt*, 38, 2010, p. 33.
[5] "[…] *Mature persons are clearly aware of the reality and that (sic) they do not run head on (sic) to violate it, though they do what they can to shape it to positive ends. Reaching out in trust and warmth to other persons, they are able to give and accept affiliation. Being essentially at peace with themselves, they are attentive to the needs, joys, and griefs of others. Enjoying productivity, they work in accordance with their gifts and tend to grow steadily toward higher levels of competence. These characteristics are attainable at any time of live (sic) by individuals of any status. They constitute what might be called the invariants of maturity.*" Rachel D. Cox, "The Concept of Psychological Maturity", *art. cit.*, p. 9.

III. Einige Hinweise zur Terminologie: Definitionen von Konzepten

Aus dieser Perspektive betrachtet betont der Begriff der menschlichen Reife den Kontakt des Menschen mit der Realität in sich selbst und um sich herum sowie seine Neigung, sich weiterzuentwickeln und über die gegebenen Grenzen hinaus zu streben.

> „Der Begriff der Reife hat im Bereich der biologischen Prozesse eine klar definierte Bedeutung. In einem weiteren Sinn, auf der psychologischen Ebene (einschließlich der kognitiven, affektiven, sexuellen u.a. Bereiche), ist seine Bedeutung metaphorisch und viel unschärfer; er impliziert einen Entwicklungsprozess und gleichzeitig ein Stadium der Vollendung in diesem Prozess, das Ergebnis einer Entwicklung ist."[6]

Aus diesen Definitionen des Begriffs Reife übernehme ich den dynamischen Aspekt, der im Entwicklungsprozess sichtbar wird. Man könnte von einer „gewissen Reife" der menschlichen Person sprechen, da sie sich zu jedem Zeitpunkt und in jedem Alter weiterentwickelt. Die Reifung umfasst somit die biologische (physische), psychologische, psychische, soziale und spirituelle Dimension. In dieser dynamischen und graduellen Perspektive kann man von der Reife eines Menschen sprechen, unabhängig davon, ob er ein Kind, ein Jugendlicher oder ein Erwachsener ist. Die Realität, die Cox in den Vordergrund stellt – die Umgebung, in der ein Mensch lebt und seine Beziehungen – ist für meine Untersuchung, die sich mit erwachsenen Menschen beschäftigt, relevant. Der Mensch, der eine gewissen psychosoziale Reife erlangt hat, ist in der Lage, mit sich selbst im Frieden zu sein, warme und vertrauensvolle Beziehungen zu anderen aufzubauen und auf ihre Bedürfnisse, Freuden und Sorgen zu achten. Dieser Mensch kann Empathie leben, d. h. die Gefühle und Gemütszustände seiner Mitmenschen teilen. Um zu verstehen, wie dieser Entwicklungsprozess des Menschen abläuft, stütze ich mich auf einige Elemente von Imodas Arbeit über die Entwicklung der menschlichen Person als Mysterium. Imoda ist der Ansicht, dass der Begriff der menschlichen bzw. psychologischen Reife komplex und mit dem Entwicklungsprozess verbunden ist. Der Entwicklungsprozess verläuft nicht linear, d. h. er führt nicht einfach automatisch zur Reife. Manchmal gibt es in diesem Prozess Schwierigkeiten, Hindernisse, Blockaden oder Fixierungen:

> „Der komplexe Begriff der Reife des Menschen ist eng mit der Entwicklung verbunden, die ihn beeinflusst und erhellt. Die menschliche Reife kann selbst in ihrer psychologischen Dimension nicht außerhalb einer Entwicklung konzipiert und erreicht werden, wobei ihr Erfolg oder Misserfolg in engem Zusammenhang mit der Angemessenheit der zugrunde liegenden Anthropologie der Person steht."[7]

---

6 Edmond Marc, « Le mythe de la maturité », *art. cit.*, p. 35–36.
7 *"The complex issue of personal maturity is affected and illuminated by development, with which it is closely connected. Human maturity, even in its psychological dimension, cannot be conceived or attained outside the course of a development the success or failure of which is in strict corre-*

2. Der Begriff der Reife

Aus dieser Perspektive können die Ergebnisse des menschlichen Entwicklungsprozesses jeweils ein Erfolg oder ein Misserfolg sein. Die Schritte hin zur menschlichen Reife werden in Übereinstimmung mit einer weitgehend umfassenden, ganzheitlichen und nicht reduktionistischen christlichen Anthropologie der menschlichen Person betrachtet. Die Kriterien für die Entwicklung hin zu psychologischer, anthropologischer, sozialer und auch spiritueller Reife müssen der Realität des Geheimnisses der menschlichen Person Rechnung tragen. Diese Kriterien fördern die Konfrontation mit dem Andersartigen, d. h. eine Dialektik zwischen Subjektivität[8] und Objektivität[9], eine Interaktion zwischen der menschlichen Person und den Werten, die ihr das Wachstum ermöglichen. Von daher brauchen wir eine Pädagogik, die von Anfang an (frühe Kindheit) eine Vermittlung ermöglicht zwischen der jedem einzelnen gegebenen Möglichkeit zu sein (eigene Bedürfnisse zu erspüren und auszuleben) und der realitätsbezogenen Perspektive, Werte zu erwerben, die seine Freiheit als Mensch respektieren, der aufgerufen ist, seine Antwort zu geben und als Teil dieser Realität zu leben. Die Entwicklung verläuft nicht immer linear und störungsfrei in Richtung hin auf die zu erwartende altersgemäße Reifestufe. Es gibt möglicherweise Rückschritte, Blockaden, Fixierungen oder einen Stillstand in der Entwicklung, die zu charakterlichen Schwierigkeiten, Persönlichkeitsproblemen (zwanghafte Störungen, Verwirrung), Abnormalitäten oder Pathologien (Manie, Depression, Paranoia, Schizophrenie usw.) in unterschiedlichen Schweregraden führen. Abgesehen von diesen Schwierigkeiten bedarf es einer Anthropologie, um die psychische Entwicklung des Menschen hin zur Reife zu fördern. Imoda fährt fort:

> „Es ist nun leichter zu verstehen, wie die Reife einer menschlichen Person vor dem Hintergrund ihrer anthropologischen Realität des Mysteriums in konkreter Form zu verstehen ist: Jedes nur objektive oder nur subjektive Kriterium der Reife ist dazu bestimmt, sich als unzureichend zu erweisen. Die anthropologische Grundlegung der Person verlangt, dass die Reife ein Widerschein und Ausdruck dessen ist, was dieser Mensch (nach seiner Berufung) ist, also dessen, was er sein soll; sie verlangt aber auch, dass sein tatsächliches Sein seinem idealen Sein entsprechen solle. In diesem idealen Sein entdeckt die christliche Anthropologie die Gegenwart des Anderen, der sich als Gott, der die Liebe ist, offenbart und der sich in Gestalt des Menschen Jesus Christus hingibt. Wenn das „ideale Sein" eines Menschen den idealen Horizont verfehlt, wenn er es nicht schafft, ihn zu erreichen, zu transzendieren und ein solches Anderssein zu umarmen, dann sind sowohl seine anthropologische Erfüllung als auch seine psychologische Reife von

lation with the adequacy of the underlying anthropology of the person." Franco Imoda, Human Development Psychology and Mystery, op. cit., S. 75

8 Subjektivität bezieht sich auf die Person, ihre Interessen, Bedürfnisse und Grenzen.
9 Objektivität bezeichnet die objektiven Werte, die den Menschen öffnen für das, was „ihn übersteigt", für das Wahre und das Gute.

vornherein gefährdet. Wenn das „tatsächliche Sein" einer Person diese „ideale" Realität in ihrem konkreten historischen Sein nicht verinnerlicht, ausdrückt und verwirklicht, dann werden sowohl ihre anthropologische Erfüllung als auch ihre subjektive Reife beschnitten."[10]

Diese Behauptung Imodas hat mich angeregt, den Begriff der Reife im Kontext der christlichen Anthropologie zu betrachten.[11] Die Reife, die dem christlichen Menschen entspricht, ist in der Person Jesu Christi zu finden. Jesus nachzuahmen bedeutet, sich als Sohn oder Tochter Gottes zu entwickeln und entsprechend zu leben.

2.2 Reife gemäß der Anthropologie der christlichen Berufung

Für die christliche Person gibt es Parameter, um ihre menschliche Entwicklung auf eine Reife hin zu orientieren, für die Jesus Christus das Vorbild ist. Ich möchte dies mit Hilfe der Arbeiten von Rulla darstellen, die er teils allein[12], teils zusammen mit anderen[13] erstellt hat.

2.2.1 Die philosophische Anthropologie nach Rulla

Hinter der Vision einer Person und der Erfahrung, die sie in ihrer Realität macht, steht eine Philosophie. Rulla wählt die philosophische Anthropologie als Basis für seine Analyse der Anthropologie der christlichen Berufung. Er versteht die Berufung als einen „Ruf" Gottes, der an die menschliche Person gerichtet ist, um einen Dialog zu führen. Die menschliche Person kann nur in dem Maß in diesen Dialog eintreten, als sie „ein für diesen Dialog geschaffenes Wesen"[14] ist. Die menschliche Person hat in sich eine Möglichkeit (Ebenbild Gottes), um Gott zu begegnen, ihn aufzunehmen, ihm zuzuhören, mit ihm

---

10 "It is now easier to grasp how the maturity of a human person must be understood against the background of his anthropological reality of mystery in concrete form: every merely objective or merely subjective criterion of maturity is fated to show itself insufficient. The anthropological foundation of the person demands that maturity be a reflection and expression of what he is (by vocation), hence of what he should be; but equally it demands that his actual being correspond to his ideal being. In this ideal being, Christian anthropology uncovers the presence of the Other revealing himself as a God who is Love, bestowing himself in the form of a man Jesus-Christ. Whenever a person's 'ideal being' compromises an ideal horizon which fails to reach, to transcend itself, to embrace such otherness, then both its anthropological fulfillment and its psychological maturity will be compromised in advance. Whenever a person's "actual being" fails to interiorize, express and realize this "ideal" reality in its concrete historical being, to that extent both its anthropological fulfillment and its subjective maturity will be truncated." Franco Imoda, *Human Development Psychology and Mystery*, op. cit., p. 113.
11 Idem.
12 Luigi M. Rulla, *Psicologia del profondo e vocazione*, op. cit.; *Anthropologie de la vocation chrétienne*, op. cit.
13 Luigi M. Rulla, Joyce Ridick et Franco Imoda, *Entering and Leaving Vocation*, op. cit.
14 Luigi M. Rulla, *Anthropologie de la vocation chrétienne*, op. cit., p. 225–230.

2. Der Begriff der Reife

zu sprechen und eine Antwort auf seinen Ruf zu geben. Gott offenbart sich in Beziehung, er zeigt seinen Wunsch zu erschaffen, sich zu erniedrigen und in eine Beziehung der Freiheit mit seinem Geschöpf, vor allem mit dem Menschen, einzutreten. Gott steht in Beziehung mit Abraham (vgl. Gen. 11 ff.), mit Mose (vgl. das Buch Exodus) und dann mit dem Volk Israel. Als Sohn wird er Mensch in einer Frau, wird geboren und lebt unter und mit den Menschen (vgl. die Evangelien). Der Verfasser des Hebräerbriefes macht deutlich, dass Gott die Welt den Menschen unterwirft und die Menschen so zu Mitarbeitern seines Heilsplans macht: „Was ist der Mensch, dass du seiner gedenkst, oder des Menschen Sohn, dass du dich seiner annimmst? Du hast ihn nur ein wenig unter die Engel erniedrigt, mit Herrlichkeit und Ehre hast du ihn gekrönt, alles hast du ihm unter seine Füße gelegt. Denn indem er ihm alles unterwarf, hat er nichts ausgenommen, was ihm nicht unterworfen wäre." (Hebr. 2,6–8)[15] Gott arbeitet mit dem Menschen zusammen. Der Mensch, der bereit ist, mit Gott in Beziehung zu treten, ist komplex. Nur im theoretischen Rahmen eines interdisziplinären Ansatzes, der die Integration verschiedener Wissenschaften (Philosophie, Theologie, Psychologie, Anthropologie, Soziologie, Biologie usw.) fördert, ist das Verständnis der menschlichen Dimensionen möglich. Die Anthropologie der christlichen Berufung ist für Rulla in diesem theoretischen Kontext angesiedelt:

> „Die Frage nach dem Wesen der menschlichen Person ist grundlegend für ein Verständnis der christlichen Berufung. Diese Frage kann von den „Humanwissenschaften", die in einem rein empirischen Sinn verstanden werden, nicht ausreichend beantwortet werden; andererseits ist eine theologische Anthropologie ausschließlich fideistischer Art ebenso unzureichend. Heute ist die Bedeutung der philosophischen Anthropologie mehr denn je offensichtlich."[16]

Unter der behaupteten Prämisse, dass der Mensch in einer aktiven Beziehung zu Gott steht und christlich ist, erfordert der Versuch, ihn zu verstehen, dass einige der dabei beteiligten Dynamiken geklärt werden. Um auf die christliche Berufung zu antworten und sie zu leben, greift die Person auf ihre grundlegenden menschlichen Dynamiken zurück, die man als „erkennen, wollen und lieben" benennen kann.[17] Das Verständnis und die Einordnung des Begriffs der Reife der menschlichen Person in der Beziehung zu Gott führt uns mit Ricoeur[18] dazu, ihre Erfahrung, ihre Entscheidungen, ihr Handeln und sogar ihre Lebensweise zu interpretieren. Die Anthropologie der christlichen Berufung orientiert sich an den von Lonergan entwickelten bewussten Ope-

---

15 *Einheitsübersetzung*, Stuttgart, 1. Aufl. 2016.
16 Luigi M. Rulla, *Anthropologie de la vocation chrétienne, op. cit.*, p. 115.
17 Idem.
18 Paul Ricœur, *Le conflit des interprétations, op. cit.*; *Essais d'herméneutique, op. cit.*

rationen des Geistes (erfahren, urteilen, entscheiden, verantwortungsbewusst leben). Ich werde sie im nächsten Abschnitt genauer erkunden.

2.3 Bewusste Operationen nach Lonergan

Lonergan hat die bewussten Operationen so als transzendentale Methode organisiert, dass er sie für eine Studie im Bereich der Theologie vorschlagen konnte. Sie sind dabei nicht Teil einer theologischen Reflexion im engeren Sinn. Sie dienen vielmehr dazu, zu veranschaulichen, wie Gott den menschlichen Geist mit einer transzendentalen Fähigkeit ausgestattet hat. Es handelt sich dabei um eine bewusste Fähigkeit des Menschen, der gleichzeitig „Subjekt und Objekt" seines empirischen Erlebens ist. Er wendet diese Fähigkeit in dem Maße an, in dem er gegenüber sich selbst präsent, aufmerksam, intelligent, rational und verantwortlich in dem ist, was er erlebt und tut. Dadurch kann der Mensch sich Gott gegenüber öffnen und seinen Geist in sich aufnehmen, um zu einer tieferen Erkenntnis Gottes zu gelangen und um ihm eine Antwort zu geben, die es ihm ermöglicht, über sich selbst hinauszuwachsen und immer mehr nach Gott zu streben. Das transzendentale Handeln mit seinen Operationen ist gleichzeitig auch eine Öffnung, die es Gott ermöglicht, in der menschlichen Erfahrung zu wohnen. Es sind Operationen, die eine Hilfe bei der Objektivierung der Person und ihrer Erfahrung leisten: „Es geht darum, unsere Operationen, insofern sie intentional sind, auf das Bewusstsein anzuwenden, das wir von eben diesen Operationen haben."[19] Der Autor betont die psychologische Dimension dieser Operationen. Sie werden bewusst ausgeführt. Durch sie ist sich der Mensch bewusst, dass er sieht, berührt, wahrnimmt, riecht, schmeckt, erzählt, spricht, sich etwas vorstellt, arrangiert, beschreibt, schreibt, bewertet, erneut bedenkt, entscheidet, lebt. Durch die Operationen wird das Objekt (die Dinge, eine andere Person, Gott) für den Menschen gegenwärtig, und er wird sich seiner selbst mehr bewusst, und zwar als derjenige, der handelt. Durch diesen Prozess der Objektivierung kann ein Mensch seine subjektive Erfahrung neu bedenken[20] und mit der Realität in Kontakt treten. Er kann sie erfahren, fühlen, wahrnehmen, erleben und sich vorstellen. Durch seine Intelligenz und Weisheit kann er suchen, verstehen und ausdrücken, was er verstanden hat. Auf der rationalen Ebene kann er nachdenken, Beweise ordnen und ein Urteil darüber fällen, was wahr und was falsch ist. Danach kann er verantwortlich handeln: Er konfrontiert die Handlungsmöglichkeiten mit sich selbst, seinen Operationen und seinen Zielen,

---

19 Bernard J. F. Lonergan, *Pour une méthode en théologie*, op. cit., p. 28.
20 Auf dieser Ebene kommt die Bedeutung der Narrativität in Ricœurs hermeneutischem Ansatz im Hinblick auf eine bessere Selbsterkenntnis ins Spiel.

2. Der Begriff der Reife

berät sich über diese Möglichkeiten, bewertet sie und trifft Entscheidungen, die dann in die Praxis umgesetzt werden sollen.

In diesem Prozess wächst das Bewusstsein des Menschen und schreitet von einer Operationsebene zur nächsten fort. Da er ein intelligentes Wesen mit einem reflexiven und kritischen Bewusstsein ist, trägt er in sich die Möglichkeit, sich von sich selbst zu distanzieren, um sich den Kriterien der Realität und der Wahrheit zu unterwerfen. Es ist ihm wichtig, gemäß tragender Werte zu leben, oder zumindest sehnt er sich danach. Er kämpft darum, Offenheit und Verantwortung leben. Seine Intelligenz spornt ihn an und öffnet ihn für die Fragen nach dem Was, dem Warum, dem Wie und dem Wofür. Seine Rationalität führt ihn dazu, die Antworten, denen er begegnet oder die er erhält, nach ihrer Wahrheit und Bedeutung zu befragen. Seine Verantwortung treibt ihn an und führt ihn hinaus über die Tatsache, den Wunsch und die Möglichkeit der Unterscheidung dessen, was wirklich gut ist und was nicht.[21] Die bloße Kenntnis der menschlichen Realität reicht nicht aus. Wenn er ein Urteil fällt, ermöglicht dies dem Menschen, seinen Horizont in Richtung eines Wertes zu öffnen. In diesem Fall spricht man von einem Werturteil. Im nächsten Abschnitt wird dieser Prozess, der zu einem Werturteil führt, genauer beschrieben.

2.3.1 Das Werturteil als Teil der Selbsttranszendenz

Das Wissen, das der Mensch durch die Konfrontation mit der Realität erlangt, ist nur ein Schritt auf dem Weg des Über-sich-selbst-Hinauswachsens. Diese Erkenntnis öffnet ihn intellektuell für sich selbst, für die Realität seines Lebens und für seine Umwelt. Er muss entscheiden, wie er handeln will. Dabei erfordern die Entscheidungen darüber, was angemessen ist, was gut für ihn und für andere ist, eine moralische Perspektive. Für Lonergan geht die moralische Perspektive über die bloße Kenntnis dessen, was richtig ist, hinaus. Die „Selbsttranszendenz" gemäß der sittlichen Werte eines Menschen besteht darin, das Richtige zu kennen und zu tun:

> „Urteile über echte Werte reichen weiter als die Selbstüberwindung gemäß der Ordnung des Wissens, ohne jedoch die Selbstüberwindung gemäß der moralischen Ordnung vollständig zu verwirklichen. Die Vollendung der moralischen Ordnung besteht nicht allein im Wissen, sondern sie geschieht erst im Tun: Der Mensch kann wissen, was richtig ist, ohne es zu tun. Weiter gilt: Wenn er weiß und nicht handelt, wird er entweder demütig sein und zugeben, dass er ein Sünder ist, oder er wird beginnen, seinen moralischen Kern zu zerstören, indem er rationalisiert, d.h. er behauptet, dass das, was in Wirklichkeit gut ist, tatsächlich überhaupt nicht gut sei. Somit ist das Werturteil an sich eine Realität in der moralischen Ordnung eines Menschen."[22]

---

21 Cf. Bernard J. F. Lonergan, *Pour une méthode en théologie, op. cit.*, p. 22–23.
22 *Ibid.*, p. 52.

Aus dieser Aussage Lonergans können wir ableiten, dass das Werturteil es dem Menschen ermöglicht, den Horizont dessen, was er konkret weiß, zu überschreiten, ja sogar das abstrakte, umfassende Wissen zu übersteigen, um moralisch über sich hinauszuwachsen und aus Wohlwollen, Wohltätigkeit und wahrer Liebe zu handeln. In diesem Prozess der bewussten und absichtlichen Operationen, die im Menschen ablaufen, gibt es ein ständiges Fragen. Der Mensch kann die Antworten erkennen, die ihn in Richtung eines kognitiven Über-sich-selbst-Hinauswachsens führen oder nicht. Sein Durst, sein Streben nach Wissen, seine Unruhe in der Art des hl. Augustinus[23] und vor allem die psychologische und menschliche Entwicklung führen ihn darüber hinaus: „Wir gehen auch dann weiter, wenn unser ganzes Wesen reagiert und bewegt wird, sobald wir nur die Möglichkeit oder gar die Realität eines moralischen Über-sich-selbst-Hinauswachsens sehen."[24]

Nach Lonergan ergeben sich drei Komponenten des Werturteils: a) die Kenntnis der Realität, insbesondere der menschlichen Realität; b) die bewussten Reaktionen auf Werte; c) der anfängliche Impuls zum moralischen Übersich-selbst-Hinauswachsen, d. h. das Werturteil selbst. Der Wert motiviert die Person zur Selbsttranszendenz, wie viele andere wichtige Dinge in seinem Leben auch. Was ist also der Wert? Wie wichtig ist er, um die Person bewusst und/oder emotional anzuziehen?

2.4 Menschliche Motivation nach Hildebrand

Die subjektive Zufriedenheit motiviert ebenfalls die Einstellung der Person. Aber man wird nur schwerlich behaupten können, dass jemand, der im Hinblick auf seine subjektive Zufriedenheit motiviert ist, gleichzeitig wertorientiert sei. Es gibt Menschen, die nach subjektiver Zufriedenheit streben (Erlangung von Stolz und Ehre, Befriedigung sexueller Wünsche) und Werten wenig oder gar keine Bedeutung beimessen.[25] Diese Menschen können dabei

---

23 „Geschaffen hast du uns auf dich hin, o Herr, und unruhig ist unser Herz, bis es Ruhe findet in dir." Augustinus, *Bekenntnisse*, I,1.
24 Bernard J. F. Lonergan, *Pour une méthode en théologie, op. cit.*, p. 53.
25 "Moreover, it must be seen that the category of subjectively satisfying in fact plays a fundamental role in our motivation. It is not possible to claim that whenever a person is apparently motivated by the subjectively satisfying, it is in reality a value which is motivating him. It is undeniable that in many concrete situations the value point of view does not motivate the person. There exist even certain types of persons who know only that kind of importance which we termed the merely subjectively satisfying. The man who is completely dominated by pride and concupiscence knows no others source of motivation, no point of view under which anything could assume the character of importance other than the merely subjectively satisfying. [...] The question of whether something has value, whether it is important in itself or not, does not in any way interest them. Even the question of whether something is objectively a true good for them, whether it is in conformity with their true interest, does not preoccupy them." [Außerdem muss man sehen, dass die Kategorie des subjektiv Befriedigenden in der Tat eine grundlegende Rolle bei unserer Motivation

2. Der Begriff der Reife

sogar ihr eigenes Hab und Gut, ihre Interessen und selbst ihr Leben aus dem Blick verlieren. Ein Beispiel dafür wäre ein Mensch, der weiß, wie schädlich Zigarettenrauch für seine Lunge ist, und trotzdem weiter raucht.

Hildebrand spricht eine dritte Kategorie an, die Wichtigkeit konstituiert und die das Verhalten einer Person motivieren kann. Er geht von zwei Facetten der Dankbarkeit aus, um diese dritte Kategorie der Wichtigkeit zu veranschaulichen. In seinem Beispiel bedankt sich ein Mensch bei einem anderen, weil dieser seine Schulden bezahlt hat, woraufhin er aus dem Gefängnis entlassen werden konnte. Der Mensch, die aus dem Gefängnis entlassen wird, kommt in den Genuss eines intrinsischen Werts, der Freiheit. Aus dieser Perspektive betrachtet wird die Freiheit, die eigentlich ein Wert an sich ist, zu einem Wert für den Menschen, für sein Wohlbefinden. Er hat nun die Freiheit und die Möglichkeit, seiner Arbeit nachzugehen und seinen Lebensunterhalt zu verdienen, anstatt im Gefängnis zu sitzen. Es handelt sich für die freigelassene Person um ein objektives Gut: *"objective good for the person"*. Für Hildebrand unterscheidet sich diese dritte Kategorie der Wichtigkeit von den beiden vorherigen Kategorien, d. h. von der bloßen subjektiven Zufriedenheit und von dem Wert (der als Wert an sich wichtig ist).[26] Der Mensch, der seine Dankbarkeit zum Ausdruck bringt, erkennt auch die Güte (das moralisch Gute) des Gebers an. Als derjenige, der vom Handeln des anderen profitiert hat, ist er in der Lage, die Güte und Großzügigkeit des Wohltäters und sein Handeln zugunsten eines anderen wertzuschätzen, zu

---

spielt. Man kann nicht behaupten, dass immer dann, wenn ein Mensch scheinbar durch das subjektiv Befriedigende motiviert ist, es in Wirklichkeit ein Wert ist, der ihn motiviert. Es ist unbestreitbar, dass in vielen konkreten Situationen der Wertaspekt den Menschen nicht motiviert. Es gibt sogar bestimmte Typen von Menschen, die nur jene Art von Wichtigkeit kennen, die wir als die rein subjektiv befriedigende bezeichnet haben. Der Mensch, der völlig von Stolz und sinnlicher Begehlichkeit beherrscht wird, kennt keine andere Motivationsquelle, keinen Gesichtspunkt, unter dem etwas anderes als das rein subjektiv Befriedigende eine echte Bedeutung annehmen könnte. [...] Die Frage, ob etwas einen Wert hat, ob es an sich wichtig ist oder nicht, interessiert diese Menschen nicht im Geringsten. Selbst die Frage, ob etwas objektiv ein wahres Gut für sie ist, ob es ihrem wahren Interesse entspricht, beschäftigt sie nicht.] *Ibid.*, p. 49.

26 *"When somebody is saved from a danger threatening his life, or is released from imprisonment, his joy and his gratitude towards God clearly refer to the kind of importance which we have termed the objective good for the person. What moves him, what fills his heart with gratitude, is the gift of his life or of his freedom; and this has the character of an objective good for him. It distinguishes itself clearly on the one hand from important in-itself or the value, and the other from merely subjectively satisfying."* [Wenn jemand aus einer Lebensgefahr gerettet oder aus dem Gefängnis entlassen wird, beziehen sich seine Freude und seine Dankbarkeit gegenüber Gott eindeutig auf die Art von Bedeutung, die wir als das objektiv Gute für die Person bezeichnet haben. Was ihn bewegt und was sein Herz mit Dankbarkeit erfüllt, ist das Geschenk seines Lebens oder seiner Freiheit; und das hat für ihn den Charakter eines objektiven Guts. Es unterscheidet sich einerseits deutlich von etwas, das an sich wichtig ist, und andererseits von einer bloß subjektiven Befriedigung.] *Ibid.*, p. 50.

bewundern und zu bestaunen. Dies ist eine Solidarität, die das Gute nicht nur um seiner selbst willen, sondern auch im Hinblick auf andere Menschen betrachtet. Die wohltätige Handlung wird als Wert angesehen (wichtig an sich), und der Mensch, der sie so bewertet, wird durch den Wert intentional (Wille) und affektiv (Emotion, Bedürfnis) motiviert. Die drei Kategorien der Wichtigkeit motivieren die Antworten, wobei sie vom Willen und/oder der Affektivität des Menschen ausgehen. Lonergan hat diesen Ansatz von Hildebrand weiterverfolgt. Ich werde seine Überlegungen im nächsten Abschnitt vorstellen.

2.5 Menschliche Motivation nach Lonergan

Lonergan geht von den Arbeiten Hildebrands aus und unterscheidet bei der Motivation zwischen einerseits nicht-intentionalen Zuständen und Tendenzen und andererseits intentionalen Reaktionen. Unter nicht-intentionalen Zuständen versteht er Müdigkeit, Reizbarkeit, schlechte Laune und Angst. Nicht-intentionale Tendenzen sind Bedürfnisse wie Hunger, Durst, sexuelles Unbehagen. Er präzisiert: „Zustände haben Ursachen, Tendenzen haben Ziele."[27] Zu den intentionalen Reaktionen schreibt er:

> „[Sie] sind ausgerichtet auf das, was in den Blick genommen, gefürchtet oder vorgestellt wird. In diesem Fall bringt uns das Gefühl nicht nur mit einer Ursache oder einem Ziel in Verbindung, sondern auch mit einem Objekt. Ein solches Gefühl verleiht dem intentionalen Bewusstsein seine Kraft, seinen Antrieb, seinen Schwung, seine Macht. Ohne solche Gefühle wären unser Wissen und unsere Entscheidungen wie ein Blatt Papier."[28]

Es braucht einen Impuls, der aus den intentionalen Tendenzen kommt, um das Wissen zu lenken, es Gestalt annehmen zu lassen und ihm eine Richtung zu geben, die geleitet ist von einem Sinn, einem Zweck oder einem Ziel. Die verschiedenen affektiven Erfahrungen, wie z.B. die Gefühle der Liebe, des Hasses, der Zärtlichkeit, des Zorns, der Bewunderung, der Verehrung, der Ehrfurcht, der Angst, des Entsetzens, des Horrors, der Panik, der Wünsche, der Hoffnung, der Verzweiflung, der Freuden, der Schmerzen, der Begeisterung, der Empörung, der Selbstachtung und der Verachtung, des Vertrauens, des Misstrauens usw. stellen Dynamiken dar, die dem Menschen Orientierung vermitteln. Für Lonergan ist die Intentionalität keineswegs frei von Gefühlen, sondern diese sind vielmehr ihr Antrieb und ihre Energie: „Wir haben Gefühle gegenüber anderen Menschen, und wir fühlen mit ihnen. Wir haben Gefühle angesichts unserer jeweiligen Situation, im Hinblick auf die Vergangenheit, die Zukunft,

---

27 Bernard J. F. Lonergan, *Pour une méthode en théologie, op. cit.*, p. 45.
28 *Idem.*

das Böse, das man beklagen oder korrigieren muss, und das Gute, das erreicht werden könnte oder müsste."[29]

Lonergan unterscheidet bei diesen Gefühlen oder intentionalen Tendenzen zwei Gruppen: a) Angenehmes oder Unangenehmes, Befriedigendes oder Unbefriedigendes; b) Werte, sei es der ontische Wert des Menschen oder der qualitative Wert von Schönheit, Verständnis, Wahrheit, von tugendhaften und edlen Handlungen. Für ihn „bringt uns eine Reaktion auf den Wert im Allgemeinen dazu, sowohl über uns selbst hinauszuwachsen als auch einen Gegenstand oder eine Person zu wählen, für den oder die wir über uns hinauswachsen."[30] Dieses Über-sich-Hinauswachsen setzt ein Gut voraus, das der Mensch erreichen will. Im Folgenden wird das Konzept des Guten nach Lonergan näher untersucht.

2.5.1 Das Gute nach Lonergan

Für Lonergan ist das Gute einfach, transparent und selbsterklärend. Es dient dem Menschen als Maßstab, um bewusst sein Handeln zu bewerten und ihm die angemessene Form zu geben:

> „Wenn wir vom Guten sprechen, meinen wir niemals eine Abstraktion. Nur das Konkrete ist gut. Außerdem: So wie die transzendentalen Begriffe des Verständlichen, Wahren und Realen auf vollständige Verständlichkeit, auf vollständige Wahrheit, auf die Realität in all ihren Bestandteilen und unter all ihren Aspekten abzielen, so zielt der transzendentale Begriff des Guten auf ein Gut-Sein ab, das jenseits aller Kritik liegt."[31]

Das Gute für Lonergan versteht sich von selbst und bedarf keines langen Unterscheidungsprozesses. Das Gute wirft nicht eine Reihe von Fragen auf und erfordert keine lange Überlegung. Wenn ein Mensch das Gute tut, spürt er es, und die Wirkung des Guten wird auch außerhalb der Person wahrgenommen. Das Gute tut gut, es dient und nützt dem Menschen, der es tut, und ebenso den anderen. Das Gute ist konkret, wirksam, es spricht für sich selbst. Was dem Guten zuwiderläuft, entzaubert und entmenschlicht, und es sollte den Menschen dazu bringen, sich selbst zu hinterfragen und sich zu bewerten, ausgehend von seinem Wissen um die Größe, die Höhe und die Tiefe der Liebe Gottes. Diese Bewusstwerdung verortet den Menschen in Bezug auf die Distanz, die ihn vom Guten, von der Liebe Gottes trennt. Der Mensch wird sich seiner Grenzen, seiner Unvollkommenheit bewusst. Diese bewusste Erkenntnis sollte ihn nicht entmutigen, sondern in ihm den Eifer wecken und bewahren, seinen Weg zum Guten fortzusetzen, das ihn ja tatsächlich zu sich zieht: „Kurz

---

[29] *Idem.*
[30] *Ibid.*, p. 45–46.
[31] *Ibid.*, p. 51.

gesagt, der transzendentale Begriff des Guten lädt uns ein, er treibt uns an und bedrängt uns so sehr, dass wir nur in der Begegnung mit dem Guten, das seiner Kritik völlig unzugänglich ist, Ruhe finden können."[32]

Lonergan weist darauf hin, dass das höchste Gut Gott ist. Er sieht den Gläubigen in einer Beziehung der beständigen Suche, des Wachstums und der Verinnerlichung dieses Guten. Seine Erfahrung und das immer wieder neue Betrachten dieser Erfahrung in Bezug auf Gott verwandeln ihn nach und nach. Der Mensch wächst über sich selbst hinaus und geht auf Gott zu. Dies wird von Lonergan als Selbsttranszendenz bezeichnet:

> „Das Über-sich-Hinauswachsen, die Selbsttranszendenz (*self-transcendence*) ist das Ergebnis einer bewussten Intentionalität. Beide durchlaufen eine parallele Entwicklung, die mehrere Schritte umfasst. Der erste Schritt besteht darin, dass der Mensch allem, was ihn durch die Sinne und das Bewusstsein erreicht, Aufmerksamkeit schenkt."[33]

In der täglichen Konfrontation mit der Lebenswirklichkeit macht der Mensch konkrete Erfahrungen. Seine Intelligenz und sein Reflexionsvermögen ermöglichen es ihm, zu vergleichen, zu verstehen und ein Werturteil abzugeben. Er kann unterscheiden zwischen dem, was von ihm und seinen Kräften abhängt, und dem, was von ihm und seinem Denken unabhängig ist. In dieser Bewertung und Beratung kann er über sein Handeln entscheiden, entweder das zu tun, was ihm gefällt und sich allein auf ihn selbst bezieht, oder etwas zu vollbringen, was über ihn selbst hinausgeht. Die Entscheidung, das zu tun, was in sich selbst einen Wert hat, macht den Menschen gütig, wohltätig und zu jemandem, der in die Bewegung der Liebe Gottes einschwingt.

Das Über-sich-Hinauswachsen ist im Grunde eine Bekehrung, eine Infragestellung, eine Konfrontation des Selbst mit den Werten auf ihren verschiedenen Ebenen. Lonergan spricht von einer dreifachen Bekehrung: intellektuell, moralisch und religiös; diese Bekehrung ist das Thema des nächsten Abschnitts.

2.5.2 Die Bekehrung nach Lonergan

Lonergan unterscheidet drei Ebenen der Bekehrung: a) intellektuell, b) moralisch, c) religiös.

a) „Die intellektuelle Bekehrung besteht in einer radikalen Klärung [...] und bezieht sich auf die Realität, die Objektivität und die menschliche Erkenntnis."[34] Im Zentrum steht der Wunsch, der Wille und das Engagement des Menschen, die ihn motivieren, zu suchen und zu erforschen, zu entdecken

---

32 *Idem.*
33 *Ibid.*, p. 50.
34 *Ibid.*, p. 272.

2. Der Begriff der Reife

und zu erkennen, was wirklich und wahr ist, und zwar durch Studium und Forschung, durch Konfrontation mit anderen Menschen, Ereignissen, Situationen und Dingen, wobei konstruktive Kritik akzeptiert wird. Dies führt zur Konfrontation, zur Weitung des Horizonts. Mehr als ein Akt des Willens oder eine Anstrengung ist die intellektuelle Bekehrung die jederzeitig vorhandene Bereitschaft des Menschen, ein inneres Licht wahrzunehmen und willkommen zu heißen, eine tiefe Erleuchtung, die ihm ganz plötzlich im Kontakt mit sich selbst (bei der Narration), mit Ereignissen, mit Dingen, mit Menschen und vor allem mit Gott aufscheint. Dieser Kontakt offenbart ihm das innere Wesen des Menschen, der Ereignisse, der Dinge und auch Gott. Er erlebt eine tiefe Einsicht (engl. *insight*).[35] In seiner Studie über den Prozess, aufgrund dessen Menschen etwas verstehen, definiert Lonergan diese Einsicht als eine ganz unerwartete und plötzliche Lösung der dem Suchen innewohnenden Spannung.[36] Sie ist keine Funktion der äußeren Umstände, sondern der inneren Bedingungen und schwankt [dialektisch] zwischen dem Konkreten und dem Abstrakten, wie es für den menschlichen Geist typisch ist. Unter diesen Bedingungen geht der Mensch bereichert aus dem Prozess der intellektuellen Bekehrung hervor und verliert dabei nichts von seiner Identität. Die intellektuelle Bekehrung öffnet den Geist des Menschen für das, was wirklich, wahr, schön und gut ist, im Hinblick auf den nächsten Schritt, d. h. die moralische Bekehrung.

b) Die moralische Bekehrung wird von Lonergan folgendermaßen definiert:

> „Die moralische Bekehrung führt dazu, dass der Mensch die Kriterien für seine Entscheidungen ändert, indem er das Streben nach Befriedigung durch das Festhalten an Werten ersetzt. Solange wir Kinder oder Jugendliche sind, werden wir überredet, aufgefordert und angewiesen oder sogar gezwungen, das Richtige zu tun. In dem Maße, wie unser Wissen über die menschliche Realität zunimmt und unsere Reaktionen auf menschliche Werte stärker und feiner werden, überlassen

---

35 Der Ausdruck *Einsicht* (engl. *insight*) betont, dass die intellektuelle Bekehrung eine Art Erleuchtung von innen heraus ist, eine bewusste Intuition, die der Mensch erlebt, so dass er ausrufen kann: „Jawohl, ich habe es verstanden, ich habe es erfasst, ich weiß jetzt, was es ist!" Die intellektuelle Bekehrung basiert weder allein auf der Anstrengung des Menschen noch allein auf dem Wissen aus Büchern.

36 „*Insight 1) comes as a release to the tension of inquiry, 2) comes suddenly and unexpectedly, 3) is a function not of outer circumstances but of inner conditions, 4) pivots between the concrete and the abstract, and 5) passes into the habitual texture of one's mind.*" [Einsicht 1) bedeutet die Lösung der Spannung des Untersuchungsprozesses; 2) sie kommt plötzlich und unerwartet; 3) sie ist eine Funktion nicht der äußeren Umstände, sondern der inneren Bedingungen; 4) sie schwankt zwischen dem Konkreten und dem Abstrakten; und 5) sie geht in die gewohnte Struktur des eigenen Geistes über.] Bernard J. F. Lonergan, *Insight: A Study of Human Understanding*, Philosophical Library, New York, 1958. Ich habe für meine Untersuchung die von Frederick E. Crowe et Robert M. Doran herausgegebene Ausgabe verwendet (University of Toronto Press, Toronto, 1992, p. 28).

uns unsere Erzieher immer mehr uns selbst, so dass unsere Freiheit ihren unaufhörlichen Weg in Richtung auf Authentizität fortsetzen kann."[37]

Die moralische Bekehrung ist ein Prozess, der oft darin besteht, dass der Mensch erkennt, was für ihn selbst und für andere gut ist, und es dann umzusetzen und zu leben. Die Forderung, das Gute zu lieben und es zu tun, kommt bei Erwachsenen nicht mehr von außen. Es ist eine innere Stimme, eine Entscheidung, die zur Verwirklichung des Guten führt.

c) Die religiöse Bekehrung ist für den Christen die ständige Rückkehr zum Dreifaltigen Gott. Sie bedeutet, Gott die Möglichkeit zu geben, die menschliche Liebe zu verwandeln und sie im Horizont der unendliche Liebe Gottes zu vergrößern und auszuweiten. Lonergan definiert die religiöse Bekehrung wie folgt:

> „Religiöse Bekehrung ist das Ergriffensein von der Sorge um die letzten Dinge. Sie besteht darin, über die Grenzen des Irdischen hinausreichend zu lieben (*other-worldly falling in love*), sich vollständig und dauerhaft hinzugeben, ohne Bedingungen, ohne Einschränkungen und ohne Vorbehalte. Diese Hingabe ist streng genommen keine Handlung, sondern vielmehr ein dynamischer Zustand, der den daraus folgenden Handlungen vorausgeht und ihr Prinzip ist. Die Bekehrung erweist sich im Nachhinein als eine Strömung auf dem Grund des existenziellen Bewusstseins, als die unvermeidliche Annahme einer Berufung zur Heiligkeit, die sich vielleicht in einer wachsenden Einfachheit und Passivität im Gebet zeigt. In den verschiedenen Kontexten der religiösen Traditionen wird er unterschiedlich interpretiert. Für Christen ist es die Liebe Gottes, die durch den Heiligen Geist in unsere Herzen ausgegossen und uns geschenkt wurde. Sie ist ein Geschenk der Gnade."[38]

Die gleichen Einladungen und Ermahnungen hat Papst Franziskus im Jahr 2018 an alle Menschen gerichtet. In *Gaudete et exsultate* schreibt er in Nr. 14 über den Ruf zur Heiligkeit in der heutigen Welt: „Wir sind alle berufen, heilig zu sein, indem wir in der Liebe leben und im täglichen Tun unser persönliches Zeugnis ablegen, jeder an dem Platz, an dem er sich befindet."

Jede Bekehrung erfordert eine Verwandlung. Wenn man, um den richtigen, den am besten angezeigten Weg zu nehmen, seine Richtung ändert, muss man sich umorientieren und kann so das gewünschte Ziel erreichen. Die Bekehrung auf diesen drei Ebenen (intellektuell, moralisch und religiös) ist eine ständige Aufforderung an den Menschen, sich aufrütteln und seine Gewohnheiten und Bequemlichkeiten in Frage stellen zu lassen. Sie ist eine Einladung, seine (manchmal ungeordneten) Wünsche und Überzeugungen in Bezug auf

---

[37] Bernard J. F. Lonergan, *Pour une méthode en théologie, op. cit.*, p. 274.
[38] *Ibid.*, p. 275.

die Realität, das Wahre und die Liebe neu zu positionieren, nicht unbedingt orientiert an seiner Befriedigung, seinem Geschmack, seinen Interessen oder seinem Verlangen, sondern indem er sie auf das konkrete Gute hin ausrichtet.

Durch die Erziehung in der Familie und der Schule und durch die Sozialisation werden die moralischen Werte, die das Leben des einzelnen und der Gemeinschaft stützen, von Generation zu Generation weitergegeben. Das Gute zu erkennen und sich dafür zu entscheiden, für sich selbst und um in Harmonie mit anderen leben zu können, sollte von jedem im Laufe seiner Entwicklung internalisiert werden.[39] Dieses moralisch Gute sollte in sein Leben integriert sein und nicht von außen aufgezwungen werden. Die innere Disposition für das moralisch Gute und das Festhalten daran öffnet und erleichtert die Begegnung mit Gott, der für die Gläubigen das wahrhaft Gute ist. Die christliche Bekehrung ist ein progressiver Weg, auf dem das Leben der Heiligkeit im Alltag angenommen und gelebt wird. Diese Heiligkeit erweist sich dadurch als echt, dass die von Gott geschenkte Liebe angenommen und im Zusammenleben mit anderen Menschen und mit jedem Geschöpf Gottes sichtbar wird.

In den vorangegangenen Abschnitten wurde die transzendentale anthropologische Fähigkeit des Menschen betont, d.h. seine bewusste Entscheidung, das subjektiv Angenehme zu begehren, aber auch darüber hinaus zu streben, über sich selbst hinauszuwachsen, sich nach dem Guten, nach einem Wert (der in sich selbst wichtig ist) und nach Gott auszustrecken. Dies geschieht durch bewusstes Handeln und durch die dreifache Bekehrung (intellektuell, moralisch und religiös). Dabei wurde auch kurz darauf hingewiesen, dass der moralische Akt nicht nur darin besteht, das Gute zu erkennen, sondern auch darin, sich dafür zu entscheiden und es zu tun. Ein Mensch kann erkennen, was wahr und richtig ist, ohne sich dafür zu entscheiden, entsprechend zu handeln. Bei der Frage, welche Hindernisse es bei der Verwirklichung des Guten durch den Menschen geben kann, wird im Folgenden Rullas Arbeit, die den psychoanalytischen Ansatz einbezieht,[40] als Hilfe verwendet.

2.6 Der Einfluss des Unbewussten auf die Selbsttranszendenz

Rulla greift auf den psychologischen und psychoanalytischen Ansatz Freuds zurück, um die menschliche Motivation zu verstehen. Ausgehend jedoch vor allem von den oben zitierten Arbeiten von Hildebrand und Lonergan schreibt er:

---

[39] Vgl. dazu die Theorie der moralischen Entwicklung nach Kohlberg (1927–1987).
[40] Luigi M. Rulla, *Anthropologie de la vocation chrétienne, op. cit.*

III. Einige Hinweise zur Terminologie: Definitionen von Konzepten

„Die menschliche Motivation ist nicht nur rational [intentional], sondern auch emotional. Wir haben auch gesehen, dass die menschlichen Emotionen zwei verschiedene Funktionen erfüllen können: Sie stehen in Verbindung mit dem *Angenehmen-für-mich* im Fall von Bedürfnissen und mit dem *Wichtigen-an-sich* im Fall von Werten."[41]

Er greift die beiden Kategorien oder Funktionen der Wichtigkeit auf, die die Entscheidungen der Person motivieren, sie zum Nachdenken und zur Einsicht führen, so dass sie aktiv oder passiv im Hinblick auf Wandel handelt. Er erklärt, dass die Motivation der Person durch die emotionale Bewertung beeinflusst wird, durch das „affektive Unbewusste", das er vom Vorbewussten, vom kognitiven Unbewussten und vom spirituellen Unbewussten unterscheidet: „Das affektive Unbewusste ist dadurch gekennzeichnet, dass es unzugänglich ist: Es kann nicht willentlich ins Bewusstsein gerufen werden."[42] Rulla integriert die Bedeutung des affektiven Unbewussten nicht blindlings in die Anthropologie oder gar in die Motivation der menschlichen Person. Ebenso wenig hält er sich kritiklos an den psychoanalytischen Ansatz im Allgemeinen oder an das Freudsche System und seine Metapsychologie im Besonderen. Er ist vielmehr wie Ricoeur der Meinung, dass man, um die menschliche Person zu kennen und vor allem zu verstehen, „einen Umweg" machen muss, indem man den Einfluss des Unbewussten jenseits des Bewusstseins betrachtet. Das Unbewusste hat einen aktiven Einfluss auf das bewusste Leben der Menschen.[43] Die bewussten Erfahrungen einer Person können unter dem Einfluss unbewusster Realitäten stehen, deren sie sich nicht bewusst ist und für die sie keine konkrete Erklärung hat; denken wir an bestimmte emotionale Haltungen von Angst, Misstrauen oder unangemessener Wut mancher Menschen gegenüber Autoritätspersonen oder an die Mühe und den Schmerz, den es kostet, sich an die Erfahrung von körperlichem oder sexuellem Missbrauch in der Kindheit zu erinnern und davon zu erzählen. Diese Haltungen können mit einer Erinnerung an die Vergangenheit oder mit einem Gefühl verbunden sein, das ein Überbleibsel einer repressiven, autoritären Erziehung ist. Schmerzhafte Erfahrungen werden im affektiven Gedächtnis und im Körper gespeichert und können manchmal wieder auftauchen und die gegenwärtigen Erfahrungen beeinflussen.

Nicht alle inneren Kräfte und Lebensenergien eines Menschen werden jedoch spontan zu einem Teil der Dynamik der Selbsttranszendenz. Es gibt innere oder äußere Faktoren im Menschen, die eine Dialektik auslösen, die zu Haltungen führt, die entweder förderlich oder hemmend in Bezug auf die Transzendenz zu Gott sind. In den vorangegangenen Abschnitten wurde

---

41 *Ibid.*, p. 133.
42 *Ibid.*, p. 78.
43 *Ibid.*, p. 80–81.

schon darauf hingewiesen, dass es im Menschen die emotionale Dimension gibt, die das „Angenehme für sich selbst" anstrebt, und die rationale Dimension, die dem Menschen einen Impuls in Richtung einer Grenzüberschreitung gibt, in Richtung auf das „Wichtige an sich". Ich habe mich auf die bewussten Motivationen und Intentionen konzentriert, die die Selbsttranszendenz erleichtern, sowie auf die unbewussten, die sie behindern können. Der nächste Abschnitt befasst sich nun mit den spezifischen Inhalten der Kategorien „angenehm für die Person" und „wichtig an sich", d. h. mit den Bedürfnissen in Bezug auf die emotionale Dimension und den Werten in Bezug auf die rationale Dimension.

2.7 Bedürfnisse und Werte als Motivation für die Haltungen eines Menschen

Rulla unterscheidet das, was die „spezifische Haltung" eines Menschen motiviert, nämlich „die Inhalte"[44], von dem, was die „allgemeine Haltung"[45] motiviert, nämlich: a) „Bedürfnisse"[46] und b) „Werte".[47]

a) In einem biologischen und psychologischen Ansatz sind die Bedürfnisse intrinsisch in die Konstitution der menschlichen Person eingebettet. Abraham Maslow (1908–1970) entwickelte eine Theorie der menschlichen Motivation, die auf einer Hierarchie der Bedürfnisse beruht. Für ihn sind sie „schwache Instinkte".[48] Sie sind vorhanden und entstehen durch Vererbung, aber man

---

44 Rulla erklärt, dass in den vier Operationsebenen nach Lonergan (Erfahrung, Verständnis, Urteil und Entscheidung) die motivationalen Elemente in Triaden vorhanden sind, welche die Reaktionen des Menschen auf Objekte vermitteln. Die erste Triade besteht aus „Bedürfnissen, intuitiv-emotionalen Urteilen = wichtig-für-mich", d. h. alles, was für die Person angenehm und befriedigend ist. Die zweite Triade besteht aus „Werten und rationaler, reflexiver Bewertung = wichtig-an-sich". Letzteres führt die Beziehung zum Objekt in Richtung Selbsttranszendenz. Die Wahl des Objekts würde aus Liebe erfolgen, wofür der Mensch über sich hinauswächst und sich opfert (*ibid.*, S. 151).
45 Für Rulla sind Bedürfnisse und Werte Tendenzen, die im Allgemeinen in einer Handlung enthalten sind. Sie stützen und motivieren unzählige weitere spezifische Haltungen des Menschen (*ibid.*, S. 152).
46 Das Bedürfnis ist eine Handlungstendenz, die aus einem organischen Mangel oder einer natürlichen Möglichkeit resultiert, die nach Ausübung oder Aktualisierung strebt. Es gibt verschiedene Bedürfnisse: physiologische (z. B. Hunger, Durst) und psychosoziale (Zugehörigkeit, Selbstbestätigung) (*ibid.*, S. 432).
47 Werte sind subjektiv oder objektiv. Sie motivieren die Wahl, die Entscheidungen und die spezifischen Handlungen des Christen. Unter der Prämisse der christlichen Berufung wäre es schwierig, die Werte nicht bei den Entscheidungen eines Christen einzubeziehen.
48 "*Maslow regarded the needs in his hierarchy as instinctoid, or "weak instincts". That is, we inherit the urges, but we learn their goals or modes of expression.*" [Maslow betrachtete die Bedürfnisse in seiner Hierarchie als instinktoid, als „schwache Instinkte". Das heißt, wir erben zwar die Triebe, aber ihre Ziele und Ausdrucksformen werden erlernt.] Calvin S. Hall, Gardner Lindzey et John B. Campbell, *Theories of personality*, John Wiley & Sons, New York, 4e

kann sie beobachten und ihren Zweck und ihre Ausdrucksweise analysieren. Rulla geht von den Arbeiten des amerikanischen Psychologen Henry A. Murray (1893–1988)[49] über Bedürfnisse aus und untersucht das „latente Selbst".[50] In seinen Studien gelingt es ihm, die Bedürfnisse neu zu ordnen und zu definieren, wobei er zwischen „neutralen Bedürfnissen" (z.b. Autonomie, Zugehörigkeit, Hilfsbereitschaft) und „dissonanten Bedürfnissen"[51] (z.B. Aggressivität, sexuelle Befriedigung, emotionale Abhängigkeit usw.) unterscheidet. Meine Untersuchung zeigt, dass im Kontext des religiösen Lebens dissonante Bedürfnisse die Verwirklichung der christlichen Berufung behindern können, während neutrale Bedürfnisse die Berufung unterstützen können oder sie zumindest nicht beeinträchtigen.

b) Die Axiologie stellt die Werte demgegenüber als außerhalb des Menschen liegend dar. Durch Erziehung und Sozialisation kommt die Person mit einer Reihe von Werten in Berührung. Sie lernt sie kennen und lieben und integriert sie in ihre Werteskala. Diese von der Person auf diese Weise integrierten Werte sind subjektiv: „Subjektive Werte stellen die mehr oder weniger internalisierten Verhaltensnormen dar, mit Hilfe derer die Person in ihren Urteilen und Handlungen auf die intrinsische Bedeutung von Objekten (Personen oder Dingen) reagiert."[52] Nicht alle Werte werden also zwangsläufig von der menschlichen Person verinnerlicht. Werte bleiben Werte an sich, auch wenn sie noch nicht in die Werteskala eines Menschen eingeordnet sind. Sie sind objektiv: „Objektive Werte sind jene Aspekte einer Person oder einer Sache,

---

edition, 1998.
[49] Henry A. Murray, *Exploration in Personality*, Oxford University Press, New York, 1938, p. 152–226.
[50] Luigi M. Rulla, *Anthropologie de la vocation chrétienne, op. cit.*, p. 417.
[51] Alle Bedürfnisse sind neutral und Teil der menschlichen Konstitution. Der Kontext von Rullas Studie ist die Frage, was das religiöse, christliche Leben fördert. Er wollte verstehen, was die Freiheit eines Menschen, christliche Werte zu leben, einschränken kann. Da Bedürfnisse unbewusst sind und nach persönlicher Befriedigung verlangen, können sie die Freiheit der Person beeinflussen, sich für das Wohl anderer hinzugeben. Ein an sich neutrales Bedürfnis wird nicht selten auf Kosten des eigentlich Guten befriedigt werden. Aggressivität ist für jeden Menschen notwendig. Sie dient z. B. dazu, ein Auto, Fahrrad oder Motorrad zu fahren oder sich zu entscheiden, morgens aufzustehen. Wenn die Aggressivität zur Aggression wird und dies dazu führt, dass ein anderer Mensch geschlagen oder getötet wird, ist sie dissonant. Sexuelle Befriedigung ist für Verheiratete ein Gut, wenn sie mit Respekt füreinander gelebt wird. Die Befriedigung, die aus einer sexuellen Beziehung mit einem Priester oder einer Ordensfrau kommt, steht im Widerspruch zu den religiösen Gelübden. Das für den Menschen an sich neutrale Bedürfnis der sexuellen Befriedigung wird in diesem Fall dissonant in Bezug auf die schon getroffene Entscheidung, mit Hilfe der Gelübde auf das Reich Gottes hin ausgerichtet zu leben.
[52] Luigi M. Rulla, *Anthropologie de la vocation chrétienne, op. cit.*, p. 152.

2. Der Begriff der Reife

deren intrinsische Bedeutung eine menschliche Reaktion hervorruft."[53] Objektive Werte haben eine Auswirkung, einen Einfluss auf die menschliche Person aufgrund dessen, was sie sind, nämlich das Gute. Sie vermitteln eine intrinsische Bedeutung, die nicht notwendigerweise den persönlichen oder sozialen Kriterien entsprechen muss. Ein Mensch erlernt sie also nach und nach durch die Interaktion mit anderen Personen, Ereignissen oder Dingen.

Rulla orientiert sich an der Werteklassifikation von Joseph de Finance (1904–2000).[54] Aus dieser Klassifikation ergeben sich vier Gruppen von Werten: a) Werte, die nicht spezifisch menschlich sind; b) menschliche Werte, die noch unterhalb der Ebene der Moral liegen; c) moralische Werte; und d) religiöse Werte. a) Werte, die nicht spezifisch menschlich sind, werden so genannt, weil sie unterschiedslos für Menschen und für Tiere gelten (Empfindsamkeit, biologisches Leben: Freude, Schmerz, Gesundheit, Krankheit).

b) Werte, die menschlich sind, aber noch unterhalb der Ebene der Moral liegen, sind menschlich, weil sie den Menschen vom Tier unterscheiden, liegen aber unterhalb der Ebene der Moral, weil sie unabhängig sind von der Ausübung der menschlichen Freiheit. Zu dieser Gruppe gehören: b1) wirtschaftliche Werte, die Aspekte von Selbstverwirklichung tragen (Wohlstand oder Elend, persönlicher Erfolg), b2) spirituelle Werte, die nicht mit biologischen Faktoren verbunden sind. Die spirituellen Werte lassen sich in drei Untergruppen einteilen: noetische Werte (die Wahrheit des Objekts und das Wissen darum auf Seiten des Subjekts), ästhetische oder künstlerische Werte (die Schönheit oder Hässlichkeit des Objekts, der gute oder schlechte Geschmack des Subjekts) und soziale Werte (der Zusammenhalt einer Gruppe, Ordnung, Zugehörigkeit, Hilfe und Solidarität, Herrschaft, Achtung der Ordnung).

c) Moralische Werte bestimmen die Haltung der menschlichen Person, so dass sie sich entscheiden kann, so zu handeln, dass es dem Wohl anderer wie auch dem eigenen Wohl dient. Moralische Werte berühren das freie Handeln und die Menschlichkeit (man handelt höflich, freundlich, demütig, verantwortungsbewusst, hört zu usw.).

d) Religiöse Werte beziehen sich auf die Beziehung der Person zu einem höchsten Prinzip, zum Heiligen, zum Göttlichen, zum Dreifaltigen Gott (Gott lieben und den Nächsten lieben wie sich selbst). Der Horizont der religiösen Werte ist weiter gefasst und bezieht die drei erstgenannten mit ein.

---

53 *Idem.*
54 *Ibid.*, p. 154–158.

III. Einige Hinweise zur Terminologie: Definitionen von Konzepten

In meiner Studie erwähne ich diese Werte nur, ohne sie näher zu untersuchen. Rulla teilt sie alle in zwei Gruppen auf: natürliche Werte (nicht spezifisch menschlich und unterhalb der Ebene der Moral liegend) und selbsttranszendente Werte (moralisch und religiös). Natürliche Werte beziehen sich auf die geistige und sinnliche Natur der Person, nicht aber auf sie selbst als Wesen. Selbsttranszendente Werte hingegen, die moralisch und religiös sind, betreffen die Person in ihrer Identität als „Ich" oder „Selbst". Die Person wird durch ihr freies Handeln erkannt, das auch zeigt, ob ihr Sein frei ist oder nicht. Wenn die menschliche Person frei ist, ist auch ihr Handeln von dieser Freiheit geprägt.

Freies Handeln ist eine äußerlich sichtbare Haltung, die ihre Wurzeln in dem hat, was ein Mensch fühlt, von den Werten, die ihn leiten, und von dem, was aus seinem Tun resultiert. Die Haltung einer erwachsenen Person ist also nicht allein intuitiv. Die Intuition wird durch die Reflexion „ergänzt und korrigiert", ehe es zu einer Handlung kommt.[55] Eine kluge, umsichtige Haltung integriert Werte, die über (dissonante) Bedürfnisse und Emotionen hinausgehen.

Dies alles zeigt, dass die menschliche Reife komplex ist. Sie ergibt sich aus den Stufen der menschlichen Entwicklung. Jede Stufe stellt eine Reihe von grundlegenden und existenziellen Fragen an den Menschen. Während er durch bewusstes Tun in die Lage versetzt wird, seine Erfahrungen zu durchleben und sie zu beurteilen, zu reflektieren und nachzudenken, zu entscheiden und im Hinblick auf Selbsttranszendenz zu handeln, kann seine emotionale Motivation ihn auf subjektive Befriedigung ausrichten. So kann er einen Widerstand gegen die Selbsttranszendenz erleben. Die Reife besteht innerhalb dieses komplexen Weges in der Möglichkeit und der Fähigkeit des Menschen, stets nach Selbsttranszendenz zu streben. Reife besteht darin, über die bloße Befriedigung persönlicher Wünsche hinauszugehen und sich angesichts der Herausforderungen jeder Entwicklungsstufe für das Gute für sich selbst und für andere zu entscheiden. Für den Christen bedeutet Reife, über sich selbst hinauszuwachsen, nach Gott zu streben und sich von ihm verwandeln zu lassen. In diesem Prozess experimentiert der Mensch mit teils beabsichtigten, teils nicht beabsichtigten Tendenzen, und er erlebt die Motivation für das Angenehme für ihn selbst und für das Wichtige an sich. Im Kontext von Erziehung und Sozialisation strukturiert sich das Selbst. Dies ist das Thema des folgenden Abschnitts.

---

[55] *Ibid.*, p. 127.

2.8 Strukturen des Selbst

Die Sicht auf den Menschen in der Anthropologie der christlichen Berufung ist, dass ein Mensch durch bewusstes Handeln sich selbst präsenter wird und dass er das Objekt (der Gegenstand, die Person, die Situation), nach dem er in der Selbstüberwindung und durch seine Entscheidungen strebt, ebenfalls präsenter macht. Ein Mensch hat also das Potenzial, beziehungsorientiert zu sein. Für den gläubigen Christen ist Gott das letzte Ziel seiner Selbsttranszendenz (theozentrischer Ansatz). Er steht in einer Beziehung zu Gott. Die theozentrische Selbsttranszendenz integriert Zufriedenheit, das Angenehme für ihn selbst (egozentrischer Ansatz) und die Solidarität mit seinen Mitmenschen (der sozialphilanthropische Ansatz). In diesem Sinne schöpft er sein volles Potenzial aus, mit all seinen Energien und Kräften (dem emotionalen und dem rationalen Selbst), seinem Herzen, seinem Geist in seinen Erfahrungen, seinem Verständnis, seinem Urteilsvermögen und seinen Entscheidungen.[56]

Der Mensch hat in sich Bereiche, die mit dieser theozentrischen Selbsttranszendenz übereinstimmen, und andere, die nicht oder zumindest nicht leicht in diese Dynamik integrierbar sind. Die Person teilt sich in ihrer inneren Struktur in ein Selbst, das sich mit dem zufrieden gibt, was es ist, und in ein Selbst, das immer danach strebt, zu wachsen und Fortschritte zu machen „im Wissen, im Guten, in der Liebe, bis zur Fülle und zur Vollkommenheit."[57] Rulla greift den Terminus von Ricoeur auf und meint, dass es dialektiktische Relationen zwischen den beiden inneren Strukturen der Person gibt, zwischen dem „tatsächlichen Selbst" und dem „idealen Selbst".[58] Diese beiden „Selbst" sind unterscheidbar und interagieren unter einer ständigen Spannung. Das „tatsächliche Selbst" entsteht innerhalb der menschlich gegebenen Grenzen, d.h. in dem, was die Person im Alltag ist und was sie dort konkret tut. Es besteht aus dem „manifesten Selbst", das bewusst, absichtsvoll und bestrebt ist, über sich hinauszuwachsen, und dem „latenten Selbst", das unbewusst, nicht leicht zugänglich und gelegentlich eher eine Neigung dahin hat, sich selbst zu gefallen. Das „ideale Selbst" ist dasjenige, das sich nach den Werten der Heiligkeit und der Wahrheit ausrichtet, das sich nach einem dienenden Priestertum und einem hingebungsvollen gottgeweihten Leben sehnt. Es ist eine „grenzenlose Kraft, ein ständiges Streben nach etwas, das über sich selbst hinausgeht."[59] Das „ideale Selbst" hat auch Unterstrukturen: das „persönliche Ideal des eigenen Selbst", das die Ideale umfasst, die ein Mensch sich für sich selbst wünscht und die er anstrebt, und das „institutio-

---

[56] *Ibid.*, p. 136–138.
[57] *Ibid.*, p. 162.
[58] *Ibid.*, p. 167.
[59] *Ibid.*, p. 170.

nelle Ideal", das die Ideale und Rollen sowie deren Wahrnehmung umfasst, die eine Gruppe oder Gemeinschaft als anstrebenswert ansieht.

Nachdem ich hier diese verschiedenen Elemente der Motivation definiert habe, die die Selbsttranszendenz einer Person fördern oder behindern, und die sich daraus ergebenden Strukturen der Selbstobjektivierung aufgezeigt habe, möchte ich nun im nächsten Abschnitt die Kriterien für Reife oder Unreife in den „drei Dimensionen"[60] aufzeigen, die Rulla in der Anthropologie der christlichen Berufung unterscheidet.

2.9 Menschliche und christliche Reife in den drei Dimensionen

In dieser Untersuchung verwende und verstehe ich den Terminus „Dimension" gemäß der Definition von Rulla als „die Natur und die Wechselbeziehung von Einheiten oder Strukturen, die in der Konstitution des Subjekts oder des Selbst existieren und die es zu einer bestimmten Art des Handelns disponieren."[61]

Die drei Dimensionen, die in den folgenden Abschnitten definiert werden, entwickeln und bilden sich nach und nach, wenn ein Mensch, beginnend in seiner Kindheit, mit den (natürlichen und autotranszendenten) Werten in Kontakt kommt, sie kennenlernt (indem er zuhört, beobachtet und sieht, wie andere Menschen leben) und sich mit ihnen auseinandersetzt. Werte, die durch Zeichen, Ereignisse, Situationen und verschiedenste Impulse erfahren werden, die bekannt, geliebt, abstrakt, integriert oder internalisiert sind, prägen den Menschen in drei Dimensionen.

2.9.1 Die erste Dimension

Die erste Dimension ist der Horizont einer Reihe von Möglichkeiten, die das Bewusstsein und die Handlungsfreiheit der menschlichen Person betreffen. Der Horizont der ersten Dimension enthält die transzendenten Werte. Der Impuls der Selbsttranszendenz richtet sich auf das Wichtige an sich, das bewusst angestrebt wird. In der ersten Dimension zeigt sich Reife eines Menschen daran, dass er sich für Tugend, Heiligkeit und Liebe zu Gott entscheidet und diese Werte auch lebt. Rulla ist der Auffassung, dass die erste Dimension einen Menschen entweder auf die Tugend oder auf die Sünde hin ausrichtet.[62] Für Lonergan erreicht der Prozess des Wachstums in Bezug auf die Werte seinen Höhepunkt in Gott:

---

[60] Der Terminus „Dimension" ist spezifisch für Rulla.
[61] *Ibid.*, p. 167.
[62] *Ibid.*, p. 175.

2. Der Begriff der Reife

„In dem Maße, in dem dieser Höhepunkt erreicht wird, wird Gott der höchste Wert und die anderen Werte werden zu Zeichen der Liebe Gottes, die er in dieser Welt gibt, in Übereinstimmung mit seinen Bestrebungen und seinem Ziel. In dem Maß, in dem die Liebe eines Menschen zu Gott vollendet ist, werden die Werte das alleinige Ziel seiner Liebe und das Böse wird zu etwas, das er hasst, so dass das Wort des hl. Augustinus gilt, dass derjenige, der Gott liebt, tun kann, was ihm gefällt: *„Ama Deum et fac quod vis."* An diesem Punkt ist die Affektivität dieses Menschen zu einer echten Einheit gelangt; die weitere Entwicklung ergänzt nur noch das, was früher schon erreicht wurde, und Untreue gegenüber der Gnade ist seltener und wird schneller bereut."[63]

Ein Mensch, der tugendhaft im Sinne der ersten Dimension lebt, spürt den Impuls, zu lieben und dem Anderen Gutes zu wünschen. Wenn er dies aus Schwäche zu tun versäumt, erkennt er sein Versäumnis, stellt sich dieser Wahrheit und bessert sich. Er ist unreif, wenn er sich für die Sünde entscheidet und sündig lebt.[64] Lonergan führt seine Überlegungen weiter aus, die man wie folgt zusammenfassen kann: In der Sünde zu bleiben bedeutet, bestimmte moralische Prinzipien zu rationalisieren oder auf bestimmte Ideologien zurückzugreifen, die den Menschen dazu bringen, das, was in Wirklichkeit gut ist, zu hassen, und stattdessen das, was in Wirklichkeit schlecht ist, zu lieben.[65] Die Unreife eines Menschen zeigt sich, wenn seine bewusste Absicht von Bösartigkeit geprägt ist, die einhergeht mit der bewussten Weigerung, das Wahre als solches anzuerkennen. Er legt sich eine Argumentation zurecht, um ein ganz offensichtliches Übel auf individueller Ebene zu rechtfertigen und dies auch auf Gruppen, Nationen oder sogar auf die gesamte Menschheit auszudehnen. Nehmen wir als Beispiel die Abtreibung, die Vergewaltigung oder die versuchte Vergewaltigung. Hinter ihnen stehen Haltungen, die zu Überlegungen, Plänen und einer organisierten Umsetzung der Pläne führen. Während dieses Prozesses der Organisation, der Planung und der Kontaktaufnahme mit den Personen, die sie dabei im Auge haben, bleibt den Menschen, die eine Abtreibung begehen oder veranlassen oder die jemanden vergewaltigen möchten, Zeit, zu überlegen, zu urteilen und zu entscheiden. Ihre Handlungen sind ein bewusstes Tun. In diesem Sinne sind sie Sünde, also eine bewusste Unreife. Die Fähigkeit und die Freiheit, im eigenen Denken und Tun moralische und religiöse Werte zu leben (Selbsttranszendenz), ist vorhanden. Dies ist in der zweiten Dimension nicht der Fall.

---

63 Bernard J. F. Lonergan, *Pour une méthode en théologie, op. cit.*, p. 54–55.
64 Die Unreife der ersten Dimension besteht darin, in Sünde zu leben. Diese Unreife bedeutet keine große Einschränkung der Freiheit. Es stimmt, dass die Freiheit jedes Menschen von der Erbsünde beeinflusst wird. Jedoch gibt es darüber hinaus einen Bereich, in dem der Mensch seine Freiheit ausüben kann.
65 *Ibid.*, p. 55

2.9.2 Die zweite Dimension

Rulla geht davon aus, dass man in der Lebenswirklichkeit Werte selten als rein natürliche oder rein selbsttranszendente Werte findet.[66] Sie sind vielmehr „miteinander verbunden", denn die natürlichen Werte bilden zusammen mit den selbsttranszendenten Werten den Horizont der zweiten Dimension. Die zweite Dimension ist die innere Disposition des Menschen, der von seiner Grundneigung her nach diesen beiden Arten von Werten strebt. In dieser Dimension orientiert sich der Mensch in seiner bewussten Absicht, die als reflexiv-rationale Motivationskraft verstanden wird, an den autotranszendenten Werten, also am „wirklich Guten", dem an sich Wichtigen. Er trifft Entscheidungen und lebt entsprechend, so etwa die Entscheidung für das Priestertum oder die Entscheidung für das Ordensleben, um Gott zu lieben, Jesus Christus nachzuahmen und den Brüdern und Schwestern zu dienen. Aber die emotionalen Motivationskräfte lenken ihn auch auf die natürlichen Werte, um seine Bedürfnisse zu befriedigen, wobei das für ihn selbst Wichtige in den Vordergrund tritt, das „scheinbar Gute". Die unbewussten Kräfte beeinflussen seine Handlungsfreiheit. Lonergan sagt dazu:

> „Man muss mit der Weigerung rechnen, die Routinen zu verlassen, in denen man sich eingerichtet hat, und sich in eine reichere Lebensweise hinein zu wagen, mit der man noch keine Erfahrungen gemacht hat. Man muss mit abstrusen Bemühungen rechnen, ein unbehagliches Gewissen zu beruhigen, indem höhere Werte verkannt, heruntergespielt, verleugnet oder abgelehnt werden. Die Präferenzskala verzerrt sich. Die Gefühle werden bitter. Die Abweichungen sickern nach und nach in alle Ansichten und Handlungsweisen ein, die man hat."[67]

Lonergans Aussage kann durch folgende Beispiele veranschaulicht werden: Ein Priester folgt dem Ruf Gottes und lebt sein Priestertum, um anderen zu dienen. In seinem Leben übernimmt er verschiedene Dienste, und er hat ein Talent, gut mit einer Ordensfrau zusammenzuarbeiten. Er nimmt sich Zeit, um sie in schwierigere Arbeiten im Bereich der Technik einzuführen. In diesem Zusammenhang könnte er ihr gegenüber Annäherungsversuche machen. Wenn sie ihn abweist, bricht er die Unterstützung ab. Oder eine Ordensfrau entwickelt im Hinblick auf ihr spirituelles Wachstum eine Freundschaft mit einem Priester. Allerdings lebt sie diese Freundschaft, die ein Wert an sich ist, im Alltag wie eine romantische Beziehung. Sie hat Angst, denn sie ist sich teilweise bewusst, dass sie gegen ihre Gelübde verstößt. Sie hat jedoch nicht die nötige Kraft, Nein zu sagen und die abweichende Beziehung zu beenden. In der zweiten Dimension wird die Freiheit der Intentionalität durch Kräfte aus

---

[66] Luigi M. Rulla, *Anthropologie de la vocation chrétienne*, op. cit., p. 165.
[67] *Idem*.

dem Unbewussten (dissonante Bedürfnisse) und durch die intuitiv-emotionale Bewertung beeinflusst. Rulla meint dazu:

> „Hier geht es nicht unmittelbar um Tugend oder Sünde oder um moralisch richtig oder falsch, denn die Freiheit und die Verantwortung sind durch das *Unbewusste* mehr oder weniger *eingeschränkt*. Es geht vielmehr um die Harmonie oder Dissonanz zwischen dem Bewussten und dem Unbewussten in der Person."[68]

Ausgehend von der obigen Aussage können wir sagen, dass die Reife eines Menschen sich in der zweiten Dimension in der tendenziellen Fähigkeit ausdrückt, das wirklich Gute und das an sich Wichtige zu wählen und zu leben. Unreife ist die Tendenz, zwar selbsttranszendente Werte zu wählen, aber das scheinbar Gute und das für sich selbst Angenehme zu leben. Die Reife in der dritten Dimension stellt sich noch anders dar. Sie wird im nächsten Teil analysiert.

2.9.3 Die dritte Dimension

Nach Rulla ist die dritte Dimension „mit der Dialektik verbunden, die sich den natürlichen Werten öffnet."[69] Die Person wird tendenziell von natürlichen Werten angezogen, um durch das für sie selbst Angenehme Befriedigung zu finden. Dies kann sie für selbsttranszendente Werte öffnen. Wenn sie gesund ist, wird sie die natürlichen Werte wie etwa Freizeit, Arbeit, und die Achtsamkeit und den Respekt für die Natur, für andere Menschen, für Schönheit und Ordnung tatsächlich leben. In dieser Dimension kann die Person aber auch in den pathologischen Bereich schweren oder leichten Grades kippen und Neurosen, Persönlichkeitsstörungen oder Psychosen entwickeln. Lonergan drückt dies so aus: „Das kontinuierliche Wachstum scheint selten zu sein. Man trifft auf Abweichungen, die durch neurotische Bedürfnisse verursacht werden."[70] Die gleiche Dynamik habe ich bereits zuvor im Hinblick auf Imoda erwähnt.[71]

Die Reife in der dritten Dimension zeichnet sich dadurch aus, dass ein Mensch fähig ist, natürliche Werte zum eigenen Wohl und zum Wohl anderer zu leben. Unreife äußert sich in (leichten oder schweren) charakterlichen Schwierigkeiten, die die Entfaltung des Potenzials der Person stark einschränken, ihr Leben schwierig und belastend machen und ihre zwischenmenschlichen Beziehungen komplizieren, wobei der Grad der Erkrankung von leicht bis schwer variiert. Ein normales Leben ist nicht mehr möglich und die Handlungsfreiheit der Person ist stark eingeschränkt und in manchen Fäl-

---

68 Luigi M. Rulla, *Anthropologie de la vocation chrétienne, op. cit.*, p. 174.
69 *Ibid.*, p. 171.
70 Bernard J. F. Lonergan, *Pour une méthode en théologie, op. cit.*, p. 55.
71 Die menschliche Entwicklung ist ein Geheimnis, und es ist wahrscheinlich, dass es dabei im Ablauf der Zeit zu einzelnen Blockierungen und Fixierungen auf den Entwicklungsschritten kommt.

III. Einige Hinweise zur Terminologie: Definitionen von Konzepten

len gar nicht mehr vorhanden. Rulla beschreibt die dritte Dimension als „die Dimension, die Normalität oder Krankheit kennzeichnet."[72] Es gibt Fälle, in denen „eine Desorganisation des Selbst vorliegt."[73] Beispiel dafür können eine destruktive Naivität, lähmende Ängste oder über einen längeren Zeitraum anhaltende Identitätsstörungen bei einer Ordensfrau sein. Sie kann nicht klar unterscheiden, ob sie eine Ordensfrau oder die Geliebte eines Priesters ist. Oder sie unterwirft sich ihren Vorgesetzten und den kirchlichen Autoritäten blind, mit Hass, Wut, passiver Aggression, somatischen Krisen und dissoziativen Anfällen. Oder ein Priester gebraucht mit List kognitive Verzerrungen, um ungesunde Ziele zu erreichen und verhält sich antisozial,[74] d.h. er hat eine sexuelle Beziehung mit einer Ordensfrau und schlägt sie dann; oder er missbraucht eine Ordensfrau oder eine junge Frau, die sich in der Berufungsfindung oder in der Ausbildung zum Ordensleben befindet, und beutet sie sexuell aus. Durch diese Verhaltensweisen werden die natürlichen Werte des Respekts und der Ordnung vernachlässigt und nicht eingehalten.

Für Rulla wirken die drei Dimensionen „gleichzeitig in einem einzigen Selbst, d.h. in der einzelnen Person."[75] Die Reife oder Unreife innerhalb der drei Dimensionen zeigt uns an, wo wir im Verhältnis zu den Haltungen stehen, die einem christlichen Leben entsprechen. Ohne das Unbewusste und die verschiedenen Kategorien der Wichtigkeit, die einen Menschen motivieren, zu verleugnen, kann er dank seiner bewussten Intentionalität mit Hilfe der Gnade Gottes Erfahrungen machen, urteilen, reflektieren und sich zum Handeln entschließen.

Menschliche und christliche Reife bedeutet nicht unbedingt ein stabiles und unerschütterliches Leben am Pol der Tugend, des wirklich Guten und der Normalität. Das menschliche Leben pendelt zwischen den Polen hin und her. Ein tugendhafter Mensch, der in tiefer Gemeinschaft mit Gott steht, kann sündigen. Seine Reife besteht in diesem Fall darin, dies zu erkennen, zu bereuen, Gott um Barmherzigkeit zu bitten, die betroffenen Personen um Vergebung zu bitten und dann den Weg der Bekehrung wieder aufzunehmen. Eine emotionale oder sexuelle Entgleisung eines Priesters und einer Ordensfrau kann aus verschiedenen Gründen vorkommen: Einsamkeit, der Wunsch nach sexueller Befriedigung oder der Drang, für den anderen etwas Besonderes und Wichtiges zu sein. Sie ist eine Übertretung der öffentlich eingegangenen religiösen Verpflichtungen. Die Reife besteht darin, zu erkennen, dass es sich um eine Übertretung handelt, um einen Verstoß gegen die Liebe, die man dem Drei-

---

72 Luigi M. Rulla, *Anthropologie de la vocation chrétienne, op. cit.*, p. 175.
73 *Ibid.*, p. 176.
74 Len Sperry, *I disturbi di personalità. Dalla diagnosi alla terapia*, édition italienne sous la direction de Claudio Sica, McGraw-Hill Companies, Milan, 2004, p. 41–65.
75 Luigi M. Rulla, *Anthropologie de la vocation chrétienne, op. cit.*, p. 170.

faltigen Gott, der Kirche und der Gesellschaft gelobt hat, und sich dann Hilfe zu suchen, um aus dieser Situation wieder herauszukommen. Unreif ist es, zu versuchen, seine Gefühle vor sich selbst zu verbergen und die affektive Entgleisung zu rechtfertigen, indem man meint: „Enthaltsamkeit in Verbindung mit Keuschheit oder Zölibat ist von der Kirche erfunden und auferlegt", oder aber in dieser emotionalen oder sexuellen Entgleisung zu verharren und sie zu einer inoffiziellen regulären Situation zu machen. Die zunehmende Häufigkeit der Hinwendung zum Pol der Tugend, des wirklich Guten und der Normalität sollte das Begehren der Person in ihrer fortschreitenden Reife lenken.

All dies veranschaulicht den Begriff der menschlichen und christlichen Reife in seiner Gesamtheit und im Ansatz der Anthropologie der christlichen Berufung. Die Reife umfasst die Dimensionen (kognitiv, affektiv, triebhaft = Haltung) der Person. Die vorliegende Untersuchung möchte in besonderer Weise die affektive und sexuelle Reife des Priesters und der Ordensfrau verstehen, dank derer sie ihre Sendung in der Evangelisierung leben. Der nächste Abschnitt wird sich mit dieser Reife befassen.

2.10 Affektive Reife in der pastoral-seelsorglichen Beziehung und der Zusammenarbeit

Die affektive Reife ist eine Integration der affektiven Dimensionen des Menschen. Eine dreigeteilte Studie unterteilt die menschliche affektive Dimension in drei Unterdimensionen, nämlich: a) Sexualität, b) Emotionen und c) Bedürfnisse. Ich werde mich hier mit ihnen nacheinander auseinandersetzen.

In den vorangegangenen Abschnitten habe ich unter Verwendung der Arbeiten von Hildebrand, Lonergan und Rulla gezeigt, dass der durch Wichtigkeitskategorien motivierte Mensch gemäß seiner bewussten Absicht handelt, wobei sein bewusstes Handeln manchmal unter dem Einfluss des Unbewussten steht. Sein Handeln wird gesteuert durch eine reflexiv-rationale und eine intuitiv-emotionale Bewertung. Beide Bewertungen, insbesondere die intuitiv-emotionale, beziehen sich auf die Emotionen und Bedürfnisse der Person und unterliegen instinktiven, spontanen Impulsen aus dem Unbewussten. Um die affektive Reife zu verstehen, werde ich die Begriffe Sexualität, Emotionen und Bedürfnisse des Menschen untersuchen und beschreiben, wie die Reife aussieht, die jedem dieser Begriffe entspricht.

2.10.1 Sexualität

Sexualität ist eine vitale Kraft. Sie ist eine Neigung, ein spontaner Impuls im Herz der Frau und des Mannes, zu lieben und dem Dreifaltigen Gott und dem Mitmenschen Gutes zu wünschen. Die Sexualität treibt den Menschen (die Frau ebenso wie den Mann) dazu an, in einer Beziehung zum anderen (dem Dreifaltigen Gott) und zum Mitmenschen zu leben, wobei er ihnen

III. Einige Hinweise zur Terminologie: Definitionen von Konzepten

Liebe, Zärtlichkeit, Einfühlungsvermögen, Aufmerksamkeit, Bewunderung, Sympathie, Unterstützung, Solidarität und Mitgefühl zeigt, und zwar in der Familie ebenso wie in anderen Bereichen des Zusammenlebens. Sexualität ist der Wunsch und die Bereitschaft zu lieben und sich geliebt zu wissen. Sie drückt sich sowohl in Zärtlichkeit als auch in Aggressivität aus; sie ist eine vitale Kraft, in der man sich dem Dreifaltigen Gott und dem Mitmenschen hingibt, um sich selbst zu empfangen und um vom anderen her Gott und den anderen zu empfangen. Ohne die Kraft der Sexualität fehlen dem Menschen Wärme, Schwung, Anziehung, Bewunderung, Sympathie, Wohlwollen, Freundlichkeit, Zärtlichkeit, Staunen und Leidenschaft. Für Sperry „betrifft Sexualität beide Geschlechter, d.h. die Frage, wer wir sind und was wir sexuell denken, fühlen und tun, ebenso sowie die Bedeutung, die der Sexualität zugeschrieben wird."[76] Die so definierte Sexualität bringt den Menschen dazu, über sich selbst nachzudenken, über seinen Körper, darüber, wer er als Frau oder Mann ist, wie er Zuneigung empfängt und ausdrückt und wie er mit anderen Menschen interagiert. Die Person ist also in ihrem Denken, durch ihre Gefühle und durch die Bedeutung, die sie der Sexualität und dem Geschlecht in ihrem Leben beimisst, sexualisiert. Die Sexualität geht in dieser erweiterten und ganzheitlichen Perspektive über ihren physischen, körperlichen oder genitalen Ausdruck hinaus. In ihren Überlegungen zur Sexualität im Leben der Ordensfrau stellt Rohrer fest: „Der menschliche Körper ist immer der Körper eines sexuellen Geschöpfes, das zur Beziehung berufen ist. Die Sexualität betrifft alles, Körper, Herz, Geist, Wille, Intelligenz, Gefühle, und die Reaktionen sind männlich oder weiblich. Folglich geht eine Frau auf eine weibliche Weise auf andere und auf Gott zu."[77] Dasselbe gilt für den Mann. Er geht auf eine männliche Weise auf andere Menschen und auf Gott zu. Der Mensch sehnt sich nach menschlicher Liebe. Für Christen ist die Liebe Gottes kein Ersatz für menschliche Liebe und Wärme und sollte nicht mit ihnen verwechselt werden. Gott ist auch nicht gegen die menschliche Liebe und ihre verschiedenen Ausdrucksformen. Im Gegenteil, Gott der Herr ist da, mitten im Leben und im Geheimnis der menschlichen Zärtlichkeit. Die Liebe zu Gott bereichert die menschliche Liebe. Cencini drückt dies folgendermaßen aus: „Im Herzen jedes Mannes und jeder Frau gibt es einen jungfräulich unberührten Raum[78], den nur Gott besetzen kann. Um treu zu sein, sollte die menschliche

---

76 "Sexuality encompasses both sexes, i.e., who we are and what we think, feel and do sexually, as well as the meanings given to sex." Len Sperry, "A Primer on Sex and Sexuality", Human Development, 24 (4), 2003, p. 40–45.
77 Maria Rohrer, Dieu les bénit. La sexualité dans la vie de la femme consacrée, Paulines, Abidjan, 2009, p. 23.
78 Der Ausdruck „jungfräulicher Raum oder jungfräulicher Punkt" scheint zum ersten Mal von Thomas Merton (1915–1968) verwendet worden zu sein, als er von dem Raum spricht, den Gott im Herzen einer Person einnehmen kann.

2. Der Begriff der Reife

Liebe diesen jungfräulich unberührten Raum des anderen (und in sich selbst) respektieren."[79] Die Liebe im menschlichen Herzen reicht über die genitale Sexualität hinaus, die der Gebrauch der Sexualorgane zum Vergnügen und zur Fortpflanzung ist.

Ähnlich wie die menschliche Reife erlangt man auch die sexuelle Reife über eine psychosexuelle Entwicklung. Jede Gesellschaft oder Kultur gibt dieser Entwicklung durch Normen und Werte eine bestimmte Richtung vor und berücksichtigt dabei die Bedeutung, die die sexuelle Reife für die Menschen hat. In den meisten Kulturen in Subsahara-Afrika legt die Sexualerziehung, die die sexuelle Entwicklung vor allem bei Mädchen begleitet, den Schwerpunkt auf die Bewahrung ihrer körperlichen Jungfräulichkeit bis zum Tag der Hochzeit. Vor dem Horizont des christlichen Glaubens müsste man neben dieser physischen Jungfräulichkeit auch die spirituelle Jungfräulichkeit einbeziehen, die die christliche Frau und die Ordensfrau bereit macht, ihr Herz zu öffnen, damit es von Jesus bewohnt wird und sie in Ihm lieben kann. In dieselbe Richtung denkend erläutert Rohrer:

> „In der afrikanischen Kultur erinnert das Wort Jungfräulichkeit an die physische Unversehrtheit des Körpers, insbesondere des weiblichen Körpers. Der Ausdruck ‚als Jungfrau in die Ehe gehen' bedeutet, dass das Mädchen unberührt ist, und zwar in genitaler Hinsicht. In der Tradition war dies ein großer Wert für die Familien und mancherorts ist dies auch heute noch so. Die Jungfräulichkeit der Ordensfrau geht noch weiter. Die ständige Keuschheit, zu der sie sich verpflichtet, setzt körperliche und psychische Jungfräulichkeit voraus, d.h. das Fehlen sexueller Beziehungen, wie auch ein Herz und einen Geist, die nicht durch Bilder, Ideen, Gesten oder Lektüre verunreinigt sind. Alles ist zur Jungfräulichkeit berufen, die Hände, die Augen, die Ohren, die Zunge, das gesamte Denken, sowohl die Vorstellungskraft wie die logische Vernunft."[80]

Diese spirituelle Jungfräulichkeit betrifft sowohl die Ordensfrau wie auch den Priester.

Es besteht die Gefahr, dass die Sexualität in einer reduktionistischen Weise betrachtet wird. Ich verstehe sie in ihrer ganzheitlichen Dimension sowohl für den Mann als auch für die Frau: Sexualität bedeutet dann, in einer Beziehung Liebe zu geben und zu empfangen. Sexualität kann ganz konkret durch Zärtlichkeit, sexuelle Handlungen und sexuelle Beziehungen ausgelebt werden, oder auch ohne genitalen Kontakt in einer tiefen Gemeinschaftserfahrung zwischen zwei oder mehreren Personen durch Zärtlichkeit, Aufmerksamkeit, Wertschätzung und Zuneigung ausgedrückt werden. Im folgenden Abschnitt geht es um die psychosexuelle Reife, betrachtet aus der Perspektive ihrer Entwicklung.

---

[79] Amedeo Cencini, *È cambiato qualcosa? La Chiesa dopo gli scandali sessuali*, op. cit., p. 163.
[80] Maria Rohrer, *Dieu les bénit*, op. cit., p. 25.

2.10.2 Psychosexuelle und sexuelle Reife

Ausgehend von einem psychologischen Ansatz und von Sperrys Überlegungen können wir sagen, dass eine Person eine gesunde Sexualität lebt, wenn sie eine positive Einstellung zur Sexualität hat, sich mit ihrer Sexualität wohlfühlt und eine sexuelle und emotionale Beziehung zu anderen leben kann, wobei sie angemessene Grenzen einhält. Ihre Sexualität wird in der Familie in einer gewissen Harmonie gelebt.[81] Um sich mit der psychosexuellen Entwicklung auseinanderzusetzen, greift Sperry auf den psychoanalytischen Ansatz Freuds zurück. Der Wunsch nach Befriedigung des erotischen Bedürfnisses ist im Menschen von Kindheit an vorhanden. Er ist eine Energie, ja sogar eine Motivation für das Leben durch die Phasen, die nach Freud mit den erogenen Teilen der Person verbunden sind: oral, anal, phallisch und genital.[82] Dieser Prozess kann erfolgreich durchlaufen werden oder auf Fixierungen und Blockaden stoßen. Die „normale" psychosexuelle Entwicklung ist eine Internalisierung der kulturellen Normen, wobei man sich mit dem gleichgeschlechtlichen Elternteil identifiziert und die sexuelle Befriedigung mit einer Person des anderen Geschlechts erlangt. Wenn es zu einer Fixierung kommt, sucht der Erwachsene weiterhin nach einer sexuellen Befriedigung, die der eines Kindes oder Jugendlichen entspricht.

Otto Kernberg, ein amerikanischer Psychiater und Psychoanalytiker österreichischer Abstammung, der für seine theoretische und klinische Arbeiten zu Grenzfällen, narzisstischen Fehlentwicklungen und der Dynamik von Objektbeziehungen bekannt ist, hat eine treffende Beschreibung der reifen sexuellen Liebe gegeben:

> „Sexuell reife Liebe ist eine komplexe emotionale Disposition, die folgende Elemente integriert: 1) sexuelle Erregung, die in erotisches Verlangen nach einer anderen Person umgewandelt wird; 2) Zärtlichkeit, die aus der Integration von libidinös und aggressiv investierten Selbst- und Objektrepräsentationen entsteht, wobei die Liebe über die Aggression dominiert und die normale Ambivalenz, die alle menschlichen Beziehungen kennzeichnet, toleriert wird; 3) Identifikation mit dem anderen, die sowohl eine gegenseitige genitale Identifikation als auch ein tiefes Einfühlungsvermögen in die Geschlechtsidentität des anderen umfasst; 4) eine reife Form der Idealisierung, die mit einem tiefen Engagement für den anderen und die Beziehung einhergeht; und 5) den leidenschaftlichen Charakter der Liebesbeziehung in allen drei Aspekten: der sexuellen Beziehung, der Beziehung zum Objekt und das Über-Ich des Paares."[83]

---

81 Len Sperry, "A Primer on Sex and Sexuality", *art. cit.*, p. 41.
82 Calvin S. Hall, Gardner Lindzey et John B. Campbell, *Theories of Personality, op. cit.*, p. 52–57.
83 "*In essence, I propose that mature sexual love is a complex emotional disposition that integrates 1) sexual excitement transformed into erotic desire for another person; 2) tenderness that derives from the integration of libidinally and aggressively invested self and object representations, with a*

2. Der Begriff der Reife

Kernberg verwendet den Begriff „Objekt", um das andere (eine Person, eine Sache) zu bezeichnen, kurz gesagt das Subjekt, mit dem die Person in Beziehung steht. Die Dynamik der Integration, die er betont, ist ein besonderes Kennzeichen für die Realität der menschlichen Sexualität. Die Fähigkeit, Sexualität zu integrieren, ist daher ein Zeichen für sexuelle Reife. Für ihn ist die Zärtlichkeit von entscheidender Bedeutung. Sie spiegelt in besonderer Weise die Fähigkeit der Person wider, Liebe und Aggression in den Beziehungen zu einer anderen Person in einem Prozess zu integrieren, indem sie eine echte Sorge um den geliebten Menschen zeigt, den es vor gefährlichen Aggressionen zu schützen gilt. Kernberg sieht auch eine Progression in der Beziehung, die von der körperlichen Anziehung zur Liebe zum anderen für das, was er ist, für das, woran er glaubt, seine Überzeugungen, seine Werte und den Sinn ihres Lebens führt.

> „Nach und nach entwickelt sich die frühe Idealisierung des Körpers des geliebten Menschen und die spätere Idealisierung der gesamten Person des anderen zu einer Idealisierung der Wertesysteme des Liebesobjekts – eine Idealisierung des ethischen, kulturellen, ästhetischen Wertes – eine Entwicklung, die sicher zur Fähigkeit führt, sich romantisch verlieben zu können."[84]

Die „Fähigkeit, sich zu verlieben" ist neben der Zärtlichkeit auch ein Zeichen der sexuellen Reife. Es geht um die Fähigkeit, die geliebte Person, ihren Körper, ihre Fähigkeiten, ihre Grenzen, ihre Schwächen und ihre ganze Menschlichkeit unter Verwendung ihrer realen positiven Punkte zu idealisieren und dies vor allem deswegen, weil sie Tochter oder Sohn Gottes ist. Kernberg betrachtet die sexuelle Reife weiterhin auf die Ebene der Leidenschaft, die er wie folgt definiert hat:

> „Sexuelle Leidenschaft beinhaltet also die mutige Weitergabe des Selbst in einer gewünschten Vereinigung mit dem anderen [der bewunderten, idealisierten Person] im Angesicht unvermeidlicher Gefahren. Folglich beinhaltet dies, das Risiko zu akzeptieren, sich in Bezug auf den anderen vollständig hinzugeben, was im Gegensatz zur Angst steht, die angesichts der Gefahren aus vielen bedrohlichen Quellen bei der Verschmelzung mit einem anderen Menschen aufsteigt. Eingeschlossen ist dabei auch eine grundlegende Hoffnung in Bezug auf das Geben und Empfangen von Liebe, die den Menschen in seinem Gutsein bestätigt, im

---

predominance of love over aggression and tolerance of the normal ambivalence that characterizes all human relations; 3) an identification with the other that includes both a reciprocal genital identification and deep empathy with the other's gender identity; 4) a mature form of idealization, along with deep commitment to the other and to the relationship; and 5) the passionate character of the love relation in all three aspects: the sexual relationship, the object relationship, and the superego investment of the couple." Otto Kernberg, *Love Relations. Normality and Pathology*, Yale University Press, New Haven/Londres, 1998, p. 32.

84 *"Gradually, the early idealization of the body of the loved other and the later idealization of the total person of the other evolve into the idealization of the value systems of the love object-an idealization of ethical, cultural, an aesthetic value-a development that will guarantee the capacity for romantic falling in love." Ibid.*, p. 39.

III. Einige Hinweise zur Terminologie: Definitionen von Konzepten

Gegensatz zu Schuldgefühlen und der Angst vor der Gefahr der eigenen Aggression gegenüber dem geliebten Menschen. In der sexuellen Leidenschaft beinhaltet das Überschreiten der zeitlichen Grenzen des Selbst auch eine Verpflichtung gegenüber der Zukunft und gegenüber dem geliebten Menschen als einem Ideal, das dem Leben einen persönlichen Sinn gibt."[85]

Aus dieser Definition und Auffassung von psychosexueller Reife leite ich die Bedeutung der „Beziehung" ab, die grundlegend ist, und weiterhin die Merkmale dieser Beziehung, nämlich: a) Gegenseitigkeit, b) die wechselseitige Verpflichtung der Personen und c) die Verantwortung, ihre Beziehung zu leben. Die Selbsthingabe der Menschen führt dazu, dass sie über ihre Grenzen hinausgehen, aber im Vertrauen auf gegenseitigen Respekt und Wohlwollen. Sie wollen füreinander Gutes, wünschen einander Gutes und können sich beide sicher fühlen, wobei sie sich gegenseitig diese Sicherheit schenken. Die psychosexuelle Reife wird von einem verheirateten Paar in einer gewissen Fülle gelebt. Für Christen ist dies eine Realität, die im Sakrament der christlichen Ehe gesegnet wird. Das Apostolische Schreiben *Amoris Laetitia* von Papst Franziskus spricht dies in den Nummern 11, 12 und 13 an.

Die Eheleute lieben sich, bringen ihre Liebe offen zum Ausdruck und entscheiden sich verbindlich und offiziell vor den Menschen und vor Gott füreinander. Die Eheleute schenken sich einander in gegenseitiger Sicherheit in der körperlichen Vereinigung (sexuelle Beziehung[86]) und sind offen für das Leben und nehmen das Leben ihrer Kinder, der Frucht ihrer Liebe, verantwortungsvoll an. Sie erziehen sie (menschlich, sozial, moralisch, spirituell) und kümmern sich um sie, bis sie in der Lage sind, für sich selbst zu sorgen. Das Zusammenleben der Eheleute bringt Anforderungen und Herausforderungen mit sich, die sie gemeinsam in ihrem Alltag bewältigen: Leben, Wohnen, Schulbesuch, die medizinische Versorgung der Kinder, Pflege und Unterstützung der Eltern und der Schwiegereltern. Die Eheleute stellen sich gemeinsam ihren

---

[85] "Sexual passion therefore implies a courageous delivery of the self to a desired union with the ideal other in the face of unavoidable dangers. Hence it includes accepting the risks of abandoning oneself fully in relation to the other, in contrast to the fear of dangers from many sources that threaten when [relating] with another human being. It includes a basic hope in terms of giving and receiving love thus being reconfirmed in one's own goodness, in contrast to guilt about and fear of the danger of one's aggression toward the loved object. And in sexual passion, crossing the time boundaries of the self also occurs in the commitment to the future, to the loved object as an ideal that provides personal meaning to life. In perceiving the beloved other as the incorporation not only of the desired oedipal and preoedipal object and the ideal relationship with another, but also of the ideas, values, and aspirations that make life worth living, the individual who experiences sexual passion expresses the hope for the creation and consolidation of meaning in the social and cultural world." Ibid., p. 42.

[86] Ich verwende in dieser Untersuchung den Begriff „sexuelle Beziehung" für Eheleute (im Allgemeinen und insbesondere in der christlichen Ehe) und „Geschlechtsverkehr" für Priester und Ordensfrauen, die durch diesen Akt ihre religiösen Gelübde brechen.

2. Der Begriff der Reife

Konflikten, ihrer Zärtlichkeit, den Aggressionen, dem Umgang mit den gegenseitigen Erwartungen, ihren Emotionen, Bedürfnissen, Freuden, Schwierigkeiten und Problemen; sie leben unter einem Dach, wo sie sich gegenseitig unterstützen, und sie teilen die meiste Zeit das gleiche Lebensumfeld, manchmal auch die Arbeit. Ihre Leidenschaft bringt sie dazu, über die bloße „Einverleibung" des Anderen aus Lust, zur Bedürfnisbefriedigung des sexuellen Triebs und des Sexualinstinkts hinauszugehen. Ihr Zusammenleben und die körperliche Zärtlichkeit sind nicht notwendigerweise eine gewisse Regression oder der Wunsch, Situationen zu lösen, die im „ödipalen oder präödipalen" Prozess der psychosexuellen Entwicklung stecken geblieben sind. Die ideale Beziehung zu einem anderen Menschen ist auch darauf ausgerichtet, die Ideen, Werte und Sehnsüchte, die das Leben lebenswert machen, aufzunehmen und zu integrieren. Ein Mensch, der sexuelle Leidenschaft empfindet, drückt darin die Hoffnung auf die Schaffung und Festigung von Sinn in der sozialen und kulturellen Welt aus. Obwohl der psychoanalytische Ansatz von Sperry und Kernberg durchaus umstritten ist und von anderen Ansätzen wie etwa dem sozialen und kognitiven Lernen in Frage gestellt wird, ist er für meine Arbeit relevant.

Ich habe über die Komplexität der sexuellen Dimension gesprochen, die aus Gefühlen und Erwartungen sowie manchmal genitaler Sexualität und Zeugung besteht, und dann ihre Beziehungsdimension hervorgehoben, die durch Verbindlichkeit und Verantwortung charakterisiert ist. Diese Charakteristiken der Beziehungsdimension sind besonders konkret und klar im Leben eines Paares sowie im Leben des Priesters und der Ordensleute relevant. Die Eheleute verpflichten sich wechselseitig und sind füreinander und für ihre Kinder verantwortlich. Wer sich zum Priestertum oder Ordensleben verpflichtet hat, lebt seine psychosexuelle Reife in der Verpflichtung gegenüber den Mitbrüdern und Mitschwestern in der Ordens- oder Priestergemeinschaft und gegenüber den Menschen in der jeweiligen Sendung. Er ist vor Gott für ihr Leben und das der anderen verantwortlich. Die Beziehungsdimension ist das „Thermometer" für die psychosexuelle Reife des Priesters und der Ordensfrau. Die Beziehungsdimension drückt aus, auf welche Weise die Ordensfrau und der Priester ihre Liebesenergie und ihre Lebenskraft in ihr geistliches Leben, in die Gemeinschaft, die Beziehungen und die Sendung einbringen. Ihre sexuelle Reife zeigt sich in der Liebe zum Dreifaltigen Gott, „sie sind in ihn verliebt", wie Lonergan es ausdrückt, in einer ständigen und erneuerten Gemeinschaft mit ihm. Diese Vereinigung mit Gott lädt ihr Herz mit neuer Energie auf, um geschwisterliche, herzliche, dienende menschliche Beziehungen in der Gemeinschaft der Ordensfrauen oder der Priester aufzubauen. Die Ordensfrauen und die Priester werden in ihren Gemeinschaften füreinander sorgen: durch die Sorge für Haus, Küche und Garten, durch Überraschungen, die sie einander bereiten, durch Feste oder Erfolge, die mit Freude gefeiert werden, durch ihre gegenseitige Ermutigung, aber auch durch Unterstützung bei Leid, Kummer, Trauer, Verlusterfahrungen, Krankheiten und Behinderungen, im Alter, bei Unzulänglichkeiten, Schwächen und Verleumdungen. Diese beiden Quellen, Gott und die Mitschwestern bzw. Mitbrüder, aus denen sie immer wieder neue Lebenskraft schöpfen, ermöglichen es der Ordensfrau und dem Priester, enge Beziehungen in der Seelsorge oder in der pastoralen Zusammenarbeit zu leben, indem sie sich den Menschen schenken, die ihnen in ihrer Sendung anvertraut sind. Die Hingabe, die Selbstverleugnung und das Mitgefühl für die Menschen in ihrer Sendung ist ein Ausdruck ihrer Sexualität, die fruchtbar bleibt. Sexuelle Reife ist eng mit der Beziehung als einem Ort des Lebens verbunden, das sich verschenkt, empfängt, sich anregen lässt und sich mit dem anderen auseinandersetzt, der anders ist, der seine eigenen Visionen, Ideen und Werte hat. Cencini drückte es so aus: „Sexuelle Reife ist im Grunde die Fähigkeit zur Beziehung und zum Umgang mit einem Menschen, der anders ist als man selbst."[87]

Bei dieser Art, Sexualität zu leben, gibt es eine Hingabe, die keine Antwort erwartet. Es gibt die Enthaltsamkeit von der körperlichen Vereinigung (sexuelle Beziehung). Es gibt kein gemeinsames Leben (zwischen Mann und Frau wie in der Ehe); folglich gibt es auch keine gemeinsamen Nachkommen. Ein Priester oder eine Ordensfrau, die ihre Sexualität genital ausleben, übertreten ihre Versprechen, ihre Verpflichtungen gegenüber dem Zölibat und den öffentlich abgelegten religiösen Gelübden. Es handelt sich um Unreife, Inkohärenz, Widersprüchlichkeit und Sünde. Betrachtet man die Communio mit Jesus Christus, der den Priester und die Ordensfrau ruft, ihn in einer engeren Nachfolge nachzuahmen, und die durch die Verpflichtung gegebene Antwort (die Ordensgelübde und die Versprechen in der Priesterweihe), die Lebensbedingungen (z.B. Gemeinschaftsleben im Hinblick auf die Sendung) und den Lebenskontext (Ortskirche, Weltkirche, Gesellschaft), dann können ein Priester oder eine Ordensfrau nicht gleichzeitig ihre religiösen Verpflichtungen und die Anforderungen eines eheähnlichen Lebens als Paar erfüllen. Die Übertretung der religiösen bzw. priesterlichen Verpflichtungen stellt ein Hindernis für die psychosexuelle Reife dar. Untreue, Unordnung und schmerzhafte Übertretungen sind Zeichen von Unreife, Unbeständigkeit, verschiedenartigen Abirrungen oder Sünde.

Die psychosexuelle Reife ist das Ziel der psychosexuellen Entwicklung und wird in der Erfüllung der Anforderungen des Erwachsenenlebens er-

---

[87] "*[La sessualità matura...] vuol dire proprio, capacità di relazione, e di relazione con [l'altro] il diverso.*" Amedeo Cencini, *È cambiato qualcosa? La Chiesa dopo gli scandali sessuali*, op. cit., p. 161.

reicht. Sowohl die Ordensfrau als auch der Priester sind in dem Maße sexuell reif, wie ihre innere, zärtliche und beziehungsorientierte Neigung ihnen hilft, einander zu akzeptieren und den Kontakt mit all ihren Unterschieden zu gestalten. Die Ordensfrau und der Priester, die zu einer pastoralen Beziehung oder einer Zusammenarbeit berufen sind, durchlaufen eine Entwicklung hin zu psychosexueller Reife, wenn sie lernen, ihre sinnlichen Neigungen und ihre Genitalität zu zügeln und zu kontrollieren, indem sie mit ihrer Sexualität und mit ihren Emotionen und Gefühlen konstruktiv umgehen und sie integrieren, um ihre Sendung der Evangelisierung zu leben. Im nächsten Abschnitt werde ich die Emotionen, den zweiten Teil der Affektivität, betrachten.

2.10.3 Emotionen

Emotionen sind die Grundlage der menschlichen Sensibilität und „machen das Leben bunt". Emotionen sind beispielsweise Heiterkeit, Freude, Dankbarkeit, Anziehung, Traurigkeit, Mangel, Angst, Furcht, Ängstlichkeit, Zorn, Neid, Eifersucht, Verachtung, Panik. Sie sind ein wichtiger Teil der affektiven Dimension und spielen eine wichtige Rolle im täglichen Leben. Ohne sie ist das Leben flach, neutral und fade. Die Psychotherapeutin und Ordensfrau Anna Bissi hat gezeigt, dass Emotionen eine Kraft sind, ein „Dynamo", der die Entscheidungen und Handlungen des Menschen lenkt.[88] Sie hat die Emotionen nach der Wahrnehmung und der intuitiven, spontanen und unmittelbaren Bewertung, die jemand vornimmt, aufgeteilt. Emotionen können jemanden dazu veranlassen: a) sich von Dingen, Objekten, Personen, Situationen und Realitäten zu distanzieren, die als unangenehm, unerwünscht und als Bedrohung ihrer Integrität wahrgenommen werden, z.B. Angst vor dem Tod, Panik vor geschlossenen Räumen, Furcht vor Schlangen; b) eine aggressive oder sogar destruktive Reaktion zu zeigen, z.B. Wut über eine Ungerechtigkeit, Fremdenfeindlichkeit, Eifersucht auf einen bestimmten Menschen, Hass nach einer Beleidigung; c) eine Leere, einen Verlust oder einen Mangel zu spüren; und d) sich zu anderen Menschen, Dingen, angenehmen und befriedigenden Realitäten hingezogen zu fühlen, z.B. Freude infolge von Selbsthingabe, Dankbarkeit für eine empfangene Wohltat, Liebe durch gelebte und geschenkte Zärtlichkeit, Solidarität. Emotionen sind Empfindungen, die man wahrnimmt, ohne sie leicht beschreiben oder quantifizieren zu können. Auch der Umgang mit ihnen mit dem Ziel, eine emotionale Reife zu erlangen, ist unterschiedlich.

---

[88] Anna Bissi, *Il battito della vita. Conoscere e gestire le proprie emozioni*, Paoline Editoriale Libri, Milan, 2004.

III. Einige Hinweise zur Terminologie: Definitionen von Konzepten

Magda Arnold (1903–2002) hat im 20. Jahrhundert Großes im Bereich der Emotionsforschung geleistet. In ihren Schriften stellte sie eine Theorie vor, die versucht, die psychologischen, neurologischen und physiologischen Aspekte der affektiven Dimension zu integrieren, und sie betrachtete die Emotionen als Teil der Persönlichkeitsstruktur.[89] In einem Artikel definierte Arnold die Emotionen wie folgt: „Eine gefühlte Tendenz, sich allem anzunähern, was intuitiv als gut [angenehm, erfreulich] bewertet wird, und sich von allem zu entfernen, was intuitiv als schlecht [unangenehm, unerfreulich] bewertet wird."[90] Aus dieser Definition ergeben sich mindestens zwei offensichtliche Momente in der Funktionsweise von Emotionen (Wahrnehmung und intuitive Bewertung) sowie eine körperliche Veränderung/Reaktion (Schweiß, Zittern, beschleunigter Herzschlag).[91] Die Emotionen führen also zu einer Annäherung an eine Sache, eine Situation oder eine Person, die wir intuitiv als gut[92], nützlich oder angenehm bewerten, oder aber zu einer Distanzierung in dem Maß, in dem das betrachtete Objekt als schlecht, gefährlich, bedrohlich oder unangenehm wahrgenommen wird. Wir sollten dabei beachten, dass die physiologische Reaktion, die mit einer Emotion einhergeht, oder andere Reaktionen der Person, die eine Emotion empfindet, übertrieben oder sogar destruktiv sein können. Denn die Wahrnehmung der Realität, die durch die Emotion hervorgerufen wird, erfolgt durch eine intuitive, spontane Bewertung. Sobald die Person jedoch eine Emotion fühlt, kann sie auf ihre reflexive, rationale Bewertung zurückgreifen, um zu handeln. Auch wenn die Entstehung und Empfindung der Emotionen nicht vom Menschen kontrolliert werden kann, ist es doch möglich, dass er ihren Einfluss auf seine Gedanken, Urteile, Überlegungen und Entscheidungen wahrnimmt. Lonergan hat die Realität von Emotionen oder Gefühlen[93] so ausgedrückt:

> „Gefühle entwickeln sich. Es ist zwar richtig, dass Gefühle grundsätzlich spontan sind: Sie sind nicht dem Willen unterworfen, so wie es die Bewegungen der Hände sind. Aber wenn sie erst einmal entstanden sind, kann man sie entweder verstärken, indem man ihnen Aufmerksamkeit schenkt und sie gutheißt, oder man kann sie schwächen, indem man sie missbilligt und sich ihnen gegenüber

---

[89] Stephanie A. Shields et Arvid Kappas, "Magda B. Arnold's Contributions to Emotions Research", *Cognition and Emotions Psychology Press*, 20 (7), 2006, p. 889–901.

[90] Magda B. Arnold, *Emotion and personality*, Columbia University Press, New York, 1960, 2 vol.

[91] Anna Bissi, *Il battito della vita, op. cit.*, p. 21–22.

[92] Gut und schlecht haben in diesem Zusammenhang keine moralische Konnotation. Emotionen sind zunächst einmal als neutral anzusehen. In zwischenmenschlichen Beziehungen können sie jedoch aufgrund ihrer Auswirkungen auf den Menschen angenehm oder unangenehm sein, wenn dieser ohne Rücksicht auf persönliche, moralische oder religiöse Werte mit ihnen umgeht.

[93] Gefühle sind Emotionen, die über einen längeren Zeitraum anhalten.

abweisend verhält. Eine solche Verstärkung und Zensur kultiviert nicht nur bestimmte Gefühle und schreckt andere ab: Sie verändert auch die spontane Skala der Präferenzen."[94]

Auf dieser Ebene müssen Erziehung, Sozialisierung und Ausbildung ansetzen, um die Reife der menschliche Gefühlsdimension zu fördern, die den anderen in einer Beziehung berücksichtigen und Werte integrieren sollte.

2.10.4 Emotionale Reife

In seinem Ansatz der christlichen Anthropologie fordert Bissi dazu auf, über die Frage nachzudenken, wie man mit den Emotionen leben sollte.[95] Die Emotionen wahrzunehmen, zu fühlen, zu identifizieren und zu benennen sind wichtige Schritte, aber dies allein reicht nicht aus. Bissi unterscheidet zwischen zwei Strategien, die man verwenden kann und von denen eine unangemessen und die andere angemessen sei. Sie macht deutlich, dass diese Strategien von der expliziten oder impliziten anthropologischen Theorie oder Sichtweise abhängen, die ihnen zugrunde liegt. Eine Theorie mit einer anthropologischen Sichtweise, die die Welt der Gefühle als einen Ort ansieht, an dem Ressentiments und starke Emotionen vorherrschen, vor allem solche, die als schlecht und negativ angesehen werden, wie z. B. Wut, Hass, Eifersucht, Neid, Traurigkeit oder Feindseligkeit, kann die Welt der Gefühle als einen „Dampfkochtopf" darstellen.[96] Ein Mensch, der diese Perspektive einnimmt, verwendet möglicherweise eine unangemessene Strategie im Umgang mit den Emotionen. Er kann versucht sein, gute und positive Emotionen (Jubel, Freude, Dankbarkeit) leicht anzunehmen und auf negative Emotionen mit Trotz, Scham, Misstrauen, Widerstand und Schuld zu reagieren oder sie sogar zu unterdrücken und mit moralischen Argumenten zu verdrängen. Diese Strategie des Umgangs mit Emotionen, die bewusst oder unbewusst sein kann und darin besteht, den Emotionen zu misstrauen und vor ihnen zu fliehen, kann das persönliche, zwischenmenschliche und gemeinschaftliche Leben belasten. Ein Mensch, der die Gefühlswelt als „Vulkan" erlebt, fürchtet die Emotionen, da sie jeden Moment auf eine unangenehme, übertriebene und von ihm nicht zu kontrollierende Weise ausbrechen können.

Eine weitere Theorie zum Menschen unterteilt die Emotionen in zwei deutlich unterscheidbare Kategorien: negativ-unterlegen und positiv-überlegen. Negative Emotionen werden als primitiv oder instinktiv beschrieben und mit Aggression, der sexuellen Dimension und dem Instinkt in Verbindung gebracht. Diese Prämisse der Kategorisierung in „niedere Emotionen" auf der

---

94 Bernard J. F. Lonergan, *Pour une méthode en théologie*, op. cit., p. 46–47.
95 Anna Bissi, *Il battito della vita*, op. cit.
96 Anna Bissi, *Il battito della vita*, op. cit., p. 176–178.

einen und „höhere Emotionen" auf der anderen Seite kann zu einer zweiten Strategie im Umgang mit unangemessenen Emotionen führen, nämlich eine Verachtung der instinktiven Dimension des Menschen und eine hohe Wertschätzung der rationalen Dimension, anstatt beide Dimensionen in einer dialektischen Spannung zu halten. Ein Mensch kann so die Tendenz entwickeln, negative Emotionen zu isolieren, zu ersticken, zu verdrängen, zu tarnen oder in einem „Käfig" einzusperren[97], um sie mit der Vernunft zu kontrollieren. Der Umgang mit den Emotionen ist dann auf rationale Kontrolle hin ausgerichtet und wird von der kognitiven Dimension dominiert, wobei manchmal eine Rigidität entsteht, die jede Spontaneität erstickt. Beispiele dafür könnten etwa bestimmte kulturelle Vorstellungen in Subsahara-Afrika sein, die prinzipiell davon ausgehen, dass jemand, der um den Tod eines geliebten Menschen trauert, schwach ist oder mit einem Mann verglichen werden kann, den man als faul bezeichnet, weil er sich von den Emotionen einer Frau erweichen lässt und ihr seine Zärtlichkeit zeigt.

Die oben beschriebenen Theorien sind weder angemessen noch ausreichend, um mit den Emotionen zu leben und gut mit ihnen umzugehen. Die zugrunde liegende Sicht auf den Menschen ist reduziert und begrenzt. Eine christlich-anthropologische Theorie, die den Menschen ganzheitlich wertschätzt, unterstützt dagegen die Entwicklung einer gewissen emotionalen Reife. Aus dieser Theorie lässt sich eine angemessene Strategie ableiten, die die Kraft der Emotionen in das tägliche Leben integriert und mit ihnen umzugehen weiß. Nehmen wir als Beispiel die Strategie, die der Fuchs dem Kleinen Prinzen vorschlägt, um ihn zu zähmen und zu seinem Freund zu machen (vgl. Saint-Exupéry, 1900–1944). Es geht darum, die Emotionen zu „zähmen", d. h. eine „Verbindung" mit ihnen herzustellen. Man tritt schrittweise in einen Prozess ein, der die Emotionen wahrnimmt, spürt, willkommen heißt, identifiziert, benennt und beschließt, je nach Ort und Umständen mit ihnen umzugehen und dabei die natürlichen und selbsttranszendenten Werte zu integrieren. Die solchermaßen gezähmten Emotionen sind nicht mehr fremd, beängstigend oder bedrohlich. Sie werden persönlich, kontrollierbar, beherrschbar und angemessen, und sie „durchstrahlen" das Leben und machen Schattierungen sichtbar (Graustufen, Leerstellen). Lonergan hat diesen emotionalen Reifungsprozess folgendermaßen untermauert:

> „Allgemeiner gesagt: Es ist viel besser, sich seiner Gefühle voll bewusst zu sein, egal wie beklagenswert sie sind, als sie zu verdrängen, abzulehnen oder zu verkennen. Wenn man sich ihrer bewusst wird, lernt man sich selbst kennen und entdeckt die Unachtsamkeit, Dummheit, Gedankenlosigkeit oder Verantwortungslosigkeit, die das Gefühl, das man nicht haben möchte, hervorgerufen ha-

---

[97] *Ibid.*, p. 179.

ben. Dann kann man die abwegige Einstellung korrigieren. Andererseits bedeutet die Vernachlässigung des Bewusstwerdens dieser Gefühle, sie im Helldunkel dessen zu belassen, was bewusst ist, ohne objektiv zu sein."[98]

Dies erfordert Geduld in der täglichen Übung des Umgangs mit den Emotionen.[99] Die Vorschläge für die Erziehung ordnen die Entwicklung in den Lebenslauf des Menschen ein. Emotionen können erzogen werden, so dass man dann mit ihnen auf eine akzeptable Weise umgehen kann. Lonergan sagt dazu:

> „Darüber hinaus werden die Gefühle bereichert und verfeinert, wenn man den Reichtum und die Vielfalt der Objekte, die sie hervorrufen, sorgfältig untersucht. Daher ist es kein kleiner Teil der Erziehung, ein Klima des Unterscheidungsvermögens und des Geschmacks, des maßvollen Lobs und der sorgfältig formulierten Missbilligung zu fördern und zu entwickeln. Auf diese Weise wird man mit den Fähigkeiten und Neigungen des Lernenden zusammenarbeiten, man wird seine Wertvorstellungen erweitern und vertiefen und ihn in seinem Bestreben unterstützen, sich selbst zu übertreffen."[100]

Die geschulten Emotionen werden zum „Herz", das „das Gute sieht" und das Wesentliche im Leben wahrnimmt, und sie werden mit Verantwortung gelebt, denn die Zeit, die man brauchte, um sie kennenzulernen und zu zähmen, macht sie in den Augen der Person wertvoll. Sie werden zu den Bedürfnissen hinzugefügt, um die Gefühlswelt integrativ und reif zu ergänzen.

2.10.5 Bedürfnisse

Bedürfnisse signalisieren die Grenzen, den Mangel, die Unzulänglichkeiten, den Zustand der Unvollständigkeit der Person. Ein Bedürfnis kann wahrgenommen werden, und es äußert sich in verschiedenen Wünschen : a) geschätzt, akzeptiert, angenommen, willkommen geheißen, geschützt, verwöhnt zu werden; b) Geld oder materielle Güter wie einen Computer, ein Telefon, Internet oder einen Kredit zu besitzen; c) Eigentum zu haben (ein Grundstück, ein Haus, ein Auto); d) Prestige, Ehre, Lob zu erhalten; e) das Verlangen, Erfolg zu haben, Handlungen auszuführen, Widerstände zu überwinden, zu siegen, anzugreifen, zu verletzen, zu töten; f) Demütigung, Schmerz, Gefahr zu vermeiden; g) Eindruck zu machen, zu faszinieren, zu erstaunen, zu unterhalten, zu schockieren; h) den Lauf der Dinge zu ändern, sich von Zwängen zu befreien, andere zu kontrollieren, i) anderen zu helfen, sie zu unterstützen, sie zu pflegen, mit ihnen zusammenzuarbeiten, sie aufzuwerten, zu erziehen, sie auszubilden, j) der Wunsch, mit jemandem zusammenzuarbeiten, zu ko-

---

98 Bernard J. F. Lonergan, *Pour une méthode en théologie, op. cit.*, p. 48.
99 Anna Bissi, *Il battito della vita, op. cit.*, p. 183.
100 Bernard J. F. Lonergan, *Pour une méthode en théologie, op. cit.*, p. 47.

operieren. In den vorangegangenen Abschnitten haben wir mithilfe der Darstellung von Rulla[101] zu zeigen versucht, dass die Bedürfnisse den Menschen bei seiner intuitiv-emotionalen Bewertung im Hinblick auf die Befriedigung des Selbst durch etwas Angenehmes motivieren. Dissonante Bedürfnisse können, wenn sie im Leben eines Menschen zentral sind, auch ein Hindernis für seine theozentrische Selbsttranszendenz sein. Die Reife im Umgang mit Bedürfnissen besteht darin, sich ihrer bewusst zu werden und mit Hilfe der reflexiv-rationalen Bewertung das Leben wahrzunehmen, das „gute Leben" nach dem Begriff von Ricoeur[102], die „Tugend" nach MacIntyre[103], entsprechend der „selbsttranszendenten und theozentrischen Werte" von Rulla.[104] Da Gott das letzte Ziel der Selbstüberwindung des gläubigen Christen in der Nachahmung Jesu Christi ist, kann er in der Gnade des Heiligen Geistes, die Gott ihm schenkt, den Opfern zustimmen und den Verzicht auf die unmittelbaren Befriedigungen seiner dissonanten Bedürfnisse um des Reiches Gottes willen treu leben. Die Nicht-Integration der Sexualität, der Emotionen und der Bedürfnisse verhindert einen stimmigen Umgang mit den natürlichen und vor allem den selbsttranszendenten Werten. Der Mensch glaubt, Werte zu haben und spricht gern von ihnen, aber sein Leben spiegelt sie nicht wider. Dies haben Rulla[105] und Rulla et al.[106] als Inkonsistenzen bezeichnet. Diese werden im nächsten Abschnitt kurz vorgestellt.

2.11 Inkonsistenzen

Inkonsistenzen sind wahrnehmbare Punkte, die ein Hindernis bilden für ein stabiles, kontinuierliches und beharrliches Leben nach Werten oder gemäß einem Versprechen bis hin zu Gelübden. Ausgehend von einem psychoanalytischen Ansatz zur Berufung definiert Rulla die Berufungsinkonsistenzen als „zentrale" Konflikte zwischen den bewussten und unbewussten Komponenten des Selbst."[107]

Anthropologisch gesehen ist die Person auf dem Weg zu einem Ziel. Ihre Sehnsüchte tragen sie hin zu etwas, das über sie selbst hinausgeht. Die christliche Person entwickelt sich in Richtung theozentrischer Werte. Diese theozentrische Selbsttranszendenz ist nicht automatisch gegeben. Ein Mensch kann

---

[101] Luigi M. Rulla, *Anthropologie de la vocation chrétienne, op. cit.*
[102] Paul Ricœur, *Soi-même comme un autre, op. cit.*, p. 201.
[103] Alasdair C. MacIntyre, *After Virtue, op. cit.*, p. 205.
[104] Luigi M. Rulla, *Anthropologie de la vocation chrétienne, op. cit.*
[105] *Ibid.*
[106] Luigi M. Rulla, Joyce Ridick et Franco Imoda, *Entering and Leaving Vocation, op. cit.*; Luigi M. Rulla, Joyce Ridick et Franco Imoda, *Structure psychologique et vocation. Motivations d'entrée et de sortie*, Editrice Pontificia Università Gregoriana, Rome, 1993.
[107] Luigi M. Rulla, *Psicologia del profondo e vocazione, op. cit.*, p. 166

2. Der Begriff der Reife

Werte kennen, sich für sie entscheiden und sich verpflichten, sie zu leben. Manchmal gelingt es ihm jedoch nicht, die Werte, die er verkündet, ganz zu leben, und er lebt sie nur teilweise oder überhaupt nicht. Es besteht eine Diskrepanz zwischen dem, was er sagt und manchmal mit Überzeugung als einen Wert verkündet, und dem, was er tatsächlich lebt. Laut Rulla „liegt eine Inkonsistenz vor, wenn das Individuum von Bedürfnissen angetrieben wird, die nicht mit den Werten seiner Berufung übereinstimmen, und wenn das ideale Selbst im Widerspruch zu seinem aktuellen, unterbewussten Selbst steht."[108] Diese bewussten Inkonsistenzen sind die Sünden in der ersten Dimension. Das Individuum erkennt sie. Ausgehend von Rulla können wir sagen, dass die Inkonsistenzen im Leben eines Menschen unter dem Einfluss des Unbewussten auftreten. Sie sind daher in der zweiten und dritten Dimension unbewusst (Pol der Normalität). Der Mensch glaubt, dass er das wirklich Gute lebt, aber in Wirklichkeit herrscht das scheinbar Gute vor, d. h. das Gute, das für ihn selbst wichtig ist. Er ist sich dieser Inkonsistenz nicht voll bewusst. Inkonsistenzen können sein: a) sozial, und b) psychologisch.

a) Soziale Inkonsistenzen: „Das unterbewusste Bedürfnis stimmt nicht mit den Werten überein, aber es stimmt der entsprechenden Haltung zu." Soziale Inkonsistenzen werden von anderen wahrgenommen und stellen ein Gegenzeugnis dar. Ein Beispiel könnte der Fall eines Priesters sein, der eine zweideutige Beziehung zu der Frau (einer Ordensfrau), die er begleitet, entwickelt und lebt. Auch wenn er ihr weiterhin moralisch und spirituell hilft, ist diese Hilfe nicht mehr ein karitatives Handeln (Wert), sondern eine Befriedigung zu seinem Vorteil (Bedürfnis). Die alarmierte Umgebung stellt dies ebenfalls fest und bedauert es.

b) Psychologische Inkonsistenzen: „Das unterbewusste Bedürfnis stimmt nicht mit den Werten und der ihr entsprechenden Haltung überein." Ein Beispiel wäre eine engagierte Frau, die sich aufopfernd stundenlang und mit all ihrer Kraft um Menschen in der Endphase ihres Lebens kümmert. Sobald jedoch die Angehörigen der Sterbenden ihr nicht mehr ihre Dankbarkeit zeigen, hört sie auf, ihnen Aufmerksamkeit zu schenken. Es stellt sich heraus, dass ihre Hingabe nicht heroisch war (Wert), sondern ihr Engagement hatte das Ziel, wertgeschätzt und gefeiert zu werden (Bedürfnis).

---

[108] Luigi M. Rulla, *Anthropologie de la vocation chrétienne*, op. cit., p. 432. Rulla hat präzisiert, dass die Wurzeln des Unterbewussten im „aktuellen Selbst" und im „latenten aktuellen Selbst" liegen.

Es ist also nicht einfach, die affektive menschliche Realität vollständig zu verstehen. Charakteristisch für die menschliche Reife ist der Wunsch zu wachsen, das Lernen zu lernen, engagiert die eigene ganzheitliche Weiterentwicklung anzustreben, Hilfe zu suchen, um das eigene Leben anzuschauen und Hindernisse und Schwierigkeiten zu überwinden. Es ist deutlich, dass es eine Formation im Hinblick auf menschliche und affektive Reife braucht, um die pastoral-seelsorgliche Beziehung und die Zusammenarbeit zwischen Priestern und Ordensfrauen auf gute Weise leben zu können.

2.12 Formation zur menschlichen affektiv-sexuellen Reife

Die Lehre des Zweiten Vatikanischen Konzils über das Zölibat wurde von Papst Paul VI. 1965 im Dekret *Presbyterorum Ordinis* über Dienst und Leben der Priester in Nr. 16 der Öffentlichkeit bekannt gemacht, und sie wurde auch weiterhin in anderen kirchlichen Dokumenten thematisiert. Als Beispiele seien genannt für die Priester: *Pastores dabo vobis* von Papst Johannes Paul II. (1992), Nr. 43, 44 und 50; das Apostolische Schreiben in Form eines Motu proprio *Ministrorum institutio* von Papst Benedikt XVI. (2013); und unter Papst Franziskus *Das Geschenk der Berufung zum Priestertum: Ratio Fundamentalis Institutionis Sacerdotalis* I, Nr. 2 und V, Nr. 93–100 der Kongregation für den Klerus (2016). Für die Ordensleute seien genannt: das Dekret *Perfectae Caritatis* von Paul VI. (1965), Nr. 12; und die Leitlinien *Für jungen Wein neue Schläuche* der Kongregation für die Institute geweihten Lebens und für die Gesellschaften apostolischen Lebens (2017), Nr. 14–18. Alle diese Texte betonen, dass bei der Ausbildung von Seminaristen, Priestern und Ordensleuten der Schwerpunkt auf der menschlichen und emotionalen Reife liegen sollte. Es wird ganz allgemein deutlich, dass die menschliche und affektive Reife sowie Intimität Fragen sind, die das Herz, Beziehung, Liebe und Sexualität, den Zölibat und Freundschaft betreffen. Die menschliche und emotionale Reife spielt eine Rolle für das Wohlbefinden, die Entfaltung und die Freude des Menschen, der die Ehre und Herrlichkeit Gottes ist.

Um diese Formation im Hinblick auf den Umgang mit Emotionen und Intimität zu planen und umzusetzen, eignet sich die von Imoda vorgeschlagene pädagogische Methode.[109] Ich fasse sie hier kurz zusammen: a) die Frage der Ausbildung im Hinblick auf die menschliche und psychoaffektive[110] Reife von Seminaristen, Priestern und Ordensleuten; b) die Komplexität des Begriffs der

---

[109] Franco Imoda, *Human Development Psychology and Mystery*, op. cit., p. 110.
[110] Wenn ich von psychoaffektiver Formation spreche, bezeichne ich damit die ganzheitliche Ausbildung (Formation) mit dem Ziel, mit der eigenen Sexualität zu leben und mit Gefühlen und Bedürfnissen gut umgehen zu können.

2. Der Begriff der Reife

Reife; c) die Probleme, die Skandale und die emotionalen Abirrungen einiger Priester und Ordensleute insbesondere in Fällen sexuellen Missbrauchs. Diese Methode ist überzeugend, weil sie eine Hilfe sein kann, um Menschen über ihr ganzes Leben hinweg zu begleiten. Ihre Ausrichtung an der menschlichen Entwicklung macht sie zu einem Werkzeug, das nicht nur dabei helfen kann, Anzeichen, Symptome und charakterliche Schwierigkeiten in den Entwicklungsprozess des einzelnen einzuordnen und seine Blockaden und Fixierungen zu erkennen und zu verstehen, sondern ihm auch Hilfestellung bei der Überwindung von Unreife zu geben und ihm die Gesetze der Transformation und Reifung von einem Stadium zum anderen zu vermitteln. Neben dem Wissen, das sie bietet, ist diese Methode vor allem pädagogisch; sie geht schrittweise vor und ermöglicht es, die Realität der menschlichen Entwicklung sowie die Zeichen und Ergebnisse der verschiedenen Stadien besser zu interpretieren. Teile dieser an der Entwicklung orientierten Methode sind die Bedeutung der Lebenserzählung, die sich an der Praxis (Kunst und Technik) der narrativen Therapie orientiert, Sitzungen, die der Entwicklung der Berufung dienen, und die pastoral-seelsorgliche Begleitung. Über die Formation zur menschlichen und emotionalen Reife hinaus sollte eine lebenslange Begleitung des einzelnen Menschen (Seminarist, Priester, Ordensfrau) sichergestellt werden, um ihm zu ermöglichen, sich selbst zu begegnen, sich mit sich selbst zu versöhnen und seine Gefühlswelt zu zähmen. Es geht darum, Hilfe anzubieten, um die eigene Aggressivität und den eigenen, aus dem Instinkt kommenden Sexualtrieb zu verstehen, die, wenn sie nicht kontrolliert werden, zu Gewaltanwendung und damit zu sexuellem Fehlverhalten führen können. Es geht darum, Hilfe anzubieten, um besser zu verstehen, dass die Macht in der Kirche für den Dienst empfangen wird.

Die Anwendung des Ansatzes der menschlichen Entwicklung bietet einen Rahmen, der hilft, kindische, destruktive oder sogar kriminelle Haltungen zu erkennen, um die Person (den Priester oder die Ordensfrau) einzuladen, eine Haltung anzustreben, die ihrer Identität (Alter, Wunsch, Rolle, Werte, Ziel) entspricht, und ihre Beziehungen mit Verantwortung und Transparenz zu leben. Die emotionale Reife wirkt sich auf die zwischenmenschlichen Beziehungen aus. Sie ermöglicht es, authentische Beziehungen aufzubauen, in denen die Verletzlichkeit jedes Menschen im Blick ist. Empathie, d.h. die Fähigkeit, sich in einen anderen Menschen hineinzuversetzen, um ihn zu verstehen, betont die Rücksichtnahme auf den anderen in der Beziehung, vor allem wenn es sich um eine helfende Beziehung handelt.

Im nächsten Abschnitt werde ich die pastoral-seelsorgliche Beziehung, die Beziehung der Zusammenarbeit in der Pastoral und die Rolle, die Verantwortung und das Bild des Priesters als Seelsorger in seinem Lebens- und Arbeitsumfeld behandeln.

ABSCHNITT B
Die pastoral-seelsorgliche Beziehung und die Beziehung durch Zusammenarbeit in der pastoralen Arbeit

3. Die pastoral-seelsorgliche Beziehung

Die Heilige Schrift erzählt uns durch die Propheten von Gottes Sorge um sein Volk, das getröstet werden soll (vgl. Jes. 40,1–2). Das Evangelium stellt uns Jesus als den Guten Hirten vor, der sein Leben für seine Schafe hingibt (vgl. Joh. 10,1–21). Er steht an einer Zeitenwende und ist gekommen, um die Menschen seiner Zeit zu lehren, mit ihnen zu sprechen, ihnen zuzuhören, sich ihnen zuzuwenden und sie zu heilen. Die Erzählung des Evangelisten Lukas von den Emmausjüngern (vgl. Lk. 24,18–35) beschreibt die Aufmerksamkeit der Jünger, ihr Zuhören, die Erleuchtung durch die Heilige Schrift und die Einladung Jesu Christi, aus der Trauer über seinen Tod, aus dem Zweifel und der Angst herauszutreten, um zu den anderen Jüngern zu laufen und ihnen seine Auferstehung zu verkünden.

Rulla stellt die christliche Berufung als einen Dialog dar, der sich zwischen Gott und dem Menschen entfaltet, und legt in seinem interdisziplinären Ansatz den Schwerpunkt auf die anthropologische Dimension, d. h. auf die Fähigkeit des Menschen, mit dem Dreifaltigen Gott in Beziehung zu treten.[111] Gott offenbart sich als Beziehung, und er möchte, dass seine Schöpfung in Beziehung zu ihm und in Beziehung zu sich selbst steht. Gott kommt in seiner Offenbarung dem einzelnen Menschen nahe und begleitet ihn durch die Zeit. Der Dialog setzt eine Beziehung zwischen Gott und der menschlichen Person voraus. In der Pastoralkonstitution *Gaudium et Spes* bringt die Kirche ihre enge Solidarität mit der gesamten Menschheitsfamilie zum Ausdruck. Die Kirche verpflichtet sich darin, vor allem durch ihre Hirten auf jeden Menschen, gleichgültig ob er Christ ist oder nicht, zuzugehen und ihn in seiner Lebensrealität auf dem Weg zu begleiten. Gemäß dieser Konstitution will die Kirche mit dem einzelnen in Kontakt kommen, ihn kennenlernen und seine Lebensrealität teilen, und ihn durch das Wort Jesu Christi erleuchten. Die Kirche will sich die Sorgen, Freuden, Ängste und Herausforderungen der Menschen zu eigen machen. In *Gaudium et Spes* heißt es in Nr. 1: „Freude und Hoffnung, Trauer und Angst der Menschen von heute, besonders der Armen und Bedrängten aller Art, sind auch Freude und Hoffnung, Trauer und Angst der Jünger Christi. Und es gibt nichts wahrhaft Menschliches, das nicht in ihren Herzen seinen Widerhall fände."

---

[111] Luigi M. Rulla, *Anthropologie de la vocation chrétienne*, op. cit.

3. Die pastoral-seelsorgliche Beziehung

Diese Bereitschaft und Entschlossenheit der Kirche, das ganze Leben der Menschen mit all seinen Aspekten zu betrachten, geben ihrer Pastoral eine Richtung. Neben der Verkündigung des Wortes Gottes (Kerygma) engagiert sich die Kirche bewusst, die Menschen auf den vielfältigen Wegen ihres konkreten täglichen Lebens zu begleiten.

Die Begleitung wird auch im Apostolischen Schreiben *Evangelii Gaudium* von Papst Franziskus in diesen Kontext gestellt: „Die eigene Erfahrung, uns begleiten und heilen zu lassen, indem es uns gelingt, unser Leben mit vollkommener Aufrichtigkeit vor unserem Begleiter auszubreiten, lehrt uns, mit den anderen Geduld zu haben und verständnisvoll zu sein, und ermöglicht uns, die Wege zu finden, um ihr Vertrauen zu wecken, so dass sie sich öffnen und bereit sind zu wachsen." (Nr. 172)

Die interdisziplinär ausgerichtete Praktische Theologie bringt die verschiedenen kirchlichen Handlungen zusammen (Sakramente, Katechese, pastorale Begleitung, Homiletik) und begründet sie. Dies geschieht ausgehend von der Theorie, um dann in einer schwierigen Realität, die man genau beobachten, verstehen und im Licht des Wortes Gottes und der christlichen Tradition interpretieren muss, eine konkrete Gestalt anzunehmen. Die Praktische Theologie reflektiert das kirchliche Handeln hinsichtlich seines Übergangs von der Kommunikation (Predigt, Katechese) zum täglichen Leben (Sakramentenspendung und alle anderen pastoralen Aktivitäten) im Licht der Wahrheit der Heiligen Schrift. Sie begründet die christliche Praxis und kann diese auch kritisieren. Sie untersucht, wie die Botschaft des Evangeliums dem christlichen Volk besser vermittelt werden kann. Die Praktische Theologie ist ein Zweig der Theologie. Sie befasst sich mit Menschen, die eine von Problemen geprägte Lebensphase durchleben (Gesundheit, Sinnkrise, Arbeitslosigkeit, sexueller Missbrauch, sexuelles Verhältnis zwischen einem Priester und einer Ordensfrau). Demasure definiert die Praktische Theologie als eine theoretische Reflexion, die aus dem Gespräch der Praxis (Lebensrealität) der Person, der Kirche oder der zeitgenössischen Gesellschaft mit der christlichen Tradition besteht, und zwar mit dem Ziel, diese Praxis zu verändern.[112] Die Praxis stellt ein Problem dar. Die christliche Tradition hilft, einen Umweg zu gehen und das Problem zu verstehen, damit es durch den Glauben und die göttliche Gnade erhellt wird und man so am Ende eine Veränderung des Menschen und seiner Situation erreichen kann. Sie hilft dem einzelnen, in seinem Leben das Geschenk Gottes, den Heiligen Geist, aufzunehmen, in einer Beziehung zu Gott zu leben, sein Wort zu verstehen und seine Gnade zu empfangen. Die Praktische Theologie verbindet Theorie und Praxis, um zu handeln und in der Realität aktiv zu werden.

---

[112] Karlijn Demasure et Luc Tardif, *Théologie pratique pratiques de théologie*, Mediaspaul, Montréal, 2014, p. 328.

III. Einige Hinweise zur Terminologie: Definitionen von Konzepten

Mit den vielfältigen Realitäten und Bedürfnissen der Menschen in der Geschichte und vor allem im 21. Jahrhundert werden die pastoralen Angebote für die Menschen immer flexibler und vielfältiger. Neben ihrer kerygmatischen und sakramentalen Aufgabe ist die Pastoral für die Menschen nützlich, die einen Alltag bewältigen müssen, der unsicher (Alltagsleben, Zukunft, Arbeit), dramatisch (Katastrophen), zweifelhaft (Unterscheidungsprozesse im Glauben, Nächstenliebe, Hoffnung, Berufung, Wiederentdeckung Gottes und des Glaubens), schmerzhaft (Krankheit, Tod) oder glücklich (Geburt, Heirat, Weihe, erreichte Ziele, Erfolge, Leistungen) ist. Jeder einzelne muss herausfinden, wie er in diesen konkreten Alltag das Wort Gottes, das Licht seines Geistes und die Gnade der Sakramente integrieren kann, um in seinem Lebensumfeld „Salz der Erde und Licht der Welt" zu sein. Manchmal scheint dieser Schritt für den Menschen nicht gangbar zu sein, wenn er Mühe hat, einen in einer komplexen Welt einen Lebenssinn zu finden (Beziehungen, technologische Entwicklung, Relativismus, die Schwierigkeit, feste und dauerhafte Bezugspunkte zu finden). Es ist dringend notwendig, die Pastoral und vor allem die Beziehung zwischen dem kirchlichen Hirten und dem einzelnen Menschen zu verstehen, um diese Sendung der Kirche in der Welt von heute zu fördern, die inmitten tiefgreifender und schneller Veränderungen auf globaler Ebene vor großen Herausforderungen steht. Die pastoralseelsorgliche Beziehung sollte in diesem Kontext gesehen werden und den Wunsch der Kirche zum Ausdruck bringen, jeden Menschen auf seinem Weg zu begleiten.

In ihrer Praxis hat die Kirche den einzelnen Menschen immer in seiner Beziehung zu Gott begleitet. Die geistliche Führung bietet einem Menschen Hilfe an, um ihm in seiner Beziehung zu Gott Orientierung zu geben.[113] Die geistliche Begleitung, ein Ausdruck, der heute häufiger für die geistliche Führung verwendet wird, hat die gleiche Aufgabe. Im Mittelpunkt steht die Beziehung des einzelnen Menschen zu Gott. Der Seelsorger geht einen Weg mit ihm, „begibt sich auf die Reise"[114] wie ein Reisegefährte, hört ihm zu, hilft ihm zu unterscheiden und seine Entscheidungen und die Herausforderungen des Lebens im Glauben zu leben. Der Geistliche ist „Zeuge seines [Berufungs-]Weges", seiner spirituellen Erfahrung, d.h. des Wirkens Gottes in seinem Leben und seiner Antwort, die er mit Bereitschaft oder mit Widerstand gibt.[115]

Die pastoral-seelsorgliche Beziehung und die geistliche Begleitung, die für meine Untersuchung relevant sind, erweitern den Horizont. Neben der Beziehung zu Gott liegt der Fokus darauf, einen Menschen zu begleiten, ihm zu helfen, seine spirituelle Erfahrung zu verstehen und ihr eine Bedeutung

---

[113] Anton Ehl, *Direction spirituelle des religieuses*, op. cit.
[114] Léo Scherer, *L'accompagnement spirituel selon différentes traditions. Si personne ne me guide*, Vie chrétienne, Paris, 1985, p. 5.
[115] Joseph Compaoré, *Accompagnement spirituel*, Paulines, Kinshasa, 2008, p. 7.

3. Die pastoral-seelsorgliche Beziehung

zuzuschreiben, wenn sie den Ereignissen seines Lebens einen Sinn gibt. Das Leben des Christen findet seinen Sinn in Jesus Christus. Die pastoral-seelsorgliche Beziehung bekommt Impulse aus den Arbeiten der philosophischen Hermeneutik von Ricœur.[116] Das Modell der hermeneutischen Pastoral integriert das kerygmatische und das therapeutische Modell.[117] Es ist offensichtlich, dass nach diesem Modell der Seelsorger ein katholischer Priester, ein protestantischer Pastor, ein Laie oder eine Laiin sein kann. Er/sie übernimmt die Verantwortung für die Seelsorge, ohne notwendigerweise die Sakramente zu spenden, zu verkünden oder eine Predigt im engeren Sinn zu halten. Auch in diesem Kontext kann die Seelsorge für einzelne Menschen von einer Konfession zur anderen variieren. Wer die Verantwortung als Seelsorger übernimmt, kann Menschen begleiten, die keiner Religion angehören, aber eine spirituelle Beziehung zu einem höchsten Wesen, zum Göttlichen, haben. Die Beziehung nach dem hermeneutischen Modell erfordert eine besondere Ausbildung, die über die Philosophie und Theologie hinausgeht und die Geisteswissenschaften (vor allem Psychologie und Psychotherapie) einbezieht. Häufig wird im protestantischen Kontext von *pastoral care and counseling* gesprochen. Howard Clinebell hat in seiner Veröffentlichung eine Reihe von pastoralen Praktiken und Methoden zur Unterstützungen und Betreuung von AIDS-Kranken, für die geistliche Begleitung einzelner und zur Krisenbewältigung angeboten, die es ermöglichen, einem Menschen in mehreren Bereichen zu helfen und ihn zu unterstützen, um sein ganzheitliches Wachstum zu fördern.[118] Die Seelsorge besteht aus Ratschlägen, Hilfen und Unterstützung für die Menschen, und sie geht von den Sorgen und täglichen Herausforderungen dieser Menschen aus, um sie zum Wort Gottes zurückzuführen, das ihre schwierigen Fragen erleuchten soll.[119] Der Person wird Raum gegeben, um von sich selbst zu erzählen. Der Seelsorger hört die Erzählung mit voller Aufmerksamkeit an. In aktiver Zusammenarbeit mit dem Erzäh-

---

116 Paul Ricœur, *Le conflit des interprétations*, op. cit.; *Essais d'herméneutique*, t.II: *Du texte à l'action*, op. cit.
117 Karlijn Demasure, « L'accompagnement pastoral dans le vingt-et-unième siècle », *art. cit.*; « La passion du possible : L'histoire de vie comme instrument de l'accompagnement pastoral », *art. cit.*
118 Howard Clinebell, *Basic Types of Pastoral Care & Counseling : Resources for the Ministry of Healing & Growth*, Abingdon Press, Nashville, 2011, p. 2.
119 *"The caregiving arts enable a congregation to translate the good news of the gospel into a down-to-earth language that brings healing and wholeness to people in everyday life crises and opportunities. With this language clergy and laypersons in ministry can communicate the good news to countless wounded persons who cannot hear it if is spoken only in religious language."* [Die Kunst der seelsorglichen Betreuung befähigt eine Gemeinde, die gute Nachricht des Evangeliums in eine bodenständige Sprache zu übersetzen, die Menschen in alltäglichen Lebenskrisen und Gelegenheiten Heilung und Ganzheit bringt. Mit dieser Sprache können Geistliche und Laien im Dienst die gute Nachricht unzähligen verwundeten Menschen vermitteln, die sie nicht hören können, wenn sie nur in religiöser Sprache dargeboten wird.]

III. Einige Hinweise zur Terminologie: Definitionen von Konzepten

lenden öffnet er dann seine Geschichte für die Geschichte Jesu Christi. Die seelsorgliche Beziehung ist in diesem Sinne eine asymmetrische Beziehung zwischen einem Amtsträger (Priester, Ordensmann/frau, Laie) und einem hilfesuchenden Menschen. Das Ziel ist, diesen Menschen in seiner Suche nach Sinn bzw. in einer tiefen Glaubenserfahrung oder Sinnerfahrung zu stärken und zu ermutigen.[120] Diese seelsorgliche Praxis erfordert neben dem Theologiestudium eine praktische Ausbildung (Psychologie, Psychotherapie, Techniken des aktiven Zuhörens).

In dieser Untersuchung bezeichne ich von hier an mit dem Wort „Priester" den „katholischen Priester des lateinischen Ritus". Diese Entscheidung ist nicht als Missachtung der Priester oder Pastoren anderer religiöser Konfessionen im Kontext der Ökumene zu verstehen, die im Zentrum der Botschaft des Zweiten Vatikanischen Konzils steht. Der Zweck dieser Entscheidung besteht darin, meine Forschung zu fokussieren. Mit „pastoral-seelsorglichen Beziehungen" (PB)[121] bezeichne ich in erster Linie die Beziehung zwischen einem Priester und einer Ordensfrau bzw. einer jungen Frau, die noch im Prozess der Berufungsfindung steht oder sich in der Ausbildung zum Ordensleben befindet. Dies steht im Einklang mit dem Konzilsdekret, das jeden Priester ermutigt, allen getauften Gläubigen, die in jede Gruppe des Gottesvolkes eingegliedert sind, gleiche Aufmerksamkeit zu schenken, einschließlich der Geweihten: „Ferner mögen die Priester daran denken, dass alle Ordensmänner und Ordensfrauen als ausgezeichneter Teil im Hause Gottes eine eigene Sorge für ihren geistlichen Fortschritt zum Wohl der ganzen Kirche verdienen." (*Presbyterorum ordinis*, Nr. 6).

Ich werde im Folgenden den Kontext und die Realität der pastoral-seelsorglichen Beziehung zwischen dem Priester und der Ordensfrau (OF) oder der jungen Frau in der Ausbildung zum Ordensleben (JF) veranschaulichen.

3.1 Die pastoral-seelsorgliche Realität für eine OF/JF im Kontext meiner Untersuchung

In Subsahara-Afrika, hauptsächlich in vier westafrikanischen und einem ostafrikanischen Land, den Herkunftsländern der Forschungsteilnehmerinnen,

---

120 Axel Liégeois, "The Meaning of Informed Consent in Pastoral Counseling", in: Annemie Dillen, *Soft Shepherd or Almighty Pastor? Power and Pastoral Care*, Pickwick Publications, Eugene, Oregon, 2015.
121 Ich habe mich entschieden, den Begriff „pastoral-seelsorgliche Beziehung" zu verwenden, da er mehrere Dimensionen der Beziehung des Priesters zu einer Ordensfrau umfasst: geistliche Begleitung, geistliche Leitung, persönliche oder praktische Ratschläge zur Übernahme einer pastoralen Tätigkeit, Orientierung für das Leben. Diese Aktivitäten können an verschiedenen Orten stattfinden, in einer Kirche, auf dem Markt, im Kloster, im Pfarrhaus, in der Schule.

wendet sich eine FC/JF häufig an einen Priester. Die seelsorgliche Beziehung entsteht im Kontext der Beichte, der geistlichen Führung, der geistlichen Begleitung, während des Zuhörens und der Beratung, der Erziehung, der menschlichen, moralischen, christlichen und beruflichen Orientierung, in einer Gebetsgruppe, einer Gruppe, in der die eigene Berufung im Zentrum steht, einer katholischen Jugendgruppe[122], im Rahmen der Seelsorge in der Schule, der Universität oder einer Gesundheitseinrichtung, in der sich die JF befindet. In der Regel steht die JF am Anfang ihres Entscheidungsprozesses für das Ordensleben, oder sie befindet sich in der Ausbildung zum Ordensleben in einer Gemeinschaft oder dem Noviziatshaus eines religiösen Instituts.

3.1.1 Die pastoral-seelsorgliche Beziehung zu einer jungen Frau in der Ausbildung zum Ordensleben

In einigen ländlichen und abgelegenen Gebieten in Subsahara-Afrika kennen die Kinder, die Jugendlichen und vor allem die jungen Frauen keine anderen Priester außer ihrem Pfarrer (der Gemeindepfarrer oder sein Stellvertreter) in der Gemeinde und den Priestern, die manchmal sonntags in der Nebenstation, in der sie leben, die Messe feiern.[123] Sie kennen keine anderen Priester oder Ordensleute. Es ist der Priester, der die jungen Frauen in diesen Orten mit anderen Lebensformen wie dem Ordensleben, dem apostolischen und missionarischen Leben bekannt machen kann. Der Priester der Gemeinde, der die Nebenstationen besucht und dort die Messe zelebriert, ist ein Mittler, der den Kontakt zwischen den jungen Frauen seiner Gemeinde und Ordensleuten oder missionarisch-apostolisch tätigen Personen, die in anderen Dörfern, Siedlungen oder Städten leben, herstellen kann. Der Priester tut dies manchmal, indem er die Reisekosten für die Ärmeren unter den jungen Frauen selbst übernimmt. Er wird viel um seinen Rat, um Information, um seine Ansichten und seine Meinung gebeten. Die jungen Frauen nehmen ihn ernst, sie glauben ihm, respektieren ihn zutiefst und vertrauen ihm. So kann eine hilfreiche und vertrauensvolle Beziehung entstehen. Die jungen Frauen können etwa selbst einen klaren Schritt tun, ihren Wunsch, in einen Orden

---

[122] Diese Gruppen der katholischen Kirche gibt in allen Gemeinden, aber die Bezeichnungen oder Abkürzungen können sich von Land zu Land ändern. Es gibt Gruppen für Kinder, Jugendliche und junge Erwachsene (Schüler, Studenten), Arbeiter, Frauen, Familien...

[123] In der kirchlichen Struktur in Subsahara-Afrika wird zwischen der Hauptpfarrei („Mutterpfarrei", d.h. ein Dorf oder eine Stadt mit der christlichen Gemeinde und der Hauptkirche) und den Nebenstationen (umliegende Dörfer oder Ortschaften) unterschieden. In der Regel wohnen die Priester in der zentralen Gemeinde und erstellen dort einen Plan für die Messen, die Sakramentenspendung und andere Aktivitäten in den Nebenstationen. Die Planungen hängen von der Verfügbarkeit der Priester und der Erreichbarkeit der Nebenstation ab (Zustand der Straßen). Einige Pfarreien haben mehrere Nebenstationen.

einzutreten, aussprechen und den Priester um Hilfe bei den nächsten Schritten bitten; hier gibt es eine klare und explizite Bitte (einen Vertrag). Der Priester erklärt sich bereit, ihr geistlicher Führer bei der Entscheidungsfindung zu sein. Ein solches Anliegen kann aber auch stillschweigend vorhanden sein, ohne klar ausgesprochen zu werden. Beispiele hierfür sind junge Frauen aus Gebetsgruppen, der Bewegung der Katholischen Aktion oder Berufungsgruppen. Sie betrachten den Priester oder Seelsorger, der sie berät, automatisch als großen Bruder und als geistlichen Vater. Sie können spontan, regelmäßig und überall mit ihm sprechen, ohne einen Termin zu vereinbaren oder ein bestimmtes Anliegen für ein Treffen abzusprechen. Sie treten an den Priester heran, erzählen ihm von ihrem Glaubensweg, ihrem geistlichen Leben, ihrer Berufung, ihren Kämpfen, ihren familiären, zwischenmenschlichen, finanziellen und schulischen Schwierigkeiten; sie bitten ihn um Hilfe bei der Entscheidungsfindung, um seinen Rat und seine Unterstützung, wenn sie an eine Kongregation oder ein Institut, das er kennt, verwiesen werden wollen. Die Pastoral für junge Frauen, die an ein Leben als Ordensfrau denken, könnte während einer Veranstaltung (*Workshop*) für junge Menschen in der Formation stattfinden, an der der geistliche Vater oder der Seelsorger teilnimmt. Junge Frauen, die in einer Ordensgemeinschaft ausgebildet werden (auch wenn sie von ihrer Formatorin oder einer anderen Ordensfrau begleitet werden), können in Momenten des Zögerns und des Zweifels Unterstützung, Ermutigung und Orientierung bei diesem Priester suchen. Es gibt weiterhin den Fall, dass der Gemeindepfarrer für die junge Frau, die ins Kloster eintreten möchte, eine Bescheinigung ausstellt, die manche Institute oder Kongregationen als Nachweis verlangen, um zu sehen, ob die junge Frau eine engagierte Christin in ihrer Gemeinde ist. Im nächsten Abschnitt befasse ich mich mit der Ordensfrau.

3.1.2 Die pastoral-seelsorgliche Beziehung zu einer Ordensfrau

Ordensfrauen verspüren im Prozess ihrer Erstausbildung oder der ständigen Weiterbildung manchmal das Bedürfnis, sich mitzuteilen, über ihre Erfahrungen als Ordensfrau zu sprechen, über ihre Sendung, die Anforderungen, Herausforderungen und Freuden, und über die Auswirkungen, die all dies auf ihre Person und ihre Beziehungen in der Gemeinschaft sowie zu anderen Menschen hat. In ihrem Alltag, bei der Vorbereitung auf die Ewige Profess, bei der Anstrengung, sich in ihre Gemeinschaft zu integrieren und die Werte des Ordenslebens zu übernehmen oder eine Verantwortung oder Rolle in der Pastoral zu übernehmen, suchen sie nach einem Ohr, das ihnen zuhört. Sie können sich dafür an einen Priester, der in der Nähe wohnt, oder an den Priester ihrer Pfarrei wenden. Ordensfrauen, die sich in einer Midlife-Crisis befinden und sich in mehreren Dimensionen des Lebens instabil fühlen, wünschen sich vielleicht die Hilfe eines Priesters. OF, die durch frühere oder gegenwärtige schmerzhafte Erfahrungen gezeichnet sind, durch Konflikte mit den Verantwortlichen in der Gemeinschaft, durch einen Trauerfall, eine kulturelle Dominanz, sexuellen Missbrauch oder Inzest, möchten ihre Erfahrungen vielleicht manchmal eher mit einem Priester als mit einer anderen Ordensfrau anschauen und besprechen. Manchmal nutzen sie die Beichte für diesen Austausch. Häufig werden diese Kontakte nicht genau und systematisch organisiert. Aber sie sind vielfältig, notwendig und ihr Ort ist eine pastoral-seelsorgliche Begegnung zwischen ihnen und dem Priester.

Um diese pastoral-seelsorglichen Begegnungen mit einer jungen Frau oder einer Ordensfrau zu auf eine gute Weise zu gestalten, sollte der Priester die Identität eines Hirten haben und sich entsprechend verhalten.

3.2 Der Begriff „Priester"

Der Priester ist ein Katholik, der auf den Ruf Christi antwortet, zum Priester geweiht zu werden, um seinen Brüdern und Schwestern in der Kirche und in der Gesellschaft zu dienen. Wir sprechen vom Priester gemäß der römisch-katholischen Tradition, von der das Konzilsdekret *Presbyterorum Ordinis* handelt. Auf diese Weise unterscheiden wir den Priester von den anderen Christen, die durch ihre Taufe mit dem allgemeinen Priestertum ausgestattet sind. Der Priester ist derjenige, der aus der Reihe der Menschen herausgenommen ist, sagt Papst Johannes Paul II. in *Pastores dabo vobis* (1992). Diese Unterscheidung führt uns dazu, den Priester als denjenigen zu betrachten, der das außerordentliche Priestertum im Sinne des Zweiten Vatikanischen Konzils empfangen hat; allen anderen Getauften, dem Volk Gottes, erkennt das Konzil das allgemeine Priestertum zu. Die Kirche weiht den Priester durch einen Bischof in einem öffentlichen Akt (Weihesakrament), außerhalb seiner Taufe und nach philosophischen und theologischen Studien, und gibt ihm Autorität. Sie gibt ihm die Vollmacht, sein Amt auszuüben. Durch dieses Weihesakrament bekennt sich der Priester öffentlich zu den evangelischen Räten und verpflichtet sich, sie zu leben. Der Priester kann einer bestimmten Diözese angehören. Er ist dem Bischof dieser Diözese und seinen Nachfolgern zum Gehorsam verpflichtet. Auch ein Ordensmann, der Mitglied eines apostolischen Missionsinstituts oder eines aktiven oder kontemplativen Ordens ist, kann Priester werden. Wenn ich in meiner Arbeit von einem Priester spreche, werden diese Unterscheidungen nicht weiter berücksichtigt. Die Verwendung des Ausdrucks „der Priester" ist weder eine Verallgemeinerung noch bedeutet sie, dass jeder Priester betroffen ist. (In meiner Untersuchung gibt es elf beteiligte Priester und Teilnehmerinnen, darunter fünf Ordensfrauen und vier junge Frauen in der Ausbildung zum Ordensleben). Ich werde im Folgenden die Identität des Priesters beschreiben.

3.2.1 Die Identität des Priesters

Der Priester ist ein Mensch mit bestimmten menschlichen und sozialen Qualitäten, der einen hohen Status in der Gesellschaft hat, in der er lebt. Er ist ein geweihter Amtsträger, der evtl. auch einem Orden angehört. Er ist ein Fachmann, ein Experte in Theologie und Spiritualität. Die Identität des katholischen Priesters hat sich in der Geschichte und im Laufe der Zeit verändert. Nach Vincent Makoumayena wurde die Identität des Priesters zwar in einer Atmosphäre der „Sakralität" wie „in Stein gemeißelt" (vgl. das Konzil von Trient), doch das Zweite Vatikanische Konzil ist aufgrund seiner Rückkehr zu den neutestamentlichen Quellen eher zurückhaltend in Bezug auf einige klassische Ausdrücke wie *„alter Christus"*, mit dem der Priester bezeichnet wurde, der die sakramentalen Handlungen *„in persona Christi"* durchführt. Ohne dieser heiligen Dimension des Priestertums offen zu widersprechen, lädt das Konzil zu einer neuen kirchlichen und sozialen Wahrnehmung und Vision des Priesters ein. Der Priester wird aufgefordert, seinen pastoralen Dienst neu zu strukturieren und aus dem Bereich des Sakralen herauszutreten, um andere Identitäten des Priesters, nämlich die des Propheten und des Hirten, zu verkörpern.[124]

> „Die Priester begegnen allen als ihren Brüdern. […] Ihr Dienst verlangt in ganz besonderer Weise, dass sie sich dieser Welt nicht gleichförmig machen; er erfordert aber zugleich, dass sie in dieser Welt mitten unter den Menschen leben, dass sie wie gute Hirten ihre Herde kennen und auch die heimzuholen suchen, die außerhalb stehen, damit sie Christi Stimme hören und eine Herde und ein Hirt sei. Dabei helfen ihnen gerade jene Eigenschaften viel, die zu Recht in der menschlichen Gesellschaft sehr geschätzt sind: Herzensgüte, Aufrichtigkeit, Charakterfestigkeit und Ausdauer, unbestechlicher Gerechtigkeitssinn, gute Umgangsformen und ähnliche weitere Tugenden." (*Presbyterorum Ordinis*, Nr. 3)

Pater Godin war Jesuit und Professor für Religionspsychologie am internationalen Zentrum „Lumen Vitae" in Brüssel. Unter seinen verschiedenen Artikeln über die pastorale Beziehung sind meiner Meinung nach zwei besonders wichtig (Godin, 1958 und 1970).[125] Für Godin übernimmt der Priester in der

---

[124] Vincent G. Makoumayena, *Éthique professionnelle et ministère sacerdotal des prêtres. Liens Ad Hoc et perspectives pour une éthique sacerdotale*, Gregorian University Press, Rome, 2017, p. 7–8.

[125] André Godin, « Le transfert dans la relation pastorale », *Lumen vitae, pastorale et psychologie N. R.Th*, 1958, p. 400–412 ; André Godin, « Les fonctions psychologiques dans la relation pastorale », *Lumen vitae, pastorale et psychologie N. R.Th*, 1970, p. 606–616, www.nrt.be/docs/articles (aufgerufen am 10. Oktober 2017).

3. Die pastoral-seelsorgliche Beziehung

Seelsorge drei Hauptfunktionen: a) das Verstehen, b) die Leitung und c) die Vermittlung. Insofern ist die ausgeübte pastorale Seelsorge auch eine psychologische Beziehung. Die dialogische Beziehung mit dem Priester findet auf drei Ebenen statt, a) auf der religiösen Ebene; b) auf der Ebene des menschlichen Kontakts und c) auf der psychischen Ebene.

a) Auf der religiösen Ebene: Durch die priesterlichen Handlungen (Sakramente) ist der Priester in einem engeren Kontakt mit anderen Menschen, bezeugt ihnen Gott und bringt sie in Beziehung zu Gott oder stärkt und unterstützt ihre Beziehung zu Gott.

b) Auf der Ebene des menschlichen Kontakts: Pater Godin betont, dass die Beziehung durch die psychologischen Einstellungen und das soziale Umfeld der beiden Personen (der Priester und der Mensch, dem er seinen Dienst anbietet) komplizierter, aber auch reicher wird. Jeder, der sich an einen Priester wendet, bringt das Bild mit, das er von einem Priester und seiner Rolle hat. Der Priester reagiert in analoger Weise. Auch er hat ein Bild von sich selbst und präsentiert sich entsprechend. Teilweise sind den beiden interagierenden Personen diese Bilder bewusst und sie können sie erkennen, offen ausdrücken oder überspielen. Andererseits können diese Bilder auch vom Unbewussten beeinflusst werden.

c) Auf der psychischen Ebene: Die Beziehung kann eventuell durch weitgehend unbewusste Emotionen, Bedürfnisse nach Sicherheit, Schutz, Liebe, Zugehörigkeit, Selbstwertgefühl und dem Wunsch nach Akzeptanz durch andere beeinflusst werden. Godin weist außerdem darauf hin, dass auch elementare affektive Prägungen (Furcht, Schuld, Aggression, Angst) eine Rolle spielen können. Diese Prägungen und die daraus erwachsenden Bedürfnisse werden in der Regel nicht als solche erkannt, sondern wirken unter dem Schleier eines Systems von Motivationen und Rechtfertigungen, und zwar umso stärker, je weiter man von der Normalität abweicht. Im letzteren Fall kann man von unbewussten Kräften sprechen, die auf den Priester übertragen werden und die ihm zugewiesene Rolle und die Beziehung zu ihm tiefgreifend beeinflussen können (Projektion). Von der Realität der Übertragung[126] und der Gegenüber-

---

[126] In der Psychotherapie bezeichnet man die starken Gefühle, die Klienten gegenüber ihren Therapeuten entwickeln, als Übertragung. Diese Gefühle sind überwiegend unbewusst und stellen manchmal ein Mittel dar, um in der Gegenwart erneut die emotionale Dynamik der ehemaligen Beziehungen in der Familie zu erleben, insbesondere diejenige zu wichtigen Bezugspersonen wie z.B. den Eltern.

tragung[127] in der pastoralen Beziehung hat auch Linda Robison gesprochen.[128] Die Rolle, die Funktion und der Dienst des Priesters eröffnen ihm manchmal den Zugang zur Privatsphäre der Menschen oder ermöglichen es ihm sogar, in diese einzudringen. Diese Realität kann (manchmal unbewusste) affektive Dynamiken in ihm selbst und in den ihm anvertrauten Menschen auslösen. Aus seiner menschlichen Identität ergeben sich Qualitäten wie Aufmerksamkeit, die Bereitschaft, anderen auf gute Weise nahe zu sein, Freundlichkeit, Sympathie, Empathie. Aus seiner beruflichen Identität, seinem Fachwissen und seiner sozialen Identität bezieht der Priester seine Position und seinen Einfluss.

Die oben genannten Eigenschaften können bei den Menschen, um die er sich kümmert, die ihn kennen und mit ihm Kontakt haben, Bewunderung, Sympathie, Ehrfurcht, Respekt und sogar Liebe (positive Übertragungen) auslösen. In manchen Fällen kann er auch Feindseligkeit oder Verachtung hervorrufen (negative Übertragungen). Der Priester kann darauf reagieren, indem er die gleichen positiven oder negativen Gefühle zeigt. Er sollte bei der Vorbereitung auf seinen Dienst auf diese Dynamiken aufmerksam gemacht werden und sich ihrer bewusst sein, wie es auch in der Ausbildung anderer Berufsgruppen (Ärzte, Psychotherapeuten, Lehrer) geschieht.

Das Amt des geweihten Priesters wird üblicherweise nicht als eine funktionale Aufgabe in der Kirche betrachtet, sondern als Dienst. Die pastoral-seelsorgliche Beziehung, auch wenn sie mehr als nur ein Teil seiner Amtspflichten ist, steht nicht außerhalb der ethischen, deontologischen und professionellen Kriterien, die der Respekt für die Integrität des Menschen verlangt, der in seiner Not um einen Dienst oder eine Hilfe bittet. Im Hinblick auf eine Ethik für Priester in dieser Zeit der Krise aufgrund der Skandale des sexuellen Missbrauchs von Minderjährigen und schutzbedürftigen Personen, die von Papst Franziskus als „kirchliche Wunden" bezeichnet werden,[129] stellt Makoumayena Überlegungen an und entwickelt eine priesterliche Ethik. In seiner Analyse geht er von der Berufsethik aus, die innerhalb der Grenzen des Berufs, in der sie gelten soll (z.B. der Medizin), ausformuliert ist, und öffnet die Tür zu einer Ethik, die das Handeln des Priesters leiten sollte.

In der Tat ist die Tätigkeit des Priesters, der die Frohe Botschaft durch die Predigt und im katechetischen Unterricht verkündet, vergleichbar mit dem

---

127 Die Gegenübertragung ist die Reaktion des Therapeuten und entsprechend die Reaktion des Priesters auf die Projektionen (Übertragungen) der ratsuchenden Person. Dazu gehören seine Gefühle, seine Fähigkeit, mit ihnen angemessen oder unangemessen umzugehen und seine Fähigkeit, die Grenzen der helfenden Beziehung zu respektieren.
128 Linda H. Robison, "The Abuse of Power: A View of Sexual Misconduct in a Systemic Approach to Pastoral Care", *Pastoral Psychology*, 52 (5), 2004, p. 395.
129 *Schreiben von Papst Franziskus an das Volk Gottes* vom 20. August 2018, im Kontext des sexuellen Missbrauchs und des Macht- und Gewissensmissbrauchs gegenüber Minderjährigen.

Beruf eines Lehrers, und der Priester sollte ein angemessenes Verhalten zeigen. Das Konzilsdekret hat den Priester als „Erzieher" bezeichnet (*Presbyterorum Ordinis*, Nr. 6). Der Priester, der sich mit der Heilung der Seelen durch die Spendung der Sakramente der Versöhnung, der Eucharistie und der Krankensalbung befasst, handelt wie ein Arzt und sollte ein entsprechendes Verhalten an den Tag legen. Der Priester, der zuhört, begleitet, unterstützt, ermutigt und anregt, den Glauben, die Hoffnung und die Liebe in allen Situationen des Lebens zu leben, indem er das Mitgefühl von Jesus Christus zeigt, ist ein Begleiter. Es ist übrigens dieser Dienst des Zuhörens und Begleitens, die als Vorbild für die Aufgabe des Psychotherapeuten dient. Ein Priester vereint also mehrere Funktionen in sich. Er ist professionell tätig und sollte danach streben, seinen Dienst allein zur Ehre Gottes zu leisten:

> „Ob die Priester sich darum dem Gebet und der Anbetung hingeben, ob sie das Wort verkünden, das eucharistische Opfer darbringen und die übrigen Sakramente verwalten oder den Menschen auf andere Weise dienen, immer fördern sie die Ehre Gottes und das Wachstum des göttlichen Lebens im Menschen." (*Presbyterorum Ordinis*, Nr. 2)

In der in diesem Absatz beschriebenen Realität definiert sich der Priester durch seine menschliche, intellektuelle, berufliche und spirituelle Identität. Er ist ein Beziehungsmensch. Er ist mit Menschen von ihrer Empfängnis bis zu ihrem Tod in Kontakt. In diesem Abschnitt haben wir die zentrale Identität des Priesters als Hirt hervorgehoben. Im nächsten Abschnitt werden wir seine Fähigkeit zur Zusammenarbeit in der Dimension der Beziehungen, die im Rahmen der Zusammenarbeit entstehen, betrachten.

4. Die Beziehungen in der Zusammenarbeit

Die Zusammenarbeit wird in einer gleichberechtigten Beziehung aufgebaut, in der die beteiligten Personen ihre Fähigkeiten und Verantwortlichkeiten zusammenbringen, um auf gemeinsame Ziele hinzuarbeiten.

Das Zweite Vatikanische Konzil hat den Wunsch verstärkt, dass die Kirche ein Ort der Geschwisterlichkeit und der Gemeinschaft sei, in der jedes ihrer Mitglieder sich in seiner Besonderheit und seinem Reichtum in Zusammenarbeit mit den anderen Mitgliedern der Kirche hingibt. Die Koordination der verschiedenen Gaben und Charismen, der menschlichen, intellektuellen, materiellen und spirituellen Reichtümer macht die „*Koinonia*" aus. Das postkonziliare Dokument *Mutuae Relationes*, das von Papst Paul VI. am 23. April 1978 approbiert wurde, ruft dazu auf, die gegenseitigen Beziehungen zwischen allen Mitgliedern des Volkes Gottes als Ganzes zu stärken. Er betont dabei die Wichtigkeit der konstruktiven Zusammenarbeit der Bischöfe und der Ordensleute. Dasselbe gilt auch für die Zusammenarbeit der engeren Mitarbeiter des

Bischofs, der Priester und der Ordensleute. Jeder solle an seinem Platz und entsprechend seiner Stellung in der Kirche seinen Beitrag leisten und seinen besonderen Dienst unter Achtung der Würde des anderen, in Gegenseitigkeit und Zusammenarbeit für die gemeinsame Sendung Christi wahrnehmen. „Seele des Leibes der Kirche wird der Heilige Geist genannt. Kein Mitglied des Gottesvolkes, welches Dienstamt ihm auch übertragen sein mag, vereinigt in seiner Person alle Gaben, Ämter und Aufgaben, sondern muss mit den anderen gemeinschaftlich handeln." (*Mutuae Relationes*, Nr. 9b). Nr. 9 dieses Dokuments lädt zu einer Beziehung der Zusammenarbeit zwischen Bischöfen (Priestern) und Ordensleuten auf Augenhöhe ein, da sie alle „Mitschüler vor Christus" sind. Dies zu sagen bedeutet nicht, Rollen, Funktionen und Verantwortlichkeitennicht mehr klar zu unterscheiden, sondern es ermutigt oder ermahnt dazu, zusammenzuarbeiten, ohne nach Dominanz zu streben. In diesem Sinne sollte die Beziehung der Zusammenarbeit zwischen einem Priester und einer Ordensfrau eine besondere Beziehung von Kollegen sein, die sie in Gegenseitigkeit und Komplementarität einander näherbringt, um die verschiedenen Aufgaben und Aktivitäten in der Pfarrei, der Diözese oder auf der interdiözesanen Ebene zu bewältigen.

In einem Kommentar zu *Mutuae Relationes* erklärt Francesco Cacucci, dass diesem Dokument eine lange Arbeit vorausging, nämlich sieben Entwürfe, die auf mehreren Studien sowie auf Konsultationen mit Bischöfen, Nationalkonferenzen und verschiedenen Ordenskongregationen basierten. Das Dokument verfolgt das Ziel, die rechtlichen und pastoralen Auswirkungen zu nennen, vor allem bezüglich der Beziehungen von Bischöfen, Priestern und Ordensleuten innerhalb der Kirche.[130] Eine ganze Zahl von Bemühungen der Päpste des 20. Jahrhunderts (Johannes XXIII., Paul VI.) und des 21. Jahrhunderts (Johannes Paul II., Benedikt XVI., Franziskus) gehen in dieselbe Richtung, wenn sie die Zusammenarbeit zwischen Mann und Frau innerhalb der Kirche und in der Gesellschaft ansprechen, dazu ermahnen, sie fördern, unterstützen und stärken. Die Kongregation für die Institute des geweihten Lebens und die Gesellschaften des apostolischen Lebens sagt in *Für jungen Wein neue Schläuche* in der Nr. 17, dass Frauen immer mehr ihren Beitrag auf verschiedenen Ebenen anbieten, durch biblische oder theologische Reflexionen, bei der Entscheidungsfindung, in verschiedenen Diensten in der Gesellschaft und in der Kirche. Cucacci lädt dazu ein, den Weg der konstruktiven Zusammenarbeit fortzusetzen. Die Nr. 18 von *Für jungen Wein neue Schläuche* greift diese Aufforderung zur Zusammenarbeit wieder auf. Es braucht Erziehung und Bildung, um zu lernen, die Beziehungen innerhalb der Kirche zu

---

[130] Francesco Cacucci, "Una chiesa fatta di relazioni", *Studia canonica commentarium pro religiosis et missionariis*, 96 (III–IV), 2014, p. 166–167.

leben, vor allem diejenigen zwischen einem Priester und einer Ordensfrau. Im Folgenden wird dieser Prozess der Zusammenarbeit innerhalb der Kirche in Subsahara-Afrika beschrieben.

4.1 Zusammenarbeit zwischen Priestern und Ordensfrauen in Subsahara-Afrika

Die Zusammenarbeit zwischen Priestern und Ordensfrauen in der katholischen Kirche in Subsahara-Afrika findet hauptsächlich im Kontext der pastoralen Arbeit für die schon laufende Evangelisierung statt. Aus diesem Grund bezeichne ich diese Beziehungen als „Beziehung durch Zusammenarbeit in der Pastoral (BZP)".

4.2 Die Bereiche der Zusammenarbeit

Diese Zusammenarbeit findet wie folgt statt:

a) In den Büros von Bischofskonferenzen, Bistümern, Pfarreien und anderen Strukturen. Die angebotenen Dienstleistungen können der Dienst im Sekretariat, in einem der Wirtschaftsausschüsse, in der Buchhaltung, in der Organisation oder verschiedene Aufgaben im Bereich des Managements sein.

b) In der Sakristei, im Bischofshaus, im Haus der Bischofskonferenz, in den Häusern emeritierter Bischöfe oder älterer Priester, in Begegnungszentren, in den Offizialaten, in diözesanen oder interdiözesanen Seminaren, in Pfarrhäusern, in großen Ordensgemeinschaften. Die angebotenen Dienste können der Dienst an der Pforte, in der Küche, im Haushalt, bei der Reinigung, der Pflege oder in der Wäscherei sein.

c) Beim Unterricht der Katechumenen in der Pfarrei, bei der Aus- und Weiterbildung der Katecheten, der Lehrer an katholischen Schulen, der Laien, die Leitungsaufgaben übernommen haben, der Mitarbeiter katholischer Institutionen, der Seminaristen und der Ordensleute (Erstausbildung und ständige Weiterbildung). Die angebotenen Dienste können Unterricht, Sitzungen und Konferenzen, sowie Planung, Organisation und Durchführung des Jahresprogramms für die Katechese der verschiedenen Gruppen und ihre Nachbereitung sein.

d) In der Betreuung und Begleitung von Gebetsgruppen oder Gruppen der Katholischen Aktion (auf Pfarrei-, Diözesan- oder nationaler Ebene) von Kindern, Jugendlichen, Familien, Arbeitern, Angestellten, Führungskräften. Die angebotenen Dienstleistungen können die Betreuung, Organisation und Planung von Aktivitäten über einen bestimmten Zeitraum sowie menschliche, moralische und spirituelle Unterstützung umfassen.

e) In den katholischen Sozialwerken und für die Evangelisierung in ihren vielfältigen Bereichen, nämlich: e1) im Bildungsbereich (Pfarr-, Diözesan-, Interdiözesan- oder Kongregationsschule,[131] Universität, Bischofskonferenz). Die angebotenen Dienste können Unterricht, Verwaltung oder Leitung, Seelsorge, Beratung und Betreuung von Schülern oder Studenten sein; e2) der Bereich Gesundheit (Ambulanz, Gesundheitszentrum, Diözesan- oder Kongregationskrankenhaus, Sozialzentrum, Caritas). Die angebotenen Dienstleistungen können medizinische Versorgung, Management, Seelsorge für das Personal sowie für die Patienten und ihre Angehörigen umfassen.

In den oben beschriebenen Bereichen kann es zwei Arten der Zusammenarbeit zwischen einem Priester und einer Ordensfrau geben: eine Zusammenarbeit auf Augenhöhe und eine Zusammenarbeit zwischen einer Untergebenen und ihrem Vorgesetzten. Im ersten Fall arbeitet der Priester mit der Ordensfrau gleichberechtigt auf einer Ebene zusammen. Er hat ihr gegenüber keine übergeordnete Position. Sie wird in den Planungs- und Entscheidungsprozess einbezogen, sie wird um ihre Meinung gebeten und erhält rechtzeitig die für ihre Arbeit notwendigen Informationen. Beide, der Priester und die Ordensfrau, können in der Krankenpflege oder als Lehrende ausgebildet sein oder in der Seelsorge einer Institution arbeiten, die einer Kongregation gehört. Im zweiten Fall, der Zusammenarbeit zwischen einem Vorgesetztem (Chef) und einer Untergebenen, hat der Priester die Position des Vorgesetzten inne und die Ordensfrau ist seine Untergebene oder Angestellte. Durch seine Ernennung durch den Bischof, der damit Macht an ihn delegiert, ist der Priester entweder Leiter eines Werkes auf der diözesanen, interdiözesanen oder nationalen Ebene oder auf der Ebene einer Pfarrei, oder er ist als Seelsorger für ein Programm pastoraler Aktivitäten in der Diözese oder in der Pfarrei verantwortlich. Der für eine solche Aufgabe ernannte Priester kann konsultiert werden, mit dem Bischof zusammenarbeiten und eine Ordensfrau als seine Mitarbeiterin ernennen lassen. Je nachdem, wie er seine Ernennung, sein Amt und die Bedeutung von Macht versteht, kann er sich als Chef, Geschäftsführer oder Verantwortlicher sehen. Es kann sich daraus ableiten, dass der Priester entweder mit der Ordensfrau zusammenarbeitet oder sie nach seinen Anwei-

---

[131] Es ist bei Institutionen einer Kongregation zu unterscheiden zwischen Werken (Schule, Universität, Ambulanz, Gesundheitszentrum, Krankenhaus, Sozialzentrum), die einer auf dem Gebiet der Diözese ansässigen Kongregation gehören (finanzielle Investitionen, Bau, Verwaltung), und Werken, die der Diözese gehören, aber zur Verwaltung einer Kongregation oder einem Institut des geweihten Lebens oder einer Gesellschaft des apostolischen Lebens anvertraut wurden.

4. Die Beziehungen in der Zusammenarbeit

sungen arbeiten lässt. Mit ihr zusammenzuarbeiten würde bedeuten, sie in die Leitung, die Planung der Aufgaben, in Entscheidungen und die Evaluation einzubeziehen, sie zu konsultieren und ihre Meinung einzuholen, bevor eine Entscheidung fällt, und sie wenn möglich rechtzeitig zu informieren, bevor die Entscheidungen umgesetzt werden. Wenn der Priester als Chef, Geschäftsführer oder Arbeitgeber agiert, bestimmt er über die Ordensfrau, die von ihm abhängig ist und für ihn arbeitet. Sie führt das Programm oder die Aktivitäten aus, die er den Vorgaben des Bischofs folgend organisiert. Er ist der Hauptakteur und kann weitgehend allein oder auch ganz allein entscheiden.

Die Mitarbeit in der Pfarrei, die geistliche Begleitung von Jugendgruppen, die Mitarbeit in einem Projekt zur Förderung von Berufungen und die Formation von Jugendlichen in der Diözese, die Mitarbeit in der Jugendseelsorge in kirchlichen Einrichtungen und Institutionen sowie die Mitarbeit in einer diözesanen Einrichtung sind Orte verschiedener pastoraler Aktivitäten, ein Rahmen für Menschen, die Erfahrungen mit dem katholischen Glauben machen. Sie sind lebensspendende Orte der Erziehung, der menschlichen, moralischen und spirituellen Bildung für viele Kinder, Jugendliche und Erwachsene, seien sie Christen oder Nichtchristen. Menschen, die an den Dreifaltigen Gott glauben, machen Erfahrungen mit Jesus, der durch sein Wort lehrt, erleuchtet, ermutigt und das Böse anprangert. Die katholischen Werke in der Diözese im Bereich der Bildung, der Gesundheit und des Sozialen sind Werke der Nächstenliebe und der Hilfe. Diese Werke begleiten und verstärken die Evangelisierung. Menschen, die an den Dreifaltigen Gott glauben, machen die konkrete Erfahrung, dass Jesus sie annimmt, ihnen zuhört, sich um sie kümmert, sie heilt, nährt, bekleidet und sie bis in den Tod begleitet, ermutigt und unterstützt. Die enge, aufrichtige und transparente Zusammenarbeit zwischen dem „Mann Gottes" und der „Frau Gottes", wie Christen und Nichtchristen den Priester und die Ordensfrau gemeinhin und liebevoll nennen, stützt und festigt den Glauben an den Gott der Vorfahren. Dieses Zeugnis macht das Leben eines Christen, des Priestertums und des Ordenslebens glaubwürdig. In diesem Kontext haben sich die Menschen ein Bild des Priesters gemacht, das ich im Folgenden genauer untersuchen werde.

4.3 Das Bild des Priesters in Subsahara-Afrika

Die Aufgaben und die Rolle, die ein Priester übernimmt, führen dazu, dass er sich von sich selbst ein Bild macht und auch die Menschen ihm ein Bild zuschreiben. Die Menschen in Subsahara-Afrika sind grundsätzlich religiös. Die traditionelle Religion glaubt an einen einzigen Gott, und die Vorfahren sind die Mittler, mit deren Hilfe die Menschen Gott erreichen können, um seinen Schutz vor allem Bösen (Krankheit, Tod, böse Zauber von missgünstigen Menschen und Feinden) und seine Wohltaten (Regen, reiche Ernten, Erfolg

III. Einige Hinweise zur Terminologie: Definitionen von Konzepten

für die Kinder, die Familie und Projekte) erlangen zu können. Das Heilige ist unantastbar; es wird beachtet und verehrt. Dasselbe gilt für das Leben des Menschen, das ebenfalls heilig ist. Mit diesem Glauben und dieser Verehrung hat das Volk einen guten Sinn für religiöse Fragen und handelt entsprechend. Es ist kohärent und denkt eher konkret, d. h. es hat eine einfache, naive Logik ohne Wenn und Aber[132]: „Wenn etwas gesagt wird, muss es stimmen; es ist nicht nötig, zu viele Fragen zu stellen." Die Ahnen und die Personen, die mit ihnen in Kontakt treten können, werden sehr geachtet, gefürchtet und verehrt; der Priester der traditionellen Religion wird von fast allen im Dorf anerkannt, sehr respektiert oder sogar gefürchtet, ebenso wie seine Familie. Die von der Mutter initiierte Erziehung in der Familie vermittelt diesen Glauben und diese religiöse Praxis, die Sakralität des Heiligen und den tiefen Respekt vor Menschen, die älter sind als man selbst. In diesem Kontext nennen die meisten Menschen, egal welchen Alters und welcher sozialen Schicht, seien sie gläubig, christlich oder nicht, den katholischen Priester leicht „Mann Gottes" und verehren ihn als einen solchen. Die Menschen nehmen ihn ernst, weil er „heilig" ist. In diesem Sinne sagt Pater Agbédjinou[133] in seiner kritischen Betrachtung des Klerikalismus, den er „einen gefährlichen Tumor in der Lunge der Kirche in Afrika" nennt, dass

> „die traditionelle Wahrnehmung des Heiligen und seiner Verbindung mit der Macht die Geistlichen als sakralisierte Personen darstellt, deren Macht durch Insignien sichtbar wird, die nach der allgemeinen Auffassung mit performativen Kräften ausgestattet sind. Als Kind einer solchen Kultur kann der Kleriker (Bischof, Priester oder Diakon) entsprechend dieser Auffassung leben, was offensichtlich schwerwiegende Folgen für das Leben nach dem Evangelium und das Leben der Kirche hat. Er ist dann ständig der Versuchung ausgesetzt, sein Wort und seinen Willen als das Wort und den Willen Gottes anzusehen: Seine Wünsche setzen nach Auffassung der anderen Kräfte frei, die automatisch die Wünsche wahr werden lassen."

Das obige Zitat verdeutlicht die Heiligkeit des Priesters und das Risiko seines Einflusses auf andere Menschen. In manchen ländlichen Gegenden (in Dörfern, auf dem Land) gehört er unabhängig von seinem Alter dem Rat der Weisen[134] an. Sein Wort hat bei den traditionellen Autoritäten, dem Häuptling

---

132 Naivität hat in diesem Zusammenhang eine doppelte Bedeutung. Einerseits ist sie gesund und natürlich, und sie hilft dabei, nicht in Skepsis oder Zweifel zu verfallen. Andererseits kann sie für die Person ein gefährlicher Nachteil sein, wenn sie dadurch keinen „Verdacht" (nach Ricœur) schöpft.

133 Pater Rodrigue Gbédjinou, ist Priester der Diözese Cotonou in Benin und Spezialist für dogmatische Theologie. Er beschäftigt sich mit dem Klerikalismus in der katholischen Kirche in Afrika. Seine Gedanken wurden am 13. Oktober 2018 auf der Website für religiöse Nachrichten von *La Croix Africa* (https://africa.la-croix.com) veröffentlicht; ich habe die Webside am 1. Dezember 2018 besucht.

134 Der Weise in Subsahara-Afrika ist ein älterer Mensch mit Lebenserfahrung, der anderen,

4. Die Beziehungen in der Zusammenarbeit

des Dorfes oder des Gebiets und seinen Beratern, den traditionellen Geschichtenerzählern (Griots) und den Ordensfrauen Gewicht, und er wird häufig um Hilfe gebeten.

Der Priester hat menschliche Qualitäten, und er hat einen klaren und gut definierten sozialen Status in der Gesellschaft in Subsahara-Afrika. Er wird zu den Eliten gezählt, da er gebildet, kultiviert und somit intellektuell ist. Agbédjinou ergänzt: „Sie [die Priester] zeichnen sich durch eine gewisse Kultur aus, die den Eliten eigen ist." Einige Priester sind finanziell gut gestellt oder sogar wohlhabend. Einige Gläubige, seien sie Christen oder Nichtchristen, sind bereit, den Priester zu verteidigen, ihn menschlich, moralisch, psychologisch, finanziell und spirituell zu unterstützen (für ihn zu beten). Sie akzeptieren den Priester leicht als „Mann Gottes", der für sie ein Segen ist und ihnen, ihrer Familie und ihren Vorhaben göttlichen Segen bringt. Die Achtung und Wertschätzung für den Priester kann bei manchen Menschen mit einer gewissen, nicht begründeten Angst vermischt sein, die dazu führen kann, dass sie es nicht wagen, den Priester zu konfrontieren, ihn zu verärgern oder ihn wütend zu machen, weil sie befürchten, dass er einen Fluch auf sie ziehen könnte.

Auch wenn dieses Bild des Priesters in Subsahara-Afrika vorherrschend zu sein scheint, wird es nicht von allen Priestern mit Selbstgefälligkeit übernommen. Die meisten Priester versuchen, über dieses attraktive Bild hinauszugehen und ihr Leben und ihre Sendung mit dem Bild des Guten Hirten, mit Jesus Christus, in Einklang zu bringen. Sie können die Vorteile genießen (Studium, die Macht des Priestertums und ihres Amtes, die ihnen verliehen sind), und zwar als Mittel, um anderen zu dienen, ohne daraus ein Privileg zu machen. Sie sind weiterhin ein Orientierungspunkt für Kinder, Jugendliche und Erwachsene aller Art und aller sozialen Schichten. Sie sind Mittler, um Menschen zu Christus Jesus zu führen.

Im Gegensatz dazu nutzen andere Priester das traditionelle Priesterbild, um sich selbst zu profilieren. Sie laufen Gefahr, zusammen mit den Christen, die ihnen verbunden sind, genau den Klerikalismus zu leben, den Papst Franziskus in seinem Brief an das Volk Gottes vom 20. August 2018[135] angeprangert hat. Er sagt darin: „Der Klerikalismus, sei er nun von den Priestern

---

vor allem jüngeren Menschen, Vertrauen einflößt, da er es verstanden hat, nach den Bräuchen, moralischen Normen und der Tradition der Vorfahren zu leben. Er gehört dem Rat der Weisen der Gemeinde an und kann in einzelnen Anliegen um Rat, um seine Meinung und um Unterstützung gebeten werden. Das Alter ist in Subsahara-Afrika ein wichtiges Kriterium, um sicherzugehen, dass dieser Mensch über konkrete Lebenserfahrung verfügt, gute Entscheidungen getroffen hat, sein Leben und das seiner Familie aufgebaut hat, dass er beständig und ausdauernd ist und dass er der Tradition der Vorfahren treu geblieben ist. Das Alter ist aber nicht das einzige Kriterium.

[135] In diesem Brief fordert Papst Franziskus das gesamte Volk Gottes dazu auf, sich des sexuellen Missbrauchs von Minderjährigen und schutzbedürftigen Personen in der Kirche bewusst zu werden und gemeinsam dagegen vorzugehen.

selbst oder von den Laien gefördert, erzeugt eine Spaltung im Leib der Kirche, die dazu anstiftet und beiträgt, viele der Übel, die wir heute beklagen, weiterlaufen zu lassen." Die Priester Gbédjinou und Zagoré[136] aus Benin bzw. der Côte d'Ivoire sind der Meinung, dass der Klerikalismus in seinen verschiedenen Formen in der Kirche in Afrika „den prophetischen Geist des pastoralen Dienstes töten kann" und dass ihm „das prophetische Zeugnis fehlt". Es sollte auf die Reinigung der traditionellen Bedeutung des Sakralen und Heiligen hingearbeitet werden, und das Konzept der Kirche als ein Leib und eine Gemeinschaft müsse in geteilter Verantwortung gelebt werden. Dies kann nur erreicht werden, wenn man jeden einzelnen Sohn und jede einzelne Tochter Afrikas sieht und ernst nimmt.

4.4 Der Begriff der Ordensfrau

Die Ordensfrau folgt dem Ruf Jesu Christi und weiht Gott ihr Leben als Christin, indem sie sich öffentlich zu den evangelischen Räten bekennt und sich verpflichtet, sie zu leben. Nach dem Kirchenrecht[137] (CIC can. 573 § 1) gilt:

> „Das durch die Profess der evangelischen Räte geweihte Leben besteht in einer auf Dauer angelegten Lebensweise, in der Gläubige unter Leitung des Heiligen Geistes in besonders enger Nachfolge Christi sich Gott, dem höchstgeliebten, gänzlich hingeben und zu seiner Verherrlichung wie auch zur Auferbauung der Kirche und zum Heil der Welt eine neue und besondere Bindung eingehen, um im Dienste am Reich Gottes zur vollkommenen Liebe zu gelangen und, ein strahlendes Zeichen in der Kirche geworden, die himmlische Herrlichkeit anzukündigen."

Nach dieser Definition lebt die Ordensfrau die Weihe an Gott in Gemeinschaft und nimmt ihre Sendung gemäß der Spiritualität und dem Charisma der Institution, der sie angehört, wahr. Sie kann einer kontemplativen oder aktiven Ordensgemeinschaft angehören oder eine Frau mit Jungfrauenweihe oder Witwenweihe in der Welt sein. Wenn ich in dieser Untersuchung von einer Ordensfrau spreche, meine ich damit eine Frau, die in einer aktiv tätigen Gemeinschaft lebt.

Die Anfangsausbildung ist eine wichtige Phase im Leben einer Ordensfrau. Wer auf den Ruf Gottes antworten und sich ihm ganz zu weihen möchte, durchläuft die Stufen der Anfangsausbildung unter der Anleitung einer Ordensfrau,

---

[136] Pater Donald Zagoré ist ein ivorischer Priester und gehört der Société des missions africaines (SMA, Societas Missionum ad Afros) an. Er veröffentlichte seine Reflexion mit dem Titel: « Un regard critique sur la religion en Afrique : Le danger du cléricalisme et de la bureaucratie dans l'Église ivoirienne », auf der Homepage von La Croix Africa (https://africa.la-croix.com), am 13. September 2018; ich habe die Seite am 1. Dezember 2018 aufgerufen.

[137] E. Caparros et H. Aube, *Code du droit canonique bilingue*, Wilson & Lafleur Itée, Montréal, 2009.

4. Die Beziehungen in der Zusammenarbeit

die auf diese Aufgabe vorbereitet worden ist. Die Anfangsausbildung[138] zum geweihten Leben umfasst mehrere Stufen (Noviziat, Juniorat[139]) gemäß dem Kirchenrecht und erstreckt sich über einen in etwa angegebenen Zeitraum. Entsprechend der Situation der jungen Frauen in der Ausbildung kann jede Ordensfamilie den zeitlichen Rahmen der einzelnen Phasen anpassen.

Als „Ordensfrau (OF)" bezeichne ich in meiner Untersuchung diejenigen Frauen, die eine öffentliche Verpflichtung eingegangen sind, indem sie zeitliche oder ewige religiöse Gelübde abgelegt haben, und als „junge Frau in der Ausbildung zum Ordensleben (JF)" die Frauen, die noch keine religiöse Verpflichtung eingegangen sind, sich aber in der Entscheidungsfindung oder in der Ausbildung zum Ordensleben befinden. Einige Ordensfrauen und einige junge Frauen in der Ausbildung zum Ordensleben haben sich bereit erklärt, mit mir über ihre Erfahrungen zu sprechen, um mir bei meiner Untersuchung zu helfen. Sie kommen aus verschiedenen Kongregationen und Instituten päpstlichen oder diözesanen Rechts. Ich bezeichne sie hier als die „Teilnehmerinnen" an dieser Studie. Im folgenden Abschnitt werde ich beschreiben, wie das Bild der Ordensfrau in ihrem Lebenskontext aussieht.

4.4.1 Das Bild der Ordensfrau in Subsahara-Afrika

In der Tradition von Subsahara-Afrika hat die Frau einen wichtigen Platz in der Familie und in der Gesellschaft. Sie wird als Mutter und Ratgeberin geschätzt. Wenn sie nicht schwanger geworden ist oder alle Kinder, die sie geboren hat, sterben, kann es für sie großes Leid bedeuten; was geschehen ist, kann für sie eine Quelle von Ausgrenzung, Ablehnung und Verachtung seitens der Familien und der Gesellschaft werden. Dennoch wird sie weiterhin

---

[138] Es wird unterschieden zwischen der Anfangsausbildung und der ständigen Weiterbildung. Die Anfangsausbildung bereitet auf die Gelübde vor (bewusste Versprechen). Das Noviziat bereitet auf die einfachen Gelübde vor. Das Juniorat (CIC can. 659) bereitet auf die feierlichen öffentlichen Gelübde vor (öffentlich, weil sie vom rechtmäßigen Oberen, der im Namen der Kirche antwortet, entgegengenommen werden; CIC can. 1192 § 1,2). Die ständige Weiterbildung (CIC can. 661) dauert das ganze Ordensleben hindurch an. Sie ermöglicht es, in einem Geist zu leben, der offen ist, in allen Bereichen zu lernen: menschlich, beruflich, moralisch, theologisch, spirituell. Sie kann eine Selbstausbildung sein oder eine Ausbildung, die von der Kongregation oder dem Orden organisiert wird.

[139] Das Noviziat (CIC can. 646) ist die Zeit der Vorbereitung auf die Ablegung der zeitlichen einfachen Gelübde. Seine Dauer beträgt etwa ein Jahr (CIC can. 648 § 1). In einigen Instituten und Kongregationen dauert es mindestens zwei Jahre. Manchmal geht ihm auch eine andere Phase voraus: das Postulat oder Pränoviziat. Das Postulat ist eine intern gestaltete Ausbildungsphase in einigen Instituten oder Kongregationen. Das Juniorat (CIC can. 659) ist die Zeit nach dem Noviziat bis zur feierlichen oder ewigen Profess. Nach den ersten, zeitlich begrenzten Gelübden bereitet sich die junge Frau während des Juniorats auf die endgültige Bindung vor, indem sie ihr gottgeweihtes Leben und ihre Sendung lebt, um endgültig „Ja" zu Gott zu sagen, wenn sie es will. Diese Phase dauert nach den Vorgaben des Kirchenrechts mindestens fünf und höchstens neun Jahre.

III. Einige Hinweise zur Terminologie: Definitionen von Konzepten

als „Mutter" bezeichnet, denn sie bleibt diejenige, die das Leben schützt und die erzieht. Die unfruchtbare oder kinderlose Frau bleibt bei ihrem Mann und nimmt einige Kinder aus der Großfamilie oder von weiteren Frauen ihres Mannes bei sich auf, ernährt, beschützt und erzieht sie.

Die Frau ist eine anerkannte und geschätzte wichtige Person, um die herum die Familie aufgebaut wird. Sie ist setzt sich für Eintracht und Frieden innerhalb der Familie und zwischen den Familien (durch Heirat) ein. Sie ist der Garant für die Weitergabe von Überzeugungen, Werten, Normen und Bräuchen von Generation zu Generation in einer ursprünglich mündlichen Kultur. Dieser unverrückbar gesetzte Wert der afrikanischen Frau südlich der Sahara (Verlässlichkeit und Stabilität) wirkt im Hintergrund und kann manchmal eine (bewusste oder unbewusste) Auslöschung des Selbst bedeuten, vor allem auf sozialer Ebene.

Die Öffnung der traditionellen Kultur von Subsahara-Afrika gegenüber anderen (westlichen oder östlichen) Kulturen führt heutzutage zu einer Vermischung der Kulturen und zu einem Wandel. Es werden verschiedene Anstrengungen unternommen (erzieherisch, intellektuell, beruflich, sozial), damit die Frau aus den Ländern südlich der Sahara ihren Platz in der lokalen und internationalen Gesellschaft effektiv und sichtbar einnehmen kann.

Das Besondere an der Ordensfrau ist ihre Weihe an Gott. Sie wird als „heilige Frau" geachtet und als etwas Besonderes angesehen. Durch die zu ihrer Lebensform und Weihe an Gott gehörende Sendung stellt sie sich offen an die Seite von vor allem leidenden, marginalisierten und vergessenen Menschen und dabei auch an die Seite ihrer Schwestern (andere junge und ältere Frauen), denen eine intellektuelle Bildung verwehrt bleibt und die verachtet werden. Sie hilft ihnen, ihre Selbstachtung und Identität aufzubauen und sich selbst, ihre Kinder und ihre Familie zu versorgen. Die Ordensfrau wird dafür geschätzt und ist eine bemerkenswerte Person auf der sozialen Ebene. Sie ist eine engagierte, treue, fleißige Frau mit Talent zur Zusammenarbeit und geschickt in Verhandlungen und im Organisieren; sie ist einflussreich, zärtlich, verständnisvoll, kommunikativ und beziehungsorientiert. Was die Ordensfrau bewirkt wird allerdings unterschiedlich wahrgenommen. Ihr Einfluss bleibt oft verborgen und wird nicht ausreichend sichtbar, sodass auch die Ordensfrau selbst ihn ignorieren, sich vernachlässigen und zum Objekt von Verachtung und Gewalt durch einen Mann werden kann, der Macht über sie hat und sie missbraucht. Durch ihre menschlichen, intellektuellen und spirituellen Qualitäten kann sie andererseits auch ihre Beziehung zum Priester beeinflussen oder diesen Einfluss sogar missbrauchen. Ist sie sich dessen bewusst? In unserer Untersuchung werde ich nicht näher auf solche Fälle von Missbrauch durch die Ordensfrau gegenüber dem Priester eingehen. Der folgende Abschnitt befasst sich mit dem Begriff der Macht und ihrer Ausübung zwischen dem Priester und der Ordensfrau in der pastoral-seelsorglichen Beziehung oder in der Zusammenarbeit in der pastoralen Arbeit.

4.5 Der Begriff der Macht in der PB und der BZP

Macht wird einer Person zugeordnet; sie wird ihr in der Kirche gegeben, um zu dienen und um sie mit anderen zu teilen, die weniger Macht haben. Um den Begriff der Macht genauer zu fassen, benutze ich die Überlegungen und Studien von Annemie Dillen[140] und Dariusz Krok[141]. Beide definieren und verorten die Dynamik (den Einfluss) von Macht im Kontext der pastoral-seelsorglichen Beziehung. Ein Begriff oder ein Konzept der Macht existiert nicht an sich: Macht wird entweder vom christlichen Gott, einer anderen Gottheit, einer Person oder einer Institution verliehen. Es gibt keine Macht, die nicht in Verbindung mit einer Person, einer Gruppe von Personen, einer Gemeinschaft oder einer Institution steht. Der Mensch hat Macht aufgrund dessen, was er ist und besitzt (Leben, gute Gesundheit, Weisheit, Wissen, materielle, moralische und geistige Güter). In diesem Sinn ist der Priester eine Person, die zunächst einmal eine persönliche Macht hat. Weiterhin erhält er Macht innerhalb einer Institution, nämlich der Kirche. Durch die Handauflegung des Bischofs, der anderen Priester, durch die Sakramente der Eucharistie und der Weihe ist er heilig (göttliche Macht); als geweihter Priester erhält er auch die Autorität und die Erlaubnis, seinen Dienst zu tun: das Wort Gottes zu verkünden, zu predigen, die Sakramente zu feiern, den Glaubensweg der Menschen zu begleiten.

4.5.1 Der Begriff der Macht in der pastoral-seelsorglichen Beziehung nach Dillen

Dillen hat in einem praktisch-theologischen Ansatz den Begriff der Macht in einer relationalen Dynamik konzipiert.[142] Aus dieser Perspektive sind Macht und vor allem ihre Manifestation und ihr Einfluss allgegenwärtig. Die Machtbereiche der in Beziehung stehenden Personen beeinflussen sich gegenseitig oder in zirkulärer Weise. Es geht nicht darum zu ermitteln, wer von beiden (der Priester oder die betreute Person) die Macht hat. Die grundlegende Aufgabe ist vielmehr, die verschiedenen Formen des Einflusses von Macht zu erkennen, die im Spiel sind. Diese Art der Problemstellung erleichtert es,

---

140 Annemie Dillen, "The Complexity of Power in Pastoral Relations: Challenges for Theology and Church", *Et-Studies*, 4 (2), 2013, p. 221–235. Dillens Überlegungen resümieren den Austausch bei einem Expertenseminar, das an der Fakultät für Theologie und Religionswissenschaft im Januar 2012 in Leuven stattfand.
141 Dariusz Krok, "Psychological Aspects of Dealing with Power in Pastoral Relations", *Et-Studies*, 4 (2), 2013, p. 237–252.
142 Annemie Dillen, "The Complexity of Power in Pastoral Relations: Challenges for Theology and Church", *art. cit.*

III. Einige Hinweise zur Terminologie: Definitionen von Konzepten

einerseits den Einfluss der persönlichen Macht des Priesters und andererseits diejenige der ihm anvertrauten Personen zu erkennen. Jede Person hat Macht. Macht zu haben bedeutet, die Fähigkeit zu besitzen, sich selbst und/oder andere zu beeinflussen und/oder zu kontrollieren. Macht ist der Einfluss, den jemand auf andere ausübt und den die anderen auf ihn ausüben, in einer Beziehung, in der Familie, in einer Gemeinschaft, in einer Institution. So ist der Priester ein Hirt für die Menschen in einer Gemeinde, einer Diözese oder für andere Menschen aus verschiedenen Bereichen, für die er seinen Dienst tut oder die seine Hilfe in Anspruch nehmen. Er ist wichtig für diese Menschen. Diese wiederum sind ebenfalls wichtig für seine Arbeit und für seinen Dienst. Seine bei der Weihe erhaltene Vollmacht und die sichtbaren Zeichen (Kleidung, Insignien), die damit einhergehen, haben nur in dem Maße eine reale Wirkung, in dem die Menschen den Priester als solchen wahrnehmen, akzeptieren, wertschätzen, respektieren, seine priesterliche Vollmacht billigen und seine Dienste in Anspruch nehmen.

Ich habe mich in diesem Kontext dafür entschieden, den Schwerpunkt auf den pastoral-seelsorglichen Dienst und den Einfluss der ihr innewohnenden Macht zu legen. Es ist wichtig, dass man sich der Dynamik der Macht in der pastoral-seelsorglichen Beziehung bewusst wird. Auch wenn man das Priestertum in erster Linie als einen Dienst ansieht, muss man zugeben, dass dieser Dienst Bereiche mit „*soft power*" enthält.[143] Legt man den Schwerpunkt in der pastoral-seelsorglichen Beziehung allein auf den Dienst des Priesters, könnte man die Wachsamkeit verlieren, die hilft, im Handeln des Priesters immer auch die Auswirkungen der Macht auf die Menschen wahrzunehmen und zu analysieren.

Dillen hat einige Risiken herausgearbeitet, die sich ergeben, wenn ein Priester seine Rolle allein als einen Dienst versteht und in der Dimension des Dienens ansiedelt. Aus dieser Perspektive kann er bereit sein, alles für das Wohl der Menschen zu tun und sich dabei selbst zu vergessen. Er läuft aber Gefahr, dabei der Initiative der Menschen keinen Raum zu geben und vor allem den Dialog nicht zu fördern, in denen sie ihre wirklichen Bedürfnisse äußern könnten. Es gibt also das Risiko, dass die ihm anvertrauten Menschen zu bloßen Nutznießern werden, die seinen Entscheidungen und Handlungen dankbar und schweigend gegenüberstehen. Eine solche Haltung kann bei einem Pastor eine paternalistische Disposition hervorrufen. Der Priester, der glaubt, er sei allein „ein Geschenk" für die Menschen, denen er dient, läuft Gefahr, zu vergessen, dass sie ihrerseits auch ein Geschenk für ihn sind. Sie können ihm Unterstützung, Beiträge, konstruktive Kritik und Inspirationen für sein Gleichgewicht geben. Die übertriebene Wertschätzung der *Agape* als

---

[143] *Ibid.*, p. 224.

4. Die Beziehungen in der Zusammenarbeit

„Nächstenliebe", „aufopfernde Liebe und Dienst" auf Kosten des *Eros* „Selbstliebe" kann zur Erschöpfung des Priesters führen.

Dillen diskutiert auch die Mehrdeutigkeit und Vielseitigkeit von Macht. Wenn man Macht hat, kann das dazu führen, dass man Gutes tut oder dass man sie missbraucht, indem man Böses tut. Es mag paradox klingen, aber man kann auch Böses erleiden, wenn man Macht besitzt. Für Christen sind das Leben und die Haltung Jesu das Vorbild. Jesus ist Gott, und ihm war alle Macht im Himmel und auf der Erde gegeben (vgl. Mt. 28,18). Er sprach und handelte „mit Vollmacht" (vgl. Mk. 1,21–28). Aber er starb an einem Kreuz durch die Hände von Menschen, seinen Geschöpfen. Insofern er ein Mensch war, hatten die Henker Macht über Jesus.

Die Heilige Teresa von Kalkutta und Lady Diana (Diana Spencer, Prinzessin aus Großbritannien) haben aus ihrer unterschiedlichen Position heraus einen positiven Einfluss (auf konstruktive, wohltätige Weise) auf die Gesellschaft, in der sie gelebt haben, ausgeübt. Es ist ihnen gelungen, ihre Macht einzusetzen, um andere Menschen dazu zu bringen, Tausenden von Leidenden etwas Gutes zu tun. Winnie Mandela[144], die Ex-Frau von Präsident Nelson Mandela, hat ihre Macht erfolgreich eingesetzt, um für die Abschaffung der Apartheid in Südafrika zu kämpfen. Allerdings wird ihr auch vorgeworfen, in den Mord an einem Jugendlichen verwickelt zu sein. Mit diesem Beispiel möchte ich darauf hinweisen, dass es zwei Möglichkeiten gibt, seine Macht zu nutzen. Macht kann dazu gebraucht werden, um Kinder in ihrem Wachstum zu unterstützen, um als Führungspersönlichkeit zugunsten der Armen zu entscheiden, um den Schwächeren zu ermöglichen, selbstständig zu handeln und sich fähig zu fühlen, „den Fisch zu fangen", um für diejenigen zu sprechen, die keine Stimme haben usw. Macht kann jedoch auch dazu gebraucht werden, Schwächere auszulöschen.

Dillen hat die sozialen und institutionellen Aspekte von Macht analysiert.[145] In der Form der Beziehungsdynamik existiert Macht auch in Institutionen und sozialen Systemen. Der Priester und die Gemeindemitglieder beeinflussen sich gegenseitig. Es gibt Gesellschaften, die den Priester nur schwer akzeptieren und ihn daher stark beeinflussen. Er ist der sozialen und institutionellen Macht unterworfen und hat möglicherweise keine Handlungsfreiheit. Er muss verhandeln und seine Besuche bei Kranken sowie seine anderen Aufgaben und Aktivitäten erklären, um nicht verdächtigt zu werden. In anderen Gesellschaften ist das Gegenteil der Fall. Seine Funktion und seine Rolle

---

144 Würdigung der katholischen Kirche für Winnie Mandela am 4. April 2018, zwei Tage nach ihrem Tod im Alter von 81 Jahren: https://africa.la-croix.com (aufgerufen am 5. Dez. 2018).

145 Annemie Dillen, "The Complexity of Power in Pastoral Relations: Challenges for Theology and Church", *art. cit.*, p. 226.

werden anerkannt, geschätzt, unterstützt und gewürdigt. In diesem Kontext kann er seine Macht konstruktiv positiv oder destruktiv negativ nutzen. Der destruktive negative Gebrauch von Macht kann Formen der Dominanz, der Kontrolle, der Ausbeutung und der Unterwerfung annehmen.

Der Umgang mit Macht sollte auf angemessene, ausgewogene Weise in einer pastoral-seelsorglichen Beziehung erfolgen, da diese asymmetrisch ist. Der Priester hat eine spezifische Position und Rolle, die sich von der Rolle der ihm anvertrauten Menschen unterscheidet. Er muss sich seiner Bedürfnisse in Bezug auf seine eigene Macht, seinen Einfluss auf andere und den Einfluss anderer auf ihn bewusst werden. Das wachsende Bewusstsein hilft ihm zu leben, mit seiner Macht transparent umzugehen, Kommunikation zu nutzen, Informationen zu geben und Rechenschaft über die eigene Sendung abzulegen, und zwar durch Ausbildung, Akzeptanz von Konfrontation und Supervision durch Vorgesetzte und Kollegen, sowie in seiner Reaktion auf Kritik durch Pfarreimitglieder oder andere Personen.

4.5.2 Der Begriff der Macht nach Krok

Krok hat den Begriff der Macht in einem psychosozialen Ansatz behandelt. Seiner Ansicht nach ist die pastoral-seelsorgliche Beziehung untrennbar mit sozialen Beziehungen verbunden und entgeht nicht den Dynamiken, die mit jeder sozialen Beziehung einhergehen.[146] Wenn ich dies hier sage, so bedeutet das nicht, dass ich in allen Punkten mit dem Autor übereinstimme. Ich setze die pastoral-seelsorgliche Beziehung nicht mit jeder sozialen Beziehung gleich. Ich erkenne die göttliche Dimension der pastoral-seelsorglichen Beziehung an. Der Dreifaltige Gott steht im Zentrum dieser Beziehung. Aber in dem interdisziplinären Ansatz, der die Grundlage meiner Untersuchung ist, teile ich mit dem Autor die Ansicht, dass psychosoziale Beiträge dabei helfen können, die menschlichen und sozialen Dynamiken, die in der pastoral-seelsorglichen Beziehung eine Rolle spielen, zu analysieren und zu verstehen.

Nach seinen Forschungen und Überlegungen, die auf anderen Studien basieren, sieht Krok Macht als einen greifbaren, immanenten, komplexen Aspekt in menschlichen und sozialen Beziehungen an. Der Einfluss von Macht in sozialen Beziehungen kann konkret, sichtbar oder nuanciert sein. Der Pro-

---

[146] *"What we need to bear in mind is the fact that pastoral relations are part of general social relations occurring in religious settings and therefore are subject to sociological and psychological analyses. They can be a source of validated knowledge in answering some important questions regarding the reality of pastoral relations."* [Wir müssen bedenken, dass die pastoralen Beziehungen Teil der allgemeinen sozialen Beziehungen in religiösen Kontexten sind und dass sie daher Gegenstand soziologischer und psychologischer Analysen sind. Sie können eine Quelle gesicherten Wissens bei der Beantwortung einiger wichtiger Fragen zur Realität der pastoral-seelsorglichen Beziehungen sein.] Dariusz Krok, «Psychological Aspects of Dealing with Power in Pastoral Relations», *art. cit.*, p. 246.

zess der Manifestation von Macht kann je nach den interagierenden Personen, nach Werten, Überzeugungen, Zielen und nach den Merkmalen der beteiligten Beziehungen variieren. Die Ausübung von Macht kann von Hingabe, Verantwortung, Dienst und aufopferndem Einsatz für das Gemeinwohl oder aber vom Streben nach Erlangung von Privilegien oder der Suche nach Belohnung geleitet sein.

In einer pastoral-seelsorglichen Beziehung ist die Dynamik der sozialen Macht (*social power*) unvermeidlich.[147] Sie besteht in der Fähigkeit einer Person, Einfluss auf andere auszuüben, um eine psychologische oder verhaltensbezogene Änderung zu bewirken. In der Gesellschaft geht es um die Kontrolle von Menschen, ihren Ressourcen und ihrer Produktion. Im religiösen Bereich ermöglichen es diese sozialen Fähigkeiten, dass sich Menschen in einer Gemeinschaft zusammenfinden, in der sie im Namen gemeinsamer Werte zusammenarbeiten und Verantwortung übernehmen.

Die pastoral-seelsorgliche Beziehung ist von dieser psychosozialen und kulturellen Dynamik nicht ausgenommen. Wie kann sie funktionieren? Krok hat zwei Formen der Machtausübung unterschieden: a) Einflussnahme und b) Kontrolle.[148]

a) Die erste Form der Machtausübung nutzt Überzeugung im Hinblick auf eine kognitive Veränderung und eine Bekehrung (Glaube, Urteil, Entscheidung, ein Handeln gemäß dem, was auch moralisch, spirituell angemessen sein kann). Die Macht wird ausgeübt, ohne die Menschen, ihre Würde und ihre Freiheit zu verletzen. Auf dieser Ebene kann die reife Ausübung von Macht in einer pastoral-seelsorglichen Beziehung angesiedelt werden, die durch eine Autorität, die sensibel ist, Hilfe anbietet. Um so zu agieren, muss man zunächst die Notwendigkeiten recherchieren, die Bedürfnisse erkunden und das ermitteln, was dem Wohl der Menschen in der Gemeinschaft dient. Der Priester ist nicht nur auf sich selbst bezogen und von den anderen isoliert, sondern er beeinflusst die Gedanken, Entscheidungen und Handlungen der Menschen. Er ist also offen für kollektive Vorschläge, handelt kollegial und versucht, jedes Mitglied einzubeziehen, nachdem er Informationen über die Begründung von Projekten angeboten hat. So erfüllt er seine Aufgabe mithilfe eines Teams, dem er zuhört, das er schätzt, ermutigt und von dessen Knowhow, Geschicklichkeit und Weisheit er profitiert. Diese gegenseitige Zusammenarbeit wirkt sich positiv auf ihn selbst und die Gemeinschaft aus.

---

[147] *Ibid.*, p. 239.
[148] *Ibid.*, p. 240–241.

b) Die zweite Form der Machtausübung arbeitet mit Kontrolle und autoritärem Zwang. Wer so Einfluss ausübt, nimmt für sich das Recht in Anspruch, den Menschen vorzuschreiben, was sie glauben und wie sie sich verhalten sollen.

Die Faktoren, die mit einem hohen Grad von Wahrscheinlichkeit die Art und Weise der missbräuchlichen Machtausübung beeinflussen, können 1) persönlich sein oder 2) mit dem sozialen Umfeld zusammenhängen oder 3) eine Kombination aus beiden sein. In Bezug auf die persönlichen Faktoren hat Krok bestimmte Persönlichkeitsmerkmale mit ihrer Motivation und Affektivität, ihrem Bedürfnis sowie ihrem inhärenten Konflikt angegeben. Er unterscheidet vier Persönlichkeitsmerkmale:
a) autoritär,
b) engstirnig-dogmatisch,
c) machiavellistisch (rücksichtslos machtpolitisch handelnd),
d) charismatisch narzisstisch.

Der Einsatz von Autorität in einer pastoral-seelsorglichen Beziehung kann umkippen und zu Unterdrückung, Missbrauch der Untergebenen, mangelnder Transparenz und Offenheit, einer engstirnigen Wahrnehmung und einem engstirnigen Verständnis von Religion, religiösen Werten und deren Nicht-Integration führen, was den Missbrauch von Gruppen und Einzelpersonen nach sich zieht. Es handelt sich dabei um eine gewisse Tendenz zu einem Mangel an Gefühlen (Ignorieren von Gefühlen), um andere Menschen zu manipulieren und sie als faul, furchtsam oder als zu individualistisch zu betrachten. Das Gefühl der Überlegenheit und die Manipulation anderer kann die pastoral-seelsorgliche Beziehung zerstören. Diese persönlichen Faktoren können durch soziale Faktoren unterstützt werden, wie z. B. die gesellschaftliche Rolle, die mangelnde Kontrolle im Umgang mit dieser Rolle und fehlende Transparenz. Die gesellschaftliche Rolle hängt von der kulturellen Tradition ab. Wenn das Verständnis von Autorität mit einem als Wert verstandenen strengen Gehorsam verbunden ist, kann es zu Formen von Missbrauch kommen. Mangelnde Kontrolle der Machtausübung und Intransparenz können Missbrauch erleichtern.

Der Begriff des Einflusses von Macht in einer pastoral-seelsorglichen Beziehung ist komplex und heikel. Die pastoral-seelsorgliche Beziehung befasst sich mit Menschen und ihrer menschlichen und spirituellen Dimension. Ich habe das Vorhandensein und den Einfluss der Macht jeder Person, die eine Beziehung eingeht, hervorgehoben. In der pastoral-seelsorglichen Beziehung ist der Einfluss der Macht offensichtlich.

Der Priester hat eine andere Position als die Person, der er hilft. Dies macht die seelsorgliche Beziehung asymmetrisch. Die Person, die den Priester um Hilfe bittet, kann sich in einer unsicheren Lage oder einer Situation von Machtlosigkeit befinden. Sie kann in besonderer Weise verletzlich sein. Zollner drückt dies folgendermaßen aus: „Autorität und Führung sind gerade dort unverzichtbar, wo es um den Schutz von Menschenleben geht [...]. Die Macht bedarf der Kontrolle von außen."[149] In der PB und der BZP sollte der Geist des Evangeliums vorherrschen. Der Priester sollte in diesen Beziehungen den Schwachen und Vulnerablen nahe sein. Im nächsten Abschnitt werde ich den Begriff der Vulnerabilität näher untersuchen.

4.6 Der Begriff der Vulnerabilität in der pastoral-seelsorglichen Beziehung und in der Beziehung durch Zusammenarbeit in der Pastoral

Die Vulnerabilität offenbart die Endlichkeit, die Grenzen und die Schwächen des Menschen. Sie ist gleichzeitig die Offenheit für die Komplementarität, insofern als der Mensch auch eine Fülle ist, da er nach dem Bild Gottes geschaffen wurde.

Vulnerabilität ist ein Konzept, das sich auf verschiedene Bereiche beziehen kann. Ich nenne als Beispiele hier nur die körperliche Vulnerabilität eines kranken Menschen, die soziale Vulnerabilität eines benachteiligten Menschen, die intellektuelle Vulnerabilität (Unwissenheit, Mangel an Wissen oder Informationen) und die psychische Vulnerabilität. Letztere ist eine Form der Fragilität, d.h. eine begrenzte Fähigkeit, Ereignissen zu widerstehen und eine größere Empfindlichkeit gegenüber Widrigkeiten. Sie kann vorübergehend oder chronisch sein und variiert stark von Person zu Person. Die Vulnerabilität ein und desselben Menschen variiert im Laufe seines Lebens. Sie kann auf Veranlagungen oder Störungen zurückzuführen sein, die die Entwicklung und das Funktionieren von Gefühlen, Intellekt und Beziehungen beeinträchtigen.

Sperry definiert Vulnerabilität wie folgt: „Der Zustand, in dem ein Mensch eine reduzierte Fähigkeit hat, die ihn daran hindert, sich zu behaupten, so dass er sich keiner Form von Überschreitungen seiner Grenzen widersetzen kann."[150]

In seinem Ansatz der christlichen Anthropologie hat Rulla die Berufung mit Hilfe der Tiefenpsychologie betrachtet. Er stellt die Vulnerabilität in den Kontext des „idealen institutionellen Selbst". Dieses „ideale institutionelle Selbst" ist objektiv, frei und spiegelt die Person in ihrer Konstitution, ihren Ressourcen, ihrem Potenzial und ihren Grenzen wider.[151] Allerdings kann die Aufnahme der in einer Institution geschätzten Werte durch die Person von Trieben und psychologischen Bedürfnissen beeinflusst werden. Diese Bedürfnisse können die Werte auf andere unbewusste Ziele lenken. Eine gute Ab-

---

149 Hans Zollner, « "Ma mère, l'Église m'a abandonné". Aspects spirituels de l'abus et de son déni », *Christus*, 254, 2017, p. 99.
150 Len Sperry, « A Primer on Sex and Sexuality », *art. cit.*, p. 43.
151 Rulla Luigi M., *Psicologia del profondo e vocazione*, op. cit., p. 168.

III. Einige Hinweise zur Terminologie: Definitionen von Konzepten

sicht allein reicht nicht aus. Das „ideale institutionelle Selbst" ist nicht „völlig frei und objektiv".[152] Es gibt einen dunklen, defensiven Teil, der manchmal ein Hindernis darstellt, wenn es darum geht, eine Bedeutung für die gelebten christlichen oder institutionellen Werte zu finden. Es gibt im Menschen eine „verzerrte Wahrnehmung" und ein defensives Ausleben dieser Werte. Die Werte werden bewundert, er entscheidet sich für sie und spricht gern darüber, aber er lebt diese Werte im Hinblick auf die Befriedigung der eigenen Bedürfnisse. Er schaut dabei vor allem auf sich selbst und ist nicht ausreichend offen für den Impuls der Werte zur Selbsttranszendenz.

Die Fülle liegt jedoch in der Bereitschaft des Menschen, in seiner Endlichkeit Platz zu schaffen, um Gott aufnehmen zu können. Insofern gibt es in der menschlichen Vulnerabilität nicht nur eine Begrenztheit. Die Vulnerabilität ist auch seine Stärke, seine Fähigkeit, mit der Einsamkeit seiner reich ausgestatteten Identität er selbst zu bleiben, um eine Gegenseitigkeit, eine Komplementarität zu leben. Wenn der Mensch seine Abhängigkeit von Gott spürt, wird er auch seine Abhängigkeit von seinem Mitmenschen spüren können. Vulnerabel zu sein bedeutet nicht nur, schwach zu sein. Vulnerabilität ist ebenso sehr die Fähigkeit, die Not des anderen zu spüren. Sie macht den Menschen bereit, zu empfangen und zu geben. Jeder Mensch trägt eine gewisse Vulnerabilität in sich, ein Element der Verwundbarkeit, das es möglich macht, dass ein anderer auf ihn zukommen kann und dass er auf den anderen zugehen kann, um eine liebevolle Beziehung aufzubauen, zusammen zu arbeiten und um in stabilen und befriedigenden Beziehungen zu leben.[153] Die Vulnerabilität, die ihn von anderen abhängig macht, liegt im Menschen. Sie bewirkt, dass er das Bedürfnis hat, mit anderen in Beziehung zu treten, ihre Aufmerksamkeit, Hilfe, Präsenz und Unterstützung zu erhalten und wertgeschätzt zu werden. Die Vulnerabilität ist dem Menschen inhärent und Teil seiner Identität, seines ursprünglichen Wesens. Sie lässt ihn die Grenzen der eigenen Intimität und der eigenen Sexualität wahrnehmen und macht ihm bewusst, wenn diese Grenzen verletzt werden.

In dieser „bipolaren"[154], ja sogar komplementären Perspektive des Begriffs der Vulnerabilität ist es notwendig zu beachten, dass der Mensch, der in der Lage ist, seine Vulnerabilität anzuschauen, ihre einzelnen Aspekte zu erkennen und sie zu akzeptieren, in Beziehung zu seiner Angst, seiner Stärke und seinem Mut tritt, und so seine Grenzen aufbauen oder stärken kann. Er kann seine Identität definieren und neu strukturieren, und er kann sich verteidigen.

---

152 *Ibid.*, p. 170.
153 Anna Deodato, *Vorrei risorgere dalle mie ferite, op. cit.*, p. 18.
154 Dieser Ausdruck wurde von Deodato entlehnt, um das Kontinuum der Vulnerabilität auszudrücken, die sowohl der Schwäche wie der Größe der menschlichen Person zuzurechnen ist.

4. Die Beziehungen in der Zusammenarbeit

Die eigenen Grenzen zu verteidigen ist keineswegs Egoismus oder Individualismus, sondern vielmehr Liebe und Respekt für sich selbst und für andere. Denn es gibt eine persönliche Vulnerabilität, d.h. eine besondere Schwäche, die einen Menschen den Übergriffen anderer aussetzen kann. Deodato weist darauf hin, dass ein vulnerabler Erwachsener eine ihm manchmal gar nicht bewusste „Schwäche", eine „Zerbrechlichkeit" besitzt, welche die Persönlichkeitsstruktur beeinflussen kann.[155] Dieser Mensch ist körperlich oder emotional fragil und fühlt sich nicht fähig, sich zu verteidigen, zu schützen und sich selbst zu helfen, wenn er beleidigt oder misshandelt wird. Ereignisse oder Situationen wie die Erziehung in einem rigiden, geschlechterverachtenden Familiensystem mit moralistischen Tendenzen oder eine lange Krankheit, Trauer, der Verlust von geliebten Menschen, eine Behinderung, der Verlust des Arbeitsplatzes, eine Midlife-Crisis, eine Glaubens- oder Berufungskrise können eine Person schwächen. Wer solches erlebt, ist zusätzlich zu der Vulnerabilität, die dem Leben jedes Menschen innewohnt, eine besonders vulnerable Person.

In den Bereichen der seelsorglichen Beziehungen und der Zusammenarbeit in der pastoralen Arbeit ist Rutters Sichtweise relevant.[156] Vulnerabilität ist für ihn „eine aus der Kindheit geerbte Wunde". Jeder Mensch hat seine eigene Vulnerabilität.

Im Hinblick auf die Frau betont Rutter a) die Schwierigkeit, auch nur das kleinste Zeichen von Aufmerksamkeit abzulehnen, b) die Tendenz, sich als „Heilerin" eines Mannes zu fühlen, der ihr Mitgefühl ausnutzen kann, c) die Abwertung des eigenen Potenzials oder d) die Erfahrungen sexueller Gewalt, die sie vermutlich schon gemacht hat. All dies könnte sie in Folge zu einer gewissen Passivität gegenüber anderen Menschen führen.

Im Falle des Mannes betont er a) eine innere Schwäche, die ihn dazu bringt, dominieren, ausbeuten und missbrauchen zu wollen, b) seine sexuellen Fantasien: „Jeder Akt sexueller Ausbeutung wird im Mann durch stundenlange sexuelle Fantasien vorbereitet." Die männliche Fantasie ist „das Schlüsselelement der Psychologie des Mannes". Selbst wenn seine Beziehung zur weiblichen Welt gesund ist, bringt seine Fantasie den Mann gelegentlich dazu, die psychologischen und psychischen Grenzen der Frau zu überschreiten, manchmal auch mit ihrer Hilfe. Rutter betont auch c) seine Suche nach Intimität, d) das Nichtakzeptieren seiner weiblichen Gefühle, die er aufgrund seiner Erziehung verachtet, und das Streben danach, seine Autorität aufrechtzuerhalten, e) die Dynamik aus dem Mutter-Sohn-Verhältnis, die manchmal mit einer Regression einhergeht und ihn nach der Zärtlichkeit einer Mutter

---

[155] Anna Deodato, *Vorrei risorgere dalle mie ferite*, op. cit., p. 19.
[156] Peter Rutter, *Le sexe abusif. Lorsque les hommes en situation de pouvoir abusent les femmes*, M. A. Éditions, Paris, 1990.

suchen lässt. Sowohl in der Situation der Frau als auch in der des Mannes stellt Rutter den Einfluss der Erziehung mit ihrem ganzen kulturellen und institutionellen Gewicht fest, der zu einer gewissen Vulnerabilität in einer engeren Beziehung zwischen Frau und Mann führen kann. Diese psychoanalytischen Überlegungen von Rutter können ein Ansatz sein, um die besondere Vulnerabilität von Männern und Frauen im Zusammenhang mit sexuellem Fehlverhalten zu verstehen. Ich schließe mich allerdings dieser Perspektive Rutters nicht vollständig an. Es gibt noch andere Realitäten, die Ursache der Vulnerabilität einer Person sein können, z. B. fehlende Selbsterkenntnis oder fehlendes Wissen über die eigenen Rechte, die eigenen Verantwortlichkeiten und den eigenen Handlungsspielraum. Die vulnerable Person ist daher nur eingeschränkt fähig, ihre Zustimmung zu einer sexuellen Handlung zu äußern. Diese Einschränkungen können von bestimmten Schwierigkeiten körperlicher, intellektueller, moralischer, psychologischer und spiritueller Art herrühren, die beeinflussen, auf welche Weise die Zustimmung geäußert wird. Manchmal kann die Einwilligung, selbst wenn sie zum Ausdruck gebracht wurde, ungültig, voreingenommen, unterschwellig, zweifelhaft, mehrdeutig oder irrtümlich sein. Die Vulnerabilität einer Person kann dazu führen, dass die Zustimmung eigentlich nicht vorhanden ist. Ich werde nun veranschaulichen, was ich unter Einwilligung verstehe.

4.7 Der Begriff der Zustimmung in der pastoral-seelsorglichen Beziehung und in der Zusammenarbeit in der Pastoral

Eine Einwilligung in eine Liebes- oder Sexualbeziehung liegt vor, wenn eine Person aus freien Stücken ihre Zustimmung gibt und die Beziehung akzeptiert. Im Rahmen einer seelsorglichen Beziehung oder einer Zusammenarbeit in der Pastoral bedeutet dies, zustimmend zu lächeln und zu nicken und damit die Liebes- und Sexualaufforderungen zu positiv aufzunehmen und eine Liebesbeziehung einzugehen. Die Zustimmung kann gültig, informiert, aufgeklärt oder auch ungültig sein. Für Marie Evans-Bouclin „erfordert eine echte Zustimmung die Abwesenheit von Zwang."[157]

Aus einer ethischen Perspektive hat Liégeois das Konzept der informierten Zustimmung in die pastoral-seelsorglichen Beziehung eingebracht.[158] Er geht dabei aus von der Lehre des moralischen Handelns nach Thomas von Aquin (1225–1274). Für Liégeois reichen Absichten allein nicht aus, um eine moralische Haltung zu verstehen, zu bewerten und klar zu erkennen, was falsch oder richtig ist. Es reicht nicht aus, gute Absichten zu haben, um gut

---

[157] Marie Evans-Bouclin, « La violence faite aux femmes dans l'Église. Inconduite sexuelle par des membres du clergé », *Sciences Pastorales*, 20 (2), 2001, p. 258.
[158] Axel Liégeois, "The Meaning of Informed Consent in Pastoral Counseling", *art. cit.*

4. Die Beziehungen in der Zusammenarbeit

zu handeln. Bewusste Intentionen sind notwendig, werden aber manchmal durch unbewusste Motivationen (Bedürfnisse, Emotionen) beeinflusst. Wie ich zuvor schon bei Ricoeur (*Soi-même comme un autre*), Lonergan (*Pour une méthode en théologie*), Imoda (*Human development psychology and mystery*) und Rulla (*Anthropologie de la vocation chrétienne*) hervorgehoben habe, erfordert das Verständnis der unbewussten Motivationen und ihre Interpretation einen „Umweg" mit Hilfe dessen, was die Psychologie hier beitragen kann. Die Perspektive von Liégeois stimmt mit der von Ricoeur überein, der ausgehend von den „Meistern des Verdachts" argumentiert, dass es einer Untersuchung und der Narrativität bedarf, um den Menschen kennenzulernen, der sich auf diese Weise sich selbst und anderen gegenüber offenbart. Die Reife, mit Hilfe derer ein Mensch eine gültige Zustimmung erteilt, besteht in dem Maße, in dem er seine intuitiv-emotionalen und reflexiv-rationalen Bewertungen ausbalancieren kann.

Aus dieser Perspektive heraus schlägt Liégeois vor, dass der Priester in einer seelsorglichen Beziehung, wenn möglich, sein Verhalten, seine Einstellung, seine Aktivitäten und Gesten gegenüber dem Menschen, der explizit oder implizit um Hilfe bittet, erklären sollte. Er sollte dem Menschen, der sich an ihn wendet, Raum und Zeit geben, sich explizit (mündlich oder schriftlich) oder implizit (mit nonverbalen Äußerungen: Kopfnicken, Lächeln, Ruhe) zu äußern, bevor er handelt. Die Reaktion ist in diesem Fall klar und für den angesprochenen Menschen entsprechend seiner Zustimmung oder Ablehnung der Haltung des Priesters bindend. Für Liégeois stellt die Vorgehensweise von Ärzten ein mögliches Modell dar. Den Patienten, die in der Lage zu verstehen und einzuwilligen sind, erklären Ärzte die Diagnose, die Prognose, ihre Entscheidungen, die Behandlungsmodalitäten, die Nebenwirkungen, die möglichen Reaktionen und den angestrebten Ausgang der Behandlung. Wenn ein Patient nicht in der Lage ist, zu verstehen und seine Zustimmung zu geben, antwortet ein Verwandter oder eine andere Bezugsperson an seiner Stelle.

Ist diese Vorgehensweise auch in der seelsorglichen Beziehung denkbar? Soweit es möglich ist, sollte der Priester seine Absichten und Handlungsweisen erklären, bevor er handelt. Es ist jedoch klar, dass er dies in der Praxis manchmal nicht tun kann. In dieser Hinsicht kommt nicht nur die Intuition in Bezug auf die Haltung des Priesters ins Spiel, sondern auch die Rationalität. Der Priester sollte nicht denken, dass alles, was er tut, für die Person, die ihn um Hilfe bittet, offensichtlich, verständlich, hilfreich und angenehm ist. Der handelnde, helfende Priester kann sich seiner Absichten bewusst sein. Es kann aber auch sein, dass er sich seiner eigenen Erwartungen (unbewussten Motivationen) zum Zeitpunkt seiner Handlung nicht vollständig bewusst ist. In diesem Fall ist es für ihn schwieriger, sich der Erwartungen und der tiefen Sehnsüchte, die der ratsuchende Mensch zum Zeitpunkt der seelsorglichen Begegnung mitbringt, vollständig bewusst zu werden. Es ist nicht einfach für den Priester, einen anderen Menschen in seinem Verhalten gut wahrzunehmen und zu bewerten. Es könnte beispielsweise sein, dass der Priester beschließt, seine Hände auf die Schultern der ratsuchenden Person zu legen, um zu beten. Auch wenn er dies in guter Absicht tut, wie kann er wissen, auf welche Weise sein Gegenüber diese Geste wahrnimmt, wenn er sie nicht vor oder nach seiner Handlung erklärt? Wie kann er ihre Wirkung bewerten, wenn er sich nicht das Feedback anhört, dass sein Gegenüber zu diesem Tun gibt?

Der Priester sollte mit gesundem Menschenverstand, Einfühlungsvermögen und aus seiner praktischen Erfahrung heraus die Umstände wahrnehmen und die kulturellen Gepflogenheiten einschätzen und so herausfinden, was die Menschen wirklich brauchen, z.B. beim Verlust ihres Arbeitsplatzes oder bei einem Trauerfall. Er sollte einen geschützten und sicheren Ort finden und eine Nähe zeigen, die im gegebenen Milieu akzeptiert ist. Er sollte sich fragen, ob die Person, die er vor sich hat, glücklich, zufrieden, erleichtert, getröstet oder verwirrt ist. Eine kurze Erklärung für alles, was er tut, könnte sein Gegenüber beruhigen und Vorbehalte auflösen, wenn er eventuell zögert oder vielleicht Verdacht und Misstrauen hegt. Dies alles wird die Absicht und das Ziel des Priesters stärken, im Namen Gottes Unterstützung, Nähe, Empathie und Mitgefühl auszudrücken.

In den konkret vorgestellten Fällen spricht Liégeois von der Notwendigkeit einer informierten Zustimmung. Die Asymmetrie und die real vorliegende Machtstruktur einer pastoral-seelsorglichen Beziehung sind nicht zu leugnen.[159] Alle Menschen sind in ihrer Menschlichkeit einander gleich und alle sind Kinder Gottes. Allerdings haben sie nicht alle die gleiche Stellung. Ein Kind ist seinen Eltern nicht gleichgestellt. Der Schüler oder Student steht nicht gleichberechtigt neben seinem Lehrer oder Professor. Der Arbeitnehmer steht nicht gleichberechtigt neben seinem Arbeitgeber; der Gläubige ist nicht gleichberechtigt mit dem Priester. Je nach seiner Funktion, Rolle und Position besteht zwischen dem Priester und der Person, die seine Hilfe sucht, ein Ungleichgewicht, eine Machtungleichheit. Im Kontext der seelsorglichen Beziehung befindet sich der Priester in der Position desjenigen, der Hilfe anbietet. Die ratsuchende Person befindet sich in einer Position der Abhängigkeit von seiner Hilfe, sie empfängt. Da der Priester in der Position desjenigen ist, der mehr Macht als die ratsuchende Person hat, liegt die endgültige Verantwortung in der seelsorglichen Beziehung bei ihm.

---

[159] "One of the most important characteristics of this [pastoral] relationship is its asymmetry and power imbalance." Axel Liégeois, « The Meaning of Informed Consent in Pastoral Counseling », *art. cit.*, p. 173.

4. Die Beziehungen in der Zusammenarbeit

Die informierte Zustimmung bezieht sich auf die Initiative des Priesters, der ratsuchenden Person Zeit und Raum zu schenken, um ihr zuzuhören, ihre Erwartungen wahrzunehmen und um sich mit ihren Fragen zu beschäftigen (die manchmal nicht in jedem Detail explizit in Worte gefasst sind). Anschließend sollte er die Erwartungen der ratsuchenden Person neu und klar zu formulieren versuchen und es ihr ermöglichen, seine Haltung und Handlungsweisen zu verstehen, sie zu analysieren und zu beurteilen, sie zu akzeptieren und ihnen zuzustimmen.

Wenn die ratsuchende Person weder die Zeit noch die Voraussetzungen hat, um die Situation und die Umstände vollständig zu verstehen oder zu beurteilen, dann ist ihre Zustimmung, wenn sie sie gibt, bedingt und von daher nur partiell.

Wenn der Priester physische Gewalt anwendet (schroffe Behandlung, Schläge), wenn er psychologisch Einfluss nimmt durch emotionale Erpressung und Drohungen, sein Gegenüber seiner menschlichen, materiellen, finanziellen, moralischen und spirituellen Unterstützung zu berauben, oder wenn er die ratsuchende Person überrumpelt oder seine soziale oder kirchliche Position ausnutzt („Ich bin Priester, und ich sage es dir"), dann gibt es keine gültige Zustimmung. Schweigen und passives Erdulden sind keine Zustimmung. In der pastoral-seelsorglichen Beziehung zwischen dem Priester und der Ordensfrau oder der jungen Frau in der Ausbildung zum Ordensleben ist bei Liebesbekundungen, sexuellen Aufforderungen oder sexueller Gewalt jegliche Art die Zustimmung der OF oder JF ungültig. Selbst wenn Zustimmung geäußert wird, ist sie ungültig. Aus psychologischer und psychoanalytischer Perspektive drückte Rutter[160] dies wie folgt aus:

> „Da die verbotene Zone [analog zur pastoral-seelsorglichen Beziehung oder zur Situation der Zusammenarbeit in der Pastoral] bestimmte Erlebnisstrukturen der Kindheit in uns wieder aufruft, kann die Zustimmung zu sexuellen Handlungen unter diesen emotionalen Umständen nicht der Zustimmung [eines erwachsenen Menschen] gleichkommen. Im Lichte dieser impliziten Dynamiken kann es keine erwachsene Zustimmung zum Geschlechtsakt einer Frau mit einem Mann geben, der Macht über sie ausübt. Ein Mann in dieser Vertrauens- und Autoritätsposition nimmt unweigerlich das Bild eines Vaters an, und man schreibt ihm die mit dieser Funktion einhergehende moralische Verantwortung zu. Aus psychologischer Sicht kommen Grenzverletzungen also nicht nur Vergewaltigungen, sondern auch Inzest gleich."[161]

---

160 Rutter ist ein amerikanischer Psychiater, der sich auf Probleme der sexuellen Belästigung im familiären, beruflichen, medizinischen oder religiösen Umfeld spezialisiert hat. Die von ihm untersuchten Fälle beziehen sich auf Frauen, die in beruflichen Zusammenhängen von Männern sexuell missbraucht wurden, denen sie im Hinblick auf ihre Versorgung und ihre Ausbildung, während eines Praktikums oder beim Unterricht vertrauten.
161 Peter Rutter, Le sexe abusif. *Lorsque les hommes en situation de pouvoir abusent les femmes*, op.

Diese Aussage von Rutter hilft, die große Verantwortung des Priesters in einer PB zu erkennen, wenn es zu Fehlverhalten kommt.

In einer Beziehung der Zusammenarbeit in der Pastoral gibt es einen Punkt, der bedacht werden muss:

a) Wenn die Zusammenarbeit zwischen Vorgesetztem (Priester) und Untergebener (Ordensfrau) stattfindet, kann es auf Seiten der Ordensfrau innere Schwierigkeiten, verschiedenste Konditionierungen, Verwirrung, Zögern, Unentschlossenheit, Zweideutigkeit und das Verweigern von Reaktionen auf die offensichtlichen Annäherungsversuche sexueller Natur durch den Priester geben. In diesem Fall ist ihre ausdrückliche oder stillschweigende Zustimmung nur teilweise gegeben oder sie ist vollständig ungültig.

b) Die Zustimmung der OF ist gültig, wenn die Zusammenarbeit gleichberechtigt ist. Die Ordensfrau bzw. die in der Ausbildung zum Ordensleben befindliche junge Frau ist in diesem Fall vom Priester nicht wirklich abhängig. Sie kann nicht so leicht beeinflusst werden. Sie hat eine gewisse Autonomie und Freiheit, die es ihr ermöglichen, ihre Zustimmung für oder gegen die Beziehung und das damit implizierte Fehlverhalten zu äußern. Die klar gegebene und von beiden Seiten anerkannte Zustimmung ermöglicht es, dass die beiden beteiligten Personen ihre je persönliche Grenze in der Art und im Kontext der Beziehung ziehen können.

4.8 Der Begriff der Grenzen in der pastoral-seelsorglichen Beziehung und in der Zusammenarbeit in der Pastoral

Die Grenzen[162] definieren die Abgrenzung zwischen zwei Personen in einer Beziehung in Bezug auf die körperliche Identität, in Worten und Gesten und im Raum. Sie ermöglichen es ihnen, sich in einem Gegenüber oder Nebeneinander zu positionieren. Sie sind für beide ein Schutz und stellen keine Barrieren für die Beziehung dar. Sie beinhalten und integrieren die körperliche (physische), psychische, moralische und spirituelle Intimität des Menschen und geben ihm ein Gefühl der Sicherheit. Jeder Mensch hat zum Schutz sei-

---

cit., p. 114.

[162] Das englische Wort für Grenzen, „boundaries", drückt eine gewisse Dynamik der Grenzziehung in einer Beziehung zwischen zwei oder mehreren Personen aus. In meiner Studie geht das Wort *Grenzen* ebenfalls über die Bedeutung „Barrieren" und „Grenzlinien" hinaus. Barrieren können in einer Beziehung zu einer gewissen Starrheit führen. Die Grenzlinien zwischen zwei Staaten sind klar gezogen. Grenzen verstehe ich dagegen als dynamisch; sie sind flexibel und beinhalten die Verantwortung des Menschen, sich selbst immer besser kennen zu lernen (Identität) und die Auswirkungen seines Handelns (Kontext, Rolle, Funktion) auf andere und in seiner Umgebung in den Blick zu nehmen.

ner körperlichen, psychischen, moralischen und spirituellen Unversehrtheit das Recht und die Freiheit zu entscheiden, wem er Zugang gewährt und wem nicht. In Übereinstimmung mit den Überlegungen von Sperry verstehe ich Grenzen als diejenigen Normen, Regeln oder Richtlinien, welche die persönlichen Räume definieren und der Person ein Gefühl der Sicherheit vermitteln.[163] In der seelsorglichen Beziehung oder in der Zusammenarbeit in der Pastoral bedeutet dies, die dienstlichen und beruflichen Grenzen festzulegen, indem man die deontologischen und kanonischen Normen (CIC can. 1387, im Kontext der Beichte[164]) und die ethischen Normen (gutes Benehmen) respektiert, die die unterstützende und helfende Beziehung mit ihren Dynamiken regeln und ausbalancieren.

Nehmen wir als Beispiel den Ausdruck der klaren emotionalen Abhängigkeit auf Seiten der begleiteten Person und die Empathie des Begleiters (Übertragung, Gegenübertragung). Der Priester darf die Intimsphäre der Person, die er begleitet, nicht mit unangemessenen Aufforderungen antasten. Er darf nicht in den Intimbereich (Zimmer, Körper, Gedanken, Entscheidungen, Handlungen) der begleiteten Person eindringen und, anstatt auf ihre Bitte um Hilfe zu reagieren, die Dringlichkeit dessen, was für ihn wichtig ist, und seine Bedürfnisse im Hinblick auf Neugier, Liebesbekundungen und sexuelle Kontakte in den Vordergrund stellen.[165] Wenn dies geschieht, ist es in dem Maß ein Machtmissbrauch, ein Vertrauensmissbrauch und ein sexueller Missbrauch, in dem die Zustimmung der betroffenen Person nicht vorliegt. Selbst wenn es eine gewisse Zustimmung gibt, ist sie angesichts des Machtungleichgewichts in der PB rechtlich nicht gültig. Überraschendes Verhalten, unerwünschte Berührungen, sexuelle Aufforderungen und Geschlechtsverkehr von Seiten des Priesters, die alle nicht Teil der PB sind, stellen eine Grenzüberschreitung dar. Da der Priester der Hauptverantwortliche für die pastoral-seelsorgliche Beziehung und meist auch in der Zusammenarbeit in der Pastoral ist, sollte er darauf achten, dass er die Grenzen respektiert; tut er dies nicht, ist die Ordensfrau oder die junge Frau in der Ausbildung zum Ordensleben die Verliererin. Sie kann sich nicht mehr darauf verlassen, dass er ihr uneigennützig hilft, und sich in seiner Gegenwart nicht mehr sicher fühlen. Demgegenüber schaffen gesunde Grenzen, die aufgebaut und ge-

---

163 Len Sperry, "A Primer on Sex and Sexuality", *art. cit.*, p. 43.
164 „Ein Priester, der bei der Spendung des Bußsakramentes oder bei Gelegenheit oder unter dem Vorwand der Beichte einen Pönitenten zu einer Sünde gegen das sechste Gebot des Dekalogs zu verführen versucht, soll, je nach Schwere der Straftat, mit Suspension, mit Verboten, mit Entzug von Rechten und, in schwereren Fällen, mit der Entlassung aus dem Klerikerstand bestraft werden."
165 In *Crimen Sollicitationis* (Das Verbrechen der Verführung), einer 1962 als Neudruck herausgegebenen Instruktion der Kongregation des Heiligen Offiziums, werden diese Situationen thematisiert.

pflegt werden, ein sicheres Umfeld für die Zusammenarbeit zwischen einem Priester und einer Ordensfrau.

Im nächsten Abschnitt werde ich die Begriffe des sexuellen Missbrauchs, des Machtmissbrauchs, des Vertrauensmissbrauchs sowie andere Formen sexueller Gewalt genauer definieren, die im Kontext der seelsorglichen Beziehung oder der Zusammenarbeit in der Pastoral zwischen dem Priester und der Ordensfrau auftreten können.

ABSCHNITT C
Der Begriff der sexuellen Gewalt

In diesem Abschnitt möchte ich die verschiedenen Arten des Missbrauchs und anderer möglicher sexueller Gewalt definieren, die im Rahmen der seelsorglichen Beziehung und der Zusammenarbeit für die Pastoral auftreten können.

5. Sexueller Missbrauch

In einer Beziehung zwischen Erwachsenen von sexuellem Missbrauch zu sprechen, mag vielleicht fragwürdig erscheinen. Ich möchte dabei betonen, dass es sich in meiner Forschung in erster Linie um seelsorgliche Beziehungen oder um Beziehungen in der Zusammenarbeit für die Pastoral handelt. Sie bestehen zwischen einem Priester und einer Ordensfrau bzw. zwischen einem Priester und einer jungen Frau in der Ausbildung zum Ordensleben. Beginnt der Priester hier eine Beziehung sexueller Natur, so ist dies eine ethische Übertretung, also ein sexueller Missbrauch im Kontext der PB. Mir scheint dabei die Definition des sexuellen Missbrauchs von Carolyn Heggen[166] besonders dort relevant, wo sie das Machtgefälle zwischen dem Opfer des Missbrauchs und dem Täter betont.

> „Sexueller Missbrauch liegt vor, wenn eine Person, der es an Reife oder Stärke fehlt, in eine sexuelle Erfahrung gelockt wird, sei es durch eine List, eine Falle, eine Nötigung oder eine Bestechung. Ein solcher Missbrauch liegt vor, wenn eine auf Grund einer Behinderung, ihres Alters oder einer anderen Situation schwache Person in eine für den Missbraucher sexuell erregende Aktivität verwickelt wird und das Opfer entweder nicht wirklich versteht, was mit ihm geschieht, oder

---

[166] Die Autoren Heggen und Fortune (2006), Fortune (1983), Rutter (1990), Evans-Bouclin (2001) und Deodato (2016) dienen hier als Referenz, um die Konzepte des sexuellen Missbrauchs und anderer sexueller Gewalt zu definieren. Die genannten Autoren setzen sich mit dieser Art von Gewalt gegen Erwachsene auseinander, z. B. gegen Frauen in einer beruflichen oder in einer pastoralen Beziehung. Ihre Erkenntnisse können so angepasst werden, dass sie auch die besondere Situation einer Ordensfrau erfassen.

aber nicht in der Lage ist, eine informierte Zustimmung zu geben. Die ungleiche Machtverteilung zwischen dem Opfer und dem Missbraucher ist entscheidend für die Feststellung des Missbrauchs. Diese Ungleichheit kann sich durch das höhere Alter, die Größe, den Status, die Erfahrung oder die Autorität des Missbrauchers ausdrücken."[167]

Aus dieser Definition ergeben sich die folgenden Elemente: Ungleichheit, Macht, Autorität und eine gewisse Manipulation des Gewissens. Ich möchte an dieser Stelle auch die Art der pastoral-seelsorglichen Beziehung und ihren Kontext hervorheben. In Anbetracht dieser hervorstechenden Elemente bedeutet der Missbrauch einer Ordensfrau oder einer jungen Frau in der Ausbildung zum Ordensleben, sie zu einer Entscheidung oder einer Handlung zu zwingen, die sie nicht will und die sie selbst nicht gewählt hätte. In den Worten von Deodato ist Missbrauch ein übergriffiges Verhalten und eine aggressive Handlung einer Person in Bezug auf eine andere, und zwar in einer Beziehung, die asymmetrisch ist in Bezug auf Macht, Alter oder Stärke, und in der die Rollenverteilung eine Bedeutung hat.[168] Sexueller Missbrauch ist ein Übergriff, der den anderen in seiner tiefsten Intimität verletzt.

In der Beziehung einer OF/JF zu einem Priester im pastoralen Kontext liegt sexueller Missbrauch vor, wenn der Priester eine gewisse Kontrollmacht, einen gewissen Einfluss auf die OF/JF ausübt und sie dazu bringt, sich ihm in einem sexuellen Kontakt oder einer kurzen oder langen romantischen Beziehung hinzugeben. Der Missbrauch kann verbal (grobe Anspielungen sexueller Natur), visuell (Zusendung von pornografischen Bildern, von Nacktfotos des Priesters) oder psychologisch erfolgen. Er kann mit oder ohne Körperkontakt stattfinden. Sexueller Missbrauch wird rechtlich als sexuelle Gewalt behandelt.

Es sollte hier die besondere Situation – sei sie bewusst oder unbewusst, die innere oder äußere Situation betreffend – einer Ordensfrau bzw. einer jungen Frau in der Ausbildung zum Ordensleben berücksichtigt werden, die häufig dazu führt, dass sie die missbräuchliche Handlung in ihrer Umgebung nicht kommen sieht, nicht erkennt und somit nicht angemessen reagieren kann. Es kann auch andere Formen von Missbrauch geben, die mit dem sexuellen Missbrauch einhergehen oder parallel dazu stattfinden, etwa physischer Missbrauch, Machtmissbrauch und Vertrauensmissbrauch.

6. Physischer und emotionaler Missbrauch

Ein physischer und emotionaler Missbrauch liegt dann vor, wenn jemand, der älter ist oder eine gewisse Macht (Funktion, Rolle, Ansehen) besitzt,

---

[167] Carolyn H. Heggen, *Sexual Abuse in Christian Homes and Churches*, Wipf & Stock Pub Eugene, Oregon, 2006, p. 199.
[168] Anna Deodato, *Vorrei risorgere dalle mie ferite, op. cit.*

III. Einige Hinweise zur Terminologie: Definitionen von Konzepten

mit Gewalt direkt oder indirekt auf den Körper oder die Handlungen der vulnerablen Person einwirkt. Physischer Missbrauch besteht darin, dass der Priester die Person, die sich in seiner Obhut befindet oder für die er verantwortlich ist, schlägt, ihr andere körperliche Misshandlungen zufügt oder ihr Nahrung und Zuwendung verweigert. Josse (2006) sagt, dass es sich um körperliche Gewalt, Schläge und Einschüchterungen gegenüber Mädchen oder Frauen handelt.[169]

Im Kontext meiner Studie geht es um Vorfälle, in denen ein Priester eine Ordensfrau bzw. eine junge Frau in der Ausbildung zum Ordensleben schlägt und einschüchtert, wenn sie sich weigert, mit ihm Geschlechtsverkehr zu haben. Er kann sie medizinischen Behandlungen unterziehen, um eine Schwangerschaft zu verhindern, oder sie zur Abtreibung zwingen. Der Priester, der gegenüber einer JF, die als Waise oder weil sie von ihrer Familie verlassen wurde in einer schwachen Position ist, oder gegenüber einer OF, die aufgrund von Krankheit der Eltern oder einer anderen heiklen Situation in Not ist, als Wohltäter auftritt (Erzieher, Berater, jemand, der finanzielle Unterstützung anbietet)[170], kann jederzeit und ohne Vorankündigung entscheiden, sein Wohlwollen und seine Unterstützung aufzukündigen, wenn die OF oder die JF seine Liebesbekundungen und sexuellen Aufforderungen abweist oder das bestehende sexuelle Verhältnis auflösen will. Die unerwartete Entscheidung des Priesters, seine Unterstützung abzubrechen, können der JF oder OF das Notwendige an Nahrung und medizinischer Versorgung vorenthalten. Es handelt sich in diesem Fall um einen physischen Missbrauch.

---

169 www.resilience.psy.com/IMG, S. 15 (aufgerufen am 7. März 2019).
170 Ein Priester, der gegenüber einer jungen Frau in der Ausbildung zum Ordensleben oder einer Ordensfrau als Wohltäter auftritt, ist im Rahmen der christlichen Nächstenliebe eine normale Erscheinung. Manchmal ist es die JF oder OF, die in einer schwierigen Lage den Priester um Hilfe bittet. Auch eine Familie kann den Priester zugunsten ihrer Tochter (OF/JF) um Hilfe bitten. Ebenso kann der Priester selbst die Not der JF oder OF erkennen und ihr helfen wollen. Nächstenliebe sollte aber immer Nächstenliebe bleiben. Sie ist ein „an sich wichtiger" Wert, der zu selbstlosen Entscheidungen und selbstlosem Handeln anregt. Sie sollte nicht notwendig Dankbarkeit, einen Lohn oder eine Rückzahlung verdienen oder fordern. Die Ordensfrau sollte lernen, den Wert der Dankbarkeit und ihre Bedeutung in zwischenmenschlichen Beziehungen im Allgemeinen sowie im Besonderen in der pastoral-seelsorglichen Beziehung und in der Zusammenarbeit in der Pastoral neu zu bewerten. Sie sollte lernen, was genau Dankbarkeit ist und dies in ihr Bewusstsein und ihr Gewissen integrieren. Dankbarkeit ist eine Haltung, die eine selbstlose, frei geschenkte Wohltat anerkennt und Wertschätzung gegenüber dem Wohltäter ausdrückt, indem sie seine Güte und seine Großherzigkeit anerkennt, die die begünstigte Person nicht erwidern kann. Manchmal leiden die Ordensfrau oder die junge Frau in der Ausbildung zum Ordensleben, die zu Dankbarkeit erzogen wurden und dies falsch verinnerlicht haben, unter Skrupeln, weil sie glauben, dass sie gegenüber den Wohltätern in einer Schuld stehen.

7. Machtmissbrauch

Unter Machtmissbrauch verstehe ich die Fähigkeit, das Verhalten einer anderen Person einschließlich ihrer Gedanken und Gefühle zu bestimmen oder zu beeinflussen. Dies kann in der PB oder der BZP im Verhältnis zwischen dem Priester und der Ordensfrau bzw. der jungen Frau in der Ausbildung zum Ordensleben geschehen, wenn der Priester im Gemeinschaftsleben der Ordensfrauen oder in ihrer Sendung zu präsent ist, wenn er die Entscheidungen der OF oder der JF oder die die JF betreffenden Entscheidungen ihrer Vorgesetzten beeinflusst, wenn er ihre Beziehungen zu anderen Personen unter dem Vorwand, ihr kluge Ratschläge zu geben, kontrolliert, oder wenn der wohltätige Priester ihr Bildungsmöglichkeiten verweigert oder verbietet: intellektuell (Verweigerung, das Schulgeld zu übernehmen), moralisch oder spirituell.

In der Zusammenarbeit in der Pastoral bezieht der Priester, der Missbrauch begeht, die Ordensfrau wenig oder gar nicht in die Planung von Aktivitäten und in Entscheidungen ein. Er stellt ihr nicht den Raum, das Material und die Informationen zur Verfügung, die sie benötigt, um ihre Arbeit zu tun. Er macht sie von ihm abhängig, selbst bei einfachen Dingen, gibt ihr Befehle, die sie ausführen muss, hält sie länger fest, als es für die Arbeit notwendig ist, verachtet sie, unterschätzt ihre Arbeit und denkt nicht daran, sie für ihren Einsatz zu entlohnen.

8. Vertrauensmissbrauch

Ein Vertrauensmissbrauch liegt vor, wenn das Vertrauen, das jemand in der Hoffnung auf Hilfe und Unterstützung in einen anderen Menschen gesetzt hat, von diesem zum Schaden anderer missbraucht wird. Vertrauensmissbrauch wird in der Regel und vor allem von Personen begangen, die bekannt und vertraut sind und zu denen Vertrauen aufgebaut wurde.

In der seelsorglichen Beziehung braucht es ein Grundvertrauen. Dieses Vertrauen ermöglicht es der begleiteten Person, sich zu öffnen und über sehr persönliche Situationen in ihrem Leben zu sprechen. In Subsahara-Afrika hat der Priester ein positives soziales Image. Er weckt Vertrauen. Sowohl in der seelsorglichen Beziehung wie in der Zusammenarbeit beginnen die Ordensfrau und die junge Frau in der Ausbildung zum Ordensleben diese Beziehung in der Regel von einer Vertrauensbasis aus; sie haben tiefen Respekt, ja sogar Angst vor dem Priester, und sie idealisieren seine Person und seine Rolle. Auch die Gemeinschaften mit allen ihren Organen haben Vertrauen in den Priester, der oft in einer Atmosphäre der Gastfreundschaft gut aufgenommen wird. Der Priester, der sich dessen bewusst ist, kann das Vertrauen missbrauchen. Dieser Vertrauensmissbrauch kann die Ordensfrau bzw. die junge Frau in der Ausbildung zum Ordensleben und die Gemeinschaft enttäuschen, demoralisieren, verwirren oder sogar schockieren.

In den meisten Fällen wird der OF oder JF nicht geglaubt, wenn sie ihre Geschichte über körperlichen Missbrauch, sexuellen Missbrauch oder Machtmissbrauch durch den Priester erzählt. So wird sie erneut zum Opfer gemacht und beschuldigt, den Ruf und das Ansehen des Priesters schädigen zu wollen. Manchmal wird der OF oder JF dabei vorgeworfen, den Priester verführt zu haben. Dies ist für die Ordensfrau und die junge Frau in der Ausbildung zum Ordensleben eine sehr schwierige Situation. Sie kann dem Priester Spielraum geben, sein Verhalten gegenüber der OF oder JF fortzusetzen und es ihm dazu ermöglichen, die Gastfreundschaft und die Großzügigkeit der Gemeinschaft und sogar weitere Ordensfrauen derselben Gemeinschaft zu missbrauchen. Manchmal geht dieser Vertrauensbruch bis zur Entweihung des Hauses der Gemeinschaft, wenn es dem Priester gelingt, dort mit der OF oder JF sexuelle Beziehungen zu haben. In einer Beziehung, in der die Ordensfrau und die junge Frau in der Ausbildung zum Ordensleben Vertrauen aufbaut, fühlt sie sich sicher, geschützt und unterstützt. Der Missbrauch zerstört die Fähigkeit, sich anzuvertrauen und sich auf einen anderen Menschen verlassen zu können. Es kann so weit gehen, dass sie nicht mehr glauben kann, dass ein anderer ihr wohlwollend und beschützend zugetan sein könnte. Dies kann dann auch ihren Glauben und ihr Vertrauen in Gott beeinträchtigen.

Wie bereits erwähnt, handelt es sich bei sexuellem Missbrauch um sexuelle Gewalt. Es gibt weitere Formen sexueller Gewalt (Vergewaltigung, versuchte Vergewaltigung, sexuelle Ausbeutung, sexuelle Belästigung), auf die ich in den folgenden Abschnitten eingehen werde.

9. Sexuelle Gewalt

Sexuelle Gewalt ist die Anwendung von Kraft, die Ausübung von Gewalt in der Beziehung und bei sexuellen Handlungen. Marie Fortune[171] hat dies näher erläutert und einen klaren und deutlichen Grenzstrich zwischen sexuellen Aktivitäten und sexueller Gewalt gezogen. Sie hat dazu beigetragen, den bis dahin nicht klaren Unterschied zwischen normaler sexueller Aktivität und sexueller Gewalt deutlicher zu fassen. Sie hat hervorgehoben, wie wichtig Zustimmung in einer Liebes- und Sexualbeziehung oder bei einer normalen sexuellen Handlung ist. Eine normale sexuelle Aktivität findet zwischen zwei proaktiven Personen statt, die die Initiative ergreifen, Vorschläge machen, sich

---

[171] Marie Fortune, *Sexual Violence: the Unmentionable Sin. An Ethical and Pastoral Perspective*, The Pilgrim Press, New York, 1983. Marie Fortune ist Theologin und gründete 1987 das Präventionszentrum gegen sexuelle und häusliche Gewalt in Seattle. Sie arbeitet mit Opfern von sexuellem Missbrauch.

9. Sexuelle Gewalt

engagieren und einander ihre Gefühle (ihre Liebe oder ihr Begehren) mitteilen. Der Prozess einer solchen Beziehung entwickelt sich flexibel, so dass es Zeit gibt, sich zu entscheiden, zuzustimmen oder nicht zuzustimmen. Wenn beide zustimmen, schenken sie einander Aufmerksamkeit und Zärtlichkeit und sie gehen frei in die sexuelle Interaktion hinein. Liebesbekundungen oder sexuelle Avancen zu machen sind Rollen, die zwischen diesen Personen austauschbar sein können. Beide erleben die Beziehung als einen einvernehmlichen Akt, als eine Vereinbarung, die in einem Klima des gegenseitigen Respekts und der Gleichberechtigung getroffen wird. Sie teilen die ihnen innewohnende Zärtlichkeit miteinander und übernehmen die Verantwortung für ihre Entscheidungen und ihre Handlungen. Diesen sexuell-genitalen Austausch bezeichnet man als „sexuelle Beziehung".

Im Gegensatz dazu ist sexuelle Gewalt in erster Linie ein aggressiver Akt, der eine Zustimmung ausschließt. Die Weltgesundheitsorganisation (WHO) hat dies folgendermaßen ausformuliert:

> „Sexuelle Gewalt wird definiert als: jede sexuelle Handlung, jeder Versuch, eine sexuelle Handlung zu erlangen, jeder Kommentar oder Annäherungsversuch sexueller Natur sowie alle Handlungen, die auf einen Handel abzielen oder anderweitig unter Anwendung von Zwang gegen die Sexualität einer Person gerichtet sind, begangen von einer Person unabhängig von ihrer Beziehung zum Opfer, in jedem Kontext, einschließlich, aber nicht beschränkt auf das Zuhause und die Arbeit."[172]

Sexuelle Gewalt findet in einem Kontext von Ausbeutung, Feindseligkeit und Erniedrigung statt. Der Geschlechtsverkehr[173] wird erzwungen, wobei eine Person gegenüber der anderen übergriffig wird, ohne ihr die nötige Zeit zu geben, ihr Einverständnis klar zum Ausdruck zu bringen. Bei sexueller Gewalt kann die aggressive Person Lust empfinden, während die zweite Person die Gewalt nur erleidet oder erduldet (in Resignation). Selbst wenn es vorkommen sollte, dass das Opfer einen Orgasmus erlebt, handelt es sich dabei um eine physiologische Reaktion und nicht um echte Lust oder die Befriedigung eines Verlangens.

Sexuelle Gewalt kann viele Formen annehmen. In den folgenden Abschnitten werde ich einige davon vorstellen.

---

[172] *"Sexual violence is defined as: any sexual act, attempt to obtain a sexual act, unwanted sexual comments or advances, or acts to traffic, or otherwise directed, against a person's sexuality using coercion, by any person regardless of their relationship to the victim, in any setting, including but not limited to home and work."* World Health Organization, *World Report on Violence and Health*, Geneva, 2002, p. 149.

[173] Im Folgenden unterscheide ich zwischen „Geschlechtsverkehr", der im Kontext von übergriffigem Verhalten und ohne die Zustimmung mindestens einer Person stattfindet, und „sexueller Beziehung", die mit der Zustimmung der beiden beteiligten Personen einhergeht (in einer festen Paarbeziehung).

III. Einige Hinweise zur Terminologie: Definitionen von Konzepten

9.1 Vergewaltigung

Vergewaltigung ist ein unfreiwilliger Geschlechtsverkehr, den eine Person einer anderen aufzwingt. Es wird physische und psychische Gewalt ausgeübt, ohne der Person, die die Vergewaltigung erleidet, Zeit für eine Entscheidung über ihr Einverständnis zu geben. Fortune (1983) definierte Vergewaltigung als „eine erzwungene Penetration der Vagina, des Mundes oder des Anus mit einem Penis oder einem anderen Objekt gegen den Willen des Opfers."[174] Für Rutter ist „eine Vergewaltigung die gewaltsame Durchführung eines Geschlechtsverkehrs ohne Zustimmung. Sofern die Person aus psychologischer Sicht nicht frei ist, ja oder nein zu sagen, erkennt das Gesetz [von San Francisco/USA] die Zustimmung nicht an, selbst wenn sie zum Zeitpunkt des Geschlechtsakts gegeben wurde."[175] Auf globaler Ebene hat die Weltgesundheitsorganisation (WHO) Vergewaltigung definiert als „eine auch nur leichte Penetration der Vulva oder des Anus, die durch körperliche Gewalt oder auf andere Weise unter Verwendung eines Penis, anderer Körperteile oder eines Gegenstandes erzwungen wird."[176] Die Person, die vergewaltigt, und die Person, die vergewaltigt wird, können in einer schon vorher existierenden Beziehung stehen oder sich nicht kennen (dies gilt zumindest für das Opfer).

Die Vergewaltigung einer Ordensfrau und einer jungen Frau in der Ausbildung zum Ordensleben geschieht oft in einer schon bestehenden Beziehung, die in der Regel auf einer Vertrauensbasis aufgebaut wurde, entweder im Kontext der Seelsorge oder bei der Zusammenarbeit in der Pastoral. Die OF oder JF wird von einem Priester vergewaltigt, mit dem sie in einer Beziehung steht und dessen Annäherungsversuche sie explizit oder implizit zurückgewiesen hatte, ohne dabei etwas von seinen weitergehenden sexuellen Absichten zu ahnen. Die Vergewaltigung kann sich in den geschlossenen Räumen abspielen, in denen die gewohnten seelsorglichen Treffen oder die pastorale Arbeit stattfinden, oder im Wohnbereich des Klosters oder Pfarrhauses, den beide zuvor mit einem gewissen gegenseitigen Vertrauen aufgesucht haben. Die Vergewaltigung wird vom Priester geplant und organisiert, der die OF oder JF einlädt und die Momente ausnutzt, in denen sie allein und isoliert sind, und die OF oder JF tappt in die von ihm gestellte Falle. Der gleiche Prozess findet im Fall einer versuchten Vergewaltigung statt.

---

[174] Marie Fortune, *Sexual Violence: the Unmentionable Sin. An Ethical and Pastoral Perspective*, op. cit., p. 7.

[175] Peter Rutter, *Le sexe abusif. Lorsque les hommes en situation de pouvoir abusent les femmes*, op. cit., p. 113.

[176] "Sexual violence includes rape, defined as physically forced or otherwise coerced penetration – even if slight – of the vulva or anus, using a penis, other body parts or an object." World Health Organization, *World Report on Violence and Health*, Geneva, 2002, p. 149.

9.2 Versuchte Vergewaltigung

Bei der versuchten Vergewaltigung handelt es sich um eine Vergewaltigung, die nicht gelingt. Es handelt sich um fast die gleiche Realität wie bei einer Vergewaltigung mit den gleichen Abläufen. Die WHO definiert eine versuchte Vergewaltigung als den Versuch, eine Vergewaltigung zu begehen.[177] Bei der versuchten Vergewaltigung liegt ein Unterschied darin, ob es der Ordensfrau bzw. der jungen Frau in der Ausbildung zum Ordensleben gelingt, sich selbst der vollständigen Vergewaltigung zu entziehen, indem sie schreit und sich aus der gewalttätigen Umarmung des Vergewaltigers befreien kann, oder ob jemand von außen eingreift und die Vergewaltigung verhindert.

9.3 Sexuelle Belästigung

Sexuelle Belästigung ist unerwünschtes sexuell motiviertes Verhalten, das wiederholt auftritt und sich negativ auf die Person, die es erfährt, auswirkt. Dieses sexuell motivierte Verhalten kann verschiedene Formen annehmen: Worte, Gesten oder Bilder mit einer sexuellen Komponente. Sexuelle Belästigung ist keine Art von Liebeserklärung, sexueller Aufforderung oder Verführungsmanöver. Sie kann am Arbeitsplatz stattfinden, d. h. bei den von Josse (2006) erwähnten Einschüchterungen am Arbeitsplatz oder während der Arbeitszeit. Sie kann auch außerhalb des Arbeitsplatzes oder der Arbeitszeit stattfinden. Es kann zwischen einer Person in einer höheren Position (einem Vorgesetzten) und einem untergeordneten Angestellten oder zwischen Kollegen, die auf einer Stufe stehen, vorkommen. Sperry[178] folgend kann man sagen, dass sexuelle Belästigung die Anwendung von emotionaler, finanzieller, sozialer oder institutioneller Erpressung ist, um einen anderen Menschen, der einen angreifbaren Punkt bietet, zu beeinflussen, Zugang zu ihm zu erhalten oder ihn zu beherrschen. Manchmal ist die Strategie, ein feindseliges Umfeld zu schaffen, das die geistige, verbale, handlungsbezogene, humorvolle oder künstlerische Kreativität untergräbt und hemmt, wodurch sich der angegriffene Mensch unwohl fühlt und nicht mehr effektiv arbeiten kann.

Im Kontext einer Beziehung in der Zusammenarbeit in der Pastoral kann die Ordensfrau durch den Priester belästigt werden. Es können folgende Arten von Belästigung auftreten:

a) sexuell: beharrlich wiederholte Annäherungsversuche, Aufforderung zu Küssen und zu nicht erwünschten engeren oder sexuellen Kontakten;

---

[177] Idem.
[178] Len Sperry, "A Primer on Sex and Sexuality", *art. cit.*, p. 43.

III. Einige Hinweise zur Terminologie: Definitionen von Konzepten

b) emotional: emotionale Erpressung durch Einschüchterungen und Drohungen, ihr die Arbeit zu entziehen, ihren Oberinnen einen schlechten Bericht über sie zu geben, anderen ihre vertraulichen Mitteilungen mitzuteilen, ihr nicht die notwendige Bescheinigung für den Eintritt ins Kloster zu geben oder auch mürrisches Schweigen, das Vorenthalten von Informationen oder ein stummer Ausschluss der Ordensfrau von der Zusammenarbeit.

Sexuelle und emotionale Belästigungen sind ein Verstoß gegen das Recht auf Gleichheit und die Würde einer menschlichen Person.

9.4 Sexuelle Ausbeutung

Sexuelle Ausbeutung ist eine Art und Weise, eine andere Person sexuell im Hinblick auf das eigene Vergnügen zu gebrauchen oder sie (in der Prostitution) im Austausch für Geschenke, Geld oder Gefälligkeiten für den eigenen Vorteil zu benutzen. Der *Weltbericht Gewalt und Gesundheit* der WHO definiert sexuelle Ausbeutung als die Forderung nach sexuellen Beziehungen gegen Gefälligkeiten.[179]

Evans-Bouclin hat in ihren Überlegungen zum sexuellen Fehlverhalten von Priestern gegenüber Frauen die sexuelle Ausbeutung als jeglichen sexuellen Kontakt oder jegliche Einladung zu einem sexuellen Kontakt definiert, die von einer Person in einer Autoritäts- oder Machtposition ausgeht und sich an eine andere erwachsene Person richtet, zu der sie ein Vertrauensverhältnis hat.[180]

Ausgehend von diesen Definitionen können wir sagen, dass eine Ordensfrau im Rahmen einer seelsorglichen Beziehung oder in der Zusammenarbeit für die Pastoral sexuelle Ausbeutung erleben kann. Es können sexuelle Beziehungen gegen Geld, Geschenke oder Gefälligkeiten verlangt oder ihr aufgezwungen werden, wobei es z. B. um die Bezahlung von Ausbildungsgebühren, der Kosten für Reisen, einer medizinischen Versorgung oder des Telefons, die Unterzeichnung eines Dokuments oder die Sorge für die Bedürfnisse ihrer Eltern gehen kann. Der Priester kann ihr Liebesbekundungen mit sexuellen Aufforderungen machen, verbunden mit Erpressungsversuchen und kognitiven Verzerrungen, oder er kann subtil finanzielle Belohnungen, Geschenke und Gefälligkeiten aller Art in Aussicht stellen. Sexuelle Ausbeutung ist in diesem Fall die Missachtung der Grenzen und der Grundsätze der bestehenden Beziehung in der seelsorglichen Begleitung oder der Zusammenarbeit.

In meiner Studie bezeichne ich darüber hinaus den Rückgriff des Priesters auf Liebesbekundungen und sexuelle Aufforderungen in einem dafür nicht

---

[179] World Health Organization, *World Report on Violence and Health*, Geneva, 2002, p. 149.
[180] Marie Evans-Bouclin, « La violence faite aux femmes dans l'Église. Inconduite sexuelle par des membres du clergé », *art. cit.*, p. 254.

9. Sexuelle Gewalt

geeigneten Kontext als sexuelle Ausbeutung. Die Beziehung in der seelsorglichen Begleitung und in der Zusammenarbeit in der Pastoral ist klar definiert und eindeutig in Bezug auf ihren Zweck. Seelsorglichen Kontakt oder Treffen für die pastorale Arbeit als eine Gelegenheit zu nutzen, um Annäherungsversuche zu machen und dann von der Ordensfrau oder der jungen Frau in der Ausbildung zum Ordensleben entsprechende Antworten, Gesten oder Handlungen zu fordern oder zu erwarten, ist Ausbeutung. Es handelt sich um eine Missachtung der eigentlich für die Arbeit bestimmten Orte und Zeiten.

9.5 Liebesbekundungen und sexuelle Aufforderungen

Hierbei geht es um Liebeserklärungen oder den Ausdruck anderer Gefühle mit der klaren Andeutung, die Beziehung in eine sexuelle Handlung übergehen lassen zu wollen. Das Gesagte enthält die Aufforderung, eine Beziehung jenseits der feststehenden Regeln zu akzeptieren. Dies unterscheidet sich deutlich von Komplimenten. So ist es etwas ganz anderes, ob ein Priester zu einer Ordensfrau oder einer jungen Frau in der Ausbildung zum Ordensleben sagt: a) „Du bist schön, du bist nett", oder: „Ich mag und schätze deine Art zu lesen, andere willkommen zu heißen, zu kochen oder die Arbeit zu planen", oder ob er sagt b) „Ich liebe dich, ich begehre dich, ich möchte dich vernaschen."

Das erste a) erscheint mir eindeutig als Kompliment. Das zweite b) ist das, was ich als Liebesbekundungen mit sexuellen Aufforderungen bezeichne. Sie können klar ausgesprochen, durch Redewendungen oder Bildworte wie „meine Süße", „mein Mäuschen", „meine Liebste" ausgedrückt, oder auf Skype- oder WhatsApp durch kleine Bildchen (rote Herzen) deutlich gemacht werden. Manchmal sind die Aufforderungen aufdringlich (ALBS), d. h. sie werden tagelang, wochenlang, monatelang oder jahrelang wiederholt, und zwar durch Kurznachrichten, Anrufe oder Briefe, durch Blicke auf bestimmte Körperteile (Brüste, Gesäß) oder durch Gesten (indiskrete und teure Geschenke) (ALBSG). Das Drängen des Priesters, der eine sofortige Reaktion erhalten will, und die Geschenke können dazu beitragen, die OF oder JF zu beeinflussen und in Verwirrung zu bringen.

9.6 Geschlechtsverkehr

Geschlechtsverkehr ist eine genitale Beziehung mit Penetration. Ich verwende für eine regelwidrige Beziehung den Ausdruck „Geschlechtsverkehr" anstelle von „sexueller Beziehung". Dadurch möchte ich die Sexualität in einer christlichen Paarbeziehung vom sexuellen Fehlverhalten zwischen einzelnen Priestern und Ordensfrauen bzw. zwischen einzelnen Priestern und jungen Frauen in der Ausbildung zum Ordensleben unterscheiden.

9.7 Sexuelle Handlungen

Sexuelle Handlungen können Umarmungen, ein Kuss auf die Lippen oder ein Zungenkuss sein. Dies sind Handlungen sexueller Natur, unterscheiden sich aber vom Geschlechtsverkehr.

10. Der Begriff des sexuellen Fehlverhaltens

Sexuelles Fehlverhalten ist eine Haltung, die die Normen der Moral und der Ethik einer bestimmten Berufsgruppe missachtet. Es kann bis zu sexueller Ausbeutung gehen, wenn die Annäherungsversuche von Erpressung, kognitiver Verzerrung, konkreten Vorschlägen, finanziellen Belohnungen, Geschenken und Gefälligkeiten aller Art begleitet werden. Evans-Bouclin macht deutlich, dass der Begriff „sexuelles Fehlverhalten" so unterschiedliche Realitäten wie sexuelle Aggression, sexuelle Ausbeutung und sexuelle Belästigung umfasst.[181] Es kann auch um eine romantische Beziehung gehen, also eine mehr oder weniger bewusste Übertretung der mit dem Keuschheitsgelübde bzw. mit dem Versprechen des Zölibats eingegangenen Verpflichtung, die auch auf die anderen evangelischen Räte und Gelübde eine Auswirkung hat. Sexuelles Fehlverhalten ist eine soziale Abweichung. Es ist eine Verletzung der beruflichen Beziehungen, und das Eingehen sexueller Beziehungen wird als unmoralisch und gesetzwidrig angesehen. Der Täter verletzt damit die intimen Grenzen der Personen, die ihm in seinem beruflichen Umfeld anvertraut sind.[182]

Wenn ich die Begriffe sexuelles Fehlverhalten und soziale Abweichung verwende, bezeichne ich damit alle sexuellen Gewalttaten und alle anderen sexuellen Verhaltensweisen, die nicht den Werten entsprechen, die der Priester und die Ordensfrau verkünden und die sie eigentlich leben möchten.

11. Der Begriff des Traumas

Das Wort Trauma bezeichnet in der griechischen Sprache eine physische oder psychische Verletzung, die eine Person erleiden kann. Sie wird der Person zugefügt und hinterlässt einen lokal begrenzten Schaden. Die kurz- oder langfristigen Folgen, die sich daraus ergeben, machen das Trauma aus. Aus neurobiologischer Sicht entsteht das Trauma in der Verbindung zwischen dem Körper und dem Gehirn sowie dem Nervensystem.[183] Eine traumatische Situation wird im limbischen System verarbeitet und aktiviert die Amygdala,

---

181 *Idem.*
182 Len Sperry, "A Primer on Sex and Sexuality", *art. cit.*, p. 43.
183 Janina Fisher, *Healing the Fragmented Selves of Trauma Survivors Overcoming Internal Self-Alienation*, Routledge Taylor & Francis Group, Londres, 2017.

die laut Tschan das Alarmzentrum darstellt, das die menschliche Struktur koordiniert.[184]

Wenn die Verbindung zwischen Körper, Gehirn und Nervensystem gestört ist, kann sich diese Störung manifestieren und zu einem Trauma oder sogar zu einer „Fragmentierung des Selbst" führen, d. h. zu einer „Dissoziation", einer Spaltung, die eine reaktive Abwehr oder eine Art der Bewältigung der traumatischen Realität darstellt.[185] In diesem Zusammenhang stellte Tschan fest, dass die Manifestationen von posttraumatischen Belastungsstörungen (PTBS)[186] im Zusammenhang mit Naturkatastrophen wie einem Erdbeben oder einer Überschwemmung auf 3 bis 5 % geschätzt werden. Im Gegensatz dazu belaufen sich die PTBS-Symptome nach körperlicher und sexueller Gewalt auf über 50 %. Sexuelle Gewalt führt zu „polytraumatischen Effekten".[187] Das Trauma führt in der betroffenen Person zu Furcht, Beziehungsangst, Misstrauen, Hypervigilanz, Wut, Scham, sich immer wieder aufdrängenden Gedanken, Albträumen und schlaflosen Nächten. Sie lebt in ständiger Unsicherheit, in Unwohlsein, fühlt sich von Vernichtung bedroht und schwankt zwischen Selbsthass und Selbstmitleid. Sie verschließt sich und wendet den Hass gegen sich selbst, denn oft kann sie ihre Wut nicht dem Menschen gegenüber zeigen, von dem sie Aufmerksamkeit, Wohlwollen und Hilfe erwartet hatte, der aber ihr Trauma verursacht hat.

Für Deodato ist ein Trauma immer ein unerwartetes und unvorhersehbares Ereignis, das die Person als verheerend erlebt; es wird von einer großen Angst begleitet, die das psychische Gleichgewicht zutiefst gefährdet.[188] Missbrauch ist ein stark situationsbezogenes Trauma, bei dem die Person von einem oder mehreren schwerwiegenden, sich im Leben wiederholenden Ereignissen beherrscht wird. Das spezifische Trauma im Zusammenhang mit Missbrauch muss nicht unbedingt durch ein bestimmtes Ereignis verursacht werden, das ein Mensch einem anderen zufügt, sondern es kann auch durch andere komplexe Situationen verstärkt werden. In einem solchen Kontext gibt es verschiedene Beziehungsmodalitäten sowie zweideutige, implizite oder explizite Aufforderungen an die Person, die in ihr die Erfahrung völliger Hilflosigkeit hervorrufen, einen Kontrollverlust in Bezug auf den Verlauf der

---

[184] Werner Tschan, *Professional Sexual Misconduct in Institutions: Causes and Consequences, Prevention and Intervention*, Hogrefe Publishing, Göttingen, 2014, p. 35.
[185] Janina Fisher, *Healing the Fragmented Selves of Trauma Survivors Overcoming Internal Self-Alienation*, op. cit., p. 2.
[186] Die posttraumatische Belastungsstörung (PTBS) ist durch die Entwicklung spezifischer Symptome gekennzeichnet, die Folge eines traumatischen Erlebens sind, das in Zusammenhang steht mit Tod, Todesdrohungen, schweren Verletzungen oder sexuellen Übergriffen (*Diagnostisches und Statistisches Manual Psychischer Störungen DSM-5®*).
[187] Werner Tschan, *Professional Sexual Misconduct in Institutions*, op. cit., p. 39.
[188] Anna Deodato, *Vorrei risorgere dalle mie ferite*, op. cit.

Ereignisse. Die Person scheint von einer Macht getrieben zu werden, und sie erlebt eine tiefe Einsamkeit, die ihr den Eindruck vermittelt, dass die Suche nach Hilfe unmöglich und aussichtslos ist.[189]

Der tiefe Schmerz, der mit dem Trauma verbunden ist, ist so groß, dass bedingungsloses Zuhören das Einzige ist, was dieser Person helfen kann, um ihrer verletzten Kindheit, die in Einsamkeit, Scham und geringem Selbstwertgefühl eingeschlossen ist, in ihrem Inneren zu begegnen und sie anzunehmen. Eine liebevolle Präsenz ermöglicht es dem betroffenen Menschen, die beiden „Selbst", die seine Persönlichkeit ausmachen, miteinander zu versöhnen und wieder in Einklang zu bringen.

12. Die Protagonisten der Forschung

Als „Protagonisten" bezeichnen wir die Personen, die auf die eine oder andere Weise zu dieser Studie beigetragen haben. Einige von ihnen waren sehr aktiv, andere weniger. Ich unterscheide dabei drei Gruppen: a) Mitarbeiter (m/w), die von mir befragt wurden oder selbst einige Teilnehmerinnen interviewt haben, b) Mitarbeiterinnen und c) Teilnehmerinnen.

a) Die „Mitarbeiter", die interviewt wurden oder selbst Interviews geführt haben, sind Fachleute (Männer und Frauen) aus den Bereichen Psychotherapie, Gesundheitspsychologie, Psychiatrie und Formation. Sie haben meine Forschungsfragen beantwortet oder auch selbst Interviews mit einigen der Teilnehmerinnen durchgeführt.

b) „Mitarbeiterinnen" sind einige Formatorinnen und Höhere Oberinnen, die Kommentare und/oder bestimmte Informationen zur Verfügung gestellt sowie mir ihre Meinung zum sexuellen Fehlverhalten zwischen Priestern und Ordensfrauen mitgeteilt haben.

c) „Teilnehmerinnen" sind die Ordensfrauen (OF) oder jungen Frauen in der Ausbildung zum Ordensleben (JF), die zugestimmt haben, mir ihre Erfahrungen zu erzählen und darüber zu sprechen.

13. Zusammenfassung und Ausblick

Ich habe dieses Kapitel begonnen, indem ich in einem ersten Schritt den Begriff der menschlichen Reife definiert habe, wobei ich mich auf die affektive und sexuelle Reife des Priesters und der Ordensfrau konzentriert habe. Sie brauchen diese Reife, um eine Beziehung in der seelsorglichen Begleitung oder in der Zusammenarbeit in der Pastoral im Rahmen der Evangelisierung leben zu können, und zwar hier im Kontext der fünf Länder Subsahara-Afri-

---

[189] *Ibid.*, p. 15.

kas, in denen sie leben. Sie haben das Ziel, den Menschen, für die sie berufen und zu denen sie gesandt sind, ein menschliches und christliches Zeugnis zu geben. Eine reife und gesunde Beziehung zwischen Priester und Ordensfrau in einer PB oder einer BZP zu leben, dient ihrer eigenen Entfaltung. Affektive Reife bedeutet, das „institutionelle Ideal-Selbst" zu kennen, zu akzeptieren und entsprechend zu leben.[190]

In einem zweiten Schritt wurde ein Begriff der pastoral-seelsorglichen Beziehung in der Kirche im Allgemeinen und für den Kontext von Subsahara-Afrikas im Besonderen entwickelt, und zwar hauptsächlich für vier westafrikanische Länder und ein ostafrikanisches Land, welche die Heimat der Priester und der Ordensfrauen sind und in denen sie leben und arbeiten. Der Priester als Seelsorger und die Ordensfrau als eine Frau der Kirche, die sich in der Gesellschaft und im Leben der Menschen engagiert, haben in diesem Kontext eine Identität; die Menschen haben ein spezifisches Bild von ihnen, das sie von der Menge abhebt und durch das sie nicht unbeachtet bleiben.

In einem dritten Schritt habe ich herausgearbeitet, dass Menschen durch ihre Berufung, ihre Sendung, ihre Rolle und ihre Interaktion, ihre Macht und ihren Einfluss auf bestimmte Beziehungsdynamiken einerseits gesunde und reife Beziehungen in der Seelsorge oder der pastoralen Zusammenarbeit leben können, die den Dreifaltigen Gott bezeugen, der sie ruft und sendet, dass aber andererseits diese Faktoren auch dazu führen können, dass ihre Beziehungen ungesunde, unreife und sündhafte Realitäten hervorbringen und damit sogar zu einem Gegenzeugnis zur Botschaft des liebenden Gottes werden können.

Diese Vertiefung der zugrundeliegenden Konzepte und Begriffe ist die Grundlage für die Methodik, die ich für die Erhebung der Felddaten, ihre Beschreibung, Kommentierung, Analyse und Diskussion im nächsten Kapitel verwendet habe.

---

[190] Luigi M. Rulla, *Psicologia del profondo e vocazione*, op. cit., p. 180.

IV. METHODOLOGIE

1. Einleitung

In Kapitel 2 habe ich schon darauf hingewiesen, dass der rationale und der narrative Ansatz einander ergänzen, um die Realität der menschlichen Person zu erfassen. Um die menschliche Erfahrung zu untersuchen, habe ich den narrativen Ansatz gewählt, der mit Hilfe der Hermeneutik die menschliche Person und ihre Erzählung verstehen und die dabei ablaufende Konstruktion von Sinn nachvollziehen kann. Diese Konstruktion von Sinn kann zur sexuellen affektiven Reife führen (Kapitel 3), dank derer Priester und Ordensfrauen reife und gesunde Beziehungen in einer seelsorglichen Beziehung oder in der pastoralen Zusammenarbeit leben können. Die Methodik ist nun das Werkzeug bzw. das Mittel, mit dem man Zugang zu den Erzählungen bekommt, um sie dann zu analysieren und zu verstehen. Ich habe mich dabei für eine qualitative Forschung entschieden. Diese Methode fördert eine Beziehung zu den Menschen in ihrem Erleben und ermöglicht es, die in den Blick genommenen Phänomene gründlich zu untersuchen. Ich werde meine Vorgehensweise in diesem Kapitel genauer erläutern. Zunächst werde ich die qualitative Forschung vorstellen und anschließend die Theoriebildung auf der Basis der Emergenz präsentieren; bei der Erstellung des Kodierungsprozess und der weiteren Arbeit damit habe ich die konstruktivistische Theoriebildung auf der Basis der Emergenz von Charmaz verwendet.

2. Die qualitative Forschung

Die qualitative Forschung ist eine wissenschaftliche Methode der Datenanalyse, die in den Sozialwissenschaften, in der Soziologie und in der Wirtschaft angewandt wird, wobei die Interpretation auf ein Phänomen hin ausgerichtet ist und für die Analyse Gespräche, Interviews, Fotografien, Notizen, Aufzeichnungen u.ä. verwendet werden. Wer diese Methode verwendet, ist daran interessiert, die Faktoren zu kennen, die einen bestimmten Aspekt des Verhaltens eines sozialen Akteurs beeinflussen, der mit einer bestimmten Realität in Kontakt kommt. Die qualitative Forschung bedient sich eines interpretativen

IV. Methodologie

Modells, bei dem der Schwerpunkt auf den Prozessen liegt, die sich innerhalb der Akteure in einer zwischenmenschlichen Beziehung entwickeln. Gegenstand der Untersuchung sind die Bedeutungen und die Interpretationen, die der Akteur seiner Umwelt und seinen Erfahrungen zuschreibt. Mit diesem Ansatz möchte ich in dieser Untersuchung die Teilnehmerinnen genauer kennenlernen, sie beschreiben, sie verstehen, einen neuen Bereich erforschen und die gemachten Erfahrungen bewerten. Der qualitative Ansatz legt den Schwerpunkt auf eine Perspektive, die - um mit Paillé und Mucchielli[1] zu sprechen, versucht, „Sinn zu stiften". Der Untersuchende versucht, die Bedeutung dessen, was die Teilnehmenden erzählen, zu erfassen,, indem er zu verstehen versucht, was mit ihnen geschieht, sagen Smith, Flowers und Larkin.[2] In diesem Sinne habe ich hier versucht, die untersuchte Realität (sexuelles Fehlverhalten) in Zusammenarbeit mit den Ordensfrauen zu verstehen, die an dieser Studie teilgenommen haben. Sexuelles Fehlverhalten, Machtmissbrauch, sexueller Missbrauch, Nichtbeachtung von Grenzen in einer Beziehung im Rahmen der Seelsorge oder der Zusammenarbeit sind Realitäten, die schon in verschiedenen Kontexten untersucht wurden. Sexuelles Fehlverhalten, Machtmissbrauch, Vertrauensmissbrauch und sexueller Missbrauch in der seelsorglichen Beziehung oder in der pastoralen Zusammenarbeit zwischen Priestern und Ordensfrauen oder jungen Frauen in der Ausbildung zum Ordensleben ist hingegen ein wenig erforschtes Phänomen[3] (Chibnall *et al.*, 1998; Deodato, 2016 und Durà-Vilà *et al.*, 2013). Der gewählte qualitative Ansatz soll den Einblick in diese Realität vertiefen und helfen, die für meine Studie festgelegten Ziele zu erreichen, nämlich die Dynamiken zu verstehen, die dem Prozess innewohnen, der eine seelsorgliche oder kollaborative Beziehung in eine übergriffige oder sogar missbräuchliche Beziehung verwandelt. Es geht darum zu verstehen, wie eine Ordensfrau diese Erfahrung wahrnimmt und erlebt; zu entschlüsseln, welche Bedeutung sie dieser Erfahrung beimisst und welchen Einfluss sie auf ihre Person und ihr Leben hat; und zu sehen, welche Zukunft sie für ihr Leben und ihr Ordensleben sieht. Es geht letztlich darum zu verstehen, wie man wirksam bei einer Ordensfrau oder einer jungen Frau in der Ausbildung zum Ordensleben intervenieren kann, um ihr zu helfen, diese Erlebnisse zu integrieren, und welche Empfehlungen für eine präventive Aus-

---

1 Pierre Paillé et Alex Mucchielli, *L'analyse qualitative en sciences humaines et sociales*, op. cit., p. 12.
2 "The researcher is trying to make sense of the participant trying to make sense of what is happening to them." Jonathan A. Smith, Paul Flowers et Michael Larkin, *Interpretative Phenomenological Analysis: Theory, Method and Research*, Sage, Los Angeles, 2009, p. 3.
3 John T. Chibnall, Ann Wolf et Paul N. Duckro, "A National Survey of the Sexual Trauma Experiences of Catholic Nuns", *art. cit.*

bildung man geben kann, um dieses Phänomen innerhalb der Kirche und in der Gesellschaft zu begrenzen.

Um diese Ziele zu erreichen, würde eine quantitative Studie wenig geeignet sein. Ich möchte mich mehr auf ein tieferes Verständnis der Realität konzentrieren als auf ihr Ausmaß. Die qualitative Analyse ermöglicht es, diese Realität von innen heraus zu untersuchen. Sie bezieht die Teilnehmerinnen aktiv mit ein, was bei einer statistischen Analyse nicht der Fall wäre. Ich gehe dabei von der Prämisse aus, dass das Glaubenszeugnis eines jeden Christen ein Werkzeug ist, das Gott benutzt, um Menschen zu berühren und an sich zu ziehen. Das Zeugnis, das einige Mitglieder der katholischen Kirche durch ihr sexuelles Fehlverhalten geben, hat eine gegenteiligen Wirkung und ist ein Problem, das an der Basis angegangen werden muss.

Nach der Auffassung von Paillé und Mucchielli[4] ist die qualitative Analyse eine Aktivität des menschlichen Geistes, die das Ziel verfolgt zu verstehen und zu interpretieren und sogar etwas zu verändern. Wenn man versuchen möchte, eine Realität umzugestalten, d. h. ihr wirksam zu begegnen, muss man sie kennen und aus nächster Nähe erleben, indem man in sie eintaucht. Ich wollte deswegen die Teilnehmerinnen begleiten und in ihre Erfahrungen mit hineingenommen werden. Es geht um eine Forschung, die einen persönlichen Kontakt mit den Subjekten der Untersuchung beinhaltet, hauptsächlich durch Interviews und durch die Beobachtung dessen, was im Umfeld, in dem die Akteure tätig sind, vor sich geht.[5] Diese Integration des Untersuchenden in die Erfahrung der Teilnehmerinnen macht ihn zu einem „Insider", wie John Creswell[6] es ausdrückt, d.h. zu jemandem, der aus einer Innenperspektive beobachtet. Creswell stellt den qualitativen Ansatz als eine Vorgehensweise vor, die es dem Forscher ermöglicht, so nahe wie möglich am gewohnten Kontext, dem Alltag, dem Zuhause, dem Arbeitsplatz der teilnehmenden Person zu sein. Er kann von Angesicht zu Angesicht mit der Person zu sprechen, die an seiner Untersuchung teilnimmt und die sich dabei selbst auch aktiv an der Forschung beteiligt. Diese Nähe fördert das Zuhören, die Beobachtung, wie sich die Reaktionen im Laufe der Zeit entwickeln, und der verbalen wie nonverbalen Ausdrucksformen; all dies sind wichtige Elemente, die in der Studie berücksichtigt werden müssen, um die Bedeutung der täglichen Erfahrung zu rekonstruieren. Der qualitative Ansatz ermöglicht eine vielfältige Interaktion zwischen dem Forschenden und der teilnehmenden Person, anstatt nur einen Fragebogen zu verschicken, der ausgefüllt und dann ausgewertet

---

[4] Pierre Paillé et Alex Mucchielli, *L'analyse qualitative en sciences humaines et sociales*, op. cit., p. 6.
[5] *Ibid.*, p. 7.
[6] John W. Creswell, *Qualitative Inquiry and Research Design: Choosing Among Five Approaches*, Sage, Los Angeles, 2013, p. 49.

werden muss. Sexuelles Fehlverhalten in der pastoralen Beziehung oder Zusammenarbeit zwischen Priestern und Ordensfrauen oder jungen Frauen in der Ausbildung zum Ordensleben ist eine schmerzhafte soziale Realität. Das Leiden der beteiligten Personen lässt sich besser qualitativ als quantitativ erfassen. Die schmerzhafte Realität fordert den Untersuchenden heraus und weckt seine erkenntnistheoretische Neugier. Für Creswell ermöglicht es die qualitative Forschung, der Teilnehmerin die Gelegenheit zu geben und sie zu befähigen (*empower*[7]), ihre Geschichte zu erzählen, ihre Stimme zu erheben und wenn möglich eine andere Sicht der Welt aufzubauen.

Für die Relevanz unserer Studie ist die *grounded theory*, eine Reihe ineinandergreifender Methoden zur systematischen Sammlung und Auswertung qualitativer Daten mit dem Ziel der Theoriegenerierung, die geeignete Form der Analyse. In den folgenden Abschnitten werde ich die Emergenztheorie und ihre verschiedenen Strömungen in der Geschichte vorstellen und mich dann auf die konstruktivistische Theorie von Charmaz konzentrieren.

3. Die Emergenztheorie

Die Emergenztheorie ist eine Forschungsmethode in den Sozialwissenschaften. Sie wurde in den 1960er Jahren entwickelt, um aus dem Paradigma der hypothetisch-deduktiven quantitativen Studien auszubrechen. Das Gründungswerk dieser allgemeinen Analysemethode ist *The Discovery of Grounded Theory* von Glaser und Strauss aus dem Jahr 1967. Ihr Ziel ist, der qualitativen Analyse einen abschließenden Status zu verleihen. In der qualitativen Forschung führt dieser Ansatz zu einer „gegenstandsverankerten" Theorie, d.h. zu einer Theorie, die in den Felddaten verwurzelt ist.[8] Die Theorie wird aus den Felddaten konstruiert, die der Forschende sammelt. Sie geht nicht von einer vorab festgelegten Hypothese aus. Sie bietet die Möglichkeit, Schlussfolgerungen zu ziehen, ohne später statistische Tests machen zu müssen, um ihre Validität zu bestätigen. Diese Methode bringt die Wissenschaft und die Kreativität des Forschers in einen Dialog, wie Lionel Garreau und Rodrigo Bandeira-De-Mello treffend gesagt haben. Die Emergenztheorie trägt somit zur Wissenschaftlichkeit einer Forschung bei, die sich auf die qualitative Analyse stützt und innovative Theorien entwickelt, die aus der Untersuchung empirischer Realitäten hervorgehen. In einer Logik der Entdeckung bietet die Methode dem Forschenden die Möglichkeit, Wissen zu konstruieren, indem

---

[7] *Ibid.*, p. 48. Ich behalte diesen Ausdruck wegen seiner tieferen Bedeutung in der Originalsprache bei.
[8] Lionel Garreau et Rodrigo Bandeira-De-Mello, « La théorie enracinée en pratique : vers un dépassement de la tension entre scientificité et créativité dans les recherches basées sur la théorie enracinée ? », AIMS, Paris, 2010. (https : halshs. archives-ouvertes.fr).

3. Die Emergenztheorie

er es aus den Felddaten hervorgehen lässt. Dies erfordert vom Untersucher Wissen und Fähigkeiten sowie eine „theoretische Sensibilität".[9] Die Aufgabe des Forschers ist keine Beschreibung von Fakten, sondern eine Analyse, die mit wissenschaftlicher Strenge zur Abstraktion führt. Die Emergenztheorie eröffnet eine ganzheitliche Sicht, um eine menschliche Realität in ihrer ganzen Tiefe zu erforschen, wenn möglich ihre verschiedenen Ausdrucksweisen und Variationen zu verstehen und ihre verschiedenen Perspektiven zu betrachten; es geht dabei nicht notwendigerweise um eine Überprüfung der Hypothese des Forschenden oder die Bestätigung der Ergebnisse der Literaturübersicht. Der hermeneutische Ansatz Ricoeurs ermöglicht es, ein Phänomen zu beschreiben, zu erklären, zu analysieren, zu verstehen und einen Sinn zu konstruieren, bevor man theoretisiert. Die Flexibilität der Theoriebildung durch Emergenz ist ein Mittel, um den interdisziplinären Ansatz, der für das Studium der Anthropologie der christlichen Berufung charakteristisch ist,[10] zu integrieren. Die menschliche Erfahrung ist komplex. und es ist schwierig, sie mit einer einzigen Methode zu erfassen.

Die Emergenztheorie hat sich im Laufe ihrer Entwicklung seit 1967 in zwei Richtungen geteilt, die zwei Strömungen hervorgebracht haben: die positivistische Strömung (Glaser, Strauss, Corbin) und die konstruktivistische Strömung[11] (Charmaz). Charmaz entscheidet sich für die „konstruktivistische Emergenztheorie".[12] Sie ist dabei jedoch nicht mit der radikalen Subjektivität

---

9   Kathy Charmaz, *Constructing Grounded Theory: A Practical Guide through Qualitative Analysis*, op.cit.
10 Luigi M. Rulla, *Anthropologie de la vocation chrétienne*, op. cit.
11 Dieser Ausdruck „Konstruktivismus" unterscheidet sich vom „sozialen Konstruktionismus". Der Konstruktivismus ist eine Lerntheorie, die von Piaget (1923) als Reaktion auf den Behaviorismus entwickelt wurde, der Lernen auf die Assoziation von Reiz und Reaktion beschränkte. Der konstruktivistische Ansatz betont die Aktivität des Menschen beim Aufbau einer Vorstellung von der ihn umgebenden Realität. Er geht davon aus, dass das Wissen des Menschen keine Kopie der Realität ist, sondern eine Rekonstruktion der Realität. Der Konstruktivismus untersucht die Mechanismen und Prozesse, die dem Menschen den Aufbau der Realität aus bereits integrierten Elementen ermöglichen. In diesem Sinne erweitert sich das Verständnis der menschlichen Person für die Realität; es wird aus älteren Vorstellungen und aus vergangenen Ereignissen, die ein Mensch aus seinem Leben gespeichert hat, aufgebaut.
12 "*Constructivist grounded theory highlights the flexibility of the method and resists mechanical application of it [...] Researcher acts are not given; they are constructed [...]. I chose the term "constructivist" to acknowledge subjectivity and the researcher's involvement in the construction and interpretation of data and the interpretation of data and my distinguishing the difference between my approach and the conventional social constructionism of the 1980s and early 1990s [...]. For me subjectivity is inseparable from social existence [...] Social constructionism has involved over the years and my position is consistent with the form it takes today.*" [Die konstruktivistische *Grounded Theory* hebt die Flexibilität der Methode hervor und widersetzt sich ihrer mechanischen Anwendung (...) Die Handlungen des Forschers sind nicht gegeben; sie werden konstruiert (...). Ich habe den Begriff „konstruktivistisch" gewählt, um die Subjektivität und die Beteiligung des Forschers an der Konstruktion und Interpretation der Daten anzuerkennen und um den

IV. Methodologie

des Konstruktivismus einverstanden und lehnt außerdem seine mechanische Anwendung ab. Sie ist jedoch der Ansicht, dass der Feldforscher eine gewisse Subjektivität nicht vermeiden kann, da sie es ihm ermöglicht, in den Prozess der Konstruktion der Realität einzutreten, die beobachtet, analysiert und erkannt werden soll. Charmaz wird auch von Ideen aus dem Ansatz des sozialen Konstruktionismus[13] beeinflusst. Nach der Lesart von Garreau und Bandeira-De-Mello unterscheiden sich diese beiden Strömungen (Positivismus und Konstruktivismus) mehr in erkenntnistheoretischer Hinsicht als in Bezug auf die Methodik.[14]

Meine Untersuchung ist in der Strömung der verwurzelten Theorie von Charmaz angesiedelt. Die Werke von Charmaz (2006, Neuauflage 2014) stellen ein praktisches Handwerkszeug vor, das mir bei der Kodierung der Daten geholfen hat. Dieses Werkzeug ermöglicht es, von den Erzählungen der Teilnehmerinnen auszugehen. Wie Creswell sagt, legt Charmaz den Schwerpunkt eher auf die Visionen, Werte, Überzeugungen, Gefühle, Annahmen und Ideologien der Individuen als auf die Forschungsmethoden.[15] In eben diesem Sinne war ich daran interessiert zu verstehen, wie der Prozess der „Konstruktion" der Erzählung über die Erfahrung sexuellen Fehlverhaltens in der von den Teilnehmerinnen erlebten Beziehung im Kontext der Seelsorge oder der Zusammenarbeit abläuft. Mein Schwerpunkt liegt auf dem Konstruktionsprozess der Person, die etwas erlebt. Im folgenden Abschnitt werde ich die Emergenztheorie nach Charmaz skizzieren.

Unterschied zwischen meinem Ansatz und dem konventionellen sozialen Konstruktionismus der 1980er und frühen 1990er Jahre zu verdeutlichen (...). Für mich ist Subjektivität untrennbar mit der sozialen Existenz verbunden (...) Der soziale Konstruktionismus hat sich im Laufe der Jahre weiterentwickelt, und meine Position steht im Einklang mit der Form, die er heute annimmt.] Kathy Charmaz, *Constructing Grounded Theory*, op. cit., p. 13-14

[13] Der soziale Konstruktionismus besagt, dass unsere Realitäten in Abhängigkeit von sozialen Kontexten konstruiert werden. Es ist das Soziale, das konstruiert. Die Gemeinschaft der Beobachter kann eine breite Wahrnehmung der Realität konstruieren, da sie diese aus verschiedenen Perspektiven konstruieren. Beide Ansätze, der Konstruktivismus und der soziale Konstruktionismus, stimmen teilweise überein, was den Prozess der Konstruktion von Wissen über die Realität betrifft. Für den Konstruktivismus scheint es jedoch so zu sein, dass die menschliche Person, sobald sie die Realität wahrgenommen hat, diese in ihrem Denken individuell rekonstruiert. Sie erschafft sie sozusagen in ihrem Inneren neu (Subjektivität). Im Gegensatz dazu ist der soziale Konstruktionismus der Ansicht, dass die menschliche Person die Realität nicht allein in sich selbst neu erschaffen kann. Sie braucht für die Konstruktion die anderen.

[14] Lionel Garreau et Rodrigo Bandeira-De-Mello, « La théorie enracinée en pratique : vers un dépassement de la tension entre scientificité et créativité dans les recherches basées sur la théorie enracinée ? », art. cit., p. 7.

[15] John W. Creswell, Qualitative Inquiry and Research Design, op. cit., p. 87.

4. Der konstruktivistische Ansatz von Charmaz

Für Charmaz, die die Emergenztheorie von Glaser und Strauss (1967) aktualisiert, ist die Flexibilität des Untersuchenden auf der Ebene der Beziehung im Prozess der Konstruktion der Realität mit der teilnehmenden Person von grundlegender Bedeutung.[16] Sie betont die Beziehung zwischen dem Teilnehmenden und dem Forschenden. Für sie ist die teilnehmende Person, die Gegenstand einer Studie ist, kein „Forschungsobjekt".[17] Sie hilft dabei, den Sinn der Realität zu konstruieren, indem sie eine Distanz ermöglicht, die den Geist des Forschenden befreit und den Ergebnissen eine gewisse Glaubwürdigkeit verleiht. Die Ergebnisse sind das Ergebnis der Zusammenarbeit zwischen der teilnehmenden Person, die eine bestimmte menschliche Realität erlebt, und dem Forschenden, der durch seine Untersuchungen hilft, eine Neuinterpretation der Erfahrung vorzunehmen. Die Erfahrungen der teilnehmenden Person können sehr aussagekräftig, tiefgründig und näher an der Realität sein als die Interpretation, die auf den Konzepten des Forschenden beruht. Die Bedeutung wird zu einem Produkt der Erfahrungen der teilnehmenden Person und der Co-Interpretation,[18] die aus der Zusammenarbeit zwischen der teilnehmenden Person und dem Forschenden entsteht, der sich auf mehrere Themenbereiche in ihrem Zusammenhang öffnet. Der Forschende lernt von der teilnehmenden Person, und seine Fragen regen sie an, tiefer zu gehen und einen existenziellen Sinn zu konstruieren, wie Charmaz es ausdrückt.[19]

---

16 *"Stated simply, grounded theory methods consist of systemic, yet flexible guidelines for collecting and analysing qualitative data to construct theories 'grounded' in the data themselves."* [Vereinfacht ausgedrückt, besteht die Methode der *Grounded Theory* aus systematischen, aber flexiblen Richtlinien für die Erhebung und Analyse qualitativer Daten, um Theorien zu konstruieren, die in den Daten selbst „geerdet" sind.]; *"In their original statement of the method, Glaser and Strauss (1967) invited their readers to use grounded theory strategies flexibly in their own way [...]. I emphasize flexible guidelines, not methodological rules, recipes, and requirements."* [In ihrer ursprünglichen Beschreibung der Methode forderten Glaser und Strauss (1967) ihre Leser auf, die Strategien der *Grounded Theory* flexibel auf ihre eigene Weise anzuwenden [...]. Ich betone, dass es sich um flexible Richtlinien handelt, nicht um methodologische Regeln, Rezepte und Anforderungen.] Kathy Charmaz, *Constructing Grounded Theory*, op. cit., p. 2.
17 Stéphan Joulain, *Vers un traitement plus holistique des personnes ayant abusé sexuellement de mineurs : Analyse herméneutique et qualitative de la dimension religieuse et spirituelle de distorsions cognitives liées à l'abus et de leur prise en compte dans la psychothérapie*, 2016, p. 102-103 (https://ruor.uottawa.ca/bitstream/10393/34245/1/Joulain_St).
18 Ich habe diesen Neologismus geprägt, um herauszustellen, wie stark Charmaz die Zusammenarbeit zwischen dem Untersuchenden und der Teilnehmerin betont.
19 *"We try to learn what occurs in the research settings we join and what our research participant's lives are like. We study how to explain their statements and actions, and ask what analytic sense we can make of them."* [Wir versuchen zu erfahren, was in den Forschungsumgebungen, in die wir eintreten, geschieht und wie das Leben unserer Forschungsteilnehmer aussieht. Wir untersuchen, wie wir ihre Aussagen und Handlungen erklären können, und fragen, welchen analytischen Sinn wir aus ihnen ziehen können.] Kathy Charmaz, *Constructing*

IV. Methodologie

Ein solcher interpretativer Ansatz ist flexibel und ermöglicht die Entwicklung einer Theorie aus dem, was der Forschende aus den Erfahrungen der teilnehmenden Person lernt. Zu dieser Erfahrung gehören Situationen, hierarchische Machtbeziehungen, Kommunikation und Gelegenheiten. Es handelt sich um ein gegenseitiges Lernen, das einen häufigeren Kontakt, ein Kennenlernen und ein wachsendes Vertrauen in der Beziehung zwischen der teilnehmenden Person und dem Forschenden erfordert, um die Sammlung einer ausreichenden Menge von Daten und ihre Analyse zu erleichtern. Der Respekt vor der teilnehmenden Person, die angemessene Würdigung ihrer sozialen Klasse, ihrer Kultur, die Vertraulichkeit in Bezug auf ihre Identität und ihre Erzählung (auch wenn sie weiß und zugestimmt hat, dass ihre Äußerungen genutzt und veröffentlicht werden) sind grundlegend.

Der Aufbau meiner Forschung geht von der Realität aus: den Erfahrungen, die Ordensfrauen oder junge Frauen in der Ausbildung zum Ordensleben in einer seelsorglichen Beziehung oder in der Zusammenarbeit mit einem Priester gemacht haben. Die Art und Weise, wie jede Ordensfrau und jede junge Frau in der Ausbildung zum Ordensleben ihre Geschichte und ihre Erfahrungen konstruiert und erzählt, kann sehr unterschiedlich oder auch begrenzt sein. Aber es gibt ein räumlich und zeitlich verortetes Ereignis, um das herum sich der Aufbau entwickelt. Die Konstruktion beginnt nicht aus dem Nichts. Sie basiert auf Ereignissen und Handlungen, die geordnet werden und zu einer Erzählung führen, die interpretiert wird. Als Methode stützt sich die *Grounded Theory* auf eine Reihe von systematisch ablaufenden Prozessen. Die Analyse und das Sammeln von Daten erfolgen in einem kontinuierlichen Prozess. Der Forschende wechselt ständig zwischen diesen beiden Vorgängen, der Sammlung und der Analyse, hin und her. Joulain weist darauf hin, dass ein wichtiges Werkzeug, das diesen Prozess unterstützt, das Führen eines Logbuchs ist, in dem der Forschende festhalten kann, was er während des Forschungsprozesses erlebt und erfährt.[20] Diese Praxis kann dem Forschenden helfen, eine angemessene Distanz zu halten, damit die Untersuchung möglichst objektiv bleibt. Im Folgenden werde ich den methodischen Prozess genauer beschreiben.

5. Der methodische Prozess

Die folgenden Abschnitte beleuchten den Weg, den ich bei meiner Untersuchung gegangen bin. Um die Situation zu beschreiben, zu analysieren und zu verstehen, habe ich mich in einem ersten Schritt um die Mitarbeit und die

---

Grounded Theory, op. cit., p. 2–3.
20 Stéphan Joulain, *Vers un traitement plus holistique des personnes ayant abusé sexuellement de mineurs, op. cit.*, p. 102–103.

5. Der methodische Prozess

freie Zustimmung von Ordensfrauen und jungen Frauen in der Ausbildung zum Ordensleben bemüht, die in Subsahara-Afrika leben und arbeiten.

5.1 Erste Phase

In Zusammenarbeit mit sechs Ordensfrauen, die vor Ort in der Formation tätig sind und die ich per E-Mail und Telefon kontaktiert habe, wurden bei Formationsveranstaltungen an die anwesenden Ordensfrauen persönliche Einladungen verteilt; alle diese Ordensfrauen waren zwischen 23 und 45 Jahre alt, sie stammten aus verschiedenen religiösen Instituten und lebten und arbeiteten in verschiedenen Ländern in Subsahara-Afrika.

Die Ordensfrauen wurden eingeladen, das Material entgegenzunehmen und dann die Forscherin zu kontaktieren, wenn sie dies wünschten. Die Dokumentation wurde jeder von ihnen in einem verschlossenen Umschlag ausgehändigt. Insgesamt nahmen 74 Ordensfrauen, die an der Formationsveranstaltung teilnahmen, sowie die Formatorinnen das Material entgegen. Sie gehörten etwa 16 verschiedenen Kongregationen an und kamen aus verschiedenen Teilen des afrikanischen Kontinents. Ich hielt sich mehr als zwei Monate in der geografischen Region auf, ohne eine Reaktion auf die Einladung zu Interviews zu erhalten. Die Sondierungsphase für die Feldforschung erwies sich also als schwierig.

Die Emergenztheorie bietet dem Forschenden eine gewisse Flexibilität[21], seine Kreativität zu nutzen, um Blockaden zu umgehen, wobei jedoch die wissenschaftliche Objektivität strikt eingehalten werden muss. Angesichts der aussichtslos erscheinenden Phase ohne Zugang zu den für die Feldforschung notwendigen Daten entschied ich mich daher, Alternativen für die Datenerhebung zu erkunden. Dies werde ich in den folgenden Abschnitten beschreiben.

5.2 Zweite Phase: Informationen aus sekundären Quellen

Wir unterscheiden hier zwei Gruppen: die informellen und die formellen Quellen.

5.2.1 informelle sekundäre Informationen

Die Professorin, die meine Dissertation betreut hat, empfahl mir, mich informell mit zwei Höheren Oberinnen und einigen Formatorinnen vor Ort zu treffen, um das Forschungsprojekt vorzustellen und sie um ihre Einschätzung und ihre Überlegungen dazu zu bitten. Diese Reaktionen sind Informationen, die als *field notes* (Notizen aus Gesprächen vor Ort)[22] bezeichnet werden. Ich

---

21 *Ibid.*, p. 105.
22 Kathy Charmaz, *Constructing Grounded Theory, op. cit.*, p. 15.

hatte weiterhin einige informelle Treffen mit Ordensfrauen, die mir bestätigten, dass sie die Einladung erhalten, aber nicht positiv darauf reagiert hatten. Sie brachten ihre Angst und Scham zum Ausdruck, sich und ihre Familien zu exponieren und auch den Ruf der Kirche und ihrer Institutionen zu schädigen. Durch diese Informationen wurde mir klar, dass einerseits das Problem wirklich existiert, dass aber andererseits der Zugang zu den Daten schwierig ist. Ich musste also nachdenken und alternative Strategien finden, um an die sensiblen und für meine Arbeit interessanten Daten zu gelangen. Der Rückgriff auf formale Informationen aus sekundären Quellen war notwendig.

5.2.2 Die formalen sekundären Informationen

Ich habe Daten gesammelt, indem ich Fachleute aus der Praxis (einen Psychiater und zwei Psycholog*innen) befragt und diese Interviews aufgezeichnet habe. Diese Fachleute arbeiteten mit Ordensfrauen, jungen Frauen in der Ausbildung zum Ordensleben und Priestern zusammen und/oder begleiteten sie. Ich bat sie um ihre Hilfe, um Ordensfrauen und junge Frauen in der Ausbildung zum Ordensleben zu finden, die bereit wären, sich interviewen zu lassen. Dieser Versuch erwies sich jedoch als erfolglos.

Der qualitative Ansatz legt den Schwerpunkt auf die Datenerhebung des Forschenden bei den Personen, die an seiner Untersuchung teilnehmen. Die Emergenztheorie von Charmaz legt einen großen Wert auf die zwischenmenschliche Beziehung zwischen der teilnehmenden Person und demjenigen, die die Forschung durchführt. Mein Ziel, eine Zusammenarbeit mit betroffenen Ordensfrauen und jungen Frauen in der Ausbildung zum Ordensleben herzustellen und eine Atmosphäre des Vertrauens aufzubauen, um Interviews mit einer jeden von ihnen zu führen, erwies sich allerdings als nicht realisierbar. Um dieses Hindernis im Forschungsprozess zu umgehen, habe ich gemeinsam mit der Betreuerin meiner Dissertation andere Möglichkeiten bedacht. Wir zogen den Vorschlag einer der mit mir zusammenarbeitenden Psychologinnen in Betracht, die von ihrer Klientin das Einverständnis erhalten hatte, die Interviews mit ihr anstelle mit mir durchzuführen. Dadurch ergab sich die Möglichkeit, Mitarbeitenden eine Ausnahmegenehmigung zu erteilen. Diese methodische Öffnung in der Untersuchung war insofern förderlich und hilfreich, als einige Teilnehmerinnen mit diesen Mitarbeitenden bereits eine Beziehung des therapeutischen Vertrauens (therapeutische Allianz) im Rahmen der psycho-spirituellen Begleitung mit der Zusicherung der Vertraulichkeit aufgebaut hatten. Ohne dass wir damit gegen die Berufsethik verstoßen hätten,[23] unterzeichneten

---

23 Steinar Kvale et Svend Brinkmann, *Interviews. Learning the Craft of Qualitative Research Interviewing*, Sage, Londres/Los Angeles, 2e edition, 2009.

5. Der methodische Prozess

die Teilnehmerinnen eine Einverständniserklärung, in der sie ihre freiwillige Zustimmung zur Durchführung des Interviews für die Forschung erklärten. Die Teilnehmerinnen konnten selbst entscheiden, ob sie die Untersuchung fortsetzen wollten, wenn das Interview über sexuelles Fehlverhalten von Priestern in der Seelsorge die Notwendigkeit ergab, unangenehmen Gefühlen weiter auf den Grund zu gehen. Die Möglichkeit des Abbruchs wurde in den Prozess der Datenerhebung einbezogen. Die Durchführung von Interviews mit einigen Fachleuten und die Möglichkeit, dass einige von ihnen anstelle von mir die Interviews mit den Teilnehmerinnen führten, ermöglichte den Zugang zu sehr privaten Daten. Dennoch war es von großer Bedeutung, dass ich selbst auch in den Alltag der Teilnehmerinnen eintauchen konnte. Aus diesem Grund wurde der Weg der Datenerhebung auf die im dritten Schritt beschriebe Weise fortgesetzt.

5.3 Dritte Phase

Ich begab mich erneut in das geografische Gebiet meiner Untersuchung und bat darum, bei den Formationstreffen von vierzehn Formator(inn)en und bei der Formation von 52 Ordensfrauen aus siebzehn verschiedenen Kongregationen aus unterschiedlichen Ländern in Subsahara-Afrika anwesend sein zu dürfen. Durch die Sensibilisierung der Ordensfrauen und eine von mir persönlich ausgesprochene Einladung mit dem Hinweis auf persönliche Kontakte konnte ich vier Ordensfrauen gewinnen, mit denen ich meine Interviews durchführen konnte.

5.4 Die Erhebung der Daten

Um die Daten zu erheben, habe ich Interviews auf der Grundlage eines Protokolls[24] mit halbstrukturierten oder offenen Fragen geführt, um das freie Sprechen zu erleichtern, ohne dass wir uns dabei zu weit vom Ziel der Untersuchung entfernen. Dieses Fragebogenprotokoll sollte nur eine Orientierungslinie sein und wurde daher flexibel eingesetzt.[25] Die neun Interviews (drei von mir und sechs von Mitarbeitenden durchgeführt) wurden mit Ordensfrauen und jungen Frauen in der Ausbildung zum Ordensleben aus fünf Ländern in Subsahara-Afrika, und zwar aus vier westafrikanischen Ländern

---

[24] Ich habe dafür das von Kathy Charmaz in *Constructing Grounded Theory*, op. cit., p. 30–31 vorgestellte Modell adaptiert.
[25] Die Flexibilität des Fragebogens bestand darin, dass er an jede Teilnehmerin angepasst werden konnte: Französisch ist nicht ihre Muttersprache und das Bildungsniveau variierte von einer Teilnehmerin zur anderen. Bei einigen von ihnen mussten bestimmte Fragen umstrukturiert werden, um sie konkreter und besser verständlich zu machen. Bei anderen hingegen ermöglichten offene Fragen, dass sie sich frei ausdrücken konnten.

und einem ostafrikanischen Land nach Terminvereinbarung durchgeführt. Die Interviews dauerten zwischen 25 und 90 Minuten. Nur in einem Fall war es möglich, ein Folgeinterview zu führen. Die Interviews wurden mit dem Einverständnis der Teilnehmerinnen aufgezeichnet. Die drei von mir geführten Interviews wurden auf einem Tonträger aufgezeichnet. Die Mitarbeitenden zeichneten ihre Interviews mithilfe eines Programms auf ihrem Computer auf. Die statistischen Daten zur Identität der Teilnehmerinnen und der Mitarbeitenden wurden auf einem Formular erfasst und unter Beachtung der Regeln des Datenschutzes aufbewahrt.

5.5 Die Analyse der Daten

Für die Analyse der Daten habe ich zwei Methoden verwendet: a) die thematische Analyse nach Braun und Clarke[26] für die Daten der mitarbeitenden Fachleute und b) die Analyse nach dem konstruktivistischen Ansatz der Emergenztheorie von Charmaz für die Daten der Teilnehmerinnen.

Um die Daten der Teilnehmerinnen zu analysieren, wurde mir das gesamte Material entweder per E-Mail oder per Post zugeschickt. Einer der Mitarbeitenden transkribierte seine beiden Interviews im Word-Format und schickte sie mir per E-Mail zu. Die Interviews, die die anderen Mitarbeitenden mit den Teilnehmerinnen geführt hatten, wurden von mir auf der Basis der Tonaufnahmen im Word-Format transkribiert. Die Protokolle der Interviews (sekundäre Daten), die ich mit den drei Fachleuten (einem Psychiater und zwei klinischen Psycholog*innen) gemacht habe, umfassen 18 Seiten, während die Interviews, die ich und die Mitarbeitenden mit den Teilnehmerinnen durchgeführt haben, einen Textkorpus von 56 Seiten bilden. Daraus ergibt sich ein Gesamtkorpus von 74 Seiten mit protokollierten Interviews. Weiteres Material sind meine Notizen aus den informellen Gesprächen mit den höheren Oberinnen, den Formatorinnen und einigen anderen Ordensfrauen, die vor Ort waren. Diese Notizen wurden nicht als Tondokument aufgezeichnet. Das gesamte Forschungsmaterial der Teilnehmerinnen wurde nach einem von Charmaz standardisierten Verfahren kodifiziert, das sowohl induktiv (jede einzelne Teilnehmerin betreffend) als auch komparativ (im Vergleich zwischen den Teilnehmerinnen) ist.

5.6 Der Prozess der Kodierung

Um einen tieferen Einblick in die erzählten Erfahrungen der Teilnehmerinnen zu ermöglichen, so dass diese detailliert analysiert werden konnten, wurde

---

[26] Virginia Braun et Victoria Clarke, "Using Thematic Analysis in Psychology", *Qualitative Research in Psychology*, 3 (2), 2006, p. 77–101.

5. Der methodische Prozess

ein Kodierungsprozess angewandt. Das Kodieren ist die Phase, in der die Daten untersucht werden, indem man sich genau anschaut, was sie enthalten, was in besonderer Weise hervorgehoben und berücksichtigt werden muss, wie man sie zusammenfassen und aus all diesen Daten das herausfiltern kann, was den Gedanken der Teilnehmerinnen nahekommt. Der Prozess des Kodierens beginnt mit dem wiederholten Lesen der Aufzeichnungen und mit einer Reflexion, indem man alles Satz für Satz genau durchgeht und manchmal die Sätze der Teilnehmerinnen auch Segment für Segment genau anschaut. Dies ist der Moment, in dem die „Knochen" freigelegt werden, um das „Skelett" wieder zusammenzusetzen.[27] In der ersten Phase des Kodierens geht es darum, den zu analysierenden Daten Codes zuzuordnen. Die Codes sind Wörter, prägnante Ausdrücke und Überschriften, die einem Halbsatz, einem Satz oder einem Segment des Materials zugeordnet werden, das (zu diesem Zeitpunkt noch nicht weiter bearbeitet)im Interview vorliegt. Die Codes resümieren, synthetisieren, kategorisieren und organisieren die Kernidee eines Teils der Daten. Sie sind wie „Ziegelsteine", aus denen die „Säulen", die Grundlagen der Forschung entstehen. Während dieses Prozesses des primären Kodierens versucht man, die Kategorien entsprechend der inhaltlichen Fragestellung zu verfeinern, indem ihre Eigenschaften und ihr theoretischer Rahmen identifiziert werden. Sobald diese Eigenschaften präzisiert und die Beziehungen zwischen den einzelnen Kategorien identifiziert sind, geht man zu einer höheren Abstraktionsebene, der Konzeptualisierung, über. Die ersten Kategorien, die in den Felddaten verwurzelt sind, werden allmählich zu abstrakten Konzepten, die die Umstände der Begegnung oder positive bzw. negative Einflüsse auf das Gemeinschaftsleben betreffen.

Der von Charmaz als „qualitatives Kodieren" bezeichnete Prozess des Kodierens[28] ist eine unverzichtbare Technik für die qualitative Analyse in der Emergenztheorie. Die Codes müssen den Inhalt der Daten ausdrücken und die Handlungen, Gedanken, Ereignisse und Kontexte, die dem Material inne-

---

[27] *"Coding is the pivotal link between collecting data and developing an emergent theory to explain these data. Through coding, you define what is happening in the data and begin to grapple with what it means. The codes take form together as elements of a nascent theory that explain these data and directs further data togethering. Grounded theory coding generates the bones of your analysis. Theoretical centrality and integration will assemble the bones into a working skeleton."* [Kodierung ist die entscheidende Verbindung zwischen dem Sammeln von Daten und der Entwicklung einer neuen Theorie zur Erklärung dieser Daten. Durch die Kodierung definiert man, was in den Daten geschieht, und beginnt, sich mit der Bedeutung dieser Daten auseinanderzusetzen. Die Codes nehmen gemeinsam eine Form an, und zwar als Elemente einer entstehenden Theorie, die diese Daten erklärt und die weitere Datenzusammenführung steuert. Die Kodierung nach der Grounded-Theory bildet die Knochen der Analyse. Theoretische Zentralität und Integration werden die Knochen zu einem funktionierenden Skelett zusammenfügen.] Kathy Charmaz, *Constructing Grounded Theory*, op. cit., p. 113).

[28] Ibid., p. 43.

IV. Methodologie

wohnen, erfassen. Dabei versucht man, aus den Daten zu lernen, indem man sie genau durchforscht, um auch das wahrzunehmen und zu interpretieren, was die Teilnehmerin nicht in Worten gesagt, aber zwischen den Zeilen ausgedrückt hat. Aus diesem Grund ist eine hohe Aufmerksamkeit für alle Details in den Daten notwendig.[29] Wenn die Kodierung gut gemacht ist, wird der rote Faden der Analyse sichtbar. Die Kodierung ermöglicht es, von den Daten zu einer theoretischen Abstraktion zu gelangen. Sie ermöglicht den Schritt von der Betrachtung von Datensegmenten hin zu einer interpretativen Analyse. Die Qualität der Analyse hängt von der Qualität der Kodierung ab. Die Vergabe und die Auswahl der ersten Codes ist ein interpretativer Akt, sagt Joulain.[30] Die Bedeutung dessen, was man in dieser Phase tut, erfordert also eine gewisse Objektivität und Kontrollierbarkeit. Aus diesem Grund ist ein Verfahren der „Interkodierung" erforderlich. Ich werde es im nächsten Abschnitt beschreiben.

5.6.1 Die Bestimmung der Kodierungszuverlässigkeit durch Interkodierung

Die Interkodierung ist ein probates Mittel, um die Zuverlässigkeit, Konstanz und Korrektheit der Kodierung zu testen. Es können dabei verschiedene Methoden verwendet werden, um sich im Prozess der Kodierung zu orientieren, z. B. die Verwendung schon bestehender Codes. Ich bin von dem Ansatz von Charmaz ausgegangen und habe die Kodierung entsprechend meinem fortschreitenden Verständnis bei der Datenanalyse verfeinert. So wurde es von einem Schritt zum nächsten möglich, die Codes immer wieder neu zu definieren, um sie näher an die Daten heranzuführen und so die Theoriebildung zu ermöglichen. Hierbei war die Unterstützung von Dr. Stéphane Joulain[31] hilfreich und notwendig. Sein Fachwissen und die Zeit, die er mir geschenkt hat, haben es mir ermöglicht, mit den von den Teilnehmerinnen erhobenen Daten in einen Dialog zu treten und dabei eine gewisse Objektivität zu wahren. Es wurde ein vergleichendes Protokoll erstellt, um die Zuverlässigkeit der Kodierung zu testen.

---

[29] *"We must dig into our data to interpret participant's tacit meanings. Close attention to coding helps us to do that."* [Wir müssen unsere Daten durchgraben, um die nicht ausgesprochenen Botschaften der Teilnehmenden zu interpretieren. Eine genaue Beachtung der Kodierung hilft uns dabei.] *Ibid.*, p. 115, éd. 2014)

[30] Stéphan Joulain, *Vers un traitement plus holistique des personnes ayant abusé sexuellement de mineurs, op. cit.*, p. 106.

[31] Dr. Stéphane Joulain (2016) hat Beratung, Psychotherapie und Spiritualität an der Universität Saint-Paul in Kanada studiert. Er hat Erfahrung mit der Thematik meiner Untersuchung, weil er im Bereich der sexuellen Grenzüberschreitungen und des sexuellen Missbrauchs gearbeitet hat und noch arbeitet. Er ist auch mit dem Ordensleben vertraut. Für seine Doktorarbeit 2016 nutzte er ebenfalls die qualitative Analyse und die Emergenztheorie von Kathy Charmaz. Sein Fachwissen war für mich eine große Hilfe.

5. Der methodische Prozess

Protokoll zur Bewertung der Zuverlässigkeit der anfänglichen Kodierung
© Stéphane Joulain, M.Afr.

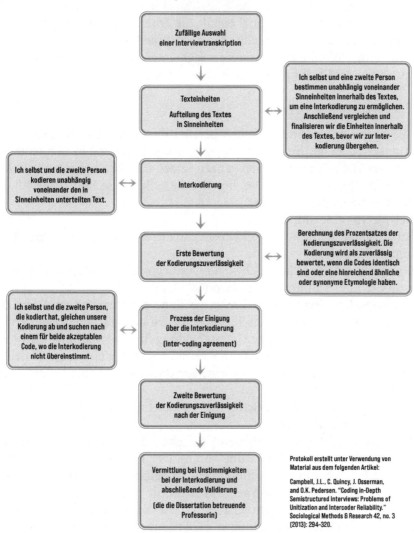

5.6.2 Die Rolle der zweiten Person bei der Interkodierung

Nachdem die zweite Person bei der Interkodierung, Dr. Joulain, eine Datenschutzerklärung unterzeichnet hatte, wählte er zufällig drei Interviews für die Interkodierung aus. Diese zufällig ausgewählten Interviews erwiesen sich als eine ausgewogene Auswahl aus der Gesamtheit der Interviews, da sie von mir und von zwei verschiedenen Personen durchgeführt wurde, die bei der Durchführung der Interviews mitgewirkt haben.

5.6.3 Die Arbeitsweise

Die zweite Person erhält eine Kopie der Transkription jedes Interviews, während der Forschende das Original behält. Sie arbeiten unabhängig voneinander mit den Texten, um Sinneinheiten zu definieren und zu bestimmen. Es geht um eine Aufteilung des Textes in Segmente, die jeweils eine Bedeutung haben, die in der Erzählung der Teilnehmerin wichtig ist.

5.6.4 Die Sinneinheiten

Die Bestimmung der Sinneinheiten bereitet die Kodierung vor. Dabei wird die Transkription des Interviews erneut genau gelesen und in Segmente zerlegt, die aus Halbsätzen wird oder ganzen Sätzen bestehen können, die jeweils eine einzige Bedeutung hat. Dies bereitet die zeilenweise Kodierung vor, für die ich mich entschieden hatte.[32]

Beispiel für eine Sinneinheit:

Satz: „Meine kleine Schwester wusste von dieser Affäre, aber unsere Eltern ahnten nichts davon."

Sinneinheit: Meine kleine Schwester wusste von dieser Affäre/ Sinneinheit: aber unsere Eltern ahnten nichts davon/.

(Hinweis: Der Trennstrich (/) zeigt das Ende einer Einheit an. Diese Zerlegung ermöglicht es, die unterschiedlichen Personen, die von der Beziehung wussten, zu erfassen. Falls diese Unterscheidung für die Forschung nicht relevant ist, kann auch der ganze Satz als eine Sinneinheit genommen werden).

Satz: „Meine kleine Schwester wusste von dieser Affäre, aber unsere Eltern ahnten nichts davon."

Sinneinheit: Meine kleine Schwester wusste von dieser Affäre, aber unsere Eltern ahnten nichts davon/.

Der Abgleich der Sinneinheiten[33] zwischen dem Forschenden und der zweiten Person geht der Kodierung voraus. Der Forschende und die zweite Person treffen sich, um ihre Aufteilung in Sinneinheiten zu vereinheitlichen. Bei dieser ersten Konfrontation geht es darum, die von jedem unabhängig vorgenommene Aufteilungen anzuschauen, um zu sehen, ob sie übereinstimmen oder nicht. Die Gegenüberstellungen, die Fragen der zweiten Person und die Diskussionen helfen dem Forschenden, die Daten erneut in den Blick zu nehmen, um sie zu verstehen und die Bedeutung zu erkennen, die die Teilnehmerinnen ihrer Erzählung geben. Diese Übung ermöglicht es, noch einmal mit einer gewissen Distanz in die Daten einzutauchen, ohne vorschnell auf schon existierende Meinungen aus der Literatur zurückzugreifen. Nach der Verein-

---

32 Kathy Charmaz, *Constructing Grounded Theory, op. cit.*, p. 124 (éd. 2014, p. 50).
33 Joulain verwendet in seiner Dissertation (2016) den Ausdruck *unitisation* („Unitisierung", Einheitenbildung), um die Arbeit des Abgleichs der Sinneinheiten zwischen der zweiten Person und dem Forschenden auszudrücken.

5. Der methodische Prozess

heitlichung der Sinneinheiten weisen der Forschende und die zweite Person den vereinbarten Sinneinheiten wieder unabhängig voneinander Codes zu. Die Arbeit der Gegenüberstellung, der Angleichung und Vereinheitlichung der Codes sowie der Berechnung des Prozentsatzes der Kodierungszuverlässigkeit wird schrittweise und nacheinander, Gespräch für Gespräch, wie folgt durchgeführt: Der Forschende und die zweite Person verabreden sich, hören einander bezüglich der verschiedenen zugewiesenen Codes zu, markieren mit (√) ähnliche oder synonyme Codes an, mit (o) die Codes, bei denen sie sich einigen können, und mit (x) die Codes, bei denen sie nicht zu einer Einigung finden. Letztere wurden dann von der Betreuerin der Dissertation entschieden. Diese ganze Arbeit wird manuell durchgeführt.

Die Zuverlässigkeitsrate wird unter Anwendung der folgenden Formel berechnet: $x = \frac{w \times n}{100}$

(x) ist der gesuchte Prozentsatz, (w) die Gesamtzahl der ähnlichen Codes, (n) die Gesamtzahl der Codes. Die Ergebnisse vor und nach dem Abgleich wurden notiert und als Kappa-Werte in eine Statistik entsprechend der folgenden Darstellung übertragen.

Tabelle 1: Grad der Zustimmung und Kappa-Wert[34]

Übereinstimmung	Kappa- Wert
Ausgezeichnet	≥ 0,81
Sehr gut	0,80 – 0,61
Gut	0,60 – 0,41
Mittelmäßig	0,40 – 0,21
Schlecht	0,20 – 0,0
Sehr schlecht	< 0,0

Anmerkung: Diese Tabelle wurde von Lindis und Koch erstellt.[35]

Meine Ergebnisse für die Kodierungszuverlässigkeit der drei mit einer zweiten Person kodierten Interviews sind:

---

[34] Der Kappa-Wert ist die beobachtete Übereinstimmung zwischen qualitativen oder nichtqualitativen Urteilen, die um zufällige Übereinstimmungen korrigiert wurden. Der Kappa-Koeffizient bietet die Möglichkeit, die Höhe und die Qualität der tatsächlichen Übereinstimmung zwischen gepaarten qualitativen Urteilen zu beziffern. Die Tabelle und die Definition sind online verfügbar unter: C7V7GVU5/Kappa_2juges_Def.html. (Aufgerufen am 10.04.2017)

[35] Landis J. R., Koch G. G. (1977): J. Richard Landis et Gary G. Koch, "The Measurement of Observer Agreement for Categorical Data", *Biometrics*, 1977, 33 (1), p. 159–174.

IV. Methodologie

Tabelle 2: Ergebnisse der Kodierungszuverlässigkeit bei der Interkodierung

Name[36]	Gesamtzahl der Codes	Ähnliche Codes	Versöhnte Codes	Nicht übereinstimmende Kodierung	Gesuchter Prozentsatz (x)
Becky	89	57 (64,04 %)	25 29,07 %	7 (8,14 %)	93,11 %
Innocente	148	99 (66,89 %)	42 (29,16 %)	7 (4,86 %)	96,05 %
Regina	111	78 (70,27 %)	31 (27,93 %)	2 (1,80 %)	98,2 %

Anmerkungen: Die Kodierungszuverlässigkeit vor der Interkodierung beträgt für die Interviews 64,04%, 66,89% bzw. 70,27%. Nach der Interkodierung liegt die Kodierungszuverlässigkeit bei 93,11%, 96,05% und 98,2%, d.h. sie ist ausgezeichnet. Die Gesamtübereinstimmung ist mit 95,79% ausgezeichnet.

Es ist festzustellen, dass die Zuverlässigkeitsrate der Kodierung und der Interkodierung zugenommen hat, je mehr ich mich in der Kodierung von einem Interview zum nächsten weiterentwickelt habe. Die Verbesserung der Zuverlässigkeitsrate ist auf die sicherere Beherrschung dieser Methode zurückzuführen, die ich durch die Übung des Kodierens erlangt habe. Nach dem Prozess der Interkodierung habe ich die anderen Interviews kodiert. Am Ende wurden alle Codes in das qualitative Analyseprogramm MAXQDA12 eingegeben. Dieses Programm ermöglicht es, weiter mit den Daten zu arbeiten und beinhaltet Werkzeuge für die verschiedenen Phasen der Kodierung.

5.6.5 Die anfängliche Kodierung

Der erste Schritt der Kodierung besteht darin, den definierten Sinneinheiten einen Code zuzuweisen. Einen Code zu erstellen bedeutet, das, was in den Datensegmenten enthalten ist, in kurzen Ausdrücken zu sagen, d.h. in Worten, die ihren Inhalt kurz zusammenfassen. Die Codes geben Hinweise für die Auswahl, Gliederung und Zusammenfassung der Daten, womit der analytische Prozess zu beginnt. Die in dieser Phase vorgegebenen Codes sind vorläufig und datennah. Charmaz schlägt vor, dass die Codes einfach, kurz, präzise, offen, zwischen den Daten vergleichbar sein und die Handlungen der Protagonisten widerspiegeln sollten.[37] Man bleibt aber auch offen für lange Codes, wenn dies dem Datensegment besser entspricht. Die Grundfrage für

---

36 Der den Teilnehmerinnen zugewiesene Name ist fiktiv.
37 Kathy Charmaz, *Constructing Grounded Theory*, op. cit., p. 48 (éd. 2014, p. 120).

5. Der methodische Prozess

die Codes könnte lauten: Auf welchen theoretischen Rahmen könnte dieses Segment hinweisen? Beispiel für einen Code:

Sinneinheit: Meine kleine Schwester wusste von dieser Affäre/
Code: Ihre kleine Schwester wusste [betont, dass die Information weitergegeben wurde].

Die Kodierung ist der Dreh- und Angelpunkt, das Bindeglied zwischen der Datenerhebung und der Entwicklung einer Theorie zur Erklärung der Daten. Die Kodierung unterstützt die Entwicklung theoretischer Konzepte und kontextualisiert die Analyse von Handlungen und Ereignissen. Die Sprache bleibt ein wichtiger Faktor in dieser Phase. Die anfängliche Kodierung erfolgt im Hinblick auf das anfängliche Verständnis, also nah an den Daten, mit Schwerpunkt auf der handelnden Person und ihren Taten. Anschließend wird die Kodierung verfeinert und bereinigt, um Doppelungen zu vermeiden. Nachdem die Daten in „Knochencodes" und „Ziegelsteincodes" segmentiert sind, folgt der zweite Schritt, in dem diese Codes synthetisch zusammengefasst werden. Dies ist die gezielte Kodierung, die wir im Folgenden beschreiben werden. Eine Kopie jedes Kodierungsschritts wird im Programm MAXQDA12 gespeichert, um den Überblick über die verschiedenen Phasen der Kodierung zu behalten.

5.6.6 Die gezielte Kodierung

Die gezielte Kodierung ist die Neuformulierung der bedeutsamsten, auffälligsten und häufigsten Codes, um große Teile der Daten neu zu ordnen. Das gezielte Kodieren ist ein dynamischer Prozess, der eine aktive Konzentration auf die ursprünglichen Codes erfordert, um zu verstehen, was diese aussagen. Für Charmaz beginnt damit die theoretische Integration, der Zusammenbau des Skeletts.[38] Die gezielten Codes helfen dabei, ein langes Segment von Daten zusammenzufassen und zu erklären. Charmaz empfiehlt, die ursprünglichen Codes sorgfältig zu überprüfen und diejenigen unter ihnen zu identifizieren, die sich mit einer gewissen konzeptuellen Stärke herauskristallisieren und die Datensegmente besonders treffend zusammenfassen, und diese zu Zielcodes zu machen.[39] Da Charmaz auch sagt, dass der Forschende flexibel vorgehen

---

38 Kathy Charmaz, *Constructing Grounded Theory*, op. cit., p. 57 (éd. 2014, p. 138).
39 *"Focused coding requires decisions about which initial codes make the most analytic sense to categorize your data incisively and completely. It also can involve coding your initial codes."* [Fokussiertes Kodieren erfordert Entscheidungen darüber, welche anfänglichen Codes analytisch am sinnvollsten sind, um die Daten prägnant und vollständig zu kategorisieren. Es kann auch das Kodieren der ursprünglichen Codes beinhalten.]; *"One goal of the focused coding is to determine the adequacy and the conceptual strength of your initial codes."* [Ein Ziel

IV. Methodologie

könne, um seine Daten besser kennenzulernen und mit ihnen zu interagieren, habe ich meine Zielcodes neu erstellt und immer wieder umformuliert, anstatt sie aus den vorhandenen ursprünglichen Codes auszuwählen. Diese Neuformulierung führte zu einer gewissen Kontrolle, einem besseren Verständnis der Daten und half weiterhin dabei, Doppelungen zu vermeiden. Die Phase der gezielten Kodierung erfordert eine größere Interaktion zwischen den Daten und dem Forschenden im Sinne einer gemeinsamen Konstruktion zusammen mit den teilnehmenden Personen. Es ist ein Versuch des Forschenden, die Welt der teilnehmenden Personen zu verstehen, indem er in ihre Wahrnehmung eindringt bis an den Ort, an dem ihre Horizonte verschmelzen. Die Erzählungen der teilnehmenden Personen haben eine Wirkung auf den Forschenden, der sie analysiert und interpretiert. Es kann eine Refiguration, wie Ricoeur es ausdrückt, stattfinden, wenn die Weltsicht des Forschenden durch die Erfahrungen (Verwirrung, Leiden, Emotionen) der teilnehmenden Personen beeinflusst wird. Dies bedeutet nicht, dass sich der Forschende mit den teilnehmenden Personen identifiziert, sondern nur, dass er beeinflusst wird. Die Diskussion mit der meine Dissertation begleitenden Professorin und manchmal auch mit dem Zweitkorrektor hat mir dabei geholfen, Distanz zu gewinnen und ohne Rollenkonfusion in der Position der Forschenden zu bleiben, um die Daten objektiv analysieren zu können.

Die so konstruierten Zielcodes haben es ermöglicht, die ursprünglichen Codes, die sie zusammenfassen und synthetisieren, mit Hilfe der Funktion von MAXQDA12 neu zu gruppieren und zu verdichten. Die Zielcodes haben dabei allmählich eine konzeptionelle Form angenommen und haben eine theoretische Richtung erkennen lassen. Im Gegensatz dazu waren die anfänglichen Codes Ausdrücke, die den Daten sehr nahestanden und weit gestreut waren. Der Vergleich zwischen den Daten der verschiedenen Teilnehmerinnen hilft dabei, Zielcodes zu entwickeln und sie dann weiter zu verfeinern.

Als Beispiel stelle ich hier folgendes Datensegment vor: „Ich habe aufgehört, weil ich nicht dafür war. / Ich habe nach einem Ausweg aus dieser Situation gesucht. / Mit den Ratschlägen während der Formation – [...] – das hat mir die Kraft gegeben, die Beziehung zu beenden." Dieses Segment aus anfänglich drei Codes hat als Zielcode: Die Formation gibt ihr die Kraft, die Beziehung zu beenden.

Die Zielcodes sind die „Bausteine" für den weiteren Aufbau der Daten zu Schlüsselkonzepten und Theorien. Damit kommen wir zum dritten Schritt der Kodierung, den wir im nächsten Absatz beschreiben werden.

---

der fokussierten Kodierung besteht darin, die Angemessenheit und die konzeptionelle Stärke Ihrer anfänglichen Codes zu bestimmen.] *Ibid.*, p. 140.

5.6.7 Die axiale oder kategoriale Kodierung

In dieser Phase der Kodierung werden die Zielcodes zu einem kohärenten und aussagekräftigen Ganzen zusammengefasst. Die Fragen, an denen diese Arbeit sich orientiert, sind: Wann? Wer? Wie? Wo? Warum? Mit welchen Konsequenzen? Dieser Prozess wird als axiales Kodieren bezeichnet. Es geht darum, die Eigenschaften der Zielcodes und die Beziehungen, die zu anderen Konzepten bestehen können, zu erforschen. Mit anderen Worten: Der Forschende kreist um die Achse der Konzepte. Er bewegt sich schrittweise von einem konzeptuellen zu einem theoretischen Stadium. Das Endziel der Forschung ist es, eine zentrale Kategorie zu entdecken, die mit der Gesamtheit der Konzepte und Kategorien, die sich bislang herauskristallisiert haben, verbunden werden kann. Diese zentrale Kategorie wird der rote Faden für die endgültige Theorie sein. Dies wird als selektives Kodieren bezeichnet. Diese Phase ermöglicht es dem Forschenden, seine Daten zu hinterfragen und zu verstehen und die Bedingungen, Handlungen, Interaktionen und Konsequenzen des Ganzen zu identifizieren. Dies ist der Moment, in dem die Umstände und die Erfahrungen der einzelnen Personen rekonstruiert werden.

Ich habe in meiner Arbeit auf ein axiales Kodieren verzichtet. Es schien mir zweckmäßig, mich Charmaz folgend[40] auf die Unterkategorien und auf diejenigen Kategorien zu konzentrieren, die sich aus den miteinander verglichenen Daten ergeben, mit einem ausdauernden Hin und Her zwischen den Kodierungsschritten, um diese immer weiter zu verfeinern. Die Zusammenstellung der Zielcodes im MAXQDA12-Programm ergab zunächst eine Struktur von Unterkategorien und dann Kategorien als Antwort auf die Fragestellung: Was, wo, wie, wann, inwiefern und warum wirkt sich das auf das Leben der Teilnehmerin aus? Die Kategorien und die Unterkategorien werden aus der Beziehung zwischen den Codes gebildet. Die konzeptionellen und/oder theoretischen Rahmen aus der Literatur über die Anthropologie der christlichen Berufung (Rulla, Ridick und Imoda, 1976; Rulla, 2002, 2003), über die psychologische Entwicklung des Menschen (Imoda, Ridick und Rulla, 1993; Imoda, 1998, 2000), über sexuellen Missbrauch von Erwachsenen und andere sexuelle Gewalt gegen Frauen (Fortune, 1983, 1992, 2008; Deodato, 2016; Hans et al., 2017) haben mir bei der Konzeptualisierung dieser Unterkategorien und Kategorien geholfen.

Ein Beispiel für eine Kategorie ist: „Konsequenzen". Unterkategorien sind: „Konsequenzen für das Gemeinschaftsleben", „psychologische Konsequenzen". Dieser Schritt bereitet auf eine theoretische Konzeptualisierung vor, welches die letzte Phase des Kodierungsprozesses darstellt.

---

40 Kathy Charmaz, *Constructing Grounded Theory*, op. cit., p. 148 (éd. 2014).

IV. Methodologie

5.6.8 Die theoretische Kodierung

Dies ist die vierte und letzte Phase der Kodierung. In dieser Phase werden bereits in der wissenschaftlichen Literatur existierende Codes auf die Daten angewandt. Es ist wichtig, diejenigen Codes aus der wissenschaftlichen Forschung zu ermitteln und zu kennen, von denen bekannt ist, dass sie in diesem Forschungsfeld eine wichtige Kompetenz besitzen. Diese anspruchsvolle Phase führt laut Charmaz zu theoretischer Kohärenz.[41] Es handelt sich um einen Schritt zur Validierung der Forschung, der ein wichtiger Moment in der Vorbereitung auf die Theoriebildung ist, eine neue Art, die Kategorien zu verorten, indem die zwischen ihnen bestehenden Beziehungen hervorgehoben werden.[42] Bei dieser Kodierung bin ich auf eine Schwierigkeit gestoßen. Es war nicht einfach, bereits existierende Codes zu finden, die die fraglichen Bereiche abdecken. Mein Ziel war es, eine Formation zu planen, die dabei hilft, die Beziehung zwischen Priestern und Ordensfrauen oder jungen Frauen in der Ausbildung zum Ordensleben bei seelsorglichen Kontakten oder bei der Zusammenarbeit auf eine gesunde und affektiv wie sexuell reife Weise zu leben. Eine solche Formation setzt voraus, dass es in diesen Bereichen manchmal Herausforderungen, Schwierigkeiten und Grenzüberschreitungen gibt. Von daher muss man wissen, welche Herausforderungen, Schwierigkeiten und Grenzüberschreitungen es gibt, wie sie vor sich gehen, welche Dynamik sie haben und wie sie sich auf das Leben vor allem der beteiligten Ordensfrauen und der jungen Frauen in der Ausbildung zum Ordensleben auswirken (Konsequenzen). Man muss verstehen, was die Beziehungen ungesund macht und sie in ein Gegenzeugnis verwandelt. Dieses Verständnis ermöglicht es, die Formation zu fokussieren und hilfreiche Richtlinien zu entwickeln. Die Studien von Chibnall (1998) und Durà-Vilà (2013) zeigen ein Raster, das in einigen Bereichen meiner Forschung als Validierung gedient hat.

Beispiel: Die Konzeptualisierung der Konsequenzen für die Teilnehmerinnen

---

[41] "These codes may help you tell an analytic story that has coherence. Hence, these codes not only conceptualize how your substantive codes are related, but also move your analytic story in a theoretical direction. They [theoretical codes] can aid in making your analysis coherent and comprehensible." [Diese Codes können dabei helfen, eine analytische Geschichte zu erzählen, die kohärent ist. Daher erstellen diese Codes nicht nur ein Konzept, wie die inhaltlichen Codes zusammenhängen, sondern bewegen die analytische Geschichte auch in eine theoretische Richtung. Sie (die theoretischen Codes) können dabei helfen, die Analyse kohärent und verständlich zu machen.] Kathy Charmaz, *Constructing Grounded Theory, op. cit.*, p. 63.

[42] Stéphan Joulain, *Vers un traitement plus holistique des personnes ayant abusé sexuellement de mineurs, op. cit.*, p. 119.

5. Der methodische Prozess

Tabelle 3: Die Phasen in der Erfahrung der Teilnehmerinnen in den Studien von Durà-Vilà et. al.[43]

Phasen	Erfahrung	Ausdruck
Phase 1	Schock und Hilflosigkeit	Existenz des Bösen in der Kirche: Gefühl der Ratlosigkeit, der Hilflosigkeit; Physische und psychologische Not
Phase 2	Selbstzweifel	Zweifel an der eigenen Unschuld, Scham- und Schuldgefühle
Phase 3	Wut und Misstrauen	Verzweiflung beim Empfang der Sakramente von Priestern, die sie missbraucht haben; Wut darüber, dass sie unter diesen Umständen ihre erste sexuelle Erfahrung gemacht haben; Misstrauen gegenüber den Priestern und Aufrechterhaltung von Grenzen
Phase 4	Isolation / Rückzug und Meditation	Weinen und beten; Festhalten an ihrer religiösen Berufung; keine Rebellion gegen Gott, ihm vertrauen und seinen Willen akzeptieren
Phase 5	Geheimhaltung / Diskretion oder Offenheit / Offenlegung	Angst, dass ihnen nicht geglaubt wird, was ihr kontemplatives Leben gefährden könnte; Verteidigung der Wahrheit ihrer Anklage
Phase 6	Akzeptanz in der Gemeinschaft	Unterstützung und Rückhalt von ihrer Gemeinschaft; Erleichterung, dass man ihnen glaubt
Phase 7	Spirituelle Integration	Umwandlung der Missbrauchserfahrung in eine spirituelle Erzählung
Phase 8	Posttraumatisches Wachsum	Vergebung gegenüber den Tätern; sich der menschlichen Natur bewusst werden

Anmerkung: Die Autoren zeigen in einer qualitativen Studie anhand dieser Phasen den Prozess der Teilnehmerinnen (n = 5); es handelt sich dabei um kontemplative Ordensfrauen, die in einer seelsorglichen Beziehung von einem Priester (Beichtvater oder geistlicher Begleiter) sexuell missbraucht wurden.

---

[43] Glòria Durà-Vilà, Roland Littlewood et Gerard Leavey, "Integration of Sexual Trauma in a Religious Narrative: Transformation, Resolution and Growth among Contemplative Nuns", *art. cit.*, p. 27.

IV. Methodologie

Tabelle 4: Vergangene und aktuelle Folgeerscheinungen bei Ordensfrauen, die von einem Priester sexuell missbraucht wurden, cf. Studien von Chibnall et al. (1998, S. 152)[44]

Vergangene Folgeerscheinungen	Aktuelle Folgeerscheinungen
Wut	Wunsch, das Ordensleben zu verlassen
Scham und Verlegenheit	Schwierigkeiten beim Einschlafen / Schlaflosigkeit
Verwirrung	Wunsch, aus der Kirche auszutreten
Depressionen	Schwierigkeiten, zu arbeiten oder sich zu konzentrieren
Schwierigkeit, sich Gott als Vater vorzustellen	Sich von Gott gestraft fühlen
Schwierigkeiten beim Beten	Selbstmordgedanken
Selbstbeschuldigung wegen des Missbrauchs	Todesgefühle
Störung der Beziehung zu Gott	Selbstmordversuch

Anmerkung: Der sexuelle Missbrauch geschah in der Zeit ihres Ordenslebens im Kloster.

Die theoretische Kodierung ist ein schrittweiser Prozess.[45] Die Fragen, die die Datenerhebung lenkten, helfen dabei, die Kategorisierungen zu strukturieren, um sie erzählend oder sogar in Themen neu zu ordnen. Diese Fragen lauten: Wer sind die Teilnehmerinnen? Was erzählen sie? Wie erzählen sie es? Was konnte in ihrem Leben geschehen? Welche Erfahrungen haben sie gemacht? Unter welchen Umständen? Welche Konsequenzen haben sie daraus gezogen?

Was denken sie über ihre Zukunft, wie sehen sie sie? Welche Entscheidungen treffen sie? Ausgehend von diesen Fragen, welche die schon genannten Fragen Was? Wann? Wo? Wie? Wer? Warum? aufgreifen, werden die Daten organisiert, gruppiert und in Kategorien strukturiert, so dass eine Konfiguration entsteht, bei der die Erzählung eine Form erhält und zum Denken in Themen anregt. Es ist die letzte Phase der Kodierung, die es ermöglicht, die Verbindungen zwischen den Kategorien herzustellen sowie die Beziehungen zwischen

---

44 Der beteiligte Priester war entweder geistlicher Begleiter, Gemeindeseelsorger (Pfarrer, Kaplan), Exerzitienmeister, Berater oder Tutor. An dieser quantitativen Studie waren 146 Ordensfrauen und junge Frauen in der Ausbildung zum Ordensleben beteiligt.

45 *"The acts involved in theorizing foster seeing possibilities, establishing connections, and asking questions."* [Die mit der Theoriebildung verbundenen Handlungen fördern das Erkennen von Möglichkeiten, das Herstellen von Verbindungen und das Stellen von Fragen]; *"Studying a process fosters your efforts to construct theory because you define and conceptualize relationships between experiences and events."* [Das Studium eines Prozesses fördert die Bemühungen, eine Theorie zu konstruieren, da man Beziehungen zwischen Erfahrungen und Ereignissen definiert und konzeptualisiert.] Kathy Charmaz, *Constructing Grounded Theory*, op. cit., p. 245, éd. 2014.

den verschiedenen Teilnehmerinnen und ihre gemeinsamen kognitiven Prozesse sichtbar zu machen, welche den Kern der theoretischen Ausarbeitung bilden werden (Joulain 2016, S. 122). Mehrere Instrumente helfen bei dieser Phase der Emergenztheorie, vor allem die Memos, die ich im Folgenden beschreiben werde.

5.7 Memos

Memos sind Worte, Ausdrücke, kurze oder lange Sätze oder sogar Absätze, die Daten analytisch zusammenfassen. Sie sind auch Intuitionen, neue Ideen, Überlegungen und Fragen des Forschenden, der mit dem Material konfrontiert ist. Memos sind sehr nützliche Werkzeuge, die den gesamten Weg von der Datenerhebung über den Kodierungsprozess bis hin zur Analyse begleiten und mir die Richtung meiner Dissertation gewiesen haben. Charmaz stellt sie dem Forschenden als „Scharnier" auf ihrem Weg zur Verfügung.[46] Sie empfiehlt dem Forschenden, auf die Botschaften und Inspirationen achten, die ihm im Zusammenhang mit den Daten kommen, und diese sofort in einem „methodologischen Tagebuch" festhalten. Mit dem Programm MAXQDA12 lassen sich Memos generieren und den Codes, Segmenten oder Kategorien zuordnen. Nach dem Ansatz der Emergenztheorie muss die Datensammlung ein Ende haben, nämlich ihre Sättigung. Was ist diese Sättigung?

5.8 Die Sättigung der Daten

In einer qualitativen Analyse erkennt man die Datensättigung daran, dass die Daten keine relevanten neuen Informationen mehr liefern. Für Charmaz ist die Sättigungsgrenze erreicht, wenn das Hinzufügen neuer Daten nichts Neues mehr bringt. Im Rahmen meiner Forschung war es schwierig, die Sättigungsstufe zu bewerten. Meine geographische Entfernung vom Ort der Forschung, die Promotionsfristen und die Schwierigkeit der Teilnehmerinnen, ihre Zustimmung zum Gebrauch der sensiblen Daten zu geben, machten es schwierig, weitere Interviews mit denselben Teilnehmerinnen in Betracht zu ziehen. Um mehr Informationen zu erhalten und eine gewisse Sättigung zu erreichen, habe ich Daten verwendet, die ich formell von Fachleuten erhalten habe. Die mir auferlegten begrenzten Möglichkeiten zwangen mich dazu, von einer gewissen Sättigung auszugehen und mit den gesammelten Daten weiterzuarbeiten. Die neun Teilnehmerinnen hatten mir ausreichend Informationen gegeben, um mein Ziel zu erreichen: Dieses Ziel besteht darin, die Realität von sexuellem Fehlverhalten und sexueller Gewalt in der seelsorglichen

---

[46] Kathy Charmaz, *Constructing Grounded Theory*, op. cit., p. 73–95.

IV. Methodologie

Beziehung oder bei der Zusammenarbeit zwischen Priestern und Ordensfrauen oder jungen Frauen in der Ausbildung zum Ordensleben zu verstehen, um dann Schulungen zur Prävention und Aufklärung, sowie Richtlinien und Betreuung anbieten zu können. Man muss beobachten, was geschieht, die Realität vor Ort sehen, beurteilen und handeln. In der folgenden Tabelle stelle ich die Ergebnisse der Kodierung dar, die unter Beachtung der Interkodierung vorgenommen wurde und eine ausgezeichnete Zuverlässigkeitsrate (95,79 %) nach der Skala der Kappa-Werte ergab.

Tabelle 5: Darstellung der numerischen Ergebnisse der Kodierungen

Kodierungsphasen	Gesamtzahl der Codes	Anzahl der Unterkategorien	Anzahl der Kategorien	Anzahl der Themen
Anfängliche Kodierung	2755			
Gezielte Kodierung	1138			
Kategoriale Kodierung		647		
Theoretische Kodierung			24	7

Anmerkung: Die Auswahl, Eliminierung und Verfeinerung der anfänglichen und der gezielten Codes erfolgte eher auf den Ebenen der Unterkategorien und der Kategorien, um schließlich die Themen herauszuarbeiten. Zum Beispiel haben die Kategorien Grenzverletzungen sowie bestimmte Dynamiken und Strategien meine Aufmerksamkeit auf die familiären Erfahrungen der Teilnehmerinnen vor ihrem Eintritt ins Kloster gelenkt.

Die vierundzwanzig Kategorien und sieben Themen, die beibehalten wurden, waren Gegenstand einer vergleichenden Analyse der Daten der verschiedenen Teilnehmerinnen. Dies gibt einen Einblick in die verschiedenen Schwierigkeiten, Herausforderungen und Regelabweichungen, wie auch in die emotionale und sexuelle Unreife, die in den Beziehungen zwischen Priestern und Ordensfrauen oder jungen Frauen in der Ausbildung zum Ordensleben auftreten können. Weiter werden die Konsequenzen deutlich, die sich daraus ergeben: die Auswirkungen dieser Erfahrung auf jede Teilnehmerin und die Menschen um sie herum, die Wahrnehmung ihrer Person, ihre Vision von der Kirche, ihre Zukunftsperspektive und die Entscheidungen, die sie im Hinblick auf ihre Zukunft trifft.

Ich werde die verschiedenen Themen vorstellen und diskutieren, um die wichtigsten Elemente der Theoriebildung, die sich an der aktuellen Forschung orientieren, hervorzuheben. Die Analyse der endgültigen Daten und ihre Interpretation erfolgt innerhalb des hermeneutischen und narrativen theoretischen Rahmens von Ricoeur, wobei folgende Schwerpunkte gesetzt werden: die handelnde Person (wer handelt? mit wem?), ihre Handlung (was?), das Verfahren (wie?), die Wahrnehmungen, Urteile, Gründe, Überzeugungen und Werte (warum?). Diese Analyse ermöglicht zu verstehen, wie die Teilnehmerinnen ihre Erzählung erarbeitet, konfiguriert und konstruiert haben.

6. Zusammenfassung und Ausblick

Der hermeneutische theoretische Rahmen der Narrativität hat mich in dem Bemühen unterstützt, die menschliche Person, ihre Geschichte und ihre Weltanschauung schrittweise zu verstehen, um einen Lebenssinn zu konstruieren. Um dies im Rahmen meiner Forschung zu tun, war es angemessen, eine qualitative Methodik zu verwenden. Diese Methode führt dazu, dass man bei der Untersuchung die Realität von innen heraus begreift (cf. Darlington und Scott 2002; Ritchie und Lewis 2003 und Howitt 2012). Die qualitative Analyse ermöglicht die Untersuchung innerer und tiefgehender Phänomene, wobei die Teilnehmerinnen aktiv einbezogen werden, was eine statistische Analyse nicht leisten könnte. Ich habe mich entschieden, eine begrenzte Menge an Material zu benutzen, um damit eine qualitativ hochwertige Studie zu erstellen. Die Emergenztheorie im Allgemeinen und insbesondere der Ansatz von Charmaz sind insofern relevant, als sie es ermöglichen, tiefer in das gesammelte Material einzudringen, und dem Untersuchenden eine gewisse Flexibilität bieten, damit er seine Fähigkeit zur Beziehung, zur Zusammenarbeit, zur Intuition und zur wissenschaftlichen Analyse bei den teilnehmenden Personen einsetzen kann, um mit ihnen gemeinsam ein Verständnis der Realität zu konstruieren. Qualitative Forschung hilft bei der Kontextualisierung der Realität. Im nächsten Kapitel werde ich die Ergebnisse meiner Feldforschung mit neun Teilnehmerinnen aus fünf Ländern in Subsahara-Afrika vorstellen, die mit Hilfe der Emergenztheorie von Charmaz erarbeitet wurden.

V. PROFIL DER PROTAGONISTEN, VORSTELLUNG, ANALYSE UND DISKUSSION DER ERGEBNISSE

1. Einleitung

In diesem Kapitel stelle ich die Ergebnisse meiner Feldforschung vor und diskutiere sie. Es handelt sich um empirische und klinische Probleme [sexuelles Fehlverhalten (SF)[1]], die in der pastoral-seelsorglichen Beziehung (PB) oder in der Beziehung der Zusammenarbeit für die Pastoral (BZP) zwischen Priestern und Ordensfrauen (OF) oder zwischen Priestern und jungen Frauen in der Ausbildung zum Ordensleben (JF) entstanden sind.

Die vorangegangenen Kapitel zu den theoretischen, konzeptuellen und methodologischen Hintergründen stellen das Werkzeug zur Verfügung, um nun den Inhalt einzelner Auszüge aus den Erzählungen der Protagonisten (interviewte Teilnehmerinnen und Mitarbeitende), die zu unserer qualitativen Forschung beigetragen haben, zu analysieren. In der Terminologie von Ricoeur ausgedrückt: Wir befassen uns mit der Mimesis I und II der Erzählung, dann mit der Mimesis III, d. h. der Ausarbeitung von Ideen (Präfiguration – Mimesis I) und der Konstruktion der Erzählungen der Protagonisten (Konfiguration – Mimesis II). Die Protagonisten haben in ihrem Lebensumfeld eine Realität (Off-Text) erlebt und Erfahrungen gemacht. Sie haben diese im Prozess der Konstruktion ihrer Erzählung interpretiert, indem sie die Sequenzen, die kausalen Verbindungen und die beteiligten Personen zusammengefügt haben. Ich habe mir ihre Erzählung (Text) angeeignet und sie noch einmal interpretierend gelesen, was als Mimesis III (Refiguration) bezeichnet wird. In dieser Interpretation werden die verschiedenen Erscheinungsformen des sexuellen Fehlverhaltens deutlich.

Die Instrumente der Informations- und Datenerhebung sind: a) Beobachten und Zuhören, b) fragebogengestützte (explorative, halbstrukturierte) Interviews und c) Fragen an die Höheren Oberinnen und an die Formatorinnen, um auch ihre Überlegungen und Meinungen zu erfassen. Das Ziel ist dabei zum einen, sich der Realität sexuellen Fehlverhaltens bewusst zu

---

[1] In diesem und im nächsten Kapitel werde ich die Abkürzungen verwenden, die ich bereits im vorherigen Kapitel erläutert habe.

werden, und zum anderen, dieses Verhalten zu verstehen, um handeln zu können.

a) Das Phänomen des sexuellen Fehlverhaltens innerhalb der PB oder der BZP zwischen Priestern und Ordensfrauen in Subsahara-Afrika soll bewusst gemacht werden, konkret in vier Ländern Westafrikas und einem Land Ostafrikas, die alle französischsprachig sind. Dies sind die Herkunftsländer der Teilnehmerinnen sowie der Mitarbeiterinnen und Mitarbeiter.

b) Es soll verstehbar werden, wie dieses Phänomen entsteht. Welche Beziehungsdynamik führt zu dieser Realität?

Die verschiedenen Kategorien (24) und die Themen (7), die sich herauskristallisieren, sind das Ergebnis einer Kodierung und Analyse der Interviews mit den Teilnehmerinnen. Die untersuchte wissenschaftliche Literatur zu PB und BZP (Demasure 2004, 2012; Liégeois 2015), zu sexuellem Fehlverhalten und sexueller Gewalt (SG) von Priestern gegenüber Frauen (Fortune 1983, 1994, 2008; Kennedy 2003; Lebacqz et al. 1996 und Poling 1991, 2005), über sexuelles Fehlverhalten gegenüber Frauen in Institutionen (Rutter 1990 und Tschan 2014), über sexuelles Fehlverhalten von Priestern gegenüber Frauen (Evans-Bouclin 2001), über sexuelles Fehlverhalten von Priestern gegenüber Ordensfrauen (Chibnall et al. 1998; Deodato 2016; Durà-Vilà et al. 2013), über sexuelle Gewalt gegen Frauen (Josse 2006, 2006, 2007; WHO 2002) und über die Anthropologie der christlichen Berufung (Imoda et al. 1993; Lonergan 1978; Rulla 1978, 2002; Rulla et al. 1976) stellte die Konzepte bereit, die zur Organisation der Kodierung in Kategorien, Unterkategorien und Themen verwendet wurden.

Ich stelle im Folgenden das geografische und demografische Profil der Stichprobe der Teilnehmerinnen vor und präsentiere dann die Ergebnisse der Felddaten, organisiert in Themenbereichen, gefolgt von deren Diskussion. Die Erzählungen der Teilnehmerinnen werden in vier Teilen unter vier Gesichtspunkten bearbeitet:
 Im ersten Teil, „Sexuelles Fehlverhalten – Umstände – Zustimmung" geht es um die Themen sexueller Missbrauch (SM) und andere sexuelle Gewalt, die Umstände, unter denen sie stattfanden, und die Zustimmung bzw. Nicht-Zustimmung der Teilnehmerinnen.
 Im zweiten Teil, „Die Folgen sexuellen Fehlverhaltens, die Wahrnehmung der Zukunft durch die OF/JF", stehen die Themen physische, psychische, gemeinschaftliche, soziale, berufsbezogene und spirituelle Folgen sowie die Wahrnehmung der Teilnehmerinnen über ihre Zukunft im Mittelpunkt.

Im dritten Teil, „Wahrnehmung der Haltung der Umgebung – Hilfe und Prävention", werden die Reaktion der Umgebung (christliches Zeugnis) und die Vorschläge der Teilnehmerinnen, um Betroffenen zu helfen und sexuelles Fehlverhalten in einer pastoral-seelsorglichen Beziehung oder in der Zusammenarbeit zu verhindern, behandelt.

Der vierte Teil, „Dynamiken – Risikofaktoren – Grenzverletzungen in der PB oder BZP", befasst sich mit den Risikofaktoren für intime Grenzverletzungen bei Ordensfrauen sowie den zugrunde liegenden Beziehungsdynamiken zwischen den beteiligten Priestern und der OF oder der JF. Dieser Teil enthält den Hauptbeitrag meiner Forschung, nämlich die sich aus meiner Untersuchung ergebende Theorie und ihren Beitrag zum Verständnis sexuellen Fehlverhaltens.

Die Themenbereiche werden in einer interdisziplinären Perspektive behandelt und diskutiert. Der psychologische und ethische Ansatz, der in die Anthropologie der christlichen Berufung eingebettet ist, ist dabei die dominierende Perspektive. In der Diskussion versuche ich jedoch, auch für andere Überlegungen und Studien offen zu sein.

2. Die Protagonisten und ihr Profil

Der Begriff „Protagonisten" bezeichnet in meiner Forschung drei Gruppen von Personen, die zur Datenerhebung beigetragen haben, indem sie entweder an einem leitfadengestützten Interview mit einem explorativen Fragebogen und einem halbstrukturierten Fragebogen teilgenommen haben, oder indem sie auf meine Fragen hin Informationen und ihre Meinung zum Forschungsthema mitgeteilt haben (informelles Interview). Diese Gruppen sind:

a) Bei den befragten Mitarbeitenden handelt es sich um drei Fachleute. Vier Mitarbeitende haben mir bei den Interviews mit einigen Teilnehmerinnen geholfen.

b) Es gibt neun Teilnehmerinnen (100 %): Fünf von ihnen (55,6 %) sind Ordensfrauen (OF) und vier (44,4 %) junge Frauen in der Ausbildung zum Ordensleben (JF), d.h. sie waren im Postulat oder Noviziat. Zwei (40 %) der OF sind als Formatorinnen für ihr Ordensinstitut tätig. Eine der sechs Ordensfrauen befand sich noch in der Ausbildung zum Ordensleben, als die regelwidrige Beziehung begann. Zum Zeitpunkt zweier Interviews (50 %) hatten die betreffenden JF den Formationsprozess aufgrund ihrer schmerzhaften Erfahrung abgebrochen.

c) Interviewte Höhere Oberinnen und Formatorinnen.

3. Panel

Das endgültige Panel besteht aus neun Teilnehmerinnen und drei befragten Mitarbeitern und Mitarbeiterinnen. Dieses Panel entspricht den Personen, die auf meine Einladung geantwortet und ihre Bereitschaft und ihren freien Willen bekundet haben, an der Untersuchung teilzunehmen. Die in einer Beziehung zu den Teilnehmerinnen stehenden Personen waren alle Priester, einer von ihnen war Bischof. Eine der Teilnehmerinnen stand gleichzeitig mit zwei Priestern in Beziehung. Eine andere Teilnehmerin sah sich, nachdem sie die Beziehung zu einem Priester abgebrochen hatte, mit den zudringlichen Bitten eines anderen Priesters konfrontiert. Insgesamt betrug die Zahl der beteiligten Priester elf. Der älteste Priester war zum Zeitpunkt des Interviews 52 Jahre alt. Einer der Priester missbrauchte gleichzeitig zwei junge Frauen, die in derselben Gemeinschaft in der Ausbildung zum Ordensleben waren, sowie eine Ordensfrau mit Gelübden. Einer der Priester begann sein missbräuchliches sexuelles Fehlverhalten als Seminarist und setzte es nach seiner Priesterweihe fort. Eine der Teilnehmerinnen befand sich in der Ausbildung zum Ordensleben, als die Beziehung begann; die Beziehung wurde nach der Ablegung der einfachen Gelübde fortgesetzt. Ich erhielt diese Informationen von den Teilnehmerinnen. Ich habe die beteiligten Priester nicht befragt und kenne ihre Identität nicht.

4. Die Dauer der Beziehung

Die Dauer der Beziehung schwankte bei den Teilnehmerinnen zwischen vier Monaten und dreizehn Jahren. Zum Zeitpunkt der Interviews hatten acht Teilnehmerinnen die Beziehung erfolgreich abgebrochen. Eine Teilnehmerin äußerte sich zögerlich auf diese Frage.

5. Das geographische Profil der Protagonisten

Die Protagonisten stammen aus fünf Ländern in Subsahara-Afrika, genau gesagt aus vier Ländern in Westafrika und einem Land in Ostafrika. Diese Länder wurden nicht speziell ausgewählt, sondern ergaben sich aus der Verfügbarkeit der Protagonisten. Die Interviews wurden in französischer Sprache geführt.

6. Die Identität der Protagonisten

Ein Name hat eine Bedeutung und trägt dazu bei, den Protagonisten aus Subsahara-Afrika eine Identität zu verleihen. Deswegen wollte ich jeder Teilnehmerin und jedem Mitarbeitenden einen Namen statt einer Nummer oder eines Codes geben. Die Namen der Teilnehmerinnen und Mitarbeitenden in meiner Forschung sind fiktiv, um die Vertraulichkeit zu wahren und ihre Identität zu schützen.

7. Das demographische Profil der Protagonisten

Die folgenden Angaben beziehen sich auf die interviewten Teilnehmerinnen, die Mitarbeitenden und diejenigen, die bei der Durchführung der Interviews geholfen haben.

7.1 Teilnehmerinnen

Das Durchschnittsalter der Teilnehmerinnen liegt bei 31 Jahren. Drei Teilnehmerinnen liegen altersmäßig unter diesem Durchschnitt, eine hat genau das Durchschnittsalter und fünf liegen altersmäßig über dem Durchschnitt. Das Mindestniveau der Schulbildung ist die Abschlussklasse. Das durchschnittliche Bildungsniveau ist das Abitur. Die Ordensfrauen haben im Durchschnitt vor sechs Jahren die einfachen Gelübde abgelegt. Bei drei Ordensfrauen liegen die einfachen Gelübde mehr als sechs Jahre zurück; bei drei weiteren Ordensfrauen beträgt die Zeit weniger als der Durchschnitt. Die folgende Tabelle fasst diese Daten zusammen.

Tabelle 6: Demographisches Profil der Teilnehmerinnen (n = 9)

Name	Altersintervall zum Zeitpunkt des Interviews	Status	Anzahl der Professjahre	Bildungsniveau
Becky	25–30 Jahre	JF	ausgetreten	Abitur
Solange	35–40 Jahre	Ordensfrau	5 Jahre	Keine Information
Anita	20–25 Jahre	JF	ausgetreten	Abitur
Innocente	25–30 Jahre	JF	–	Abschlussklasse
Martha	35–40 Jahre	Ordensfrau	7 Jahre	Lizenziat in klinischer Psychologie
Jessy	30–35 Jahre	Ordensfrau	4 Jahre	Abitur
Liberia	40–45 Jahre	Ordensfrau	14 Jahre	Abitur
Regina	30–35 Jahre	Ordensfrau	3 Jahre	Abitur
Corine	30–35 Jahre	Ordensfrau	2 Jahre	Abitur

Anmerkung: Das Panel der Teilnehmerinnen deckt eine gewisse Altersspanne ab und umfasst sowohl junge Frauen, die sich in der Erstausbildung befinden, wie auch Ordensfrauen mit Erfahrung im Ordensleben. Alle Teilnehmerinnen haben eine intellektuelle Vorbildung.

7.2 Die Mitarbeitenden, die befragt wurden oder selbst Interviews geführt haben

Das Durchschnittsalter der befragten Mitarbeiter und Mitarbeiterinnen liegt bei 52 Jahren. Drei der Mitarbeitenden sind älter als dieser Durchschnittswert und zwei sind jünger. Die geringste akademische Qualifikation ist ein Lizenziat, die höchste ist eine Professur. Die durchschnittliche Berufserfahrung liegt bei achtzehn Jahren. Die folgende Tabelle fasst diese Daten zusammen.

Tabelle 7: Demografisches Profil der Mitarbeitenden, die befragt wurden oder selbst Interviews geführt haben (6)

Name	Altersintervall zum Zeitpunkt des Interviews	Geschlecht	Familienstand	Bildungsniveau
Moïse	55–60 Jahre	M	verheiratet	Professor
Sarah	50–55 Jahre	F	verheiratet	Magister
Dave	35–40 Jahre	M	verheiratet	Master
Thomas	65–70 Jahre	M	Priester	Magister
Robert	45–50 Jahre	M	Priester	Magister
Martha	35–40 Jahre	F	Ordensfrau	Lizenziat

Anmerkung: Die Mitarbeitenden haben eine Ausbildung sowie Berufserfahrung, und es sind Männer und Frauen.

7.3 Die Rolle der Mitarbeitenden

In der folgenden Grafik ist die Zahl der Gespräche ablesbar, die jeder der Mitarbeitenden geführt hat; es ist dabei nicht unterschieden, welche Rolle sie in dem Gespräch innehatten.

8. Wiederkehrende Themen bei den Teilnehmerinnen

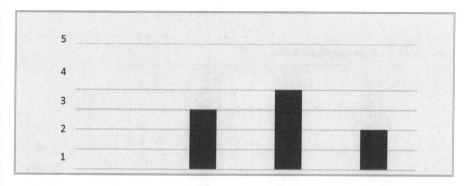

Anmerkung: Einige Mitarbeitende mussten zwei Rollen übernehmen. Eine Mitarbeiterin wurde von mir als in diesem Bereich erfahrene Fachkraft interviewt, und anschließend interviewte sie selbst zwei Teilnehmerinnen. Eine andere Mitarbeiterin wurde zunächst als Teilnehmerin interviewt und interviewte dann selbst noch eine andere Teilnehmerin.

8. Wiederkehrende Themen bei den Teilnehmerinnen

Der hermeneutische Ansatz von Ricoeur ermöglichte es, den Kodierungsprozess zu verfolgen und die Analyse anhand der folgenden Fragen zu verfeinern: Was ist passiert? Wo ist es passiert? Mit wem? In welchem Kontext? Mit oder ohne Einwilligung? Mit oder ohne Zeugen? Wie lebt die Teilnehmerin mit dem, was geschehen ist (unmittelbare, kurz- und langfristige Folgen)? Welche Lösung schlägt die Teilnehmerin vor? Die handelnden Personen, ihre Handlungen, die Wahrnehmung ihrer Handlungen, der wechselseitige Einfluss ihrer Handlungen soll präzise anhand folgender Fragen erfasst werden: Wer? Was? Wer macht was? Wann? Wo? Wie? Mit wem? Warum?

Die hervorstechenden Themen sind:
- Was die Teilnehmerinnen über die Erfahrung des sexuellen Fehlverhaltens mit dem Priester sagen;
- Was sie über die Umstände sagen, unter denen dies geschah;
- Was sie über ihre Beteiligung oder Nichtbeteiligung an dem sexuellen Fehlverhalten sagen: die Frage der Zustimmung;
- Was sie über die Folgen sagen;
- Was sie über ihre Zukunftsvorstellungen sagen;
- Was sie über die Haltung ihrer Umgebung sagen;
- Was sie über ihre Verpflichtungen sagen und welche Vorschläge zur Verbesserung oder Prävention sie machen.

Die folgende Tabelle fasst die Anzahl (n) der Sinneinheiten (der kodifizierten Erzählung) zusammen, die sich auf das Thema beziehen, und zwar für jede Teilnehmerin.

V. Profil der Protagonisten, Vorstellung, Analyse und Diskussion der Ergebnisse

Tabelle 8: Wiederkehrende Themen

Vorname	Wiederkehrende Themen							
	Sexuelles Fehlverhalten	Umstände	Folgen	Wahrnehmung ihrer Zukunft	Reaktion des Umfelds	Die Frage der Zustimmung	Prävention	Gesamt
Becky	21	14	29	5	13	16	15	**113**
Solange	35	8	67	0	26	14	36	**186**
Anita	23	14	104	8	24	6	18	**197**
Innocente	38	14	76	10	9	10	20	**177**
Martha	11	7	153	2	3	5	14	**195**
Jessy	10	7	16	5	3	0	8	**49**
Liberia	22	46	109	16	23	20	56	**292**
Regina	59	21	50	12	13	20	40	**215**
Corine	70	17	83	27	13	40	67	**317**
Gesamt	**289**	**148**	**658**	**85**	**127**	**131**	**274**	

Anmerkung: Die Teilnehmerinnen haben sich im Allgemeinen zu jedem Thema geäußert. Sie sprachen am meisten über die Folgen (658 Sinneinheiten) und über das sexuelle Fehlverhalten (289 Sinneinheiten). Sie äußerten sich nur wenig zu ihrer Vorstellung von ihrer Zukunft (85 Sinneinheiten). Solange zum Beispiel sagte gar nichts über ihre Zukunft. Corine, Liberia und Regina äußerten sich mehr als die anderen. Jessy äußerte sich am wenigsten. Sie sagte weder etwas über ihre Zukunft noch zur Frage der Zustimmung. Diese Nuancen könnten entweder auf die Frage im Interview zurückzuführen sein, falls diese nicht klar gestellt wurde, oder es könnte daran gelegen haben, dass die Teilnehmerin in ihrer Erzählung einfach nicht auf die Frage eingegangen ist.

Die wissenschaftliche Diskussion, in der ich meine Ergebnisse mit der aktuellen Forschung zum Thema in Beziehung setze, folgt auf die Darstellung jedes Themas (Auszug aus den Erzählungen der Teilnehmerinnen), um so die wichtigen und hervorstechenden Elemente für die Theoriebildung herauszuarbeiten. Die Diskussion beinhaltet auch meine eigene hermeneutische Interpretation unter Berücksichtigung verschiedener Ansätze und Perspektiven.

9. Was die Teilnehmerinnen über sexuelles Fehlverhalten in ihrer Beziehung mit dem Priester sagen

Abschnitt A
Sexuelles Fehlverhalten – Umstände – Zustimmung

Hier wird zusammengefasst, was die Teilnehmerinnen über das sexuelle Fehlverhalten, seine Umstände und die Frage ihrer Zustimmung sagen.

9. Was die Teilnehmerinnen über sexuelles Fehlverhalten in ihrer Beziehung mit dem Priester sagen

In diesem Themenbereich geht es um die Erzählungen von Teilnehmerinnen, die der Meinung sind, dass sie sexuelles Fehlverhalten in der Beziehung zu Priestern erlebt haben. Ihre Erfahrungen äußern sich in verschiedenen Formen, die in drei Kategorien mit ihren Unterkategorien organisiert sind, nämlich: Vergewaltigung, versuchte Vergewaltigung, sexueller Missbrauch (Geschlechtsverkehr in der seelsorglichen Beziehung); Belästigung (sexuell, emotional); sexuelle Ausbeutung (SA), aufdringliche Liebesbekundungen mit sexuellen Aufforderungen (ALBS), aufdringliche Liebesbekundungen mit sexuellen Aufforderungen verbunden mit Geschenken (ALBSG), Liebesbekundungen mit sexuellen Aufforderungen (LBS).

9.1 Vergewaltigung

Zwei Teilnehmerinnen, Becky und Innocente, berichten, dass sie erzwungene sexuelle Beziehungen mit Priestern erlebt haben.[2] Für Becky hat sich dieser von ihr nicht erwünschte Geschlechtsverkehr über einen längeren Zeitraum hinweg wiederholt. Für Innocente waren es zwei Vergewaltigungen, die von demselben Priester begangen wurden. Hier sind einige der Ausdrücke, mit denen sie die erlittenen Vergewaltigungen beschreiben:
 BECKY: „Ich habe gegen meinen Willen Sex mit einem Priester [gehabt][3]." (01B/9)[4]

---

[2] Der benannte Priester ist jeweils der Priester, der an der Beziehung zur Teilnehmerin beteiligt war. Bei den beiden Teilnehmerinnen handelte es sich um unterschiedliche Priester.
[3] Ich habe gelegentlich Wörter oder Ausdrücke aus Gründen der Vertraulichkeit geändert. Manchmal habe ich das Auslassungszeichen [...] gesetzt, um Passagen auszulassen, die für diese Kategorie oder Unterkategorie nicht relevant sind.
[4] Die alphanumerischen Codes in Klammern geben an, wo dieses Zitat in der Sammlung der Transkripte der Interviews zu finden ist. Der erste Code vor dem Schrägstrich bezieht sich auf die laufende Nummer in der Folge der Interviews und auf den Anfangsbuchstaben des fiktiven Vornamens der Teilnehmerin. Die Zahl nach dem Schrägstrich gibt die Referenznummer der Sinneinheit an, die im MAXQDA12-Programm der kodierten Transkripte angegeben ist. Hier handelt es sich um die Teilnehmerin 01B, die das Interview als erste geführt hat, und um die Sinneinheit Nr. 9.

INNOCENTE: „[Beim ersten Mal:] Er hat sich auf mich gestürzt und das mit Gewalt, er hat mich überhaupt nicht gut behandelt. Er hat alles getan, um mich ins Bett zu bekommen, und er hat mit mir geschlafen. Es ging alles sehr gewalttätig zu. [Beim zweiten Mal:] Er hat sich mir genähert, das ist, um mich zu missbrauchen. Er hat sich hinter mich gestellt. Ich habe mein Bestes gegeben, aber was er wollte, hat er getan." (04I/32, 33, 36, 37, 94, 95)

Becky wurde mehrmals von dem Priester vergewaltigt, Innocente zweimal. Die Beschreibungen von Becky und Innocente stimmen mit dem überein, was Fortune (1983) als Vergewaltigung im Kontext einer pastoral-seelsorglichen Beziehung beschreibt.

9.2 Versuchte Vergewaltigung

Anita und Liberia sprechen über die versuchten Vergewaltigungen, die sie erlebt haben, wie folgt:

ANITA: „Er hat sich im Bett auf mich geworfen, ich habe nicht nachgegeben, er ist wieder aufgestanden." (03A/38, 39, 40)

LIBERIA: „Er hat mich wirklich an sich gedrückt, ich habe gemerkt, dass das nicht normal ist. Ich spürte das durch seinen Atem, ich bat ihn, mich loszulassen. Der Rhythmus seines Atems wurde immer schneller, ich verstand, dass er mich begehrte, ich war sehr grob, ich stieß ihn mit aller Kraft zurück, er versuchte, mich festzuhalten. Ich sagte nein, ich will das nicht, ich bin nicht bereit, das mit dir zu erleben, er hat mich losgelassen." (07L/170–178)

Ihre Beschreibung zeigt, wie Anitas Ablehnung dazu führte, dass der Priester einhielt. Dagegen war es für Liberia ein harter Kampf. Die Vergewaltigung wurde in beiden Fällen nicht ausgeführt. Nach der Definition der WHO aus dem Jahr 2002 handelte es sich um versuchte Vergewaltigungen.

9.3 Sexueller Missbrauch

Becky, Anita und Solange berichten von ihren Erfahrungen mit sexuellen Kontakten in einer pastoral-seelsorglichen Beziehung.

BECKY: „Am Anfang war es eine Beziehung zwischen unseren beiden Familien, dann die Katechese, dann die Begleitung bei meiner Berufungsfindung. Auf dem Weg [zu einer Reise auf seine Einladung hin] fragte er mich, ob ich schon von Geschlechtsverkehr gehört hätte, ob ich so etwas schon gemacht hätte und ob ich wolle, dass er es mir beibringt. Als ich 15 Jahre alt war, hatte ich meinen ersten Geschlechtsverkehr mit ihm. Nach seiner Priesterweihe hatten wir weitere sexuelle Beziehungen." (01B/28–30, 42, 47, 75)

9. Was die Teilnehmerinnen über sexuelles Fehlverhalten in ihrer Beziehung mit dem Priester sagen

ANITA: „Als ich den Wunsch hatte, ins Kloster zu gehen, ging ich zu ihm. Er war Kaplan unserer Pfarrei. Ich kannte die Priester nicht. Ich sah sie zwar, aber ich stand ihnen nicht nahe. Ich ging zu ihm und unterbreitete ihm meine Idee. Er sagte mir, dass er mich begleiten könne. Er wurde mein geistlicher Begleiter [...] Wir hatten Sex, bevor ich ins Kloster ging. Er hat mir gesagt, dass ich [im Kloster] bleiben kann, und wenn ich für den Urlaub zurückkomme, werden wir uns wiedersehen." (03A/6–11, 61,62)

SOLANGE: „Er kam [in das Ausbildungshaus], er betrachtete die Schwestern und die [jungen Frauen in Ausbildung] als seine Kinder. [Das Ausbildungshaus] war für ihn wie ein Zuhause. Er hielt an einem Tag in der Woche die Messe und aß danach mit uns. Da ich gerne koche und bediene, bat er darum, dass ich mich um ihn kümmern solle. Ich war seine Tochter geworden und betrachtete ihn als meinen Papa [...]. Wir hatten sexuelle Beziehungen [...] Wir fingen an, miteinander zu schlafen." (02S/185–191, 33, 230)

Die Beschreibungen von Becky, Anita und Solange (drei Personen) offenbaren, dass die Beziehung in einem seelsorglichen Kontext begann und sich dort stabilisierte und dann allmählich in einen sexuellen Kontakt überging. Dies ist laut Liégeois ein sexueller Missbrauch, da in der Struktur der seelsorglichen Beziehung ein Machtungleichgewicht herrscht.

9.4 Sexuelle und emotionale Belästigung

Regina und Corine sprechen über Belästigungen, die sie in der Zusammenarbeit mit einem Priester erlebt haben. Ich unterscheide hier gemäß ihrer Erzählung zwei Arten von Belästigungen: die sexuelle und die emotionale Belästigung.

9.4.1 Sexuelle Belästigung

REGINA: „Jedes Mal, wenn ich Arbeitstreffen mit ihm hatte, wollte er mich küssen. Ich konnte ihm jedes Mal entwischen. Er verfolgte mich, ich rannte. Dies wiederholte sich mehrfach. Auch einmal in der Kapelle: Während eines Gottesdienstes kam er zu meiner großen Überraschung durch die andere Tür herein und an seinem Gesichtsausdruck erkannte ich, dass er mich küssen wollte. Ich bin geflohen. So war es, er belästigte mich überall." (08R/14, 17, 19–20, 33)

CORINE: „Zu meiner Überraschung taucht auch noch ein anderer Priester auf, der zweite Kaplan. Auch er kommt, um uns bei der Zusammenarbeit zu helfen. Er fragte mich: Warum kann er mich nicht haben? Ich sagte ihm: Nein, ich will diese Beziehung nicht. Die Worte, die er oft benutzte, waren verstörend. Es war eine Belästigung. Es war aggressiv." (09C/46, 49, 58–59, 74, 76, 79)

Regina und Corine schildern ihre jeweilige Realität, die Verfolgung, um einen Kuss zu erzwingen, und den Druck, in der Zusammenarbeit mit Priestern eine Liebesbeziehung eingehen zu sollen. Laut Josse (2006, S. 15), der WHO (2006, S. 166) und Sperry[5] handelt es sich hierbei um sexuelle Belästigung und aufdringliche Annäherungsversuche.

9.4.2 Emotionale Belästigung

REGINA: „Wenn es etwas gab, das wir zusammen planen sollten, ignorierte er mich. Er tat, was er wollte, und das führte zu Spannungen zwischen uns. Der Gipfel war, dass wir gemeinsam für [die pastorale Arbeit] einkaufen gehen sollten. Unterwegs kündigte er mir an, dass er neben dem Einkauf irgendwo zur Messe gehen und auch eine Station[6] sehen wollte, die [eine pastorale Aktivität] durchführt. Ich sagte ihm: ‚Nein, denn nach dem Plan meiner Gemeinschaft haben wir die Versammlung, also kann ich nicht.' Wir fuhren trotzdem los. Das hat mir in der Gemeinschaft viele Probleme gemacht." (08R/35–38, 40,44)

CORINE: „Er fing an, sich seltsam zu verhalten, ich würde sagen, er hatte Eifersuchtsanfälle. Eines Tages hatte er ein Verhalten, das mich wirklich gestört hat. Er kam und redete dummes Zeug: ‚Du akzeptierst mich nicht, weil der andere [viel an Besitz] hat und ich [wenig]?' Und ich war wirklich verlegen. Alles, was er mit diesen Worten tat, geschah in der Absicht, mich dazu zu bringen, ihn zu akzeptieren. Also sagte ich, dass es seine Absicht ist, dass er mich dazu bringen kann nachzugeben." (09C/60, 63, 65–69, 78,96)

Reginas Beschreibung zufolge besteht die emotionale Belästigung darin, dass sie ignoriert wird, dass sie von der pastoralen Arbeit (ihrem Auftrag) ausgeschlossen wird und dass sie gezwungen wird, einem Plan zu folgen, der nicht mit dem Programm ihrer Gemeinschaft vereinbar ist. Was Corine betrifft, so belasten sie die Erpressungen, Eifersuchtsanfälle und Demütigungen durch einen der Priester. Regina und Corine erleben in der Zusammenarbeit mit den Priestern eine emotional instabile Situation.

9.5 Sexuelle Ausbeutung

BECKY berichtet: „Ich war finanziell völlig von ihm abhängig, seine finanzielle Unterstützung war davon abhängig, dass ich den Geschlechtsverkehr akzeptierte." (01B/36–37)

Für Becky war der Geschlechtsverkehr eine Gegenleistung für die finanzielle Hilfe des Priesters, eine Vermarktung ihres Körpers, was die Weltgesundheitsorganisation (2006, S. 166) als Sex gegen Gefälligkeiten definiert.

---

[5] Len Sperry, « A Primer on Sex and Sexuality », *art. cit.*, p. 43.
[6] Eine kleine christliche Gemeinschaft in der Peripherie, weit entfernt von der Gemeinde, in der die Pfarrkirche liegt.

9. Was die Teilnehmerinnen über sexuelles Fehlverhalten in ihrer Beziehung mit dem Priester sagen

9.6 Aufdringliche Liebesbekundungen mit sexuellen Aufforderungen

Hier sind die Äußerungen von Becky und Liberia:

BECKY: „Ein paar Mal habe ich ihm gesagt, dass ich ihn nicht liebe, aber das hatte für ihn keine Bedeutung." (01B/63)

LIBERIA: „Er starrte mich an und wollte eine Antwort haben. Ich bin seinen Blicken ausgewichen. Er hat alles getan, um mich [am Arbeitsplatz] zu erreichen. Er hat mich herausgeholt, [ich habe die Arbeit unterbrochen]. Dann sagte ich zu ihm: ‚Okay.' [...] Bei einem Ausflug mit den [Kollegen] fanden sie heraus, dass er tatsächlich eine Vorliebe für mich hatte. Er konnte sich nicht beherrschen. Er hat es an diesem Tag nicht allzu sehr versteckt. Er zögerte nicht, mich zu bitten, mit ihm zu schlafen." (07L/45-48, 129-130, 141)

Aus den Beschreibungen von Becky und Liberia geht die Aufdringlichkeit des Priesters hervor. Bei Becky sogar trotz ihres Nein. Liberia musste ihre Arbeit unterbrechen, um auf die fordernden Liebesbekundungen des Priesters zu antworten. Die aufdringliche Aufforderung wird mit Nachdruck vorgebracht und kann die Antwort der OF beeinflussen.

9.7 Aufdringliche Liebesbekundungen mit sexuellen Aufforderungen verbunden mit Geschenken

Sechs der neun Teilnehmerinnen (Becky, Solange, Anita, Innocente, Martha, Liberia) berichten in ihrer Erzählung, dass sie vor und während der Liebesbekundungen mit sexuellen Aufforderungen durch die Priester finanzielle Unterstützung, Sachzuwendungen oder wertvolle Geschenke, Gefälligkeiten oder eine besondere brüderliche Unterstützung erhalten haben. Hier einige Äußerungen der Teilnehmerinnen:

SOLANGE: „Er hat mir [ein wertvolles Geschenk] zu meinem Namenstag gemacht. Das hat mich tief berührt." (02S/207, 208)

ANITA: „Er hilft mir in allem, finanziell und moralisch." (03A/60)

LIBERIA: „Die Gesten, die ich nicht wahrgenommen hatte, waren die Geschenke. Er hat uns [Sachen] geschenkt. Er hat es für die Gemeinschaft geschenkt, aber eigentlich hat er es mir gegeben. Er kam vorbei, um die Geschenke zu überreichen. Eines Tages schenkte er mir [ein sehr persönliches Geschenk]. Er hat mir gesagt, dass er mir auf besondere Weise die Liebe zeigen will, die er für mich hat." (07L/62-66, 68-69)

Wie Solange, Anita und Liberia es beschreiben, begleiten Geschenke die Aufforderungen oder gehen ihnen voraus. Sie variieren und haben ihre Besonderheit (Wert, Intimität), und sie können den emotionalen Zustand der OF so beeinflussen, dass sie darüber spricht. Solange sagt, dass sie „tief berührt" ist. Gegenüber von Liberia stellt der Priester klar, dass es darum geht, seine Liebe zu „zeigen".

Manchmal kann das Geschenk eine Hilfe, eine Gefälligkeit oder eine brüderliche Unterstützung sein, wie im Fall von Martha, Becky und Innocente.

BECKY: „Er fragte mich, ob ich schon von Geschlechtsverkehr gehört hätte, ob ich so etwas schon gemacht hätte und ob ich wolle, dass er es mir beibringt." (01B/42)

INNOCENTE: „Er hat mir geholfen, er hat viele Dinge für mich gemacht." (04I/15)

MARTHA: „Er hat mir sehr geholfen, in Problemen durchzuhalten." (05M/54)

Sachgeschenke, Gefälligkeiten und Hilfeleistungen drücken in der Beziehung zu einer Person eine besondere Aufmerksamkeit aus. Diese emotionalen Äußerungen, die von einem geistlichen Begleiter oder von dem verantwortlichen Priester in einer Situation der Zusammenarbeit kommen, können sich auf die Haltung der Frau, die von ihm begleitet wird oder mit ihm zusammenarbeitet, auswirken. Für Becky, die noch minderjährig ist, kann es bedeutsam sein, einen Priester als Erzieher zu haben. Für Innocente oder Anita, junge Frauen, die sich im Prozess der Berufungsfindung befinden, kann es Vertrauen wecken und Sicherheit geben, einen Priester zu kennen, der ihnen dabei hilft.

9.8 Liebesbekundungen mit sexuellen Aufforderungen

Sechs der neun Teilnehmerinnen berichten von ihren Erfahrungen mit Liebesbekundungen und sexuellen Aufforderungen von Priestern in der seelsorglichen Beziehung oder in der Zusammenarbeit.

ANITA: „Er hat mir gleichzeitig bewiesen, dass er mich liebt. Er hat mir gesagt, dass er mich mag, dass er mich liebt und dass er [die andere junge Frau] für mich verlassen hat." (03A/26, 30, 32, 122)

MARTHA: „Ein Priester, dem ich vertraut habe, sagte mir eines Tages, dass er mich liebt [...]. Er hat mir einen Kuss gegeben." (05M/12, 30)

JESSY: „Er hat mir gesagt, dass er mich sehr liebt, dass er mein Freund sein will und sogar Sex mit mir haben will." (06J/17)

LIBERIA: „Er sagte diesen Satz zu mir: ‚Ich liebe dich, ich gestehe es dir, ich liebe dich, so ist das.' Er zögerte nicht, mich zu bitten, mit ihm zu schlafen. Ich merkte, dass er mich begehrte." (07L/29, 33, 141, 174)

REGINA: „An diesem Tag sagte er mir, dass er mich liebt und dass es seine Gefühle für mich sind, die ihn dazu bringen, dass er sich mir gegenüber so verhält." (08R/31, 47)

Was CORINE betrifft, so erhält sie diese Aufforderungen von zwei Priestern (P1 und P2)[7] gleichzeitig: „Er [P1] begann damit, mich zu berühren. Er er-

---

7 P1 und P2 bezeichnen den ersten und den zweiten Priester, die mit Corine in Kontakt sind.

9. Was die Teilnehmerinnen über sexuelles Fehlverhalten in ihrer Beziehung mit dem Priester sagen

klärte, dass er seither darüber nachgedacht habe, es mir zu sagen, aber er hielt sich zurück. Er denkt, dass der richtige Zeitpunkt gekommen ist […]. Er [P2] begann, mir seine Liebe zu erklären. Er fragte mich: Warum kann er nicht meine Gunst haben? Denn er bewundert und liebt mich schon lange, mehr als die anderen jungen Frauen, die mit ihm zusammen sind. Ich bin es, die er will." (09 C/20–30, 56,58, 87, 89)

Liebeserklärungen oder sexuelle Handlungen von Priestern in einer vertrauensvollen Beziehung (im Rahmen der Seelsorge oder einer Zusammenarbeit) können die OF/JF verwirren oder sogar schockieren. Jessy sagte: „Ich war schockiert zu hören, dass ein Priester mich bat, mit ihm Sex zu haben." (06J30) Becky erhielt Liebesbekundungen nicht durch Worte, sondern mit ausdrucksstarken Gesten. Innocente hat überhaupt nichts erhalten. Für beide ist das Geschehen mit Gewalt verbunden.

Diskussion dieser Teilaspekte
Der sexuelle Missbrauch und andere sexuelle Gewalt (Vergewaltigung, versuchte Vergewaltigung, Belästigung, Ausbeutung), die in unserer Untersuchung sichtbar werden, finden sich in früheren Untersuchungen der WHO (2006 S. 165–166) und von Josse (2006, 2007) unter Kriegsbedingungen, im familiären Kontext oder im Kontext des Geschäfts mit Sexualität beschrieben.

Die Besonderheit unserer Arbeit betrifft die Art und Weise dieser sexuellen Gewalt durch Priester und die Umstände, unter denen sie stattfindet. Es handelt sich um Vertrauensbeziehungen, die für die Seelsorge aufgebaut wurden. In einem solchen Kontext können Liebesbekundungen und sexuelle Aufforderungen, die aufdringlich oder mit Geschenken, Gefälligkeiten, Hilfe und moralischer Unterstützung vorgebracht werden, eine deutliche Wirkung bis hin zu einem starken Druck auf die Ordensfrau bzw. die junge Frau in der Ausbildung zum Ordensleben ausüben.

Andere Formen von Gewalt, die die Teilnehmerinnen erlebt haben und die in ihren Erzählungen sichtbar werden, sind körperlicher Missbrauch sowie Macht- und Vertrauensmissbrauch, wie wir in den folgenden Abschnitten sehen werden.

9.9 Andere Formen des Missbrauchs

Die Teilnehmerinnen berichten von ihren Erfahrungen mit anderen missbräuchlichen Verhaltensweisen in ihrer Beziehung zum Priester.

9.9.1 Physischer und emotionaler Missbrauch

BECKY berichtet von ihrer Erfahrung mit körperlicher Gewalt in der Beziehung zu dem Priester: „Ich wurde dreimal schwanger und dreimal hat er mich abtreiben lassen. Manchmal schlug er mich, wenn ich [den Geschlechtsverkehr] ablehnte. Wenn er mich mit einem anderen Mann sah, schlug er mich." (01B/10, 50, 58)

Josse (2006, S. 17) berichtet von durch Gewalt entstandenen Schwangerschaften von Frauen, die in bewaffneten Konflikten, beim erzwungenen Zusammenleben oder in ehelichen Kontexten vergewaltigt wurden, und von manchmal freiwilligen Abbrüchen dieser Schwangerschaften.

Das Besondere an Beckys Fall ist, dass sie in einer Ordensgemeinschaft schwanger war und eine Abtreibung vornehmen lassen musste. Dies erfordert, dass sie sich versteckt und die Schwangerschaft und den Abbruch vor ihren Mitschwestern verbirgt. Gegenüber dem medizinischen Personal musste sie sich jedoch offenbaren. All dies wird von körperlichen Misshandlungen durch den Priester begleitet.

9.9.2 Machtmissbrauch

Acht der neun Teilnehmerinnen sprechen über ihre Abhängigkeit von dem Einfluss, den die Machtposition des Priesters ausübt und der sich auf unterschiedliche Weise äußert:

BECKY: „Ich war finanziell völlig von ihm abhängig. Seine finanzielle Unterstützung war davon abhängig, dass ich den Geschlechtsverkehr akzeptierte. Wenn ich den Geschlechtsverkehr ablehnte, stellte er die finanzielle Unterstützung ein. Er war immer derjenige, der mich einlud. Er gab mir alles. Wenn er mich mit einem anderen Mann sah, schlug er mich. Ich hatte einen Freund, den ich liebte. Als er das herausfand, bedrohte er den jungen Mann und unsere Beziehung ist abgebrochen. Er wollte nicht, dass ich Vorsichtsmaßnahmen traf – Kondome, Pillen –, um eine Schwangerschaft zu verhindern. Er bezahlte für die Abtreibungen, trotz allem wollte er nicht, dass ich Vorsichtsmaßnahmen traf. Es war Sklaverei, weil ich in das alles nicht einwilligte." (01B/36–38, 54, 57, 58, 61, 68, 69, 77)

Anita: „Er hat gewusst, dass er mir viel bedeutet. Er hilft mir, er hilft mir in allem, finanziell und moralisch. Er hat mich wieder (lacht) einer Gehirnwäsche unterzogen, indem er mir eine Menge Dinge erzählt hat." (03A/57, 60, 119)

INNOCENTE: „Im Bereich der Bildung hat er mir geholfen, er hat viele Dinge für mich gemacht. Wenn ich in Not bin, bitte ich ihn, mir zu helfen, und wenn [Familienmitglied] zurückkommt, regeln wir das, und auch, wenn ich einen Fehler mache, er macht mir Vorwürfe [...]. Er hat mich angeschaut und dann hat er angefangen, mich anzuschreien [...] Ich bin gezwungen, durch sein Zimmer zu gehen, bevor ich ins Wohnzimmer gehe, um meine [Gegenstände] zu holen. Wenn dieser Priester mich wenigstens gefragt hätte, könnte ich das annehmen oder auch ablehnen. Die Tatsache, dass er mich nicht gefragt hat, habe ich so gesehen, dass ich ihm nichts bedeute." (04I/15, 17, 18, 70, 71, 80, 163, 164)

Ihren Beschreibungen zufolge spüren Becky, Anita und Innocente die Macht der Priester durch Gewalt, Einschüchterung, Schreien, kognitive Verdrehung durch „Gehirnwäsche", Abhängigkeit in Bezug auf Bildung oder Geld und eine affektiv-emotionale Abhängigkeit, da der Priester für sie eine Bezugsperson, ein wichtiger Mensch ist.

SOLANGE: „Er ist so alt wie mein Vater, also wegen der Persönlichkeit des [Priesters]. Ich war in seiner Diözese. Er verlangte, dass ich mich um ihn kümmere. Er betrachtete die Schwestern und die [jungen Frauen in der Ausbildung zum Ordensleben] als seine Kinder. Ich spürte, dass er eifersüchtig war. Er überwachte meine Beziehungen zu anderen Menschen." (02S/103, 105, 184, 189, 223, 224)

Für Solange sind das Alter des Priesters, das fast dem ihres Vaters entspricht, sein Ruf und sein Renommee Zeichen seiner Macht. Er ist eine Autorität, er hat einen sozialen Status (seine Position in der Diözese).

MARTHA: „Er hat mir sehr geholfen, in Problemen durchzuhalten. Er ist derjenige, mit dem ich zusammenarbeiten kann." (05M/53, 54, 105)

LIBERIA: „Ein Priester, der für [ein katholisches Werk] zuständig war. Da ich von demselben Priester zur Leiterin ernannt worden war [...]. Er hat alles getan, um mich in der Schule zu erreichen, er hat mich dazu gebracht, [von meinem Arbeitsplatz] wegzugehen. Er hat Ausflüge organisiert. Er sagte, es sei im pastoralen Rahmen, aber die Idee dahinter war, dass wir uns dort sehen. Er wollte unbedingt, dass ich dort wohne. Er hat die anderen überzeugt, die gesagt haben: ‚Schwester, wir müssen einen Ausflug machen'." (07L/9, 10, 47, 87, 88, 91, 123).

REGINA: „Er ist der Leiter der Bewegung. Er hat mich nicht beachtet. Er hat gemacht, was er wollte." (08R/15,35).

CORINE: „Ich bat ihn um Hilfe, er war immer schnell. Er wollte mir helfen. Er sagt, dass er alles versteht (P1). Er ist nett, wir reden, wir arbeiten zusammen (P2)." (09C/15, 19, 52, 53)

In der Beziehung im Rahmen einer Zusammenarbeit mit den Priestern nehmen Liberia und Regina deren Macht in ihrer Rolle wahr. Sie sind ihre Vorgesetzten. Für Martha und Corine sind ihre menschlichen Qualitäten, ihre menschlichen und intellektuellen Werte (sie sind gute Mitarbeiter, die technische Hilfe anbieten und technologische Kompetenz haben) ein Zeichen ihrer Macht.

9.9.3 Vertrauensmissbrauch

Alle neun Teilnehmerinnen berichten von einer Atmosphäre des Vertrauens in beiden Beziehungstypen. Hier einige ihrer Äußerungen:

BECKY: „Am Anfang hatte ich wirklich volles Vertrauen in ihn." (01B/33)

SOLANGE: „Am Anfang war er mein Papa. Ich sah in ihm einen heiligen Mann und meinen Papa." (02S/31, 202)

ANITA: „Er war der einzige geworden, der einzige Zufluchtsort. Er wusste, dass er mir viel bedeutet." (03A/54, 57)

INNOCENTE: „Anfangs betrachtete ich ihn wie einen Bruder von mir und hing an ihm." (04I/10)

MARTHA: „Ein Priester, dem ich vertraute. Er war mein Ideal." (05M/12, 13)

JESSY: „Er bat meine Oberin, dass sie mir die Erlaubnis gibt, zu ihm zu gehen." (06J/13)

LIBERIA: „Ich hatte eine sehr enge Zusammenarbeit mit ihm. Am Anfang war es für mich im Rahmen der Arbeit." (07L/11, 19)

REGINA: „Er war ein Priester, dem ich vertraute." (08R/54)

CORINE: „Es gab eine gute Zusammenarbeit (P1)." (09C/14)

Diese Beschreibungen zeigen, wie die Teilnehmerinnen ein „totales Vertrauen" in den Priester entwickeln. Er wird idealisiert oder als heiliger Mann, Vater, großer Bruder und einzige Hilfe angesehen. Dem Priester wird geglaubt, weil er die Oberin um Erlaubnis gefragt hat. Mit ihm wird eine enge Beziehung oder gute Zusammenarbeit aufgebaut.

Eine gewisse Naivität begleitet dieses Vertrauen. Sie drückt sich folgendermaßen aus:

BECKY: „Ich konnte mir nicht vorstellen, dass er mit mir eine sexuelle Beziehung haben könnte." (01B/34)

SOLANGE: „Ich gebe zu, dass ich naiv war." (02S/97, 199, 238)

ANITA: „Also habe ich ganz naiv alles mitgemacht." (03A/61)

INNOCENTE: „Ich wusste nicht, dass er hinter all dem noch etwas anderes im Kopf hatte. Ich lebte in einer sehr hohen Naivität." (04/I 13, 160)

MARTHA: „Ich habe nicht erwartet, dass er mir so etwas sagen könnte." (05M/14)

JESSY: „Ich habe nicht erwartet, dass ein Priester mir vorschlagen könnte, mit ihm zu schlafen." (06J/25)

LIBERIA: „Am Anfang war es für mich im Rahmen der Arbeit, ich habe nicht so sehr auf bestimmte Details geachtet. Ich habe nicht sehr darauf geachtet. Ich bin überrascht worden." (07L/19, 20, 30)

REGINA: „Ich hätte nicht gedacht, dass ein Priester eine junge Schwester schockieren oder dass er aufdringlich werden kann, bis hin zur Belästigung." (08R/9,55)

CORINE: „Ich hatte nicht im Kopf, dass er wirklich zudringlich werden würde (P1). Zu meiner Überraschung taucht auch noch ein anderer Priester auf, der zweite Kaplan (P2)." (09C/25,46)

Die Teilnehmerinnen sagen, dass sie naiv waren. Sie können sich nicht vorstellen, was die Priester, mit denen sie in Beziehung stehen, im Sinn haben, nämlich ihnen eine Liebes- oder Sexualbeziehung anzubieten und sie mit ihnen zu leben. Sie glauben nicht, dass sie ihnen etwas Ungutes antun könnten oder dass sie an etwas anderes denken als an die Arbeit, die sie tun müssen.

Zu Missbrauch und anderer sexueller Gewalt durch Priester an Ordensfrauen sagen die von mir befragten Mitarbeiter und Mitarbeiterinnen Folgendes:

MOÏSE: „Es gibt auch physische Gewalt, regelrecht physische Gewalt, die ein Priester der Ordensfrau antun kann. Ja, der Ordensfrau. Das ist ein Missbrauch seiner Autorität." (Mo/B5)[8]

SARAH: „Ich treffe manchmal Personen, die entweder auf dem Weg zum Ordensleben sind oder bereits im Ordensleben stehen, die diese Schwierigkeiten erlebt haben; sexuelle Aggression, Manipulation, gerade durch die Macht, die Autorität des Priesters." (Sa/B2)

DAVE: „Oft sind es körperliche Krankheiten, die Somatisierung, die Gegenstand der Beratung ist. Und in der Exploration kommt man darauf, dass in Wirklichkeit ein Problem mit dem Missbrauch vorliegt, der stattgefunden hat." (Da/B1)

Diese Fachleute sehen, dass es physische und emotionale Gewalt sowie Machtmissbrauch gibt, die Ordensfrauen von Priestern zugefügt werden. Sie erfahren dies in ihrem beruflichen Kontext, weil sie Ordensfrauen beraten, ihnen zugehört oder sie behandelt haben.

9.10 Diskussion des sexuellen Fehlverhaltens

In diesem Themenbereich werden folgende Fragen gestellt, um die Erfahrungen der Teilnehmerinnen zu verstehen: Was ist passiert? Wie ist es passiert? Die Realität, die in diesem Themenbereich aus den Erzählungen der Teilnehmerinnen hervorgeht, geht über sexuelle Verfehlungen oder eine Inkonsistenz hinaus. Es gibt existenzielle Probleme, klinische Fälle, die nach Ricoeur „Diskordanzen, Diskontinuitäten" sind. Die Konsistenz oder „Kontinuität" im Leben des Priesters bzw. der Ordensfrau zeigt sich durch das Bekenntnis ihres christlichen Glaubens im priesterlichen Versprechen und in den Gelübden der evangelischen Räte, die öffentlich abgelegt und gelebt werden. Das Ordensleben und das priesterliche Leben bestehen darin, die berufungsbezogenen Werte zu leben (Rulla, 1978). Der sexuelle Missbrauch, andere sexuelle Gewalt, die unangemessenen Liebesbekundungen und sexuellen Aufforderungen, die in den Berichten der Teilnehmerinnen sichtbar werden, finden in einer Atmosphäre des körperlichen Missbrauchs, des Machtmissbrauchs und des Vertrauensmissbrauchs statt. Diese Probleme scheinen nicht nur mit der sexuellen Dimension verbunden zu

---

8   Der erste Code vor dem Schrägstrich bezieht sich auf die ersten beiden Buchstaben des fiktiven Vornamens des Mitarbeiters bzw. der Mitarbeiterin. Der Code nach dem Schrägstrich bezieht sich auf die Nummer, die die Antwort im Interview erhalten hat.

sein. Durch ihre „Plastizität" können die sexuellen Kräfte des Menschen auch zur Befriedigung anderer Bedürfnisse und Motivationen dienen, die sich von denen der sexuellen Lust unterscheiden (vgl. Rulla, 1978, S. 177).

Diese Faktoren, die im Kontext der pastoral-seelsorglichen Beziehung oder der Zusammenarbeit zwischen Priestern und Ordensfrauen eine Rolle spielen, sind keine Haltungen, die zu einem Wachstum in der menschlichen Reife führen. Sie können auch nicht in der ersten, zweiten oder sogar dritten Dimension nach Rulla (2002) verortet werden. Sie sind Ausdruck einer „verdrehten Wahrnehmung oder eines defensiven Lebens" (Rulla, 1978[9]) im Hinblick auf theozentrische und selbsttranszendente Werte wie die Gottesliebe, die Nachfolge Jesu Christi, die Nächstenliebe und die evangelischen Räte sowie auf institutionelle Werte wie der Umgang mit Macht, Autorität, pastoral-seelsorglicher Beziehung und Zusammenarbeit. Es handelt sich nicht um Akte theozentrischer Selbsttranszendenz.

Diese Ergebnisse sind vergleichbar mit denen von Chibnall et al. (1998), Durà-Vilà et al. (2013) und Evans-Bouclin (2001), die sexuelles Fehlverhalten von Priestern gegenüber von Frauen und Ordensfrauen beschreiben. Rutter (1990) und Tschan (2014) stellen in ihren Studien ähnliche Vorkommnisse in Institutionen dar. Sie beschreiben die Haltung von männlichen Fachleuten gegenüber Frauen, die sich als Klientinnen mit einer Bitte an sie wenden. Ihre Arbeiten können in Analogie zu meiner Studie gelesen und mit ihr verglichen werden.

Das Besondere an meiner Studie liegt darin, dass sie einerseits den Einfluss der Macht des Priesters aufzeigt, und zwar durch verbale Arroganz, Beharrlichkeit, Druck, einseitige Entscheidungen, Bitten um Erlaubnis oder Einladungen, um bei ihm zu Hause besucht zu werden, indem er die junge Frau in der Ausbildung zum Ordensleben dazu bestimmt, sich um ihn zu kümmern, oder indem er die OF dazu bringt, die Arbeit zu unterbrechen, um auf ihn zu reagieren. Und auf der anderen Seite zeigt meine Studie das naive Vertrauen und die Unterwerfung der Teilnehmerinnen unter den Priester und dabei insbesondere die Dauer und die wiederholten Gewalterfahrungen.

Man sollte dabei auch beachten, dass einige Teilnehmerinnen (Anita, Liberia, Regina, Jessy, Corine) die Möglichkeit haben, Widerstand zu leisten: „Ich habe nicht nachgegeben." (03A/39). „Ich stieß ihn mit aller Kraft zurück, ich habe Nein gesagt." (07L/175) Die Vergewaltigung wurde also nicht durchgeführt: „Er ist wieder aufgestanden." (03A/40) „Er hat mich losgelassen."

---

9   Rulla erläutert, dass eine Person, die auf eine religiöse Institution zustrebt und in diese eintritt, die Werte dieser Institution übernimmt. Neben ihrem „idealen Selbst", das aus ihren persönlichen Werten besteht, baut sie ein „ideales institutionelles Selbst" auf, das aus den Werten der Institution ihrer Wahl besteht. Der Einfluss des Unterbewusstseins oder der Wunsch, dissonante Bedürfnisse zu befriedigen, kann dazu führen, dass die Person in (defensiver) Opposition zu den institutionellen Werten handelt.

9. Was die Teilnehmerinnen über sexuelles Fehlverhalten in ihrer Beziehung mit dem Priester sagen

(07L/178) Regina und Corine leisten auch Widerstand gegen die sexuelle und emotionale Belästigung, der sie ausgesetzt sind. Während bei Liberia dieser Kampf dazu führt, dass sie ein für alle Mal wach ist, wird der Priester bei Anita seine Überzeugungsstrategie ändern, um später sein Ziel des Geschlechtsverkehrs zu erreichen. Um dies zu verstehen, können mehrere Interpretationen vorgeschlagen werden. Für Anita hat die versuchte Vergewaltigung das Bewusstsein für die Gefahr, die in der Beziehung mit dem Priester liegt, nicht erhöht, weil der Priester sie im Gespräch dazu gebracht hat, ihr Vertrauen wiederzugewinnen. Sie sagt: „Ich habe ganz naiv alles mitgemacht. Wir haben miteinander geschlafen." (03A/61,62) Dasselbe würde auch für Innocente gelten. Nach der ersten Vergewaltigung entschuldigt sich der Priester. Sie vertraut ihm wieder: „Nach ein paar Tagen rief er mich zu sich, damit wir darüber reden konnten. Und ich ging hin. Als ich kam, hat er mit mir gesprochen, er hat seine Fehler eingestanden, er hat sich bei mir entschuldigt. Und ich habe gesagt, okay. Und das war's dann. Und das Leben ging so weiter, wie es war." (04I/43–46) Becky spricht von mehreren Kontakten, die sie nicht wollte: „Ein Dutzend Mal Sex, aber immer nur widerwillig." (01B/51) Martha spürt, dass die Beziehung nicht hilfreich ist, aber sie ist zögerlich: „Ich weiß nicht, wie ich diese Beziehung beenden soll." (05M/39) Solange und Becky ziehen sich aus der Beziehung zurück, weil der Priester andere Geliebte hat. Solange: „Ich habe eine Wut auf ihn, weil ich merke, dass er die gleichen Beziehungen zu jungen Professen hat." (02S/265, 266) Becky: „Ich fühle mich jetzt in der Lage, ihm zu widerstehen. Er hat noch andere Liebesaffären. Ich habe gehört, dass er zum Studium nach [X] geschickt wurde." (01B/71, 72, 73) Solange, Liberia, Regina und Corine entschließen sich nach einiger Zeit, Hilfe zu suchen und die Beziehung zu beenden. Mit Ausnahme von Jessy, die keine weitere Begegnung mit dem Priester erwähnt, variiert die Dauer dieser Beziehungen bei den anderen Teilnehmerinnen zwischen vier Monaten und dreizehn Jahren. Es ist für sie schwierig, das sexuelle Fehlverhalten zu beenden.

Solange und Liberia beschreiben dies wie folgt:

SOLANGE: „Zunächst hatte ich die Beziehung abgebrochen, aber unsere Kontakte fanden weiter in größeren Abständen statt. Wir haben ab und zu telefoniert. Danach habe ich endgültig mit ihm gebrochen." (02S/259–262)

LIBERIA: „Wenn ich abrupt abbreche, wird er nicht zurechtkommen." (07L/203)

Sexuelles Fehlverhalten ist in meiner Forschung eine Übertretung der religiösen Verpflichtungen, vor allem des Keuschheitsgelübdes, die von einem Priester und einer OF begangen wird. Nach dem Ansatz der Anthropologie der christlichen Berufung ist es eine soziale Inkonsistenz, die durch Gewalt noch verstärkt wird. Sexuelle Gewalt ist eine gesetzwidrige, unethische oder sogar kriminelle Handlung (Vergewaltigung, sexueller Missbrauch, Misshandlung, körperlicher Missbrauch, Abtreibung). Can. 1395 § 1 besagt: „Ein Kleriker, der (…) in einem eheähnlichen Verhältnis lebt, sowie ein Kleriker, der in einer anderen äußeren Sünde gegen das sechste Gebot des Dekalogs verharrt und dadurch Ärgernis erregt, sollen mit der Suspension bestraft werden."

Sexuelles Fehlverhalten oder Inkonsistenz (verzerrte Wahrnehmung oder defensives Leben des Ich-Ideals in einer Situation) kann mit dem Einverständnis beider Personen einhergehen. Meiner Meinung nach ist aber das Einverständnis in einigen Fällen fraglich. In anderen existiert es gar nicht. Hier liegen Vertrauens- und Machtmissbrauch, sexueller und körperlicher Missbrauch in der pastoral-seelsorglichen Beziehung oder in der Zusammenarbeit vor. Ausgehend von den Prämissen des römisch-katholischen Kontextes sind der Priester und die OF dem Ruf Gottes gefolgt und möchten Jesus Christus in einer engeren Nachfolge nachahmen. Sie haben die evangelischen Räte, die ihnen vorgelegt werden, um Christus gleichförmig zu werden, kennengelernt, darüber nachgedacht, und sich entschieden, sie zu befolgen. Sie haben öffentlich die Gelübde abgelegt und das Zölibatsversprechen abgelegt und sich damit verpflichtet, in gottgeweihter Keuschheit zu leben, Enthaltsamkeit beim Geschlechtsverkehr zu üben und auf sexuelle Handlungen wie Küssen und Stimulation der erogenen Körperteile zu verzichten. Sie haben weiter versprochen, für das Reich Gottes arm und gehorsam gegenüber dem Willen Gottes zu leben. Sexuelles Fehlverhalten ist nicht nur ein ethisches Problem, sondern auch eine Übertretung in der Beziehung zum Dreieinigen Gott, den sie nachahmen und zu den Menschen bringen und dem sie ähnlich sein wollen. Die evangelischen Räte und die priesterlichen Versprechen sind instrumentale Werte. Diese Werte zu leben ist eine Übung, um zu den endgültigen Werten zu gelangen, nämlich Gott mit aller Kraft zu lieben und Jesus Christus in der Kraft des Heiligen Geistes nachzuahmen, den Gott denen schenkt, die ihn darum bitten. Die Übertretung eines Gelübdes zieht die Übertretung der anderen Gelübde nach sich. Der Priester ist aufgrund seines priesterlichen Versprechens ein *alter Christus* und damit ein Vorbild, das von Christen wie von Nichtchristen nachgeahmt wird. Indem man ihn nachahmt, ahmt man Christus nach, dem er selbst ähnlich zu werden und den er zu repräsentieren versucht. Wie der Apostel Paulus zu sagen wagt: „Nehmt mich zum Vorbild, wie ich Christus zum Vorbild nehme." (1 Kor 11,1) In Anbetracht all dessen kann sexuelles Fehlverhalten nicht nur als Unreife in den drei Dimensionen nach Rulla (2002) verstanden werden. Sie ist vielmehr ein Leben in Sünde, die Tendenz, das scheinbar Gute zu wählen, und die Unfähigkeit, die natürlichen Werte der Achtung vor dem Leben, der Freiheit, dem Recht des anderen, der Geschwisterlichkeit und der Solidarität zu leben.

Den Sinn menschlichen Handelns zu erkennen, es zu erklären, zu verstehen und darin eine Verantwortung zu sehen, bleibt im Fall sexuellen Fehlverhaltens schwierig. Es ist schwierig, sexuelles Fehlverhalten, sexuelle und körperliche Gewalt und die kriminelle Handlungsweise des Priesters zu verstehen und zu tolerieren. Es ist schwierig, eine hermeneutische Dialektik zwischen den beiden zwei Extremen in der Person des Priesters zu finden: der Liebe und der Gewalt. Es ist schwierig, in der Person des Priesters, des „Mannes Gottes", auf der einen Seite Güte und Sanftmut und auf der anderen Seite zerstörerische Gewalt in Einklang zu bringen. Es gilt zu verstehen, inwiefern die Mentalität, die Kultur, die Erziehung in der Familie, die Sexualerziehung, die Identität, der soziale Status oder bestimmte Formen sexueller Gewalt in Subsahara-Afrika, die von Mbassa (2012) untersucht wurden (z. B. Frühverheiratung, Zwangsheirat zur Vereinigung zweier Familien, Polygamie, Genitalverstümmelung, Prostitution junger Frauen), einen Einfluss auf das sexuelle Fehlverhalten des Priesters in der PB und der BZP haben. Ich werde in den folgenden Abschnitten das sexuelle Fehlverhalten in den Kontexten und Umständen verorten, in denen es stattfindet.

10. Was die Teilnehmerinnen über die Umstände sagen

Die Teilnehmerinnen beschreiben die Umstände, unter denen sie eine Beziehung mit dem Priester eingegangen sind und wie sich diese Beziehung zu sexuellem Fehlverhalten oder zu sexueller Gewalt entwickelt hat. Es gibt zwei Kategorien von Zusammenhängen a) die seelsorgliche Beziehung und b) die Beziehung der Zusammenarbeit in der Pastoral.

10.1 Die pastoral-seelsorgliche Beziehung

Äußerungen von Becky, Solange, Anita und Innocente:

BECKY: „Am Anfang war es eine Beziehung zwischen unseren beiden Familien durch die Eltern, dann war es die Katechese in der Pfarrei, schließlich die Begleitung im Rahmen der Berufungsgruppe, der ich angehörte. Er lud mich oft ein, mit ihm zusammen Besuche zu machen." (01B/28, 29, 30, 55)

ANITA: „Ich hatte den Wunsch, ins Kloster zu gehen, und ging zu ihm. Er war der Kaplan unserer Gemeinde. Ich ging zu ihm und unterbreitete ihm meine Idee. Er sagte mir, dass er mich begleiten könne. Er wurde mein geistlicher Begleiter. Er rief mich an, ich solle ins Pfarrhaus kommen." (03A/6, 9,10, 13)

INNOCENTE: „Ich habe ihn in der Familie und in unserer Gemeinde kennengelernt. An diesem Tag begann unser Weg. Ich betrachtete ihn als einen Bruder von mir und hing an ihm. Ich wollte, dass er mich liebt und dass er es gut mit mir meint. Als ich zu ihm nach Hause ging …, lud er mich ein." (04I/7–11, 31)

SOLANGE: „Ich war für [die Formation] in seiner Diözese. Er hielt die Messe und aß danach mit uns. Er bat die Novizenmeisterin, dass ich ihn be-

gleite, zusammen mit einer anderen Novizin oder einer anderen Schwester."
(02S/184, 187, 197, 198)

Diesen Auszügen aus ihren Erfahrungsberichten zufolge baten die Teilnehmerinnen die Priester entweder um einen Dienst, eine geistliche Hilfe für den Katecheseunterricht oder eine Begleitung, um ihre Berufung zu erkennen. Im Fall von Solange ist der Priester der Seelsorger des Formationshauses und somit der geistliche Leiter für alle Schwestern. Für Innocente, eine Aspirantin, ist der Priester auf Wunsch der Familie ihr Lehrer. Solange und Innocente erwarten von den Priestern Orientierung, Ausbildung, irgendeine Art von Hilfe, Zuwendung durch einen Geistlichen oder geschwisterliche Unterstützung. Für alle vier jungen Frauen in der Ausbildung zum Ordensleben nimmt die Beziehung eine sexuelle Wendung. Das Ziel der PB wird abgeändert. In diesem Kontext handelt es sich um einen sexuellen Missbrauch. Die Verantwortung für das Fehlverhalten liegt bei den Priestern, deren Aufgabe es eigentlich ist, den anderen zu helfen und nicht ihre eigenen Bedürfnisse auf Kosten von Menschen, die ihre Hilfe suchen, zu befriedigen.

10.2 Die Beziehung durch Zusammenarbeit in der Pastoral

Hier sind die Äußerungen von fünf der neun Teilnehmerinnen:

MARTHA: „Ich arbeite mit Priestern zusammen, wenn es um Berufungsprojekte und die Formation von jungen Leuten geht." (05M/7, 8)

Jessy: „Ich arbeite mit Priestern, wir arbeiten zusammen. Ich kenne auch die Priester, die in unsere Gemeinschaft kommen, um uns zu besuchen, um bei der Messe zu konzelebrieren." (06J/7)

LIBERIA: „Ich habe viel mehr in der Pastoral gearbeitet. Ich musste vor allem mit Priestern zusammenarbeiten, mit einem Priester, der für [das katholische Werk] zuständig war. Es war eine sehr enge Zusammenarbeit. Das führte dazu, dass wir manchmal Treffen zu zweit hatten. Meistens arbeiteten wir zu zweit." (07L/6, 9, 11, 12, 14)

REGINA: „Ich musste mit den Priestern in meiner Gemeinde zusammenarbeiten. Ich stand in Kontakt mit dem Priester, die Treffen betrafen eine Jugendbewegung, die ich begleitete. Unsere Treffen bestanden darin, den Jahresplan zu erstellen. Wir mussten gemeinsam einkaufen." (08R/8, 9, 14, 15, 36)

CORINE: „Ich musste mit den Priestern unserer Gemeinde zusammenarbeiten. Die Aufgabe, die mir in meiner pastoralen Arbeit anvertraut wurde, ist es, mich um junge Menschen zu kümmern, um die Feier in unseren [Werken]. Ich arbeite mit den Priestern zusammen, die kommen, um uns dabei zu helfen." (09C/5, 6, 7)

Aus diesen Beschreibungen der Teilnehmerinnen entnehmen wir, dass der Kontext die Zusammenarbeit für einen bestimmten Auftrag ist, z. B. in einer

Pfarrei oder einem Werk der Diözese, oder in der Kongregation, in einem ihrer Werke, in der Formation junger Frauen. Diese Kontexte von Nähe zueinander in der gemeinsamen Arbeit geben Gelegenheit für Liebesbekundungen und sexuelle Aufforderungen sowie zu sexueller Gewalt.

10.3 Die konkreten Orte intimer und missbräuchlicher Begegnungen

Dies sind die Äußerungen der neun Teilnehmerinnen zu den konkreten Orten:
BECKY: „Er bat mich, ihn zu seiner Familie nach Hause zu begleiten, ins Dorf, in sein Haus." (01B/41)
SOLANGE: „Es konnte in der Stadt sein, in Wohngebieten oder in einer Touristengegend, wo man ein Haus mieten konnte, um sich zu erholen." (02S/25)
ANITA: „Er forderte mich auf, ins Pfarrhaus zu kommen." (03A/25)
Innocente: „Bei ihm zu Hause. Er hat uns zu sich nach Hause gebracht. Da er ein Haus im Dorf hat." (04I/31, 66)
JESSY: „Er bat meine Oberin, dass sie mir die Erlaubnis gibt, zu ihm zu gehen." (06J/13)
LIBERIA: „Meistens trafen wir uns in der Schule, bei einem Essen in der Gemeinschaft, in der ich war, oder in der Gemeinschaft der Priester, im Pfarrhaus. Bei dem Katecheten gibt es ein Haus, das den Priestern zugewiesen ist. Er kam immer im Rahmen der Arbeit in die Gemeinschaft. Wir haben ihn in diesem Raum [Zimmer] untergebracht." (07L/16,17, 148)
REGINA: „Ich ging zurück in die Sakristei für meine Arbeit [...] Unterwegs kündigte er mir an [...]. An der Nebenstation ließ er sich viel Zeit. Wir saßen im Auto. So war das mit den Belästigungen überall." (08R/20, 37, 43, 43)
CORINE: „Ich war zu ihm nach Hause gegangen [...]. Nach der Messe, auf dem Hof." (09C/28, 62, 63)

In beiden Fällen (PB oder BZP) berichten die Teilnehmerinnen, dass der sexuelle Missbrauch oder andere sexuelle Gewalt wie Belästigung, Liebesbekundungen, sexuelle Aufforderungen und intime Treffen an folgenden Orten stattfinden: im Haus der Familie des Priesters, im Pfarrhaus, im Haus der Gemeinschaft der Ordensfrauen, im Gemeindezentrum der Diözese, in einem Hotel in einem Verwaltungsviertel, im Priesterhaus in einer Nebenstation, im Haus des Katecheten, in der Sakristei, im Auto.

10.4 Diskussion der Umstände des sexuellen Fehlverhaltens und der Orte

Im ersten Themenbereich habe ich die missbräuchlichen und grenzüberschreitenden Geschehnisse zwischen Priestern und Ordensfrauen und jungen Frauen in der Ausbildung zum Ordensleben untersucht. In diesem zweiten Themenbereich lautet die Frage, die man sich stellen muss, um den Prozess des Verstehens fortzusetzen: Wo hat all dies stattgefunden? In welchem Kontext? Unter welchen Umständen?

Die Umstände, die aus den Erzählungen der Teilnehmerinnen hervorgehen, sind dieselben, die in der Literatur über pastorale Beziehungen genannt werden (Demasure, 2012, 2014; Demasure und Tardif, 2014; François, 2013; Paul VI, 1965a); ich habe sie im Kapitel über mein Konzept beschrieben. Die PB ist der Ausgangskontext, in dem die Priester die Teilnehmerinnen kennenlernen. Das Kennenlernen der Familie findet wahrscheinlich im Rahmen eines Pastoralbesuchs statt. Dieser Besuch des Priesters bei den Familien wird von den Familien oft sehr geschätzt und gewünscht. Er erleichtert eine vertrauensvolle Beziehung zwischen dem Priester, den Kindern und den Eltern. Die Sakramentenkatechese ermöglicht es dem Priester, die Kinder zu Söhnen und Töchtern des Dreifaltigen Gottes zu machen. Der Priester wird zum Erzieher, zum spirituellen Lehrer für Kinder, Jugendliche und Erwachsene. Der Priester begleitet die Berufungsgruppen, er gibt Orientierung, er hilft, die Stimme Gottes und seinen Ruf wahrzunehmen und zu hören, wie es der Prophet Elija bei dem kleinen Samuel getan hat (vgl. 1 Sam 3,1–9). Der Priester unterstützt, ermutigt und hilft den Kindern, den Jugendlichen, den Erwachsenen und den Gruppenmitgliedern bei der geistlichen Unterscheidung im Hinblick auf die eigene Berufung. In den ländlichen und abgelegenen Gebieten in Subsahara-Afrika kennen Kinder, Jugendliche und Erwachsene keinen anderen Priester als den, der zu ihnen kommt. Sie kennen keine Ordensleute. Der Priester ist ein Mensch, der sowohl von christlichen als auch von nicht-christlichen Menschen ernst genommen wird. Zwischen ihm und den Kindern, Jugendlichen und Erwachsenen baut sich leicht eine helfende und vertrauensvolle Beziehung auf.

Anita macht einen klaren Schritt. Sie äußert ihren Wunsch, Ordensschwester zu werden, und bittet um Hilfe. Es gibt einen klaren Vertrag. Sie äußert eine Bitte, und er stimmt zu, ihr geistlicher Vater bei ihrer Unterscheidung zu sein. Im Fall von Innocente wird von ihr eine solche Bitte nicht klar ausgesprochen, aber sie vertraut sich „einem Bruder" an, erwartet seine Unterstützung und glaubt, „dass er es gut mit ihr meint". Sie hat Erwartungen in Bezug auf ihr menschliches Wachstum, ihre Bildung und ihr Wohlergehen, „geliebt zu werden". Das Vertrauen baut sich automatisch auf, da er ein Priester und somit ein „großer Bruder" ist. Innocente drückt damit ihre impliziten Erwartungen an den Priester aus, der sich (als Lehrer und Begleiter) vorstellt, denn er sagt ihr, wenn sie Fehler macht.

Ich habe festgestellt, dass nicht alle Bitten um seelsorgliche Hilfe klar geäußert wurden. Im Fall von Becky, Solange und Innocente scheinen mir ihre Anliegen und ihre Position jedoch offensichtlich zu sein. Bei Becky ist es eine logische Abfolge (Kennenlernen der Familie, Katechese, Begleitung bei der

10. Was die Teilnehmerinnen über die Umstände sagen

Berufungsfindung). Im Fall von Solange gibt es eine Nuance. Die seelsorgliche Beziehung wird nicht eindeutig ins Wort gebracht. Da sie aber für ihre Formation in seinem Seelsorgebereich ist, kommt der Priester regelmäßig, um die Messe zu feiern, und er ist der geistliche Vater der Ausbildungsgemeinschaft. Die Gemeinschaft untersteht seiner Jurisdiktion. Die Umstände entsprechen also einer seelsorglichen Beziehung.

Die ethischen Bedingungen der seelsorglichen Beziehung können auch auf eine Beziehung der Zusammenarbeit angewendet werden. Die Art der Zusammenarbeit zwischen Priestern und Ordensfrauen kann, wie aus den Erzählungen der fünf Teilnehmerinnen hervorgeht, in zwei Gruppen unterteilt werden: die gleichberechtigte und die untergeordnete Zusammenarbeit.

Bei Martha, Jessy und Corine handelt es sich um eine gleichberechtigte Zusammenarbeit. Eine Position von Überlegenheit oder Dominanz ist nicht offensichtlich. Zwar wird Corine sexuell und emotional belästigt, aber es gelingt ihr, auf Abstand zu gehen. Sie wird durch die Erpressung des zweiten Priesters geschwächt, was wahrscheinlich auf die einvernehmliche inkohärente Beziehung mit dem ersten Priester zurückzuführen ist.

Liberia und Regina stehen bei der Zusammenarbeit in einer untergeordneten Position. Der Priester ist Leiter des Diözesanwerks oder verantwortlich für das Programm und die pastoralen Aktivitäten in der Gemeinde. Liberia und Regina arbeiten unter ihrem jeweiligen Vorgesetzten. Sie sind von ihm abhängig in Bezug auf den Rahmen der Aktivitäten, die geistliche Begleitung von Jugendgruppen, die Mitarbeit an einem Projekt, die Planung von pastoralen, pädagogischen und sozialen Aktivitäten; sie arbeiten im Gehorsam gegenüber dem Ortsbischof und ihren rechtmäßigen Vorgesetzten. Einschüchterungen, überlange Arbeitszeiten, ungewollte Arbeitsunterbrechungen, einseitige Entscheidungen, der plötzliche, nicht angekündigte Ausschluss von pastoralen Aktivitäten und Demütigungen durch den Priester sind in diesem Kontext zu sehen.

Der Ort ist wichtig, um eine intime Liebesbeziehung zu leben. Autonomie, Diskretion, Bequemlichkeit, Sicherheit und Unkompliziertheit sind notwendig, damit Menschen, die sich lieben, ihre intime Begegnung genießen können.

Im traditionellen Subsahara-Afrika ist der Ort, an dem die sexuelle Beziehung gelebt wird, sehr diskret, ja sogar heilig. Er findet in der Regel in der Hütte des Paares statt, das durch die traditionelle Eheschließung als offiziell verheiratet anerkannt ist. In einer polygamen Familie hat jede Frau eine eigene Hütte und der Ehemann zieht von einer Hütte zur anderen, je nachdem, welche Frau an der Reihe ist. Sexuelle Beziehungen und Geschlechtsverkehr, die außerhalb der anerkannten Orte und Gebräuche ausgeübt werden, gelten als unrein. Sie sind verboten, und die nun als unrein betrachteten Orte müssen durch Reinigungsopfer wieder gereinigt werden.

Die Orte, die die Teilnehmerinnen für die sexuellen Handlungen und den Geschlechtsverkehr mit Priestern angeben, erfüllen weder die Bedingungen für ein Vergnügen noch ermöglichen sie es, dass der Priester und die Ordensfrau ihre kulturelle Identität in einem inneren Gleichgewicht bewahren können.

Das Pfarrhaus und das Haus der Ordensgemeinschaft sind institutionelle Wohnstätten für eine Gruppe von Menschen. Sie gehören jeweils allen Priestern einer bestimmten Diözese oder allen Ordensfrauen eines bestimmten Instituts. Sie bieten keinen geschützten Raum, um dort einen sexuellen Kontakt oder einen anderen intimen Akt zu vollziehen.

In Subsahara-Afrika erklärt der Zelebrant (der Bischof, sein Vertreter/Delegierter oder ein anderer Priester) während der Predigt die Bedeutung des Weihesakraments bzw. der Ordensgelübde, wenn die Weihe empfangen bzw. die Ordensgelübde abgelegt werden. Die Eltern und Freunde der Priester und der Ordensfrauen hören, verstehen und akzeptieren im Lauf der Zeit, dass sie sich dazu verpflichten, nach den evangelischen Räten zu leben. Wenn das Haus der Familie des Priesters zum Ort für Liebes- und Sexualbeziehungen mit einer Ordensfrau wird, ist das für die Eltern und Freunde sehr irritierend.

Gastfreundschaft ist in Subsahara-Afrika nach wie vor ein hoher Wert. Öffentliche Unterkünfte (Hotels) werden von Priestern und Ordensfrauen nicht sehr häufig aufgesucht. Ein Priester, der sich im Urlaub oder auf Reisen befindet, wird ebenso wie eine OF in der Regel von (christlichen oder nichtchristlichen) Familien, anderen Priestern oder einer Ordensgemeinschaft aufgenommen. Die Anwesenheit eines Priesters mit den entsprechenden äußeren Zeichen (z. B. ein Kreuz an einer Kette oder als Anstecker, Priesterkragen, Soutane) und einer Ordensfrau in Habit mit Schleier oder mit einer anderen für eine OF als geeignet angesehener Kleidung (ein Wickelrock oder ein traditionelles, weit fallendes Gewand und ein um den Kopf geschlungenes Tuch) an „öffentlichen" Orten in Wohnvierteln führt bei den Menschen zu Irritationen, Misstrauen und Zweifeln. In den folgenden Abschnitten werde ich mich mit der Frage befassen, wie viel Verantwortung bzw. wie viel Freiheit die Ordensfrau bei der Zustimmung zu dem sexuellen Fehlverhalten hat.

11. Was die Teilnehmerinnen über ihre Zustimmung sagen

Dieser Themenbereich lässt sich in drei Teile unterteilen. Aus den Erzählungen der Teilnehmerinnen geht hervor, dass einige nicht und dass andere nur teilweise in die Beziehung eingewilligt haben. Eine sagte, sie habe eingewilligt.

11.1 Nicht vorhandene Zustimmung

Die Teilnehmerinnen äußern sich wie folgt:

11. Was die Teilnehmerinnen über ihre Zustimmung sagen

BECKY: „Ich habe nicht eingewilligt. Etwa ein Dutzend Mal Sex, aber immer nur widerwillig. Mehrmals habe ich ihm gesagt, dass ich ihn nicht liebe, aber das war ihm egal. Ich war nicht einverstanden. Ich habe unsere Beziehung abgebrochen, weil ich das nicht wollte." (01B/42, 51, 63, 77, 80)

INNOCENTE: „[Erste Vergewaltigung], er hat sich auf mich gestürzt und gewalttätig, er hat mich sehr – *owoo*[10]. (Schweigen) Er hat mich überhaupt nicht gut behandelt, wirklich. (Stille) [Zweite Vergewaltigung], er hat sich mir genähert, um mich zu missbrauchen [...]. Mir wäre es lieber, dass sich die beiden zumindest einig sind, bevor sie das tun. Wenn dieser Priester mich zumindest gefragt hätte, könnte ich zustimmen oder ablehnen. Die Tatsache, dass er mich nicht gefragt hat, bedeutet, dass ich ein Sexualobjekt darstelle, das man nicht einmal fragen muss, bevor man es benutzt. Das muss vorher zwischen den beiden besprochen werden." (04I/32–33, 94, 162–163o)

Becky hat dem Priester deutlich gesagt, dass sie nicht zustimmte. Innocente hat ihre Nicht-Zustimmung nicht ausgesprochen. In beiden Fällen gab es keine Einwilligung.

Anita, Liberia, Regina und Corine haben Widerstand geleistet.

ANITA: „Und dann hat er sich im Bett auf mich geworfen, ich habe nicht nachgegeben. Er ist wieder aufgestanden, als ob dies alles ein Scherz gewesen wäre." (03A/38–40)

LIBERIA mit P1: „Und ich war sehr grob, ich habe ihn mit aller Kraft weggestoßen. Ich habe ihm gesagt: Nein. Ich will das nicht. Ich bin nicht bereit, das mit dir zu leben. Gut, danach hat er mich losgelassen, aber wir sind noch eine ganze Weile dageblieben." (07L/175, 177–178) Mit P2: Er sagte: „Ich dachte, du würdest bleiben und bei mir übernachten [...] Als er sah, dass ich wirklich fest blieb, spürte er, dass ich nicht einverstanden war. Also hat er sich entschuldigt. Ich sage: ‚Entschuldigungen sind okay, aber vor allem müssen wir uns gegenseitig respektieren'." (07L/356, 361–363)

REGINA: „Und ich bin immer wieder geflohen. Das erste Mal, als ich ging, bin ich seinen Umarmungen entkommen, ich ging weg, er verfolgte mich. Ich rannte [lacht]. Mein Blick war auf mein Haus gerichtet, und ich ging. Ich ging zu ihm, um mit ihm zu sprechen. Er gab mir keine klare Antwort. Er wollte mich wieder küssen, ich ging weg. Ich sagte zu ihm: ‚Nein.' Danach habe ich mit ihm gesprochen, er hat mir gesagt, ich solle ihn entschuldigen." (08R/17–18, 24–25, 28, 30, 39, 46)

CORINE mit P2: „Ich sage ihm: ‚Nein.' Ich will diese Beziehung nicht. Ich sage: ‚Nein, das ist nicht möglich. Zwischen uns ist diese Beziehung nicht möglich'." (09C/58, 61, 82, 88)

---

10 *Owoo* ist ein Ausruf in der Muttersprache der Teilnehmerin, um zu sagen: „Ich weiß nicht, wie ich es beschreiben soll".

Der Widerstand von Anita und Liberia bei der versuchten Vergewaltigung drückt ihre Nicht-Zustimmung aus. Ihre Festigkeit und die Konfrontation der Priester durch Regina und Corine angesichts der sexuellen und emotionalen Belästigung zeigt ihre Ablehnung gegenüber dem Fehlverhalten. Es gibt keine Zustimmung.

11.2 Ungültige Zustimmung

SOLANGE: „Ich bin mir bewusst, dass ich die Initiative ergriffen habe, den alten Mann in dieses Spiel hineinzuziehen. Der Alte ist so alt wie mein Vater. Ich war naiv. Er kam zu [meiner Feier]. Es war das erste Mal, dass er [an der Feier] in unserem Institut teilnahm. Er hat [ein teures Geschenk] für die Feier gemacht. Das hat mich tief berührt. Als wir anfingen, miteinander zu schlafen, wurde der Druck für mich zu groß. Ich forderte viel. Ich war anspruchsvoller geworden. Ich war diejenige, die die Absprachen traf, einen Ort fand, die Reservierungen machte." (02S/102–103, 199, 205–208, 230–233, 244)

ANITA: „Ich habe mich einfach so hineinfallen lassen. Ich habe ganz naiv alles mitgemacht." (03A/59,61)

Solange sagt, sie habe „die Initiative ergriffen", um eine Beziehung mit dem Priester zu beginnen. Trotzdem liegt die Verantwortung beim Priester, da er von ihr verlangt, dass sie für ihn arbeitet, und sie auf seine Reisen mitnimmt sowie ihr ein wertvolles Geschenk macht; das ist Autorität. Die Äußerung Solanges ist ein Ausdruck von Schuldgefühlen und ein Versuch, den Priester zu schützen. Anitas Äußerung „Ich habe naiv alles laufen lassen" ist Ausdruck einer Beeinflussung, einer Konditionierung (kognitive Verzerrung, finanzielle Unterstützung). Für beide, den Priester und die Ordensfrau, ist es eine seelsorgliche Beziehung, und selbst wenn die Ordensfrau ihre Zustimmung offen ausdrücken würde, ist sie aufgrund des Machtgefälles ungültig.

11.3 Teilweise Zustimmung

MARTHA: „Auf der einen Seite fühle ich mich zu dieser Beziehung hingezogen, auf der anderen Seite möchte ich sie ablehnen. Ich neige dazu, sie zu vermeiden. Ich möchte sie vermeiden, aber wie? Er ist derjenige, mit dem ich zusammenarbeiten kann. Es ist schwierig für mich, das zu präzisieren. Auf jeden Fall würde ich es gerne vermeiden." (05M/40- 41 75, 104–107)

LIBERIA: „Ich habe ihm gesagt, dass ich darüber nachdenken werde. Ich habe ihm die Antwort nicht sofort gegeben. Ich sage: ‚Einverstanden!' Aber ich gebe meine Prinzipien an, ich will keine ganz enge Beziehung. Ich möchte gerne eine Freundin für dich sein, aber keine ganz enge Beziehung (berühren, auf die Lippen küssen ...) Ich habe das wirklich deutlich gemacht. Du bist ein Priester, ich bin eine Schwester, und ich bin nicht bereit für so etwas. Wenn das deine Absicht ist, ist es mir lieber, wenn wir jetzt aufhören. Wir sind zunächst ein bisschen von diesem Prinzip ausgegangen." (07L/37–38,50–56)

Martha fühlt sich von sexuellem Fehlverhalten angezogen, will aber Widerstand leisten. Liberia würde eine Liebesbeziehung unter der Bedingung akzeptieren, dass es zu keiner sexuellen Beziehung zwischen dem Priester und ihr kommt. Beide drücken weder ein kategorisches Nein noch ein klares Ja aus. Ein Teil in ihnen willigt ein und ein anderer Teil nicht. Sie willigen teilweise ein.

11.4 Gültige Zustimmung

CORINE: „Wir haben zusammengearbeitet, was uns näher zusammenbrachte. Wir waren fast immer zusammen. Ich war zu ihm nach Hause gegangen und habe ihn gefragt [...]. Gleichzeitig fing er an, mich zu berühren. Dann erklärte er, dass er darüber nachdenke, es mir zu sagen, und jetzt sei der richtige Zeitpunkt gekommen. Ich sagte ihm: ‚Nein', das ist nicht in Ordnung. An diesem Tag passierte nichts, ich bin wieder weggegangen. Aber wir haben uns weiter geschrieben. Ich weiß nicht, was passiert ist, ich bin in das Spiel hineingeraten. Ich bin in das Spiel eingestiegen, es hat mich wirklich mitgerissen. Ich habe es akzeptiert. Ja. Wenn es wirklich geteilt wird, ist es nicht einfach. Wenn du dich selbst gut darin fühlst, schwimmst du darin wie ein Fisch im Wasser, das ist wirklich nicht einfach." (09C/34–35,100, 106)

Corines Beschreibung zeigt, dass sie die Liebeserklärungen und die sexuellen Aufforderungen des Priesters angenommen und in ihr Engagement in dieser regelwidrigen sexuellen Beziehung mit ihm eingewilligt hat. Dies ist der einzige Fall, in dem wir von Zustimmung sprechen können.

11.5 Diskussion über die Zustimmung

Es scheint paradox, in einer Beziehung zwischen Priestern und Ordensfrauen von Zustimmung zu einer Liebesbeziehung oder zu sexuellen Handlungen zu sprechen. Es ist offensichtlich, dass es sich um Menschen handelt, die öffentlich religiöse Verpflichtungen eingegangen sind, aufgrund derer sie auf die Ehe und romantische Beziehungen verzichten; sie haben sich aus freier Entscheidung für sexuelle Enthaltsamkeit entschieden. Angesichts der realen Schwierigkeit, die Probleme im Zusammenhang mit missbräuchlichen und grenzüberschreitenden Beziehungen in meiner Feldforschung zu behandeln, greife ich auf Fortune (1983) und Liégeois (2015) zurück. Dieser Hintergrund erlaubt es mir, diese Situationen zu interpretieren und die Erfahrungen der

Teilnehmerinnen zu verstehen. Entsprechend der Erkenntnisse dieser Autoren kann man zwischen nicht vorhandener, ungültiger und gültiger Zustimmung unterscheiden. Die partielle Einwilligung wird von mir als Besonderheit in meiner Forschung untersucht.

a) Unter nicht vorhandener Einwilligung verstehen wir, dass die Einwilligung von der betroffenen Person nicht geäußert wird. Ein Geschlechtsverkehr mit einer Minderjährigen ist sexueller Missbrauch. Beckys Fall: „Beim ersten Geschlechtsverkehr war ich 15 Jahre alt. Unterwegs fragte er mich, ob ich schon von Sex gehört hätte, ob ich schon Sex gehabt hätte und ob ich wollte, dass er es mir beibringt." (01B/39,42) Als Minderjährige hatte sie nicht die Voraussetzungen, die Reife und das Verständnis, um über Geschlechtsverkehr zu sprechen, geschweige denn über eine Liebesbeziehung. Eine Einwilligung gab es nicht. Eine Vergewaltigung oder eine versuchte Vergewaltigung einer erwachsenen Frau findet ebenfalls ohne Einwilligung statt. Hierbei wird körperliche Gewalt angewendet. Es handelt sich um sexuelle Gewalt (Fortune 1983). Man könnte Folgendes einwenden: Wie kann ohne die Zustimmung der Ordensfrau wiederholt Geschlechtsverkehr stattfinden? BECKYS Äußerung gibt eine verständliche Antwort auf diese Frage:

> „Ein paar Mal habe ich ihm gesagt, dass ich ihn nicht liebe, aber das hatte für ihn keine Bedeutung. Manchmal schlug er mich, wenn ich mich weigerte. Das war Sklaverei, weil ich nicht willig war. Ab einem bestimmten Zeitpunkt war ich finanziell völlig von ihm abhängig. Seine finanzielle Unterstützung war davon abhängig, dass ich den Geschlechtsverkehr akzeptierte. Wenn ich die sexuelle Beziehung ablehnte, stellte er die finanzielle Unterstützung ein." (01B/36–38, 50, 63–64, 77)

Becky hatte sich unfreiwillig an ihre Situation gewöhnt und wartete darauf, dass sie mehr Kraft finden würde, um aus der Macht ihres Peinigers auszubrechen. Eine Zustimmung ist aus verschiedenen Gründen nicht vorhanden: Sie war minderjährig, es war eine seelsorgliche Beziehung, sie wurde gezwungen. Im Fall von Innocente kann man auch einwenden: Warum wiederholte sich die Vergewaltigung? Ihre Erzählung bietet eine Antwort:

> „Er hat [nach der ersten Vergewaltigung] seine Fehler eingestanden, er hat sich bei mir entschuldigt. Und ich habe gesagt, okay. Und das war's dann. Und das Leben ging so weiter, wie es war." (04I/44–46)

Die Taktik des Priesters (Reue vortäuschen) beeinflusst Innocente, und als Christin vergibt sie ihm. Diese Situation macht es ihr nicht leicht, sich aus der Umklammerung des Priesters zu befreien. Es handelt sich um geistlichen Missbrauch. So kann er seine regelwidrige Beziehung mit der jungen Frau in der Ausbildung zum Ordensleben so lange verlängern, bis sie die Gelübde ablegt. Diese Situationen zeigen, dass die OF mit zunehmender Dauer der Beziehung die Kraft verliert, sich zu widersetzen. Sie ist dazu verurteilt, diese „Sklaverei" in der Beziehung über Jahre hinweg zu erdulden.

Ordensfrauen, die vergewaltigt wurden, gelingt es nicht leicht, sich dem Griff des Vergewaltigers zu entziehen, weil sie in den Umständen gefangen bleiben – körperliche Gewalt, finanzielle Unterstützung, emotionale Bindung an eine wichtige Person, emotionale Abhängigkeit und die Pose des Vergewaltigers, der sich als Erzieher aufspielt, der seine Tat gesteht und um Vergebung bittet, um sein Opfer zu beruhigen und das verlorene Vertrauen zurückzugewinnen. Diese Frauen leben in Angst und sind nicht in der Lage, die Vergewaltigungen aufzudecken und sich Hilfe zu holen, um sich dem Zugriff des Vergewaltigers zu entziehen. Wie Moïse (einer der befragten Fachleute) sagt:

> „Wenn es ein ungeplanter Zwischenfall wäre, ein Unfall, dann würde kein Opfer in eine solche Situation geraten. Es kann nur geschehen, wenn es keine Unterstützung gibt. Aber es ist nicht gewollt, es geschieht nicht mit Zustimmung" (Mo/B7).

Vergewaltigung geschieht nie mit Zustimmung. Wenn sie wiederholt wird, ist das Opfer noch schwächer und kann sich nicht wehren. Ein Einverständnis ist nicht vorhanden.

Die Zustimmung ist ungültig, wenn es eine mehr oder weniger zustimmende Stellungnahme oder Äußerung der Ordensfrau im Kontext einer pastoralseelsorglichen Beziehung gibt. In einer solchen strukturierten Beziehung ist die Macht entsprechend den Rollen und Verantwortlichkeiten ungleich verteilt (Liégeois 2015). Der Priester ist der Verantwortliche in der PB. Die nicht aufgeklärte und nicht informierte Zustimmung lässt sich an der Mehrdeutigkeit und der Verwirrung in der Zustimmung der Teilnehmerinnen Solange und Anita ablesen:

SOLANGE: „Ich bin mir bewusst, dass ich die Initiative ergriffen habe, den alten Mann in dieses Spiel hineinzuziehen. Ich gebe zu, dass ich naiv war." (02S/97, 102)

ANITA: „Ich habe mich einfach so hineinfallen lassen. Ich habe ganz naiv alles mitgemacht." (03A/59, 61)

Obwohl sie sagen, dass sie eingewilligt haben, ist auch ihre Naivität und der Einfluss der Autorität des Priesters auf ihre Zustimmung erkennbar. Auch wenn sie ihre Zustimmung geäußert haben sollten, ist sie ungültig, da sie durch ihre Naivität und seine Autorität konditioniert ist. Darüber hinaus existiert sie nicht wirklich. Die Abhängigkeit von Solange und Anita von den Priestern ist offensichtlich. Der Priester ist Hirte und Führer, er gibt Orientierung, er ist Erzieher und Verantwortlicher. Er sollte mehr als die Person, die er begleitet, wissen, was angemessen ist und was nicht. Wenn er eine Liebesbeziehung mit einer Person eingeht, die er begleitet und die nicht ausreichend informiert und ausgebildet ist, kann diese sogar denken, dass die Beziehung zwischen ihr und dem Priester akzeptabel oder sogar gut ist.

SOLANGE: „Er war gern mit mir zusammen. Wenn er irgendwohin ging, bat er die Novizenmeisterin, dass ich ihn begleite." (02S/95–98)

ANITA: „Er hat mich durch Beispiele davon überzeugt, dass ich nicht die Einzige sein werde. Es gab noch eine andere Schwester, die seine Geliebte war. Ich sollte es nicht als Tabu betrachten." (03A47–50)

Die begleitete Person hatte die Möglichkeit, in das Spiel einzusteigen, sich damit zu arrangieren und Initiativen zu ergreifen, wie im Fall von Solange: „Ich bin mir bewusst, dass ich die Initiative ergriffen habe, den alten Mann in dieses Spiel hineinzuziehen." Diese Aussage ist kein Zeichen für eine Zustimmung, sondern für ein Schuldgefühl wegen ihrer aktiven, gewohnheitsmäßigen Beteiligung am sexuellen Fehlverhalten mit dem Priester. Solanges und Anitas Aktivitäten und ihre Verantwortung sind zweitrangig im Vergleich zu der Initiative der Priester in der missbräuchlichen und grenzüberschreitenden Beziehung. Es gibt eine Abhängigkeit, die sich darin zeigt, dass sich die Frauen von den Liebesaufforderungen, der Aufmerksamkeit, der Rücksichtnahme sowie den Geschenken und der materiellen, langfristigen finanziellen Unterstützung täuschen lassen. Dies macht auch ihre Zerbrechlichkeit und Unreife (Naivität) sichtbar. Die Verantwortung, die Unreife einer von ihm betreuten Person wahrzunehmen, liegt beim Priester.

b) Die partielle Zustimmung ist eine andere Realität der Teilnehmerinnen, die in meiner Untersuchung deutlich sichtbar wurde. Sie betrifft die Beziehung zur Zusammenarbeit in der pastoralen Arbeit. Wenn die OF in der Zusammenarbeit dem Priester untergeordnet ist, schränkt dies ihre Entscheidungsfreiheit ihm gegenüber ein. Die Aufforderungen des Priesters finden in einem Arbeitskontext statt. Die OF arbeitet mit einem Priester zusammen, der für das Werk oder für das Programm der Gemeindepastoral verantwortlich ist. Die Beziehung ergibt sich im Rahmen einer Hierarchie (Verantwortlicher/Leiter – Untergebene). Es besteht eine Abhängigkeit der OF von dem Priester. Liberias Fall bringt dieses Gefälle zum Ausdruck: „Ich bin seinen Blicken ausgewichen. Er hat alles getan, um mich in [am Arbeitsort] zu erreichen, er hat mich aus [...] herausgeholt. Dann sagte ich zu ihm: ‚Okay'." (07L/46–48). Der Priester übt einen physischen Einfluss und einen psychologischen Druck auf Liberia aus, damit sie seinen Aufforderungen nachkommt. Liberia ist jedoch erwachsen, sie ist mit ihrem Vorgesetzten zusammen. Ihre „Zustimmung" zu seinen Aufforderungen unterliegt einem Druck, der Angst vor ihm oder der Angst, ihre Arbeit zu verlieren. Ihre Zustimmung ist damit nur teilweise gegeben.

11. Was die Teilnehmerinnen über ihre Zustimmung sagen

Selbst bei einer gleichberechtigten Zusammenarbeit scheint die OF nicht mehr Freiheit bei ihren Entscheidungen zu haben. Sie arbeitet einerseits mit dem Priester zusammen, ohne völlig von ihm abhängig zu sein. Er befindet sich nicht in der Position eines Vorgesetzten. Sie sind Kollegen. Andererseits kann jedoch aufgrund seiner Kompetenzen in bestimmten Bereichen eine Abhängigkeit entstehen; seine Kompetenzen führen dazu, dass die OF von seiner Mitarbeit abhängig ist. Der Priester kann auch von den Fähigkeiten der OF abhängig sein, wenn er sich z.B. durch die Einladung der OF, ihr zu helfen, nützlich und wertgeschätzt fühlt. Martha und Corine bestätigen beide: „Er ist derjenige, mit dem ich zusammenarbeiten kann"; „Er ist ein guter Mitarbeiter."

In beiden Situationen, in der hierarchisch strukturierten und in der gleichberechtigten Zusammenarbeit, finden die Aufforderungen auf dem Boden gegenseitiger Abhängigkeiten statt. Einerseits wendet der Priester Strategien an, um seine Kompetenz deutlich zu machen, Komplimente zu machen, die Dienstzeiten zu verlängern, in die Gemeinschaft der Ordensfrau einzudringen oder krank zu spielen. Andererseits wirkt die OF naiv, verwirrt, unentschlossen; es fällt ihr schwer, in dieser Beziehung einen klaren Standpunkt einzunehmen, sie gibt gelegentlich eine zögerlich-unklare Antwort. Liberia sagt zum Beispiel: „Beziehung ja, sexuelle Verschmelzung nein" (07L/51). Oder Martha: „Auf der einen Seite fühle ich mich zu dieser Beziehung hingezogen, auf der anderen Seite möchte ich sie ablehnen." (05M/4041) In diesem Fall gibt es eine von der OF ausgesprochene Zustimmung, die jedoch weder vollständig noch frei ist. Es ist ein gewisser Zwang seitens des Priesters und ein Zögern seitens der OF erkennbar. In diesem Fall liegt die Zustimmung nur teilweise vor.

c) Eine gültige Zustimmung liegt im Fall von Corine im Kontext einer gleichberechtigten Zusammenarbeit vor. Sie erkennt, was vor sich geht, und spricht dies deutlich aus, und sie bestätigt, dass sie sich auf das Spiel einlässt und es genießt. Sie gibt ihre Zustimmung ohne Zwang. Dies ist eine gültige Zustimmung mit einer Übertretung der religiösen Verpflichtungen. Dies ist der einzige Fall einer gültigen Zustimmung in meiner Untersuchung mit neun Teilnehmerinnen.

Dieser Abschnitt hat die Probleme der Beurteilung im Zusammenhang mit sexuellem Fehlverhalten in der pastoral-seelsorglichen Beziehung oder der Zusammenarbeit zwischen einem Priester und einer OF/JF aufgezeigt. Dabei habe ich dargelegt, dass die Zustimmung der OF/JF ungültig oder nur teilweise gegeben war, außer in einem Fall, in dem eine gültige Zustimmung vorliegt. Diese Umstände haben große Auswirkungen auf das Leben des Priesters und vor allem der OF/JF. Ich werde dies im nächsten Teil genauer ausführen.

ABSCHNITT B
Die Folgen sexuellen Fehlverhaltens
und die Wahrnehmung der Zukunft durch die OF/JF

12. Was die Teilnehmerinnen über die Folgen sagen

Die neun Teilnehmerinnen beschreiben verschiedene Folgen sexuellen Fehlverhaltens (sexueller Missbrauch, andere sexuelle Gewalt) sowohl in pastoralseelsorglichen als auch in kollaborativen Beziehungen mit Priestern. Diese Folgen lassen sich in zwei Kategorien einteilen. Die erste Kategorie umfasst die Folgen, die die Teilnehmerinnen direkt betreffen. Die zweite Kategorie benennt die Folgen, die ihre Beziehungen zu anderen Menschen, zu Gott und zu ihrer Umwelt beeinflussen. Dies betrifft die Art, wie die Teilnehmerinnen sich selbst, den Priester und ihre Gemeinschaft wahrnehmen. Die erste Kategorie umfasst die physischen/physiologischen und psychischen Folgen, die zweite Kategorie die psychosozialen und spirituellen Folgen.

12.1 Die Folgen, die die Teilnehmerin direkt betreffen

Hierbei handelt es sich um physische/physiologische und um psychische Folgen.

12.1.1 Physische/physiologische Folgen

Becky, Innocente, Martha sprechen über die Schmerzen, die mit Vergewaltigung, sexuellem Missbrauch, sexuellem Verhalten und erzwungenen Schwangerschaftsabbrüchen einhergehen.

BECKY: „Ich hatte große Schmerzen, ich habe geweint [erster Geschlechtsverkehr]. Ich wurde schwanger [n-mal]. Er hat mich abtreiben lassen." (01B/10, 45)

INNOCENTE: „Ich begann, Bauchschmerzen zu haben, alle möglichen anderen Krankheiten, alle möglichen körperlichen Krankheiten, Kopfschmerzen, Fieber." (04I/99, 125, 126)

MARTHA hingegen spürt die Stärke der Erregung und ihre sexuellen Impulse, die durch den Kuss des Priesters ausgelöst wurden: „Ich sah ihn in vielen Dingen, obwohl er nicht anwesend war. Das brachte mich zum Weinen." (05M/26, 27)

BECKY hat Schmerzen bei ihrem ersten Geschlechtsverkehr mit dem Priester, als sie 15 Jahre alt war, und danach bei verschiedenen Abtreibungen. Innocente erduldet Schmerzen bei den beiden Vergewaltigungen. Martha weint aufgrund eines unkontrollierten Erwachens ihres Körpers (Triebe, sexuelle Erregung), das durch den Kuss des Priesters ausgelöst wurde.

Diskussion dieser Teilaspekte
Die WHO (2005, S. 180) und Josse (2017, S. 15) sprechen von den Folgen körperlicher Misshandlung, Schwangerschaften mit gynäkologischen Komplikationen, freiwilligen Abtreibungen von Frauen im Kontext von Krieg, Gewalt in der Familie und Prostitution. Die Ordensfrau, die dieselben Erfahrungen in einer vermeintlich vertrauensvollen Beziehung macht, erduldet schreckliches körperliches und emotionales Leid, das sie weder in ihrer Gemeinschaft ansprechen noch durch Weinen ausdrücken oder durch Pflege lindern kann.

12.1.2 Psychische Folgen

Die psychischen Folgen werden in Emotionen/Gefühle, Bedürfnisse, Konflikte, Gemütszustände, somatische Beschwerden, Traumata und posttraumatische Störungen gegliedert.

a) Die ausgedrückten Emotionen und Gefühle
Die Emotionen und Gefühle, die in den Erzählungen der Teilnehmerinnen deutlich angesprochen wurden,[11] sind im Folgenden aufgelistet.

Alle Teilnehmerinnen, die in beiden Beziehungen (PB und BZP) involviert sind, sprechen über verschiedene Emotionen mit den folgenden Begriffen:
a1) Peinlichkeit/Beschämung/Scham
ANITA: „Die Situation war mir schon peinlich. Ich habe mich geschämt. Wegen ihm bin ich in all diesen Unannehmlichkeiten." (03A/101,105, 109)
LIBERIA: „Es war mir sehr peinlich (2x). Ich habe mich sehr unwohl gefühlt." (07L/131, 133, 137)
CORINE: „Er hatte ein Verhalten, das mich wirklich gestört hat. Es war mir sehr peinlich (2x)." (09C/63, 69, 71)

---

[11] Die aufgelisteten Emotionen wurden von den Teilnehmerinnen explizit geäußert. Einige wiederholten die Nennung dieser Emotionen in ihren Erzählungen. Becky wiederholte dreimal: „Ich hatte Angst vor ihm." Die Zahl in der graphischen Darstellung ist nicht notwendig identisch mit der Zahl der Sinneinheiten. Die Zahl 1 wird gesetzt, wenn die Teilnehmerin die Emotion, das Bedürfnis oder den Gemütszustand genannt hat. Wenn es Wiederholungen gibt, ist die höchste Zahl, die ich vergeben habe, eine 3. Der Schwerpunkt liegt allerdings auf dem Ausdruck der Emotion, des Bedürfnisses oder des Gemütszustands und nicht auf einer Gewichtung, die durch die Zahl der Nennungen auch nicht eindeutig fassbar wäre. Wenn die Teilnehmerinnen eine Emotion, ein Bedürfnis oder einen Gemütszustand in irgendeiner Weise ausdrücken, muss dies für sie ein Gewicht haben, d.h. eine inhärente psychologische Folge ihrer Missbrauchserfahrung darstellen.

a2) Diffuse Scham

INNOCENTE: „Ich hatte mich gedemütigt und beschämt gefühlt." (04I/40)
JESSY: „Es war für mich eine Erfahrung voller Schamgefühle." (06J/23)
CORINE: „Ich habe Schwierigkeiten, meinen Kopf zu heben." (09C/131)

a3) **Wut**

SOLANGE: „Ich habe eine Wut auf ihn." (02S/265)
ANITA: „Es hat mich wirklich geärgert." (03A/112)
INNOCENTE: „Ich habe immer geschwiegen. Etwas nagte an mir." (04I/102, 179)
LIBERIA: „Ich war wirklich wütend." (07L/182)
REGINA: „Es hat Wut in mir geweckt und mich empört." (08R/88, 100)

a4) Angst

BECKY hat Angst vor ihrem Angreifer: „Ich hatte nur Angst vor ihm." (01B/49, 60, 78)
ANITA hat Angst vor dem Priester, wenn er sie in der Gemeinde besucht: „Seine Anwesenheit macht mir große Angst." (03A/69)
JESSY: „Ich habe sie [die Profess] jetzt mit viel Angst erlebt." (06J/33)
REGINA: „Ich hatte auch viel Angst." (08R/120)
LIBERIA äußert ihre Angst und Überraschung über das Verhalten des Priesters: „Ich war überrascht. Ich war verängstigt." (07L/30, 209)
MARTHA: „Das hat mich sehr beunruhigt. Ich mache mir immer Sorgen; wenn das jemals herauskommt, was passiert dann mit mir?" (05M/22, 43)
CORINE: „Wenn die Leute es erfahren, bin ich wirklich am Ende." (09C/122)

Die Angst der Teilnehmerinnen verweist auf verschiedene Gründe, die sich auf den Täter, das sexuelle Fehlverhalten an sich oder auf mögliche Zeugen beziehen.

a5) Ekel

SOLANGE: „Ich bin angewidert von dieser Beziehung." (02S/104)
INNOCENTE: „Ich war von mir selbst angewidert." (04 I/123)

Solange und Innocente erleben einen Ekel vor der Beziehung ebenso wie einen Ekel vor sich selbst.

Diskussion dieser Teilaspekte

Es ist interessant, dass Becky, die mehrfach missbraucht wurde, nicht ihre Wut, sondern ihre Angst thematisiert. Die Angst vor dem Priester ist stärker als ihre Wut auf sein aggressives Verhalten. Die Wut der zweimal vergewaltigten Innocente hat sich in ihr Inneres zurückgezogen (beleidigtes Schweigen), was sie zerfrisst. Martha ist in einer Angst versunken, die sie als Verlegenheit bezeichnet, die aber eher Scham ist.

Die Emotionen an sich sind keine Folge sexueller Handlungen. Ihre Intensität belastet, hemmt und verbraucht jedoch die vitalen und psychischen Energien der Teilnehmerinnen und versetzt sie in einen Zustand des Unbehagens.

b) Dissonante Bedürfnisse

Die Teilnehmerinnen sprechen über ihre dissonanten Bedürfnisse[12], und zwar über ein Minderwertigkeitsgefühl, das sie gern vermeiden würden, die emotionale Abhängigkeit und die sexuelle Befriedigung.

b1) Minderwertigkeit
Die Teilnehmerinnen äußerten sich wie folgt:
SOLANGE: „Ich fühle mich emotional unausgeglichen. Ich bin zutiefst verletzt. Ich glaube nicht einmal mehr an die Liebe." (02S/11, 27–28)
ANITA: „Ich bin verloren. Alles ist schwarz vor mir [die Stimme verändert sich]. Ich kann nichts mehr sehen, alles ist dunkel." (03A/163, 164)
MARTHA: „Ich fühle mich irgendwo verschlossen." (05M/46)
REGINA: „Ich war entmutigt." (08R/57)
LIBERIA: „Diese Neugier, die ich beschuldige." (07L/242)
Sie fühlen sich gedemütigt, verwirrt, verletzt, entmutigt, enttäuscht, hilflos, unfähig, angesichts der Realität, die sie durchleben, zu sprechen, nein zu sagen oder zu handeln. Ihre Besorgnis, wie sie weiterleben werden, ist von einer anhaltenden Unruhe beseelt.

b2) Vermeidung von Minderwertigkeitsgefühlen
BECKY: „Wenn ich die sexuelle Beziehung ablehnte, stellte er die finanzielle Unterstützung ein." (01B/38).
SOLANGE: „Ich spürte, dass er eifersüchtig war, er beobachtete meine Beziehungen zu anderen Menschen. Ich meinerseits war zurückhaltend, um zu vermeiden, dass andere Priester sich mir gegenüber verdächtig verhielten." (02S/223–225)
Sie handeln, um sich zu schützen und Schläge und Verdächtigungen zu vermeiden, und um die emotionale und/oder finanzielle Unterstützung des Priesters nicht zu verlieren.

b3) Affektive Abhängigkeit
SOLANGE: „Ich sehne mich danach, einen Freund oder Freunde zu haben. Ich liebte ihn sehr, weil er mich sehr liebte." (02S/26, 226)
CORINE: „Wenn du dich selbst gut darin fühlst, schwimmst du darin wie ein Fisch im Wasser, das ist nicht wirklich einfach." (09C/300).
Ihre Erzählungen drücken die Sehnsucht nach einer freundschaftlichen Beziehung aus, das Gefühl einer emotionalen Leere, das Bedürfnis nach väterlicher oder brüderlicher Unterstützung, nach der Zuneigung eines Freundes und die Erwartung, die sie an den Priester haben. Corines Ausdruck „wie ein Fisch im Wasser schwimmen" drückt aus, dass ihr diese Beziehung mit dem

---

12 Die Teilnehmerinnen drücken ihre dissonanten Bedürfnisse nicht explizit aus. Die Kodierung als Prozess der Interpretation der Erzählungen der Teilnehmerinnen macht es jedoch möglich, ihnen dieses Konzept aus der Anthropologie der christlichen Berufung zuzuordnen.

Priester aufgrund ihrer angenehmen Seiten gefällt, aber sie zeigt auch ihre Hilflosigkeit, sich aus dieser Beziehung, die nicht mit ihrer Berufung vereinbar ist, zu befreien.

b4) Sexuelle Befriedigung

SOLANGE: „Als wir anfingen, miteinander zu schlafen, wurde der Druck für mich zu groß. Ich forderte viel. Ich war anspruchsvoller geworden. Er hatte keine Zeit." (02S/230–234)

ANITA: „Wir hatten Sex, bevor ich wieder ins Kloster ging." (03A/63)

MARTHA: „Ich berührte mich dort, wo er mir den Kuss gab, um noch einmal dasselbe zu fühlen." (05M/33)

Diskussion dieses Teilaspekts
Von Natur aus neutrale Bedürfnisse manifestieren sich und werden in der Beziehung der Teilnehmerinnen, das von einem sexuellen Fehlverhalten geprägt ist, dissonant. Es gibt eine Wechselwirkung mit dem Gefühl der Minderwertigkeit, das die Abhängigkeit der Teilnehmerinnen emotional, psychisch oder physisch verstärkt.

c) Innere Konflikte
Einige Teilnehmerinnen sprechen über ihr Misstrauen, ihre Zweifel und ihre Schuldgefühle, und zwar mit folgenden Worten:

BECKY: „Ich war mir bewusst, dass mein bisheriges Leben den Anforderungen der religiösen Keuschheit widersprach." (01B/8)

SOLANGE: „Ich habe mich psychologisch betreuen lassen. Aber ich konnte mich nicht vollständig über einen heiklen Punkt, den ich erlebt hatte, öffnen. Ich habe immer noch das Gefühl, dass ich psychologische Hilfe brauche." (02S/5–8)

REGINA: „Ich hatte kein Vertrauen." (08R/120)

JESSY: „Ich habe niemandem vertraut." (06J/37)

MARTHA: „Wissen, ob er mich wirklich liebt." (05M/25) „Es nimmt mir die Ruhe, stört mich." (05M/47,48)

LIBERIA: „Ich habe mich sogar schuldig gefühlt, ich habe mir gesagt, dass ich es erlaubt habe, ich habe wirklich falsch gehandelt." (07L/219, 220, 228)

CORINE: „Es begann mich zu stören." (09C/110)

Diskussion dieses Teilaspekts
Die Erfahrung sexuellen Fehlverhaltens führt bei den Teilnehmerinnen zu Störungen und inneren Konflikten. Sie neigen zu Regression in frühere Phasen der psychosozialen Entwicklung (Erik Erikson). Sie werden misstrauisch, zweifeln an sich selbst und an ihrer Umgebung und machen sich fälschlicherweise Vorwürfe.

12. Was die Teilnehmerinnen über die Folgen sagen

d) Affektive Disposition und Gemütszustand
Einige Teilnehmerinnen beschreiben eine allgemeine affektive Disposition, z. B. einen Gemütszustand oder eine Vulnerabilität, die mit ihren Erfahrungen zusammenhängt, mit wenig präzisen Ausdrücken wie Unbehagen, Übel, Schmerz, Zerbrechlichkeit, Unruhe, Leiden, Unentschlossenheit oder Verwirrung. Hier sind einige der Äußerungen der Teilnehmerinnen:
SOLANGE: „Ich bin tief verletzt, ich bin emotional sehr zerbrechlich geworden." (02S/27, 140)
ANITA: „Ich war wirklich verwirrt. Das hat mir wirklich wehgetan. Ich war vom Kopf bis zu den Füßen zerbrochen, meine Moral. Es ist zu schmerzhaft. Ich weiß nicht, welche Entscheidung ich treffen soll." (03A/127, 134, 156, 163, 228)
MARTHA: „Es nahm viel Zeit in Anspruch, beunruhigte mich sehr und hinderte mich daran, in Frieden zu leben. Auf der einen Seite fühlte ich mich von der Beziehung angezogen, auf der anderen Seite möchte ich sie am liebsten zurückweisen." (05M/21, 22, 40).
LIBERIA: „Das hat mir auch wehgetan. Ich konnte nicht." (07L/246, 337)
REGINA: „Es hat meine Persönlichkeit sehr belastet. Ich konnte nicht." (08R/45, 117)
CORINE: „Alles war durcheinander. Die Beziehung ist nicht von Vorteil für mich." (09C/130, 139)

e) Psychische oder psychosomatische Störungen, Traumata
Einige Teilnehmerinnen berichten von psychischen oder psychosomatischen Störungen und Traumata, die sie erlebt haben oder zum Zeitpunkt des Interviews erleben.
ANITA: „Ich bin verloren. Alles ist schwarz vor mir (die Stimme verändert sich). Ich kann nichts mehr sehen, alles ist dunkel. Es gibt traumatische Erlebnisse. Die Erinnerung daran macht mich schwach. Es fällt mir schwer, über mich hinauszuwachsen. Ich habe Traumata." (03A/163–164.168–170, 202)
SOLANGE: „Ich leide so schrecklich darunter, dass ich depressiv werde." (02/S148)
INNOCENTE: „Es fehlte mir immer an Konzentration. Ich war nicht in der Lage, allein zu funktionieren. Die Angst, der Stress, die Not, alles (Wiederholung). Ich war unfähig, irgendetwas zu tun. Ich machte viele Fehler. Ich war oft abgelenkt. Ich hänge in der Luft. Bis hin zum Selbstmord. Das beunruhigt mich." (04I/124, 127, 131, 132, 152, 179, 181). „Ich fühlte mich nicht gut. Ich wusste nicht einmal, wann ich wieder zu mir gekommen war. Ich war ohnmächtig geworden. Ich begann, Bauchschmerzen zu haben, alle möglichen anderen Krankheiten, alle möglichen körperlichen Krankheiten, Kopfschmerzen, Fieber." (04I/35, 38, 97, 99, 125–126).

MARTHA: „Ich konnte nicht mehr schlafen. Es lenkte mich in meinen Handlungen ab. Es hinderte mich daran, mich gut zu konzentrieren. Es hat mich sehr traumatisiert. Ich fühle mich von dieser Erfahrung überfordert. Es lastet sehr schwer auf mir." (05M/23, 28, 42, 78, 100, 102).

Anita, Solange und Martha beschreiben Anzeichen, die mit einem Trauma in Verbindung stehen, d.h. eine allgemeine Müdigkeit, die sich in Niedergeschlagenheit, Energieverlust, Verwirrung, Handlungsunfähigkeit, Hilflosigkeit, Zerstreutheit, Schwere und Niedergeschlagenheit im Alltag äußert.

Innocente zeigt einige posttraumatische Symptome (DSM-5): Desorientierung, Ohnmacht und somatische Schmerzen, Kopf- und Bauchschmerzen, Schmerzen im ganzen Körper. Die folgende Tabelle fasst die affektive Disposition und die psychischen Störungen aller Teilnehmerinnen zusammen. Die psychischen Störungen wurden vor allem von den Teilnehmerinnen berichtet, die im Rahmen einer pastoral-seelsorglichen Beziehung Missbrauch erlebten.

12. Was die Teilnehmerinnen über die Folgen sagen

Tabelle 9: Affektive Disposition (Gemütszustand) und psychische Störungen

Affektive Disposition	Psychische Störungen, psychosomatische Beschwerden, Traumata
Unbehagen, Peinlichkeit (13)[13]	Asthenie / Niedergeschlagenheit / Müdigkeit/ Hilflosigkeit (9)
Leiden / Schmerzen (9)	Verwirrung / Erinnerungslücken/ Unruhe (sich verloren fühlen) (9)
Unentschlossenheit (5)	Konzentrationsstörungen/ Ablenkung / Träumerei (4)
Erschütterung (4)	Desorientierung (3)
Verwirrung / Konfusion (2)	Unfähigkeit / Schwierigkeiten (3)
Verletzungen / betroffen und gezeichnet sein	Trauma (2)
Emotionale Leere	Ohnmacht, Bewusstlosigkeit (2)
Zerbrechlichkeit	Selbstmordversuch
Entmutigung	Aufdringliche Gedanken (2) / Besessenheit (2) von Ideen
Gemischte Gefühle / Mehrdeutigkeit	Depression
Naivität	Schmerzhafte Erinnerungen / Flashbacks
Innere Zerrissenheit / Spannung	Fehlfunktionen / Funktionsstörungen
Abgeschnürtes Herz / emotionales Ungleichgewicht	Somatische Schmerzen (Kopf, Bauch …)
Niedriges Selbstwertgefühl	Selbstmordgedanken
Ekel vor sich selbst und dem eigenen Körper	Schlaflosigkeit

Die befragten Mitarbeiter und Mitarbeiterinnen haben über die psychologischen Auswirkungen Folgendes gesagt:

MOÏSE: „Es gibt Frauen, die haben [das Ordensleben] weitergelebt, als wäre nichts geschehen, aber sie sind total deprimiert, chronisch, und sie entwickeln endlose somatische Probleme. Die Mehrheit der Patientinnen leidet mittel-

---

[13] Die Zahl in Klammern gibt an, wie oft dieser Ausdruck in den Erzählungen der Teilnehmerinnen auftaucht.

oder langfristig auf die eine oder andere Weise. Aus Angst vor Repressalien, aus Scham oder ganz allgemein leiden sie unter schweren pathologischen Folgen. Was es jetzt sehr pathologisch macht, ist, dass sie sich zu Tode schuldig fühlen, und das ist sehr pathologisch. Man erlebt sie in einem Ineinander von massiver Angst, brutaler Bewusstlosigkeit, Depression und manchmal Delirium." (Mo/B2)

SARAH: „Wenn diese jungen Frauen zu uns in die Sprechstunde kommen, gibt es alle posttraumatischen Manifestationen: Kopf-, Herz- und Bauchschmerzen, Wut, Hass, Selbstmordwünsche, Ablehnung ihres Körpers, sogar Ekel vor ihrem eigenen Körper, diverse Formen von Unwohlsein, die sie nicht verstehen." (Sa/B2)

DAVE: „Oft sind es Traumata, es sind Kopfschmerzen." (Da/ B3, B4)

Moses, Sarah und Dave, die alle Fachleute in diesem Bereich sind, verweisen auf somatische Probleme, Traumata, Ablehnung des Körpers, Ekel vor dem Körper und starke Emotionen, die lähmen oder pathologische Auswirkungen haben, Angst vor Repressalien, Scham, Hass und posttraumatische Manifestationen wie Kopf-, Herz- und Bauchschmerzen, plötzlichen Bewusstseinsverlust, Depressionen, Delirium und hysterische Anfälle.

Diskussion dieses Teilaspekts
Bestimmte affektive Zustände wie eine getrübte Stimmung und andere psychische Störungen sind Manifestationen des Traumas, die die Teilnehmerinnen in ihrer Erfahrung des sexuellen Fehlverhaltens mit Priestern begleiten. Diese für sie verstörenden und schmerzhaften Situationen beeinträchtigen ihr Gemeinschaftsleben.

12.2 Folgen, die die Beziehungen der Teilnehmerinnen betreffen

Die unmittelbaren Beziehungen einer Ordensfrau oder einer jungen Frau in der Ausbildung zum Ordensleben sind in ihrer Gemeinschaft, d.h. zu ihrer Oberin in der Gemeinschaft und zu ihren Mitschwestern. Sie lebt mit Gott, der sie dazu beruft, seinem Sohn Jesus Christus nachzufolgen. Aus diesen Beziehungen schöpft sie Kraft für ihre Sendung. Im Folgenden sollen die psychosozialen und spirituellen Folgen für die Teilnehmerinnen dargestellt werden.

12.2.1 Psychosoziale Folgen

Sie betreffen ihre Beziehungen in der Gemeinschaft, zum Priester in der pastoral-seelsorglichen Beziehung oder in der Beziehung der Zusammenarbeit und zu anderen Menschen, mit denen sie im Rahmen ihrer Sendung in Kontakt steht.

12. Was die Teilnehmerinnen über die Folgen sagen

a) Folgen in der Gemeinschaft
Äußerungen von Teilnehmerinnen, deren Beziehung in der seelsorglichen Begleitung stattfand:

BECKY: „Zu der Zeit, als ich für [die Formation] angenommen wurde, war ich zum dritten Mal schwanger. Die Schwestern wussten nichts von den Schwangerschaften und den Abtreibungen." (01B/11, 12)

SOLANGE: „Er bat die Novizenmeisterin, dass ich ihn begleite, zusammen mit einer anderen Novizin oder einer anderen Schwester." (02S/197, 198). „Einige Ausbilderinnen machten mich auf sein Verhalten mir gegenüber aufmerksam. Ich fand, dass die Schwestern übertrieben, wenn sie meine Aufmerksamkeit darauf lenkten." (02S/200, 203).

ANITA: „Wir haben uns ständig gezankt. Es gab Probleme zwischen uns. Wir haben uns nicht verstanden. Die andere hat mich wirklich beleidigt. Sie hat mich wirklich beleidigt" (03A/72–74, 92, 94, 99). „Eines Tages habe ich ihn mit einer Schwester in seinem Zimmer erwischt." (03A/80, 81)

Äußerungen von Teilnehmerinnen, deren Beziehung in einer Zusammenarbeit mit dem Priester stattfand:

MARTHA: „Ich kümmere mich um die jungen Frauen in der Formation zum Ordensleben, und es fällt mir schwer, einem Priester die religiöse Ausbildung der jungen Frauen in der Kongregation anzuvertrauen. Sie laufen Gefahr, die gleiche Erfahrung zu machen wie ich." (05M/61, 62)

JESSY: „Er bat meine Oberin, dass sie mir die Erlaubnis gibt, zu ihm zu gehen." (06J/13). „In meiner Gemeinschaft erlebte ich all dies mit einer zu großen Scham, um es mit meinen Mitschwestern zu teilen." (06J/23)

LIBERIA: „Ich konnte gegenüber der Oberin nicht mehr offen sein. Ich habe gelogen. Ich schämte mich, wenn ich in die Gemeinschaft kam. Wenn ich in die Gemeinschaft kam, fand ich, dass ich etwas Inkohärentes hatte. Ich spürte eine gewisse Distanz zur Oberin. Ich weiß, dass sie darunter litt." (07L/75–76, 82, 307, 309, 327, 328) „Es kam vor, dass es [das Treffen mit dem Priester] sich mit den Gebetszeiten in der Gemeinschaft überschnitt. Es kam mehrmals vor, dass ich darauf angesprochen wurde. Bei meinen anderen Mitschwestern habe ich nichts bemerkt, sie haben mich nur geneckt." (07L/303–304, 324) „Er hat ein paar [Laien] mitgenommen, die sind zu meiner Oberin gegangen. Sie haben darüber gesprochen, und sie hat gesagt: ‚Ein Ausflug wird dem Team und mir gut tun [...].' Meine Oberin hielt es für gut, dass er ein Zimmer [in der Gemeinschaft] bekommt." (07L/125–126, 156)

REGINA: „Ich hatte nicht den Mut, es ihnen zu sagen. Ich konnte es nicht mit meinen Mitschwestern in der Gemeinschaft teilen. Mir fehlte das Vertrauen in sie." (08R/64, 119) „Das hat mir in der Gemeinschaft viele Probleme bereitet. Die Schwestern haben sicherlich gespürt, dass zwischen uns beiden etwas nicht stimmt. Die Schwestern haben reagiert, indem sie sagten, dass ich es sei, die dem Priester nachläuft." (08R/44, 63, 64)

CORINE: „Man hatte mir gesagt, dass ich zu viel mit ihm rede. Schon lange Gespräche sind ein Problem in der Gemeinschaft, das stört. In der Gemeinschaft stört es." (09C/160, 164, 168, 169)

Die folgende Tabelle fasst die von den Teilnehmerinnen geäußerten Konsequenzen zusammen.

Tabelle 10: Folgen der regelwidrigen Beziehungen für die Gemeinschaften der Teilnehmerinnen

Folgen in der Gemeinschaft	
Angst, dass die anderen Mitschwestern es wissen könnten	Mangelnde Offenheit gegenüber Oberinnen, Formatorinnen und Mitschwestern
Misstrauen und Scham gegenüber den Mitschwestern	Unruhe angesichts ihrer Ratschläge und Beobachtungen
Empfindlichkeit gegenüber Verdächtigungen	Störung der Ordnung des Gemeinschaftslebens
Misstrauische Sticheleien	Unverständnis / Eifersucht / Rivalität
Intransparente Kommunikation	Die Gastfreundschaft der Gemeinschaft wird ausgenutzt
Lügen / Streitigkeiten / Beleidigungen	Oberflächliche Beziehungen zu den Mitschwestern
Re-Viktimisierung	Gegenseitige Beschuldigungen
Unbehagen / Unwohlsein / Geistesabwesenheit in der Gemeinschaft	Beteiligung ohne ihre Zustimmung bzw. die Zustimmung der Oberin / Formatorin

Diskussion dieses Teilaspekts
Dieser Teil unserer Arbeit befasste sich mit den Folgen der regelwidrigen Beziehungen für die Gemeinschaften der Ordensfrauen bzw. der jungen Frauen in der Ausbildung zum Ordensleben. Die Erfahrung des sexuellen Fehlverhaltens, die die OF/JF mit dem Priester macht, hat implizite und explizite Auswirkungen auf alle anderen Ordensfrauen in der Gemeinschaft.

12. Was die Teilnehmerinnen über die Folgen sagen

a1) Es entwickelt sich eine Haltung des Misstrauens, des Versteckens, der mangelnden Offenheit, der Inkohärenz, der Lüge in ihrer Gemeinschaft gegenüber ihrer Oberin, ihrer Formatorin und den anderen Schwestern, wie im Fall von Becky, Martha, Jessy, Liberia und Regina.

a2) Die zwischenmenschlichen Beziehungen sind durchdrungen von Verdächtigungen, Anschuldigungen, Provokationen, hinterhältigen Sticheleien und Bemerkungen der Mitschwestern gegenüber der OF wie im Fall von Liberia, Regina und Corine.

a3) Die Oberinnen oder Formatorinnen können das Fehlverhalten wahrnehmen und die Aufmerksamkeit der Schwester darauf lenken. Da sie jedoch unter dem Einfluss des Priesters steht, kann es sein, dass diese ihre Hinweise nicht beachtet, wie im Fall von Solange.

a4) Der Priester, der bei allen Ordensfrauen der Gemeinschaft bekannt und beliebt ist, kann eine dominante Haltung gegenüber dem gesamten System – der Gemeinschaft – einnehmen. Er lässt sich bedienen, holt sich die Erlaubnis der Formatorin oder Oberin, die OF/JF von ihrer Gemeinschaft zu isolieren, ohne dass die Oberin oder Formatorin seine unguten Absichten bemerkt. Auf diese Weise verwirrt er sein Opfer, die Oberin und die Formatorin, eventuell sogar die ganze Gemeinschaft, wie im Fall von Solange und Jessy.

a5) Der Priester stört die Beziehungen in der Gemeinschaft; er erzeugt Eifersucht und Streit, wenn er zwei oder drei OF/JF in derselben Gemeinschaft gleichzeitig missbraucht, wie im Fall von Anita, ihrer Mitnovizin und einer weiteren Ordensfrau. Oder die Formatorin hat Angst, dass er die ihr unterstellten OF und JF genauso missbraucht wie sie selbst, wie im Fall von Martha.

a6) Das Leben der Gemeinschaft als systemische Struktur wird in ihrem Gebetsleben, ihrer Ordnung, ihren Zusammenkünften und ihrer Organisation gestört. Ihre Gastfreundschaft wird ausgenutzt, wie im Fall von Regina, Liberia und Solange und Innocente, so dass die Oberin sie von einer Mitschwester oder einer anderen Person begleiten lassen muss.

Sexuelles Fehlverhalten des Priesters gegenüber einer Ordensfrau oder einer jungen Frau in der Ausbildung zum Ordensleben beeinträchtigt die Intaktheit der schwesterlichen Beziehungen und des geistlichen Lebens, der Formation und der Organisation der Gemeinschaft. Dasselbe gilt für die Zusammenarbeit mit dem Priester und anderen Personen in ihrer Sendung. Wir stellen dies im nächsten Absatz dar.

b) Folgen für die Zusammenarbeit

Die Teilnehmerinnen sprechen über die Folgen in der pastoral-seelsorglichen Beziehung oder in der Zusammenarbeit mit dem Priester und anderen Personen in den Gemeinden bzw. Werken.

MARTHA: „Es fällt mir schwer, einem Priester die religiöse Ausbildung der jungen Frauen in der Kongregation anzuvertrauen. [Sexuelles Fehlverhalten] kann dazu führen, dass ich meinen Oberinnen nicht gehorche. Wenn ich etwas höre, das mich einlädt, mit Priestern zusammenzuarbeiten, gehe ich auf Abstand" (05M/61, 138, 142).

JESSY: „Ich sehe, dass ich niemandem vertrauen kann." (06J/21)

LIBERIA: „Ich bemerkte, dass wir in andere Themen abdrifteten, die nicht wirklich die Arbeit betrafen, die wir besprechen sollten. Ich fand, dass wir nicht das gleiche Verständnis von den Dingen hatten." (07L/23, 333)

REGINA: „Die Beziehung zwischen uns beiden tat mir weh." (08R/116)

CORINE: „Er fing an, sich seltsam zu verhalten, ich würde sagen, er hatte Eifersuchtsanfälle [P2...] Ich komme zurück und wir stehen da, obwohl Arbeit auf mich wartet, und ich stehe da [mit P1]." (09C/60,119)

Die Teilnehmerinnen beschreiben ihre Schwierigkeiten, mit dem Priester zusammenzuarbeiten b1) aufgrund des Misstrauens, des Zögerns und der Missverständnisse, b2)n aufgrund der schlechten Nutzung der Arbeitszeit, b3) aufgrund der Versuchung, sich zu verweigern und den Oberinnen nicht zu gehorchen.

c) Folgen für das Verhältnis zu anderen Menschen in der Gemeinde/Schule

BECKY: „Ich hatte einen Freund, den ich liebte. Als er das herausfand, bedrohte er den jungen Mann und unsere Beziehung ist abgebrochen." (01B/61).

SOLANGE: „Er beobachtete meine Beziehungen zu anderen Menschen. Ich meinerseits war zurückhaltend, um zu vermeiden, dass andere Priester sich mir gegenüber verdächtig verhielten." (02S/225).

MARTHA: „Wenn jemand uns gesehen hat, was wird man über uns sagen?" (05M/31)

LIBERIA: „Ich dachte: Was würden sie über mich als Ordensfrau sagen?" (07L/132)

CORINE: „Manchmal, wenn ich aus der Messe komme, spreche ich mit dem ersten Priester. Die Katechumenen sind dort auf dem Hof. Wenn er [zweiter Priester] da ist, sagt er alles Mögliche." (08C/61,62)

Die Teilnehmerinnen beschreiben, wie die Beziehung zu Freunden, anderen Priestern und Menschen an ihrem Arbeitsplatz durch das Verhalten des Priesters beeinträchtigt wird, der sie in ihrer Gegenwart schlecht behandelt, bedroht, überwacht, Eifersucht zeigt und Ermahnungen ausspricht. Die folgende Tabelle fasst dies zusammen.

12. Was die Teilnehmerinnen über die Folgen sagen

Tabelle 11: Folgen für andere Beziehungen in der Zusammenarbeit in der Gemeinde und in der Gesellschaft

Folgen für die Zusammenarbeit	Folgen in der Pfarrei/ in der Gesellschaft
Misstrauen / Zögern	Unterbrechung bestehender Beziehungen der OF/ JF durch den Priester, der sie missbraucht
Angst vor der Zusammenarbeit oder Versuchung, die Zusammenarbeit zu verweigern	Die Beziehungen der OF/JF werden vom missbrauchenden Priester kontrolliert, überwacht und beobachtet
Unterwerfung	Angst vor Entdeckung und vor dem, was andere sagen könnten
Unfähigkeit zum Dialog	Verdächtigungen und Klatsch unter den Christen
Unverständnis	Vor anderen Christen bloßgestellt werden (Eifersuchtsanfälle)
Plaudereien auf Kosten der Arbeit	Unverschämte Vorhaltungen vor anderen Christen
–	Neugier und Fragen von anderen Menschen

Diskussion dieses Teilaspekts

Das sexuell übergriffige und regelwidrige Verhalten, das der Priester gegenüber der Ordensfrau zeigt, beeinträchtigt die Integrität ihrer Fähigkeit, mit dem Priester zusammenzuarbeiten. Sie hat keine Freiheit mehr; ihre Reflexe, Ressourcen und Fähigkeiten werden durch Misstrauen, Angst und blinde Unterwerfung gehemmt. Die Zusammenarbeit wird mit Unverständnis gelebt und kann zum Nachteil anderer, die bisher davon profitieren konnten, abgebrochen werden.

Die Ordensfrau wird überwacht, kontrolliert und rücksichtslos vor anderen Christen zurechtgewiesen. Sie hat keine Freiheit mehr, mit den anderen zusammen zu sein. Dies führt zu Zweifeln, Verdächtigungen und Klatsch. Dies betrifft auch ihre Gottesbeziehung. Ich werde dies im nächsten Abschnitt genauer ausführen.

12.2.2 Die spirituellen Folgen

Ich habe die spirituellen Folgen folgendermaßen unterteilt: a) die Gottesbeziehung und das Gebetsleben, b) die Beziehung zu Jesus Christus und das Leben nach den Gelübden, c) das Leben der Vergebung.

V. Profil der Protagonisten, Vorstellung, Analyse und Diskussion der Ergebnisse

a) Folgen für die Gottesbeziehung und das Gebetsleben
Die Teilnehmerinnen sagen dazu Folgendes:
ANITA: „Wenn man mit mir über Gott oder auch über Berufung spricht, geht mir das auf die Nerven." (03A/159)
INNOCENTE: „Ich habe geschwiegen [Ärger], auch während der Messe." (04I/101)
MARTHA: „Es [das sexuelle Fehlverhalten] brachte mich zum Weinen, oder ich war geistesabwesend in meinen Handlungen, im Gebet. Überall, wo ich bin, spüre ich seine Gegenwart." (05M/28)
REGINA: „Wenn ich zum Gebet gehe, habe ich immer einen Widerwillen... Es war widerwärtig. Ich fand mich nicht wieder. Ich war teilweise empört über die Annäherungsversuche, die er mir machte. Was mich besonders aus der Bahn geworfen hatte, war der Fall in der Kapelle, während einer Messe [...]." (08R/19, 48, 61–62, 68–69, 99, 100)
CORINE: „Er sollte eine Messe feiern, ich habe Schwierigkeiten, meinen Kopf zu heben. Und wenn ich den Kopf nicht hebe, ist es ihm [P1] auch peinlich." (09C/133,134)

Diese Auszüge aus den Erzählungen der Teilnehmerinnen bringen ihre Schwierigkeiten und ihre Zerbrechlichkeit zum Ausdruck, wenn sie ihren Glauben an Gott und ihr Gebetsleben leben wollen. In der folgenden Tabelle werden diese Schwierigkeiten dargestellt.

Tabelle 12: Folgen für die Gottesbeziehung und das Gebetsleben

Gottesbeziehung und Gebetsleben
Zorn auf Gott-Vater
Nacht des Glaubens / geistliche Leere / geistliche Desorientierung
Ablenkung / Revolte / Spannung im Gebet
Geistliche Zerstreutheit / vergebliche Vermehrung geistlicher Übungen
Scham / Ärgernis während der Messe

b) Folgen für die Beziehung zu Jesus Christus und das Leben nach den Gelübden
Sehen wir uns die Äußerungen der Teilnehmerinnen an:
BECKY: „Ich bat darum, mich zurückziehen zu dürfen, um klar sehen zu können. Ich war mir bewusst, dass mein bisheriges Leben den Anforderungen der religiösen Keuschheit widersprach. Ich habe den Wunsch, wieder neu zu beginnen [in der Phase X], um die Formation fortzusetzen." (01B/6, 8, 18)

12. Was die Teilnehmerinnen über die Folgen sagen

ANITA: „Ich habe meine Koffer gepackt und wollte gehen. Ich war wieder weg. Was meine Berufung betrifft, weiß ich nichts mehr zu sagen. Ich habe alles verloren. Ich habe sie verloren und ich weiß nicht mehr, wo ich stehe. Ich habe meine innere Freude verloren." (03A/113, 117, 155, 157, 158)

INNOCENTE: „Ich hatte nicht mehr den Wunsch, ins Kloster zurückzukehren." (04I/115)

MARTHA: „Ich stellte meine Berufung in Frage. Wie kann ich auf diese Liebe antworten, ohne meine Berufung zu verraten? Es ist nicht nur ein Risiko, ich bin schon mittendrin. Ich möchte es vermeiden, weil ich in dem Risiko lebe, meine Berufung zu verlieren, weil die Anforderungen der Keuschheit in Bezug auf das Leben, das ich führe, das Risiko bergen, dass ich dieses Gelübde nicht gut lebe." (05M/19, 20, 65–66, 67, 107)

JESSY: „Außerdem hatte diese Erfahrung einen Einfluss auf meine Berufung und auch auf meine Bindung an Gott. Ich habe sie jetzt mit viel Angst erlebt." (06J/33)

LIBERIA: „Es begann, eine gewisse Leere in meiner Beziehung zu Christus zu schaffen. Ich, die ich wirklich diese Begeisterung hatte, hier zu sein, meine Zeit mit ihm [Jesus] zu verbringen, war da, ich nahm mir Zeit zum Träumen. Ich sah wieder, was er mit mir getan hatte, was er zu mir gesagt hatte. Ich war von der Gegenwart dieses Priesters überwältigt, viel mehr als von der Gegenwart Christi. Und ich habe diese Leere wirklich gespürt. Ich weiß, dass ich immer mehr Exerzitien und Einkehrtage gemacht habe, um die Beziehung zu Christus zu finden, aber die drei Jahre, nein. Ich spürte, ich hatte mich irgendwie verzettelt. Ich stellte fest, dass ich nicht im Einklang war. Ich fand, dass ich etwas Inkohärentes hatte." (07L/306, 309, 311–316, 318)

REGINA: „Wenn ich vor Jesus bete, sage ich: ‚Ich habe mich dir geweiht, und jetzt bringt jemand meine Gedanken durcheinander, er will mich von dir wegreißen.' Es scheint, als hätte ich mein Herz nicht auf Jesus allein ausgerichtet, sondern als gäbe es eine andere Person, die es mir entreißen will. Meine Beziehung zu Christus, die Liebe, die ich für ihn hatte, die Tatsache, dass ich ihn in meinem Herzen hatte, und wenn ich sah, dass es jemanden gab, der dieses Herz nehmen wollte, dann bäumte sich alles in mir auf." (XXXX)

CORINE: „Die Beziehung zu Christus wird nicht mehr so gut sein. Die Beziehung ist für mich als Ordensfrau nicht von Vorteil und ich kann diese Beziehung nicht genießen. Ich frage mich: ‚Ich lebe in dieser Beziehung und sage, dass ich die Gelübde erneuern will?'" (09C/137, 144, 170)

Die Teilnehmerinnen beschreiben ihre Müdigkeit in Bezug auf ihre Beziehung zu Jesus Christus und ihr gottgeweihtes Leben. Ihr Herz ist von einem Priester besetzt, ihre Weihe an Gott hat keine Bedeutung mehr, das Leben nach den evangelischen Werten ist nicht konsistent. Die folgende Tabelle fasst dies zusammen.

Tabelle 13: Folgen für die Beziehung zu Jesus Christus
und das Leben nach den Gelübden

Beziehung zu Jesus Christus / Berufung / Leben nach den Ordensgelübden	
Schwierigkeit, zu Jesus zu gehören	Mit der Angst leben, seine Berufung zu verraten, sie zu verlieren
Spüren, wie das eigene, Gott geweihte Herz herausgerissen oder vom Priester statt von Jesus Christus besetzt wird	Die Gelübde weiter leben, aber ohne innere Freude
Mit Zorn an die Berufung denken oder darüber sprechen	Die Gelübde ohne Wunsch oder Motivation leben
Hindernis, um die Gelübde zu leben, Risiko des Ungehorsams / Ablehnung von Arbeitsaufträgen	Mit Zögern, Zweifel, Versuchung zum Aufgeben leben
Schwierigkeit, die Berufung aufopferungsvoll und treu zu leben	Die Berufung widersprüchlich und inkohärent leben
Bewusstsein der doppelten Inkonsistenz des Lebens /Widerspruch zu einem Leben in Keuschheit	Aufgabe /Verlust der Berufung und der inneren Freude

Die Zerstreuung des Herzens schwächt die Beziehung der Teilnehmerinnen zu Jesus Christus. Ihr gottgeweihtes Leben, ihr Leben nach den evangelischen Räten ist unfruchtbar angesichts von Zweifeln, Zögern, psychischer und sozialer Inkonsistenz und Verlassenheit.

Moïse, einer der Fachleute, sagt: „Ich habe einige gesehen, die ihren Abschied genommen haben. Es war eine Überraschung, ein Schock. Es gab andere, die [das geweihte Leben] weitergeführt haben, als wäre nichts geschehen." (Mo/B2)

c) Das Leben der Vergebung

INNOCENTE: „Nach ein paar Tagen [nach der ersten Vergewaltigung] rief er mich zu sich, damit wir darüber reden konnten. Und ich ging hin. Als ich kam, hat er mit mir gesprochen, er hat seine Fehler eingestanden, er hat sich bei mir entschuldigt. Und ich habe gesagt, okay. (Sie räuspert sich.) Und das war's dann. Und das Leben ging so weiter, wie es war. Es ging also alles gut nach dem ersten Schritt. Und ich hatte nicht einmal mehr im Kopf, dass er das Gleiche wiederholen könnte. Aber leider ..." (04I/43–49)

REGINA: „Es war schwer für mich, ihm zu verzeihen." (08R/48)
Innocente und Regina setzen sich mit der Schwierigkeit des Vergebens auseinander.

Diskussion dieses Teilaspekts
Das mit einem Priester erlebte sexuelle Fehlverhalten ist traumatisierend und destabilisiert den Glauben der Teilnehmerinnen. Wie Durá-Vilá et.al. (2013, S. 33) sagen, verändern Angst, Wut und Trauma die Bedeutung des spirituellen Lebens. Dies betrifft insbesondere a) ihren Glauben an Gott im Gebet; Wut auf Gott führt zu Schwierigkeiten beim Beten oder sogar zur Weigerung zu beten, b) ihre Beziehung zu Jesus, mit der Überzeugung, dass seine Gnade, die sie zum Leben brauchen, zusammenbricht (sie fühlen sich weder als Ordensfrauen noch als verheiratete Frauen), c) die Schwierigkeit, jenen Priestern zu vergeben, die in die missbräuchliche Beziehung zu ihnen involviert waren. Ich habe weiterhin die Gefühle und die Wahrnehmungen analysiert, die die Teilnehmerinnen in Bezug auf sich selbst, ihre Gemeinschaften und den Priestern geäußert haben. Ich stelle dies im nächsten Abschnitt vor.

12.2.3 Wahrnehmung und Gefühle der Teilnehmerinnen

Ich analysiere die Wahrnehmung und die Gefühle der Teilnehmerinnen in Bezug auf sich selbst, auf ihre Mitschwestern und auf die Priester.

a) Gefühle und Wahrnehmung in Bezug auf sich selbst
Die Teilnehmerinnen sagen dazu Folgendes:
SOLANGE: „Es [das sexuelle Fehlverhalten] hat mich nicht gestört. Ich war zurückhaltend. Ich war naiv. Ich hatte das Gefühl, dass er mich ausnutzt." (02S/201, 225, 238, 240)
ANITA: „Es fällt mir schwer, dies in mir selbst zu überwinden. Nach und nach werde ich es schaffen. Ich weiß, dass ich es schaffen werde." (03A/141, 170–171)
INNOCENTE: „Ich war von mir selbst angewidert. Ich bin weder wahr noch verlogen. Ich bin in der Mitte. Ich kann es nur akzeptieren, es ist unfreiwillig, es liegt nicht an mir. Wenn ich etwas tun könnte, würde ich es tun. Ich kann es nicht, ich lege alles in die Hand des Herrn. Ich betrachte es so, dass ich ihm nichts bedeute! Ich stelle ein Sexualobjekt [nicht eine Person] dar, das man nicht einmal fragen muss, bevor man es benutzt." (04I/123, 155–157, 164–165)
MARTHA: „Ich fühle mich irgendwo verschlossen. Ich habe das Gefühl, dass die erste Erfahrung noch nicht verarbeitet oder integriert ist." (05M/46, 131)

Sie fühlen sich ausgenutzt, überfordert mit der Situation, angewidert von sich selbst, von ihrer doppelten Identität (weder echt noch verlogen), von dem Gefühl, ein Sexualobjekt zu sein oder sich eingesperrt zu fühlen. Die interviewte Mitarbeiterin Sarah macht aus ihrem professionellen Wissen heraus die folgende Aussage und bestätigt damit die Worte von Innocente: „Das Schwierigste für sie ist es, mit der Dissoziation ihrer Persönlichkeit umzugehen. Sie spüren in sich, dass sie zwei Personen sind. Einerseits eine Person, die Schuldgefühle hat und sich selbst ablehnt. Andererseits eine andere Person, die Person, die sie vor dem Angriff waren. Sie kommen wieder zusammen, aber nur für ein paar Minuten. Manchmal sagen sie: ‚für fünf Minuten, ja, und dann ist es wieder die hasserfüllte, zerrissene Person, die nicht weiß, wer sie ist.'" (Sa/B2)

b) Wahrnehmung der Teilnehmerinnen in Bezug auf ihre Mitschwestern und deren Haltung
Die Äußerungen der Mitschwestern zu den Teilnehmerinnen:
BECKY: „Seit [Phase x] wussten die Schwestern von meiner Beziehung zu dem Priester, aber sie wussten nichts von den Schwangerschaften und den Abtreibungen." (01B/12)
SOLANGE: „Ich fand, dass die Schwestern übertrieben, wenn sie meine Aufmerksamkeit darauf lenkten." (02S/203)
ANITA: „Ich habe ihn mit einer Schwester in seinem Zimmer erwischt. Ich sehe die Schwestern nur noch als Schwestern im Habit an. Er ließ mich wissen, dass die andere, mit der ich mich die ganze Zeit zankte, seine Geliebte war. Wir waren in diesem Moment beide seine Geliebten. Und nachdem sie mein Tagebuch gelesen hatte, ist sie aufgewacht und das war das Ergebnis. Es ist so, wir können es nicht offen aussprechen. Jede behält es in ihrem Herzen, es ist ein Geheimnis, das man nicht teilen darf. Also kann ein Priester mit mindestens vier in einer Gemeinschaft schlafen, ohne dass es jemand merkt." (03A/80, 121, 124, 139, 140, 144, 153, 208–219)
INNOCENTE: „Auch was die Schwestern über mich dachten, das wirkte sich auf mich aus, also gibt es einen Mangel an Vertrauen." (04I/155)
LIBERIA: „Ich spürte eine gewisse Distanz zur Oberin. Ich weiß, dass sie darunter litt. Sie spürte, dass da etwas war. Aber sie spürte schon, dass da etwas war. Sie hatte mich ermutigt, mir Ratschläge gegeben." (07L/327, 328, 249, 200, 193)
REGINA: „Ich hatte kein Vertrauen angesichts der Beziehungen zwischen uns in der Gemeinschaft. Ich hatte auch große Angst davor, dass sie dramatisieren würden, anstatt mir zu helfen. Sie werden die Situationen verkomplizieren, wenn sie sich das anhören." (08R/120)
CORINE: „Das Gerede überall, man hatte mir gesagt, dass ich zu viel mit ihm rede. So ist das eben. Schon lange Gespräche sind ein Problem in der Gemeinschaft, das stört. Ja, weil man euch sieht, ihr seid da, wir wissen nicht einmal, worüber ihr redet, und das so lange. Wir werden anfangen, uns Fragen zu stellen; was kann zwischen euch sein?" (09C/155, 159, 163, 165, 166, 168)

Die Haltung der Oberin wird von Solange als hilfreich empfunden. Die anderen Teilnehmerinnen nehmen ihre Mitschwestern und ihre Haltung als gleichgültig wahr, sie bekommen nichts mit (Schwangerschaften, Abtreibungen), sie übertreiben mit ihren Bemerkungen; sie haben auch ein Verhältnis mit einem Priester und halten es geheim; sie geben Kommentare ab.

c) Gefühle und Wahrnehmung der Teilnehmerinnen in Bezug auf die Priester
c1) Ihre Äußerungen, um die Persönlichkeit der Priester zu beschreiben
BECKY: „Ich hatte Angst vor ihm. Ich hatte keine Gefühle für ihn." (01B/49, 59)
SOLANGE: „Missverständnisse und Versöhnungen. Ich habe ihm gesagt, dass ich es müde bin. Ich kann ihn nicht mehr respektieren und ihm nicht mehr vertrauen. Ich habe eine Wut auf ihn. Mir ist klar geworden, dass er so alt ist wie mein Vater." (02S/34, 38, 107, 257, 265)
ANITA: „Seine Anwesenheit macht mir große Angst. Seine Antwort war, dass er unserer überdrüssig ist. Ich sehe die Priester nicht mehr als Priester an. Alles war mir gleichgültig. Sie haben keinen Wert mehr in meinen Augen. Ich beachte sie nicht mehr." (03A/69, 110, 144, 145, 150, 151)
JESSY: „Ich lebe mit weniger Vertrauen gegenüber Priestern." (06J/21)
REGINA: „Er war ein Priester, dem ich vertraute. Ich hatte das Vertrauen, das ich ihm gegenüber hatte, verloren. Ich war wütend auf ihn. Ich sah ihn als ein Hindernis auf meinem Weg. Das hat in mir Wut auf den Priester geweckt. Er hatte eine Krankheit" (08R/54, 57, 59, 88, 125).

Die Teilnehmerinnen haben Gefühle von Angst, Gleichgültigkeit, Misstrauen, Wut, verlorenem Respekt und mangelndem Vertrauen in die Person des Priesters.

c2) Ihre Äußerungen, um die Haltung der Priester beschreiben
Solange: „Ich bin gern seinen Einladungen gefolgt, aber jedes Mal ging ich mit einem Stich im Herzen nach Hause, weil ich erwartet hatte, dass wir mehr zusammen sein würden, dass wir uns austauschen würden. Er hatte keine Zeit." (02S/220–222, 233)
INNOCENTE: „Er hat auf keine meiner Nachrichten geantwortet. [Danach] hat er mit mir gesprochen, er hat seine Fehler eingestanden, er hat sich bei mir entschuldigt. Und ich hatte nicht einmal mehr im Kopf, dass er das Gleiche wiederholen könnte. Aber leider! Wenn dieser Priester mich zumindest gefragt hätte, könnte ich zustimmen oder ablehnen." (04I/42, 44, 48, 49, 163)
MARTHA: „Priester sind keine guten Menschen. Das hat mich dazu gebracht, die Priester negativ zu sehen. Sie sind Menschen, vor denen man sich fürchten muss." (05M/125, 127, 128)
LIBERIA: „Ich habe erkannt, dass er überhaupt nicht krank war. Er hat die Krankheit wirklich vorgetäuscht. Er war ein sehr scharfsinniger Mensch. Er wollte seine Lust befriedigen. Und er konnte mit der Komplizenschaft der Oberin nach Hause gehen." (07L/179, 181, 295, 298)

CORINE: „Er [P2] kam (lacht) und sagte Dummheiten. Er hat dieselbe Idee sogar schon ein Jahr vorher gehegt." (09C/67, 119)

Die Teilnehmerinnen nehmen die Einstellung der Priester als die Haltung eines Menschen wahr, der keine Zeit hat, eine Frau zu befriedigen; er tut so, als würde er um Verzeihung bitten, er ist verlogen, kriegerisch, gewalttätig, nicht empathisch, respektlos, profitorientiert, schlau, ekelhaft, frech, leidenschaftlich, krank, ein schlechter Mensch, jemand, der Unsinn redet, der keine Zeit hat, eine intime Beziehung zu leben, der sein sexuelles Verlangen befriedigen will, der ein Hindernis für die Berufung ist. In der folgenden Tabelle wird dies zusammengefasst.

Tabelle 14: Gefühle und Wahrnehmungen der Teilnehmerinnen in Bezug auf sich selbst, ihre Mitschwestern und die Priester

Selbstwahrnehmung	Die Mitschwestern	Die Priester
Naiv und ruhig in der Beziehung / zurückhaltend	Wissen teilweise Bescheid oder sind gleichgültig	Eine Bedrohung/ er hat und nährt Ideen für sexuelles Fehlverhalten
Selbsthass / Gefühl, doppelt zu sein (verlogen, echt)	Leben auch in zweideutigen Beziehungen zu Priestern/ streiten sich	Kriegerisch / gewalttätig / respektlos
Zerrissen sein	Sprechen nicht über das Thema / halten es geheim	Unfähig, emotionalen Mangel zu befriedigen
Sexualobjekt sein, um benutzt/ausgebeutet zu werden	Ignorieren sich gegenseitig / erleichtern das sexuelle Fehlverhalten von Priestern in der Gemeinschaft	Ein Ehemann/ein Vater
Sind unfähig, die Beziehung zu führen	Denken / urteilen / mangelndes Vertrauen in JF	Ein Ideal / er hat einen Ruf zu bewahren
Gemischte Gefühle haben	Geben Erlaubnis	Ein guter Mitarbeiter / ein Bruder
Leblos sein / sich eingesperrt fühlen	Sticheln / hören nicht ernsthaft zu / sind neugierig	Kann eindringen / ist unzuverlässig / kann das Herz der OF/JF herausreißen
	Nimmt wahr / fühlt mit / respektiert / berät / hilft dabei, sich dem Problem zu stellen	Ein Treuloser / ein Kranker / ein Hindernis für die Berufung der OF

12.3 Diskussion und Konsequenzen

Sexuelles Fehlverhalten in der pastoral-seelsorglichen Beziehung oder in der Zusammenarbeit bringt vielfältige Konsequenzen mit sich. Die Teilnehmerinnen sprechen von verschiedenen Folgen, die folgende Bereiche beeinträchtigen:

a) ihre körperliche Unversehrtheit (Schmerzen, Weinen, Schlaflosigkeit, Müdigkeit),

b) ihre psychische Unversehrtheit (Anzeichen eines Traumas nach PTBS gemäß DSM-5, Todes- oder Suizidgedanken, Verzweiflung, Frustration, Enttäuschung, Scham/Verlegenheit, Wut, Angst, depressiver affektiver und emotionaler Zustand, Verwirrung, Hilflosigkeit, Verlust der Würde, Demütigung, Selbsthass, Ekel vor dem eigenen Körper, Selbstanklage),

c) ihre soziale Integrität (Angst, gesehen zu werden, Angst vor dem, was andere sagen),

d) ihre spirituelle Integrität (geschwächter Glaube, gefolgt von spiritueller Enttäuschung, Zorn auf Gott, Konzentrationsstörungen, fehlender Schwung im Gebet oder Abkehr vom Gebet, eine beeinträchtigte oder vernachlässigte Beziehung zu Jesus Christus, Schwierigkeiten, ihre Berufung und ihren Auftrag zu leben, Schwierigkeiten zu vergeben). Diese traumatischen Folgen oder Situationen werden in den Untersuchungen von Chibnall et al. (1998, S. 151 ff.), Dura-Vila et al. (2013, S. 29), Deodato (2016) hervorgehoben.

Ich habe daneben noch andere Folgen genauer untersucht, die von den Teilnehmerinnen angesprochen wurden und die in den vorhandenen Arbeiten nicht berücksichtigt wurden:

a) körperliche Störungen (ein Fall): Schwangerschaften mit anschließender Abtreibung, geschlagen werden und mit dem Entzug der üblichen finanziellen Unterstützung bedroht werden;

b) psychische Störungen (neun Fälle): nicht beschreibbarer Schmerz, „von Kopf bis Fuß gebrochen sein", „nicht mehr können", das Gewicht des unausgesprochenen Zorns spüren, der an einem nagt, trotziges Schweigen;

c) Störungen des Gemeinschaftslebens (sieben Fälle): Misstrauen, Angst gegenüber Mitschwestern, Empfindlichkeit gegenüber Verdächtigungen, sich in der Gemeinschaft inkohärent fühlen, Angst vor dem Urteil der Mitschwestern, Angst, dass junge Menschen in der Ausbildung oder andere Schwestern in sexuelles Fehlverhalten mit denselben Priestern verwickelt sein könnten, Streit, Eifersucht, ungesunde Sticheleien, Verdächtigungen, Reviktimisierung durch Mitschwestern, die die Last des sexuellen Fehlverhaltens auf die Teilnehmerin abwälzen, Kollateralschäden für Mitschwestern;

d) soziale Störungen: Angst vor Verurteilung und Ablehnung, Beziehungen zu anderen Personen, die vom Priester beobachtet werden, erleben, dass ein Freund vom Priester bedroht wird, verdächtigt werden, von bestimmten Zeugen verhört werden;

e) spirituelle Störungen: an Gott glauben und in die Kirche gehen, aber die innere Freude verlieren (ein Fall), die Messe mit Wut oder Scham erleben, wenn der missbrauchende Priester zelebriert (zwei Fälle), von der Gegenwart des Priesters statt von der Gegenwart Jesu Christi erfüllt sein (zwei Fälle), die Berufung aufgeben (zwei Fälle), das Gefühl haben, dass ihnen der Priester das Herz herausreißt (ein Fall);

f) Störungen in ihrer Sendung und in der Zusammenarbeit: Misstrauen, Weigerung, mit dem Priester zusammenzuarbeiten;

g) Störungen ihrer Wahrnehmung der Person des Priesters: vom Heiligen zum Teufel, von der Idealisierung zur Verachtung;

h) Störungen in der Haltung des Priesters: vom wohltätigen zum zerstörerischen Hirten.

a) Körperliche Misshandlungen, Androhung des Entzugs des Lebensnotwendigen, Abtreibungen, körperliche Schmerzen (Kopfschmerzen, Bauchschmerzen) im Zusammenhang mit dem sexuellen Missbrauch von Minderjährigen oder den Vergewaltigungen von Innocente und Becky beeinträchtigen die körperliche Integrität der Ordensfrau in schrecklicher Weise. Die Abtreibung greift tief in den Körper und das Wohlbefinden der Ordensfrauen ein. Es wird für sie schwierig, ihren Körper zu akzeptieren und ihn zu pflegen. Ihr Körper, der „ein Tempel des Heiligen Geistes" (vgl. 1 Kor 6,19), heilig und geweiht ist, wird von Priestern mit Füßen getreten. Der monotheistische Glaube[14] der af-

---

14 Der Monotheismus in Subsahara-Afrika lässt sich an der Anrede Gottes in den verschiedenen Sprachen ablesen. Gott wird in diesen Sprachen im Singular bezeichnet. Beispiele sind in Lamba „Assè", in Kabyè „Esso" (Sprachen Nord-Togos) und in Ewe „Mawu" (Sprache der Völker Süd-Togos, Benins und der Elfenbeinküste).

rikanischen Menschen südlich der Sahara erkennt Gott als Urheber und Quelle des Lebens an. Die Vorfahren sind durch ihre Fürsprache die Beschützer dieses Lebens. Das menschliche Leben ist somit heilig. Es gibt in Subsahara-Afrika kaum Praktiken, die das Leben im Mutterleib angreifen oder zerstören. Die Abtreibung ist in einer gesunden afrikanischen Tradition weder erlaubt noch wird sie praktiziert. Die Frau ist diejenige, die das Leben in sich trägt und schenkt, hütet, ernährt und erzieht. Diese religiöse und „vitalistische" (Hondocodo, 2015, S. 116) Neigung des afrikanischen Menschen in den Ländern südlich der Sahara ist eine offene Tür für die Botschaft von der Menschwerdung Jesu Christi, der alles Leben rettet. Eine afrikanische Frau aus Subsahara-Afrika, die Gott, der Quelle und dem Urheber des Lebens, geweiht ist und eine Abtreibung vornimmt, erleidet ein tiefes und zerstörerisches Trauma (menschlich, kulturell, moralisch und spirituell). Eine gottgeweihte Frau ist geweiht, um spirituelles Leben zu schenken und um zu helfen, das Leben zu schützen. Der Mutterschoß darf nicht zu einem „Grab" werden. Sie kann und darf nicht akzeptieren, dass Priester sie dazu bringen, das menschliche Leben (den Fötus, den Embryo) in ihr zu zerstören, um im Ordensleben bleiben zu können. Die Ordensfrau kann ihr gottgeweihtes Leben nicht auf Kosten des menschlichen Lebens fortsetzen. Es gibt einen Widerspruch, ein Paradoxon, eine Dichotomie zwischen dem gottgeweihten Leben und der Abtreibung, der sie mit großem Schmerz begegnen müssen. Sie sind das Heiligtum Jesu Christi, den sie fast jeden Tag in der Eucharistie empfangen und der ihre Beziehung zu Gott nährt, damit sie ihre Weihe an ihn leben können. Im Kloster eine Schwangerschaft zu erleben oder eine Abtreibung vornehmen zu lassen, ist unnatürlich und daher schmerzhaft. Sexuelles Fehlverhalten mit Priestern ist unvereinbar mit ihrer Berufung. Aus diesem Grund ist es nicht leicht, darüber zu sprechen. Für die Ordensfrau ist es schwierig, über die Folgen des sexuellen Fehlverhaltens von Priestern zu sprechen, und noch mehr, sich damit auseinanderzusetzen oder über Schwangerschaften und Abtreibungen zu sprechen. Und doch muss man davon erzählen können, einen geeigneten Kontext finden, um Erleichterung zu finden (Zuhören-Verstehen), eine Betreuung zu erhalten (medizinisch, psychologisch) und den Weg der Heilung, des Wachstums im erneuerten, verwandelnden Glauben an Jesus Christus zu beschreiten.

b) Chibnall et al. (1998, S. 152) und Durà-Vilà et al. (2013, S. 27) sprechen in ihrer Untersuchung von den starken Emotionen (Wut, Angst, Furcht), die als Folgeerscheinungen bei Ordensfrauen auftreten, die zum Opfer sexueller Gewalt geworden sind. Auch die Teilnehmerinnen an meiner Untersuchung sprechen davon. Bei einigen der Teilnehmerinnen (Becky und Innocente) besteht eine Besonderheit darin, dass ihre Wut offenbar durch die Angst vor den Priestern, ihrer Autorität, ihrem Ruf und durch die Angst um ihren eigenen

Ruf gehemmt wird. Wenn ein Erwachsener angegriffen wird, besteht die legitime Abwehrreaktion darin, auch eine gewisse Aggression zu stimulieren. Die entsprechende Emotion in einer solchen Situation wäre eine „Tigerwut"[15], d.h. schreien, beißen, kratzen, schlagen, sich wehren, weglaufen oder die Tat anzeigen (Vergewaltigung, versuchte Vergewaltigung, sexueller Missbrauch), und dann dauerhaft wachsam zu bleiben. In meiner Studie scheinen jedoch die Teilnehmerinnen eher dazu zu neigen, stattdessen zu verhandeln und sich aus einer mit Schuld und Scham gemischten Angst zu unterwerfen. Was ich als „affektive Disposition oder Gemütszustand"[16] bezeichnet habe, wie zum Beispiel: „Ich bin verletzt", „Ich bin kaputt", „Ich habe Schmerzen", scheint mir eine eingeschränkte Fähigkeit zur Benennung von Emotionen zu sein. Dieser nicht explizite Ausdruck von Emotionen erschwert den Umgang mit ihnen und verbraucht viel von der Lebensenergie der betroffenen Frauen. Daraus resultieren ihre Schwäche und ihre Neigung zu Somatisierung. Die Erkenntnisse der wissenschaftlichen Psychologie sind in Subsahara-Afrika noch nicht verbreitet. Psychische oder posttraumatische Störungen werden nicht ohne Weiteres erkannt, um dann behandelt werden zu können. Im religiösen Kontext der Ordensfrauen kann die Gefahr bestehen, dass diese Störungen mit spirituellen Realitäten (Besessenheit) verwechselt werden. Dave sagt dazu Folgendes:

> „Der Täter [der Priester] wird sagen: ‚Ja, das sind Geister, mit ihren Geistern hat sie mich verzaubert und das hat mich in diese Geschichte hineingezogen.' Er [Priester] weigert sich, die Realität zu akzeptieren. Die Unsicherheit der Patientin bzw. des Opfers lässt sie diese Idee glauben, die der Priester ihr in den Kopf gesetzt hat. Es ist sehr schwierig, sie von dieser Vorstellung zu befreien, weil sie sagen wird: ‚Man hat mir gesagt, dass ich von einem Geist besessen bin, und es ist dieser Geist, der mich stört.'" (Da/6B, 8B)

Diese Auffassung vom psychischen Leid sexuell missbrauchter Ordensfrauen ist eine Methode, ihnen Schuldgefühle einzureden und sie weiter zu schwächen, um sie so dazu zu bringen, ihr Drama zu verschleiern. Dies ist ein Teufelskreis, der sie in ihrer Vulnerabilität gefangen halten kann.

c) Meine Analyse befasst sich weiter mit der Frage, wie sich die dissonanten Bedürfnisse auf die Teilnehmerinnen auswirken. In einer Beziehung sexuellen Fehlverhaltens mit Priestern sind die Dissonanz der Unterlegenheit aus emotionaler Abhängigkeit und der Aggressivität ihrer Bedürfnisse von zen-

---

[15] „Tigerwut" ist ein Ausdruck, den ich gefunden habe, um die Wut zu beschreiben, die zum Kampf führt, um sich selbst zu verteidigen und um sich vor Aggressionen zu schützen, die von einer anderen Person ausgehen.
[16] Ein Gemütszustand oder ein dauerhaftes Gefühl von Leiden oder vagem Unwohlsein ist nicht leicht zu erkennen oder zu benennen. Die Teilnehmerinnen haben Schwierigkeiten, ihren Schmerz und ihr Leid klar zu verbalisieren, was in diesem Fall verheerende Auswirkungen auf ihre Person hat.

12. Was die Teilnehmerinnen über die Folgen sagen

traler Bedeutung. Diese Neigungen beeinflussen sich gegenseitig. Ein Minderwertigkeitsgefühl kann dazu führen, dass die OF Zuneigung, Unterstützung und Hilfe sucht und so von der Person des Priesters abhängig wird. Im Gegensatz dazu scheint auch in der Konfrontation mit den aggressiven Übergriffen der Priester ihr Impuls zu Aggression oder einer anderen abwehrenden Reaktion nicht vorhanden zu sein.

d) Die von Erik Erikson[17] im Zusammenhang mit der psychosozialen Entwicklung untersuchten Grundkonflikte (Vertrauen vs. Misstrauen; Autonomie vs. Scham/Zweifel; Initiative vs. Schuld) scheinen die Minderwertigkeit der Teilnehmerinnen zu verstärken. Misstrauen, Zweifel und Schuldgefühle schwächen ihre Interaktion mit den Priestern, ihre Reaktion auf die priesterliche Rolle und Autorität. Diese Vulnerabilität erleichtert es ihnen nicht, reifer zu werden und an ihre eigenen Fähigkeiten zu glauben, um daraus zu handeln, sich zu verteidigen, ihre Würde und ihre Berufung in einer pastoralen Beziehung oder in einer gleichberechtigten Beziehung gegenüber dem Priester zu verteidigen.

e) Die spirituellen Folgen, die mit sexuellem Fehlverhalten oder Missbrauch von Priestern gegenüber Ordensfrauen einhergehen, sind tiefgreifend. Sie werden in den früheren Forschungsarbeiten Chibnall et al. (1998, S. 152) und Dura-Vila et al. (2013, S. 29) untersucht. Meine Arbeit analysiert die besondere Erfahrung der spirituellen Nachwirkungen im Kontext der Teilnehmerinnen und hebt sie hervor. Ich stelle dabei folgende Bereiche heraus, in denen dieser Einfluss wirkt: e1) ihre Beziehung zu Gott und ihr Gebetsleben, e2) ihre Beziehung zu Jesus Christus und das Leben ihrer Berufung mit Schwerpunkt auf ihrer Beharrlichkeit/ihrem Durchhaltevermögen und ihrer Effektivität und e3) ihre Erfahrung christlicher Vergebung.

e1) Gottgeweihte Frauen sind doppelt geheiligt. Gott ist heilig, allmächtig und heilig. Gottgeweihte Frauen, die ein sexuelles Fehlverhalten erleiden, sehen darin eine Übertretung ihrer Weihe an Gott, ihrer Beziehung zu Gott.

---

[17] Erik Erikson (1902–1994), der Autor der Theorie der psychosozialen Entwicklung, gliedert den Prozess der gesunden psychosozialen Entwicklung in acht Phasen, die von der frühen Kindheit bis zum Alter reichen. In jedem Stadium wird der Mensch in seinen sozialen Interaktionen mit neuen Herausforderungen konfrontiert und muss diese bewältigen. Jedes Stadium baut auf den vorhergehenden Stadien auf. Nur teilweise oder gar nicht bewältigte Herausforderungen können wieder auftauchen, Schwierigkeiten hervorrufen und Hindernisse für die menschliche Entwicklung darstellen. Anstatt sich von Misstrauen zu Vertrauen in sich selbst, in andere und in die Umwelt hin zu entwickeln, kann jemand beispielsweise stagnieren oder zum Pol des Misstrauens neigen. Im Fall der Teilnehmerinnen ist eine Art Regression zu beobachten, die sie in Misstrauen, Zweifel und Schuldgefühle zurückwirft und ihre Offenheit in der Beziehung der verantwortlichen Zusammenarbeit einschränkt.

Das sexuelle Fehlverhalten hat einen starken Einfluss auf ihr geistliches Leben. Die Teilnehmerinnen an unserer Untersuchung glauben zwar weiterhin an Gott, ihre Beziehung zu Gott ist jedoch geschwächt. Ihr geistliches Leben leidet darunter und wird von verschiedenen Gefühlen überschwemmt: Zorn auf Gott, Revolte, Enttäuschung, Konzentrationsstörungen und Zerstreutheit. Kurz gesagt, sie können nicht mehr beten.

e2) Die Ordensfrauen sind eng mit Jesus Christus verbunden, den sie nachahmen wollen. Der Ruf zum Ordensleben setzt eine entschiedene Antwort voraus, die sich bis zu einer völligen Hingabe entwickelt. Es ist schwierig, eine halbherzige Antwort zu geben: „Euer Ja sei ein Ja, Euer Nein ein Nein." (Mt. 5,37) Oder: „Ich kenne deine Taten. Du bist weder kalt noch heiß. Wärest du doch kalt oder heiß! Daher, weil du lau bist, weder heiß noch kalt, will ich dich aus meinem Mund ausspeien." (Offb 3,15–16) Ja zu Gott zu sagen führt dazu, ihm sein ganzes Herz zu schenken, alle Kräfte und Energien auf ihn allein zu lenken. Aus dieser Perspektive erleben Ordensfrauen sexuelles Fehlverhalten als ein Doppelleben. Es bringt ihnen weder Freude noch Erfüllung. Sie können den Geschlechtsverkehr nicht genießen. Corine, die behauptet, dass sie ihre freie Zustimmung zu den Liebesbekundungen und den sexuellen Aufforderungen gegeben hat, sagt:

CORINE: „Die Beziehung ist für mich als Ordensfrau nicht von Vorteil und ich kann diese Beziehung nicht genießen." (08R/137)

ANITA sagt: „Da ist nichts drin [Beziehung des Fehlverhaltens mit Priestern]. Es ist keine gute Idee, sich darauf einzulassen." (03A/203, 207)

Durch das sexuelle Fehlverhalten verlieren sie ihre Berufung und ihre innere Freude, wie Anita betont. Die Ordensfrauen fühlen sich in ihrem Herzen hin- und hergerissen. Sie fragen sich, ob sie Gott oder den Priestern gehören. Sie kämpfen gegen eine Dichotomie, die ihre Ausdauer und Wirksamkeit in ihrer Mission stört. Die Wirksamkeit bezieht sich laut Rulla (1978) auf die terminalen Werte: „Vereinigung mit Gott und Nachfolge Christi" (S. 93). Die Ordensfrauen, die im gottgeweihten Leben ausharren, sollten in Jesus Christus bleiben können, d.h. sie sollten durch Unterscheidung der Geister und Reinigung ihrer Motive wachsen, sie sollten Mittel und Hilfe finden, wenn sie in Verwirrung leben, in Unentschlossenheit, wie Solange und Innocente sagen:

SOLANGE: „Ich weiß nicht, ob ich die Opfer noch bringen kann." (02S/141)

INNOCENTE: „Manchmal habe ich die Versuchung, wieder nach Hause zu gehen. Ich stelle mir die Frage: Ist das eine Lösung?" (04I/137)

Im Ordensleben zu verharren sollte keine Lösung sein, auch wenn die Ordensfrauen keinen anderen Ausweg finden; es kann nicht die Lösung sein, sich zu arrangieren, sich anzupassen und sich im sexuellen Fehlverhalten einzurichten. Martha, Solange, Liberia und Corine lebten weiter als Ordensfrauen, während das sexuelle Fehlverhalten andauerte, aber es war ein Leben ohne Wirksamkeit. Ihr Gebetsleben war gestört, ihr eigentlich gottgeweihtes Herz war leer oder mit Ablenkungen beschäftigt, die mit der Person des Priesters zusammenhingen. Sie waren verwirrt und verunsichert in Bezug auf ihre kulturelle und religiöse Identität. Sie sind weder Ordensfrauen noch verheiratete Frauen, und sie leben ihre Gelübde nicht.

e3) Die Teilnehmerinnen erleben einen Schmerz oder ein spirituelles Dilemma in Bezug auf die christliche Vergebung. Ich habe bereits gesagt, dass die Schuld, die die Teilnehmerinnen wegen des sexuellen Fehlverhaltens mit Priestern empfinden, falsch ist. Sie greift jedoch tief in ihre psychologische und psychische Integrität ein. Wenn sie von Priestern vergewaltigt, sexuell angegriffen oder emotional überwältigt werden, glauben sie fälschlicherweise, dass sie schuldig, verantwortlich und eine Sünderin sind. Sie haben das Gefühl, dass sie etwas falsch gemacht haben, so dass sie das verdienen, was ihnen widerfahren ist. Dieser Gedanke treibt sie dazu, das Sakrament der Versöhnung in Anspruch zu nehmen. Sie haben auch das Gefühl, dass sie ihren Tätern gegenüber nicht nachtragend sein (oder ihnen sogar vergeben) sollten, und ebenso all jenen, die ein Hindernis für ihre Weihe an Gott darstellen, wie Regina sagt: „Ich war wütend auf ihn, weil ich ihn als ein Hindernis auf meinem Weg sah." (08R/59)

In Subsahara-Afrika sind die Integrität des geschwisterlichen, familiären und sozialen Lebens und der Frieden wichtige Werte. Um diese Werte zu bewahren, müssen sich die Konfliktparteien versöhnen, manchmal unter dem „Palaverbaum" Frieden schließen, um die Integrität des geschwisterlichen, familiären und sozialen Lebens wiederherzustellen. Ohne die Lehre Jesu in Frage zu stellen, mit seiner Gnade „siebenundsiebzigmal zu vergeben" (vgl. Mt. 18,22), und ohne kulturelle Werte in Frage zu stellen, möchte ich aber doch betonen, dass für die Teilnehmerinnen, die von Priestern sexuell angegriffen wurden und in Wut, Hass und Unverständnis leben, ihre Erfahrung mit der christlichen Vergebung eine Belastung ist. Regina, die ständig von einem Priester belästigt wurde, sagte: „Es war schwer für mich, ihm zu verzeihen." (08R/48) Innocente vergab dem Priester, der sie vergewaltigt hatte. Sie hat sich mit ihm versöhnt, weil er sie um Vergebung gebeten hat. Laut Innocente vergewaltigte er sie nach der Wiederherstellung einer „normalen" Beziehung erneut. Wenn Vergebung und mit dem Täter Frieden zu schließen bedeutet, sich selbst vulnerabler zu machen, wird die Vergebung für die Teilnehmerinnen auf ihrem Weg der menschlichen und spirituellen Heilung schwierig und kompliziert. Demasure und Nadeau (2015) sprechen über „die Pflicht zu vergeben und das Recht, nicht zu vergeben", die ich als die Pflicht zu vergeben und das Recht, sich nicht mit übergriffigen Priestern zu versöhnen, übernehme; diese Überlegungen können den missbrauchten Ordensfrauen eine Orientierungshilfe geben. Die physischen, psychologischen, psychischen und spirituellen Folgen beeinträchtigen das soziale und vor allem das gemeinschaftliche Leben der Teilnehmerinnen.

f) Meine Forschung befasste sich über die in früheren Studien erwähnten psychosozialen Folgen hinaus mit den kollateralen Folgen des sexuellen Fehlverhaltens der Teilnehmerinnen mit Priestern für ihre Mitschwestern in der Gemeinschaft. Alle Teilnehmerinnen sind Ordensfrauen mit zeitlichen oder ewigen Gelübden, oder sie sind in der Ausbildung zum Ordensleben. Sie leben in einer Gemeinschaft, in einem gemeinsamen Leben, das in und um Jesus Christus aufgebaut ist. Das Gemeinschaftsleben ist der Ort ihrer Heiligung und ihres Zeugnisses für den Dreifaltigen Gott. Die fruchtbare Sendung und das Zeugnis der OF hängen von der Harmonie und der Festigkeit ihres Gemeinschaftslebens ab, das um Jesus Christus herum aufgebaut ist. Das Gemeinschaftsleben trägt zum Aufbau der Identität der Ordensfrau bei. Wie Schwester Véronique Margron[18] in Bezug auf den sexuellen Missbrauch von Ordensfrauen durch Priester sagt: „Dieses Tabu geht wahrscheinlich noch tiefer, weil es noch mehr die Intimität des Ordenslebens, die Intimität der Gemeinschaften berührt." Das sexuelle Fehlverhalten von Ordensfrauen mit Priestern beeinträchtigt und stört zutiefst die Integrität des schwesterlichen und spirituellen Lebens, der Sendung, der Organisation und der Struktur ihrer Gemeinschaft. Die Gemeinschaft hat das Recht, ihre Integrität zu wahren, ihr Privatleben und ihren Ruf zu verteidigen.[19] Als Institution in der Kirche und in der Gesellschaft hat die Ordensgemeinschaft eine autonome Lebensführung und Verwaltung. Jede Ordensfrau trägt dazu bei, ihre eigene Integrität und die der Gemeinschaft als Ganzes zu wahren. Die Ordensfrauen gehören einer Ordensfamilie und einer Gemeinschaft an. Das Gemeinschaftsleben ist anspruchsvoll und erfordert eine menschliche und affektive Reife, um mit den anderen zusammen sein und mit ihnen leben zu können. Ordensfrauen leben oft in Gemeinschaft. Um einen Gedanken von Schwester Hollitt während eines Einkehrtages, den sie vor Missbrauchsopfern hielt, aufzugreifen: Die körperliche Anwesenheit bei den Mahlzeiten, beim Gebet, bei der Rekreation und bei der Seelsorge ist wesentlich und wird manchmal sogar eingefordert (Hollitt 1994, S. 361)[20].

---

18 Schwester Véronique Margron ist Ordensfrau und Provinzoberin der französischen Provinz der Kongregation Soeurs de Charité Dominicaines de La Présentation. Sie ist Moraltheologin und Präsidentin der Konferenz der Ordensleute Frankreichs (Corref), die die 30.000 Mönche und Nonnen, Brüder und Schwestern in Frankreich vereint. Das Zitat stammt aus ihrem Artikel vom 12. Juni 2018, übernommen und veröffentlicht auf ouest-france.fr am 14. Juli 2018 (aufgerufen am 15. Juli 2018).
19 Die Gemeinschaft hat das Recht, ihre Intimsphäre und ihren Ruf sowie den Ruf jeder einzelnen Ordensfrau zu schützen: „Niemand darf den guten Ruf, den jemand hat, rechtswidrig schädigen und das persönliche Recht eines jeden auf den Schutz der eigenen Intimsphäre verletzen." (CIC can. 220)
20 Schwester Julie A. Hollitt FDNSC ist Koordinatorin und Pastoralbegleiterin des Our Lady of the Sacred Heart College in Sydney (Australien). Sie arbeitet im Besonderen mit Erwachsenen, die in ihrer Kindheit missbraucht wurden.

12. Was die Teilnehmerinnen über die Folgen sagen

Die Ordensfrauen, die in eine Beziehung sexuellen Fehlverhaltens mit Priestern verwickelt sind, leben in einer Verwirrung und Bedrängnis, die ihre Mitschwestern befleckt, die ihrerseits unter Scham, Schuld, Kränkungen und Wut leiden. Die ganze Gemeinschaft hat innerlich Anteil am Leiden eines ihrer Mitglieder und sieht, wie ihr Ruf geschädigt wird, ihre Intimsphäre, ihr innerstes Leben diffamiert und vergewaltigt wird, ihre Ausbildungsbemühungen und ihre Ermahnungen nicht beachtet werden. Die ganze Gemeinschaft, vielleicht sogar die ganze Kongregation verliert ihr Recht, ihre Privatsphäre und ihren guten Ruf zu wahren.[21] Schließlich gibt es Konflikte, Beziehungsschwierigkeiten, die das schwesterliche Leben stören und durchdringen. Es gibt Sorgen, Verdächtigungen, Eifersüchteleien, Rivalitäten und Streitigkeiten. Einige Oberinnen werden unwissentlich von Priestern, die am sexuellem Fehlverhalten beteiligt sind, mit hineingezogen. Gegenüber ihren Mitschwestern, die Opfer des Fehlverhaltens sind, machen sie sich durch ihr Schweigen zu Komplizen des Täters. Andere Ordensfrauen in der Gemeinschaft können sich auf das ungesunde Spiel der Priester einlassen, ohne zu bemerken, dass diese die Großzügigkeit, die Gastfreundschaft und die Dienste der gesamten Gemeinschaft missbrauchen. Diese Priester können zwischen und in den Ordensfrauen der Gemeinschaft Verwirrung stiften, einen Keil zwischen sie treiben. Die OF, die sich auf diese Priester einlassen, finden schließlich Gefallen an den Priestern, die Missbrauch verüben, beschuldigen ihre Mitschwestern, die Opfer sind, und halten ungesunde Beziehungen geheim. Diese Situation destabilisiert ihr schwesterliches und solidarisches Leben und ihre weibliche Intuition, die sie warnend darauf aufmerksam machen sollte, dass viele von ihnen Opfer missbrauchender Priester werden könnten. Das missbräuchliche Verhalten von Priestern gegenüber einer von ihnen müsste sie befürchtenlassen, dass weitere Mitschwestern von denselben Priestern das gleiche Schicksal erleiden könnten.

Um der Forderung nach sexuellem Fehlverhalten mit Priestern nachzukommen, müssen die Teilnehmerinnen die interne Organisation ihres Gemeinschaftslebens durch Verspätungen sowie körperliche und emotionale Abwesenheit bei Mahlzeiten, Gebetszeiten, Zusammenkünften und Rekreationen umgehen. Das Haus (Besucherzimmer) kann für intime Begegnungen (Geschlechtsverkehr) genutzt werden. Die Kosten für die medizinische und psychologische Betreuung der Teilnehmerinnen, die unter den körperlichen (gynäkologische Komplikationen), psychologischen (somatische Krankheiten) und seelischen (Traumata) Folgen leiden, werden von der Gemeinschaft

---

[21] Bakorba (2019) hebt in ihrer Dissertation zu CIC can. 220 den Zusammenhang zwischen dem guten Ruf und der Achtung der Intimsphäre natürlicher Personen hervor, den sie auf religiöse Institutionen (juristische Personen) im Kontext von Burkina Faso anwendet.

getragen, die für diese Probleme nicht verantwortlich ist. Die Therapeutin Sarah sagt: „Normalerweise werden sie von ihrer Formatorin geschickt." (Sa/5B) Das so gestörte Gemeinschaftsleben wirkt sich auf die Sendung und auf die Zusammenarbeit für die Pastoral aus. Die Zusammenarbeit zwischen Priestern und Ordensfrauen ist eines der wirksamen Mittel für die Evangelisierung, und wenn dieses gestört ist, leidet das Zeugnis unweigerlich darunter.

g) Die Ausbildung für das Ordensleben ist eine Zeit, in der man die christlichen Werte und das Leben des Dreifaltigen Gottes besser kennenlernt, immer mehr wertschätzt, es für sich annimmt und sich zu eigen macht. In dieser Atmosphäre kann der Mensch, der den Ruf Gottes hört, geistlich unterscheiden und eine freie Antwort auf die Einladung Gottes geben. Junge Frauen in der Ausbildung zum Ordensleben, die in der pastoral-seelsorglichen Beziehung zu Beginn ihrer Berufungsentscheidung missbraucht werden, werden mit einer Botschaft konfrontiert, die der Botschaft der Selbsthingabe an Gott und an die anderen entgegengesetzt ist und sie vielleicht sogar zerstört. Die initiale Formation und die ständige Weiterbildung in der Gemeinschaft, die ein Prozess der Reifung und der theozentrischen Selbsttranszendenz ist, wird durch sexuelles Fehlverhalten von Priestern mit der Formatorin, der Oberin oder mit einer Ordensfrau auf Abwege geleitet.

h) Ich habe die Selbstwahrnehmung der Teilnehmerinnen und ihre Wahrnehmung des Priesters und ihrer Mitschwestern analysiert. Sexuelles Fehlverhalten mit Priestern beeinträchtigt ihr Selbstwertgefühl und führt zu einem niedrigen Selbstwertgefühl, zu Selbstverachtung, Selbsthass und zu mangelndem Vertrauen in sich selbst und in die eigenen Fähigkeiten. Die Teilnehmerinnen werten die Priester und ihr Verhalten ab. Die missbrauchenden Priester verlieren ihren Ruf und ihre Autorität. Außerdem leiden die Teilnehmerinnen unter den Folgen ihres sexuellen Fehlverhaltens. Abtreibungen, Manipulationen und Drohungen, um ihren Ruf aufrechtzuerhalten, frustrieren sie und treiben sie dazu, ihre Fehler zu wiederholen. Sie verlieren jeden Respekt, jede Achtung und jedes Ansehen und sind, was immer auch geschehen mag, bereits durch ihre eigene Tat befleckt. Ihre Würde wird verdunkelt und ihr Dienst wird irrelevant, unwirksam und ist kein Zeugnis mehr.

In unserer Umfrage hatte nur Liberia eine positive Wahrnehmung ihrer Gemeinschaft, insbesondere ihrer Oberin. Sie sagte, dass die Oberin „mit ihr litt", sie beobachtete, sich sorgte, verstand, sich mit Respekt interessierte, ohne in ihre Intimsphäre einzudringen, sondern vielmehr aus Mitgefühl für das, was sie miterleben konnte. Sie wartete darauf, dass Liberia sich öffnete. Die Oberin half ihr dann, dem Priester mit Entschlossenheit und Klarheit zu begegnen, und half dann beiden, sich dem sexuellen Fehlverhalten zu stellen. Im nächsten Teil werde ich darstellen, wie die Teilnehmerinnen ihre Zukunft sehen.

13. Was die Teilnehmerinnen über ihre Zukunft sagen

Meine Forschung befasste sich auch detailliert mit der Zukunft der Teilnehmerinnen, die in eine Beziehung sexuellen Fehlverhaltens mit Priestern verwickelt waren. Das Thema gliedert sich in vier Bereiche: Wie die Teilnehmerinnen ihre Zukunft im Ordensleben, in der pastoral-seelsorglichen Beziehung, in der Beziehung der Zusammenarbeit und im Fall des Verlassenwerdens sehen.

13.1 Austritt/keine Zukunft im Ordensleben

Zwei der neun Teilnehmerinnen hatten zum Zeitpunkt des Interviews die Formation zum Ordensleben abgebrochen. Sie sagen dazu:

BECKY: „Ich bat darum, mich zurückziehen zu dürfen. Ich war mir bewusst, dass mein bisheriges Leben den Anforderungen der religiösen Keuschheit widersprach. Die Schwestern haben mir angeboten, [in ihrer Einrichtung] zu arbeiten, um meinen jüngeren Brüdern zu helfen." (01B/6, 8, 17)

ANITA: „Ich habe meine Koffer gepackt, ich war wieder weg. Ich habe alles verloren. Ich mag es, zuerst in der Gegenwart zu leben (lacht). Die Zukunft, ich weiß nicht, die wird schon sehen, was sie will. Nach und nach werde ich es schaffen. Ich weiß, dass ich es schaffen werde." (02A/113, 117, 155, 171, 172, 173)

Sie haben ihre Zukunft im Ordensleben verloren. Sie haben das Kloster verlassen.

13.2 Zukunft im Ordensleben

Innocente und Martha bleiben Ordensfrauen, sind aber unsicher. Sie sagen dazu Folgendes:

INNOCENTE: „Welche Zukunft habe ich außerhalb des Ordenslebens? Ich habe wegen alldem mein Abitur nicht gemacht. Ich weiß nicht, was ich ohne Abitur im Kloster machen soll. Ich überlege, zu bleiben und Mut zu fassen und vor allem die Kraft zu haben, alle Anschuldigungen zu akzeptieren [...]. Ich stütze mich auf das Wort des Herrn, um nicht meinen Wunsch, sondern den Willen des Herrn zu tun." (04I/139, 143, 144, 146, 148)

MARTHA: „Ich weiß nicht, wie ich diese Beziehung beenden soll. Auf der einen Seite fühle ich mich zu dieser Beziehung hingezogen, auf der anderen Seite möchte ich sie ablehnen. Ich mache mir immer Sorgen, wenn das jemals herauskommt, was wird dann mit mir passieren? Jetzt zweifle ich an allem. Ich möchte es vermeiden, weil ich in dem Risiko lebe, meine Berufung zu verlieren." (05M/39–41, 43, 107)

Innocente ist resigniert. Sie ist gegenüber ihren Mitschwestern geschwächt, stützt sich aber auf Gott. Martha zögert, sie spürt Zweifel, Ängste,

Unsicherheit und eine innere Zerrissenheit (Ambivalenz) in Bezug auf ihre Weihe an Gott. Solange, Liberia, Regina und Corine setzen ihr Ordensleben entschlossen fort.

SOLANGE: „Zunächst hatte ich die Beziehung abgebrochen, aber unsere Kontakte fanden weiter in größeren Abständen statt. Wir haben ab und zu telefoniert. Danach habe ich endgültig mit ihm gebrochen. Von meiner Seite aus ist es vorbei." (03S/259–263)

LIBERIA: „Jetzt fühle ich mich wirklich besser. Man muss wirklich unser Leben der Weihe an Gott berücksichtigen und von Anfang an nein sagen. Aber er ruft mich immer wieder an, fragt nach, sucht meine Freundschaft." (07L/218, 240, 264)

REGINA: „Ich danke Gott, dass er mir erlaubt hat, mich zu finden und aus dieser Situation herauszukommen, ohne zuzustimmen. Die Gnade, die er mir gegeben hat, dass ich mich nicht von allem einwickeln ließ, was er mir vorschlug, wenn er mich belästigte." (08R/123,124)

CORINE: „Jedes Mal, wenn ich daran denke, stelle ich mich selbst in Frage. Ja, am selben Tag, an dem ich den Antrag zur Erneuerung der Gelübde stelle, schrieb ich und dachte nach: ‚Ich lebe in alldem und sage, dass ich die Gelübde erneuern möchte?' Möge Gott mir wirklich helfen, dass ich aus dieser Situation herauskommen kann. Ich danke Gott, dass ich mich entschieden habe. Er hat mir immer wieder Nachrichten geschickt. Aber ich habe ihm nein gesagt." (09C/142–145, 174–176)

Sie hatten die Möglichkeit, die unmoralische Beziehung zu den Priestern zu beenden, sich aus ihrer Umklammerung zu lösen und eine klare Entscheidung für ihr Ordensleben zu treffen.

13.3 Die pastoral-seelsorgliche Beziehung hat keine Zukunft

Für Becky, Anita, Solange und Innocente hat die seelsorgliche Beziehung keine Zukunft. Die Beziehung zum Begleiter wurde erst zu einer übergriffigen und missbräuchlichen Beziehung und brach dann ab. Sie sagen dazu Folgendes:

BECKY: „Die meisten Beziehungen zwischen Priestern und Ordensfrauen oder jungen Frauen in der Ausbildung zum Ordensleben drehen sich um solche Geschichten, emotionale Beziehungen. Meistens hindert diese Beziehung die junge Frau daran, zu heiraten oder sich zu entfalten." (01B/101–102)

ANITA: „Erstens, die spirituelle Begleitung in Bezug auf mich, ich habe nichts erhalten. Ich kann nicht sagen, was spirituelle Begleitung ist. In einer Formation stört das sehr. Mein Beispiel hat mich in meiner Formation nicht weitergebracht, sie wurde unterbrochen. Und das ist noch nicht alles. Außer-

13. Was die Teilnehmerinnen über ihre Zukunft sagen

dem habe ich meine innere Freude verloren. Ich habe Traumata. Es ist also nichts drin. Ich werde meinen jüngeren Schwestern raten, sich nicht darauf einzulassen. Denn sie [Priester] neigen dazu, zu sagen: ‚Meine Tochter', ‚meine Tochter' hier und ‚meine Tochter' da, das geht dann in etwas anderes über." (03A/176, 199–206)

INNOCENTE: „Alles, was er mir antat, gab mir das Gefühl, dass er mich liebte und dass er es gut mit mir meint. Aber leider!" (04I/11)

SOLANGE: „Ich war seine Tochter geworden. Wir nannten uns ‚Papa', ‚meine Tochter'. Wir hatten sexuelle Beziehungen. Es gab keinen spirituellen Austausch zwischen uns." (02S/190, 192, 193, 251)

Becky kommt zu einer verallgemeinernden, aber teilweise wahren Schlussfolgerung: Die seelsorgliche Beziehung zwischen Priestern und JF oder OF endet in sexuellem Fehlverhalten. Anita ist enttäuscht. Innocente hatte erwartet, dass der Priester gut zu ihr ist, erfährt aber stattdessen Gewalt. Solange erhält vom Priester nichts Spirituelles. Die pastoral-seelsorgliche Beziehung hat keine Zukunft.

Diskussion dieses Teilaspekts

Das sexuelle Fehlverhalten eines Priesters in einer pastoral-seelsorglichen Beziehung zerstört die begleitete Person spirituell und auch die Beziehung selbst. Im Fall der Teilnehmerinnen Solange und Anita wird die seelsorgliche Beziehung zum „spirituellen Inzest" (Chammas, 2003[22]). In dem Maße, in dem Priester die Frauen, die sie begleiten, „meine Tochter" nennen und sich von ihnen „Papa" nennen lassen, ist der Geschlechtsverkehr mit ihnen ein spiritueller Inzest, denn es handelt sich um eine pastoral-seelsorgliche Beziehung. Das Ziel einer seelsorglichen Beziehung ist die spirituelle Be-

---

[22] Jacqueline Chammas greift eine Realität des als „Jahrhundert der sexuellen Befreiung" bezeichneten 18. Jahrhunderts auf, die in der literarischen Gattung des Romans dargestellt wird. Diese Realität bietet Mönchen, Priestern und anderen Mitgliedern der Kirche die Möglichkeit, „ihre schändlichen Vergnügungen zu befriedigen". Im französischen Kontext ist ein Mensch, der einen Inzest begeht, „jemand, der sich in verbotenem Maße fleischlich mit einer Verwandten verbindet, oder jemand, der, nachdem er ein feierliches Keuschheitsgelübde abgelegt hat, sich der Unzucht hingibt; oder schließlich jemand, der eine Jungfrau missbraucht, die das gleiche Gelübde abgelegt hat." (Pierre-Jacques Brillon, *Nouveau dictionnaire civil et canonique de droit et de pratique*, Nicolas Gosselin, Paris, 1717, S. 513–514) Im Jahr 1770 verfügte das Parlament von Toulouse, dass „der Inzest eines Beichtvaters mit der Frau, die bei ihm beichtet, mit dem Feuertod bestraft wird". Diese Strafe berücksichtigt die Entweihung des Sakraments, aber auch die spirituelle Bindung, die das Sakrament zwischen dem Beichtvater und der Pönitentin schafft. In meiner Untersuchung spreche ich von „geistlichem Inzest" und meine damit die geistliche Bindung, die zwischen den Priestern und den von ihnen begleiteten Frauen besteht, für die sie „geistliche Väter" sind.

gleitung. Im frankophonen Subsahara-Afrika wird der Priester gemeinhin *mon père* („mein Vater") genannt. Er ist der geistliche Vater der Menschen und sie sind seine geistlichen Söhne und Töchter. Die Bezeichnung „Papa" hat eine eher umgangssprachliche Konnotation. Wenn es zu sexuellem Missbrauch in der PB kommt und der Priester sich zudem „Papa" nennen lässt und wenn er die begleitete Frau „meine Tochter" nennt, können wir dieses Verhalten mit dem eines Vaters vergleichen, der seine leibliche Tochter sexuell missbraucht. Ich bezeichne demzufolge den Fall von Solange und Anita als spirituellen Inzest mit der Folge eines spirituellen Traumas, das gekennzeichnet ist von einem tiefen Zweifel an der Güte Gott-Vaters, von Enttäuschung, Desorientierung und der Schwierigkeit, sich als Tochter Gottes zu fühlen.

13.4 Die Zukunft der Beziehung der Zusammenarbeit

Die Zusammenarbeit mit Priestern ist von Misstrauen geprägt. Die Teilnehmerinnen sagen dazu Folgendes:

MARTHA: „Ich habe vor, in Zukunft Beziehungen zu Priestern zu vermeiden. Wenn ich etwas höre, das mich einlädt, mit Priestern zusammenzuarbeiten, gehe ich auf Abstand." (05M/61, 77, 142)

JESSY: „In Zukunft muss ich bei solchen Leuten [Priestern] sehr vorsichtig sein. Ich vertraue niemandem. Ich kann niemandem vertrauen." (06J/35, 37)

REGINA: „Wir haben keine Treffen mehr, keine Kontakte, bei denen er mich berühren oder küssen könnte, und auch keine Gelegenheiten, bei denen er seine Gefühle mir gegenüber zum Ausdruck bringen könnte." (R/80–81)

Martha und Jessy sind sehr misstrauisch. Sie neigen dazu, nicht mehr mit Priestern zusammenzuarbeiten. Im Fall von Regina wurde die Zusammenarbeit abgebrochen.

Liberia, Regina und Corine können vorsichtig mit Priestern zusammenarbeiten.

LIBERIA: „Ich denke, dass es möglich ist, wieder zusammenzuarbeiten, aber ich werde es nicht mehr auf die gleiche Weise tun. Das ist eine Lehre für mich in Bezug auf andere Situationen von Zusammenarbeit. Und es führt dazu, dass ich viel mehr auf Gesten und Worte achte. Ich werde immer versuchen, direkt zu sein. Früher habe ich die Dinge gern durch die Blume gesagt, jetzt bin ich direkt. Ich nenne die Dinge jetzt beim Namen. Denn mit dem ersten Priester habe ich die ganze Zeit nur vorsichtig und indirekt geredet. Ich finde, das hat mir nicht wirklich geholfen. Ich finde jetzt, man muss die Dinge klar benennen." (07L/234, 340–345, 367, 368)

REGINA: „Diese Erfahrung hat mir zuallererst die Augen geöffnet, um zu verstehen, dass jeder Mensch das Menschsein in sich trägt, was auch immer sein Stand ist. Deswegen muss man vorsichtig sein und wissen, was zu tun ist, denn es kann alles passieren. Vorsichtig in Bezug auf die Naivität, die mich dazu gebracht hat. Ich glaube, dass ich mit ihnen zusammenarbeiten kann." (08R/91, 92, 94, 102)

CORINE: „Die Priester, ich werde die Beziehung zu ihnen mit Hilfe der Gnade Gottes gestalten. Wenn diese Gefühle beginnen, wissen wir Bescheid. Wenn du dich in jemanden verliebst, dann weißt du trotzdem, dass du jetzt eine bestimmte Richtung einschlägst. Ich versuche und werde weiter versuchen, solche Gefühle nicht mehr zu nähren. Also in der Zukunft ‚werde ich mein Land verminen', mit Gottes Hilfe und mit Gebet." (09C/278, 280–283, 288)

Diese Teilnehmerinnen haben aus ihrer Erfahrung gelernt und glauben, dass die Zusammenarbeit mit Priestern mit Vorsicht, Selbsterkenntnis und Gottes Gnade eine Zukunft haben kann. Die folgende Tabelle fasst zusammen, was die Teilnehmerinnen über die Zukunft sagen.

Tabelle 15: Die Zukunftsvorstellungen der Teilnehmerinnen

Ordensleben	Zusammenarbeit	Pastoral-seelsorgliche Beziehung	Austritt aus dem Orden
Fortsetzung des Ordenslebens mit einem neuen Start / Wachsamkeit / Effektivität	Mit Misstrauen / Ausweichen oder Ablehnung	Ersetzt durch die übergriffige Beziehung	Ungewisse soziale Wiedereingliederung / Zukunft mit dem Erlebten belastet
Ausdauer mit Bewusstsein für die Natur des Menschen / sich auf Gott stützen	Mit Vorsicht / Klarheit/ Wachsamkeit in Bezug auf Grenzen / Bewusstsein der eigenen Gefühle	Abrupt unterbrochen	Erfolgreiche Wiedereingliederung dank der Kongregation, die sie verlassen hat
Fortsetzung des Ordenslebens mit Zögern / Zweifel / Angst / Unsicherheit / Inkonsistenz / Ineffizienz	Unterbrochen / oder sich ausgegrenzt fühlen	Nicht vorhanden	Resignation

Anmerkung: Die Wahrnehmung der Zukunft variiert für diejenigen, die das Ordensleben fortsetzen und weiterhin in Situationen mit einer PB oder BZP leben müssen, und für diejenigen, die das Ordensleben aufgeben.

13.5. Diskussion über die Wahrnehmung der Zukunft

Dieses Thema scheint eine Fortsetzung des Themas der psychosozialen und psychospirituellen Konsequenzen für die Teilnehmerinnen zu sein. Sie betrifft jedoch stärker die existentielle Realität ihres Lebens in der Zukunft. Nach Ricoeurs Hermeneutik hat die Zukunft eine anziehende Kraft auf die Person, die sie in die Zukunft treibt. Dasselbe gilt für die eschatologische Vision, die den Glauben der Christen an ein Jenseits unterstützt. Zunächst scheint nichts die Teilnehmerinnen nach dieser übergriffigen, missbräuchlichen Erfahrung in die Zukunft zu ziehen. Sie sehen kein Ziel, kein *Telos*, das sie am Leben hält und ihrem Leben Schwung gibt. Ihr Weg in Richtung Reife und Selbsttranszendenz verläuft scheinbar ohne Unterstützung. Die Zukunftsvorstellungen der Teilnehmerinnen werden in drei Dimensionen analysiert:

a) Austritt aus dem Orden – Wiedereingliederung in das soziale Leben (Studium, Arbeit, Familienstand), b) zögerliche Fortsetzung des Ordenslebens und c) effiziente Fortsetzung des Ordenslebens.

a) Für die Teilnehmerinnen, die aus ihrer Kongregation ausgetreten sind, gibt es nach diesen schmerzhaften Erfahrungen keine Zukunft im Ordensleben. Sie sind mit zwei Brüchen in ihrem Leben konfrontiert. Zum einen den Abbruch ihrer Antwort auf den Ruf Gottes und zum anderen den Abbruch der Beziehung zu Priestern. Oft fühlte sich die OF/JF in der Beziehung zu den Priestern, auch wenn sie grenzüberschreitend und missbräuchlich war, auf die eine oder andere Weise mit ihnen verbunden. Nun sind sie weder im Kloster noch stehen sie ihnen nahe. Becky und Anita sagen dazu Folgendes:

BECKY: „Ich fühle mich jetzt in der Lage, ihm zu widerstehen. Er hat noch andere Liebesaffären. Ich habe gehört, dass er zum Studium nach [X] geschickt wurde." (01B/71–73)

ANITA: „Als ich weg war [vom Kloster], ließ ich ihn wissen, dass ich wegen ihm weggegangen war. Dann sah ich, dass es nicht nur um uns beide [Anita und ihre Mitnovizin] ging. Er hatte noch viele andere: Ordensschwestern, andere Frauen. [...] Alles war kaputt." (03A/118, 139–140, 143)

Aus keinem der beiden Blickwinkel betrachtet gibt es für die beiden Teilnehmerinnen einen Ausweg. Sie verlassen das Kloster für Priester, die jedoch nicht für sie verfügbar sind. Die Wiedereingliederung in die Familie ist die erste Herausforderung, der sie sich stellen müssen. Von ihrer Familie akzeptiert zu werden, die sich manchmal gegen diese Lebensentscheidung gestellt hat, wird schwierig.

ANITA:„Zu der Zeit war meine Familie nicht damit einverstanden, dass ich Ordensfrau wurde. Alle hatten sich von mir abgewandt. Er war meine einzige Zuflucht geworden." (03A/52–54)

13. Was die Teilnehmerinnen über ihre Zukunft sagen

Es besteht die Gefahr, von der Familie verstoßen zu werden. Die soziale Wiedereingliederung berührt zwei Aspekte. Während die soziale Wiedereingliederung, die Wiederaufnahme einer Ausbildung, das Finden einer Arbeit und das Erreichen eines Status[23] schrittweise wieder erreicht werden kann, bleibt es eine große Herausforderung, von den Angehörigen in der Nachbarschaft, im Dorf oder in der Stadt, die manchmal Zeugen des sexuellen Fehlverhaltens sind, akzeptiert zu werden. Eine OF/JF, die ein irreguläres Verhältnis mit einem Priester hat, wird als eine Frau wahrgenommen, die das Leben „der Männer Gottes, der Priester" stört und behindert und ihn in Versuchung führt. Diese Mentalität ist in Subsahara-Afrika noch immer präsent. Sie scheint die spontane Reaktion zu sein, und es fehlt noch der Raum, um jeden einzelnen Fall zu analysieren und das Wie und Warum im Vorfeld der Geschichte der irregulären sexuellen Beziehung zwischen Priestern und Ordensfrauen oder jungen Frauen in der Ausbildung zum Ordensleben zu verstehen. Ordensfrauen oder junge Frauen in der Ausbildung zum Ordensleben werden einfach als diejenigen betrachtet, die dazu beigetragen haben, die Priester von ihrem Weg zur Heiligkeit und von ihrer Sendung abzubringen. Das Zeugnis einer Gruppe von Ordensfrauen in Indien[24] scheint zu denselben Schlussfolgerungen zu kommen; sie können meine Interpretation dieser Thematik illustrieren. Es gibt eine echte Schwierigkeit und hohe Hindernisse bei der sozialen Wiedereingliederung einer Ordensfrau, die das gottgeweihte Leben wegen sexuellen Fehlverhaltens aufgibt.

Eine weitere Herausforderung ist die Erfüllung des Wunsches nach Ehe und Fruchtbarkeit der OF/JF, die das Ordensleben aufgibt. Einen Mann im gleichen Umfeld zu finden, ist nicht einfach. Weiter ist zu bedenken, dass die Sorge um die Fortpflanzung und die Fruchtbarkeit der Frau ein wichtiges Thema in der Realität in Subsahara-Afrika darstellt. In einigen Teilen dieser Region beruht der Wert der Frau auf ihrer Fruchtbarkeit, d.h. auf ihrer Fähigkeit, Kinder zu empfangen, zu gebären, zu erziehen und aufzuziehen. Laut Pignan (1987), wird die Frau daher mit der Kalebasse als notwendiges Inst-

---

[23] Einige junge Frauen treten ins Kloster ein, ohne die Grundschule, die weiterführende Schule oder die Universitätsausbildung abgeschlossen zu haben (mit den erforderlichen Zeugnissen), oder ohne eine Ausbildung oder handwerkliche Lehre absolviert zu haben (mit den entsprechenden Zeugnissen bzw. Zertifikaten).

[24] Am 3. Januar 2019 veröffentlichte Tim Sullivan auf AP (https://www.apnews.com) die Situationsbeschreibung und die Aussagen einer Gruppe von Ordensfrauen, die eine ihrer Mitschwestern unterstützen, die dreizehnmal von einem Bischof sexuell missbraucht wurde. Sie berichten, dass der Bischof zwar verhaftet und später freigelassen wurde, die Menschen (gläubige Christen und auch Nichtchristen) ihn jedoch unterstützen und ihn besuchen, während die missbrauchte Ordensfrau eher beschuldigt und in ihrem Leid allein gelassen wird. Nach Ansicht derjenigen, die den in ihren Augen unschuldigen Bischof unterstützen, lügt die Ordensfrau, macht den Bischof zum Märtyrer und hindert ihn daran, seine Aufgaben und seine Sendung zu erfüllen. (Aufgerufen am 4. Januar 2019.)

rument zum Sammeln des Wassers, das allen Wesen Leben verleiht, gleichgesetzt. Ihre Funktion besteht darin, das Leben zu empfangen und weiterzugeben. Durch ihre Fruchtbarkeit ermöglicht sie die Fortpflanzung und damit den Fortbestand und die Erneuerung der Familie und der Gesellschaft. (...) Das Konzept der Frau wird immer von den beiden Polen her verstanden, die zum einen darin bestehen, dem jungen Mann [ihrem Ehemann] Nachkommen zu schenken, und zum anderen darin, ihr Haus in Verbindung mit der gesamten Gemeinschaft am Leben zu erhalten (S. 60–61).

Ein Einwand könnte sein, dass sich diese Auffassung vom Wert der Frau in obigem Zitat auf das Volk der Kabiye im Norden Togos bezieht. Aber es ist tatsächlich so, dass diese Vorstellung vom Wert der Frau, die an die biologische Fruchtbarkeit geknüpft ist, in der Mentalität einer Reihe von Menschen in Subsahara-Afrika implizit wirksam ist. Sie führt dazu, dass eine Frau, die nicht schwanger wird oder ihre Schwangerschaft nicht austragen kann und daher kinderlos bleibt, sehr unter dieser Situation leidet. Um dieser reduktionistischen Auffassung vom Wert der Frau entgegenzuwirken und das Leiden der körperlich unfruchtbaren Frau zu verringern, verlangt die gesunde Tradition in Subsahara-Afrika, dass die unfruchtbare Frau im Haus ihres Mannes inmitten ihrer Mitfrauen akzeptiert sein soll und dort bleiben kann, mit allem Respekt und dem Recht, das ihr zusteht (Hondocodo, 2015). Natürlich ist diese Tradition, die Polygamie fördert und akzeptiert, nicht christlich. Aber die Tradition ist implizit ein Teil der Mentalität der Teilnehmerinnen und ich frage mich, ob dies eine JF/OF trösten und beruhigen kann, die Abtreibungen erlitten hat, während sie im Kloster war, und dann das Ordensleben aufgegeben hat. Teilnehmerinnen, die Abtreibungen erlebt haben, werden Schwierigkeiten haben, zu heiraten und auf eine Schwangerschaft zu hoffen. Sie tragen das Trauma und den krankmachenden Zweifel in sich, dass sie die Kinder, die Gott in sie hineingelegt hatte, zerstört und getötet haben oder dass sie durch die Abtreibung die Vorfahren beleidigt haben, so dass diese wütend auf sie sind und sie bestrafen werden, indem sie sie an einer Empfängnis hindern. Zudem handelte es sich bei den Abtreibungen um „Kinder des Fluches, des Verbots", da sie durch die Vereinigung der Frau mit einem „Heiligen, einem Mann Gottes, einem für Gott Abgesonderten" gezeugt wurden. Diese Überzeugungen, die in Subsahara-Afrika präsent sind und über die man spricht, werden dazu führen, dass es für diese Frauen schwierig sein wird, zu heiraten. Diese Interpretation stützt sich auf folgenden Kommentar von Becky:

> „Der Priester oder der Ordensmann hat Mittel und kann alles anbieten. Aber es fehlt das Wesentliche, das er nicht anbieten kann: die Entfaltung der Person, ihre Autonomie und Selbstbestimmung. Der Priester und die Ordensfrau haben ihre Wahl bereits getroffen. Jede/r soll zu ihrer/seiner Wahl stehen. Eine junge Frau, die ihre Zukunft noch vor sich hat, sollte diese Zukunft nicht mit einer Hypothek

13. Was die Teilnehmerinnen über ihre Zukunft sagen

belasten. Meistens hindert diese Beziehung die junge Frau daran, zu heiraten oder sich zu entfalten." (01B/94–95, 97–99, 102)

b) Für die zweite Gruppe der Teilnehmerinnen ist die Zukunft im Ordensleben ungewiss. Sie bleiben Ordensfrauen, aber mit Zweifeln, Zögern, Angst und dem Risiko, die Berufung zu verlieren. Oder sie haben resigniert. Sie leben schlecht, haben Schmerzen, leiden, sind in einer Sackgasse. Das Ordensleben ist eigentlich ein geschenktes Leben, in diesem Fall aber erleiden sie es. Es wird für sie schwierig, sich selbst oder ihr Leben im Alltag hinzugeben. Ihre Lebensenergie wird von Zweifeln und der Angst vor dem Morgen verzehrt. In diesem Sinne spricht Rulla (1978) von einer Lebensweise, die vom idealen institutionellen Selbst lebt und dabei dissonante Bedürfnisse befriedigt. Die Person „wird von einer Inkonsistenz motiviert, ohne sich dessen bewusst zu sein." (S. 71) Die betroffenen Ordensfrauen leben ein pastorales Leben mit effizienten Mitteln (Studien, Techniken und Technologie), aber dieser Pastoral mangelt es an Effizienz. Sie sind führen ihr Ordensleben weiter, aber ohne apostolische Wirksamkeit (Gemeinschaft mit Gott, Nachahmung Christi, indem sie Zeugnis ablegen).

c) Bei der dritten Gruppe schließlich ermöglicht den Ordensfrauen ihre Erfahrung, die sie verarbeitet und integriert haben, ihr Ordensleben weiterzuführen, indem sie sich der menschlichen Zerbrechlichkeit bewusst sind (Emotionen, Bedürfnisse, Triebe, sexuelles Verlangen, Schwäche, Vulnerabilität) und sich dabei auf die Gemeinschaft mit dem Dreifaltigen Gott stützen, der sie berufen hat. Sie sind durch den Schmelztiegel des Leidens gegangen und haben es geschafft, einen Sinn darin zu finden und ihrer Erfahrung eine neue Bedeutung zu geben. Gott ist wieder wichtig und die Beziehung einer Zusammenarbeit mit den Priestern kann wieder aufgebaut werden, ausgehend von dem, worunter sie gelitten haben. Sie können in der Beziehung mit Priestern jetzt Stellung beziehen, mit ihnen zusammenarbeiten und dabei klar definierte Grenzen einhalten. So bauen sie aus dem Bruch, der durch diese Erfahrung entstanden ist, und in einem Prozess des persönlichen Vertrauens im Rahmen einer Therapie, einer psycho-spirituellen und pastoralen Begleitung ihre Beziehung zu Gott wieder auf und setzen ihr Leben nach den Gelübden in Treue fort. Ihr Zeugnis für das Reich Gottes kann wieder auferstehen und wirksam werden, ebenso wie die pastoral-seelsorgliche oder kollaborative Beziehung, die zuvor zerstört gewesen war.

In den folgenden Zeilen beginne ich mit Abschnitt C. Er enthält Auszüge aus den Berichten der befragten Teilnehmerinnen und der Mitarbeitenden über die Reaktion des unmittelbaren und weiteren Umfelds der OF/JF auf das sexuelle Fehlverhalten von Priestern in den PB und BZP.

V. Profil der Protagonisten, Vorstellung, Analyse und Diskussion der Ergebnisse

ABSCHNITT C:
Wahrnehmung der Haltung des Umfelds – Hilfe und Prävention

14. Was die Teilnehmerinnen über die Wahrnehmung und Haltung des Umfelds sagen

Mein Interesse richtet sich hier auf die Wahrnehmung und Einstellung des Umfelds der Teilnehmerinnen im Zusammenhang mit den irregulären Beziehungen zu Priestern.

Das Thema umfasst vier Bereiche aus dem Leben der Teilnehmerinnen: ihre Gemeinschaft, ihre Familie, ihre Freunde und andere Menschen (Gemeindemitglieder, Nicht-Christen).

14.1 Die Haltung der Gemeinschaft

Die Teilnehmerinnen sagen dazu Folgendes:

BECKY: „Die Schwestern wussten von meiner Beziehung zum Priester, aber sie wussten nichts von den Schwangerschaften und den Abtreibungen." (01B/12)

ANITA: „Als ich eingetreten war, kam er manchmal ins Kloster [...]. Und unsere Schwestern, die schon Ordensfrauen sind, die sollten uns eigentlich Orientierung geben, aber auch sie tun es." (03A/68, 208, 209)

INNOCENTE: „Die verantwortliche Schwester wusste Bescheid und die Schwester selbst hat mit ihm gesprochen. Er hat der Schwester gesagt, dass es nur ein Hin- und Rückweg ist. Und die Schwester hat mich mit ihm gehen lassen." (04I/52–54)

JESSY: „Er bat meine Oberin, dass sie mir die Erlaubnis gibt, zu ihm zu gehen, weil er Informationen über [das Diözesanwerk] haben wollte. Als ich dort ankam, fing er an, über etwas anderes zu sprechen; dass er mich sehr liebt, dass er mein Freund sein will und sogar Sex mit mir haben will." (06J/13, 14, 16, 17)

SOLANGE: „Ich denke, wenn die Affäre in der Gemeinschaft bekannt würde, wäre der Ruf des alten Mannes[25] beschmutzt. Ich habe alles getan, damit es nicht bekannt wird. Er bat die Novizenmeisterin, dass ich ihn begleite, zusammen mit einer anderen Novizin oder einer anderen Schwester [...] Einige Ausbilderinnen machten mich auf sein Verhalten mir gegenüber aufmerksam. Da jeder wusste, dass er mein Papa war, reisten wir immer mit einer Schwester

---

[25] Die Teilnehmerin nennt den Priester „der alte Mann", um seine Position in der Kirche nicht preiszugeben.

14. Was die Teilnehmerinnen über die Wahrnehmung und Haltung des Umfelds sagen

[...] Mir wurde klar, dass er die gleichen Beziehungen zu jungen Professen unterhielt." (02S/154–155, 197–198, 200, 212, 214, 266)

LIBERIA: „Am Ende entdeckte sie [die Oberin] trotzdem, dass ich anfing, mich zu verändern. Sie fand, dass ich mich zu sehr freute, ich war ein bisschen zu fröhlich. Sie versuchte, das zu verstehen, indem sie mit mir darüber sprach [...] Wir arbeiteten den ganzen Tag und aßen zusammen mit der Oberin. Meine Oberin hielt es für gut, dass er ein Zimmer [in der Gemeinschaft ...] bekommt. Er hatte das Einverständnis der Oberin zu kommen [...]. Es kam vor, dass es [das Treffen mit dem Priester] sich mit den Gebetszeiten in der Gemeinschaft überschnitt. Es kam mehrmals vor, dass ich darauf angesprochen wurde. Sie [Mitschwestern] hänselten mich: ‚Es sieht so aus, als ob ihr zu viel Zeit miteinander verbringt.' Wenn er in die Gemeinschaft kommt, neckt er alle Schwestern." (07L/76–78, 152, 156, 298, 304, 325, 389) Danach ging er zur Oberin, sie hat mir etwas von dem erzählt, was sie miteinander gesprochen hatten, und sie akzeptierte auch seine Entschuldigung." (07L/197–199)

REGINA: „In der Gemeinschaft haben die Schwestern haben sicherlich gespürt, dass zwischen uns beiden etwas nicht stimmt. Nachdem wir weg waren, ist die Lage eskaliert und die Schwestern haben reagiert, indem sie sagten, dass ich es sei, die dem Priester nachläuft." (08R/29, 63–64)

CORINE: „Im Apostolat in der Schule gibt es andere Schwestern. Man hat mir diese Bemerkung zweimal machen müssen." (09C/159, 122)

Martha berichtete nichts über die Reaktion ihrer Gemeinschaft. In acht der neun Fälle erkennen oder vermuten die Mitschwestern in der Gemeinschaft, dass es möglicherweise zu sexuellem Fehlverhalten gekommen ist. Aber nur in vier Fällen (Solange, Liberia, Regina und Corine) reagieren die Mitschwestern. In den Fällen von Becky, Anita, Innocente und Jessy sagen die anderen Schwestern der Gemeinschaft nichts.

Diskussion dieses Teilaspekts

Die Haltung der betroffenen Gemeinschaften ist unterschiedlich. Die Schwestern in den Gemeinschaften wissen, dass es eine emotionale Beziehung zwischen den Teilnehmerinnen und den Priestern gibt. Die Priester besuchen die Gemeinschaft, interagieren mit den Teilnehmerinnen oder laden sie zu sich nach Hause ein. Einige Mitschwestern machen die gleichen Erfahrungen mit diesen Priestern. In vier von neun Fällen reagieren die Schwestern. Sie nehmen Stellung, stellen Fragen, machen Bemerkungen, necken oder beschuldigen die Teilnehmerinnen. In fünf von neun Fällen schweigen die Schwestern. In einem von neun Fällen (Solange) geht die Oberin auf den betroffenen Priester zu und stellt ihn zur Rede.

14.2 Die Haltung der Familie

Vier der neun Teilnehmerinnen sprechen über die Haltung ihrer Familie.

BECKY: „Am Anfang war es eine Beziehung zwischen unseren beiden Familien durch die Eltern. Er war noch Seminarist. Er kam zu uns nach Hause. Er sprach viel mit Papa. Er bat mich, ihn zu seiner Familie nach Hause zu begleiten [...] Niemand in der Familie wusste davon, außer meiner kleinen Schwester. Sie wusste von der Affäre, aber die Eltern schöpften keinen Verdacht." (01B/28, 40–41, 67, 89)

ANITA: „Zu der Zeit war meine Familie nicht damit einverstanden, dass ich Ordensfrau wurde. Alle hatten es aufgegeben, mit mir zu reden, und sich von mir abgewandt. Er war meine einzige Zuflucht geworden. Ich verließ immer das Haus wegen der Probleme, um dann bei ihm zu bleiben." (03A/52–56)

INNOCENTE: „Ich habe ihn in der Familie kennengelernt. Mein Onkel [ebenfalls ein Priester], der sich um mich gekümmert hat, war nicht im Land. Wenn ich also in Not bin, frage ich ihn und wenn er wieder da ist, regeln wir das [...] Als er zu Hause angekommen ist, war seine Mutter da." (04I/7, 16–17, 74)

In diesen drei Fällen weiß ein Teil der Familie, dass es eine emotionale Beziehung zwischen den Teilnehmerinnen und den Priestern gibt. Becky glaubt, dass ihre Eltern nichts ahnten. Ihre jüngere Schwester weiß es. Anita glaubt, sie sei von ihrer Familie verlassen worden. Sie verbrachte ihre Tage im Pfarrhaus. Innocentes Onkel ist weit weg. Die Mutter des missbrauchenden Pfarrers sieht, wie ihr Sohn mit Innocente zu Hause im Dorf ankommt.

Diskussion dieses Teilaspekts
Becky behauptet, dass ihre kleine Schwester Bescheid weiß. Anita glaubt, von ihrer Familie verlassen worden zu sein. Die Familie weiß wahrscheinlich, dass sie den ganzen Tag im Pfarrhaus verbringt. In Bezug auf Innocente gibt es keine Gewissheit, dass ihr Onkel, der Priester ist, weiß, was vor sich geht. Die Mutter des Priesters kann jedoch als Augenzeugin erkennen, wie er sich mit Innocente verhält (Zimmer teilen). Ich habe festgestellt, dass in allen drei Fällen kein Elternteil und kein anderes Familienmitglied reagiert hat. Ich schließe daraus, dass die Eltern und die weiteren Mitglieder der Familie wissen oder es ihnen zunehmend klar wird, dass wahrscheinlich sexuelles Fehlverhalten vorliegt, und dass sie entweder Angst vor den Priestern haben oder ihnen völlig vertrauen.

14.3 Die Haltung von Freunden

Die Teilnehmerinnen sagen dazu Folgendes:

BECKY: „Ich hatte einen Freund, den ich liebte. Als er [der Priester] das herausfand, bedrohte er den jungen Mann und unsere Beziehung ist abgebrochen, weil ich Angst vor ihm hatte. Der junge Mann hatte auch Angst. Ein befreundeter Priester sprach mich [bezüglich des sexuellen Fehlverhaltens] an und bat mich, vorsichtig zu sein, sagte mir aber gleichzeitig, dass ich es dem Priester nicht sagen solle." (01B/61–62, 90–91)

ANITA: „Ich hatte mit seinem Freund [ebenfalls Priester] darüber gesprochen. Er ließ mich wissen, dass wir beide [Anita und ihre Mitnovizin] im Moment seine Geliebten seien." (03A/123–124)

INNOCENTE: „Er bat seinen Mitbruder, mich nach [X] zu bringen. Er hat mich mit seinem Mitbruder allein gelassen." (04I/112)

In zwei von drei Fällen besteht Gewissheit, dass die Freunde Bescheid wissen. Im Fall von Becky wissen es ihr Freund und der Freund des missbrauchenden Priesters, der ebenfalls Priester ist. Dasselbe gilt für den Mitbruder und Freund des Priesters, der Anita missbraucht. Die beiden mit den missbrauchenden Priestern befreundeten priesterlichen Mitbrüder beziehen Stellung für die Teilnehmerinnen. Im Fall von Innocente gibt es keine Gewissheit, ob der andere Priester es weiß.

14.4 Die Haltung anderer nahestehender Personen

Die Teilnehmerinnen äußern sich wie folgt:

BECKY: „Er bezahlte für die Abtreibungen. Ich denke, es gab Leute, die wussten, wie wir lebten." (01B/68, 88)

SOLANGE: „Ich habe mich von einem Laien psychologisch betreuen lassen. Ich war zurückhaltend, um zu vermeiden, dass andere Priester sich mir gegenüber verdächtig verhielten. Ich begleitete ihn auf seinen apostolischen Rundreisen. In der Stadt, in Wohnvierteln oder in einem Touristengebiet. Wir waren immer in religiöser Kleidung unterwegs. Sein Fahrer wusste von unserer Affäre, da er uns fuhr. Wenn die Leute darüber reden, leide ich darunter." (02S/5, 225, 235, 245, 248, 250, 267)

ANITA: „Er hatte noch viele andere [als Geliebte]: Ordensschwestern, andere Frauen. Viele Leute sagen, was sie können. Ja, es gab einige, die es wussten, andere hatten den Mut, mich zu fragen, was ist das zwischen dem Priester und mir? Einige fragen mich, was für eine Beziehung das ist. Es gibt einen Fahrer, und wenn er mich fährt, bleibt er noch, um zu sehen, ob ich in die Kirche gehe oder den Weg zum Pfarrhaus einschlage. Es gibt einige, die Verbindungen herstellen. Gerüchte verbreiten sich schnell. Die Leute erzählen und reden viel. Denn auf jeden Fall wird es jemand erfahren. In Zukunft wird es immer jemand wissen. Weil es nie ein Geheimnis gibt, das (lacht) ewig bleibt (lacht)." (03A/140, 186–188, 190–192, 194, 197, 224–226)

INNOCENTE: „Ich ging dorthin [Haus des Priesters] mit einer Frau [die von der verantwortlichen Schwester bestimmt wurde, um die JF zu begleiten]." (04 I/76)

LIBERIA: „Er organisierte Ausflüge [...] Bei einem dieser Ausflüge mit der Gruppe der in der Schule untergebrachten [Personen] überredete er den Katecheten und seine Frau, dass ich in dem für den durchreisenden Priester reservierten Haus schlafen sollte. Durch sein Verhalten wussten die Leute in der Gruppe, dass er tatsächlich eine Vorliebe für mich hatte. Er gab den Damen [den anderen Frauen in der Gruppe] den Fotoapparat damit sie Fotos von uns machen konnten. Die anderen Mitbrüder [aus der Gemeinschaft des übergriffigen Priesters] bemerkten, dass er nicht mehr aß." (07L/87, 89, 102, 129, 134)

REGINA: „Das merkte man an der Zusammenarbeit für die Jugendbewegung ... Er ließ mich bei den anderen, mit denen wir im Auto waren ... Ich sehe mit eigenen Augen in Bezug zu die anderen, vor allem die jungen Frauen in der Pfarrei... Das Leben im Konkubinat mit den Frauen, die er in die Pfarrei bringt." (08R/35, 43, 129, 131)

CORINE: „Die Katechumenen sind dort auf dem Hof. Die Leute haben nichts gehört, sie haben nicht hingehört, aber sie waren nah dabei. Wenn sie es erfahren, bin ich wirklich am Ende, und das ist auch nicht von Vorteil für mich." (09C/64, 72, 124)

Im Fall von Liberia erkennen die Mitbrüder des übergriffigen Priesters, dass er nach dem Versuch, sie zu vergewaltigen, und der Konfrontation mit ihr und ihrer Oberin deprimiert war. In sieben von neun Fällen handelt es sich bei den genannten nahestehenden Personen um Nichtchristen oder Mitglieder der Pfarrei, um Mitarbeitende in den Werken der Gemeinde oder der Diözese, den Schulen oder den Sozialwerken, um Fachleute (Ärzte, Psychologen, Psychotherapeuten), die Fahrer der Priester, Mitarbeiter der Ordensfrauen, private Fahrer oder andere Personen (Laienkonkubinen derselben Priester).

Die folgende Tabelle fasst die gesammelten Fakten zusammen.

14. Was die Teilnehmerinnen über die Wahrnehmung und Haltung des Umfelds sagen

Tabelle 16: Die Haltungen nahestehender Gruppen und Personen

Gemeinschaft	Familie	Freunde	Andere Personen
Weiß vollständig/ teilweise Bescheid	Sieht	Wissen / sehen	Wissen / sehen
Ein Teil schweigt	Nimmt den Priester als Gast auf	Stellt die JF heimlich zur Rede	Verdächtigen / beobachten genau
Gewährt Erlaubnis, lässt die OF/JF begleiten oder nicht	Ein Teil weiß Bescheid	Gibt der JF heimlich Informationen	Stellt Fragen/ fordert zu einer Erklärung auf
Zieht Aufmerksamkeit auf sich / macht Bemerkungen / verdächtigt / neckt / beschuldigt / streitet	Schweigen	Bedroht / schweigt	Sprechen / kommentieren / verbreiten Gerüchte
Spricht nicht über sexuelles Fehlverhalten in der Gemeinschaft / nimmt Priester auf / leistet ihnen einen Dienst / hat Angst um andere Mitschwestern oder junge Frauen in der Ausbildung zum Ordensleben	Nimmt den Priester und die OF/JF als Gast auf	Leisten dem Priester einen Dienst	Schweigen
Hilft bei der Bewältigung	Sieht, dass sie in intim miteinander umgehen	–	Sie werden reagieren

14.5 Diskussion der Haltung des Umfelds

Dieser Themenbereich zeigt die Auswirkungen des missbräuchlichen sexuellen Fehlverhaltens zwischen Priestern und Ordensfrauen oder jungen Frauen in der Ausbildung zum Ordensleben auf Personen im direkten oder weiteren Umfeld, die ebenfalls mit diesen Priestern und mit den betroffenen Frauen in Beziehung stehen. Ich beschreibe dabei nicht nur die Auswirkungen des sexuellen Fehlverhaltens auf diese nahen oder weiter entfernten Personen, sondern zeige auch ihre Haltung auf, d.h. die Position, die sie angesichts dieser Realität einnehmen.

a) Die Haltung der Mitschwestern in der Gemeinschaft scheint einerseits still und beobachtend und andererseits proaktiv zu sein. Die Schwestern stellen fest, dass ihre Mitschwestern eine emotionale Beziehung zu Priestern haben. Sie scheinen sich damit aber nicht weiter zu befassen. Die Verantwortliche (Oberin, Formatorin) erlaubt den Ordensfrauen oder jungen Frauen in der Ausbildung zum Ordensleben, die Priester zu besuchen oder mit ihnen zu reisen, wobei sie sie von einer anderen JF, OF oder einer anderen Person begleiten lässt. In gewissem Sinne könnte man diese Haltung als gegenseitiges Vertrauen bezeichnen, als eine Haltung reifer Schwestern, an die Verantwortung jeder einzelnen zu glauben, ihre Berufung konsequent/konsistent zu leben. In diesem Fall ist allerdings der Grund, warum die verantwortliche Schwester sie begleiten lässt, unbekannt. Angesichts der Realität der sexuellen Übergriffe, die die Teilnehmerinnen vor den nichtsehenden Augen ihrer Mitschwestern erleben, kann man von einer passiven, naiven, zögerlichen und ängstlichen Haltung der Mitschwestern in der Gemeinschaft sprechen, die sehen, ohne zu sehen.

Andere Mitschwestern oder die Verantwortliche der Gemeinschaft nehmen Priester als Gäste auf, laden sie zum Essen ein, erweisen ihnen Dienste und bieten ihnen Zimmer in der Gemeinschaft an. Sie beobachten und necken, aber fordern die Teilnehmerinnen auch zu einer Erklärung auf. Sie beziehen in der Interaktion Stellung, sind wachsam, mutig und transparent. Aus den Erzählungen von acht von neun Teilnehmerinnen geht jedoch hervor, dass die Mitschwestern sich darauf beschränken, nur der Teilnehmerin gegenüber Bemerkungen zu machen, nicht aber gegenüber dem Priester. In der Interaktion mit Regina ist die Haltung der Mitschwestern anklagend. Regina wird „reviktimisiert". Ihre Mitschwestern schieben ihr die Last der Verantwortung für die sexuelle und emotionale Belästigung zu, die sie durch den Priester erfährt.

Der Fall von Solange ist eine relevante Ausnahme: Es ist der einzige Fall, in dem der beteiligte Priester wegen seines ungesunden Verhaltens konfrontiert wird. Er wird von der Teilnehmerin und von ihrer Oberin zur Rede gestellt. Solange erhält auch Unterstützung und Orientierung durch ihre Oberin, um mit dieser regelwidrigen Beziehung gut umzugehen und sie schrittweise zu beenden.

b) In Subsahara-Afrika kommt es häufig vor, dass die Familien aus Menschen mit unterschiedlichen Religionen bestehen: Christen, Anhänger von Naturreligionen, Muslime. Die Familien, d.h. die Verwandten der Priester und der Ordensfrauen sind nicht notwendigerweise alle Christen. In einem hermeneutischen Ansatz stelle ich verschiedene mögliche Interpretationen ihrer schweigenden Haltung vor. Die Priester, die in das sexuelle Fehlverhalten verwickelt sind, sind den Familienangehörigen der Ordensfrauen bekannt. Sie kommen in die Familien und werden von den Eltern geschätzt, die ihre Töchter mit ihnen in ihre eigenen Familien gehen lassen und sie sogar gemeinsam im Schlafraum der Familie schlafen lassen. Es ist interessant, dass kein Elternteil Verdacht schöpft, ihre Tochter befragt oder gegen die Annäherung zwischen dem Priester und ihrer Tochter Einspruch erhebt. Möglicherweise ist ihr Schweigen auf Gleichgültigkeit, eine verdeckte Besorgnis oder auf Verwirrung zurückzuführen, nachdem sie an den zeitlichen oder ewigen, öffentlich abgelegten Gelübden ihrer Töchter oder an der Priesterweihe ihrer Söhne teilgenommen haben. Wahrscheinlich stellen sie sich die Frage nach der Bedeutung und der Heiligkeit des Ordensberufs oder des Priestertums. Sie fühlen sich sicherlich unwohl, wenn sie feststellen, dass ihre Töchter, die eine OF/JF sind, zusammen mit einem Priester bzw. ihre Söhne, die Priester sind, zusammen mit einer OF/JF quasi ein Leben in einer Paarbeziehung führen. Sie sind wahrscheinlich beunruhigt, wenn sie dieses Leben als Paar zwischen einem Priester und einer JF/OF bei ihren Töchtern und Söhnen sehen, ohne dass es die unumgänglichen und bedeutsamen kulturellen Schritte der traditionellen Heirat gibt, d. h. das Anhalten um die Hand der Braut und eine Mitgift. Eltern und Familien, die einer Naturreligion anhängen, können eine Strafe oder den Fluch der Ahnen für die Inkohärenz ihrer Söhne und Töchter befürchten. Wenn sie Christen sind, können sie sich schuldig fühlen und die christlichen Werte, die sie eigentlich schätzten, in Frage stellen. Das Schweigen der Familien der Teilnehmerinnen und der Familien der Priester ähnelt dem Schweigen einiger Mitschwestern in der Gemeinschaft. Es kann Ausdruck von Naivität und Unachtsamkeit, einer Idealisierung der Priester und völligem Vertrauen in sie, Angst oder einer inneren Verwirrung sein, so dass sie nicht mehr unterscheiden können zwischen dem, was angemessen ist, und dem, was nicht angemessen ist. Es kann auch eine stillschweigende Komplizenschaft sein, wenn ihnen das Schicksal ihrer Söhne und Töchter leidtut, die sich für ein Leben in Keuschheit und im Zölibat entschieden haben.

c) Die Haltung der Freunde der Teilnehmerinnen und der Priester ist unterschiedlich. Während Beckys Freund bedroht und seine Beziehung zu ihr abgebrochen wird, nehmen die Freunde dieses Priesters, die ebenfalls Priester sind, teilweise Stellung. Einer spricht Becky diskret auf die Beziehung an. Das bedeutet vermutlich, dass ihm das Fehlverhalten seines Freundes, der als Priester beteiligt ist, nicht gefällt. Seine Stellungnahme ist jedoch unvollständig, da er dies diskret und heimlich tut. Es ist nicht sicher, ob er bis zu einer Konfrontation mit dem Missbrauchstäter, seinem Freund, gehen wird. Anita spricht in ihrer Verwirrung mit dem Freund des Priesters, der sie missbraucht. Dieser macht ihr eine Enthüllung: Anita ist derzeit nicht die einzige

Geliebte des Priesters; ihre Mitnovizin ist auch seine Geliebte. Wenn diese Version stimmt, tut der Freund des Priesters Anita einen Gefallen, denn von diesem Zeitpunkt an beschließt Anita, die Beziehung des sexuellen Fehlverhaltens zu beenden. Der Freund des Priesters entscheidet sich klar für Transparenz. Daraus kann man schließen, dass ihm das missbräuchliche Verhalten seines Freundes nicht gefällt. Diese Stellungnahme könnte letztlich bis zur Konfrontation mit dem Priester, seinem Freund, führen. Andernfalls widerspräche es dem Sinn von Freundschaft, und es würde in der Realität dieser Freundschaft ein Hindernis geben.

d) Gläubige Menschen, seien sie Christen oder Nichtchristen, sind Zeugen der irregulären Beziehung von Priestern zu Ordensfrauen oder jungen Frauen in der Ausbildung zum Ordensleben. Diese Personen kommen aus verschiedenen Alters- und Gesellschaftsschichten: Kinder, Jugendliche, Erwachsene, andere Priester, andere OF, andere JF, Beichtväter, geistliche Begleiter, psycho-spirituelle Begleiter, Fachleute (Ärzte, Psychiater, Psychologen, Psychotherapeuten), Katecheten, Christen aus der Heimatpfarrei oder aus anderen Pfarreien, aus Nebenstationen und aus anderen Kontexten. Die Haltung dieser Personen ist unterschiedlich und kann in drei Erscheinungsformen eingeteilt werden: d1) Bei den schweigenden Personen kann das Schweigen Ausdruck ihrer Naivität, ihrer Überraschung, ihres Erstaunens, des Schocks angesichts der Realität oder auch einer gewissen Passivität sein. Das Schweigen der anderen Zeugen scheint nicht völlig passiv zu sein. Sie beobachten, überlegen, denken, stellen Fragen und machen Andeutungen, aber sie wollen nicht zu einer klaren Stellungnahme gelangen, zu einer Konfrontation und Anklage wegen des anstößigen und inakzeptablen Verhaltens. d2) Personen, die spionieren, verdächtigen, Kommentare und verdeckte Andeutungen machen. d3) Personen, die die Teilnehmerinnen konfrontieren, ihnen Fragen stellen, damit sie sich selbst positionieren und die Art der Beziehung, die sie mit den Priestern verbindet, verstehen.

Es ist interessant zu sehen, dass keiner der Zeugen und Zeuginnen die beteiligten Priester konfrontiert außer im Fall von Liberia. Dies könnte als Furcht vor dem Priester oder Folge seines sozialen Abstands aufgrund seiner Macht und Autorität interpretiert werden. Es macht ihn zu einem „Unangreifbaren". Der Fachmann DAVE sagt dazu: „Das größte Problem ist: Wer kann es wagen, über dieses Problem zu sprechen? Und ehrlich gesagt sind sie [Priester] auch mächtige Personen; also muss man sehr vorsichtig vorgehen, wenn man das übernimmt. Der Schuldige [Priester] wird den Frauen [OF/JF] sagen: ‚Wenn ich das irgendwo erfahre, dann bekommst du richtig ein Problem mit mir.'" (Da/B1, B6, B8)

14. Was die Teilnehmerinnen über die Wahrnehmung und Haltung des Umfelds sagen

Daves Äußerungen könnten darauf hindeuten, dass Priester, die in sexuelles Fehlverhalten verwickelt sind, offenbar nicht immer auf ein Podest gestellt, idealisiert oder als Heilige und fehlerfreie Menschen betrachtet werden. Die Zeugen werden mit ihren inakzeptablen Handlungen konfrontiert. Es gibt jedoch eine gewisse Unfähigkeit bei den Zeugen, Stellung zu beziehen, sie zu konfrontieren, sie zu einer Erklärung herauszufordern. Es kann sein, dass diese Priester keine Nähe zulassen, sie verhalten sich dann wie unangreifbare, „mächtige" Priester. Im Folgenden liste ich weitere Aussagen der befragten Mitarbeiter auf.

MOÏSE: „Es gibt viele Gerüchte. Da die Opfer oft aus Angst vor Repressalien und aus Scham schweigen." Ein Priester sagte: „Geh und sag es diesem Moïse. Wenn ich das höre, bekommt er es mit mir zu tun." Ein anderer drohte Moïse, eine „schwarze Messe"[26] zu feiern.

SARAH: „Der Grund ist, um sich selbst zu schützen, um den Namen ihrer Familie zu schützen. Sie sagen: ‚Sobald dieser Fall vor Gericht geht, wird der Name der Familie veröffentlicht.' Und so lehnen sie es kategorisch ab. Aber dahinter steht auch sehr oft die Manipulation des Priesters, der weiterhin Zugang zu diesen jungen Frauen hat und sie bedroht: ‚Haaa![27] Rühr nicht an meine Autorität als Priester, rühr nicht an mein Priestertum.'" (Sa/B3)

DAVE: „Um an den Schuldigen [Priester] zu appellieren, braucht es oft viel Mut. Er könnte denken, dass ich ihn beschmutze."

Die Fachleute beschreiben, wie schwierig es für sie ist, die Priester zu konfrontieren. Priester bedrohen sie ebenso wie die OF/JF. Die Personen, die Zeugen sexuellen Fehlverhaltens zwischen Priestern und OF/JF werden, stehen durch die Gesamtsituation unter demselben Einfluss: Sie scheinen in einer internen Anweisung gefangen zu sein, nicht zu sprechen. Zeugnis für Jesus Christus abzulegen wird schwierig. Das Bild von Jesus Christus und der Kirche wird geschädigt. Priester und Ordensfrauen, die eine irreguläre sexuelle Beziehung leben, schädigen ihren eigenen Ruf, den ihrer Familien und den ihrer Ordensinstitute.

Das sexuelle Fehlverhalten von Priestern mit Ordensfrauen ist ein Gegenzeugnis. Menschen verschiedener Religionen – Christen, Anhänger traditioneller Religionen, Muslime – schätzen die christlichen Werte sowie das

---

26 Der Ausdruck „schwarze Messe" bedeutet, dass auf die Person, für die die Messe gelesen wird, durch das Gebet das ihr zugedachte Unglück herabkommt. Im schlimmsten Fall ist es ihr Tod, im besten Fall nur eine schwere Krankheit oder Behinderung. Die Messe wird als Drohung oder Vergeltung gelesen. Moïse offenbarte mir dies nach einem Gespräch mit ihm.
27 Ein lokal gebrauchter Drohruf, meist begleitet von der Geste, der bedrohten Person mit dem Zeigefinger fast in die Augen zu stoßen.

Priestertum und das Ordensleben. Sie bewundern die evangelischen Räte, loben die mutige und großzügige Hingabe der „Männer Gottes" und der „Frauen Gottes". Sexuelles Fehlverhalten zwischen Priestern und Ordensfrauen ist eine Inkohärenz und eine gesellschaftliche Inkonsistenz. Es liegt ein Widerspruch zwischen dem, was diese Männer und Frauen Gottes sagen und was sie für alle hörbar bei öffentlichen festlichen Anlässen verkünden, bei denen Menschen verschiedener Religionen zusammenkommen, und diesem Verhalten. Die Menschen bemerken das und leiden darunter; ihr Leid drückt sich in Verwirrung, Wut, Empörung, Zweifel oder sogar Unglauben aus. Sie können dies jedoch nicht in Worte fassen. Sie mauern sich in ein Schweigen ein, das ihren Glauben und die Evangelisierung in Subsahara-Afrika ersticken kann. Es ist eine Situation, die nicht mehr lange aufrechterhalten werden kann.

ANITA: „Mit Doppelspielen [Doppelleben] kommt man nicht weit. Denn auf jeden Fall wird es jemand erfahren. In Zukunft wird es immer jemand wissen. Es gibt nie ein Geheimnis, das ewig bleibt." (03A/223–226)

Das katholische Christentum steht in voller Blüte. Die Zahl der Ortskirchen wächst und die Strukturen und Institutionen (Kirchengebäude, Schulen, Universitäten, Gesundheitsstationen, Krankenhäuser, spirituelle Zentren und Ausbildungsstätten) werden immer größer und zahlreicher. Christliche und nicht-christliche Menschen brauchen Hirten, die ihnen nahe sind, „durchdrungen vom ‚Geruch ihrer Schafe'". Diese Menschen erwarten von den Hirten, dass sie „mitten in [ihrer] eigenen Herde" sind, dass sie Männer und Frauen in „ihrem Alltag" und bis hin zu den „Peripherien" erreichen." (Papst Franziskus, 2013[28]) Um ihren Glaubensweg im Alltag fortzusetzen, brauchen diese Menschen Priester, mit denen sie eine Beziehung aufbauen können, in der der Hirt und die Herde sich gegenseitig in Jesus Christus und innerhalb der Kirche aufbauen.

Die Teilnehmerinnen und Mitarbeitenden haben aktiv dazu beigetragen, Vorschläge zur Betreuung und zur Prävention zu machen, die ich im Folgenden vorstellen werde.

15. Was die Teilnehmerinnen zu Betreuung und Prävention sagen

In diesem Themenbereich geht es um folgende Aspekte: die Haltung, die man einnehmen sollte, die Erziehung, die Erstausbildung und die ständige Weiterbildung im Orden im Hinblick auf Prävention.

---

28 Papst Franziskus in der Chrisam-Messe am Gründonnerstag, dem 28. März 2013, im Petersdom in Rom.

15. Was die Teilnehmerinnen zu Betreuung und Prävention sagen

15.1 Präventive Formation

Die Teilnehmerinnen sagen dazu Folgendes:

BECKY: „Die Ausbildung in [dieser Phase] hat mir die Kraft gegeben, die Beziehung zu beenden." (01B/82)

SOLANGE: „Nach meiner Meinung muss es genug Formation für junge Männer [Seminaristen] und junge Frauen geben. Menschliche Formation, Formation in Bezug auf Affektivität, Sexualität und die Persönlichkeit." (02S/164–165)

INNOCENTE: „Die Formatorinnen sollten mit den jungen Frauen darüber sprechen, damit sie nicht naiv sind. Sie sollten mit den JF sprechen, damit sie in der Gegenwart von Männern wachsam und vorsichtig sind. Ihnen helfen, so dass sie wissen, wie sie mit Priestern zusammenarbeiten können, wenn sie zusammen sind." (04I/168–169, 180)

JESSY: „Ich kann sagen, dass die Kirche heute die Aufklärung über die Sexualität sehr viel besser macht. Man sollte den Priestern weiter genügend Informationen geben, damit sie ihre Sexualität besser integrieren können." (06J/43,44)

LIBERIA: „Ich würde mir wünschen, dass man bei der Ausbildung von Priestern einen Begriff davon vermittelt, was das Ordensleben ist. Den Begriff des Zölibats mit ihnen noch weiter vertiefen. Denn für die meisten bleibt es bei dem Wort ‚zölibatär' stehen. Für sie ist dabei die Keuschheit nicht mit eingeschlossen." (07L/373–376, 382)

REGINA: „In der Erstausbildung im Orden ein wenig den Menschen in Bezug auf das Thema Sexualität durchgehen. Wissen, was in uns vorgeht, wenn wir einer anderen Person gegenüberstehen." (08R/110–111)

CORINE: „Dass die jungen Frauen in der Ausbildung zum Ordensleben zumindest gewarnt werden, dass es diese Art von Dingen gibt [sexuelles Fehlverhalten]." (09C/271)

Sechs der neun Teilnehmerinnen betonten die Wichtigkeit der Formation für die Priester und die Ordensfrauen als ein Mittel, um aus diesem sexuellen Fehlverhalten herauszukommen oder es zu reduzieren.

Die Mitarbeitenden sagen zu diesem Thema Folgendes:

MOÏSE: „Es gibt ein großes Problem bei der initialen Formation von zukünftigen Ordensfrauen und zukünftigen Priestern. Die Themen Sex, Sexualität, Liebe sollten von Fachleuten auf diesem Gebiet vollständig und detailliert dargestellt werden. Ich glaube auch, dass es in der Seminarausbildung einen Fachvortrag über zwischenmenschliche Beziehungen geben sollte." (Mo/ B2, B3, B4)

SARAH: „Man sollte ab dem Aspirantat einige Elemente einbringen, damit die jungen Leute die physiologische Reaktion ihres Körpers verstehen, die mit der emotionalen Reife und der sexuellen Reife zusammenhängt. Dass sie sich selbst verstehen können. Im Postulat und im Noviziat sollte man die verschiedenen Altersgruppen vorstellen. Damit sie sich selbst verstehen können und wissen, dass sie ihrer Formatorin sagen können: ‚Ich habe dieses Bedürfnis', ohne verurteilt zu werden. Dies ist eine Gelegenheit für die gesamte katholische Kirche, auf die Reife zu schauen, auf die Frage der Sexualität als Ort der Berufung zu schauen und die Sexualität zu verstehen, denn die Kirche geht schnell über die Sexualität hinweg. Manchmal wird sie in der Formation lange Zeit banalisiert. Das Problem auf den Tisch zu bringen und ihnen zu helfen, ihre Sexualität zu verstehen, wie sehr sie mit ihrer Identität verbunden ist und wie sehr die Arbeit an der eigenen Identität ohne die Arbeit an der Art und Weise, wie die Sexualität gelebt wird, ein Hindernis für das geweihte Leben darstellt. Unsere Sexualität besser kennenlernen." (Sa/B7, B10)

DAVE: „Priester zu sein bedeutet, dass man dazu berufen ist, mit vielen unterschiedlichen Menschen zu leben. Es bedeutet, ein Vorbild, ein Hirte und ein Anführer zu sein. Man muss ihnen in der Grundausbildung eine Persönlichkeitsbildung geben, damit sie wissen, welche Persönlichkeit sie haben, welche Vorfälle ihnen zustoßen können. Das heißt, was sind ihre Stärken, ihre Schwächen." (Da/B8)

Die drei Fachkräfte betonten ebenfalls die Bedeutung der Formation.

Beide Gruppen haben spezifische Themen vorgeschlagen. Die folgende Tabelle fasst sie zusammen.

15. Was die Teilnehmerinnen zu Betreuung und Prävention sagen

Tabelle 17: Von den befragten Teilnehmerinnen und Mitarbeitenden
für die Formation empfohlene Themen

Themen der Teilnehmerinnen	Themen der befragten Mitarbeitenden
Allgemein menschliche Formation	Formation im Hinblick auf zwischenmenschliche Beziehungen
Formation der Persönlichkeit	Formation zu den Rechten der Menschen
Formation in Offenheit	Formation in Verantwortung / im Hinblick auf die Pflichten der Menschen
Formation der Affektivität	Formation im Hinblick auf Affektivität
Formation im Hinblick auf ein Bewusstsein der eigenen Sexualität	Formation über Sexualität und Geschlecht
Formation im Hinblick auf Sexualität	Formation im Hinblick auf Sexualität
Formation, um die eigene Sexualität zu integrieren	Formation zur emotionalen und sexuellen Reife
Formation zum Umgang mit Scham und Schuldgefühlen	Formation als Hilfe, die eigenen Grenzen zu kennen
Formation zum Zölibat, einschließlich Keuschheit	Formation der Priester zum Zölibat
Formation von Priestern über das Ordensleben	Formation von Priestern und Seminaristen
Formation bezüglich der Naivität der OF/JF, Förderung einer wachsamen Haltung in der Zusammenarbeit mit Priestern	–

15.2 Ratschläge der Teilnehmerinnen

Die Teilnehmerinnen sagen dazu Folgendes:

BECKY: „Er ruft mich nicht mehr an und ich rufe ihn auch nicht mehr an. Ich habe aufgehört. Ich fühle mich jetzt in der Lage, ihm zu widerstehen. Man

V. Profil der Protagonisten, Vorstellung, Analyse und Diskussion der Ergebnisse

muss in Beziehungen Grenzen setzen können. Jeder muss dabei zu seiner Entscheidung stehen." (01B/70, 80, 85, 98)

SOLANGE: „Sehr viel Vorsicht. Ich empfehle ihnen, immer eine Abgrenzung zwischen ihnen [den anderen JF/OF] und den pastoralen Mitarbeitern [Priester, Männer] zu behalten. Zu viel Offenheit begünstigt diese Art von zweideutigen Beziehungen. Ich habe die Beziehung beendet. Von meiner Seite aus ist es vorbei." (02S/167–168, 258, 264)

ANITA: „Ich werde jungen Frauen, die den Wunsch haben, Schwester zu werden, eher raten, auf eine Schwester zuzugehen. Es ist besser, sich einer Schwester anzuvertrauen." (03A/180, 184)

INNOCENTE: „Ich bin geflohen und habe einen anderen Weg genommen, um nach Hause zu kommen. Zuerst wurde mir klar, dass ich in einer sehr hohen Naivität lebte. Jetzt, wo ich alles verstanden habe, möchte ich, dass sich die beiden zumindest einig sind, bevor sie das tun." (04I/113, 160, 162)

MARTHA: „Ich habe vor, es zu vermeiden. Was mir helfen kann und was mir jetzt leichter fällt, ist, dass mir vieles bewusst wird. Ich habe meine Schwäche erlebt." (05M/75, 109, 124)

JESSY: „Ich schlage vor, den Kontakt zu unterbrechen (feste Stimme), die Treffen zu reduzieren." (06J/41)

LIBERIA: „Das bedeutet, unser Leben als gottgeweihte Frauen wirklich in Betracht zu ziehen. Von Anfang an sagen: ‚Nein!' Offen gegenüber den Verantwortlichen in der Gemeinschaft sein. Ich ziehe die Gemeinschaft vor. Weil das mehr Schutz bietet. Ihn [Priester] treffen, um zu diskutieren. Ich bevorzuge es, wenn die Dinge klar sind. Es ist wirklich diese Erfahrung, die mich dazu bringt, das zu tun. Denn mit dem ersten Priester habe ich die ganze Zeit nur vorsichtig und indirekt geredet, um die Dinge zu sagen." (L /240.265–268, 357–358, 367).

REGINA: „Ich habe ihm wirklich gesagt, wie ich mich in Bezug auf seine Reaktionen gefühlt habe, was das bei mir ausgelöst hat. Die Beziehung wurde beendet. Ich habe mich von ihr distanziert. Wir haben keine Treffen oder Kontakte mehr, bei denen er mich berühren oder küssen könnte." (R/49, 52, 80–81)

CORINE: „Ich lebe in dieser Beziehung und sage, dass ich die Gelübde erneuern will? Möge Gott mir wirklich helfen, dass ich da herauskommen kann. Selbst mit dem Handy ist es nicht so, dass man auf jede Nachricht antwortet. Man kann sogar online sein und nicht antworten, niemand wird kommen und dir die Kehle aufschlitzen." (C/146–147, 291–292)

Die neun Teilnehmerinnen bringen zum Ausdruck, was ihnen bewusst geworden ist und was ihnen hilft oder geholfen hat, aus der Situation herauszukommen. Sie formulieren Ratschläge, um anderen zu helfen, sexuelles Fehlverhalten mit Priestern zu vermeiden. Die folgende Tabelle fasst ihre Punkte zusammen.

15. Was die Teilnehmerinnen zu Betreuung und Prävention sagen

Tabelle 18: Haltungen und Ratschläge der Teilnehmerinnen

Empfohlene Haltungen	Ratschläge
Die Kommunikation unterbrechen (Anrufe, Nachrichten auf dem Handy)	Die eigenen Gefühle und die der anderen ernst nehmen / an die geliebte Person denken / die eigene Zukunft nicht mit Hypotheken belasten
Ein klares „Nein" ausdrücken (Widerstand leisten)	Die eigene Sexualität/die eigenen Grenzen kennen
Die Beziehung abbrechen	Mit Priestern sprechen, sich in ihre Lage versetzen, nach Wegen suchen, die Beziehung zu beenden
Körperliche Nähe in geschlossenen Räumen vermeiden	Die Priester und die OF sollten mit gutem Beispiel vorangehen
Provokationen vermeiden	Ein angemessenes Verständnis des gottgeweihten Lebens, des Zölibats haben
Nach der Vergewaltigung fliehen und sofort mit einer Vertrauensperson sprechen	Das Ordensleben wahrnehmen und ernst nehmen, es respektieren
Einladungen zu Besuchen beim Priester nicht annehmen	Christus nachfolgen, bei Christus bleiben, für den man sich entschieden hat, arm, keusch, gehorsam
Seine Erfahrungen mit anderen teilen und anderen empfehlen, psychologische Hilfe zu suchen	Das eigene Gewissen prüfen
Sich der Verantwortlichen in der Gemeinschaft öffnen	Eine Ordensfrau als Begleiterin haben
Psychologische Hilfe suchen, Psycho-spirituelle Begleitung	Vermeiden, dass die Beziehung zwischen Priestern und OF/JF zu sexuellem Missbrauch wird; wenn möglich, eine Freundschaft aufbauen

Die Teilnehmerinnen nennen Verhaltensweisen und Ratschläge, um andere zu warnen.

15.3 Vorschläge für die Betreuung und Aufklärung

Die Teilnehmerinnen sagen dazu Folgendes:

SOLANGE: „Als ich mit den Gesprächen [psycho-spirituelle Begleitung] begann, wurde es mir klar." (02S/256–257)

INNOCENTE: „Mit dem Weg, den ich gehe [psychologische Begleitung]. Mit diesem Weg gibt es viele Dinge, die sich verbessert haben." (04I/159, 176)

MARTHA: „Sie [die Erfahrung] in mein Gebet einbringen." (05M/110)

REGINA: „Themen, die für diese Situationen sensibilisieren. Was mir geholfen hat, war der Mut, es jemandem zu erzählen." (08R/106,108)

CORINE: „Ich muss sagen, dass es nicht so ist, dass ich es alleine geschafft habe, da herauszukommen. Ich habe es dem Rat der einen, der anderen, meines Beichtvaters und auch dem Gebet zu verdanken." (223, 224, 226, 228)

Fünf der neun Teilnehmerinnen sprechen vom Gebet, von der Beichte, von Ratschlägen, psycho-spiritueller Begleitung und psychologischer Betreuung, die ihnen geholfen haben, mit ihrer schmerzhaften Erfahrung zu leben und sie zu überwinden. Sie schlagen weiterhin Aufklärung und Sensibilisierung vor.

Die Mitarbeitenden sagen zu diesem Thema Folgendes:

MOÏSE: „Die Sexualerziehung, die hätte gemacht werden müssen, wird nicht gemacht, weil sie ein Tabu ist. Ich denke, wir brauchen eine Aufklärung, die schon im Vorfeld, weit im Vorfeld in unseren Familien stattfindet." (Mo/B2, B5)

DAVE: „Eine Struktur haben, um sich um den Täter [Priester] zu kümmern. Dieses Kümmern hat nicht den Sinn einer Bestrafung." (Da/ B8)

15.4 Stellungnahmen zu dieser Untersuchung

Die Teilnehmerinnen sagen dazu Folgendes:

LIBERIA: „Ich bin froh, dass ich diese Erfahrung in die Untersuchung, die Sie machen, einbringen kann." (07L/395)

CORINE: „Guten Mut für die weitere Forschung. Damit zumindest etwas Anständiges dabei herauskommt." (09C/293–294)

Einer der Mitarbeitenden sagt dazu Folgendes:

DAVE: „Möge diese Forschung ihr Ziel erreichen." (Da/B10)

15.5 Diskussion über präventive Formation und Betreuung

a) Die Vorschläge der befragten Teilnehmerinnen und Mitarbeiterinnen sind präzise, und sie betreffen Themen, die angezeigt sind, um der initialen Formation und der ständigen Weiterbildung Orientierung zu geben, damit sexuellem Fehlverhalten in der pastoral-seelsorglichen Beziehung und der Zusammenarbeit zwischen Priestern und Ordensfrauen vorgebeugt wird. Die

Themen betreffen die menschliche, relationale, affektive und sexuelle Reife. Die Vorschläge der Teilnehmerinnen sind auch ganz praktischer Natur. Liberia zum Beispiel bezieht ihre didaktische Erfahrung bei der Ausbildung zum Thema Sexualität ein:

> „Was ich mache, um das Thema mit den jungen Leuten anzugehen. Ich beschreibe eine Szene und nehme dazu etwas aus meiner Erfahrung. Dann fotokopiere ich das auf Blätter. Dann diskutieren wir darüber. Und dadurch werden bestimmte Dinge angesprochen. Denn wenn wir nur theoretisch an die Sache herangehen, ist ihre Beteiligung nicht konkret genug. Sie beteiligen sich nicht viel. Es ist wie eine Scham, eine Verlegenheit. Aber wenn eine Szene beschrieben wird, drücken sie sich viel besser aus und man kann sehen, wie sie denken, wie ihre Fähigkeit, ihre Reife in Bezug auf diese Szenen ist, und wie sie reagieren würden. Es kommt vor, dass sie ziemlich enge Urteile haben, und da ermöglicht es ihnen, sich zu orientieren und sich dem Thema unkompliziert zu nähern. Das ist die Erfahrung, die ich gemacht habe." (07L/276–287)

b) Die Teilnehmerinnen machen Vorschläge zum Aufbau von Grenzen, zu Richtlinien (Wachsamkeit, Vorsicht, Klarheit, Widerstand, Zurückhaltung, Offenheit in der Gemeinschaft), konkreten Betreuungs- und Hilfsmitteln, um mit diesen problematischen und klinischen Erfahrungen umzugehen, insbesondere aktives Zuhören sowie spirituelle und psychospirituelle Begleitung. Die Teilnehmerinnen schlagen auch spirituelle Mittel vor, nämlich die Beziehung zu Gott durch das Gebetsleben, die Sakramente, die Beichte und die Eucharistie.

c) Als ich sie um ihre Teilnahme an meiner Forschung bat, befanden sich acht der neun Teilnehmerinnen in spiritueller Begleitung, nahmen an Sitzungen zur Förderung und Stärkung ihrer Berufung teil oder machten eine Psychotherapie. Eine von ihnen hatte diesen Begleitungsprozess zu diesem Zeitpunkt abgeschlossen und war für die Formation der jungen Frauen in ihrem Institut zuständig. Ausgehend von ihren Erfahrungen und der Hilfe, die sie währenddessen erhalten hatte, macht sie ebenso wie auch die anderen relevante Vorschläge. Diese Vorschläge sind realistisch, da sie auf den Erfahrungen der Teilnehmerinnen beruhen. Sie haben Missbrauch erlebt und einen Reifungsprozess durchlaufen, in dem sie ihr Leid, ihre Schmerzen, ihre Zweifel, ihr Zögern, ihre Schuldgefühle und auch die erlittenen Konsequenzen erneut angeschaut und bearbeitet haben.

Die Teilnehmerinnen hatten eine aktive Rolle in meiner Forschung. Meine Absicht bestand darin, die Teilnehmerinnen aufzufordern, nicht nur ihre Erfahrungen zu schildern, um sie in meiner Untersuchung zu verwenden, sondern sie auch Mittel und Wege vorschlagen zu lassen, wie man übergriffige und missbräuchliche Haltungen von Priestern in der PB oder BZP bremsen und bekämpfen kann. Diese in meiner Forschung angewandte Methodik hat zwei pädagogische Dimensionen. Einerseits erteilt sie den Teilnehmerinnen das Wort und ermächtigt sie, das Schweigen zu brechen. Andererseits soll den Teilnehmerinnen die Möglichkeit gegeben werden, ihre Erfahrungen weiter zu bearbeiten, sie zu verstehen und anderen Ordensfrauen die Möglichkeit zu geben, aus ihren Erfahrungen zu lernen. Die Aufforderung an die Teilnehmerinnen, Vorschläge zu machen, wie man aus einer solchen Situation herauskommt, wie man heilen kann oder wie man sexuellem Fehlverhalten in der PB oder der BZP vorbeugen kann, ist eine Anreiz, den Weg der Heilung zu beginnen oder fortzusetzen. Es ist eine Aufforderung, aus der Passivität und dem Zögern herauszukommen und aktiv Stellung zu beziehen. Die von den Teilnehmerinnen vorgeschlagenen präventiven Haltungen und Ermahnungen sind das Ergebnis von Lern- und Reifungsprozessen ausgehend von ihren Erfahrungen.

Die aktive Mitarbeit der Teilnehmerinnen zeigt, dass sie sich der Risikofaktoren und der Grenzverletzungen in der PB bzw. der BZP bewusst sind. Ich werde in Abschnitt D diese Risikofaktoren, die Grenzverletzungen und die Beziehungsdynamiken, die sexuellem Fehlverhalten zugrunde liegen, darlegen.

ABSCHNITT D: Dynamiken, Risikofaktoren und Grenzverletzungen in der PB oder der BZP

16. Andere in den Blick kommende Theorien

In diesem Abschnitt werde ich die Ursachen und Risikosituationen untersuchen, die dem sexuellen Fehlverhalten in der pastoral-seelsorglichen oder kollaborativen Beziehung zwischen Priestern und Ordensfrauen oder jungen Frauen in der Ausbildung zum Ordensleben zugrunde liegen.

16.1 Die Dynamiken in der PB und der BZP

Dynamiken sind Ursachen, die den Haltungen zugrunde liegen, die zu sexuellem Missbrauch, anderer sexueller Gewalt und weiteren Formen missbräuchlichen Verhaltens von Priestern führen.

16.1.1 Die Dynamiken und Strategien der Priester

Die folgende Tabelle fasst die gesammelten Daten zusammen.

16. Andere in den Blick kommende Theorien

Tabelle 19: Die Dynamiken und Strategien der Priester

Die Dynamiken und Strategien von Priestern	
a) Die Wachsamkeit der jungen Frauen in der Ausbildung zum Ordensleben bzw. der Ordensfrauen und ihrer Angehörigen neutralisieren	
Sich durch häufige Besuche in der Familie oder in der Gemeinschaft der OF bekannt machen	Die Oberin oder die Formatorin um Erlaubnis bitten, von der OF besucht zu werden
Mit fast allen Schwestern in der Gemeinschaft scherzen und befreundet sein (Ausgleich)	Gespräche mit der OF auf Themen außerhalb der Arbeit lenken
b) Die Ordensfrauen bzw. die jungen Frauen in der Ausbildung zum Ordensleben isolieren, um sie kontrollieren zu können	
Einladungen zum Priester, zu Reisen oder Ausflügen	Gelegenheiten schaffen, um mit der OF zusammen zu sein
Ihre Beziehungen zu anderen Personen überwachen; sich zu ihren Beschützern/ihren Erziehern machen	Gezielt pastorale Aktivitäten (Einkehrtage)/pastorale Ausflüge organisieren, um mit ihnen zusammen zu sein
c) Eine Abhängigkeit der Ordensfrauen bzw. der jungen Frauen in der Ausbildung zum Ordensleben von ihnen schaffen	
Die OF/JF zu einer besonderen Person machen; sie wird „meine Tochter" unter den anderen Ordensfrauen	Sich selbst zur unverzichtbaren Stütze in der Zusammenarbeit machen
Besondere Aufmerksamkeit erweisen, zärtliche Gesten zeigen, bei Reisen und Festen allein ihre Gesellschaft suchen	Der OF/JF bei der Arbeit übertriebene Komplimente machen
Finanzielle Unterstützung leisten / symbolische, wertvolle Geschenke machen	Sich den FO/JF durch gute Zusammenarbeit annähern / sich in der Zusammenarbeit zugänglich und interessiert zeigen / seine Hilfe in der Zusammenarbeit anbieten
Bei der Auswahl oder Suche eines Klosters für die von ihm begleitete junge Frau helfen	Regelmäßig anrufen, um Informationen von der OF/JF zu erhalten
d) Verwirrung in den Ordensfrauen oder jungen Frauen in der Ausbildung zum Ordensleben stiften	
Sexuelles Fehlverhalten mit anderen OF/JF in derselben Gemeinschaft wie das Opfer	Die Komplizenschaft der Formatorin oder der Oberin der OF/JF suchen oder sie implizit einbeziehen
Den Eindruck erwecken, wirklich verliebt zu sein / sie mit schmeichelnden und aufdringlichen Liebesbekundungen und sexuellen Aufforderungen umwerben	Wertgeschätzt werden als Wohltäter und als jemand, der der Gemeinschaft neue Berufungen zuführt
Sich krank stellen	Kognitive Verzerrungen als Antwort auf Zweifel in der Frage des Zölibats einsetzen

V. Profil der Protagonisten, Vorstellung, Analyse und Diskussion der Ergebnisse

Anmerkung: Priester wenden diese Strategien und Listen in ihren Beziehungen zu Ordensfrauen oder jungen Frauen in der Ausbildung zum Ordensleben an, sei es im pastoral-seelsorglichen Bereich oder in der Zusammenarbeit.

16.1.2 Diskussion der Dynamiken und Strategien von Priestern im Rahmen der PB und der BZP

Die Dynamiken der Priester, die aus den Erzählungen der Teilnehmerinnen hervorgehen, haben folgende Zielrichtung: a) die Wachsamkeit der Teilnehmerinnen und der ihnen nahestehenden Personen (Eltern, Verwandte, Freunde, Mitschwestern) zu neutralisieren; b) sie von ihrer vertrauten und sicheren Umgebung zu isolieren, um sie unter dem Vorwand, sie in Sicherheit zu bringen, weiter schwächen und damit kontrollieren zu können; c) in ihnen eine affektive, materielle, emotionale und beziehungsbezogene Abhängigkeit zu schaffen, um sie in ihrer Gewalt zu halten; d) in ihnen (Herz, Geist, Gedanken) und in ihren Beziehungen Verwirrung zu stiften, um sie schuldig zu machen.

Die Dynamiken der beteiligten Priester offenbaren einen geplanten *modus operandi*, der mit einem gewissen Bewusstsein und einer gewissen Freiheit organisiert wird. Sie sind es, die durch Liebesbekundungen und sexuelle Aufforderungen die Initiative ergreifen. Sie wissen, was sie wollen und wie sie den Prozess steuern können, um ihr Ziel zu erreichen. Sie haben einen gewissen Freiraum und die Möglichkeit, Entscheidungen zu treffen. Dies ermöglicht es ihnen, ihr Verfahren und ihre Handlungen zu tarnen, zu verbergen und zu verschleiern. Ihre Handlungen an sich scheinen neutral, zunächst gut, eine finanzielle Unterstützung, Geschenke, besondere Aufmerksamkeit. Das Ziel des sexuellen Missbrauchs macht ihre Handlungen jedoch zu Strategien. Dies erinnert an das, was Rulla (2002) als Einfluss der Dimension I bezeichnet. Dies geschieht, wenn die Person „Neigungen hat, die mit schweren Situationen der Sünde oder des gewohnheitsmäßigen Lasters einhergehen" (S.316). Dieses gewohnheitsmäßige Laster führt zu einem *modus operandi* im Hinblick auf einen Zweck, der den Priestern bekannt ist. Wir befinden uns in der ersten Dimension von Rulla (2002), da es hier eine gewisse Freiheit gibt.

Im Fall von Becky ist die Haltung des beteiligten Priesters im Rahmen der pastoral-seelsorglichen Beziehung einerseits anerkennenswert: Er ist derjenige, der Beckys Familie besucht, mit ihrem Vater spricht; der Priester gibt ihr Unterweisung und Orientierungshilfe bei der Berufungsunterscheidung; er gibt ihr alles und zeigt ihr seine Zärtlichkeit: „Er gab mir alles, er zeigte mir seine Liebe durch seine Gesten und seine Zärtlichkeit." Andererseits ist die Haltung des Priesters zerstörerisch. Er hat eine sexuelle Beziehung zu ihr, als sie noch minderjährig ist. Er schlägt sie, bedroht sie, erpresst sie und lässt sie mehr als einmal abtreiben. Was Liberia betrifft, so ist der beteiligte Priester in der

16. Andere in den Blick kommende Theorien

BZP einerseits zu einer guten und engen Zusammenarbeit fähig, er kann ihr Komplimente machen, ihre Fähigkeiten bei der Zusammenarbeit und in der Verwaltung anerkennen und schätzen. Der Priester wird in der Gemeinschaft von Liberia geschätzt. Andererseits spielt er den falschen Kranken und plant im Verborgenen, sie zu vergewaltigen. Sein Verhalten ist teils lobenswert, teils aggressiv und zerstörend. Im Fall von Becky und Liberia offenbart das Verhalten der Priester eine „Fragmentierung des Selbst". Es ist ein Zustand, den Fisher (2014, S. 5) wie folgt beschreibt: „Im Laufe der Zeit können die meisten Menschen ihre Entfremdung [oder Fragmentierung] nur um den Preis von immer tieferem Hass, emotionaler Abkopplung, süchtigem oder selbstzerstörerischem Verhalten sowie inneren Kämpfen zwischen Verletzlichkeit und Kontrolle, Liebe und Hass, Nähe und Distanz, Scham und Stolz aufrechterhalten."[29] Die so erlebte Fragmentierung scheint den Priestern bekannt zu sein. Während die Ursachen für die Fragmentierung des Selbst unbewusst sind, scheint ihnen die Manifestation in ihrer Persönlichkeit insofern bewusst zu sein, als sie Strategien zu finden wissen, um den Teil des „Selbst" ihrer Persönlichkeit zu verbergen, der sich in aggressiven und zerstörerischen Handlungen manifestiert. Ihr „aggressives Selbst" ist manchmal nur den Teilnehmerinnen wirklich bekannt. Im Fall von Becky kennen die Eltern, die Schwestern in der Gemeinschaft und die Vorgesetzten des Priesters diesen destruktiven Aspekt in ihm nicht. Er genießt das Vertrauen seines Bischofs. Becky sagt: „Ich habe gehört, dass er zum Studium nach [X] geschickt wurde". Bei Liberia schätzen ihre Oberin und ihre Mitschwestern den Priester, der dennoch versucht, sie zu vergewaltigen. Liberia und ihre Mitschwestern ahnten nicht, was er im Schilde führte.

Die Vorgehensweisen der Priester, um ihre Inkohärenz zu tarnen und mit einer gespaltenen Persönlichkeit zu operieren, sind vielfältig: Nach der ersten Vergewaltigung um Verzeihung bitten, um den Eindruck zu erwecken, reumütig zu sein; die Gemeinschaft um Erlaubnis bitten, um den Eindruck zu erwecken, transparent zu sein; während des Geschlechtsverkehrs Verhütungsmittel ablehnen, um den Eindruck zu erwecken, eine Vaterschaft zu akzeptieren. Der beteiligte Priester ist sich bewusst, dass seine Bitte um Vergebung an die verärgerte junge Frau und sein Wunsch nach Versöhnung mit ihr darauf abzielt, sie zurückzugewinnen und seine Tat zu wiederholen. Zu dieser Konstellation sagen Demasure & Nadeau (2015): „Die Vergebung reagiert auf den guten Willen des Täters, und das bindet das Opfer noch stärker an die Macht seines Täters." (S. 259) Während der Priester um Erlaubnis bittet, hat er schon im Hinterkopf, was er mit der jungen Frau in der Ausbildung zum Ordens-

---

[29] *"Over time, self-alienation can only be maintained by most individuals at the cost of increasingly greater self-loathing, disconnection from emotion, addictive or self-destructive behavior, and internal struggles between vulnerability and control, love and hate, closeness and distance, shame and pride."*

leben bzw. mit der Ordensfrau tun will. Wenn er die Verhütung ablehnt, weiß er schon, dass er im Falle einer Schwangerschaft von Becky eine Abtreibung vornehmen lassen kann, um keine Spuren der Beziehung zu hinterlassen. Wenn er den Versöhner zwischen Anita und ihrer Mitnovizin spielt, so ist ihm bewusst, dass er sie auf diese Weise davon abhalten will, die Wahrheit zu erfahren, nämlich „dass sie Rivalinnen sind". Auf diese Weise kann er sie beide an sich binden. Im Fall von Liberia greift der Priester auch auf kognitive Verzerrungen in Bezug auf den Zölibat zurück, um sie in Verwirrung zu bringen. Ihr ist dies bewusst geworden, so dass sie folgenden Vorschlag macht:

> „Den Begriff des Zölibats mit ihnen [den angehenden Priestern] noch weiter vertiefen. Denn für die meisten bleibt es bei dem Wort ‚zölibatär' stehen. Für sie ist dabei die Keuschheit nicht mit eingeschlossen. Und sie verwenden das am häufigsten. Ich weiß, dass er das bei mir verwendet hat, aber zu seinem Pech (lacht), lese ich gerne." (07L/374-379)

In seiner Doktorarbeit befasst sich Okeke (2003, S. 74) mit dem Thema der „unvorsichtigen Beziehung" zwischen einem Priester und einer Frau. Er berichtet von Situationen, in denen Frauen im Pfarrhaus wohnen, der Priester sexuelle Beziehungen zu Frauen hat, von der Verwirrung um den Zölibat des katholischen Priesters, von den Zweifeln, die Christen oder Nichtchristen im Hinblick auf Priester haben, und von ihren Beobachtungen. Ausgehend von einer durchgeführten Umfrage, „The Priest in Nigeria, a Layman's Perspective" [Der Priester in Nigeria aus der Perspektive eines Laien], berichtet Okeke über das Beispiel einer Frau, die einen Priester zur Rede stellte, der eine Affäre mit einer anderen Frau gehabt hatte. Der Priester antwortete der Frau, das priesterliche Zölibat bedeute, dass „der Priester nicht heiraten darf, aber dass es ihn nicht daran hindert, sexuelle Beziehungen zu haben".[30] Diese Spaltung im Verständnis mancher Menschen bezüglich des Zölibats des katholischen Priesters kann die destruktiven Dynamiken in den Beziehungen von Priestern in der PB und der BZP nähren und unterstützen.

Gabbard und Rutter gebrauchen einen psychoanalytischen Ansatz und ermöglichen damit eine andere Perspektive auf die Dynamiken des sexuellen Fehlverhaltens in der PB und der BZP. Gabbard (1995, S. 133-144) geht von seiner klinischen Erfahrung (Behandlung, Psychotherapie) aus; er hat mit Psychotherapeuten gearbeitet, die sexuelles Fehlverhalten mit ihren Klientinnen gezeigt haben, und teilt sie in vier Typen ein:

a) psychopathische Raubtiere; b) Menschen, die unter paraphilen Störungen leiden; c) liebeskranke Menschen und d) Masochisten.

---

[30] *"The priest told the woman that priestly celibacy meant 'that a priest should not marry, but it does not stop him from having sex.'"*

16. Andere in den Blick kommende Theorien

Gabbard verwendet einen psychoanalytischen Ansatz, der es ermöglicht, die zugrunde liegenden Dynamiken von Psychotherapeuten zu verstehen, die mit ihren Klientinnen die Grenzen ihres Berufsethos überschreiten. So beschreibt er die Gruppen der psychopathischen Raubtiere und der Menschen, die unter paraphilen Störungen leiden: Sie zeigen antisoziale Störungen. Es fällt ihnen schwer, ihre Sensibilität und Empathie gegenüber ihrer Klientin auszudrücken, die sie als Sexualobjekt für ihre sexuelle Befriedigung betrachten. Sie sind manipulativ, um Sanktionen zu entgehen, wenn sie gegen Normen verstoßen. Es fällt ihnen schwer, ein Schuldgefühl zu entwickeln. Für Gabbard (1995, S. 136) liegt ein Versagen im Prozess der menschlichen Entwicklung vor, das insbesondere die Entwicklung des Über-Ichs betrifft.[31] Das Über-Ich würde sie dazu befähigen, ein gesundes, inneres Schuldgefühl zu entwickeln. In der Beziehung zu einer anderen Person im beruflichen Kontext nutzen sie ihre Macht auf eine destruktive Weise. Gabbard geht davon aus, dass diese Menschen selbst entweder Missbrauch oder Vernachlässigung oder traumatische Erfahrungen erlitten haben. Diese Erklärung hilft, die Dynamik der Priester zu verstehen, die in die PB mit Becky und Innocente involviert waren.

Liebeskranke würden unter Persönlichkeitsschwierigkeiten leiden. Sie sind Profis, die leicht die Einsicht in die professionelle Beziehung zu ihrer Klientin verlieren. Sie verwandeln die berufliche Beziehung leicht in eine „Verrücktheit zu zweit", suchen nach Anerkennung und Bewunderung und wollen sich von ihrer Klientin geliebt und idealisiert fühlen, in der sie mütterliche Unterstützung und Heilung für ihre Fantasien finden. Manchmal idealisieren sie die Klientin, offenbaren sich ihr und suchen ihre Aufmerksamkeit. Manchmal verlieren sie das Bewusstsein dafür, dass die professionelle Beziehung zerstört ist. Sie können ihre sexuelle Übertretung als Liebesbeziehung rechtfertigen. Sie verwechseln das Bedürfnis der Klientin nach Aufmerksamkeit und Bewunderung mit dem Wunsch nach einer sexuellen Beziehung. Sie sehen die Klientin als eine ideale Version ihrer selbst. In ihrer Verwirrung in Bezug auf ihr eigenes Streben nach Befriedigung glauben sie, die Bedürfnisse der Klientin erkannt zu haben und darauf einzugehen, aber in Wirklichkeit befriedigen sie nur ihr eigenes Bedürfnis und benutzen die Klientin zu diesem Zweck. Gabbard sagt, dass verschiedene Gründe vorliegen können, die Frustrationen hervorrufen: Schwierigkeiten im Zusammenhang mit der Midlife-Crisis der Therapeuten, ihre Wut auf die Institution, die Konfrontation mit ihrer Hilflosigkeit, wenn sich der Gesundheitszustand der Klientin nur langsamen verbessert, oder eine Nostalgie am Ende der Therapie. All dies kann dazu führen, dass die Grenzen einer professionellen Beziehung überschritten werden.

---

31 *"Massive failure of superego development"*

In einem psychoanalytischen Ansatz und ausgehend von seiner klinischen Erfahrung spricht Rutter (1990, S. 117–118) die männliche Vulnerabilität als entscheidendes Element der sexuellen Ausbeutung im Kontext einer beruflichen Beziehung zwischen einem Mann in einer Machtposition und einer Frau an. Für ihn kann die Vulnerabilität des Mannes hinter seiner erotischen Fantasie, die er für die Frau hegt, verborgen bleiben. Wie Frauen haben auch Männer Probleme und erleben diese durch eine Vielzahl von Symptomen wie z.B. Depressionen, Selbsthass oder Impotenz. „Sie nehmen den Schaden, den sie anderen zufügen, kaum wahr und verlieren jegliche Kontrolle über sich selbst bis hin zu gewalttätigem Verhalten." (S. 118)

Diese Merkmale können analog die Dynamik der Priester in der PB und der BZP mit den Teilnehmerinnen Solange, Anita, Martha, Jessy, Regina, Liberia und Corine verdeutlichen. Diese Priester werben um Liebe und Sexualität, sind galant, wirken freundlich und zärtlich. Sie scheinen unter ihrer Leidenschaft zu leiden.

LIBERIA: „Die anderen Mitbrüder bemerkten, dass er nicht mehr aß. Es wurde ein bisschen schwierig, wenn ich ihn leiden sah, ich dachte, ich habe etwas falsch gemacht und fühlte mich ein bisschen schuldig." (07L/212–213, 228)

REGINA: „Er hat mir zugehört. Er sagte mir, dass das, was ich sage, wahr ist. Aber ich kann die Liebe nicht aus seinem Herzen reißen. Ich kann ihm nicht verbieten, mich zu lieben. Ich kann diese Gefühle nicht aus seinem Herzen reißen, auch wenn ich nicht zustimme." (08R/74–77)

Die Dynamiken der betroffenen Priester sind komplex. Man kann mehrere Faktoren (die persönliche Lebensgeschichte, Verletzungen in der Kindheit, sozialer Einfluss, psychische Störungen, eine problematische Persönlichkeitsstruktur aufgrund von Blockaden oder Fixierungen während des menschlichen Entwicklungsprozesses) in Betracht ziehen, um ihre Dynamiken zu verstehen. Im Fall von paraphilen Störungen wären ihre geistigen und emotionalen Schwierigkeiten zu untersuchen. Ihre Entscheidungsfreiheit kann eingeschränkt, muss aber nicht völlig verloren gegangen sein. Jenseits dieser Komplexität wurde in meiner Untersuchung sichtbar, dass die betroffenen Priester ein gewisses Bewusstsein für ihre Inkonsistenz haben, die sie zu verbergen suchen. Sie haben Kontakt mit ihrem *reality testing*.[32]

---

[32] *Reality testing* (die Fähigkeit, mit der Realität in Kontakt zu treten) ist ein Kriterium in der Psychologie bei der Untersuchung der psychischen Gesundheit. Es geht um den Kontakt sowohl zur inneren wie zur äußeren Realität, d.h. man untersucht, inwieweit jemand in der Lage ist, sich seiner eigenen Gefühle bewusst zu werden, den Kontext zu erkennen, in dem er sich befindet, die Beziehungen zu unterscheiden, in die er verwickelt ist, usw. Ein schwer psychisch Kranker, der sich nackt auszieht, wird dies überall tun; er hat nicht mehr die selektive Fähigkeit zu unterscheiden, wo es im Hinblick auf soziale Kontakte notwendig ist, bekleidet zu sein.

Es gelingt ihnen auf sehr subtile Weise, ihr sexuelles Fehlverhalten zu tarnen, das ihnen selbst, den Ordensfrauen bzw. den jungen Frauen in der Ausbildung zum Ordensleben und Gott schadet. Dies ist ein Zeichen für ihre Fähigkeit, Werturteile zu fällen. In diesem Sinne gibt es zwar einen Einfluss aus dem Unterbewusstsein, aber ihre Freiheit, das Gute zu erkennen, sich dafür zu entscheiden und entsprechend zu handeln, ist offenbar nicht vollständig verschwunden. In einem interdisziplinären Ansatz bestätigen Demasure & Buuma (2015) das oben Gesagte durch ihre Analyse des sexuellen Missbrauchs, den sie aus zwei Blickwinkeln untersuchen: zum einen als Sünde und zum anderen als Krankheit. Es entsteht eine gewisse Perversität, wenn man sich durch das ständige Verbergen des regelwidrigen Verhaltens an die Sünde gewöhnt. Diese Haltung der Verschleierung kann verstärkt werden, wenn die beteiligten Priester eine Position innehaben, die mit Autorität, Macht, Image etc. verbunden ist. In der zweiten Dimension nach Rulla (2002) stellt das sexuelle Fehlverhalten von Priestern in der PB oder der BZP eine soziale Inkonsistenz dar.

Die Gewissenserforschung, die Suche nach Hilfe, um sich dieser Dynamiken bewusst zu werden, ein erneuertes spirituelles Leben (Gebetsleben, Sakramentenempfang) und innere Umkehr, um wieder zu einer tiefen Gottesbeziehung zu finden, ermöglichen es den betroffenen Priestern, ihre Berufung zu leben und Jesus Christus zu verkünden und zu bezeugen.

Ich habe weiterhin die Dynamiken analysiert, die dem Verhalten von Ordensfrauen oder jungen Frauen in der Ausbildung zum Ordensleben in ihrer Beziehung zu Priestern in der PB und der BZP zugrunde liegen. Ich werde meine Ergebnisse in den folgenden Abschnitten darstellen.

16.1.3 Die Dynamiken der Ordensfrauen und der jungen Frauen in der Ausbildung zum Ordensleben

Diese Dynamiken sind Risikosituationen innerhalb oder außerhalb ihrer selbst. Ich bezeichne sie als interne und externe Risikofaktoren und stelle sie in den folgenden Tabellen zusammen, um sie dann zu diskutieren.

*Tabelle 20: Interne Risikofaktoren für Ordensfrauen und
junge Frauen in der Ausbildung zum Ordensleben in der PB und der BZP*

Interne Risikofaktoren	
Verwirrung/ Mehrdeutigkeit/ Ambivalenz	
Tendenz, in großer Vertrautheit mit Priestern zu leben/ ihre Strategien nicht zu durchschauen	Tendenz, die Beobachtungen der Mitschwestern zu relativieren
Priester als „Papa" oder „Bruder" bezeichnen oder betrachten	Tendenz, auf die LBS mit Unruhe, Verwirrung, Besorgnis, Zögern zu reagieren, und zwar im Hinblick auf die Antwort, die man den P geben soll
Tendenz, die Einmischung, Umklammerung und Überwachung ihrer Beziehungen durch die P nicht wahrzunehmen	Innere Spaltung und Verwirrung in Bezug auf ihre Berufung/Identität
Mit Scham statt mit Wut auf die missbräuchliche Demütigung durch die P reagieren	Schwierigkeit, die Beziehung zu den P zu beenden / „Sein ohne da zu sein"/ „Stiche im Herzen" in der Beziehung zu den Priestern
Tendenz, den Ruf der P zu schützen, wenn ihr eigener Ruf ins Lächerliche gezogen wird	Tendenz, sich in der Beziehung eingesperrt und angekettet zu fühlen / sich gezwungen fühlen, die LBS der P zu akzeptieren, um wieder Ruhe zu haben
Tendenz, Dankbarkeit als die Pflicht zu verstehen, die gleichen oder ähnliche Zeichen der Aufmerksamkeit (Gesten, Geschenke) zurückzugeben	Ja zu den LBS der P sagen, weil man mit ihnen Freundschaft leben möchte / über die LBS der P nachdenken wollen, sich Zeit nehmen, bevor man antwortet
Naivität	
Grenzenloses Vertrauen in die P haben	P idealisieren: als „heilige Männer", gute Mitarbeiter, kompetent
Sich nicht vorstellen, dass P den Wunsch haben könnten, Geschlechtsverkehr zu haben / naiv sein / von den LBS der P überrascht werden	Denken oder hoffen, dass P ihre Berufung verstehen würden, so dass sie nicht übergriffig werden könnten
Unaufmerksamkeit gegenüber Gesten, Geschenken	Daran denken, heimlich eine intime Beziehung mit dem P zu leben
Überraschung über das sexuelle Erwachen / die sexuellen Forderungen oder Erwartungen der P	„Verliebt sein" mit „bewundern" verwechseln

Das OL für die P aufgeben	Tendenz, den P gegenüber gefällig zu sein / ihnen zu dienen und die Arbeitsstunden für die P überziehen
Neigung zu glauben, dass P bei ihrem sexuellen Fehlverhalten nur das Beste für sie beabsichtigen	Tendenz zu glauben, dass die Gemeinschaft schützt, ohne die eigenen Schwierigkeiten geäußert zu haben / andere für die eigene Sache eintreten zu lassen
Sehr schnell die erlittene Vergewaltigung durch die P vergeben und sich mit ihnen versöhnen / sich den P wieder annähern	Neigung, in der Zusammenarbeit oft schnell mit den P vertraulich zu werden
Denken, ihr Frausein in einer PB zu erleben	Unterschätzung ihrer Talente/ Fähigkeiten/ Stärken/ Kompetenzen
Gefühl der Sicherheit bei dem P, der die Oberin oder Formatorin um Erlaubnis bittet	Haltung, die Verantwortung für die LBS, die von den P kommen, auf diejenigen abwälzen zu wollen, die kritische Bemerkungen machen / sich selbst in der Rolle eines Kindes sehen
Gefühl, den Mangel an elterlicher/geschwisterlicher Zuneigung oder Einsamkeit in der Beziehung zu einem P auszugleichen	Tendenz, in der Gemeinschaft nicht über die Einstellungen der P zu sprechen, weil sie von den anderen OF geschätzt werden / Konditionierungen nicht zu bemerken

16.1.4. Diskussion der Dynamiken und der inneren Risikofaktoren der OF/JF

Es gibt keine bemerkenswerten Unterschiede zwischen den Dynamiken der Ordensfrauen bzw. der jungen Frauen in der Ausbildung zum Ordensleben in den beiden Beziehungstypen der seelsorglichen Beziehung (BP) und der Zusammenarbeit (BZP). Ich fasse die Dynamiken als Haltungen der Verwirrung/ Ambiguität/Ambivalenz und der Naivität zusammen. Sie liegen in der OF/ JF und beeinflussen ihr Leben in der PB oder der BZP mit Priestern. Es sind anthropologische, psychologische Dispositionen, die wir als Vulnerabilität bezeichnen. Die Vulnerabilität der Teilnehmerinnen ist weder sündhaft, noch moralisch gut oder schlecht, und sie erlaubt es nicht, ihnen die Verantwortung für sexuelles Fehlverhalten zuzuschreiben. Meine Analyse ermöglicht es vielmehr, sich dieser Vulnerabilität bewusst zu werden, um sie als Schutzfaktor zu nutzen. Die Teilnehmerinnen und andere Ordensfrauen sowie junge Frauen in der Ausbildung zum Ordensleben können sie als Kraftort für ihren eigenen Schutz in den Blick nehmen. Vulnerabilität ist ein Element, auf das sich die Präventionsschulung konzentrieren sollte.

Die PB und die BZP führen zu engen Beziehungen von Angesicht zu Angesicht, die von gegenseitiger Abhängigkeit und wachsender Vertrautheit geprägt sind. Die Nähe in der PB und der BZP ruft Beziehungsdynamiken hervor, die Sympathie, Bewunderung, Verführung, Eifersucht und Konkurrenz beinhalten können. Die Dynamiken sind eine Mischung aus Kräften, die von dissonanten und neutralen Bedürfnissen sowie angenehmen und unangenehmen Emotionen herrühren, die sich manchmal im Unterbewusstsein befinden und das Denken, Urteilen, Entscheiden und die Haltung der Person bei der Wahl des scheinbaren oder tatsächlichen Guten motivieren (Dimension II nach Rulla). Innere Verwirrung ist ein Gemütszustand, der dadurch gekennzeichnet ist, dass die Teilnehmerinnen ihre Emotionen und Bedürfnisse nicht unterscheiden und differenzieren können, was sie in der Beziehung mit Priestern in Unruhe versetzt. Liberia äußert angesichts der LBS des Priesters: „Ich habe ihm gesagt, dass ich darüber nachdenken werde." (07L/37) Sie ist verwirrt und verwirrt durch die LBS. Sie kann nicht auf der Stelle antworten. Ambiguität ist eine instabile Disposition, die mit einer ambivalenten Wahrnehmung von sich selbst, der eigenen Identität und den eigenen Wünschen verbunden ist. Martha drückt dies folgendermaßen aus: „Auf der einen Seite fühle ich mich zu dieser Beziehung hingezogen, auf der anderen Seite möchte ich sie ablehnen." (05M/40–41) Sie will, und gleichzeitig will sie nicht. Sie fühlt sich innerlich hin und hergezogen. Naivität ist eine Folge der Unerfahrenheit der Teilnehmerinnen, und sie lässt sie das Leben in rosaroten Farben sehen. Für die Teilnehmerinnen kann das Geschehen so sogar schockierend wirken, wie Jessy sagt: „Ich war schockiert, von einem Priester zu hören, dass er mich auffordert, mit ihm zu schlafen." (06J/30) Verwirrung, Zweideutigkeit und Naivität schwächen die Teilnehmerinnen in der engen Beziehung zu missbrauchenden Priestern noch weiter. Die Priester, die dies erkennen, nutzen ihren Vorteil gegenüber ihnen und ihre Schwächen aus, indem sie listige Strategien anwenden.

Bei den Teilnehmerinnen entsteht eine Unklarheit in Bezug auf ihre Identität, eine Verwirrung zwischen ihrer ontologisch gegebenen Weiblichkeit, ihren Bedürfnissen als Frau und ihrer Entscheidung, als Ordensfrau zu leben. Als OF scheinen sie zu vergessen zu haben, dass sie den Blick, die Aufmerksamkeit und die Bewunderung eines Mannes (Priesters) auf sich ziehen können. Sie scheinen nicht zu wissen, dass sie als attraktiv und verführerisch wahrgenommen werden können. Es ist ihnen offenbar nicht bewusst, dass sie den Wunsch haben könnten, von Priestern gesagt zu bekommen: „Du bist schön, du bist freundlich, gastfreundlich, intelligent, eine gute Mitarbeiterin, tüchtig, mutig." Die Wahrnehmung dieser Bedürfnisse scheint in ihnen Angst oder Überraschung auszulösen. Und dies führt manchmal dazu, dass sie vor den Priestern fliehen und dass sie ihre Bedürfnisse unterdrücken und nicht mit ihnen in Kontakt treten.

Manchmal spüren die OF/JF ihren Mutterinstinkt gegenüber Priestern. Dies bezeichnet Rutter (1990) als ihren Wunsch, „den Mann durch Sexualität heilen zu wollen". Dabei erleben sie, dass ihr „Mitgefühl ausgenutzt" wird. (S. 106) Sie würden den Priestern gerne zu Diensten sein und sich um sie kümmern. Sie scheinen dabei ihre „Ambivalenz" (S. 162) nicht wahrzunehmen, d. h. die Anhänglichkeit, die sie ihnen gegenüber entwickeln können. Sie spüren offensichtlich nicht die Haltung, die Gesten der Verführung oder der Dominanz, die von den Priestern durch Einladungen, Geschenke und Kontrolle ausgehen.

Die Frau hat „eine Fähigkeit zur Zurückhaltung gegenüber der Sexualität", sagt Rutter (1990, S. 77). Die Frau neigt dazu, ihre Gefühle zu verinnerlichen und eine tiefe, intime, aber nicht sexuelle Beziehung mit dem Mann zu leben, vor allem in einem beruflichen Kontext oder bei der PB bzw. der BZP. Die Teilnehmerinnen fühlen sich von einer freundschaftlichen Beziehung zu Priestern angezogen. Sie wollen die gute und angenehme Beziehung zu ihnen nicht verlieren, wenn sie nett und galant sind. Sie befürchten, dass sie wütend werden, weil sie den Geschlechtsverkehr ablehnen, sich aus der Beziehung zurückziehen oder sie ignorieren. Dennoch lieben sie ihr Ordensleben und die Gelübde. Sie sind erstaunt, dass beide Wünsche gleichzeitig in ihnen existieren können. Sie fragen sich, wie sie die Beziehung zu Priestern leben und gleichzeitig ein „ungeteiltes Herz" für Jesus Christus haben können. Das führt zu einer inneren Zerrissenheit und lässt sie schwanken. Das ist es, was wir unter Ambiguität verstehen. Es ist eine Ambiguität, weil es kein volles Bewusstsein gibt. Diese Ambiguität wird mit Naivität gelebt.

Die Naivität der Ordensfrauen bzw. der jungen Frauen in der Ausbildung zum Ordensleben in der PB oder BZP beruht auf einer gewissen Vernachlässigung oder mehr oder weniger unbewussten Leugnung ihres Seins als Töchter Gottes, ihres Potentials an Erkenntnisfähigkeit, ihrer körperlichen Schönheit, ihrer intellektuellen, moralischen und spirituellen Fähigkeiten, der Weisheit, die aus ihrer Erfahrung stammt, und des Bildes, das sie in der Gesellschaft abgeben. Es scheint, dass sie nicht wissen, dass ihre Person und ihr Potenzial eine Anziehungskraft auf den Priester in einer engen Beziehung wie der PB oder der BZP ausübt. Sie neigen dazu, Priester zu idealisieren, sie übermäßig zu bewundern und ihnen Kräfte zuzuschreiben, die die Teilnehmerinnen eigentlich auch haben. In der PB glauben sie zum Beispiel, dass die Priester ihnen immer wohlgesonnen sind und alles im Hinblick auf ihr Bestes tun. In der BZP glauben sie, dass die Priester ihre besten Mitarbeiter sind und dass sie keine anderen Mitarbeiter haben können. Sie glauben, dass sie sie verteidigen und beschützen können und dass sie die einzigen Frauen sind, denen die Priester mit Liebe zugetan sind. Diese Naivität führt zu der Annahme, dass finanzielle und materielle Hilfe, berufliche Unterstützung und andere Vorteile sie an die P binden müssten. Sie können sich dadurch psychologisch konditionieren lassen oder in Abhängigkeit von den Priestern leben. Eine Hilfe ist eine Hilfe, unabhängig davon, ob sie der OF angeboten wird oder ob sie selbst darum gebeten hat. Priester können diese Hilfe gewähren oder ablehnen. Wenn sie helfen, sollte dies keine Konditionierung sein, um das Leben der OF/JF zu fesseln. Das Fehlen dieser klaren Unterscheidung führt zu einer gewissen Naivität.

Wenn die Dynamiken und Risikofaktoren, die für die OF/JF in der PB oder BZP auftreten, im Präventionsprozess in der familiären und schulischen Erziehung, in der Berufungsentscheidung, in der psycho-spirituellen Begleitung, in der Erstausbildung und in der Weiterbildung berücksichtigt werden, werden sie zu Schutzfaktoren. Während einerseits die Wachsamkeit in Bezug auf äußere Risikofaktoren durch Erziehung geweckt werden kann, sollte andererseits in der Tiefe, auf der Ebene des Unterbewusstseins, eine Sensibilisierung erfolgen, d.h. eine Arbeit in Bezug auf die Dynamiken, die inneren Faktoren und die Vulnerabilität. Richtlinien können Verletzungen einschränken. Aber die Dynamiken (Emotionen, Gefühle, Bedürfnisse, Motivationen) sollten trotzdem in einer individualisierten Ausbildung mit lebenslanger psycho-spiritueller Begleitung bearbeitet werden.

16.1.5 Externe Risikofaktoren von Ordensfrauen und jungen Frauen in der Ausbildung zum Ordensleben

In den Erzählungen der Teilnehmerinnen werden Haltungen sichtbar, die ich als externe Risikofaktoren betrachte. Diese Risikofaktoren sind Situationen und Umstände, in denen die Teilnehmerinnen von Fakten und von den Haltungen der Priester oder der Schwestern in ihrer Gemeinschaft beeinflusst werden. Ich fasse sie in der folgenden Tabelle zusammen.

16. Andere in den Blick kommende Theorien

Tabelle 21: Externe Risikofaktoren für Ordensfrauen und junge Frauen in der Ausbildung zum Ordensleben in der PB und der BZP

Externe Risikofaktoren	Risikofaktoren in der Beziehung zu Priestern
Häufige Einladungen eines P an die OF/JF, an unbekannte, nicht näher bezeichnete Orte oder ins Pfarrhaus zu kommen	Häufige Reisen mit dem P im Rahmen der Sendung
Mit Priestern in Nebenstationen oder bei ihren Familien übernachten	Bei der Arbeit: häufiges Zusammensein mit Priestern in geschlossenen Räumen
Der körperlichen Intimität mit den Priestern ausgesetzt sein	Abhängigkeit von der menschlichen und/ oder finanziellen Unterstützung durch Priester
Regelmäßige Nachrichten/ Telefonanrufe von Priestern	Abhängigkeit von den Anweisungen und Entscheidungen der Priester, um die Arbeit erledigen zu können
Risikofaktoren der Gemeinschaft	
Die Gemeinschaft ist in ihrer Struktur, ihrer Verwaltung und in ihren Entscheidungen von Priestern stark beeinflusst.	Die Priester entscheiden, welche OF/ JF sich um sie kümmern oder mit ihnen arbeiten sollen.
Mangel an Klarheit und Genauigkeit in den Verträgen der OF/JF bezüglich ihrer Arbeit, der Orte, der Arbeitszeit und der Bezahlung	Mangelnde Informationen und Mittel, so dass die OF/ JF ihre Arbeit nicht ausführen kann
Antwort auf Bitten des P mit der Erlaubnis, dass er mit der OF/JF reisen und sie bei sich aufnehmen kann	Instabiles Gemeinschaftsleben / Mangel an Vertrauen, Unterstützung, Solidarität in der Gemeinschaft
Potenzielle Reviktimisierungen der OF/JF, Opfer in der Gemeinschaft / mangelnde Offenheit gegenüber einer vertrauenswürdigen Mitschwester	Mangel an Offenlegung und Austausch, Konfrontation und Dialog in der Gemeinschaft über LBS und sexuellen Missbrauch von OF/JF durch P
Kulturelle Risikofaktoren	
Furcht und Respekt vor Männern / Priestern	Sexualität wird manchmal als Unreinheit und Befleckung wahrgenommen. Das Thema ist in Familie, Schule und Kirche nicht leicht anzusprechen.
Reduktionistische Wahrnehmung des Bildes und der Rolle der Frau als „schwaches Geschlecht"	Erziehung zum Respekt vor Erwachsenen und Höhergestellten als Unterwerfung
Der Familie, der Gruppe, der Gemeinschaft wird mehr Bedeutung als der einzelnen Person beigemessen (z. B. Ansehen der Familie, der Ethnie, des Clans); Redewendung: „Schmutzige Wäsche wäscht man in der Familie"	Erziehung zur Dankbarkeit als einer Schuld

V. Profil der Protagonisten, Vorstellung, Analyse und Diskussion der Ergebnisse

Anmerkung: Zusätzlich zu den externen Risikofaktoren, bei denen es sich um Bedingungen handelt, die mit dem Kontext der Arbeit oder der pastoral-seelsorglichen Beziehung zusammenhängen, habe ich in dieser Tabelle auch kulturelle Risikofaktoren aufgeführt.

16.1.6 Diskussion der externen Risikofaktoren der Teilnehmerinnen in der PB und der BZP

Die Punkte in der obigen Tabelle zeigen externe Konditionierungen der Teilnehmerinnen, die bei ihren Missbrauchserfahrungen relevant waren. Die externen Risikofaktoren können von den Priestern, aus der Gemeinschaft oder aus der Kultur der Teilnehmerinnen stammen.

a) Die Teilnehmerinnen sind von den Priestern abhängig, um Zeiten und Treffpunkte für das seelsorgliche Gespräch oder die Zusammenarbeit zu finden, um zu reisen oder um die Mittel zu bekommen, die sie benötigen, um ihre Sendung zu erfüllen. Die Teilnehmerinnen sagen dazu Folgendes:

BECKY: „Er hat mich gebeten, ihn zu seiner Familie nach Hause zu begleiten." (01B/41)

SOLANGE: „Da ich gerne koche und bediene, bat er darum, dass ich mich um ihn kümmern solle." (02S/188–189)

ANITA: „Er rief mich an, ich solle ins Pfarrhaus zu kommen und ihm bei einigen Arbeiten helfen." (03A/13–14)

INNOCENTE: „Ich ging zu ihm, weil er mich eingeladen hatte [...] Wir waren auf dem Weg [zu einer Feier]. Als wir dort ankamen, änderte er seine Meinung, dass er bis zum nächsten Tag bleiben würde [...] Also nahm er uns mit zu sich nach Hause. Da er ein Haus im Dorf hat, hat er uns dorthin gebracht." (04I/31, 64, 65)

LIBERIA: „Ich wurde von demselben Priester zur [Leiterin des Werkes] ernannt. Ich hatte eine sehr enge Zusammenarbeit mit ihm. Das führte dazu, dass wir manchmal Treffen zu zweit hatten. Meistens arbeiteten wir zu zweit [...] Er machte absichtlich Einkehrtage in der Absicht, dass wir uns treffen. Er hat Ausflüge organisiert. Er sagte, es sei im pastoralen Rahmen. Es gab einen weiteren Ausflug nur für unser [Werk]. Bei einem dieser Ausflüge gab es keine Unterkunft für alle, und wir sollten zum Katecheten gehen, um dort zu schlafen [...] Er kam in die Gemeinde, immer im Rahmen der Arbeit." (07L/10–12, 14, 86, 87, 89, 90, 120, 148)

REGINA: „Der Gipfel war, dass wir gemeinsam für die Pilgerfahrt einkaufen gehen sollten. Unterwegs wollte er [anderswohin] gehen." (08R/36–37)

CORINE: „Wir haben zusammengearbeitet, was uns näher zusammenbrachte. Wir waren fast immer zusammen. Er hat mir immer wieder Nachrichten geschickt. Er hat mich angerufen." (09C/26–27, 54, 175)

16. Andere in den Blick kommende Theorien

Die Teilnehmerinnen bringen eine Abhängigkeit von den Priestern zum Ausdruck. Sie werden von den Priestern eingeladen oder in eine bestimmte Situation gebracht, was ihre Entscheidungen und Reaktionen nicht einfacher macht. Becky, Solange, Anita und Innocente haben keinen Spielraum, um über die Einladungen, die Zeitpunkte für die Treffen, die Orte oder den zu leistenden Dienst zu diskutieren, wenn sie von den Priestern bei der Seelsorge, der Beichte oder der Arbeit zu etwas aufgefordert werden. Sie akzeptieren die von den Priestern vorgegebenen Umstände. Dadurch befinden sie sich in einer für sie misslichen und unsicheren Situation.

Liberia, Regina und Corine sind abhängig von den vorgegebenen Bedingungen der Zusammenarbeit in der Pastoral auf der Ebene der Gemeinde oder der Diözese. Sie müssen sich regelmäßig mit den Priestern treffen, mit ihnen diskutieren, gemeinsam etwas organisieren und mit ihnen zusammen reisen. Bei Missionsreisen gehört das Auto der Pfarrei, der Diözese oder den Priestern. Die Priester tragen die Verantwortung und sind die Fahrer. Es ist eine Realität in der Mission, dass es an Unterkünften mangelt. Die Entfernungen sind zu groß, um abends heimzufahren. Die Teilnehmerinnen haben in diesen Situationen nur sehr eingeschränkte Spielräume für ihre Entscheidungen und Handlungen.

Die pastoral-seelsorgliche oder kollaborative Beziehung ist eine Beziehung mit physischer Präsenz, mit Nähe, und sie findet oft unter vier Augen statt. In der pastoral-seelsorglichen Beziehung haben Priester Zugang zu den intimen Bereichen im Leben von Becky, Solange, Anita und Innocente, die sich ihnen anvertrauen. Daher sind sie den Priestern gegenüber vulnerabel. Die Priester haben in diesem Kontext auch eine größere Verantwortung als die Frauen, die sie um Hilfe bitten. Es wäre für Becky, Solange, Anita und Innocente schwierig, sich zu weigern, zu einem solchen Termin zu gehen, oder es abzulehnen, sich um die Priester zu kümmern.

In einer Beziehung der Zusammenarbeit, in der die Teilnehmerin eine untergeordnete Position einnimmt, gibt es ein vergleichbares Ungleichgewicht der Macht. Liberia, Regina und Corine leben in Abhängigkeit von den Priestern. Es ist schwierig für sie, nicht an Ausflügen und Einkehrtagen teilzunehmen, nicht einkaufen zu gehen oder Arbeitstreffen zu vermeiden. Ihre Situation ist also stark von externen Risikofaktoren geprägt.

b) Die Realität der Gemeinschaften der Teilnehmerinnen weist auch externe Risikofaktoren in ihrer Organisation und Funktionsweise auf.

SOLANGE: „Wenn er irgendwohin ging, bat er die Novizenmeisterin, dass ich ihn begleite, zusammen mit einer anderen Novizin oder einer anderen Schwester. Ich war naiv." (02S/196–199)

ANITA: „Unsere Schwestern, die schon Ordensfrauen sind, die sollten uns eigentlich Orientierung geben, aber auch sie tun es [sexuelles Fehlverhalten]. In einer Gemeinschaft, wie es bei meiner Mitschwester der Fall war, hatte ich überhaupt keine Ahnung. Wir können es [sexuelles Fehlverhalten] nicht offen aussprechen. Jede behält es in ihrem Herzen, es ist ein Geheimnis, das man nicht teilen darf. Also kann ein Priester mit mindestens vier in einer Gemeinschaft eine Beziehung haben." (03A/208–209, 213, 216–217)

JESSY: „Er bat meine Oberin, dass sie mir die Erlaubnis gibt, zu ihm zu gehen, weil er Informationen über [das Diözesanwerk] haben wollte." (06//13–14)

REGINA: „Ich hatte kein Vertrauen angesichts der Beziehungen zwischen uns in der Gemeinschaft. Ich hatte auch große Angst davor, dass sie dramatisieren würden, anstatt mir zu helfen. Sie werden die Situationen verkomplizieren, wenn sie sich das anhören." (08R/120).

Solange und Jessy handeln, weil ihre Oberin oder ihre Novizenmeisterin ihre Reise oder ihr Treffen mit den Priestern bewilligt und organisiert hat. Es geht um das Funktionieren und die Führung der Gemeinschaft. Anita und Regina sprechen aufgrund ihrer Erfahrungen über die Zerbrechlichkeit des schwesterlichen Lebens und das Zeugnis, das die anderen Schwestern in der Gemeinschaft geben. Anita, die noch in der Ausbildung zum Ordensleben ist, möchte ein Beispiel in den Schwestern sehen, die bereits die Gelübde abgelegt haben. Sie muss jedoch feststellen, dass auch sie in Fehlverhalten gegenüber Priestern verwickelt sind. Das Misstrauen und die dramatisierende Haltung von Reginas Mitschwestern sind ein Hindernis, ihre missbräuchlichen Erfahrungen mit dem Priester zu offenbaren. Anita und Regina berichten beide von Situationen, die es schwierig machen, das sexuelle Fehlverhalten, das sie mit Priestern erleben, zu offenbaren. Diese Situation führt dazu, dass die Realität des Fehlverhaltens nicht in der Gemeinschaft angegangen wird. Im Fall von Anita gibt dies außerdem denselben Priestern die Möglichkeit, ihr sexuelles Fehlverhalten mit anderen Ordensfrauen fortzusetzen. Diese in der Gemeinschaft auftauchenden Risikofaktoren schränken die Teilnehmerinnen in ihrem Handeln ein.

c) Einige Risikofaktoren sind kulturell bedingt. Es sind implizite Botschaften aus der Kultur, welche die Weltanschauung und die Haltung der Teilnehmerinnen begleiten und beeinflussen.

Becky und Solange sagen dazu Folgendes:

BECKY: „Man darf die Leute nicht provozieren." (01B/86)

SOLANGE: „Ich bin mir bewusst, dass ich die Initiative ergriffen habe, den alten Mann in dieses Spiel hineinzuziehen […] Ich denke, wenn die Affäre in der Gemeinde bekannt würde, wäre der Ruf des alten Mannes beschmutzt. Ich habe alles getan, damit es nicht bekannt wird." (02S/102, 154, 155)

Anhand dieser Äußerungen von Becky und Solange, die in einer pastoral-seelsorglichen Beziehung missbraucht wurden, können wir wahrscheinlich den Einfluss der Vorstellung erkennen, dass die Frau diejenige ist, die den Mann verführt und zu einer sexuellen Beziehung provoziert. Beckys Äußerung ist eine Empfehlung, die sie anderen Ordensfrauen zur Prävention von sexuellem Fehlverhalten gibt. Sie war minderjährig, als der Priester sie in der PB missbrauchte, und der Missbrauch ging weiter bis in ihr Erwachsenenalter hinein. Ihre Empfehlung passt nicht wirklich für das, was sie erlebt hat. Sie entspringt vielmehr der Annahme, dass „Frauen die Leute [Männer] provozieren". Eine solche Auffassung erhöht Beckys Schuld und wird sie davon abhalten, die Missbrauchsbeziehung offenzulegen, um Hilfe zu erhalten. Solange ist nach und nach in eine ungebührliche Beziehung mit dem Priester hineingeraten, dann erst ergreift sie die Initiative. Sie schreibt jedoch sich selbst die Verantwortung für das sexuelle Fehlverhalten mit den Priestern zu, so wie wahrscheinlich allgemein die Rolle der Frauen in diesem Zusammenhang gesehen wird. Sie befolgt das Gesetz des Schweigens, um den Ruf des Priesters nicht zu beschmutzen. Dies entspricht der üblichen Auffassung im Kontext von Subsahara-Afrika: sexuelles Fehlverhalten wird verschwiegen, um den Ruf der Kirche, der Priester, der Familien der Opfer und auch ihren eigenen Ruf zu schützen, selbst wenn die Betroffenen weiterhin leiden. Die Redensart „Schmutzige Wäsche wird in der Familie gewaschen" verstärkt diese Denkweise. Es gibt Verbote in Bezug auf Sexualität. Diese äußeren Risikofaktoren schwächen die Teilnehmerinnen ebenso wie die inneren Risikofaktoren und machen sie in besonderer Weise vulnerabel und anfällig für die Verletzung ihrer Intimsphäre durch Priester.

16.1.7 Grenzverletzungen bei OF/JF in der PB oder der BZP durch Priester

Grenzverletzungen sind Haltungen von Priestern, die übergriffig in den physischen, psychischen oder spirituellen Intimbereich der Teilnehmerinnen eindringen, und zwar entweder in einer pastoral-seelsorglichen Beziehung oder im Rahmen der Zusammenarbeit. Die folgende Tabelle fasst die wichtigsten Punkte zusammen.

Tabelle 22: Grenzverletzungen bei Ordensfrauen in der PB oder der BZP durch Priester

PB	BZP
Persönliche Grenzen	
Junge Frauen in der Ausbildung zum Ordensleben zu sich nach Hause einladen	Um Erlaubnis bitten, dass Ordensfrauen zu ihnen nach Hause gehen dürfen / den Zweck des Treffens ändern
Mit einer JF in die eigene Familie reisen oder sie auf pastorale Reisen mitnehmen / sie mit auf das eigene Zimmer nehmen	Liebesbekundungen und sexuelle Aufforderungen während der Arbeitszeit machen / die Arbeit unterbrechen, um eine Antwort auf ihre LBS zu verlangen / die LBS gegenüber der OF mehrfach aufdringlich wiederholen
Die JF über ihr Sexualleben befragen / sich zu ihrem Sexualpädagogen machen	Mit Ordensfrauen in derselben Wohnung untergebracht werden wollen / mit ihnen in derselben Wohnung duschen wollen
Die JF häufig um Dienste bitten	Die JF beim Baden beobachten. / Der JF die Hand auf die Schultern legen oder sie an sich drücken, wenn man sich für ein Foto aufstellt.
Den jungen Frauen in der Ausbildung zum Ordensleben Geld oder wertvolle Geschenke geben.	Die Zeit oder die Modalitäten der Zusammenarbeit ändern / die Arbeitszeiten der OF verlängern.
Sich von der JF „Papa" nennen lassen / die JF häufig als „meine Tochter" bezeichnen.	Intime Berührung der OF ohne Vorwarnung
Eifersucht im Hinblick auf die von ihm begleitete JF zeigen / die Beziehungen der JF überwachen	Komplimente übertreiben / Eifersuchtsanfälle zeigen
Persönliche Gegenstände anvertrauen / von ihnen verlangen, dass sie die Initiative ergreifen, um mit ihnen irgendwohin zu gehen	Arrogant und grob gegenüber OF sein, weil sie die LBS ablehnen / die OF ignorieren und ohne Vorwarnung von der Zusammenarbeit ausschließen, weil sie das SF ablehnen.
–	Den Plan für eine Pastoralreise abändern / eine Ablenkung in die Eucharistiefeier einbauen
Grenzen der Gemeinschaft	
Die Ausbildungsgemeinschaft häufig besuchen / zu vertraut mit allen werden	Die Gemeinschaft der Ordensfrauen häufig besuchen / zu große Vertrautheit mit ihnen (Witze, Neckereien, frivoles Lachen).

Sich in die Beziehungen der JF einmischen / nach Informationen über das Gemeinschaftsleben suchen / Probleme ihrer Formationsgefährtinnen oder Mitschwestern lösen	Die Gemeinschaft der OF oft zum Rahmen der eigenen Arbeit machen
Eine JF auszuwählen, die ihnen zu Diensten sein soll / ihre Gesellschaft der anderer vorziehen	Die Oberinnen/Ausbilderinnen der OF ohne deren Wissen in eine Komplizenschaft bringen
Um Erlaubnis bitten, dass die JF sie auf ihren Reisen und bei Pastoralbesuchen begleiten kann / häufige Anrufe und Kurznachrichten	

16.1.8 Diskussion der Grenzverletzungen in der PB oder der BZP durch Priester

Die oben genannten Verhaltensweisen überschreiten die Grenzen, die für eine pastoral-seelsorgliche Beziehung oder in der Zusammenarbeit zwischen Priestern und Ordensfrauen oder jungen Frauen in der Ausbildung zum Ordensleben üblich und angemessen sind. Die übergriffigen Grenzverletzungen finden in der pastoral-seelsorglichen Beziehung, in der Zusammenarbeit und in der Gemeinschaft der Ordensfrauen statt.

a) Die pastoral-seelsorgliche Beziehung ist eine asymmetrische Beziehung, in der der Priester eine Machtposition innehat. Das Ziel der Seelsorge ist, den jungen Frauen in der Ausbildung zum Ordensleben geistig und menschlich zu helfen. Priester, die junge Frauen in der Ausbildung zum Ordensleben zu Reisen einzuladen, die von ihnen bedienen werden möchten oder ihre Gesellschaft bei ihrer apostolischen Arbeit suchen, tun dies nicht, um ihnen zu helfen, sondern reagieren damit auf ihre eigene Bedürftigkeit. Eine zu große Vertrautheit der begleitenden Priester mit den JF ermöglicht es ihnen nicht, die Distanz zu wahren, die für die Öffnung und das Vertrauen der JF notwendig ist. Priester, die sich von einer JF, die sie im Kontext der PB kennengelernt haben, „Papa" nennen lassen, nehmen eine Haltung ein, die die Grenzen der zwischen ihnen und der JF bestehenden Beziehung überschreitet. Zwar ist der Priester in der PB geistlich fruchtbar und kann die begleitete Frau seine „geistliche Tochter" nennen. Diese kann den Begleiter allerdings allenfalls als „ihren geistlichen Vater" bezeichnen. Mit „Papa" ist in der Regel der leibliche Vater[33] gemeint. Auch wenn diese Form der Anrede dazu dient, die PB oder

---

[33] In einigen lokalen Sprachen in Subsahara-Afrika gibt es keine spezifische Bezeichnung für „Papa", die sich von „Vater" unterscheidet. Es wird nicht zwischen dem leiblichen Vater

die BZP flexibel, weniger formell, lustiger und zärtlicher zu gestalten, sollte man sich um Respekt und eine gesunde Distanz zwischen Priestern und jungen Frauen in der Ausbildung zum Ordensleben bemühen. Eine gesunde Vertraulichkeit sollte nicht zu sexuellen Beziehungen zwischen einem solchen geistlichen Vater und seiner geistlichen Tochter führen, wie es bei Solange der Fall war:

SOLANGE: „Er kam in [das Ausbildungshaus] und [dieses Haus] war für ihn wie sein Zuhause. Er bat darum, dass ich mich um ihn kümmern solle. Ich war seine Tochter geworden. Wir nannten uns: ‚Papa', ‚meine Tochter'. Es hieß immer: ‚Papa', ‚meine Tochter'. Da alle wussten, dass er mein ‚Papa' war, bat er die Novizenmeisterin, dass ich ihn begleite, zusammen mit einer anderen Novizin oder einer anderen Schwester. Er war gern mit mir zusammen. Ich bin gern seinen Einladungen gefolgt. Wir riefen uns jeden Tag an [Telefonanrufe]. Wir fingen an, miteinander zu schlafen." (02S/185–186, 189–190, 193, 195, 197–198, 204, 212, 220, 228, 230)

Solanges Beispiel zeigt, wie ausgehend von Gesten, Worten und Haltungen, die zunächst harmlos erscheinen mögen, Priester im Rahmen der PB oder der BZP die Grenzverletzungen steigern können, und zwar bis hin zu sexuellem Missbrauch, Machtmissbrauch und Missbrauch des Vertrauens der Ordensfrauen oder jungen Frauen in der Ausbildung zum Ordensleben. Es handelt sich dabei um eine Vermischung der beruflichen und privaten Grenzen im priesterlichen Dienst.

b) Die Beziehung der Zusammenarbeit ist für die Arbeit in der Pastoral notwendig. Wenn dabei Orte und Treffen für LBS missbraucht werden oder bestimmte Arbeitsprojekte nicht durchgeführt werden, um stattdessen Raum für die persönlichen Projekte der Priester zu schaffen, stellt dies eine Verletzung der beruflichen Grenzen dar.

LIBERIA: „Nach mehreren Treffen bemerkte ich, dass wir auf andere Themen übergingen, die nicht wirklich mit der Arbeit zu tun hatten, die wir eigentlich besprechen sollten. Manchmal ging es um Komplimente über meine Schönheit, meine Qualitäten und Fähigkeiten." (07L/23–24)

CORINE: „Manchmal, wenn die Messe zu Ende ist, bringe ich alles in Ordnung und komme zurück und wir stehen da und reden [sie und der Priester], obwohl die Arbeit auf mich wartet." (09C/119)

---

und dem Vormund oder Adoptivvater unterschieden. Die Person, die die Vaterschaft und die Erziehung des Kindes übernimmt, wird als „Vater" bezeichnet, „Dadji" auf Lamba, „Dadja" auf Kabiye (zwei Sprachen in Nordtogo) oder „Miato" auf Ewe (eine Sprache in Südtogo).

Bei Liberia und Corine werden die Arbeit und die Arbeitsatmosphäre durch ablenkende und persönliche Themen gestört.

Es kommt zu einer Verletzung der beruflichen und privaten Grenzen. Diese Übergriffe besetzen mehr und mehr den Raum, die Zeit, die Beziehungen, den Körper, die Gedanken, die Autonomie und die Entscheidungen der Ordensfrauen. Dies geschieht durch Fragen, Körperkontakt, regelmäßigen Umgang miteinander, wiederholte und längere Besuche in geschlossenen Räumen unter vier Augen und außerhalb der Zeiten des seelsorglichen Gesprächs oder der pastoralen Arbeit. Aufdringliche, übergriffige Gesten und Worte verfälschen die PB bzw. die BZP und lassen ihren eigentlichen Zweck vergessen. Die Steigerung der Grenzverletzung bewegt sich allmählich hin auf die körperlichen, intimen (sexuellen) Grenzen der OF/JF und die Grenzen der Gemeinschaft.

c) In einer Gemeinschaft von Ordensfrauen sind die Rollen und Verantwortlichkeiten festgelegt. Diese Ordnung wird destabilisiert, wenn Priester mit den Oberinnen statt mit der betroffenen OF sprechen, wenn sie sich mit invasiver Präsenz in die Entscheidungen der Gemeinschaft einmischen und die Oberinnen implizit in sexuelles Fehlverhalten verwickeln, ohne dass diese davon etwas ahnen.

Die Grenzverletzung zerstört letztlich die PB bzw. die BZP und stiftet Verwirrung im Leben der Priester, der Ordensfrauen, der jungen Frauen in der Ausbildung zum Ordensleben, der Menschen, die mit ihnen zusammenleben oder ihnen in ihrer Sendung anvertraut sind (vgl. die Konsequenzen und das in dieser Studie aufgezeigte Gegenzeugnis).

In Subsahara-Afrika schadet die Eskalation der von uns untersuchten Grenzverletzungen und deren inhärente Folgen (sexueller Missbrauch von OF/JF, andere sexuelle Gewalt, Übertretung religiöser Verpflichtungen) den Werten der Gastfreundschaft, der Solidarität, der menschlichen, familiären, sozialen und herzlichen mitmenschlichen Beziehungen. Die Eskalation von Grenzverletzungen in der PB bzw. der BZP widerspricht der Erziehung in einer Kultur, in der die Menschen dazu neigen, vertrauensvoll miteinander umzugehen,[34] und in der sie von daher geschwisterliche und herzliche Bezie-

---

34 Die Organisation der Familie, des Viertels, des Dorfes und des Clans in der gesunden Tradition in Subsahara-Afrika ist auf ein Zusammenleben hin ausgerichtet. Im Haus (Rundhütte) wohnt manchmal die gesamte Kernfamilie (der Vater und die Mutter mit den Kindern). Wenn die Familie polygam ist, besteht der Wohnraum (die sogenannte „Konzession") aus mehreren Rundhütten, die durch eine kleine Mauer zum Schutz vor Reptilien (Schlangen) miteinander verbunden sind. Die so beschriebenen Konzessionen haben keine verschließbaren Türen, damit alle willkommen sind, die dort eintreten. Eine Hütte ist für den Vater bestimmt (sie liegt manchmal in der Mitte oder sie ist die erste, wenn man hereinkommt, da er der Wächter und Beschützer der Familie ist); hier kann er mit den großen Söhnen aller seiner Frauen schlafen. Jede Frau hat ihre eigene Hütte und

hungen in der Kirche, der Familie Gottes, pflegen möchten. Die PB und die BZP sind auf das Zuhören hin ausgerichtet; sie sollen die Menschen auf ihrem Weg und im Glaubensleben unterstützen. Die OF/JF können Priester um Hilfe bitten. Für die Priester ist dies eine Gelegenheit, menschliche, moralische und spirituelle Hilfe (PB) oder intellektuelle und berufliche Hilfe (BZP) zu leisten, und zwar mit der Fürsorge eines Hirten und eines Vaters. Wenn die Priester um sich herum eine große Vertraulichkeit schaffen oder sich entwickeln lassen, die schließlich die OF/JF vereinnahmt, fehlt der PB oder der BZP die gesunde Einfachheit und Klarheit. Die Priester und die Ordensfrauen sowie die jungen Frauen in der Ausbildung zum Ordensleben, die in Subsahara-Afrika in einer Kultur leben, die sozial, geschwisterlich und warmherzig sein will, sollten die PB und die BZP in der Kirche als Familie Gottes in einer unverkrampften und voll entwickelten Form so leben, dass dies die Kirche auch für Nichtchristen anziehend macht.

ANITA sagt dazu: „Sie [die Priester] neigen dazu, zu sagen: ‚meine Tochter', ‚meine Tochter' hier und ‚meine Tochter' dort, das geht dann in etwas anderes über." (03A/205–206)

Die Grenzverletzungen und die damit verbundenen Probleme zerstören die PB bzw. die BZP, und sie schaffen Misstrauen und Gleichgültigkeit in den Beziehungen zwischen dem Priester und der OF/JF. Grenzverletzungen sind Verhaltensweisen, die die Fähigkeit einer OF/JF schwächen, ihre (physische, moralische, psychische, spirituelle) Intimität zu schützen. Sie nehmen ihnen

---

schläft dort mit ihren kleineren Kindern (bis zum Alter von etwa 12 Jahren). In diesem Kontext können Kinder die Eltern bei einem intimen Beisammensein überraschen. Aber es gibt eine Sexualerziehung, in der Scham und Respekt vor den sexuellen Beziehungen zwischen den Eltern vermittelt wird, um die Kinder in ihrem Reifungsprozess zu begleiten. Die Initiationsriten beim Übergang ins Erwachsenenleben schließen diese Sexualerziehung ab. Geschwister, Cousins und Cousinen (die in den verschiedenen Sprachen alle als Brüder oder Schwestern bezeichnet werden) sind unkompliziert und ohne große Vorbehalte zusammen (halb bekleidet, mit nacktem Oberkörper), und zwar entweder im geschützten Bereich im Inneren des Hauses der Familie oder in der Nachbarschaft. Mit Spontaneität, ohne Vorwarnung und ohne Einschränkungen besuchen sich Verwandte, Nachbarn und Bekannte gegenseitig und essen gemeinsam. Die Erziehung zum Respekt, die Kindern vermittelt wird, führt dazu, dass sie die Eltern ihrer Spielgefährten oder ihrer Klassenkameraden „Papa" oder „Mama" nennen. Ihre Geschwister sind „große Brüder" oder „große Schwestern" und können problemlos bei den anderen essen und schlafen, ohne dass sich die Eltern große Sorgen machen. In den Sprachen gibt es kein „Sie" (Höflichkeitsform als Ausdruck des Respekts), wie es in der französischen Sprache der Fall ist. Dies bezeichnen wir in der Kultur von Subsahara-Afrika als Neigung zum vertrauensvollen Umgang miteinander. Die Erziehung, die auf Vertrautheit und auf herzliche, geschwisterliche und warmherzige Beziehungen ausgerichtet ist, kann die Herausforderung des sexuellen Missbrauchs und anderer sexueller Gewalt in dem Maß bewältigen, wie Vertrautheit zu Respekt, Einheit und Miteinander führt und nicht zur Spaltung oder zum Bruch der Beziehungen zwischen Vätern, Söhnen, Töchtern, Brüdern und Schwestern.

ihre Würde und reduzieren ihre Fähigkeit, sich zu verteidigen und zu schützen, sobald ihre Grenzen einmal überwunden worden sind.

Dieses Misstrauen in den Beziehungen stellt ein Gegenzeugnis dar, ein innerhalb der Kirche als Familie Gottes liegendes Hindernis für die Evangelisierung in Subsahara-Afrika.

17. Zusammenfassung und Ausblick

Sexuelles Fehlverhalten in Beziehungen im Rahmen der Seelsorge oder der pastoralen Zusammenarbeit innerhalb der Kirche in Subsahara-Afrika, insbesondere in den fünf Ländern, die in dieser Studie untersucht wurden, ist eine Realität. Es manifestiert sich in sexuellem Missbrauch, Machtmissbrauch, Missbrauch von Vertrauen und in anderer sexueller Gewalt zwischen Priestern und Ordensfrauen oder jungen Frauen in der Ausbildung zum Ordensleben. Sexuelles Fehlverhalten in der PB oder der BZP geschieht in den meisten Fällen ganz ohne die Zustimmung oder mit einer nur teilweisen und bedingten Zustimmung der OF/JF. Es hat physische, psychische und soziale Folgen sowie Auswirkungen auf die Berufung, die Gemeinschaft und die Spiritualität.

Sexueller Missbrauch und andere sexuelle Gewalt in der PB und der BZP werden in den Berichten deutlich, die vor Ort bei den Teilnehmerinnen (OF/JF) und den professionellen Mitarbeiterinnen und Mitarbeitern gesammelt wurden. Ich habe sie in drei Teilen vorgestellt, kommentiert und diskutiert, gefolgt jeweils von Überlegungen zu den zugrunde liegenden Dynamiken und Grenzverletzungen:

– die Probleme; die Umstände, unter denen sie entstehen; die Zustimmung oder Nichtzustimmung der OF/JF;

– die physischen, psychischen, psychosozialen, spirituellen und auf ihre Berufung bezogenen Folgen für die OF/JF und ihre Auswirkung auf die Menschen in ihrer unmittelbaren Umgebung (Gemeinschaft); die Vorstellungen der Teilnehmerinnen bezüglich ihrer Zukunft;

– die Auswirkungen des sexuellen Fehlverhaltens in der PB oder der BZP auf das christliche Zeugnis; einige Vorschläge der Teilnehmerinnen und der Mitarbeitenden für Hilfe, Betreuung und Prävention, um das Leiden zu lindern und das Böse in der Kirche und in der Gesellschaft zu reduzieren.

Ich habe über externe Risikofaktoren nachgedacht, d.h. über die Dynamiken, die der Verletzung von Grenzen, die zu sexuellem Fehlverhalten führt, zugrunde liegen. Diese Reflexion ermöglicht es, Hinweise für die Erziehung in den Familien sowie für die spezifische initiale Formation und die ständige Weiterbildung der Seminaristen, der jungen Frauen in der Ausbildung zum Ordensleben, der Ordensfrauen und der Priester zu geben. In der Formation und in Kursen zur Vertiefung der Berufung kann die Analyse der Dynamiken und der inneren Risikofaktoren gründlich erarbeitet werden, und zwar ausgerichtet auf das Ziel, die PB und die BZP auf reife Weise zu leben. Der qualitative Ansatz dieser Studie hat es ermöglicht, die Dynamiken und die inneren Faktoren im Hinblick auf die Formation von Ordensfrauen, jungen Frauen in der Ausbildung zum Ordensleben, Priestern und Seminaristen besser zu verstehen, diese Personengruppen zu sensibilisieren und ihnen zu helfen, sich der Situation bewusst zu werden, um eine Umkehr und eine neue Positionierung zu erreichen. Angesichts der Realität des sexuellen Fehlverhaltens in der PB und der BZP zwischen Priestern und Ordensfrauen bzw. jungen Frauen in der Ausbildung zum Ordensleben wäre als Grundlage eine präventive Formation anzustreben, die die Dynamik und die internen Risikofaktoren einbezieht. Empfehlungen für den Aufbau von Grenzen und das Erstellen von Richtlinien sowie deren Handhabung wären konkrete und praktische Hilfen für das Zuhören, die Unterstützung und die Begleitung.

Sexuelle Gewalt in der PB und der BZP stellt ein Gegenzeugnis und eine Schwierigkeit für das Leben von Christen wie Nicht-Christen dar. Sie behindern den Evangelisierungsprozess in Subsahara-Afrika. Sexueller Missbrauch und andere sexuelle Gewalt verhindern jedoch nicht ein entschlossenes Leben in der Nachfolge Jesu Christi, und sie werden dies auch in Zukunft nicht tun. Die Söhne und Töchter Subsahara-Afrikas leben ihren Glauben an den Dreieinigen Gott trotz aller Schwierigkeiten und gehen weiter in den Fußstapfen vieler heiliger oder seliger Missionare, die ihnen Jesus Christus verkündet haben.

VI. FORMATION UND PRÄVENTIVE EMPFEHLUNGEN

1. Einleitung

In Kapitel 2 dieser Studie habe ich gezeigt, dass die menschliche Person von einer schmerzhaften Erfahrung ausgehend einen Sinn für ihr Leben konstruieren kann. In Kapitel 3 habe ich den Begriff der angemessenen emotionalen Reife für Priester und Ordensfrauen definiert, die sie brauchen, um eine pastoral-seelsorgliche oder eine kollaborative Beziehung unter Achtung ihrer Berufung zur Verkündigung und zum Zeugnis für Jesus Christus leben zu können. In Kapitel 5 bin ich von den Berichten der Teilnehmerinnen ausgegangen und habe dabei verschiedene Realitäten sexuellen Missbrauchs und anderer Formen von sexueller Gewalt, Vertrauensmissbrauch, Machtmissbrauch und affektiven Entgleisungen herausgearbeitet, die im Rahmen der pastoral-seelsorglichen oder kollaborativen Beziehung zwischen Priestern und Ordensfrauen aufgetreten sind. Ich habe dieses Material analysiert und interpretiert, um die zugrunde liegende Beziehungsdynamik und die Risikofaktoren für Grenzverletzungen in diesen Beziehungen zu verstehen. Ich habe die unterschiedlichen Auswirkungen auf das Leben der Priester, der Ordensfrauen, der jungen Frauen in der Ausbildung zum Ordensleben, der anderen Mitglieder ihrer Gemeinschaften und der Menschen, die ihnen in ihrer Sendung anvertraut sind, festgehalten. Die folgende Abbildung fasst die präventiven Empfehlungen für die Formation zusammen, die eine Grundlage für den Aufbau von gesunden Grenzen und von Richtlinien ist, die die Haltung von Priestern, Seminaristen, Ordensfrauen und jungen Frauen in der Ausbildung zum Ordensleben verändern sollen. Die Grenzen und Richtlinien sind außerdem die Basis für die Betreuung der Ordensfrauen und der jungen Frauen in der Ausbildung zum Ordensleben, die unter Missbrauch und Grenzverletzungen leiden.

VI. Formation und präventive Empfehlungen

Abbildung 1: Präventive Schulung im Hinblick auf die inneren Haltungen

```
                        ┌─────────────────────┐
                        │  Gott-Dreifaltigkeit │
                        └─────────────────────┘
                                  │
  Transformierendes Handeln       ▼
   des Dreifaltigen Gottes  ┌─────────────────────┐
                            │ Selbsttranszendierende│
                            │  theozentrische Werte │
                            └─────────────────────┘
                                  │
                                  ▼
                            ┌─────────────────────┐
                            │     P / OF / JF     │
┌───────────────────────┐   │ Fähigkeit zu antworten│   ┌─────────────────┐
│ Gesunde Grenzen       │◄─►│ Bereitschaft zu leben │◄─►│ Natürliche Werte │
│ Richtlinien für das   │   │     (Freiheit)      │   └─────────────────┘
│ Verhalten Betreuung   │   └─────────────────────┘
└───────────────────────┘            │
                                     ▼                ┌─────────────────┐
                            ┌─────────────────┐       │ Präventive      │
                            │    Haltungen    │◄─────►│ Ausbildung zur  │
                            └─────────────────┘       │ Selbsterkenntnis│
                                     │                └─────────────────┘
                                     ▼
 ┌──────────┐              ┌─────────────────┐        ┌──────────────────────┐
 │ Verkünden │◄───────────►│      Leben      │◄──────►│ Zu einer Einheit      │
 └──────────┘              └─────────────────┘        │ gelangtes Selbst     │
                                                      │ Sinn des Lebens,      │
                                                      │ Emotionale Reife,     │
                                                      │ Christliches Zeugnis  │
                                                      └──────────────────────┘
```

Anmerkung: Priester, Ordensfrauen, junge Frauen in der Ausbildung zum Ordensleben und Seminaristen haben ebenso wie jeder von Gott berufene Mensch anthropologisch die Fähigkeit, auf den Ruf Gottes zu antworten. Diese Fähigkeit und die Gnade Gottes stoßen in diesem Menschen auf die Bereitschaft, die göttliche Gnade aufzunehmen und aus ihr zu handeln. In ihrer Beziehung zu Gott wirkt die göttliche Gnade weiter (transformative Wirkung), um ihre Bereitschaft zu verändern, die manchmal durch unbewusste oder bewusste Widerstände (das Unbewusste, Schwächen, Sünde) beeinflusst und eingeschränkt sein kann. Die präventive Formation ist die Basis, von der aus man auf diese Bereitschaft des von Gott berufenen Menschen einwirken kann, um es ihm zu ermöglichen, sich selbst zu erkennen und seine reale Bereitschaft einzuschätzen. Gesunde Grenzen, Richtlinien und eine gute Betreuung sollten zusammen mit der präventiven Formation in der Lage sein, diese Bereitschaft zu stärken und die Einstellungen auf Harmonie, Kohärenz und Konsistenz zwischen dem, was die Person bekennt (Glaube, Beziehung zu Gott, Nachfolge Christi, theozentrische Werte) und dem, was sie lebt, auszurichten. Die Kohärenz manifestiert sich in einem zu einer Einheit gelangten, tugendhaften Selbst, das einen Lebenssinn (telos) hat und zu einem guten Leben führt (Ricœur, 1990). Die Beständigkeit spiegelt eine affektive Reife in der Beziehung zu anderen wider. Sie ist ein Zeugnis für das Leben Jesu Christi.

Ausgehend von diesem Diagramm und der obigen Anmerkung möchte ich in diesem Kapitel zwei Hauptpunkte behandeln.

Erstens: die präventive Formation. Sie ist grundlegend für die affektive Reife von Priestern, Seminaristen, Ordensfrauen und jungen Frauen in der Ausbildung zum Ordensleben. Sie sollte die affektive Verfügbarkeit (Sexualität, Emotionen, Bedürfnisse) des Menschen, die Dynamiken, die dem sexuellen

Fehlverhalten von Priestern zugrunde liegen, und die Vulnerabilität (innere Risikofaktoren) von Ordensfrauen berücksichtigen.

Zweitens: Präventive Empfehlungen für a) den Aufbau gesunder Grenzen, b) die Entwicklung von Richtlinien, um die Grenzen in der PB und der BZP zu respektieren, und c) eine Betreuung, die sich mit den Nachwirkungen auseinandersetzt, um es der OF/JF zu ermöglichen, weiterhin ihre Berufung zu leben. Die präventiven Empfehlungen stärken und unterstützen die präventive Formation.

2. Die präventive Formation

Ich gehe von einer Formation für das Priestertum und das Ordensleben aus, die den Dreifaltigen Gott, mit dem die berufene Person in einer Beziehung steht, als das letzte Ziel ansieht. Die Formation stellt die selbsttranszendenten theozentrischen Werte als Horizont dar und bietet der berufenen Person (Ordensfrauen, junge Frauen in der Ausbildung zum Ordensleben, Seminaristen und Priester) Mittel (die evangelischen Räte) an, um frei auf den Ruf Gottes antworten zu können. Die Besonderheit der präventiven Formation, die ich empfehlen möchte, besteht darin, dass ich ein besonderes Augenmerk auf sexuellen Missbrauch und andere sexuelle Gewalt richte, die in der pastoral-seelsorglichen Beziehung und der Zusammenarbeit zwischen Priestern und Ordensfrauen eine Realität sind, und die alle beteiligten Personen darauf vorbereiten möchte, mit dieser Realität umzugehen und Missbrauch und sexuelle Gewalt zu vermeiden. Die Interviews mit den Teilnehmerinnen in meiner Feldforschung zeigen die Realität von sexuellem Missbrauch und anderer sexueller Gewalt (Vergewaltigung, versuchte Vergewaltigung, sexuelle Ausbeutung, sexuelle Belästigung, Geschlechtsverkehr, aufdringliche Liebesbekundungen und sexuelle Aufforderungen) in der pastoral-seelsorglichen Beziehung und in der Zusammenarbeit zwischen Priestern und Ordensfrauen oder jungen Frauen in der Ausbildung zum Ordensleben mit ihren physischen, psychischen, psychosozialen (kollaterale Folgen für die Mitglieder der Gemeinschaft bzw. der Pfarrei) und spirituellen Folgen.

Vom 21. bis 24. Februar 2019 hat Papst Franziskus die Initiative ergriffen und die Vorsitzenden der Bischofskonferenzen aus aller Welt nach Rom einberufen, um mit ihnen und den Verantwortlichen der römischen Kurie über die Prävention von sexuellem Missbrauch von Minderjährigen und schutzbedürftigen Erwachsenen in Kirche und Gesellschaft nachzudenken. Die Hauptthemen, die diese Überlegungen und Arbeiten im Hinblick auf alle Christen und Menschen guten Willens leiteten, waren a) Verantwortung (Wissen, Erkennen sexuellen Missbrauchs im eigenen Umfeld), b) Transparenz (Erleichterung des Prozesses und der Nachverfolgung von Vorwürfen, Umgang mit den Medien)

VI. Formation und präventive Empfehlungen

und c) Rechenschaftspflicht (d.h. über die eigene Arbeit und Sendung mit den Verantwortlichen und den Menschen in dieser Sendung sprechen). Ich glaube, dass die präventive Formation im Hinblick auf sexuelles Fehlverhalten in der PB und der BZP den Priestern und den Ordensfrauen ihre Verantwortung und die Wichtigkeit von Transparenz durch Rechenschaft über ihr Leben und über ihre Sendung bewusst machen sollte. Diese Formation besteht darin, dass die zum Priestertum oder zum Ordensleben berufene Person von Anfang an und schrittweise lernt, mehr in Beziehung zu sich selbst, zu Gott und zu den Werten zu treten.

    a) Mit sich selbst: ihre Sexualität, ihre Emotionen, ihre Bedürfnisse und ihre Haltung kennen, schätzen, bewerten und lieben;
    b) Mit Gott: Ihn kennen, lieben, sich frei für ihn zu entscheiden;
    c) Mit den Werten: sie kennen, sie lieben und sie gemeinsam mit anderen leben.

Die präventive Formation ist auch eine Ausbildung, die eng mit der individuellen Begleitung des Menschen verbunden ist, um ihm zu helfen, sich stärker auf a) sein Gefühlsleben und b) die zugrunde liegenden potenziellen Dynamiken (missbräuchliche Strategien und Haltungen sowie innere Risikofaktoren) zu konzentrieren. Sie hilft, den Menschen im Alltag mit seiner inneren und äußeren Realität in Kontakt zu bringen, und öffnet ihn für eine Zukunft, die mit Vorsicht gelebt wird. Die präventive Formation beschäftigt sich weiterhin mit der zwischenmenschlichen Erfahrung in der Gemeinschaft und in der Sendung, um es den Priestern, den Ordensfrauen, den Seminaristen und den jungen Frauen in der Ausbildung zum Ordensleben zu ermöglichen, die Freuden und die Leiden und dann auch die Herausforderungen zu erkennen, die ihrem Leben innewohnen. Die präventive Formation berücksichtigt die Schwierigkeiten und Probleme der Vergangenheit und der Gegenwart, um sicherzustellen, dass sie sich nicht wiederholen. Sie bereitet die Person darauf vor, sich ihnen zu stellen. Auf dieser Grundlage besteht die Formation darin, den Sinn für Verantwortung und für Transparenz im Gefühlsleben zu stärken. Bestehende Ausbildungsprogramme können die präventive Formation integrieren, indem sie einen Prozess anstoßen und aktiv fördern, der den Menschen mit seiner eigenen Affektivität vertraut macht und der ihm hilft, sich jeden Tag neu zu entscheiden und ein Leben gemäß seiner Entscheidung zu führen; sie bieten ihm die notwendigen Mittel an, um seine Beziehung zum Dreieinigen Gott so zu gestalten, dass er gemäß der von ihm gewählten Werte zu lebt. Die präventive Formation muss die affektive Dimension integrieren, d.h. die in meiner Untersuchung ermittelten Dynamiken, die den missbräuchlichen Haltungen zugrunde liegen. Ich werde diese Integration in den folgenden Abschnitten darstellen.

2. Die präventive Formation

2.1 Präventive Formation, die die affektive Dimension einbezieht

Zunehmend müssen Priester und Ordensfrauen darin ausgebildet werden, ihre Sexualität, ihre Emotionen und ihre Bedürfnisse zu integrieren.[1] Die affektive Dimension kann nicht aus dem Leben als Priester oder Ordensfrau eliminiert werden. In seinem Apostolischen Schreiben *Pastores dabo vobis* (Nr. 43) betont Papst Johannes Paul II., dass ohne eine angemessene menschliche Ausbildung die gesamte Priesterausbildung ihrer notwendigen Grundlage beraubt würde. Die präventive menschliche und affektive Formation ist für Priester ebenso grundlegend wie für Ordensfrauen. Sie ist ein Erfordernis, das seinen tiefsten und spezifischen Grund in der Natur der Person selbst findet, die zum Priestertum oder zum Ordensleben für einen Dienst oder eine Sendung berufen ist. Da jede berufene Person eingeladen ist, ein lebendiges Abbild Jesu Christi zu sein, müssen die Priester und die Ordensfrauen in ihrer Beziehung zu den Menschen versuchen, die menschliche Vollkommenheit widerzuspiegeln, die im menschgewordenen Sohn Gottes aufleuchtet und die mit einzigartiger Wirksamkeit in seiner Haltung gegenüber den anderen durchscheint. Um diese Aufforderung in die Tat umzusetzen, sollte das Formationsprogramm die affektive Erfahrung in der Beziehung, den Gesprächen und den individuellen Begegnungen zwischen Formatoren und Auszubildenden in Seminaren und in den Formationsgemeinschaften thematisieren und bearbeiten. Diese Übung ermöglicht es dem Menschen in der Formation, genau zu beobachten, sich selbst in den Blick zu nehmen, auf Gott, das Wort Gottes und seine Impulse zu hören, die selbsttranszendenten theozentrischen Werte, die Werte der Institution, ihre Konstitutionen und ihre Vorschläge für Richtlinien anzunehmen und zu sehen, wie sich dies auf seine Person auswirkt.

Die Auswertung der Gespräche mit den neun Teilnehmerinnen (vier junge Frauen in der Ausbildung zum Ordensleben und fünf Ordensfrauen) zeigt, dass sie trotz ihrer Beziehung zu Gott, ihrer Kenntnis theozentrischer Werte und der öffentlich abgelegten Gelübde Schwierigkeiten im emotionalen Bereich erlebt haben, nämlich sexuellen Missbrauch oder andere sexuelle Gewalt in der pastoral-seelsorglichen Beziehung oder in der Zusammenarbeit. Die Formation muss die affektive Dimension einbeziehen, um die betroffene Person in die Lage zu versetzen, mit diesen Schwierigkeiten umzugehen. Sechs von neun Teilnehmerinnen sowie die drei mitarbeitenden Fachleute raten, in der Formation die folgenden Themen zu behandeln: Persönlichkeit, Affektivität, Sexualität, Zölibat, gottgeweihtes Leben, Naivität, brüderliches/ schwesterliches Leben und Gebet. In meinen Empfehlungen für die präventive Ausbildung berücksichtige ich diese Themen.

---

[1] Anna Deodato, *Vorrei risorgere dalle mie ferite,* op. cit., p. 199.

2.1.1 Eine präventive Formation, die die Sexualität einbezieht

Eine Formation, die die Sexualität einbezieht, muss in einer Atmosphäre des Vertrauens stattfinden und der sexuellen Dimension des Lebens der jungen Männer und Frauen, die dem Ruf Gottes folgen und das Priestertum oder das Ordensleben leben wollen, Interesse und Aufmerksamkeit schenken. Auf dieser *sine-qua-non*-Bedingung aufbauend, setzt sich die Formation von Anfang an mit der Sexualität als einem wertvollen Geschenk Gottes an jeden Menschen auseinander. Die Botschaft der Formation zum Thema Sexualität muss klar sein. Die Formation muss bekräftigen, dass die menschliche Sexualität eigentlich etwas ganz Anderes ist als die Formen, die aus den Berichten der Teilnehmerinnen meiner Forschung hervorgehen, nämlich Vergewaltigung, versuchte Vergewaltigung, sexuelle Belästigung und sexueller Missbrauch. Sexualität ist vielmehr eine Energie der Liebe, d.h. eine Neigung, Gott zu lieben und sich selbst und anderen Menschen Gutes zu wünschen. Sie kommt in der Beziehung zu Gott und in zwischenmenschlichen Beziehungen zum Ausdruck. Die sexuelle Dimension enthält die verschiedenen inneren Kräfte der Person. Sie ist der Ort, an dem andere affektive Kräfte (Emotionen, Bedürfnisse) und kognitive Fähigkeiten miteinander verbunden und sichtbar werden. Im Prozess der menschlichen Entwicklung wird die Form, in der die Sexualität sich zeigt, von den verschiedenen Phasen, der Beziehung zu anderen Menschen und dem Alter beeinflusst. Jeder Tag bietet dem Menschen Gelegenheit, sich mit der eigenen Sexualität auseinanderzusetzen. Die Formation sollte dabei helfen, diese Gelegenheiten anzunehmen und den verschiedenen Manifestationen und Modalitäten der eigenen Sexualität umzugehen. Die Formation sollte mit Impulsen und Methoden dabei helfen, sich noch einmal mit a) der Sexualität und b) der Genitalität in der Zeit vor dem Eintritt in das Kloster oder Seminar zu befassen und den eigenen Standpunkt zu bestimmen.

a) In Bezug auf die Sexualität sollte die Formation dazu beitragen, bedeutsame Beziehungen und Freundschaften anzuschauen und zu prüfen, inwieweit eigene Erfahrungen mit Verliebtheit, Bewunderung, Sympathie, Liebe auf den ersten Blick und Leidenschaft gemacht wurden.

b) In Bezug auf die Genitalität sollten die Beziehung zu Jüngeren, Erfahrungen mit festen Partnerschaften, Geschlechtsverkehr, Sexualverhalten, Masturbation und sexuellen Spielen sowie die Vertrautheit mit sexuellen Bildern angeschaut werden. Auch der Schlusspunkt bzw. der Prozess der Beendigung dieser sexuellen Aktivitäten oder Erfahrungen und die damit verbundenen Gefühle sollten dabei berücksichtigt werden. Wenn ein junger Mensch z. B. einen Freund/eine Freundin hatte, bevor er/sie ins Seminar oder Kloster eintrat, wie endete diese Beziehung?

Die Instrumente, die eine solche Aufarbeitung und Bewertung des Sexuallebens ermöglichen, sollten das Alter, die Veranlagung, die soziokulturellen

2. Die präventive Formation

Werte (Gesten, Worte, Symbole) und die theozentrischen selbsttranszendierenden Werte (evangelische Räte) berücksichtigen und entsprechend zum Wohle der Person angepasst werden.

Eine solche Grundlage kann dazu beitragen, in den jungen Männern und Frauen eine positive Sicht auf ihre Sexualität zu kultivieren, ihr Selbstvertrauen zu stärken und eine klare Botschaft zu vermitteln: „Du kannst über deine Sexualität sprechen." Diese Grundlage sollte eigentlich schon in der Erziehung in den Familien vermittelt werden, was aber oft nicht der Fall ist. Deswegen muss das Thema der Sexualität in der Ausbildung zum Priestertum und zum Ordensleben während des gesamten Berufungsweges schrittweise verstärkt werden und die jungen Männer und Frauen dazu befähigen, sich für die gelebte Sexualität und ihre Kontinuitäten und Diskontinuitäten zu öffnen. Sie werden dazu in der Formation aufgefordert, auf ihre Gedanken und Gefühle, ihr Herz und ihren Körper zu achten. Auf diese Weise wird es ihnen möglich, im Alltag und in verschiedenen Lebenssituationen einen Dialog mit sich selbst zu führen, um sich mit ihrer Sexualität vertraut zu machen. Die Formationsveranstaltungen (*Workshops*), die junge Frauen und Männer aus verschiedenen Ordensinstituten zusammenbringen, können bei dieser Übung der Selbstbeobachtung und Selbsteinschätzung helfen. Praktika sind Zeiten des Kontakts mit der pastoralen Realität und der Zusammenarbeit für Seminaristen und junge Frauen in der Ausbildung zum Ordensleben. Hier verlassen sie den üblichen Rahmen der Formation und können engere Beziehungen erleben, die sie in Frage stellen und ihr Denken, Fühlen, ihre sexuellen Impulse, ihre Bewunderung oder Anziehung füreinander herausfordern. Sie können mit ihren Formatoren über diese Herausforderungen sprechen, um eine Orientierung zu erhalten.

Auf dieser in der Anfangsphase aufgebauten Grundlage wird die Formation auch später den Schwerpunkt darauf legen, den Prozess der Integration der Sexualität und ihrer Energie bei der Person, die zum Priestertum oder zum Ordensleben berufen ist, weiterzuführen. Die Integration einer lebendigen Sexualität berücksichtigt die verschiedenen Phasen und Realitäten in der Geschichte dieses Menschen. Die Formation muss versuchen, die Erfahrungen der Vergangenheit und der Gegenwart im Hinblick auf die Zukunft in Einklang zu bringen. Die zum Priestertum oder zum Ordensleben berufene Person kann mit Sexualität folgende Erfahrungen gemacht haben: a) es gab keine besonderen Schwierigkeiten in der Familie; es fand eine Sexualerziehung in einer konstruktiven Beziehung statt, ohne eigene sexuelle Kontakt oder Geschlechtsverkehr; b) es gab einige Schwierigkeiten, die aber überwunden sind, etwa bei gefährlichen Sexspielen, Berührungen oder Erkundungen aufgrund der Neugier der Vorpubertät mit Gleichaltrigen; abgebrochene Kontakte, teilweise mit Geschlechtsverkehr; eine abgebrochene Verlobung, um auf den Ruf

Gottes zu antworten etc.; c) es gab größere Schwierigkeiten, z.B. ungewollter Geschlechtsverkehr, eine Liebesbeziehung, die mit einer Enttäuschung endete, innerfamiliärer sexueller Missbrauch, sexueller Missbrauch durch Erzieher, Fachkräfte, Priester oder Genitalverstümmelung. Die Formation sollte der Person, die sich zum Priestertum oder zum Ordensleben berufen fühlt, helfen, sich mit ihrer Realität, ihren Stärken und Grenzen auseinanderzusetzen und sich zu entscheiden, ob sie auf den Ruf Gottes und die Forderungen der evangelischen Räte mit Ja oder Nein antworten will. Die Formation hat die Pflicht, den künftigen Priestern und Ordensfrauen zu helfen, sich frei zu entscheiden.

Nach der Weihe bzw. der Profess haben die Priester und die Ordensfrauen die Aufgabe, ihre weitere Formation autonom selbst zu gestalten. Sie sind in ihre Sendung und in verschiedene Beziehungen im Rahmen der Seelsorge und der Zusammenarbeit eingebunden und machen mehr Erfahrungen, die ihre Sexualität berühren und herausfordern. Das Formationsprogramm wird ihnen in dieser Phase helfen, verantwortungsvoll mit der Frage umzugehen, wie sie ihre Sexualität in zwischenmenschlichen Beziehungen im Allgemeinen und in der PB und der BZP ausdrücken und integrieren. Darüber hinaus werden sie ihre Sexualität mit ihrer christlichen Berufung konfrontieren, um zu sehen, ob beides übereinstimmt. Ausgehend von diesen Prozessen der Konfrontation und Reflexion spielt die sexuelle Dimension eine wichtige Rolle für das Bemühen des Priesters oder der Ordensfrau, ihr Herz zu bereiten, um Jesus Christus dort aufzunehmen. Die Herzen des Priesters und der Ordensfrau, die sich mit Jesus Christus vereinen, werden verwandelt, um mit ihm, in ihm und für ihn zu lieben. Sie werden jeden Tag besser lernen, wie sie ihre Sexualität leben können, um aus Liebe ihren Dienst zu tun. Sie werden durch die fortgesetzte präventive Formation lernen, ihre Sexualität als ein kostbares Geschenk anzunehmen und sie in der Gemeinschaft der Priester oder der Mitschwestern und in ihrer Sendung zu leben. Die fortgesetzte präventive Formation wird ihnen Orientierung geben und sie dazu einladen, regelmäßig über ihre Sexualität zu sprechen und ihren Wunsch, geliebt zu werden und zu lieben, geachtet zu werden und andere zu achten, anzunehmen. Sie werden lernen, ihren Wunsch nach einer warmen Beziehung, nach einer tiefen Verbindung, nach Intimität und nach Einsamkeit mit Respekt vor anderen zu zähmen. Sie werden aufmerksam gegenüber ihren sexuellen Impulsen bleiben, entscheiden, wie sie mit ihnen umgehen, und dabei die Beziehung zu Gott (selbsttranszendente theozentrische Werte) und zu anderen Menschen berücksichtigen.

In der präventiven Formation lernen Priester und Ordensfrauen, dass die Verbindung mit Jesus Christus es ihnen ermöglicht, zu lieben und sich von Gott geliebt zu fühlen. Das Gebet und die Sakramente sind der Ort, an dem

2. Die präventive Formation

sich ihre Sexualität verwandelt; sie wird zur Selbstliebe, zur Liebe zu den Mitbrüdern und Mitschwestern, zu ihrer Sendung und zu den Menschen, denen sie dienen. Die präventive Formation sollte den Priestern und Ordensfrauen helfen, in sich Bewunderung, Sympathie, Solidarität, Einfühlungsvermögen, Zärtlichkeit, Mitgefühl, Respekt vor der Würde und den Rechten der Menschen zu entwickeln und zu kultivieren. Die Formation muss die Identität der Priester prägen und verändern. Für sie muss Liebe bedeuten, sich selbst zu lieben, ihr Priestertum, ihre Autorität, ihre Rolle und ihre Würde zu respektieren und Ordensfrauen, ihre Berufung, ihre Würde und ihre Rechte zu achten. Wenn sie je eine OF/JF zu Liebe und Sexualität einladen, müssen sie sie respektieren und warten, bis sie eine klare Antwort geben. Sie sollten ihr „Nein" respektieren können und nicht insistieren. Für die Ordensfrauen muss Liebe bedeuten, sich selbst zu lieben, ihre Berufung zu schätzen und dann zu lernen, mit Liebesbekundungen und sexuellen Aufforderungen von Priestern umzugehen. Sie müssen wahrnehmen, was diese Anfragen in ihnen auslösen: Verwirrung und Irritation, den Wunsch nach Geschlechtsverkehr, sexuelle Impulse, Erregung. Sie müssen lernen, eine klare, angemessene Antwort auf die Aufforderungen zu geben und Respekt einzufordern.

Priester und Ordensfrauen sollten es sich zur Gewohnheit machen, mit einer Vertrauensperson, einem der Verantwortlichen für die Formation, einem Begleiter oder einem Fachmann über ihre Sexualität zu sprechen. Dies wird ihnen helfen, ihr Sexualleben aus der Distanz zu bewerten und zu steuern. Sie sollten mit Gott in der Eucharistie und in der Anbetung über ihre Sexualität sprechen, damit er ihr Sexualleben verwandeln kann.

2.1.2 Eine präventive Formation, die Emotionen einbezieht

Auch Emotionen gehören wesentlich zur Person und zum täglichen Leben. Es liegt keine Schuld darin, sie zu empfinden. Emotionen begleiten die tägliche Erfahrung, und man kann sie in den Beziehungen zu anderen erleben, durch den Tonfall der Stimme, die sich hebt, schwächer wird oder zittert, durch die Harmonie oder Unordnung der Gesten und durch den Inhalt dessen, was gesagt wird.

Die Ergebnisse meiner Feldforschung zeigen, wie die mit sexuellem Fehlverhalten zwischen Priestern und Ordensfrauen oder jungen Frauen in der Ausbildung zum Ordensleben verbundenen Emotionen (Angst, Scham, Verlegenheit, Überraschung, Wut, Verachtung) das Leben der Teilnehmerinnen lähmen können. Nicht beachtete Emotionen können irritieren und zu geistiger Verwirrung und Unentschlossenheit führen.

Die präventive Formation, die die Emotionen einbezieht, sollte dabei helfen, die Empfindungen in verschiedenen Situationen wahrzunehmen und

VI. Formation und präventive Empfehlungen

sie zu benennen. Sie hilft der Person, einen Schlüssel für die Emotionen zu haben, um in ihrem Leben und im Laufe des Tages zu erkennen, welche Ereignisse, Situationen und Herausforderungen in ihr Freude, Jubel, Euphorie, Traurigkeit, Angst, Wut usw. hervorrufen. So soll die Formation Priestern, Ordensfrauen, Seminaristen und jungen Frauen in der Ausbildung zum Ordensleben beispielsweise helfen, die Bewegungen ihres Herzens angesichts von Neid zu bewerten, wenn sie ihr Apostolat mit dem ihrer Mitbrüder oder Mitschwestern vergleichen, die Äußerungen von Eifersucht zu betrachten, wenn sie verschiedene Beziehungen zwischen Mitbrüdern und Mitschwestern sowie die Beziehungen zu ihren Bischöfen und zu ihren Oberinnen vergleichen. Die Formation muss das offene Sprechen fördern und erleichtern, um Freude, Schmerz und Frustrationen auszudrücken, die mit den Herausforderungen, den Enttäuschungen, den Misserfolgen und der Unzufriedenheit im Alltag und in der Sendung, im Studium und bei der Arbeit verbunden sind. Die Formation muss die Priester lehren, ihre Traurigkeit, ihren Ärger und ihre Enttäuschung über die Ablehnung der Ordensfrauen gegenüber ihren Wünschen, ihren Liebesbekundungen und ihren sexuellen Aufforderungen zu akzeptieren, anzunehmen und zu bewältigen. Ordensfrauen müssen durch präventive Formation lernen, mit dem Zorn von Priestern umzugehen, die sie nicht mehr anschauen und verachten, weil sie „Nein" zu ihren Liebesbekundungen und sexuellen Aufforderungen gesagt oder ihre Strategien aufgedeckt haben. Sexueller Missbrauch und andere Formen sexueller Gewalt von Priestern an OF/JF in der PB oder der BZP, die in den Erzählungen der Teilnehmerinnen geschildert wurden, sind erschreckende Ereignisse, die negative Emotionen hervorrufen: Angst, Furcht, Scham. Manchmal kann die mit dem sexuellen Missbrauch verbundene Angst die Wut der OF/JF hemmen. Wut ist allerdings notwendig, um zu kämpfen, zu konfrontieren, zu fliehen, das sexuelle Fehlverhalten aufzudecken, um Hilfe zu suchen, sein Recht einzufordern, auf Gerechtigkeit und Wiedergutmachung bestehen.

Die Formationsgruppe und die Lebensgemeinschaft sollten eine Atmosphäre anstreben, die es den Priestern und den Seminaristen, den Ordensfrauen und den jungen Frauen in der Ausbildung zum Ordensleben erleichtert, zu lachen, zu weinen, laut zu werden, zu schluchzen, die Türen zu knallen. Sie sollte offen sein und alle Mitglieder der Gemeinschaft einladen, ihre Freude, Traurigkeit, Wut, Eifersucht und Neid auszudrücken. All diese Emotionen, die in einer angemessenen Weise oder als Reaktion auf etwas geäußert und sichtbar werden, können angeschaut werden und laden den Menschen ein, sie zu überdenken und zu bewerten und dann zu entscheiden. Präventive Formation vermittelt eine positive Sicht auf Emotionen, wie ich bereits in Kapitel 3 hervorgehoben habe, und hilft, mit den Emotionen umzugehen, anstatt ihnen auszuweichen, sie zu verdrängen oder zu fürchten. Sie macht

2. Die präventive Formation

deutlich, dass jede Emotion eine eigene Aufgabe im Leben eines Menschen hat. Die Gemeinschaft sollte ihre Mitglieder nicht als schwierige, leichtfertige, schwache, jähzornige, also unreife Menschen ansehen oder etikettieren, entsprechend der Art, wie sie ihre Emotionen ausdrücken. Die Gemeinschaft, ein Ort der Formation für alle Menschen, wird ihre Mitglieder darauf aufmerksam machen, wie häufig sie Haltungen zeigen, die eine Reaktion auf etwas sind, und sie auffordern, diese Haltungen im Hinblick auf ihr emotionales Gleichgewicht und ihre emotionale Reife anzuschauen.

Unsere Emotionen, die wir ausgedrückt, erzählt und bewältigt haben, bringen wir mit dem Psalmisten im persönlichen oder gemeinschaftlichen Gebet dar, indem wir beispielsweise die Freude unseres Bruders oder unserer Schwester aufnehmen, wenn sie eine Prüfung bestanden oder die Genehmigung für ein Projekt erhalten haben. Oder wir opfern die Traurigkeit unseres Bruders oder unserer Schwester auf, wenn jemand leidet oder krank ist.

Diese Übung kann in die Erstausbildung und in die ständige Weiterbildung integriert werden. Sie hilft Priestern und Ordensfrauen, sich bewusst zu machen, was sie fühlen und wie intensiv sie es ausdrücken. Sie hilft beim Aufbau eines emotionalen Schutzschildes und eines maßvollen emotionalen Ausdrucks, der die anderen und die theozentrischen selbsttranszendenten Werte respektiert.

2.1.3 Eine präventive Formation, die Bedürfnisse einbezieht

Eine präventive Formation, die Bedürfnisse integriert, begegnet diesen Bedürfnissen, indem sie sie identifiziert und benennt, entsprechend dem Entwicklungsprozess der jeweiligen Person. Die Formation integriert die Bedürfnisse in die Ausbildungsbotschaft und erleichtert den Dialog mit den jungen Menschen über diese Bedürfnisse.

Die Analyse der Berichte der Teilnehmerinnen in meiner Feldforschung zeigt, dass dem missbräuchlichen Verhalten (Vergewaltigung, versuchte Vergewaltigung, sexuelle Belästigung) von Priestern gegenüber Ordensfrauen oder jungen Frauen in der Ausbildung zum Ordensleben dissonante Bedürfnisse wie sexuelle Befriedigung und Aggression innewohnen. Der Wunsch nach Unterlegenheit und emotionaler Abhängigkeit kann sich negativ auf das Leben von Ordensfrauen oder jungen Frauen in der Ausbildung zum Ordensleben auswirken. Dissonante Bedürfnisse, die von Natur aus unbewusst sind, können eine Ursache für sexuelles Fehlverhalten, für Dynamiken im Gebrauch der Macht oder für Unterwerfungshaltungen sein, die die Würde der Person von Priestern und Ordensfrauen zerstören.

Eine präventive Formation, die die Bedürfnisse einbezieht, muss Priestern, Seminaristen, Ordensfrauen und jungen Frauen in der Ausbildung zum Ordensleben helfen, sich auszudrücken, sich zu behaupten und ihre intellektuellen Fähigkeiten, ihren Sinn für Kreativität und ihre Kompetenz in verschiedenen Bereichen des Gemeinschaftslebens (Verantwortung im Haus, Vorbereitung von Gebetszeiten, Nutzung von Technologie, handwerkliche Tätigkeiten bei Reparaturen) zur Geltung zu bringen. In diesen Situationen können sie sich bewusst werden, dass sie das Bedürfnis haben, geschätzt, bewundert, unterstützt, ermutigt und wertgeschätzt zu werden; dass es für sie wichtig ist, zu dienen und anderen zu helfen, oder sie zu kontrollieren und zu beherrschen, vor Erniedrigung zu fliehen, sich zu verteidigen, anzugreifen. Die Formation muss einen Raum schaffen, in dem die jungen Menschen ihr Bedürfnis nach dem Erwerb von Wissen, intellektuellen Fähigkeiten, Zusammenarbeit, Organisation und Geschick bei der Pflege des Hauses spüren und zum Ausdruck bringen können, und in dem die Annahme dieser Gefühle gefördert wird. Die Formation soll ihnen helfen zu erkennen, wie sie ihr Bedürfnis, sich selbst darzustellen, aufzufallen und Aufmerksamkeit auf sich zu ziehen, leben und damit umgehen. Sie soll die Priester und Ordensfrauen dabei unterstützen, sich ihrer Bedürfnisse nach sexueller Befriedigung (Gedanken, Phantasie, Bilder, Worte, Taten), ihrer aggressiven Impulse (sich verteidigen, verletzen, töten), und ihrer Minderwertigkeitsgefühle (Inkompetenz, Schwierigkeiten beim Erlernen der Sprache des Missionsortes, Misserfolge) bewusst zu werden. Diese Übung verhindert, dass sie ihre Bedürfnisse ignorieren oder sich wenig um sie kümmern. Die Formation sollte sie in die Lage versetzen, sich der Frustration ihrer Bedürfnisse zu stellen und die Herausforderungen, die Schwierigkeiten und die Unmöglichkeit, sie immer zu befriedigen, anzunehmen, wenn sie ihre Berufung leben wollen. Sie sollten in der Formation lernen, diese Frustration auszudrücken, damit ihnen geholfen werden kann.

Das Leben als Priester und Ordensfrau ermöglicht die Befriedigung verschiedener Grundbedürfnisse: a) Primäre Bedürfnisse wie Nahrung, Wohnung, medizinische Versorgung, b) Bedürfnisse nach Zugehörigkeit, z.B. zu einer Diözese, zu einem Ordensinstitut päpstlichen oder diözesanen Rechts, c) das Bedürfnis nach sozialer Anerkennung als Priester und Ordensfrauen, die in der Gesellschaft angesehen sind. Es gibt jedoch auch Bedürfnisse, die von Priestern und Ordensfrauen nur schwer oder gar nicht erfüllt werden können, wie z.B. über Geld oder gemeinsame Güter nach eigenem Ermessen zu verfügen, einen Ehemann oder eine Ehefrau zu haben, Mutter oder Vater zu sein, den gewünschten Beruf frei auszuüben, eine politische und soziale Verantwortung anzustreben und zu übernehmen oder ihre Qualifikationen geltend zu machen, um eine wichtige Position zu besetzen. Wie alle Menschen, die von Gott berufen sind, um ihm zu dienen, werden auch Priester und Ordensfrauen bestimmte Bedürfnisse in ihrem Leben nicht befriedigen können, auch wenn sie nach dieser Befriedigung verlangen. Die Befriedigung einiger

2. Die präventive Formation

Bedürfnisse ist und bleibt ihnen versagt. Das ist der Verzicht, das Opfer, das Kreuz, das mit dem gelebten Priestertum bzw. Ordenslebens verbunden ist.

Im Fall von sexueller Gewalt werden Aggression und Befriedigung miteinander verwechselt. Vergewaltigung ist keine sexuelle Aktivität; Vergewaltigung ist eine Aggression, die sich der Sexualität bedient. Vergewaltigung schadet, sie zerstört die Würde und das psychische und spirituelle Gleichgewicht des Opfers und des Priesters. Gewalt anzuwenden, um ein sexuelles Bedürfnis zu befriedigen, bedeutet, die anderen dabei beteiligten Bedürfnisse zu verkennen. Diese anderen Bedürfnisse könnten darin bestehen, das Opfer kontrollieren, dominieren, brutal behandeln oder erniedrigen zu wollen. Sexuelle Gewalt liegt jenseits der sexuellen Lust und ist ein Mittel des Täters, das Opfer zu besitzen, es zu beherrschen, um sich überlegen zu fühlen oder die eigene sexuelle Identität und Orientierung zu bestätigen.

Andere Bedürfnisse äußern sich im Leben eines Menschen je nach Entwicklungsstadium mit unterschiedlicher Intensität. Es gibt gesunde und reife Modalitäten für die zum Priestertum oder zum Ordensleben Berufenen, sich diesen Bedürfnissen zu stellen und mit ihnen umzugehen, zu denen die Formation ermutigen sollte, z.B. über sie zu sprechen, mit Hingabe und Entschlossenheit seinen Dienst zu tun, sein Leben hinzugeben und den Bedürftigen und denen, die keine Stimme haben, zur Seite zu stehen oder von Zeit zu Zeit ein Volontariat im Krankenhaus zu machen. Ordensgemeinschaften sollten so organisiert sein, dass jede Ordensfrau sich für das Haus und die Verwaltung der gemeinsamen Güter mitverantwortlich fühlt und sich aktiv an Entscheidungen beteiligen kann.

Die Haltung der Offenheit und der Teilnahme am Gemeinschaftsleben kann sich in konkreten Aktionen manifestieren, um die Formation zu unterstützen, die folgende Bedürfnisse integriert:
– Brüderliches/schwesterliches Leben, gegenseitige Unterstützung, d.h. die Anerkennung des Beitrags jedes einzelnen und Aufmerksamkeit für wohltuende Gesten, Worte und Taten;
– Das Feiern und die Feste der Weihe, der Profess, der Jubiläen, der Geburtstage, der Namenstage und auch persönlicher Erfolge;
– Momente der Entspannung, Geselligkeit bei guten Mahlzeiten, Rekreationen, Ausflüge, Erholungszeiten und Urlaub;
– Freizeit, Sport, Lektüre, Exkursionen, passende Filme, eine geschenkte Reise usw.

Die Entwicklung der Fähigkeit, diese Realitäten, die in den Priester- und Ordensgemeinschaften bereits vorhanden sind und gelebt werden, zu schätzen und dankbar zu nutzen, ist eine Hilfe für die ausgewogene Befriedigung der Bedürfnisse. Die Formation sollte dabei helfen, Gott als jemanden zu erfahren, der Bedürfnisse erfüllt, ohne das Kreuz des Opfers und der Entsagung wegzunehmen, und der das Leben manchmal in die Leere und in die Einsamkeit begleitet, wo man auf das legitime Recht verzichten muss, zu genießen und zu entscheiden, wohin man gehen und was man tun will. Auf den Ruf Gottes zu antworten bedeutet, sich dafür zu entscheiden, „alles zu verlassen", und Jesus zu folgen, der „das Hundertfache" gibt, Brüder, Schwestern, Häuser, Besitz, aber „unter Verfolgungen" (vgl. Mk. 10, 28–30). Es ist Jesus, der gibt. Das Hundertfache wird als Belohnung für die Selbsthingabe empfangen, wobei man nicht in die Perversion verfallen darf, andere auszubeuten oder sich ausbeuten zu lassen.

2.2 Präventive Formation und (dynamische) Haltungen

Die präventive Formation muss die missbräuchlichen und gewalttätigen Haltungen und die Vulnerabilität im Menschen berücksichtigen und sich mit ihnen auseinandersetzen, da dies innere Risikofaktoren sind, die in der pastoral-seelsorglichen Beziehung oder in der Zusammenarbeit zu sexuellem Missbrauch führen können. Die Analyse der Erzählungen der Teilnehmerinnen zeigt Beziehungsdynamiken auf, die dem sexuellen Fehlverhalten zugrunde liegen. Diese Dynamiken sind Strategien der Priester, die folgende Zwecke erfüllen: a) die Wachsamkeit der Teilnehmerinnen und der ihnen nahestehenden Personen zu neutralisieren, damit sie ihr Fehlverhalten nicht bemerken, b) sie zu isolieren, um sie besser kontrollieren zu können, c) in ihnen eine größere Abhängigkeit vom Priester zu schaffen, um sie in seiner Gewalt zu halten, und d) in ihnen Verwirrung über das Fehlverhalten zu stiften (Schuldgefühle wecken, kognitive Verzerrungen einsetzen). Ordensfrauen und junge Frauen in der Ausbildung zum Ordensleben leben in einer besonderen Vulnerabilität, die sie in Risikosituationen bringt (interne Risikofaktoren: Verwirrung, Zweideutigkeit, Naivität) und die sie in ihrer Beziehung zu Priestern in der PB oder der BZP schwächen; weitere Risikofaktoren sind unzureichende Informationen und eine ungenügende Formation.

Ratio Fundamentalis (*Das Geschenk der Berufung zum Priestertum*, 2016) stellt fest: „Größte Aufmerksamkeit muss dem Thema des Schutzes der Minderjährigen und der Erwachsenen mit Behinderung gewidmet werden." Es wird angemahnt, sorgfältig darauf zu achten, „dass die, die die Aufnahme in ein Seminar oder in ein Ausbildungshaus erbitten oder schon den Antrag für den Empfang der Weihen vorlegen, nicht in irgendeiner Weise in Delikte oder problematische Situationen in diesem Bereich verwickelt sind." Die präventive Formation muss also ein besonderes Augenmerk auf die Auswahl und die Zulassung der Kandidaten und Kandidatinnen haben. Es ist ideal, wenn die Formation „in das Programm sowohl der Anfangsausbildung als auch der ständigen Fortbildung (…) spezifische Unterrichtseinheiten, Seminare und Kurse über den Schutz von Minderjährigen" aufnimmt, die „entsprechenden Inhalte (…) in geeigneter Weise" darlegt und dabei „verschiedene Bereiche möglicher Ausbeutung oder Gewalt" berücksichtigt. (Nr. 202) Ich habe in meiner Analyse einerseits die Dynamiken und missbräuchlichen Haltungen von Priestern gegenüber Ordensfrauen in der pastoral-seelsorglichen Beziehung und in der Zusammenarbeit herausgearbeitet, und andererseits interne Risikofaktoren für Ordensfrauen aufgezeigt. Die präventive Formation sollte sich antizipatorisch mit diesen Haltungen auseinandersetzen.

2.2.1 Eine präventive Formation, die missbräuchliche Haltungen (Strategien) berücksichtigt

Laut Lonergan (1978) ist „nur das Gute konkret" (S. 51). Das Gute ist objektiv, transparent und um es zu erkennen, bedarf es keiner geschickt konstruierten Vorträge oder Argumentationen. Missbräuchliche und gewalttätige Haltungen sind hingegen manipulativ und irreführend. In Bezug auf Priester zielen sie auf Folgendes ab:

Die Wachsamkeit der OF/JF und der Personen in ihrem Umfeld zu neutralisieren, z. B. indem der P die Erlaubnis der Formatorin oder der Oberin einholt, mit der OF/JF zu reisen;

Die OF/JF emotional zu isolieren, indem der P sie häufig zu sich nach Hause einlädt, ihre Aufmerksamkeit sucht und sich als ihr Beschützer präsentiert;

Die OF/JF zu kontrollieren, indem er ihre Beziehungen zu anderen Personen überwacht;

Eine Abhängigkeit der OF/JF von ihm zu schaffen, indem er sie finanziell unterstützt, eine zu große Vertrautheit mit ihr herstellt, sie zu einem besonderen Menschen macht („meine Tochter");

Die OF/JF mithilfe kognitiver Verzerrungen zu verwirren, um sich zu rechtfertigen und das Vergehen herunterzuspielen und dann das sexuelle Fehlverhalten fortsetzen zu können oder der OF/JF die Schuld dafür aufzubürden.

Diese Haltungen folgen einer scheinbar transparenten und kohärenten Vorgehensweise. Sie haben jedoch eine nicht sichtbare falsche und zerstörerische Absicht. Sie greifen auf Mittel zurück, die äußerlich meist für die Umgebung akzeptabel sind, um ein Ziel zu erreichen, das dem handelnden Täter (dem missbrauchenden Priester) nützt. Der Missbrauchstäter durchbricht schrittweise auf unterschiedlichen Ebenen die gesunden Grenzen:

Menschliche Grenzen (Selbstachtung, Achtung vor der anderen Person, die in die Beziehung involviert ist, Achtung vor ihrem Recht, klar zu wissen, wozu die Beziehung sie verpflichtet);

Sozial-moralische Grenzen (die Fähigkeit, mit anderen zu leben und dabei das Wohl der eigenen Person, des anderen, der Gemeinschaft und der Gesellschaft zu berücksichtigen);

Spirituelle Grenzen (Achtung der Beziehung zum Dreieinigen Gott, zu seinem Wort, zu den evangelischen Räten, zu den selbsttranszendenten theozentrischen Werten).

Ich möchte dies anhand eines Beispiels veranschaulichen: Ein Priester täuscht einer Gemeinschaft von Ordensfrauen vor, krank zu sein, um einen sexuellen Kontakt mit der begehrten OF oder JF zu erzwingen. Wenn ich dieses Verhalten anhand der oben genannten aufeinanderfolgenden Grenzverletzungen analysiere, ergibt sich folgendes Bild:

Auf der menschlichen Ebene sind seine Absicht und das Ziel, das er erreichen will, nur ihm selbst bekannt. Er weiß, dass seine Täuschung (Strategie) die Aufmerksamkeit, das Mitgefühl und die Fürsorge der Ordensfrauen und vor allem der OF/JF auf sich ziehen wird, mit denen er in einer Beziehung im Rahmen der Seelsorge oder der pastoralen Zusammenarbeit steht. Die OF/JF kann seine Absicht nicht klar erkennen. Es kommt zu einer Missachtung der OF/JF und ihrer Gemeinschaft.

Auf der moralischen Ebene weiß der Priester, dass der Geschlechtsverkehr zwischen einem Priester und einer OF/JF (verbotene Beziehung) von der Gemeinschaft und der Gesellschaft nicht toleriert wird. Er will dieses Verbot übertreten, indem er seine Handlung vor der Gemeinschaft und der OF/JF verschleiert, ohne die geltenden Normen für die Beziehung zu einer OF/JF, zu ihrer Gemeinschaft und zu den Menschen in seinem Umfeld zu beachten.

Auf spiritueller Ebene steht der Priester in Beziehung zum Dreifaltigen Gott. Er ist durch seine Geburt und seine Taufe ein Sohn Gottes. Er hat das Wort Gottes entdeckt und auf die von Gott her ergangene Berufung zum Priestertum geantwortet, er hat studiert und sich entschieden, als Priester zu leben und seinen Dienst zu tun. Durch seine Täuschung (Strategie) missachtet er seine Beziehung zu Gott.

Das Bedürfnis nach einer Beziehung zu einer Frau, nach sexueller Befriedigung und der Sexualtrieb sind manchmal unbewusst und werden gespürt, ohne darüber nachzudenken. Diese Emotionen werden häufig spontan und unbewusst stimuliert. Die Schritte bis zur Tat werden jedoch genau überlegt, geplant, ausgearbeitet, bedacht und vorsichtig organisiert, wie in dem oben analysierten Beispiel dargestellt. Im Zusammenhang mit dem sexuellen Missbrauch von Minderjährigen spricht Finkelhor (1984) von Vorbedingungen, bei denen es sich um verschiedene Hemmungen sowie innere und äußere Hindernisse handelt, mit denen der Missbraucher umgehen muss, um seine Tat zu ausführen zu können.

Finkelhor erläutert, dass die Person, die einen Minderjährigen missbrauchen will, a) als Motivation hat, sexuellen Kontakt mit dem Minderjährigen zu

2. Die präventive Formation

haben, b) sich selbst überzeugen und sich dem gesunden Menschenverstand und den guten Gründen, die ihn davon abhalten sollten, den Missbrauch zu begehen, widersetzten muss. Die Rechtfertigungen können persönlicher Natur (sexueller Trieb, Schwierigkeiten in der menschlichen Entwicklung oder Alkohol) oder soziokulturell (prekäre Situationen von Minderjährigen, Kinderpornografie) sein. Die nächsten Schritte sind: c) Die Person, die jemand missbrauchen will, nimmt Kontakt auf mit den Menschen, die dem Opfer nahestehen (Familie, Freunde, Erwachsene) und erkundet ihre Meinung, ihren Widerstand gegen den Missbrauch, ihre Wachsamkeit, die Zeiten ihrer An- oder Abwesenheit in der Umgebung des Opfers und d) befasst sich mit dem Widerstand des Opfers selbst. (S. 54–60)

Diese Konzepte können uns helfen, analog die Strategien und das Verhalten von Priestern zu verstehen, die Ordensfrauen oder junge Frauen in der Ausbildung zum Ordensleben missbrauchen. Sie sind sich des sexuellen Verlangens, das in ihnen steckt, bewusst. Sie übertreten die Grenzen ihres Zölibatsversprechens, das sie Gott gegenüber im Hinblick auf ihren Dienst an den Menschen abgelegt haben. Sie überzeugen sich selbst, dass das, was sie tun wollen, akzeptabel ist. Sie entwickeln dann eine gute, ja sogar vertrauliche Beziehung zu den anderen Ordensfrauen in den Gemeinschaften der Teilnehmerinnen. Dann werden die Teilnehmerinnen angegriffen. Joulains (2018) Erklärung der Funktionsweise von Verzerrungen im Zusammenhang mit missbräuchlichem Verhalten eines Erwachsenen gegenüber Kindern kann auch dazu dienen, die Strategie der Priester in meiner Forschung zu verstehen. Joulain (2018, S. 155) erklärt, dass der handelnde Täter seine inneren Hemmungen überwinden muss. Dazu baut der Priester Rechtfertigungssysteme auf, um für sich eine Weltanschauung zu schaffen, in der seine Tat akzeptiert, toleriert und entschuldigt wird. Die Ausführung der Tat beinhaltet dann nach seiner Vorstellung keine Gewalt und hat auch keine Konsequenzen für die Person, mit der er in Beziehung steht und an der er die Tat begeht, oder aber die Konsequenzen werden heruntergespielt und relativiert. So vorbereitet ist der Priester davon überzeugt, dass er das tun kann, was er vorhat.

Die Formation muss hinter jede der Haltungen des Priesters bzw. der Ordensfrau schauen und sich mit den Motivationen, den Intentionen (Ziel, Zweck), dem Prozess der Werturteile und den Mitteln zur Verwirklichung der Pläne auseinandersetzen. Dies kann ihnen helfen, sich der Verzerrungen in ihrer Denkweise, der Inkohärenz in ihren Ansichten, ihrer ungesunden Geschicklichkeit, die Barrieren des Gewissens zu überwinden, und ihrer Tendenz, das Gute zu leugnen, bewusst zu werden. Auf diese Weise kann klar werden, dass eine solche Haltung weder für sie selbst noch für andere in ihrem Umfeld gut ist. Sie sehen, dass sie mit dieser Haltung Ziele anstreben, indem sie ihre Absicht tarnen und vor anderen verbergen.

Ein Instrument, das bei der Untersuchung dieser missbräuchlichen Haltung helfen kann, ist die Gewissenserforschung während des Tages oder am Abend. Laut Ignatius besteht die Gewissenserforschung darin, a) Gott für das Leben und die Gnade zu danken, die er uns gegeben hat, um diesen Tag zu leben, b) sich selbst zu prüfen, wie diese Gnade empfangen und in den Dienst gestellt wurde, und c) seine Fehler, Unterlassungen und Sünden zu erkennen. Über die Gewissenserforschung hinaus wäre dazu die epigenetische Pädagogik (Imoda, 1999) hilfreich, die es ermöglicht, den Prozess der kognitiven, affektiven, moralischen und spirituellen Entwicklung von Einstellungen noch einmal zu durchlaufen. Der Kernpunkt liegt darin, den Moment auf dem Weg zu entdecken und zu lokalisieren, in dem es ein Hindernis, eine Blockade oder eine Abweichung in der Entwicklung des Menschen gegeben hat. Es geht also darum, auf diese Weise die eigene Geschichte Revue passieren lassen, um zu verstehen, was verhindert hat oder verhindert, dass die dreifache Bekehrung (intellektuell, moralisch, spirituell) nach Lonergan (1978)[2] stattfinden kann.

2.2.2 Eine präventive Formation, die interne Risikofaktoren berücksichtigt

Meine Untersuchung hat es mir ermöglicht, interne Risikofaktoren bei Ordensfrauen und jungen Frauen in der Ausbildung zum Ordensleben zu identifizieren, die sie schwächen und sexuellen Missbrauch in einer pastoralen Beziehung oder in der Zusammenarbeit mit Priestern erleichtern können. Diese internen Risikofaktoren sind a) Verwirrung, Ambiguität und Ambivalenz und b) Naivität. Die präventive Formation soll die Ordensfrauen und die jungen Frauen in der Ausbildung zum Ordensleben sensibilisieren und ihnen helfen, sich der Risikofaktoren bewusst zu werden und Verantwortung zu übernehmen, und sie soll sie lehren, ihrer Gemeinschaft gegenüber Rechenschaft über ihr Leben, ihre Berufung und ihre Sendung zu geben.

Nach dem Zweiten Vatikanischen Konzil haben sich für das Ordensleben Herausforderungen ergeben, auf die man noch keine Antwort gefunden hat. Die Kongregation für die Institute des geweihten Lebens und die Gesellschaften des apostolischen Lebens schreibt daher im Dokument *Für jungen Wein neue Schläuche* (2017): „Im Umfeld des geweihten Lebens fehlt es in der Beziehung zwischen Mann und Frau an echter Reife: Geeignete pädagogische Maßnahmen für junge Menschen sind dringend nötig, um ein gesundes Gleichgewicht zwischen Identität und Andersartigkeit zu erreichen." (Nr. 18) Um dieses Gleichgewicht zwischen Identität und Andersartigkeit anzustreben, muss die präventive Formation für OF/JF sich in der Arbeit auf a) Verwirrung, Ambiguität und Ambivalenz und b) Naivität konzentrieren.

---

2   Bernard J. F. Lonergan, *Pour une méthode en théologie*, op. cit.

2. Die präventive Formation

a) Verwirrung ist ein Zustand der Unruhe, den die Teilnehmerinnen erleben und ausdrücken. Dieser Zustand kann in einer Situation entstehen, die mit der kognitiven Dimension des Zweifels, des Zögerns oder der Unsicherheit verbunden ist. Er kann sich auch um ein Ungleichgewicht in der affektiven Dimension handeln, d.h. um Angst, Schuldgefühle oder emotionale Instabilität. Diese innere Situation destabilisiert die Beziehung der OF/JF zum Dreifaltigen Gott, ihren Glauben, ihre Überzeugungen und den Prozess der Unterscheidung sowie ihre Entscheidungsfindung. Die Verwirrung macht die OF/JF instabil und kann sie in zweideutige Situationen bringen, ohne dass sie sich dessen bewusst ist. Dies passiert etwa, wenn sie vorgibt, eine Freundschaft mit einem Priester zu führen, der ihr seine Liebe bekundet und sexuelle Aufforderungen macht; oder wenn sie gleichzeitig eine Sache und ihr Gegenteil will, wenn sie sich beispielsweise nach dem Ordensleben sehnt und sich gleichzeitig zu einer emotionalen Beziehung mit einem Priester hingezogen fühlt. Martha drückt dies wie folgt aus: „Auf der einen Seite fühle ich mich zu dieser Beziehung hingezogen, auf der anderen Seite möchte ich sie ablehnen." (05M/40–41)

Die Formation der Ordensfrauen und der jungen Frauen in der Ausbildung zum Ordensleben, die ihre Verwirrung berücksichtigt, muss ihnen eine theologische, biblische, spirituelle und moralische Grundlage vermitteln, um sie in ihrer Beziehung zu Jesus Christus zu stärken und ihre Überzeugung zu festigen, dass die Grundlage ihrer Berufung ist, dass sie Töchter Gottes und der Kirche sind. Die Formation muss ihnen helfen zu verstehen, dass der Leib eines jeden Menschen immer ein „Tempel des Heiligen Geistes" (1 Kor 6,19) ist, und davon überzeugt zu sein, dass dies auch nach dem erlittenen sexuellen Missbrauch gilt. Die präventive Formation sollte ihnen helfen, die vermittelten Inhalte und ein klares Bild von ihrer tatsächlich gegebenen Verantwortung zu verinnerlichen, damit sie kognitiven Verzerrungen und falschen Rechtfertigungen entgegentreten können, die ihnen die Schuld für das sexuelle Fehlverhalten zuschreiben, das die Priester begangen haben.

b) Die Naivität der OF/JF zeigt sich darin, dass sie Priestern vollkommen vertrauen, sie idealisieren und glauben, dass Priester keine Liebesbekundungen und sexuelle Aufforderungen machen können. Die Formation soll ihnen helfen, ihren eigenen Wert und den der Priester angemessen neu zu bewerten. Priester haben natürlich eine Autorität, eine Funktion und eine Rolle. Doch die Ordensfrauen und die jungen Frauen in der Ausbildung zum Ordensleben sind ebenso verantwortlich für ihr Privatleben, ihre Berufung, ihre Sendung und ihre anderen Beziehungen. Sie können sich Priestern anvertrauen und sie um Hilfe bitten, aber es ist ihre Entscheidung, ob sie die von ihnen angebotene Hilfe annehmen oder nicht. Wenn sie sich ihrer eigenen affektiven Dimension (Sexualität, Emotionen, Bedürfnisse) und ihrer Funktionsweise bewusst werden, können OF/JF verstehen, dass die Priester dieselben Prozesse durchlaufen. Sie können Liebesbekundungen und sexuelle Aufforderungen von Priestern entdramatisieren, Abstand gewinnen und sich helfen lassen, um klar zu sehen, zu unterscheiden und zu antworten. Vertrauen ist in einer seelsorglichen oder kollaborativen Beziehung notwendig. Dieses Vertrauen wird jedoch schrittweise aufgebaut, und jeder Mensch bleibt trotz allem verantwortlich für sein eigenes Lebens, seine Wahlmöglichkeiten und seine Entscheidungen.

Die Formation sollte die Folgen berücksichtigen, die die missbräuchlichen Dynamiken von Priestern gegenüber Ordensfrauen kurz- und langfristig haben. Meine Analyse der Erzählungen der Teilnehmerinnen hat gezeigt, dass Schuldgefühle zu den Folgen gehören, die ihre Verwirrung und Naivität noch zusätzlich belasten können. Da Ordensfrauen und junge Frauen in der Ausbildung zum Ordensleben, die in der PB oder der BZP mit Priestern in Kontakt sind, schon erwachsen sind, ist es für die Priester und die Mitschwestern manchmal leicht, ihnen die Verantwortung für das sexuelle Fehlverhalten der Priester aufzubürden. In Fällen von sexuellem Missbrauch und anderer sexueller Gewalt sind die OF/JF nicht schuldig, aber sie fühlen sich schuldig. Die betroffenen Priester hingegen sind schuldig, projizieren ihre Schuld aber auf die OF/JF. Einige ihrer Mitschwestern weisen sie auch auf den Fehler, die Schuld und die Sünde des sexuellen Fehlverhaltens hin, selbst dort, wo sie nicht schuldig sind. Die Priester und die Mitschwestern sind von impliziten oder expliziten Haltungen geprägt, die sie denken und glauben lassen, dass die OF/JF etwas getan haben, um die Aufmerksamkeit oder Bewunderung der Priester zu erlangen, oder dass sie sie in Versuchung geführt hätten. Die Schuldgefühle führen dazu, dass die OF/JF fast die gesamte Verantwortung für das sexuelle Fehlverhalten auf sich nehmen. Insbesondere glauben sie, dass sie undankbar wären, wenn sie die Liebesbekundungen und sexuellen Aufforderungen von Priestern ablehnen würden, die ihnen etwas Gutes getan haben, oder dass sie Priestern, die versuchen, sie zu vergewaltigen, oder die sie vergewaltigt haben, sofort vergeben müssten, wenn diese eine Art von Vergebungsbitte äußern. In meiner Feldforschung war es offensichtlich, dass die Priester nur um Vergebung baten, um die OF/JF zurückzugewinnen und sie erneut zu missbrauchen. Die Frauen selbst haben diese zugrunde liegende Dynamik aber nicht erkannt. Wenn sie die Strategien und Listen der Priester aufdecken, können sie ihre Schuldgefühle bearbeiten.

Die präventive Formation, die die Folgen der Schuldgefühle der OF/JF berücksichtigt, soll ihnen helfen, sich als Frauen zu entfalten, auf sich selbst und ihr Aussehen zu achten, wenn auch in schlichter Form, und als wertvolle und gut gekleidete Frauen zu leben, die stolz auf ihre Qualitäten sind und die es verdienen, Respekt zu erhalten oder zu fordern. Die Formation sollte sie in die Lage versetzen, die Verantwortung für ein Fehlverhalten in der PB oder der BZP klar zuzuweisen. Sie muss ihnen auch vermitteln, welche Verantwortung und welche Rollen für einen Priester und für jede andere Person in einer pastoral-seelsorglichen Beziehung oder in einer pastoralen Zusammenarbeit angemessen sind. Die Frauen sollten sich nicht für etwas schuldig fühlen, was sie nicht getan haben, und sie sollten sich auch nicht die Fehler, Irrtümer und Sünden der missbrauchenden Priester zuschreiben. Eine explizite Formation zur Bedeutung von Schuld könnte die OF/JF von Skrupeln befreien. Sie kann ihnen helfen, aus der Verwirrung herauszufinden, die aus den Verzerrungen der in ihrer Kultur vorherrschenden Mentalität entsteht, so dass sie sich manchmal dazu gezwungen fühlen, über den Missbrauch, den sie erleiden, zu schweigen, um ihren Ruf, den ihrer Familie, den der Priester und den der Kirche zu schützen. Die Formation sollte ihnen klarmachen, dass es die Gewalt ist, die Priestern ihnen angetan haben, die ihren Ruf und ihre Würde sowie die der Priester und der Kirche schädigt.

Die präventive Formation versucht, die Beziehung des Menschen zu Gott zu stärken. Wenn der Mensch diese Beziehung der Communio mit Jesus Christus lebt, den er dabei gleichzeitig repräsentiert und nachahmt, führt dies zu seiner Verwandlung durch die Kraft des Heiligen Geistes, um seine Sendung der Evangelisierung und des Zeugnisses zu leben. Die präventive Formation soll eine innere Festigkeit vorbereiten, die den Priestern, den Ordensfrauen, den jungen Frauen in der Ausbildung zum Ordensleben und den Seminaristen hilft, ihre Strategien und ihre inneren Risikofaktoren zu erkennen, damit sie es zulassen können, dass sie durch die Gnade des Dreifaltigen Gottes umgeformt und verwandelt werden. Um die präventive Formation zu verwirklichen, brauchen auch die Verantwortlichen für die Formation eine gute Formation. Ich werde dies im nächsten Absatz diskutieren.

2.3. Präventive Formation für diejenigen, die für die Formation verantwortlich sind

Das Ziel der präventiven Formation in Bezug auf sexuellen Missbrauch und andere sexuelle Gewalt, die in den Interviews der Teilnehmerinnen aufgedeckt wurden, ist es, den zur Weihe an Gott berufenen Person zu helfen, sich mit der Realität des sexuellen Fehlverhaltens in den Beziehungen im Rahmen der Seelsorge oder der pastoralen Zusammenarbeit auseinanderzusetzen. Die Realität des sexuellen Missbrauchs und anderer sexueller Gewalt, die von Priestern an Ordensfrauen oder jungen Frauen in der Ausbildung zum Ordensleben begangen wird, ist bekannt. Sie wird bisher jedoch in den Formationsprogrammen nicht klar angesprochen. Die bestehenden Programme helfen den Priestern, Ordensfrauen, Seminaristen und jungen Frauen in der

VI. Formation und präventive Empfehlungen

Ausbildung zum Ordensleben, eine tiefe Beziehung zum Dreifaltigen Gott und zu sich selbst zu leben. Es werden Formationsveranstaltungen abgehalten, die helfen, die affektive, kognitive und triebhafte Dimension zu verstehen. Eine präventive Formation, die von dieser Basis ausgeht, erfordert eine zusätzliche Arbeit von denjenigen, die die Verantwortung für die Formation übernehmen. Sie müssen sensibel sein für die Realität des sexuellen Fehlverhaltens, die zugrunde liegenden Dynamiken, die Risikofaktoren, die Folgen sowie die Art und Weise, wie man diesem Problem begegnet und wie man ihm vorbeugt. Die präventive Formation muss eine persönliche und regelmäßige Begleitung der Ordensfrauen und der Priester sicherstellen, wobei die Verantwortlichen für die Formation auf ihre Einstellungen, auf potenziell missbräuchliche Haltungen und auf Anzeichen für Leiden im Zusammenhang mit sexuellem Missbrauch, Macht- und Vertrauensmissbrauch und anderer sexueller Gewalt achten müssen. Die Verantwortlichen benötigen hierfür geeignete Instrumente.

Im Prozess der Formation, die die Erstausbildung und die ständige Weiterbildung umfasst, muss der philosophische, theologische und spirituelle Ansatz durch einen zweiten Ansatz erweitert werden, den Imoda (2002) als „erzieherische Praxis" (S. 26) im Hinblick auf die Vulnerabilität (die motivationalen Kräfte) der Person bezeichnet. Imoda spricht sich für eine alltägliche Beziehung mit einem erzieherischen Fokus zwischen dem/der Verantwortlichen für die Formation, dem Oberen/der Oberin der Gemeinschaft und der Person, die im Prozess der Formation steht, aus. Dieser praktisch-pädagogische Ansatz ermöglicht es den Verantwortlichen für die Formation und der Person, die diesen Prozess durchläuft, miteinander zu sprechen und gemeinsam die affektiven und kognitiven Modalitäten des Priesters, der Ordensfrau, des Seminaristen oder der jungen Frau in der Ausbildung zum Ordenslebenzu bewerten. Weit davon entfernt, eine Kontrolle zu sein, handelt es sich tatsächlich um eine formative Hilfe, um ein Gespräch, einen Dialog, der beide Personen wachsam sein lässt: „Wacht und betet allezeit, damit ihr allem entrinnen (...) könnt." (Lk. 21,36)

In diesem Sinne erklärte die *Ratio Fundamentalis* (Nr. 202): „Eine besondere und geeignete persönliche Begleitung durch die Ausbilder muss für die gewährleistet sein, die schmerzliche Erfahrungen auf diesem Gebiet [sexueller Missbrauch] erlitten haben." Die Vorbereitung der Ausbilder auf das Thema und die Realität des sexuellen Missbrauchs ermöglicht es ihnen, der in der Formation befindlichen Person zu helfen, die in der Institution, der Kirche und der Gesellschaft gültigen Verhaltensregeln zu befolgen.

Die präventive Formation in Bezug auf sexuellen Missbrauch und andere sexuelle Gewalt in der pastoralen oder kollaborativen Beziehung basiert auf einer Erziehung, die die berufene Person in ihrer Familie, in der Schule und in ihrer Ortskirche erhalten hat. Die Prävention von sexuellem Missbrauch

2. Die präventive Formation

in den Beziehungen im Rahmen der Seelsorge oder der pastoralen Zusammenarbeit zwischen Priestern und Ordensfrauen muss auch in der Erziehung wirksam werden und die Sensibilisierung für dieses Thema fördern. Im folgenden Abschnitt möchte ich dazu einige Vorschläge machen.

2.4 Erziehung

Erziehung ist in der Ausbildung implizit enthalten. Sie ist die Kunst, die es ermöglicht, aus dem Inneren der Menschen, die in der Formation sind, ihr Potenzial herauszulocken, so dass sie die Person Jesu Christi und die selbsttranszendenten theozentrischen Werte, die in der Formation vorgestellt werden, kennenlernen, annehmen, integrieren, assimilieren und an ihr Leben anpassen können.

Die Analyse der Erzählungen der Teilnehmerinnen hat gezeigt, dass sexueller Missbrauch und andere sexuelle Gewalt, die innerhalb der seelsorglichen oder kollaborativen Beziehung zwischen Priestern und Ordensfrauen oder jungen Frauen in der Ausbildung zum Ordensleben in Subsahara-Afrika vorkommen, mit mangelnder Erziehung in der Kindheit zusammenhängen. Der mitarbeitende Fachmann Moïse sagt dazu: „Die Sexualerziehung, die hätte gemacht werden müssen, wird nicht gemacht, weil sie ein Tabu ist. Ich denke, wir brauchen eine Aufklärung, die schon im Vorfeld, weit im Vorfeld in unseren Familien stattfindet." (Mo/B2, B5)

Sexueller Missbrauch, andere sexuelle Gewalt, Missbrauch von Macht und Vertrauen können ihre Wurzel in Lücken in der Sexualerziehung und in der Erziehung bezüglich der Rechte und Pflichten von Männern gegenüber Frauen haben, die schon im Vorfeld stattgefunden hat (in den Familien, Schulen, kirchlichen und sozialen Einrichtungen). Ebenso bedarf es einer Erziehung der Frauen, die ihre Beziehungen zu den Männern thematisiert.

Um eine Kultur der Prävention und des Schutzes vor sexuellem Missbrauch oder anderer sexueller Gewalt aufzubauen, ist die Erziehung im Vorfeld von grundlegender Bedeutung. Durch Erziehung wird das Bewusstsein effektiv geschärft. Im Kontext der Länder in Subsahara-Afrika ist die Erziehung in und durch die Familien zentral wichtig. Die Seminaristen in der Ausbildung zum Priestertum und die jungen Frauen, die sich für ein Ordensleben entschieden haben, kommen aus Familien, in denen es oft an Erziehung gefehlt haben dürfte. Die Sensibilisierung der Familien für die Erziehung kann durch dafür ausgebildete Multiplikatoren in bereits bestehenden Strukturen erreicht werden: a) diözesane oder pfarrliche Ausbildungszentren, b) Programme zur Vorbereitung auf die Sakramente, c) verschiedene organisierte Gruppen, d) katholische Schulen und Universitäten, e) Besuche in den Familien und Gebet mit den Familien, f) Jugendpastoral und Berufungspastoral. Die Institutionen der Kirche können durch Erziehung, Formation und Sensibilisierung in die-

VI. Formation und präventive Empfehlungen

sen Kontexten Lücken schließen und das Wissen und die Bemühungen der Familien und Einzelner stärken.

a) In die Formationsprogramme, die den verschiedenen christlichen Gruppen, den Katecheten, Familien, Jugendlichen und Kindern in den Ausbildungszentren der Pfarreien und Diözesen angeboten werden, können Reflexionen zur Schönheit der menschlichen Sexualität, die im Kontext der Ehe gelebt wird und der Entfaltung und dem Wachstum von Mann und Frau dient, und zu den Abweichungen, zu denen auch der sexuelle Missbrauch gehört, integriert werden. Diese Modalität ermöglicht es, ein Bewusstsein für die Bedeutung von Prävention und Schutz zu wecken. Dieses Programm wäre eine Unterstützung für Familien bei ihren Bemühungen, ihre Kinder zu erziehen, vor allem bei der schrittweisen sexuellen Erziehung ihrer Kinder.

b) Eine kurze Einführung in den Schutz vor sexuellem Missbrauch kann in die Programme der Katechese, der Sakramentenvorbereitung für Gruppen von Katechumenen, die sich auf die Taufe vorbereiten, sowie für Gruppen von Kindern und Jugendlichen und Erwachsenen, die sich auf die Erstkommunion, die Firmung und die Ehe vorbereiten, integriert werden.

c) Eine aufmerksame Sensibilisierung und Erziehung in Bezug auf sexuellen Missbrauch kann in den Diözesen und Pfarreien stattfinden, und zwar in Gebetsgruppen, Chören, den Gruppen der Katholischen Aktion und den Vereinigungen christlicher Familien. Diese verschiedenen Gruppen organisieren regelmäßige Treffen in den Pfarreien und Diözesen. Bei einem dieser Treffen könnten Personen, die zum Thema sexueller Missbrauch ausgebildet sind, mit ihnen sprechen und einen Austausch über sexuellen Missbrauch, andere sexuelle Gewalt sowie Macht- und Vertrauensmissbrauch innerhalb der Kirche und der Gesellschaft moderieren. Dies eröffnet auch Gelegenheiten, erwachsene Menschen für Anzeichen und Risikofaktoren für sexuellen Missbrauch zu sensibilisieren.

d) Katholische Schulen und Universitäten bringen Kinder und Jugendliche aus verschiedenen Kulturen, sozialen Schichten und Religionen zusammen. Sie haben Programme und Zeiten, die für die religiöse Bildung bestimmt sind. Diese als „Religionsunterricht" bezeichneten Einheiten (allgemeine Reflexionen über Gott, Religionen und den Respekt zwischen den Religionen) bieten Möglichkeiten zur Einführung von Programmen zur Bewusstseinsbildung bezüglich sexuellen Missbrauchs und seiner Folgen und zur Frage, wie man Missbrauch in der Gemeinschaft der Christen und in der Gesellschaft verhindern kann. In Absprache mit den Verantwortlichen für die didaktische

2. Die präventive Formation

Planung könnten Unterrichtsstunden zur Sexualerziehung und zur Aufklärung über sexuellen Missbrauch gehalten werden, die dem Alter der Kinder angepasst sind. Ausbildungseinheiten zur Prävention von sexuellem Missbrauch könnten ebenfalls in die Lehrpläne der Universitäten aufgenommen werden.

e) Der Besuch in den Familien war eine Praxis der Missionare. Sie ist heute eine pastorale Aktivität von Priestern und Ordensfrauen in Subsahara-Afrika. Sie ermöglicht es, die Familien, ihre Ziele und die Schwierigkeiten, mit denen sie im Alltag konfrontiert sind, kennenzulernen. Sie ermöglicht eine Annäherung zwischen Priestern, Ordensleuten und Kindern. Besuche in den Familien können Möglichkeiten für Priester und Ordensleute eröffnen, die Eltern bei der Erziehung im Allgemeinen und insbesondere bei der Sexualerziehung ihrer Kinder zu ermutigen und zu unterstützen.

Während diese Besuche von Priestern und Ordensleuten einerseits bei der Erziehung helfen können, stellen sie andererseits in bestimmten Situationen auch ein Risiko für Missbrauch dar. Meine Feldforschung ergab, dass bei zwei Teilnehmerinnen die sie missbrauchenden Priester ihre Familien besuchten, sie kannten und mit ihnen ein gutes, vertrauliches Verhältnis hatten. Dieser Kontext führte auch zu einer gewissen Vertrautheit der Teilnehmerinnen mit den Priestern. Die Teilnehmerinnen und ihre Eltern hatten Vertrauen zu diesen Priestern, und dann kam es zum sexuellen Missbrauch. Die Realität der Risiken des sexuellen Missbrauchs sollte jedoch nicht die Besuche von Familien durch Priester und Ordensleute reduzieren oder verhindern. Diese Praxis ist ein Instrument, dessen sich der Herr bedient, um zu den Herzen der Kinder und Jugendlichen zu sprechen und sie in seinen Weinberg zu rufen.

f) Die Berufungspastoral ist eine gelebte Realität und eine Quelle für viele Berufungen in Subsahara-Afrika. Die für die Berufungspastoral verantwortlichen Priester in den Diözesen und die Ordensleute der Institute und Kongregationen, die in Subsahara-Afrika leben und arbeiten, organisieren Tage der Begegnung, der Reflexion, des Gebets und der Meditation des Wortes Gottes für junge Männer und junge Frauen. Oft haben diese jungen Menschen Fragen zu ihrem Leben und zu ihrer Zukunft, oder sie hören den Ruf Gottes und möchten Unterstützung bei der geistlichen Unterscheidung. Diese Treffen können in einer Pfarrei, in einem Zentrum der Diözese oder in einem Kloster stattfinden. Die jungen Menschen haben die Möglichkeit, beten zu lernen, das Wort Gottes zu meditieren und durch Präsentationen das Ordensleben, das Priestertum, die Spiritualität und das Charisma der Institute und Kongregationen kennenzulernen. Diese Treffen können ihnen bei ihrem Entscheidungsprozess helfen. Sie können aber auch ein Kontext für sexuellen Missbrauch sein. Aus diesem Grund sollten bei diesen Gelegenheiten Momente der Sensibilisierung und Aufklärung über sexuellen Missbrauch, Beziehungsdynamiken, Risikofaktoren und die Folgen von Missbrauch stattfinden. Diese Probleme und die Strategien zur Prävention müssen den jungen Menschen vorgestellt und mit ihnen diskutiert werden.

Eine Formation zum Umgang mit neuen Technologien, Kommunikation in sozialen Netzwerken und digitalen Bildern (Pornografie) sollte Teil dieser Prävention sein.

Formation und Erziehung sind die Basis. Sie bereiten den Boden für Priester, Ordensfrauen, junge Frauen in der Ausbildung zum Ordensleben und Seminaristen und lehren sie, gesunde Grenzen aufzubauen. Im nächsten Abschnitt gebe ich Empfehlungen für den Aufbau dieser Grenzen.

3. Der Aufbau gesunder Grenzen

Der Aufbau von Grenzen ist ein Schutz für die Würde und für das Leben der Priester, der Ordensfrauen und der jungen Frauen in der Ausbildung zum Ordensleben, die in Beziehungen im Rahmen der Seelsorge oder der pastoralen Zusammenarbeit zueinander stehen. Es ist eine Liebe im Sinne des *Eros* (auf sich selbst achten), um die *Agape* (anderen einen wirksamen Dienst erweisen) zu leben. Wie ich schon in Kapitel 3 ausgeführt habe, sind gesunde Grenzen in zwischenmenschlichen Beziehungen ein Ausdruck dafür, dass man es mit sich selbst gut meint, sich selbst respektiert und ebenso das Wohl des anderen und den Respekt für ihn anstrebt. Andere zu respektieren bedeutet, Respekt für die eigene Würde und die des anderen aufzubauen. Es ist eine Weise, die Tugend der gottgeweihten Keuschheit zu leben. Die Analyse der Berichte der Teilnehmerinnen hat gezeigt, dass Priester schrittweise immer weiter gehen können, wenn sie die intimen Grenzen der Ordensfrauen, der jungen Frauen in der Ausbildung zum Ordensleben oder der Gemeinschaft als Struktur verletzen. Diese Verletzungen der Grenzen ihres Dienstes und ihres Standes zeigen sich darin, dass Priester die OF/JF einladen, sie in geschlossene und private Räume bringen, bei ihrer Sendung allein mit ihnen reisen, sie an ihrem Arbeitsplatz aufsuchen und ihre Arbeitszeit verlängern. Der Aufbau gesunder Grenzen ist notwendig. Fünf von neun Teilnehmerinnen schlagen vor, gesunde Grenzen in Beziehungen aufzubauen, vorsichtig zu sein, die Abgrenzung sorgsam aufrechtzuerhalten.

Wenn man gesunde Grenzen andenkt, plant und aufbaut, bedeutet dies, dass man mit Klarheit und Transparenz a) die eigene Identität, b) die eigene Sendung/Verantwortung in der pastoral-seelsorglichen und kollaborativen Beziehung, c) die eigene Haltung und das eigene Handeln definieren muss.

3. Der Aufbau gesunder Grenzen

3.1 Identität

Die Identität jeder Person umfasst ihre Geschichte, ihren Glauben, ihre Kultur, ihr Lebensumfeld, ihr Gefühls- und Beziehungsleben, ihr Selbstbild, ihre Rolle, ihre Ideale, ihre Fähigkeiten und noch vieles andere. Das Priestertum ist ein Ideal, das dazu beiträgt, die Identität des Priesters zu formen, der auf den Ruf Jesu antwortet. In der pastoral-seelsorglichen Beziehung und der Zusammenarbeit mit Ordensfrauen sollte der Priester ein Hirt sein. Priester und Seminaristen sollten lernen, sich mit ihrem Priester-Hirt-Sein zu identifizieren und sich selbst und anderen gegenüber immer wieder zu bestätigen: „Ich bin Priester", „Ich bin Hirt". Sie sollten sich in der pastoral-seelsorglichen Beziehung und bei einer Zusammenarbeit als Pfarrer X oder Pater Y vorstellen. Sie sollten akzeptieren, dass sie im Rahmen der Seelsorge oder der pastoralen Zusammenarbeit von Ordensfrauen oder jungen Frauen in der Ausbildung zum Ordensleben mit „Herr Pfarrer" oder mit einem anderen Titel angesprochen werden, z.B. Monsignore oder Herr Professor.

Das Ordensleben ist ein Lebensideal, für das sich die Ordensfrau entscheidet, um ihr geistliches Leben und ihre Sendung als Antwort auf den Ruf Jesu auszurichten. Sie ist eine Ordensfrau. Sie ist eine gottgeweihte Frau. Die junge Frau, die sich in der Ausbildung zum Ordensleben befindet, bereitet sich auf ihre Weihe an Gott vor. Sie geht bewusst auf die Weihe an Gott zu und sagt dies offen: „Ich bin in der Ausbildung, um eine Ordensfrau zu sein." Sie stellt sich später als Ordensfrau vor und akzeptiert, dass sie als Ordensfrau, als Schwester X, in der pastoral-seelsorglichen Beziehung als Mutter X und in einer Beziehung der Zusammenarbeit durch ihren Titel als Professorin, Direktorin oder Lehrerin bezeichnet wird. Diese Beispiele, wie sich jemand vorzustellen und dann angeredet oder bezeichnet wird, müssen entsprechend der Kultur und der Sprache des Ortes angepasst werden. Die Hauptabsicht ist dabei, eine gesunde Distanz (Respekt, Achtung) in den Beziehungen und in der Sendung zu wahren. Ausgehend von ihrer Identität sollten Priester und Ordensfrauen ihre persönlichen Grenzen in sich selbst aufbauen und dabei respektieren, wer und was sie sind.

3.2 Die Sendung – Verantwortung in der Seelsorge und bei der Zusammenarbeit

Der Priester ist ein Hirt. Seine Sendung wahrzunehmen bedeutet für ihn, seine Verantwortung zu akzeptieren. Er kann in der seelsorglichen Beziehung Hilfe anbieten. Er ist ein Mitarbeiter oder Verantwortlicher für die pastoralen Aktivitäten der Gemeinde, für die Werke der Pfarrei oder der Diözese. Er nimmt seine Aufgabe wahr und akzeptiert seine Verantwortung: „Ich bin ein priesterlicher Hirt; ich bin dafür verantwortlich, die Grenzen meines Dienstes und meines Standes in der seelsorglichen Beziehung und bei der Zusammenarbeit zu respektieren und diesen Respekt auch von anderen einzufordern; ich nutze meine Macht und meine Autorität, um anderen zu dienen, sie aufzuwerten, sie in der Zusammenarbeit zu ermächtigen (*empower*), damit wir gemeinsam für Gott arbeiten."

Die Ordensfrau nimmt ihre Sendung an und übernimmt die Verantwortung, auf sich selbst zu achten. Sie erhält in der PB Hilfe von Seiten der Priester. In der BZP mit Priestern dagegen gibt es eine Komplementarität, d.h. die Priester profitieren ihrerseits von der Hilfe durch die Ordensfrau. Sie kann sagen: „Ich bin eine Ordensfrau und ich möchte als solche respektiert werden; ich biete mein Wissen und meine Fähigkeiten an, um mit Priestern und Laien zum Wohl der Menschen und für Gott zusammenzuarbeiten." Aus dieser Perspektive betrachtet ändern die Beziehungen im Rahmen der Seelsorge oder der pastoralen Zusammenarbeit nichts an dem, was sie ist. Diese Beziehungen sind nicht mit einer vertraulichen Beziehung oder einer Freundschaft zu verwechseln. Aufgaben, Rollen und Verantwortlichkeiten sollten definiert, festgelegt und, wenn dies möglich ist, durch Verträge, einen klaren Verhaltenskodex, die Festlegung von Orten, Zeiten und der Entlohnung eindeutig geklärt werden. Diese Klärungen helfen dabei, die richtigen Haltungen zu haben.

3.3 Haltungen

Wenn man Grenzen aufbaut, um der eigenen Haltung eine klare Richtung zu geben, bedeutet das, dass man die Verantwortung dafür übernimmt, den Ausdruck der eigenen Haltung im Rahmen der seelsorglichen Beziehungen oder der Zusammenarbeit bewusst zu steuern. Es bedeutet, dass man zu seiner Persönlichkeit, seinem Körper, seiner Sexualität, seinen Gefühlen, seinen Emotionen, seinen Bedürfnissen, seinen Gesten, seinen Worten und seinen Entscheidungen steht.

3.3.1 Das persönliche Zeugnis

Priester und Ordensfrauen gehören zur großen Institution Kirche und gleichzeitig zu ihrer eigenen kleineren Institution innerhalb der Kirche. Aufgrund ihrer Berufung handeln sie in ihrem eigenen Namen und auch im Namen der Institution, zu der sie gehören, und im Namen der katholischen Kirche als Ganzer. Das Priestertum und das Ordensleben tragen dazu bei, jemandem die Identität eines Priesters bzw. einer Ordensfrau und ihm/ihr damit einen sozialen Status zu verleihen. Sie leben nicht, ohne dass man sie bemerkt. Der Respekt, den man ihnen und ihrer Berufung entgegenbringt, ist ein christliches Zeugnis; sie sind „das Salz der Erde und das Licht der Welt", und diese Identität begründet ihren Ruf und ihr Selbstbild. Sie sollten sagen: „Ich

3. Der Aufbau gesunder Grenzen

bin Christ, Priester, Ordensfrau und ich verpflichte mich, meine Berufung als Zeugnis für Jesus Christus zu leben und meine Würde, meinen Ruf und den Ruf anderer zu achten."

3.3.2 Sexualität

Die Mentalität, dass Sexualität ein Tabu ist, hat sich ein wenig geändert. Über Sexualität oder sexuelle Aktivitäten zu sprechen, ist wahrscheinlich nach wie vor tabu. Aber es ist kein Tabu, sexuellen Bildern ausgesetzt zu sein und damit auch schon frühzeitig in Kontakt zu kommen. Die rasante Entwicklung der Technologie und die Art und Weise, wie Beziehungen gelebt werden (virtuelle Beziehungen), haben die Beziehung zur Sexualität heute verändert. Der Kontakt mit der Nacktheit des Mannes oder der Frau ist durch pornografische und romantische Bilder auf CDs, die zum Verkauf ausgestellt werden, allen gegeben. Auch in ländlichen und abgelegenen Gegenden hat man Zugang zu pornografischen Filmen: Bilder und Szenen mit sexuellen Aktivitäten und Geschlechtsverkehr sind über den Computer und das Handy leicht zugänglich. Diese Tatsache sollte Priester, Ordensfrauen, junge Frauen in der Ausbildung zum Ordensleben und Seminaristen dazu ermutigen, klare Grenzen für ihr Sexualleben aufzubauen.

Der Priester der römisch-katholischen Kirche hat öffentliche ein Leben in Keuschheit und im Zölibat gelobt. Er heiratet nicht. Folglich geht er keine romantischen oder sexuellen Liebesbeziehungen ein. Er hat keine sexuellen Kontakte und verzichtet auf die Stimulation seiner erogenen Zonen. Der Priester sollte die Grenzen seines Intimlebens aufbauen, indem er beispielsweise sagt: „Ich stehe zu meiner Sexualität und zu meinen Beziehungen; ich mache niemand anderen für meine Wünsche nach einer Beziehung mit einer Frau verantwortlich; ich mache die Ordensfrau, mit der ich in einer PB oder einer BZP stehe, nicht für meine sexuellen Impulse verantwortlich; es ist nicht ihre Aufgabe, mir zu helfen, meine Sexualität zu leben; ich stehe zu meiner Entscheidung für den priesterlichen Dienst und das Reich Gottes."

Die Ordensfrau hat sich mit Leib, Seele und Geist an Gott hingegeben. Sie ist nicht verheiratet und darf weder einen priesterlichen Liebhaber noch andere sexuelle Beziehungen haben. Sie steht nicht im Dienst des Priesters, um ihm zu helfen, sein Zölibat zu leben. Sie baut gesunde Grenzen auf, um ihre Berufung und ihre Sexualität zu leben, indem sie sich sagt: „Ich nehme meine Sexualität verantwortungsvoll an; ich mache dafür nicht den Priester oder die Personen, die ich um Hilfe bitte oder mit denen ich zusammenarbeite, verantwortlich; ich darf mich nicht durch die Hilfe oder Unterstützung, die ich in anderen Bereichen erhalte, beeinflussen lassen; ich muss zu Liebesbekundungen und sexuellen Aufforderungen, wie hartnäckig sie auch sein mögen, klar

‚Nein!' sagen; ich muss Hilfe suchen und den rechtmäßigen Verantwortlichen melden, wenn Priester in der PB oder der BZP mir gegenüber die Grenzen des Anstands überschreiten."

3.3.3 Gefühle, Emotionen und Bedürfnisse

Gefühle senden wahrnehmbare Botschaften aus. Gefühle der Bewunderung oder Sympathie sind klare Botschaften, die dabei helfen, in der Begegnung mit jemandem, den man begleitet oder mit dem man zusammenarbeitet, Vorsicht walten zu lassen. Aufrichtig und wahrhaftig mit sich selbst zu sein, wird helfen, sich innerlich und äußerlich (Ort, Zeit, Dauer) auf die Begegnung vorzubereiten.

Die Analyse der Erzählungen aus meiner Feldforschung hat gezeigt, dass Priester, die sich selbst und die eigenen Emotionen, Gefühle und Bedürfnisse nicht kennen, sich infolgedessen arrogant ausdrücken oder die Befriedigung ihrer Bedürfnisse bei Ordensfrauen oder jungen Frauen in der Ausbildung zum Ordensleben suchen können. Ordensfrauen und junge Frauen in der Ausbildung zum Ordensleben können ebenfalls zulassen, dass sie von starken Emotionen übermannt werden, die sie in ihrer Beziehung zu Priestern lähmen.

Der Priester wird beispielsweise sagen: „Ich stehe zu meinen Gefühlen, Emotionen und Bedürfnissen in meiner Sendung und in meinen Beziehungen, und ich führe sie nicht auf die Präsenz der OF/JF in meinem Leben oder auf andere Menschen zurück; ich treffe entsprechende Vorkehrungen, oder ich akzeptiere die Konsequenzen meiner Handlungen." Der Priester kann mit seinem Supervisor, seinem geistlichen Begleiter oder einer anderen Person, die ihm helfen kann, über seine Emotionen, Gefühle und Bedürfnisse sprechen. Die OF/JF wird sagen: „Ich bin für meine Gefühle, Emotionen und Bedürfnisse verantwortlich; ich kann um geistliche, menschliche und materielle Hilfe bitten; ich akzeptiere jedoch darüber hinaus nichts in der pastoral-seelsorglichen Beziehung oder in der Zusammenarbeit."

3.3.4 Der Körper

Der Körper sendet Botschaften, die von der Person ernstgenommen werden sollten, wenn sie sich dessen bewusst wird und mit dem Körper kommuniziert, z. B. schneller Herzschlag, Schwitzen, genitale Erregung, Zittern. Dies sind Botschaften und Signale, die dabei helfen können, sich auf ein Treffen vorzubereiten oder auch den Kontakt zu beenden, die Begegnung abzusagen oder den Ort des Treffens zu wechseln.

Ich habe durch die Analyse der Erzählungen der Teilnehmerinnen gezeigt, dass der Körper der Teilnehmerinnen durch sexuellen Missbrauch oder andere sexuelle Gewalt zum Ort gewaltsamer Übergriffe wird. Die Schmerzen von Vergewaltigungen, körperlichen Misshandlungen und Abtreibungen sitzen tief im Körper und sind gleichzeitig auch tiefe Verletzungen (Traumata) der Psyche. Die Demütigung, die Ordensfrauen und junge Frauen in der Ausbildung zum Ordensleben durch Vergewaltigung, Ausbeutung oder ungewollten Geschlechtsverkehr erleiden, fixiert das Trauma im Körper. Das Gedächtnis weigert sich unbewusst, die Erinnerung an die Vergewaltigung oder den missbräuchlichen Sexualakt zu bewahren. So kommt es im Unbewussten zu einer Abspaltung oder Dissoziation dieser schmerzhaften Erinnerung, die im Körper verbleibt. Dies ist der Prozess der Somatisierung, der sich früher oder später bemerkbar machen wird. (Deodato, 2016, S. 75–76)

Jeder Mensch ist geheiligt. Ordensfrauen sind daher geheiligt. Die Priester sind geheiligt. Sexuelle Beziehungen sind für Priester und geweihte Frauen aufgrund ihrer Berufung und ihrer religiösen Gelübde verboten. Dass sie das Verbot als geheiligte Personen übertreten haben, verstärkt in den Ordensfrauen den Sinn dafür, sich beschmutzt zu haben. In Subsahara-Afrika sind sexuelle Beziehungen, die außerhalb einer regulären Ehe gelebt werden, eine Beschmutzung. Ordensfrauen und junge Frauen in der Ausbildung zum Ordensleben, die von Priestern sexuell missbraucht werden, können ihren Körper hassen, vor ihm fliehen, ihn verachten. Es ist für sie ein unbewusster Vorgang, eine Abweisung des erzwungenen Geschlechtsverkehrs. Wie Demasure (2014) betont: „Wenn das Gesetz der Berührung gebrochen wird, wird das Opfer schuldig, ohne verantwortlich zu sein, und durch die Berührung dessen, was als heilig gilt, wird es unrein." (S. 72) Die Teilnehmerinnen fühlen sich in ihrem Körper unrein und beschmutzt, und ihr Körper wird zu ihrem Feind. Zwei Teilnehmerinnen aus unserer Untersuchung drückten diese Verachtung für ihren Körper als „Ekel vor sich selbst oder Ekel vor allem" aus. Dieses Gefühl geht manchmal auch über den Körper hinaus und betrifft ihre Persönlichkeit, die ihnen gespalten erscheint, „manchmal hassenswert, manchmal normal". Diese Tendenz kann die OF/JF dazu bringen, ihren Körper zu vernachlässigen oder gering zu achten. Unter diesen Bedingungen der Verachtung und Vernachlässigung ihres Körpers kann sie, wenn sie weiteren sexuellen Missbräuchen, sexueller Gewalt, Demütigungen und übergriffigen Haltungen von Priestern ausgesetzt ist, passiv bleiben. Sie kann die Fähigkeit verlieren, sich zu entwickeln und ihre gesunden Aggressionen einzusetzen, um sich zu verteidigen, d.h. um ihre Würde, ihr Recht und ihre Ehre zu verteidigen.

Gesunde Grenzen in Bezug auf ihren Körper zu setzen bedeutet, ihn angemessen zu pflegen, ihn mit Bescheidenheit und Eleganz zu kleiden, um ihre Würde zu wahren. Die Risiken und die Realität des sexuellen Missbrauchs und anderer sexueller Gewalt in der pastoral-seelsorglichen Beziehung oder in der Zusammenarbeit mit Priestern sollten nicht dazu führen, dass Ordensfrauen sich selbst vernachlässigen. Um es mit den Worten von Papst Franziskus zu sagen: Ordensfrauen und junge Frauen in der Ausbildung zum Ordensleben, selbst diejenigen, die vergewaltigt, angegriffen und gedemütigt wurden, sollten sich nicht ihre Freude, ihre Schönheit und ihren Charme rauben lassen. Sie sollten nicht die kulturelle Auffassung übernehmen, dass Frauen verführerisch sind und Übergriffe provozieren. Die richtige Aufmerksamkeit für ihren Körper hilft ihnen, mit dem Körper zu kommunizieren. Ein gesunder Körper ist ein treuer Wächter, der Warnungen gibt, wenn er innere und äußere Risikofaktoren wahrnimmt.

Der Blick auf die eigene Person ist aufschlussreich (Wie ist mein Blick, und wie ist der Blick der anderen Person auf mich? Auf welchen Teil meines Körpers richtet sich ihr Blick, und auf welchen Teil ihres Körpers richtet sich mein Blick?). Die Art und Weise, wie man seinen Körper pflegt und präsentiert (Kleidung), ist relevant, wenn man sich auf Begegnungen vorbereitet.

Man sollte aufmerksam auf Blicke achten. Formation und Ausbildung können der OF/JF helfen, den Blick des Priesters auf sie einzuschätzen. Eine gut fundierte Spiritualität des Blicks kann Priestern und Ordensfrauen in ihrer Beziehung zu einander helfen. Der Blick des Priesters sollte der Person, die er anschaut, vermitteln, dass er ihre Würde anerkennt. Der Blick sollte zeigen, dass er und die angeschaute Person sich in einer gleichberechtigten Beziehung befinden. Er sollte der angeschauten Person Achtung vermitteln. Es kommt jedoch leider vor, dass manche Menschen durch ihren Blick Verachtung und Hass ausdrücken. Ordensfrauen und junge Frauen in der Ausbildung zum Ordensleben sollten zu ihrem Schutz zwischen wohltuenden und gierig verzehrenden Blicken von Priestern unterscheiden, die auf bestimmten Teilen ihres Körpers (Gesäß, Brust) ruhen. Diese Aufmerksamkeit sollte es ihnen ermöglichen, wachsam zu reagieren und eine hilfreiche Distanz zu ihnen einzunehmen.

3.3.5 Unangemessene Berührungen

Die Priester bauen gesunde Grenzen in Bezug auf den Körper auf, indem sie ihren eigenen Körper und den Körper der OF/JF respektieren. Zu Begegnungen im Rahmen der Seelsorge oder der pastoralen Zusammenarbeit sollten sie anständig und respektvoll erscheinen (Kleidung). In der pastoralen Praxis sollten sie akzeptable und für die Umgebung angemessene Gesten anwenden. Dasselbe gilt für die Zusammenarbeit zwischen Priestern und Ordensfrauen. Es ist gut, Gesten zu verwenden, die in der Umgebung akzeptiert werden, z.B. ein Händeschütteln oder eine leichte Umarmung bei der Begrüßung. Unangemessene Gesten, die Priester von einer OF/JF verlangen oder die sie selbst ausführen, sollten vermieden werden, z.B. Berührungen ohne Erlaubnis, Berührung des Gesäßes oder der Brüste.

Gesunde Grenzen für die Intimität des eigenen Körpers zu setzen drückt aus: „Ich stehe zu meinem Körper, ich kümmere mich um ihn, und ich erlaube niemandem, ihn ohne Grund und ohne meinen Willen zu berühren. Ich respektiere die körperliche Intimität der anderen in einer Beziehung und hole ihre Zustimmung ein, bevor ich etwas tue, das ihren Körper berührt." Grenzen setzen bedeutet auch, bestimmte Dinge nicht zu verlangen, wie z. B. im Fall eines Priesters, der eine Ordensfrau oder eine junge Frau in der Ausbildung zum Ordensleben auffordert, mit ihm zu schlafen. Diese Aufforderung überschreitet die Grenzen und Verpflichtungen, die ihm durch sein Priestertum auferlegt sind.

3.3.6 Der Raum

Priester und Ordensfrauen leben in halböffentlichen Häusern, im Pfarrhaus oder in der Ordensgemeinschaft. Ihr Lebensraum dort ist privat, aber das Haus ist öffentlich zugänglich. Es ist ihr Zuhause und manchmal gleichzeitig auch ihr Arbeitsplatz. Im Pfarrhaus hat der Priester Räume, um Menschen anzuhören und sie zu beraten, für die Beichte, die Begleitung und für Zusammenkünfte. Die Ordensfrau kann auch für andere in ihrer Gemeinschaft Gastgeberin sein und dort einen Raum besetzen, um anderen zuzuhören, sie zu begleiten und zu beraten und um Arbeitssitzungen abzuhalten. Diese Räume sollten einladend und diskret sein, und sie sollten ein sicheres Umfeld sein für Priester, Ordensfrauen und andere Menschen, die dort zusammenkommen.

Der Priester baut die gesunden Grenzen für seine Räume auf, indem er sich sagt: „Mein Büro sollte einladend und sicher sein für mich und für die Menschen, die ich hier empfange, denen ich diene, denen ich helfe." Je nachdem, wie gut er sich selbst und die Sensibilität der Umgebung kennt, wird er wissen, wie er sich am besten verhält: die Tür offenstehen lassen, halb offen lassen, Besucher draußen empfangen, unter einem Baum oder unter einem Strohdach, an einem Ort, der geschützt ist von Lärm und von der Indiskretion anderer.

Für die Ordensfrau muss der Arbeitsplatz ein sicherer Ort sein, damit sie ihre Aufgaben erfüllen kann. Wenn es die Möglichkeit gibt, sollte die OF als Sekretärin, Ökonomin oder Direktorin ihr eigenes Büro haben. Wenn die Möglichkeiten begrenzt sind, kann ihr Platz auch in einem Gemeinschaftsbüro sein; alle, die dort arbeiten, sollten unkompliziert kommen und gehen können, insbesondere die Ordensfrau.

Die Gemeinschaft der Ordensfrauen sollte gesunde Grenzen aufbauen, wenn sie eine gewisse Autonomie in der Organisation ihrer Räumlichkeiten haben. Sie sollten wissen, wen sie als Gast aufnehmen und (nach ihren Möglichkeiten) einen Ort im Haus dafür festlegen. Dieser Ort sollte nicht sehr nahe am privaten Teil des Klosters liegen. Die Gemeinschaft, die einen Gast aufnimmt, respektiert diese Person und sorgt für ihre Sicherheit, und sie gewährleistet auch die Sicherheit aller Ordensfrauen in der Gemeinschaft. Aus den Erzählungen einer Teilnehmerin geht hervor, dass eine OF selbst in ihrer eigenen Gemeinschaft sexuell angegriffen werden kann.

3.3.7 Die Zeit

Die Zeit ist ein Faktor, der gut organisiert werden muss, um gesunde Grenzen in der pastoral-seelsorglichen Beziehung und der Zusammenarbeit aufzubauen. Für Priester bedeutet dies, Termine zu vergeben oder ihre Arbeitszeit zeitlich so festzulegen, wie es für sie und die Menschen, die sie aufsuchen, günstig ist.

Die Arbeitszeiten sollten den in der Umgebung akzeptablen Normen folgen und eine Ausdehnung bis spät in den Abend nach Möglichkeit reduzieren. Wenn es doch späte Zeiten geben muss, muss man auf Sicherheit achten, d.h. es sollten noch andere Personen anwesend sein und Ordensfrauen sollten anschließend leicht und sicher ins Kloster zurückkehren können.

Der Aufbau von Grenzen ist keineswegs ein Ausdruck von Egoismus und Kälte oder von Barrieren und Grenzen in der pastoral-seelsorglichen Beziehung oder der Zusammenarbeit; es ist vielmehr ein gesunder Weg, sich der eigenen Identität (der eigenen Person, der Verantwortung, der Gefühle, der Emotionen, der Sexualität, des sexuellen Verhaltens, der Worte, der Gesten) bewusst zu werden. Es ist eine Anstrengung, eine Übung, um in der Lage zu sein, die eigene Fähigkeit zu erkennen, die körperliche und emotionale Annäherung oder Nähe des anderen zu tolerieren. Es bedeutet, zu sich selbst „Nein" oder „Stopp" sagen zu können, wenn die Gefahr besteht, dass die andere Person überfordert wird. Es bedeutet aber auch wissen, wie man dem anderen mit Respekt und Entschiedenheit „Nein" oder „Stopp" sagt, wenn man spürt, dass er die gesetzten Grenzen übertreten will.

Die Formation ist die Grundlage, um sich selbst kennenzulernen und so gesunde Grenzen aufzubauen. Sobald man die Grenzen aufgebaut hat, um sich zu schützen und um seinen Dienst besser tun zu können, muss man sich noch Richtlinien geben, um sie aufrechtzuerhalten. Ich werde im nächsten Abschnitt einige Richtlinien vorstellen.

4 Richtlinien

Richtlinien sind Leitplanken, durch die man verhindern kann, dass die aufgebauten beruflichen und dienstlichen Grenzen durchbrochen oder verletzt werden. Sie ermöglichen es, menschliche, moralische, soziale und religiöse Werte festzulegen, sie zu respektieren und konsequent an ihnen festzuhalten. Sie machen es möglich im Vertrauen auf die Kraft des Heiligen Geistes zu handeln, der in den Priestern und Ordensfrauen die Beziehung zum Dreifaltigen Gott aufrechterhält. Sich Richtlinien zu geben und sich darin zu üben, sie zu leben, hilft, die gegebenen Gelübde und Verpflichtungen einzuhalten, sie zu lieben, zu verteidigen und sie zur eigenen Freude und zum Zeugnis für Jesus Christus zu leben. Sie sollten mit den Personen, die davon betroffen sind und sich daran halten sollen, besprochen werden; andernfalls wird ihre Einhaltung vernachlässigt. Sich Richtlinien zu geben bedeutet, Werte zu wählen, sie zu verkünden und sie zu leben. Die neun Teilnehmerinnen haben Priester und Ordensfrauen aufgefordert, ihre jeweilige Berufung treu zu leben. Sie forderten sie auf, das brüderliche und schwesterliche Leben, die PB oder die BZP und ihre eigene Zerbrechlichkeit zu respektieren. In den folgenden Abschnitten stelle ich einige Richtlinien für Priester und für Ordensfrauen vor.

4.1 Richtlinien für Priester

In Anlehnung an die Vorschläge von Heggen (2006) für protestantische Gemeinschaften möchte ich einige mögliche Richtlinien für Priester vorstellen. Priester sollten auf folgende Punkte achten: a) wie sie ihre Macht ausüben, b) wann und wofür sie anfällig sind, c) auf ihr Wohlbefinden, d) auf ihre Sendung, e) auf ihr spirituelles Leben.

a) Das Bewusstsein der Macht, die der Priester hat und die ihm übertragen wurde, ermöglicht es ihm, diese Macht in den Dienst an seinem eigenen Sein und seiner Entwicklung und in den Dienst an anderen zu stellen. Die Wertschätzung seiner eigenen Person, seine intellektuelle, moralische und spirituelle Formation, sein Selbstbild, seine soziale Stellung und seine wirtschaftliche Situation unterstützen seinen Dienst an den anderen.

b) Aufgrund seiner Berufung, seiner Sendung und seines Dienstes wird der Priester leicht auf ein Podest gestellt. Manchmal nimmt er diese Position auch gern an. Es kann ihm helfen, wenn er sich der Möglichkeit bewusst ist, dass er dies unangemessen nutzen kann, z. B. um etwas durchzusetzen, um andere zu dominieren oder zu unterdrücken. Er sollte auf unangemessene sinnliche oder sexuelle Gedanken, unangemessenes Verhalten, Liebesbekundungen und sexuelle Aufforderungen achten. Er sollte seine Vulnerabilität (Fantasien), seine inneren Verletzungen und die möglichen Risiken durch weibliche Liebesbekundungen und sexuelle Aufforderungen anerkennen.

c) Der Priester kann ein Leben mit Freizeit, Erholung, engen Freundschaften und wichtigen Beziehungen zu bestimmten Mitbrüdern, Gemeindemitgliedern und Wohltätern führen, auf die er sich verlassen kann und die ihn in seinen Überlegungen, Entscheidungen und Projekten unterstützen. Er kann eine brüderliche und unterstützende Beziehung zu seiner Familie und zu seinen Mitbrüdern aufbauen. Wenn er will, kann er nach Mitbrüdern, die in der Nähe seines Missionsortes leben, oder nach Personen aus der Pfarrei oder aus seinem Missionsbereich suchen, mit denen er sich anfreunden kann.

d) Der Priester sollte sich Hilfe holen, um seine Sendung zu leben. Er kann regelmäßig Supervision machen oder einen Rat von einem anderen Mitbruder einholen (der Rat kann von einem älteren oder jüngeren Mitbruder kommen, es geht hier allein um die Kompetenz). Er kann ihnen vertrauensvoll und einfach seine Sendung, die Herausforderungen, Freuden, Schmerzen, Enttäuschungen und die inneren Reibungsflächen darlegen, um ein Feedback oder eine konstruktive Kritik zu erhalten. Er kann mit einem Gremium in der Gemeinde oder in seinem Aufgabenbereich zusammenarbeiten, um transparent über seine Arbeit zu berichten und die Vorschläge der Mitglieder dieser Gruppe zu hören.

Der Priester wird ermutigt, sein geistliches Leben zu pflegen und zu nähren, ohne sich von seinem Auftrag, der Seelsorge und der Arbeit überwältigen zu lassen. Er sollte Zeit finden, seine Beziehung zum Dreifaltigen Gott durch ein beständiges und ausdauerndes Gebetsleben zu pflegen und sich dafür Zeiten und Orte des Gebets, des Rückzugs und des Sakramentenempfangs freizuhalten.

4.2 Richtlinien für Ordensfrauen

Die Ordensfrau muss sich über ihre Person, ihre Sendung und ihre Macht im Klaren sein; sie sollte sich um sich selbst kümmern, um ihre schwesterlichen und geschwisterlichen Beziehungen, ihr Wohlergehen und ihr geistliches Leben. In Bezug auf die Richtlinien für ihr Engagement in der Seelsorge oder der Zusammenarbeit möchte ich zwei Bereiche betonen: a) das persönliche Verhalten und b) das Verhalten der Gemeinschaft.

4.2.1 Richtlinien für das persönliche Verhalten

Die Ordensfrau und die junge Frau in der Ausbildung zum Ordensleben muss Richtlinien befolgen, die zu Klarheit und Entschlossenheit führen, weil sie dabei helfen, a) riskante, unsichere und gefährliche Situationen zu erkennen und zu vermeiden; b) selbstständig zu handeln, c) transparent zu handeln, und d) Vorsichtsmaßnahmen zu treffen.

a) Die Ordensfrau und die junge Frau in der Ausbildung zum Ordensleben sollte Situationen und Gelegenheiten mit Gefahrenpotiential erkennen und vermeiden; dafür muss sie den Grund, den Ort und die Zeit einer Verabredung oder Einladung kennen.

b) Sie sollte eine gewisse Autonomie gegenüber den Priestern haben, wenn sie ihre Aufgabe in der Zusammenarbeit wahrnimmt (Information, Ausbildung, Raum, Zeit, das notwendige Material).

c) Sie sollte gegenüber ihrer Oberin oder einer Mitschwester Rechenschaft darüber ablegen, was sie tut und wo sie ist (Termine außerhalb, Verabredungen, Reisen).

d) Sie sollte Reisen in Begleitung einer Mitschwester oder einer anderen Person (z.B. junge Leute, die im Haus oder in der Gemeinde arbeiten) durchführen.

4.2.2. Richtlinien für die Gemeinschaft

Die Höheren Oberinnen, die Oberinnen der Kommunitäten und die Formatorinnen sollten klare Richtlinien befolgen, die das geistliche Leben, das Ordensleben, die Bedingungen der Sendung, der Arbeit und der Dienste ihrer Mitschwestern betreffen.

a) Sie sollten die Priester kennen, die sie als Formatoren oder Begleiter für ihre Mitschwestern oder die jungen Frauen in der Ausbildung zum Ordensleben vorschlagen.

b) Sie sollten die Sendungen und die Dienste, die von der Kongregation oder von der Gemeinschaft übernommen werden können, identifizieren und überdenken. Bevor sie die Gemeinschaft oder Kongregation in einer Sendung verpflichten, sollten die Verantwortlichen die notwendigen personellen Ressourcen ermitteln, dann die für diese Sendung verfügbaren und vorbereiteten Schwestern auswählen und prüfen, ob die Bedingungen akzeptabel sind.

c) Sie sollten akzeptable Bedingungen für die zu übernehmende Sendung und für die Dienste der Schwestern, die dort arbeiten werden, fordern, z.B. durch eine klare Definition der zu erledigenden Arbeit, einer möglichen Vergütung, des Raumes, der Dauer und der Arbeitszeit.

d) Sie sollten die Vulnerabilität der Mitschwestern berücksichtigen, wenn Sie ihnen einen Auftrag erteilen. Die Verantwortlichen sollten die notwendigen Mittel für die Mitschwestern bereitstellen, die diese für die erbetenen Dienste (Sendungen, Studien) brauchen. Beispielsweise sollte eine Ordensfrau, die mit einem Priester im Rahmen einer Sendung der Gemeinschaft reist, Geld von ihrer Gemeinschaft bei sich haben, um selbstständig reagieren zu können, wenn sie sich in Gefahr fühlt.

e) Die verantwortlichen Oberinnen sollten die Mitschwestern in die Entscheidung über die Sendungen und die Dienste, die sie betreffen, einbeziehen und ihnen die Verantwortung dafür übertragen, auf Verabredungen im Rahmen der pastoral-seelsorglichen Beziehung sowie auf Einladungen bei der Zusammenarbeit selbst zu reagieren. Es wäre wünschenswert, dass ein Priester, der eine Ordensfrau oder eine junge Frau in der Ausbildung zum Ordensleben einladen möchte, sich an sie selbst wendet und dass sie die Aufgabe übernimmt, mit den Verantwortlichen in der Gemeinschaft darüber zu sprechen. Auf diese Weise würde sie die Verantwortung für ihre Antwort und für ihr Tun übernehmen; sie wäre wachsam und präsent für das, was im Kontakt mit dem Priester geschieht.

f) Es wäre sehr wünschenswert, dass jede Kongregation eigene Richtlinien hat, die für alle ihre Gemeinschaften gelten. Diese Richtlinien sollten ein offizielles Dokument sein, und die Ordensfrauen sollten es kennen, so dass ihre eigene Haltung und die Beziehungen untereinander sowie zu den Priestern diesen Richtlinien entsprechen. Die Richtlinien sollten festlegen, wer was tut, mit wem man spricht, worüber, wann und wie. Sie könnten nach dem sozial-ökologischen Modell der Prävention gestaltet sein, das von Zollner et al. (2017) vorgestellt wurde. Das sozial-ökologische Modell basiert auf der soziologischen Perspektive. Es berücksichtigt zunächst die Person und hilft dabei, auf sie einzuwirken, um Missbrauch zu verhindern. Dann weitet es sich allmählich auf die unmittelbaren (familiären, gemeinschaftlichen) und auf die gesellschaftlichen Beziehungen aus (S. 19 und 22). Im Fall meiner Untersuchung würde es sich im ersten Schritt um die Ordensfrau oder die junge Frau in der Ausbildung zum Ordensleben handeln, im zweitens Schritt ginge es um ihre unmittelbaren Beziehungen (die Mitschwestern oder Ausbildungsgefährtinnen in der Gemeinschaft), im dritten Schritt um die Kongregation oder das Institut und im vierten Schritt um die Kongregation in der Gesellschaft (die Beziehungen zu den Mitarbeitern und Mitarbeiterinnen und zu anderen Institutionen). In diesem Modell gibt es eine Beziehung, Interaktion und Vernetzung zwischen allen Parteien und Ebenen.

5. Hilfe, Betreuung und Begleitung

Aus den Erzählungen der Teilnehmerinnen ergeben sich zahlreiche variable und dauerhafte Folgen, die ihre physische, psychische, gemeinschaftliche, so-

5. Hilfe, Betreuung und Begleitung

ziale und spirituelle Integrität betreffen. Sieben der neun Teilnehmerinnen schlugen eine psychologische oder spirituelle Begleitung vor, um Ordensfrauen oder jungen Frauen in der Ausbildung zum Ordensleben zu helfen, die von Priestern missbraucht werden. Für sieben Teilnehmerinnen war die psychologische oder spirituelle Begleitung eine Unterstützung auf ihrem eigenen Weg nach ihren Missbrauchserfahrungen. Die Hilfe, die Ordensfrauen oder jungen Frauen in der Ausbildung zum Ordensleben, die unter sexuellem Missbrauch oder anderer sexueller Gewalt durch Priester leiden oder gelitten haben, angeboten werden sollte, hätte die Komponenten des Zuhörens, der Begleitung und der professionellen Betreuung.

5.1 Aufmerksames Zuhören

Das aufmerksame und aktive Zuhören bei Erfahrungen von sexuellem Missbrauch oder anderer sexueller Gewalt erfordert, dass die zuhörende Person Zeit schenkt und sich die Zeit nimmt, um zu lernen, „vor dem heiligen Boden des anderen sich die Sandalen von den Füßen zu streifen", wie Papst Franziskus das Wort Gottes aus Ex. 3,5 im Schreiben *Evangelii Gaudium* (2013, Nr. 169) zitiert. Das aufmerksame Zuhören wird von einem mitfühlenden, respektvollen, aufmerksamen Blick begleitet. Die Person, die aufmerksam zuhört, wartet darauf, dass die Person, die spricht, sich ausdrückt. Sie nimmt nichts vorweg und gibt nicht vor, zu wissen, was als Nächstes kommt. Die Schilderung einer Erfahrung von sexuellem Missbrauch oder anderer sexueller Gewalt ist für eine Ordensfrau oder eine junge Frau in der Ausbildung zum Ordensleben schmerzhaft und beschämend. Mit anderen Worten: Sie enthüllt Schritt für Schritt, was ihr widerfahren ist. Zu Beginn ist es keine lineare Erzählung. Um zum Bild der Geburt und zum Schmerz der Wehen zurückzukehren: Die OF/JF öffnet sich nach und nach und erzählt in Teilen, nach und nach, je nachdem, was gerade erzählbar ist.

Die Person, die ihr zuhört, sollte lernen, „Zeit zu verlieren". Was wie verlorene Zeit erscheinen mag, ist für die OF oder JF jedoch wertvoll, um sich selbst zu erzählen, sich zu offenbaren und schließlich zu heilen. Sie muss in den Augen der zuhörenden Person die Bereitschaft erkennen, ihrer Erzählung zu glauben, so dass sie ihr vertrauen kann. Orte des Zuhörens für Ordensfrauen, junge Frauen in der Ausbildung zum Ordensleben, Priester und Seminaristen sind als erste Hilfe notwendig, damit sie die Last ihrer Geschichte enthüllen und loslassen können.

Der erste Ort des Zuhörens für die OF/JF sollte in ihrer Gemeinschaft sein. Sie sollte bei ihrer Formatorin, ihrer Oberin oder einer anderen Mitschwester in der Gemeinschaft oder der Kongregation dieses aufmerksame Ohr finden. Die römische Kongregation für die Institute geweihten Lebens und die Gesellschaften apostolischen Lebens stellt in ihren Leitlinien *Für jungen Wein neue Schläuche* fest, dass seit dem Zweiten Vatikanischen Konzil viele Fragen zum Ordensleben und seinen Herausforderungen noch unbeantwortet geblieben sind; so fordert sie in Nr. 41, dass „die Auseinandersetzung zwischen Brüdern oder Schwestern und das Erhören des Einzelnen unabdingbar [sind] für einen Dienst der Autorität, der dem Evangelium entspricht." Ausgehend von dieser Aussage sollte die Gemeinschaft ein Klima des Vertrauens und des Zuhörens schaffen, um in der alltäglichen Formation alle ihre Mitglieder zu begleiten. Diese Art von Gemeinschaft wäre ein günstiger Nährboden für Ordensfrauen und junge Frauen in der Ausbildung zum Ordensleben, um seelsorgliche Begleitung und eine professionelle Betreuung annehmen zu können.

5.2 Begleitung

Die Begleitung in der Formation in der Gemeinschaft und die seelsorgliche Begleitung sind eine Hilfe, um das Leiden am sexuellen Missbrauch oder an anderer sexueller Gewalt, die von Priestern zugefügt wurde, neu anzuschauen und zu überwinden. Die Person, die in der Formation oder in der Gemeinschaft beim Hören der Beichte Ordensfrauen begleitet, sollte der Erfahrung des sexuellen Missbrauchs oder anderer sexueller Gewalt, die Ordensfrauen oder junge Frauen in der Ausbildung zum Ordensleben erlitten haben, besondere Aufmerksamkeit schenken. Die OF oder JF, die sexuellen Missbrauch oder sexuelle Gewalt durch einen Priester erfährt, neigt dazu, sich schuldig zu machen. Wem auch immer sie sich anvertraut, ob es der Priester ist, bei dem sie beichtet, ihre Formatorin oder ihre Oberin, alle müssen ihr helfen, aus diesem falschen Schuldgefühl herauszukommen und die Verantwortung für das Geschehene richtig zuzuschreiben. Sie müssen in ihren Reaktionen deutlich machen, dass sexueller Missbrauch eine Form von sexueller Gewalt ist. Die Ordensfrau oder die junge Frau in der Ausbildung zum Ordensleben ist weder befleckt, noch unrein, noch ist sie für diese Sünde der Gewalt und Unzucht verantwortlich. Der übergriffige Priester trägt dafür die Verantwortung. Diese Klärung ist ein Schritt, der der OF bzw. der JF hilft, versöhnt mit ihrer Person, mit ihrer Weihe an Gott, mit ihrer Gemeinschaft, mit der Kirche und mit Jesus Christus zu leben. In *Für jungen Wein neue Schläuche*, Nr. 36, heißt es:

> „Die Oberen sind dazu aufgerufen, den Geweihten bei allen Problemen beizustehen, mit denen diese auf ihrem Weg auf persönlicher und gemeinschaftlicher Ebene konfrontiert sind. Es ist die besondere Aufgabe der Oberen, diejenigen, die in der Ausbildung stehen oder aus unterschiedlichen Gründen in diese zurückkehren, in einem ehrlichen und konstruktiven Dialog zu begleiten."

5. Hilfe, Betreuung und Begleitung

Die geistliche Begleitung der Ordensfrauen und der jungen Frauen in der Ausbildung zum Ordensleben liegt in der Verantwortung der Oberinnen der Kommunitäten und der Formatorinnen. Dasselbe gilt für Seminaristen und Priester. Ihre Formatoren, ihre geistlichen Begleiter und ihre Vorgesetzten sollten sie in ihrem Leben und bei der Ausübung ihres Dienstes begleiten.

Das hermeneutische Modell der pastoral-seelsorglichen Begleitung, das wir in Kapitel 2 beschrieben haben, ist ein Werkzeug, um Zeit und Raum bereitzustellen, die der Person helfen, von sich selbst zu erzählen und im Blick auf das Leben Jesu Christi einen Sinn zu konstruieren. Die Begleitung übt keinen Druck auf die OF oder JF aus, die sexuellen Missbrauch durch den Priester erlebt hat, ihm schnell zu vergeben. Die Begleitung hilft der OF oder der JF in ihrem Prozess der Sinnstiftung und der Integration ihrer schmerzhaften Erfahrung; sie hilft ihr dabei, die Gnade des heilenden und verwandelnden Geistes Jesu Christi allmählich anzunehmen, um ihre Vergebung reifen zu lassen. Zu gegebener Zeit wird die OF oder JF diese Vergebung in Anwesenheit oder Abwesenheit des Priesters, der sie missbraucht hat, anbieten.

5.3 Die Betreuung von Ordensfrauen oder jungen Frauen in der Ausbildung zum Ordensleben durch Fachleute

Die professionelle Betreuung durch Fachleute kann entweder medizinischer oder psychologischer Natur sein.

5.3.1 Medizinische Betreuung

In bestimmten Situationen sexuellen Missbrauchs und anderer sexueller Gewalt sollte die OF und die JF an ein Gesundheitszentrum oder ein Krankenhaus verwiesen werden, oder sie sollte einen Allgemeinmediziner oder Psychiater aufsuchen.

Die Feldforschung hat gezeigt, dass die sexuellen Übergriffe, die die Teilnehmerinnen von Priestern erlitten haben, von starken Schmerzen (Schmerzen durch die erzwungene Penetration, Kopf- und Bauchschmerzen, Schmerzen im ganzen Körper, Ohnmacht) und körperlichen Folgen (Abtreibungen) begleitet werden. Diese Schmerzen erfordern eine angemessene medizinische Behandlung. Medikamentöse Behandlungen können der OF/JF helfen, die physische und psychische Gesundheit wiederzuerlangen.

5.3.2 Psychologische Betreuung

Sexueller Missbrauch und andere sexuelle Gewalt sind traumatische Realitäten, die das Leben einer Ordensfrau oder einer jungen Frau in der Ausbildung zum Ordensleben zutiefst erschüttern. Auch die übergriffigen Priester werden

VI. Formation und präventive Empfehlungen

durch diese Untat in ihrem Wesen verletzt. Die Inanspruchnahme einer psychologischen Betreuung ist manchmal notwendig und heilsam für die OF, die JF und den Priester. Die in Kapitel 5 beschriebenen zahlreichen Folgen (emotional, sexuell, gemeinschaftlich, sozial), die aus den Erzählungen der Teilnehmerinnen an meiner Untersuchung deutlich wurden, zeigen die Notwendigkeit einer psychologischen Unterstützung oder sogar einer therapeutischen Behandlung.

Ich habe verschiedene psychotherapeutische Ansätze beschrieben, die angemessen sind (narrative Therapie, EMDR/Traumatherapie), sowie andere Psychotherapien, Einzeltherapien und Sitzungen zur Stärkung der Berufung, die geeignete Methoden integrieren können (der Narrativität mehr Raum geben). Das Ziel dabei ist immer, der OF oder JF zu helfen, sich dem Schmerz, der Verletzung durch sexuellen Missbrauch und anderer sexueller Gewalt und durch verschiedene weitere Formen des Missbrauchs (von Vertrauen, von Macht) zu stellen, diese zu bearbeiten und sie zu bewältigen.

Von sich und einem schmerzhaften Ereignis zu erzählen, ist nicht einfach. Es ist ein Risiko, denn in dieser Erzählung liegen Schmerz, Trauer, Wut, Angst, Hilflosigkeit und Demütigung. Diese großen Emotionen geben der Erzählung ihre Richtung, wenn dafür eine günstige Atmosphäre herrscht: ein aktives Zuhören, Diskretion und Vertrauen. Manchmal fürchtet sich ein Mensch davor, mit seinem zerstückelten, dissoziierten, entpersonalisierten Wesen (Selbst) in Kontakt zu treten. Für eine OF oder JF ist das Erzählen der Erfahrung sexuellen Missbrauchs keine rationale Rede. Wenn sie spricht, hat sie manchmal Angst, die Ereignisse nicht logisch und in der richtigen Reihenfolge zu erzählen, verwirrt zu sein, sich nicht genau erinnern zu können, sich zu wiederholen, in Tränen auszubrechen, zu schreien, die eigenen Aggressionen nicht kontrollieren zu können, ihre Kleidung zu zerreißen, einen Gegenstand zu zerbrechen oder blockiert zu sein und für längere Zeit im Schweigen zu versinken.

Ein professioneller Begleiter weiß, dass ein solcher Prozess normal ist. Er weiß, dass Wiederholungen nicht nutzlos sind und dass Unlogik oder Verwirrung keine Anzeichen für Lügen sind. Er weiß, dass es Sitzungen geben kann, die nur aus Schweigen bestehen (ein Schweigen, das Früchte trägt und neue hervorbringt). Er weiß, wie man Zeit, Raum und eine vertrauensvolle Atmosphäre schafft, um die missbrauchte OF/JF in dem, was sie ist und erzählt, aufzunehmen und zu halten. Der professionelle Begleiter respektiert den Rhythmus der Ordensfrau oder der jungen Frau in der Ausbildung zum Ordensleben; sie öffnet sich und lässt das „Gift" der „vergorenen Emotionen" aus dem schmerzhaften Ereignis herauslaufen. Der professionelle Begleiter ist da; er wartet in der Stille, um zuzuhören, ohne sofort zu unterbrechen; er nimmt das Schweigen an, das Stöhnen, die Klagen, die Schreie, die Ausbrüche, die Übertragungen der FC/JF, die von sich erzählt. Der professionelle Begleiter wird – ganz ohne etwas zu sagen oder mit nur wenigen Worten wie „Ich verstehe dich", mit zustimmenden Geräuschen wie „Hmm" oder auch mit nonverbalen Zeichen wie einem Nicken – sein Einfühlungsvermögen zeigen und sich Zeit nehmen mit der OF/JF, für sie und mit ihr. Je mehr die Ordensfrau oder die junge Frau in der Ausbildung zum Ordensleben diese mühsame, repetitive, manchmal langweilige und monotone Übung akzeptiert, desto mehr kann sie aus Hass, Wut, Traurigkeit, Furcht, Scham, Verwirrung, Schuld, Angst oder Panik herausfinden, die ihren Elan, ihre Begeisterung und ihre Lebensfreude lähmen und zerstören können.

Ausgehend von der qualitativen Methode, vor allem der Emergenztheorie von Charmaz (2006, 2014), hat meine Feldforschung die Beziehungsdynamiken und Strategien von Priestern, die Ordensfrauen oder junge Frauen in der Ausbildung zum Ordensleben sexuell belästigen, analysiert, um sie zu verstehen. Psychologische Begleitung kann Priestern helfen, die Ordensfrauen oder junge Frauen in der Ausbildung zum Ordensleben sexuell belästigen oder dazu neigen, dies zu tun. Priester können mit psychologischer Hilfe ihre Beziehungsdynamiken, ihre Prädispositionen, ihre Motivationen und ihre Tendenzen, interne und externe Grenzen zu überwinden, um in den intimen Bereich von OF/JF einzudringen, erkennen und bearbeiten. Sie können mit professioneller Hilfe ihre missbräuchlichen Einstellungen aus einer neuen Perspektive betrachten, sich mit ihrer Vulnerabilität, ihren Verletzungen und ihrem Trauma auseinandersetzen und wieder Empathie erlangen. Empathie ist das, was sie an diesem Punkt vor allem brauchen. Sie ermöglicht ihnen, sich selbst zu verstehen, sich schrittweise zu akzeptieren, um den Prozess der Integration und der Versöhnung ihrer gespaltenen Persönlichkeit zu fördern. Die Empathie hilft ihnen dann, das Leiden von Ordensfrauen, jungen Frauen in der Ausbildung zum Ordensleben und allen Menschen, die sexuell missbraucht und vergewaltigt wurden, zu verstehen.

Psychologische Hilfe kann dem Priester, der Ordensfrau und der jungen Frau in der Ausbildung zum Ordensleben helfen, sich selbst zu verstehen, zu akzeptieren, ihre schmerzhafte Erfahrung mit Empathie zu integrieren und den menschlichen Boden (das Herz) zu bereiten, um das Mitgefühl Gottes aufzunehmen und es anderen weiterzugeben.

5.4 Strukturen mit Hilfs- und Unterstützungsangeboten

In Subsahara-Afrika müssen interdiözesane, diözesane, pfarrliche oder zu Instituten des kontemplativen oder apostolischen Ordenslebens gehörende Strukturen (Orte des Zuhörens, Zentren für geistliche Begleitung, für pastorale Betreuung oder Praxen für psychologische Betreuung) eingerichtet werden, um den

Zugang zu der notwendigen Hilfe für Ordensfrauen, junge Frauen in der Ausbildung zum Ordensleben, Seminaristen, Priester und andere (christliche wie nicht christliche) Personen, die Hilfe benötigen, jederzeit möglich zu machen.

Diese Strukturen können als Rahmen für die Formation derer dienen, die in der Formation, in der Leitung der Gemeinschaften oder in der Erziehung tätig sind und die das Ziel haben, die ihnen anvertrauten Mitbrüder und Mitschwestern zu unterstützen und ihnen beizustehen.

Die Umsetzung dieses Plans, d.h. der Bau, die Ausstattung, der Unterhalt, die Verwaltung und die Gehälter für die Menschen, die in diesen Strukturen arbeiten werden, kann durch die Bündelung der (menschlichen und materiellen) Ressourcen der Bischofskonferenzen und der Konferenzen der Höheren Oberen finanziert werden. Die Realität und das Risiko des Macht-, Vertrauens- und sexuellen Missbrauchs betrifft die gesamte Kirche. Nur gemeinsam, im Sinne des Sprichworts „Einigkeit macht stark", können wir der Realität des Missbrauchs entgegentreten.

5.5 Forschung

Die wissenschaftliche Forschung ist eine wichtige Hilfe, um das Phänomen des Missbrauchs in der Kirche und auch in der Gesellschaft besser zu verstehen, damit es ausgemerzt werden kann. Drei der neun Teilnehmerinnen und alle fünf Mitarbeitende haben mir deutlich gesagt, dass sie mich unterstützen und dass sie sich weitere Forschungen dieser Art wünschen würden, um besser zu verstehen, wie sich das sexuelle Fehlverhalten von Priestern auf die Mitschwestern der Teilnehmerinnen und andere Zeugen des Geschehens an ihren Einsatzorten auswirkt, und um die Priester besser zu verstehen, die sexuelles Fehlverhalten begehen.

5.6 Spirituelle Unterstützung

Die Analyse der Erzählungen der Teilnehmerinnen ergab, dass die spirituellen Folgen von Missbrauch schwerwiegend sind. Ihre Beziehung zu Gott ist von Wut, Revolte und mangelndem Vertrauen geprägt. Dies wirkt sich auf ihr Gebetsleben aus. Alle neun Teilnehmerinnen sprechen über ihre Schwierigkeiten und ihre Ablenkung im Gebet, ihre Revolte und ihre Weigerung zu beten. Alle neun sprechen über ihre gestörte Beziehung zu Jesus Christus; zwei sprechen zudem über ihre Schwierigkeiten, ihre Gelübde und ihre Berufung zu leben; eine spricht über ihre innere Freude. Zwei sprechen außerdem über die Schwierigkeit, die christliche Vergebung zu leben, und bei einer Teilnehmerin wurde der Versuch zu vergeben durch die Wiederholung der Vergewaltigungen missbraucht und verraten. Meine Feldforschung hat aber auch gezeigt, dass die Teilnehmerinnen trotz dieser schwerwiegenden Folgen, die ihren Glauben und ihr spirituelles Leben schwächen, ihren Glauben an Gott nicht aufgeben. Sechs von neun brachten klar zum Ausdruck, dass sie in Gott, in der Eucharistie und im Gebet die Kraft zum Leben finden.

Spirituelle Unterstützung für Ordensfrauen und junge Frauen in der Ausbildung zum Ordensleben, die unter sexuellem Missbrauch oder anderer sexueller Gewalt durch Priester gelitten haben, kann durch Buß- und Versöhnungfeiern angeboten werden. Diese Feiern können in der Gemeinschaft abgehalten werden, in der Kirche für diejenigen, die dies wünschen. Die Meditation des Wortes Gottes spricht von einem „Gott, dessen Blick voller Liebe und Mitgefühl ist. Ein Gott, der unsere Lebensgeschichte kennt und nicht nach dem äußeren Anschein urteilt." (Demasure, 2014, S. 72) Diese Feiern können Gebete und aussagekräftige symbolische Reinigungsrituale beinhalten, die eine geistliche Unterstützung für Ordensfrauen und junge Frauen in der Ausbildung zum Ordensleben sein können, deren Körper, der „Tempel des Heiligen Geistes", entweiht wurde und in Gott wieder zur Ganzheit erneuert werden muss. Spirituelle Hilfe, die sich auf die Wiederherstellung des Körpers und des Geistes konzentriert, ist notwendig. Sie kann auch von Beichtvätern und von Priestern, seien sie geistliche Begleiter oder nicht, oder von der Ordensgemeinschaft organisiert werden. Die Eucharistiefeier hilft sexuell missbrauchten Ordensfrauen und jungen Frauen in der Ausbildung zum Ordensleben, sich an Jesus Christus hinzugeben, damit er sie wiederherstellt, ihren Körper und ihren Geist verwandelt und eine neue Kraft in sie legt. Jesus Christus hilft den Ordensfrauen und den jungen Frauen in der Ausbildung zum Ordensleben in der Eucharistiefeier, in der Kommunion und in der Anbetung, aus ihrer Schuld herauszukommen, und den Priestern, ihre Selbstrechtfertigung aufzugeben und den Weg der ständigen Umkehr zu gehen.

6. Zusammenfassung

Die Feldforschung, die aktive Beteiligung der Teilnehmerinnen und der Mitarbeitenden haben es mir ermöglicht, Grundlinien für eine präventive Ausbildung zu konzipieren, die Selbsterkenntnis (Sexualität, Emotionen, Bedürfnisse), die dem sexuellen Fehlverhalten zugrunde liegenden Beziehungsdynamiken, die inneren Risikofaktoren, die im Vorfeld liegende Erziehungsarbeit, den Aufbau von Grenzen, die Erstellung von Richtlinien sowie die medizinische, psychologische und spirituelle Betreuung von Ordensfrauen jungen Frauen in der Ausbildung zum Ordensleben, Priestern und Seminaristen umfasst. Ich habe weiterhin vorgeschlagen, eine unterstützende Ausbildung zur Sensibilisierung für Formatoren, Erzieher, Katecheten, Eltern und Familien anzubieten, damit wir gemeinsam als Kirche und Familie Gottes in

Subsahara-Afrika die Realität des sexuellen Fehlverhaltens zwischen Priestern und Ordensfrauen und jungen Frauen in der Ausbildung zum Ordensleben im Kontext der pastoral-seelsorglichen Beziehung und der Zusammenarbeit angehen und verhindern können.

Die Ausbildungsstrukturen für Priester und Ordensfrauen in Subsahara-Afrika bestehen aus Seminaren mit vielen Seminaristen, die von einer geringen Anzahl von Formatoren betreut werden, und Ausbildungsgemeinschaften mit mehreren jungen Frauen und einer Formatorin; diese Situation ist eine Herausforderung. Präventive Ausbildung kann wirksam sein, wenn es neben der Darstellung der Person Jesu Christi als Lehrer und Modell der selbsttranszendenten theozentrischen Werte, eine Begleitung und eine Betreuung im Alltag gibt, um in der initialen Formation den jungen angehenden Ordensschwestern und den Seminaristen zu helfen, mit sich selbst in Kontakt zu kommen. Unter den Bedingungen der derzeitigen Strukturen wäre das schwierig. Es sollten also Überlegungen angestellt werden, um alternative Modelle von Formation in kleinen Gemeinschaften zu entwickeln, in denen ein Team von gut vorbereiteten Formatoren (zwei oder drei) die jungen Menschen in der Formation betreuen und begleiten kann. Man sollte dabei Umgebungen bevorzugen, in denen diese jungen Menschen die Möglichkeit haben, sich in ein engagiertes Alltagsleben einzufügen und Erfahrungen mit zwischenmenschlichen Beziehungen und mit Arbeit und Zusammenarbeit zu machen, die es ihnen ermöglichen, sich selbst zu entdecken und kennenzulernen. Als erster Schritt wäre eine Zusammenarbeit mit Fachleuten aus dem Bereich der menschlichen und emotionalen Formation und der Prävention von sexuellem Missbrauch angebracht, um den Formatoren, den Verantwortlichen in den Gemeinschaften, den Bischöfen und den Höheren Oberen und Oberinnen zu helfen. Diese Fachleute sollten die Bedeutung, den Wert und das Ideal des Priestertums und des Ordenslebens kennen, schätzen und unterstützen. Der Mitarbeitende Moïse hat hierzu Folgendes vorgeschlagen:

„Die Themen Sex, Sexualität, Liebe sollten von Fachleuten auf diesem Gebiet vollständig und detailliert dargestellt werden." (Mo/B3)

ABSCHLIESSENDE SCHLUSSBETRACHTUNG

Das harmonische Miteinander von Priestern und Ordensfrauen oder jungen Frauen in der Ausbildung zum Ordensleben in ihren Beziehungen im Rahmen der Seelsorge oder der pastoralen Zusammenarbeit ist innerhalb der Kirche in Subsahara-Afrika ein Zeugnis, das die Evangelisierung unterstützt. Es öffnet die Herzen christlicher und nicht-christlicher Menschen für das Bild eines gütigen Gottes, der sie nicht nach ihrer äußeren Erscheinung behandelt, sondern allen seinen Söhnen und Töchtern eine spirituelle Fruchtbarkeit ermöglicht, die über die biologische Fruchtbarkeit hinausgeht. Die Menschen (Kinder, Jugendliche, Erwachsene und alte Menschen) profitieren vom aufopferungsvollen Leben der Priester und der Ordensfrauen, die sich hingeben, ohne etwas für sich zu verlangen oder eine Gegenleistung zu erhalten. Diese Priester und Ordensfrauen haben sich ganz an Gott hingegeben, um ihm und ihren Brüdern und Schwestern zu dienen. Ihr Leben ist ein mutiges, großzügiges und ansteckendes Zeugnis, das in anderen Menschen in Subsahara-Afrika den Wunsch weckt, ihr Leben ebenfalls Jesus Christus zu schenken und Christen und Christinnen, Priester und Ordensleute zu sein.

Emotionale und sexuelle Unreife kann dabei aber die Grundlage für Skandale wie sexuellen Missbrauch oder andere sexuelle Gewalt sowie emotionale Entgleisungen von Priestern gegenüber Ordensfrauen oder jungen Frauen in der Ausbildung zum Ordensleben sein. Diese Realität ist ein Gegenzeugnis zum christlichen Leben. Angesichts des sexuellen Fehlverhaltens zwischen Priestern und Ordensfrauen oder jungen Frauen in der Ausbildung zum Ordensleben sehen wir die Notwendigkeit zu handeln. Um handeln zu können, müssen wir verstehen, was passiert, wie es passiert und auch warum es solche Haltungen und Verhaltensweisen zwischen Priestern und Ordensfrauen in der Kirche, der Familie Gottes, in Subsahara-Afrika gibt. Meine Forschung hilft dabei, sexuelles Fehlverhalten als Hindernis für das Wort Gottes, die Beziehung zu Jesus Christus und die eigene Berufung zu verstehen, die Gott Priestern, Ordensfrauen und jungen Frauen in der Ausbildung zum Ordensleben geschenkt hat. Das bewusste Verstehen der Problematik und seiner Mechanismen haben das Ziel, sexuelles Fehlverhalten zu bekämpfen und zu verhindern, das den Schwung der hochherzigen Antwort bremst, mit dem Priester, Ordensfrauen und jungen Frauen in der Ausbildung zum Ordensleben auf den Ruf Gottes antworten, ihn und ihre Brüder und Schwestern zu lieben, indem sie ihnen dienen. Sexuelles Fehlverhalten steht im Gegensatz zu den selbsttranszendierenden theozentrischen Werten, für die sich die Priester und Ordensfrauen entschieden haben und die sie verkünden.

In einem qualitativen Ansatz konnte ich mithilfe der narrativen Theorie an Ordensfrauen und junge Frauen in der Ausbildung zum Ordensleben herantreten und sie bitten, ihre Missbrauchserfahrungen mit Priestern im Kontext einer pastoral-seelsorglichen Beziehung oder einer Zusammenarbeit zu schildern. Ein Ziel des qualitativen Ansatzes ist es, sich einer Problematik zu stellen, indem man sie genau untersucht, um sie zu beschreiben, zu analysieren und zu interpretieren, um sie auf diese Weise fundiert zu verstehen. Mein Verständnis für die schmerzhaften Erfahrungen der Teilnehmerinnen sollte ihnen dabei helfen, einen Sinn und eine neue Sicht auf das Leben aufzubauen. Die Emergenztheorie nach Charmaz (2006, S. 135) ermöglichte es, aus den Daten der Feldstudie eine neue Theorie zu konstruieren. Die Analyse, Untersuchung und Reflexion der Erzählungen der Teilnehmerinnen hat zu grundlegenden Fragen Anlass gegeben, um die Ursachen und die inhärenten Folgen des sexuellen Fehlverhaltens zwischen Priestern und Ordensfrauen oder jungen Frauen in der Ausbildung zum Ordensleben in einer Beziehung im Rahmen der Seelsorge oder der pastoralen Zusammenarbeit herauszuarbeiten. Es ist deutlich, dass meine Arbeit einen weiteren Schritt in der Forschung darstellt und die früheren Studien zum sexuellen Fehlverhalten zwischen Priestern und Ordensfrauen vertieft, die von Chibnall *et al.*, 1998; Durà-Vilà *et al.*, 2013 und Deodato, 2016 durchgeführt wurden. Die bisherigen Studien untersuchten die verschiedenen Formen sexueller Gewalt von Priestern gegen Ordensfrauen und ihre Folgen: physisch (Schmerzen, Weinen, Schlaflosigkeit, Müdigkeit), psychisch (Anzeichen einer Traumatisierung, PTBS nach den Kriterien des DSM-5, Todes- oder Selbstmordgedanken, Verzweiflung, Frustration, Enttäuschung, Scham/Beschämung, Wut, Furcht, Angst, depressiver affektiver und emotionaler Zustand, Verwirrung, Hilflosigkeit, Verlust der Würde, Demütigung, Ekel vor sich selbst und vor dem eigenen Körper, Selbstanklage), psychosozial (Misstrauen, Angst gegenüber Mitschwestern, Empfindlichkeit gegenüber Verdächtigungen, Angst, gesehen zu werden) und spirituell (geschwächter Glaube infolge von spiritueller Enttäuschung, Wut auf Gott, eine vernachlässigte Beziehung zu Jesus, widersprüchliches Leben der eigenen Berufung, Desinteresse, fehlender Schwung im Gebet oder Weigerung zu beten, Schwierigkeiten zu vergeben). Anhand der Erzählungen der Teilnehmerinnen in Subsahara-Afrika habe ich die zugrunde liegenden Dynamiken des sexuellen Fehlverhaltens zwischen Priestern und Ordensfrauen bzw. jungen Frauen in der Ausbildung zum Ordensleben analysiert, das in Beziehungen im Rahmen der Seelsorge oder der pastoralen Zusammenarbeit aufgetreten ist. Die von mir ermittelten Folgen

Abschließende Schlussbetrachtung

(körperlich, psychisch, psychosozial und spirituell) stimmen mit denen der oben genannten früheren Studien überein. Ich habe darüber hinaus noch weitere Elemente erforscht und vertieft, und zwar:

1) Folgen, die in den bisherigen Studien nicht gefunden wurden: 1a) physisch (Schwangerschaften der OF, Abtreibung in der Klostergemeinschaft), 1b) gemeinschaftlich (Mitschwestern, die sekundäre Opfer sind), 1c) Gegenzeugnis (für Christen, die Augenzeugen des sexuellen Fehlverhaltens sind), 1d) die Ungewissheit und die Schwierigkeiten im Hinblick auf das zukünftige Leben der Ordensfrauen und der jungen Frauen in der Ausbildung zum Ordensleben.

2) Wahrscheinliche Ursachen: 2a) Dynamiken und Strategien der Priester, 2b) Vulnerabilität, d.h. Verwirrung, Mehrdeutigkeit, Ambivalenz und Naivität als innere Risikofaktoren bei Ordensfrauen und jungen Frauen in der Ausbildung zum Ordensleben. Die folgende Abbildung fasst diese Elemente zusammen.

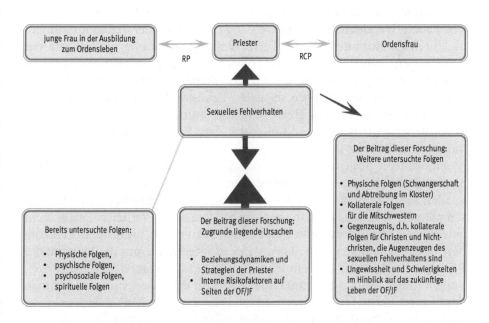

Abbildung 2: Der Beitrag dieser Forschung

Anmerkung: Priester haben entweder eine Beziehung zu jungen Frauen in der Ausbildung zum Ordensleben, und zwar in einer pastoral-seelsorglichen Beziehung, oder zu Ordensfrauen, und zwar in einer Beziehung der Zusammenarbeit im Rahmen der pastoralen Arbeit. In beiden Fällen besteht die Möglichkeit eines sexuellen Fehlverhaltens, bei dem es sich um sexuellen Miss-

brauch oder sexuelle Gewalt (Vergewaltigung, versuchte Vergewaltigung, sexuelle Belästigung, sexuelle Ausbeutung, aufdringliche Liebesbekundungen und sexuelle Aufforderungen) handeln kann. Ich habe gesehen, welche Folgen in der bestehenden Literatur zum sexuellen Fehlverhalten zwischen Priestern und Ordensfrauen bereits untersucht wurden. Ich habe weitere Folgen aus den Erzählungen der Teilnehmerinnen meinerUntersuchung herausgearbeitet und dann die Dynamiken, die dem sexuellen Fehlverhalten zugrunde liegen, ausgehend von der Analyse und Interpretation der Erzählungen der Teilnehmerinnen meiner Untersuchung herausgearbeitet.

1. Positive Punkte und Grenzen dieser Untersuchung

Der erste positive Punkt ist die Tatsache, dass ich es gewagt habe, eine explorative und kritische Studie über sexuelles Fehlverhalten, sexuellen Missbrauch und andere Formen sexueller Gewalt zwischen Priestern und Ordensfrauen im Kontext von Subsahara-Afrika durchzuführen. Die Analyse des erhobenen Materials wurde nach dem qualitativen Ansatz durchgeführt; sie hat zum besseren Verständnis der individuellen Realität der betroffenen Ordensfrauen die Frage vertieft, wie die Teilnehmerinnen (Ordensfrauen und junge Frauen in der Ausbildung zum Ordensleben) ihre persönliche Beziehung zu Priestern im Rahmen der Seelsorge oder der pastoralen Zusammenarbeit erlebt haben. Die qualitative Analyse der Erzählungen der Teilnehmerinnen, die durch die Kommentare von Fachleuten ergänzt wurde, ermöglichte ein besseres Verständnis ihres Leidens (Folgen) und zeigte, dass einige von ihnen medizinische, psychologische, gemeinschaftliche oder spirituelle Hilfe suchten, um a) diese Beziehungen sexuellen Fehlverhaltens zu beenden, b) aus einer Situation des Leidens einen positiven Sinn zu konstruieren und c) ihr Ordensleben fortzusetzen und weiter mit dem Priester in ihrer Sendung zusammenzuarbeiten.

Ein weiterer positiver Punkt ist, dass ich Folgendes identifizieren konnte: a) die zugrunde liegenden manipulativen Dynamiken (Strategien) des sexuellen Fehlverhaltens in der pastoral-seelsorglichen Beziehung oder der Zusammenarbeit in der Pastoral. Dies ermöglichte es, ein vertieftes Bewusstsein aufzubauen, um b) präventive Empfehlungen zu geben, die dabei helfen können, diese Dynamiken in die Formation zu integrieren, um die Identität des Priesters als Hirt klar zu definieren, um die Ordensfrauen und die jungen Frauen in der Ausbildung zum Ordensleben in einer Beziehung im Rahmen der Evangelisierung zu schützen und um c) die internen Risikofaktoren zu berücksichtigen, die für den Schutz und die Nichtverletzung von Grenzen in der pastoral-seelsorglichen Beziehung oder in der Zusammenarbeit in Betracht gezogen werden müssen.

Darüber hinaus schärft diese Untersuchung das Bewusstsein für die Risiken des sexuellen Fehlverhaltens und der Grenzüberschreitungen in der pastoral-seelsorglichen Beziehung und in der Zusammenarbeit in der Pastoral zwischen Priestern und Ordensfrauen oder jungen Frauen in der Ausbildung zum Ordensleben; sie warnt vor der Schädigung des Rufs und der Würde, vor dem Verlusts der Berufung oder sogar des Glaubens der Ordensfrauen und der jungen Frauen in der Ausbildung zum Ordensleben, sowie vor dem Schaden für die Mitschwestern in ihrer Gemeinschaft, für die Orts- und die Weltkirche. Die Herausforderung durch sexuelles Fehlverhalten zwischen Priestern und Ordensfrauen sollte weder zu Angst führen noch die Vorteile der Beziehungen im Rahmen der Seelsorge oder der pastoralen Zusammenarbeit abwerten. Eine Zusammenarbeit ist eine Beziehung der Komplementarität zwischen Mann und Frau, die die Seelsorge befruchtet. Meine Forschung möchte dazu ermutigen, dass die Formation eine Hilfe anbietet, um diesen Reichtum (pastorale Hilfe, Komplementarität in der Zusammenarbeit zwischen Priestern und Ordensfrauen für das Reich Gottes) zu bewahren und um eine einfache, klare, transparente und mit Umsicht gelebte Freundschaft zwischen Priestern und Ordensfrauen zu fördern (Matungulu, 1999).

Trotz dieser positiven Punkte weist meine Forschung auch zwei Einschränkungen auf. Die erste Einschränkung bezieht sich darauf, dass es mir nicht möglich war, die mit dem Wesen und dem Verfahren der qualitativen Forschung verbundenen Anforderung vollständig zu erfüllen, einen direkten Kontakt zu allen Teilnehmerinnen zu haben, da einige Interviews von Fachleuten durchgeführt wurden. Einige Teilnehmerinnen hatten mir nicht erlaubt, sie zu treffen. Sie zogen es vor, mit den mitarbeitenden Fachleuten zu sprechen, zu denen sie bereits ein Vertrauensverhältnis aufgebaut hatten. Außerdem war es mir nicht möglich, ein zweites Interview zu führen oder führen zu lassen, um die Datenerhebung zu vertiefen. Die zweite Einschränkung meiner Forschung resultiert aus der Tatsache, dass zu diesem Thema bisher nur wenige Forschungen durchgeführt wurden und Fachliteratur nur in begrenztem Maß zur Verfügung steht.

Ich möchte an dieser Stelle einige Empfehlungen für weitere Untersuchungen und Erhebungen aussprechen.

2. Empfehlungen für zukünftige Forschungen

Um die Lücken der vorliegenden Untersuchung zu schließen, möchte ich einige Empfehlungen für die akademische Forschung geben, die für das Verständnis und die Bekämpfung des sexuellen Fehlverhaltens von Ordensleuten und Priestern in der Kirche in Subsahara-Afrika und der Weltkirche am wichtigsten erscheinen: a) Forschungen zu den sekundären Opfern von sexuellem Fehlverhalten und Missbrauch (Mitschwestern in der Gemeinschaft, die Familien der Ordensfrauen, die Mitarbeitenden in den Ordensgemeinschaften und die

Christen in der Gemeinde); b) Forschungen zu Priestern, die in Beziehungen sexuellen Fehlverhaltens verwickelt sind; c) Forschungen zu Priestern und Seminaristen, die von Ordensfrauen oder Frauen im Allgemeinen mit Liebesbekundungen und sexuellen Aufforderungen belästigt und bedrängt werden und dadurch eine Missbrauchserfahrung erleiden; d) eine Längsschnittstudie über die Auswirkungen sexuellen Fehlverhaltens auf das Leben von Ordensfrauen und von Priestern, um eine fortlaufende Formation und Begleitung zu ermöglichen; und e) eine Studie über den Lebensweg der Kinder, die aus diesen Beziehungen hervorgegangen sind.

DANKSAGUNGEN

„Wie Gott will", sagte die selige Mutter Regina Protmann, unsere Gründerin. Dem Dreifaltigen Gott sei Lob und Ehre in Ewigkeit durch Maria!

Ich spreche allen, die zur Verwirklichung dieser Forschung in Rahmen meiner Dissertation beigetragen haben, meine tiefe Dankbarkeit aus.

Mein Dank gilt Pater Hans Zollner SJ, der mir die Gelegenheit gegeben hat, mit dem Psychologischen Institut und dem Zentrum für Kinderschutz (CCP) zusammenzuarbeiten. Er gilt weiter Pater Stanisław Morgalla SJ, Dekan des Instituts für Psychologie der Päpstlichen Universität Gregoriana, und allen Professoren für die Ausbildung, die ich von ihnen erhalten habe. Besonderer Dank gilt Professorin Karlijn Demasure, die diese Forschung mit viel Kompetenz, Strenge und Geduld geleitet hat. Mein Dank gilt weiter Schwester Brenda Dolphin für ihre Co-Leitung und Ermutigung. Dank an Pater Stéphan Joulain SMA für die Einführung in die Kodierung und die Interkodierung der Interviews. Dank an Professor Patrick Valdrini, an Maëlys de Tinguy, an Florence Boyrie-Journau und an Schwester Pélagie CSC für die Lektüre meines Textes und die Korrekturen. Mein Dank gilt Pater Albert Schmucki OFM für die Supervision. Dank an Pater Stefano Bitassi SJ und an alle, die als Forschungs- und Arbeitskollegen am Kinderschutzzentrum in Rom tätig waren. Dank an alle meine Studienkollegen, besonders an Pater Jose Melukunnel SVD für die technische Unterstützung.

Mein Dank geht an meine Gemeinschaft, die Katharinenschwestern, für ihre Unterstützung, besonders an unsere ehemalige Generaloberin Mutter Vera Lóss, unsere derzeitige Generaloberin Mutter Ivone Wiest, an alle Schwestern des Generalrats, der Gemeinschaft von Grottaferrata und an die Schwestern der Region Afrika. Mein Dank gilt Schwester Lori Lazzarotto, Generaloberin der Schwestern Unserer Lieben Frau von der Unbefleckten Empfängnis in Lourdes, und den Schwestern des Generalrats und der Gemeinschaft für ihre Gastfreundschaft.

Dank an meine Eltern Sarah und Moses. Dank an meinen Bruder David für seinen Beitrag und sein Engagement für diese Arbeit. Dank an meine Schwester Rebecca für ihre moralische und spirituelle Unterstützung. Dank an meine Nichten und Neffen.

Danksagungen

Meine Dankbarkeit gilt Eugénie Polo, Éléonore Katanga, den Äbten Augustin Namounou und Siméon Akao sowie allen meinen Freunden für ihre Unterstützung und Ermutigung.

Dank an die Menschen, denen unsere Forschung zu verdanken ist, allen Ordensfrauen und allen jungen Frauen in der Ausbildung zum Ordensleben, die mutig daran teilgenommen haben. Sie haben es gewagt, ihre schmerzhaften Erfahrungen zu teilen, um anderen Menschen einen Dienst zu erweisen. Dank an die Mitarbeiter und Mitarbeiterinnen, die mir bei den Interviews geholfen haben. Sie waren bereit, dieses Risiko einzugehen, um das Leben und die Würde aller Menschen zu verteidigen, die durch sexuellen Missbrauch oder andere Formen sexueller Gewalt verletzt wurden. Für dieses Engagement zolle ich ihnen meine Hochachtung. Durch ihre Unterstützung und Ermutigung bezeugen sie, dass es möglich ist, wieder zu leben, die Hoffnung auf Gott zu bewahren und trotz schmerzhafter Erfahrungen einen Sinn im Leben zu finden.

Die Veröffentlichung dieser Arbeit war möglich dank der unermüdlichen Unterstützung Ihrer Exzellenz Elisabeth Beton Delègue, Botschafterin Frankreichs beim Heiligen Stuhl, dank der Unterstützung durch Fabienne Couty, der ehemaligen Direktorin des *Institut français – Centre Saint-Louis*, sowie der finanziellen Hilfe der Stiftung *Pieux établissements de la France à Rome et à Lorette*, dank der Unterstützung ihres Geschäftsführers von 2019 bis 2021, Pater Michel Kübler.

Möge Gott Sie segnen und es Ihnen vergelten!

VERZEICHNIS DER TABELLEN

Tabelle 1: Grad der Zustimmung und Kappa-Wert 207
Tabelle 2: Ergebnisse der Kodierungszuverlässigkeit bei der Interkodierung 208
Tabelle 3: Die Phasen in der Erfahrung der Teilnehmerinnen in den Studien von Durà-Vilà et. al. 213
Tabelle 4: Vergangene und aktuelle Folgeerscheinungen bei Ordensfrauen, die von einem Priester sexuell missbraucht wurden 214
Tabelle 5: Darstellung der numerischen Ergebnisse der Kodierungen 216
Tabelle 6: Demographisches Profil der Teilnehmerinnen (n = 9) 223
Tabelle 7: Demografisches Profil der Mitarbeitenden, die befragt wurden oder selbst Interviews geführt haben 224
Tabelle 8: Wiederkehrende Themen 226
Tabelle 9: Affektive Disposition (Gemütszustand) und psychische Störungen 261
Tabelle 10: Folgen der regelwidrigen Beziehungen für die Gemeinschaften der Teilnehmerinnen 264
Tabelle 11: Folgen für andere Beziehungen in der Zusammenarbeit in der Gemeinde und in der Gesellschaft 267
Tabelle 12: Folgen für die Gottesbeziehung und das Gebetsleben 268
Tabelle 13: Folgen für die Beziehung zu Jesus Christus und das Leben nach den Gelübden 270
Tabelle 14: Gefühle und Wahrnehmungen der Teilnehmerinnen in Bezug auf sich selbst, ihre Mitschwestern und die Priester 274
Tabelle 15: Die Zukunftsvorstellungen der Teilnehmerinnen 289
Tabelle 16: Die Haltungen nahestehender Gruppen und Personen 299
Tabelle 17: Von den befragten Teilnehmerinnen und Mitarbeitenden für die Formation empfohlene Themen 307
Tabelle 18: Haltungen und Ratschläge der Teilnehmerinnen 309
Tabelle 19: Die Dynamiken und Strategien der Priester 313
Tabelle 20: Interne Risikofaktoren für Ordensfrauen und junge Frauen in der Ausbildung zum Ordensleben in der PB und der BZP 320
Tabelle 21: Externe Risikofaktoren für Ordensfrauen und junge Frauen in der Ausbildung zum Ordensleben in der PB und der BZP 325
Tabelle 22: Grenzverletzungen bei Ordensfrauen in der PB oder der BZP durch Priester 330

Verzeichnis der Grafiken und Abbildungen

Protokoll zur Bewertung der Zuverlässigkeit der anfänglichen Kodierung .. 205
Grafik zur Rolle der Mitarbeitenden 225

Abbildung 1: Präventive Schulung im Hinblick auf die inneren Haltungen .. 338
Abbildung 2: Der Beitrag dieser Forschung 385

BIBLIOGRAPHIE

Die Bibliographie wurde ebenso wie die Literaturhinweise in den Fußnoten weitgehend unverändert aus der französischen Ausgabe übernommen.

Arnold Magda B., *Emotion and personality* 2 Vol., Columbia University Press, New York, 1960.
Andrews Tom, « what is Social Constructionism ? », *The Grounded Theory Review* Volume 11(1), 2012.
Bakorba E. Marguerite. *Le droit à la bonne réputation et à l'intimité dans la formation et la vie des religieux au sens du canon 220. Une attention particulière pour les instituts religieux au Burkina Faso.* Thèse doctorale, Université Urbanienne, Rome, 2019.
Benoît XVI, *Africae munus : Exhortation apostolique post-synodale sur l'Église en Afrique au service de la réconciliation, de la justice et de la paix*, Libreria Editrice Vaticana, Roma, 2011.
Benoît XVI, *Lettre apostolique en forme de « Motu Proprio » : Ministrorum institutio*, Libreria Editrice Vaticana, Roma. 2013.
Bissi Anna, *Il battito della vita. Conoscere e gestire le proprie emozioni*, Paoline Editoriale Libri, Milano, 2004.
Bonfils Jean, *La mission catholique en République du Bénin, des origines à 1945*, Karthala, Paris, 1999.
Braun Virginia & Clarke Victoria, « Using thematic analysis in psychology », *Qualitative research in psychology*, 3(2), 77–101, 2006.
Brillon Pierre-Jacques, *Nouveau dictionnaire civil et canonique de droit et de pratique*, Nicolas Gosselin, Paris, 1717.
Buner Jerome, *Acts of meaning : Four lectures on mind and culture.* Harvard University Press, USA, 1990.
Cacucci Francesco, « Una chiesa fatta di relazioni », *Studia canonica commentarium pro religiosis et missionariis,* 96 (III–IV), 163–173, 2014.
Caparros E. & Aube H., *Code du droit canonique bilingue.* Wilson & Lafleur, Montréal, 2009.
Cencini Amedeo, *È cambiato qualcosa ? : La Chiesa dopo gli scandali sessuali*, Edizioni Dehoniane, Bologna, 2015.
Chammas Jacqueline, « Le clergé et l'inceste spirituel dans trois romans du xviie siècle : Le portier des Chartreux, Thérèse philosophe et Margo la ravaudeuse », *Eighteenth-Century Fiction*, 15(3–4), 687–704, 2003.
Charmaz Kathy, *Constructing grounded theory : A practical guide through qualitative analysis* (1st éd.), Sage Publications Ltd., London, 2006.
Charmaz Kathy, *Constructing grounded theory : A Practical Guide through Qualitative Analysis*, Thousand Oaks, Calif: Sage Publications, London, 2006.

Charmaz Kathy, *Constructing grounded theory*, Thousand Oaks, Calif: Sage Publications Ltd., London, 2014.

Cheikh Hamidou Kane, *L'aventure ambiguë: Récit*, Domaine étranger, Paris, 1961.

Chibnall John T., Wolf Ann & Duckro Paul N., « A national survey of the sexual trauma experiences of Catholic nuns », *Review of religious research*, 40(2), 142–167, 1998.

Clinebell Howard, *Basic Types of pastoral care & counseling: Resources for the ministry of healing & growth*, Abingdon Press, Nashville, 2011.

Combs Gene, & Freedman Jill, *Narrative therapy: the social construction of preferred realities*, W. W. Norton & Company. New York, 1996.

Compaoré Joseph, *Accompagnement spirituel*, Paulines, Kinshasa, 2008. Congrégation pour le clergé, *Le don de la vocation presbytérale: Ratio fundamentalis Institutionis sacerdotalis*, Libreria Editrice Vaticana, Rome, 2016.

Congrégation pour les Instituts de vie consacrée et les sociétés de vie apostolique, *A vin nouveau outres neuves: Depuis le concile Vatican II la vie consacrée et les défis encore ouverts*. Libreria Editrice Vaticana, Roma 2017.

Cox Rachel D., *The Concept of Psychological Maturity* (Vol. 1), American Handbook of Psychiatry, USA, 1974.

Cramer Phebe, *Storytelling, narrative, and the thematic apperception test*, The Guilford Press, New York, London, 1996.

Creswell John W., *Qualitative inquiry and research design: choosing among five approaches*, Sage Publications Inc., Los Angeles, 2013.

Darlington, Yvonne & Scott Dorothy, *Qualitative Research in Practice: Stories from the Field*, Open university press, Singapore, 2002.

Demasure Karlijn, « L'accompagnement pastoral dans le vingt-et-unième siècle », *Camillianum*, 4(12), 503–518, 2004.

Demasure Karlijn, « La passion du possible: L'histoire de vie comme instrument de l'accompagnement pastoral », *Counseling and Spirituality*, 31(1), 49–73, 2012.

Demasure Karlijn, *Se relever après l'abus sexuel: Accompagnement psycho-spirituel des survivants*, Lumen Vitae, Bruxelles, Paris 2014.

Demasure Karlijn & Buuma Maisha, « Abus sexuel des enfants: péché ou pathologie ? Une réflexion interdisciplinaire sur la question », *Studia canonica*, 49(1–2), 139–160, 2015.

Demasure Karlijn & Nadeau Jean-Guy, « Entre le devoir de pardonner et le droit de ne pas pardonner », *Théologiques*, 23(2), 253–270, 2015.

Demasure Karlijn & Tardif Luc, *Théologie pratique pratiques de théologie*, Mediaspaul Qc., Montréal, 2014.

Denzin Norman K. & Lincoln Yvonna S., *Handbook of Qualitative Research* (4th edition), Sage publications, Inc., Los Angeles, London, 2011.

Deodato Anna, *Vorrei risorgere dalle mie ferite: Donne consacrate e abusi sessuali*, EDB – Edizioni dehoniane, Bologna, 2016.

Dillen Annemie, « The Complexity of Power in Pastoral Relations: Challenges for Theology and Church », *Et-Studies*, 4(2), 221–235, 2013.

Dolphin Brenda M., *The values of the gospel: personal maturity and perception*, Pontificia Università Gregoriana, Roma, 1991.

Durà-Vilà Glòria, Littlewood Roland & Leavey Gerard, « Integration of sexual trauma in a religious narrative: Transformation, resolution and growth among contemplative nuns ». *Transcultural Psychiatry*, 50(1), 21–46, 2013.

Bibliographie

Ehl Anton, *Direction Spirituelle des religieuses. Principes et applications*, Adapté de l'Allemand par Creusen Joseph, Desclée de Brouwer, Paris, 1936.

Evans-Bouclin Marie, « La violence faite aux femmes dans l'Église. Inconduite sexuelle par des membres du clergé », *Sciences Pastorales*, 20(2), 251–270, 2001.

Ezémbé Ferdinand, *L'Enfant africain et ses univers*, Karthala, Paris, 2009.

Finkelhor David, *Child Sexual Abuse : New theory and research*. Free Press, New York, 1984.

Fisher Janina, *Healing the fragmented selves of trauma survivors Overcoming internal self-alienation*, Routledge Taylor & Francis Group, England, 2017.

Flynn Kathryn A., *Sexual abuse of women by members of the clergy*, Jefferson, N.C : McFarland & Company, North Carolina, 2003.

Fortune M. Marie, *Sexual violence : the unmentionable sin. An ethical and pastoral perspective*, The Pilgrim Press, New York, 1983.

Fortune M. Marie, *Is nothing sacred ? When sex invades the pastoral relationship*, Harper San Francisco, San Francisco, 1992.

Fortune M. Marie, *Is nothing sacred ? The story of a pastor, the women he sexually abused, and the congregation he nearly destroyed*, Ore : Wipf & Stock Pub., Eugene, 2008.

Fortune M. Marie, « Is nothing sacred ? The betrayal of the ministerial or teaching relationship », *Feminist and Womanist Ethics*, 10(1), 17–26, 1994

François, *Evangelii Gaudium*, Libreria Editrice Vaticana, Roma, 2013.

François, *Amoris laetitia : Exhortation apostolique sur l'amour dans la famille*, Libreria Editrice Vaticana, Roma, 2016.

François, *Gaudete et exsultate : Exhortation apostolique sur l'appel à la sainteté dans le monde actuel*, Libreria Editrice Vaticana, Rome, 2018.

Gabbard Glen O., « Psychotherapists who transgress sexual Boundaries with patients » In *Breach of trust : Sexual exploitation by health care professionals and clergy*, Thousand Oaks (CA) : Sage Publications, London, New Delhi, 1995.

Gadamer Hans-Georg, Truth and method, Sheed & Ward, London, 1975.

Gadamer Hans-Georg, Weinsheimer Joel & Marshall Donald G, *Truth and method* (2nd revised ed.), Crossroad, New York, 1992.

Garreau Lionel & Bandeira-De-Mello Rodrigo, « La théorie enracinée en pratique : vers un dépassement de la tension entre scientificité et créativité dans les recherches basées sur la théorie enracinée ? » AIMS, Paris, 2010. (https : halshs. archives-ouvertes.fr).

Glaser Barney & Strauss Anselm, *The discovery of grounded theory : Strategies for qualitative research*. Aldine Publishing Compagny, Chicago, 1967.

Godin André, « Le transfert dans la relation pastorale », *Lumen vitae, pastorale et psychologie N. R.Th,* 400–412, 1958. (www.nrt.be/docs/articles).

Godin André, « Les fonctions psychologiques dans la relation pastorale », *Lumen vitae, pastorale et psychologie N. R.Th,* 606–616, 1970. (www.nrt. be/docs/articles).

Hall Calvin S., Lindzey Gardner, & Campbell John B., *Theories of personality* (4th edition), John Wiley & Sons, New York, 1998.

Heggen Carolyn H, *Sexual abuse in Christian homes and churches*, Wipf & Stock Pub Eugene, Oregon, 2006.

Hollitt Julie A., « A Retreat for the Sexually Abused », *Human Development*, 15(3), 35–36, 1994.

Hondocodo Senyanu Louis, *Afrique lève-tôt ! Pour la naissance d'un monde nouvau deviens qui tu es : mère*. Livre I, Éditions la Croix du Bénin, Cotonou, 2015.

Howitt Dennis, *Introduction to qualitative methods in psychology*, Pearson Education Limited, 2012.
Imoda Franco, *Human development psychology and mystery*, Peeters, Leuven, 1998.
Imoda Franco, *A journey to freedom : An interdisciplinary approach to the anthropology of formation*, Peeters Publisher, Leuven, 2000.
Imoda Franco, *Riscopri il mistero che è in te*, Apostolato della Preghiera, Roma, 2002.
Jean Paul II, *Pastores dabo vobis : Sur la formation des prêtres dans les circonstances actuelles*, Libreria Editrice Vaticana, Rome, 1992.
Jean Paul II, *Exhortation apostolique post-synodale Ecclesia in Africa aux évêques, aux prêtres et aux diacres, aux religieux et aux religieuses et à tous les fidèles laïcs sur l'église en Afrique et sa mission évangélisatrice vers l'an 2000*, Libreria Editrice Vaticana, 1995.
Josse Evelyne, « Les réactions psychologiques des victimes directes d'un attentat », Résilience PSY 2006. (www.resilience.psy.com/IMG).
Josse Evelyne, « Les violences sexuelles. Définitions d'un concept multiforme », Résilience PSY, 2006. (www.resilience.psy.com/IMG).
Josse Evelyne, « Déceler les violences sexuelles faites aux femmes », Résilience PSY, 2007. (www.resilience.psy.com/IMG).
Joulain Stéphan, *Vers un traitement plus holistique des personnes ayant abusé sexuellement de mineurs : Analyse herméneutique et qualitative de la dimension religieuse et spirituelle de distorsions cognitives liées à l'abus et de leur prise en compte dans la psychothérapie*, 2016. (https://ruor.uottawa.ca/ bitstrem/10393/34245/1/ Joulain_St)
Joulain Stéphan, *Combattre l'abus sexuel des enfants : Qui abuse ? Pourquoi ? Comment soigner ?*, Desclée De Brouwer, Paris, 2018.
Kennedy Margaret, « Sexual abuse of women by priests and ministers to whom they go for pastoral care and support », *Feminist theology*, 11 (2), 226–235, 2003.
Kernberg Otto, *Love relations : Normality and pathology*, Yale University Press, New Haven, London, 1998.
Krok Dariusz, « Psychological aspects of dealing with power in pastoral relations », *Et-Studies*, 4(2), 237–252, 2013.
Kvale Steinar & Brinkmann Svend, *Interviews Learning the craft of qualitative research Interviewing* (2nd ed.), London : Sage Publications, Inc, Los Angeles, 2009.
Lebacqz Karen, Barton Ronald G., & Ragsdale, Katherine H., « Boundaries, mutuality, and professional ethics », In B*oundary wars : intimacy and distance in healing relationships.* Pelgrim Press, Cleveland, OH, 1996.
Liégeois Axel, « The meaning of informed consent in pastoral counseling », In *Soft shepherd or almighty pastor ? Power and pastoral care*, Annemie Dillen Pickwick Publications, Eugene, Oregon, 2015.
Landis J. Richard & Koch Gary G., « The measurement of observer agreement for categorical data », *Biometrics*, 33, 159–174, 1977.
Lonergan Bernard J. F., *Pour une méthode en théologie*, Fides, Montréal, 1978.
Lonergan Bernard J. F., *Insight : A study of human understanding*, University of Toronto Press, Toronto, 1992.
MacIntyre Alasdair C., *After virtue : a study in moral theory* (2nd ed.), Notre Dame (IN) : University of Notre Dame, Indiana, 1984.
Makoumayena Vincent. G. *Éthique professionnelle et ministère sacerdotal des prêtres : Liens Ad Hoc et perspectives pour une éthique sacerdotale*, Gregorian University Press, Roma, 2017.

Marc Edmond, « Le mythe de la maturité », *Gestalt*, (38), 33–46, 2010.
Matungulu Marcel O., *L'amitié dans la vie consacrée*, Editions Loyola, Kinshasa, 1999.
Mbassa Daniel M., *Dans l'enfer des violences sexuelles envers l'enfant en Afrique: Blessures et souffrances de l'enfant camerounais*, Éditions universitaires européennes, Paris, 2012.
Mc Adams Dan P., *The stories we live by. Personal myths and the making of the self*, William Morrow & Co., New York, 1993.
Müller Karl, *Geschichte der Katholischen Kirche in Togo*, Steyler Verlagsbuchhandlung Kaldenkirchen, Rhld, 1958.
Murray Henry A., *Exploration in personality*, Oxford University Press, New York, 1938.
Ndi-Okalla Joseph-Marie, *Récit et théologie, enjeux de la narrativité en théologie africaine. Une réception de l'herméneutique de Paul Ricœur*, Karthala, Paris, 2010.
Nelson Hilde L., *Damaged identities. Narrative repair*, Cornell University Press, USA, 2001.
O'Dwyer Cáit, *Imagining one's future: A projective approach to Christian maturity*, Gregorian & Biblical Press, Roma, 2000.
Okeke Cornelius U., *Expectations of life as a priest: a comparative study of Igbo Catholic diocesan and religious seminarians*, Pontificia Università Gregoriana, Roma, 2003.
OMS, « La violence sexuelle » In *Rapport mondial sur la violence et la santé*, 2002.
Paillé Pierre & Mucchielli Alex, *L'analyse qualitative en sciences humaines et sociales*, Armand Colin, Paris, 2010.
Paul VI, *Constitution pastorale-Gaudium et Spes*, Libreria Editrice Vaticana, Roma, 1965.
Paul VI, *Décret sur la rénovation et l'adaptation de la vie religieuse Perfectae caritatis*, Libreria Editrice Vaticana, Roma, 1965.
Paul VI, *Décret sur le ministère et la vie des prêtres : Presbyterorum ordinis*, Libreria Editrice Vaticana, Roma, 1965.
Payne Martin, *Narrative therapy*, Thousand Oaks : Sage Publications Ltd., London, 2006.
Pichard Gabriel, *Une Église qui libère : Quelques étapes d'évangélisation de l'Afrique de l'Ouest et du Burkina Faso*. Archivio Missionari d'Africa, Curia Generaliza, Roma, 2000.
Pignan Pidalani, *Initiation africaine et pédagogie de la foi : Le mariage chrétien et le mariage traditionnel Kabiyè à la lumière de l'enseignement du Concile Vatican II*, Éditions SOGICO, Paris, 1987.
Poling James N., « God, Sex and Power », *Theology & Spirituality*, 11 (2), 55–70, 2005.
Poling James N., *The Abuse of Power : A Theological Problem*. TN : Abingdon Press, Nashville, 1991.
Ricœur Paul, *Le conflit des interprétations : essais d'herméneutique*, Éditions du Seuil, Paris, 1969.
Ricœur Paul, *Temps et récit Tome I : L'intrique et le récit historique*, Éditions du Seuil, Paris, 1983.
Ricœur Paul, *Essais d'herméneutique II. Du texte à l'action*, Éditions du Seuil, Paris, 1986.
Ricœur Paul, *Soi-même comme un autre*, Éditions du Seuil, Paris, 1990.
Ricœur Paul, *Amour et justice*, Points, Paris, 2008.
Ritchie Jane, & Lewis Jane, *Qualitative Research Practice : A guide for social science students and researchers*, Sage Publications Ltd. London, 2003.

Robison Linda H., « The abuse of power : A view of sexual misconduct in a systemic approach to pastoral care », *Pastoral Psychology*, 52 (5), 395–404, 2004.
Rohrer Maria, *Dieu les bénit. La sexualité dans la vie de la femme consacrée*, Paulines, Abidjan, 2009.
Rudakemwa Fortunatus, *L'évangélisation du Rwanda* (1900–1959), l'Harmattan, Paris, 2005.
Rulla Luigi M., *Psicologia del profondo e vocazione : Le persone*, Marietti, Torino, 1978.
Rulla Luigi M., *Anthropologie de la vocation chrétienne I Bases interdisciplinaires*, Carte blanche, Québec, 2002.
Rulla Luigi M., *Depth Psychology and Vocation : A Psycho-Social Perspective*, Gregorian University Press, Roma, 2003.
Rulla Luigi M., Ridick Joyce & Imoda Franco, *Entering and leaving Vocation : Intrapsychic dynamics*, Gregorian Biblical BookShop, Roma, 1976.
Rulla Luigi M., Imoda Franco & Ridick Joyce, *Structure psychologique et vocation. Motivations d'entrée et de sortie*. Editrice Pontificia Università Gregoriana, Roma, 1993.
Rutter Peter, *Le sexe abusif. Lorsque les hommes en situation de pouvoir abusent les femmes*, M. A. Éditions, Paris, 1990.
Sadji Abdoulaye, *Maïmouna*, Présence Africaine, Paris, Dakar, 2000.
De Saint-Exupéry Antoine, *Le Petit Prince*, HMH Books for young readers, San Diego, 2001.
Scherer Léo, *L'accompagnement spirituel selon différentes traditions : Si personne ne me guide*, Vie chrétienne, Paris, 1985.
Shields Stephanie A. & Kappas Arvid, « Magda B. Arnold's contributions to emotions research », *Cognition and Emotions Psychology Press*, 20(7), 889–901, 2006.
Smith Jonathan A., Flowers Paul & Larkin Michael, *Interpretative phenomenological analysis : Theory, method and research*, Sage Publications Ltd, Los Angeles, 2009.
Sperry Len, A Primer on Sex and Sexuality. *Human Development*, 24(4), 40–45, 2003.
Sperry Len, *I disturbi di personalità. Dalla diagnosi alla terapia*. McGraw-Hill Companies, Milano, 2004.
Teglasi Hedwig, *Essentials of TAT and other storytelling assessments*, Wiley, Canada, 2010.
Tschan Werner, *Professional sexual misconduct in institutions : Causes and consequences prevention and intervention*, Hogrefe Publishing, Canada, 2014.
Von Hildebrand Dietrich, *Christian ethics*, David Mckay Company, New York, 1953.
White Michael, *Maps of narrative practice*, W. W. Norton & Company, New York, 2007.
White Michael, & Epston David, *Narrative means to therapeutic ends*, W. W. Norton & Company, New York, London, 1990.
Zollner Hans, « 'Ma mère, l'Église m'a abandonné'. Aspects spirituels de l'abus et de son déni », *Christus*, 254, 92–100, 2017.
Zollner Hans, et al., *Abusi sessuali nella Chiesa ? Meglio prevenire*. Ancora, Milano, 2017.

Sites consultés

http://toulouse.catholique.fr/Mouvements-d-Action-Catholique
https://africa.la-croix.com/
http://www.lexpress.fr/informations/pretres-violeurs-des-religieuses-accusent.
http://fr.wikipedia.org/wiki/Legion_de_Marie,
http://www.jecfrance.org   www.resilience.psy.com/IMG
www. C7V7GVU5/Kappa_2juges_Def.html